MISSEL DES DIMANCHES

2021

Les auteurs :

ÉRIC BEAUMER, prémontré, diplômé de l'Institut supérieur de liturgie (Paris), curé de paroisse et professeur de liturgie.

FABRICE BRAVARD, marié et père de famille, dessinateur en bâtiment et architecture.

HENRI DELHOUGNE, bénédictin de l'abbaye de Clervaux (Luxembourg), docteur d'État en théologie, coordinateur de la Traduction officielle liturgique de la Bible et de la Traduction révisée du Missel romain.

SOPHIE GALL-ALEXEEFF, mariée et mère de famille, enseignante en liturgie à l'Institut catholique de Paris, directrice de l'Institut théologique Saint-Nicolas (Metz).

SERGE KERRIEN, diacre permanent du diocèse de Saint-Brieuc-et-Tréguier, marié et père de famille, chargé de mission au SNPLS (Service national de pastorale liturgique et sacramentaire).

BERNARD MAITTE, prêtre en paroisse, directeur adjoint de l'Institut universitaire Saint-Luc et directeur du Studium, responsable du département de l'Institut des sciences et théologie des religions de Marseille, coordinateur de la nouvelle édition du Rituel de la confirmation pour la CEFTL.

ISABELLE RENAUD-CHAMSKA, docteur d'État et agrégée de lettres, diplômée de l'Institut supérieur de liturgie (Paris), a été professeur de lettres classiques pendant 40 ans dans l'Enseignement public. Elle est mariée, mère de deux enfants et grand-mère de cinq petits-enfants.

Les lectures bibliques

Les lectures bibliques de ce Missel 2021 sont extraites de la nouvelle traduction de la Bible, approuvée par les autorités de l'Église catholique pour la liturgie et intégrée dans les Lectionnaires de la messe. Le découpage des lectures ne relève pas des auteurs de ce missel, mais de l'autorité centrale de l'Église romaine. Pour situer ces lectures dans leur contexte, on pourra se reporter à l'édition complète de cette Bible, parue chez Mame.

Une édition avec des notes explicatives plus développées est éditée par Salvator sous le titre « La Bible. Traduction liturgique avec notes explicatives ».

Les textes liturgiques

Les textes liturgiques sont extraits du Missel romain en usage. Mais ceux-ci sont parfois dédoublés par des textes empruntés à la traduction révisée de ce Missel romain, dont la publication a été repoussée à une date incertaine. La comparaison entre les deux versions est une bonne préparation à l'accueil du nouveau Missel. Les parallèles concernent surtout l'Ordinaire de la messe et les prières d'ouverture du Temps ordinaire après la Pentecôte.

Illustration de la couverture

Victorieuse est la croix que nous présente le Sauveur du monde : le Christ est ici le Soleil de Justice. Jésus est baigné d'une lumière naturelle qui fait briller ses yeux et se reflète sur le globe transparent qu'il nous tend. Vrai homme et vrai Dieu : ses doigts qui bénissent, trois tendus et deux repliés, nous disent le mystère de l'Incarnation au sein de la Trinité.

Sylvie Bethmont-Gallerand

MISSEL
DES DIMANCHES

2021

Année liturgique
du 29 novembre 2020
au 27 novembre 2021

Lectures de l'année B

Édition collective des Éditeurs de liturgie

Chaque année, depuis 50 ans, le *Missel des Dimanches*

Il est né à la suite du concile Vatican II, sous l'égide des évêques francophones, pour aider le peuple chrétien à s'approprier les nouveaux textes liturgiques. En signe d'unité, il est publié par un collectif d'éditeurs. Il est l'œuvre d'une équipe d'auteurs riche de sa diversité : hommes et femmes, prêtres, religieux et laïcs, venant de diverses régions de France et même d'au-delà. Chacun apporte son expérience d'Église, sa sensibilité propre et ses compétences en liturgie, théologie, animation, chants...

L'ouvrage reçoit chaque année l'imprimatur de l'Église, gage de fiabilité et de qualité. Depuis cinquante ans, ce Missel a été le compagnon de très nombreux fidèles qui veulent mettre au cœur de leur vie l'eucharistie dominicale, « source et sommet de toute la vie chrétienne ».

Nihil obstat
P. Christophe Delaigue, Grenoble, le 2 mai 2020.

Imprimatur
le 4 mai 2020
† Mgr Guy de Kerimel
évêque de Grenoble-Vienne
Président de la Commission épiscopale pour la liturgie et la pastorale sacramentelle

Couverture : Andrea Previtali, *Salvator Mundi* (1519, huile sur bois), © Digital Image Library/Alamy.

Conception maquette : Michèle Fraudreau, Bleu T (Paris)

Responsable de la fabrication : Julie Joubin (Éditions du Cerf)

Pour correspondre avec les auteurs ou les éditeurs de ce Missel, écrire à : Missel des dimanches, Éditions du Cerf, 24 rue des Tanneries, 75013 Paris, contact@misseldesdimanches.fr

ISBN (Cerf) : 978-2-204-13901-4
ISBN (Mame) : 978-2-728-92830-9

Préface

C'est en 2021 que devrait paraître la nouvelle traduction française du missel. Au moment d'écrire cette préface du *Missel des dimanches*, la date est encore imprécise. Ce sera en tout cas une occasion idéale pour revisiter ce parcours que nous fait vivre chaque eucharistie et dont le missel est en quelque sorte le guide. Je me dis parfois – est-ce lui manquer de respect ? – que l'eucharistie nous est donnée comme un précieux « chemin de grande randonnée spirituelle et communautaire »... De dimanche en dimanche, et par des itinéraires qui varient parfois, elle nous fait visiter toutes les grandes attitudes auxquelles nous invite notre foi. Pour que nous en gardions mémoire, pour les sauver de l'oubli et les pratiquer au quotidien dans nos vies parfois si dispersées où, comme dit Edgar Morin, à force de sacrifier l'essentiel pour ce qui apparaît si urgent, on finit par oublier l'urgence de l'essentiel...

Prenons la route... Mis, d'entrée de jeu, devant le mystère qui nous rassemble – *le Seigneur avec nous* – nous nous mettons en sa présence. Elle est d'abord miséricorde et pardon : on touche là à l'identité même de notre Dieu. Comment ne pas lui en rendre gloire ? *Nous te louons, nous te bénissons....*

Humilité, reconnaissance et, maintenant, écouter : attitude croyante et aimante fondamentale. Les lectures, le psaume, l'homélie vont nous décliner cette parole d'amour que Dieu est. En réponse, nous proclamerons notre foi : non pas tant dire ce que nous croyons sur Dieu, mais dire ensemble notre désir de croire en lui, de nous fier à lui, et ainsi, de porter avec lui dans une prière qui s'ouvre à l'universel les soucis de l'Église, de l'humanité, de nos communautés.

La quête concrétise cette solidarité aimante et notre parcours de foi se poursuit autour de l'autel. On apporte et on présente à Dieu le pain, le vin... pour ne pas oublier de lui apporter nos vies au quotidien. Pour que la nature, le travail des hommes, la culture, ces réalités parfois si ordinaires, nous les vivions avec reconnaissance : tout est don et au service du Royaume.

Nous entrons alors pleinement dans la « prière eucharistique » : devoir joyeux de mémoire, travail intérieur de mémoire pour pouvoir vivre chaque journée, chaque événement, chaque instant « en mémoire de lui ». Mémoire de ce qui devrait nous habiter chaque jour : la vie du Christ ; le don jusqu'au bout de lui-même dans sa passion et sa mort ; sa résurrection toujours à l'œuvre ; mémoire de l'Esprit Saint qui vient transfigurer toute chose ; mémoire de ceux dont Dieu se souvient toujours : son Église, le monde entier, nos défunts, ceux qui ont vécu dans son amitié, ceux qui connaissent tristesse et angoisse. Pour que, par lui, avec lui et en lui, nos vies soient comme une éternelle offrande à sa gloire.

Et pour cela, vivre en enfants de celui qui est « notre Père », libérés du péché, porteurs d'unité et de paix. Entrer dans ces humbles demandes : *prends pitié de nous, donne-nous la paix, dis seulement une parole.* S'approcher alors et communier au Christ, à son Corps donné, à son sang versé ; communion à cette plénitude de vie qu'est la vie éternelle. Et se taire devant ce grand mystère : devant ce Dieu qui fait en nous sa demeure.

Il est temps d'être tous envoyés en mission. Aller vivre renouvelés, réunis à Dieu, à nos sœurs et frères, à ce monde que Dieu aime envers et contre tout. Entendre sa confiance qui nous dit : « Allez porter l'Évangile du Seigneur ».

Pourquoi aller à l'eucharistie ? Pour laisser l'Esprit nous aider à « choisir la vie éternelle maintenant, et à la vivre sans attendre[1] » !

+ Jean-Luc Hudsyn
Évêque auxiliaire de Malines-Bruxelles
en charge du Brabant wallon (Belgique)
Président de l'AELF
(Association épiscopale liturgique francophone)

1. Adrien Candiard, *Quand tu étais sous le figuier*, Éd. du Cerf, 2017, p. 137.

Calendrier liturgique 2021
B

2020		
Temps de l'Avent		***Violet***
1er dim. Avent	29/11	p. 115
2e dim. Avent	06/12	p. 122
Imm. Conception	08/12	p. 129
3e dim. Avent	13/12	p. 131
4e dim. Avent	20/12	p. 138

Temps de Noël		***Blanc***
Noël Veille	24/12	p. 147
Noël Nuit	25/12	p. 151
Noël Aurore	25/12	p. 155
Noël Jour	25/12	p. 157
Ste Famille	27/12	p. 162

2021		
Mère de Dieu	01/01	p. 169
Épiphanie	03/01	p. 173
Baptême du Seigneur	10/01	p. 181

Temps ordinaire		***Vert***
2e dim. TO	17/01	p. 193
3e dim. TO	24/01	p. 200
4e dim. TO	31/01	p. 207
Présentation du Sgr	02/02	p. 213
5e dim. TO	07/02	p. 217
6e dim. TO	14/02	p. 223

Temps du Carême		***Violet***
Cendres	17/02	p. 233
1er dim. Carême	21/02	p. 239
2e dim. Carême	28/02	p. 245
3e dim. Carême	07/03	p. 251
4e dim. Carême	14/03	p. 258
5e dim. Carême	21/03	p. 265
Annonciation	25/03	p. 272
Célébration de la réconciliation		p. 274

Semaine sainte		***Violet***
Rameaux	28/03	p. 281
Jeudi saint	01/04	p. 299
Vendredi saint	02/04	p. 307

Temps pascal		***Blanc***
Vigile pascale	03/04	p. 326
Dim. de Pâques	04/04	p. 361
2e dim. de Pâques	11/04	p. 373
3e dim. de Pâques	18/04	p. 380
4e dim. de Pâques	25/04	p. 386
5e dim. de Pâques	02/05	p. 393
6e dim. de Pâques	09/05	p. 399
Ascension du Sgr	13/05	p. 405
7e dim. de Pâques	16/05	p. 413
Pentecôte : veille	22/05	p. 420
et jour (rouge)	23/05	p. 431

Temps ordinaire (suite)		*Vert*
Lundi de Pentecôte : Marie Mère de l'Église, 8e sem. TO	24/05	
Sainte Trinité	30/05	p. 438
Lundi de la 9e sem. TO	01/06	
Saint-Sacrement	06/06	p. 445
Lundi de la 10e sem. TO	07/06	
Sacré Cœur	11/06	p. 454
11e dim. TO	13/06	p. 457
12e dim. TO	20/06	p. 464
13e dim. TO	27/06	p. 470
14e dim. TO	04/07	p. 477
15e dim. TO	11/07	p. 483
16e dim. TO	18/07	p. 489
17e dim. TO	25/07	p. 496
18e dim. TO	01/08	p. 503
19e dim. TO	08/08	p. 510

Temps ordinaire (suite)		*Vert*
Assomption	15/08	p. 517
21e dim. TO	22/08	p. 528
22e dim. TO	29/08	p. 535
23e dim. TO	05/09	p. 543
24e dim. TO	12/09	p. 550
25e dim. TO	19/09	p. 557
26e dim. TO	26/09	p. 564
27e dim. TO	03/10	p. 571
28e dim. TO	10/10	p. 578
29e dim. TO	17/10	p. 585
30e dim. TO	24/10	p. 592
31e dim. TO	31/10	p. 599
Toussaint	01/11	p. 606
Défunts	02/11	p. 612
32e dim. TO	07/11	p. 616
33e dim. TO	14/11	p. 622
Christ Roi de l'univers	21/11	p. 628

Redécouvrir la messe pour mieux accueillir le nouveau Missel

ON TROUVERA, dans les pages qui viennent après la liturgie de la messe (p. 97 s.), des réflexions sur des aspects importants de la célébration eucharistique qui préparent l'accueil de la nouvelle traduction du Missel romain.

Indications pratiques

La liturgie de la messe, c'est-à-dire les textes qui reviennent à chaque messe, figure dans les soixante premières pages. Outre les textes en usage jusqu'ici, on y trouvera les passages marquants de la traduction révisée du Missel romain, en particulier, en vis-à-vis, les versions anciennes et nouvelles des trois premières prières eucharistiques.

Les textes propres à chaque dimanche ou fête sont placés à leur date.

Chaque formulaire de messe présente :

– une ***introduction générale*** à chaque dimanche, préparant à l'accueil des lectures bibliques ;

– des ***propositions*** pour les chants et la prière universelle, parfois des suggestions pour célébrer ; les propositions de chants sont généralement regroupées par temps liturgique ou pour plusieurs dimanches du Temps ordinaire ; deux recueils sont indiqués par leurs initiales : ***CNA*** = *Chants notés de l'assemblée*, recueil officiel, éd. Bayard ; ***MNA*** = *Missel noté de l'assemblée*, diffusion Abbaye de Clervaux (Luxembourg) ;

– les ***textes officiels*** des prières et des lectures bibliques ;

– une ***citation***, ayant habituellement un rapport avec les lectures bibliques du jour et proposée à la méditation ;

– le ***calendrier liturgique*** de la semaine, les ***fêtes à souhaiter***, et diverses ***informations*** ;

– un flash sur un saint ou une sainte célébré durant la semaine.

Calendrier liturgique

Il s'agit du calendrier *liturgique* au sens strict, proposé à l'ensemble de l'Église. Il ne mentionne que les saints figurant dans le calendrier liturgique officiel, universel ou national. *On ne s'étonnera pas de ne pas y trouver un certain nombre de saints connus par ailleurs, ou canonisés récemment par le pape.* Simplement, ceux-là ne figurent pas au calendrier liturgique. Cela n'empêche pas de les invoquer ou même de faire une célébration liturgique en leur honneur, avec les textes des « communs des saints » du *Missel romain.*

On a donné les références des lectures bibliques *pour chaque jour.* Ce sont les lectures du jour de semaine qui sont indiquées et non celles du saint, sauf pour les solennités, les fêtes et certaines mémoires qui ont des lectures propres obligatoires. Le Lectionnaire favorise ainsi une lecture semi-continue de l'Écriture sainte, comme le souhaite l'Église.

Bonne fête !

Sous ce titre, on trouve pour chaque jour de la semaine plusieurs prénoms chrétiens, qui correspondent à des saints, ou ont été rattachés à des saints.

Pour mémoire

Ces informations sont très diverses et n'ont pas nécessairement une portée liturgique : mention de telle journée mondiale ou nationale ; anniversaire (millénaire, centenaire, cinquantenaire, etc.) d'un événement important pour l'histoire de l'Église ou du monde.

Flash sur un saint

En quelques lignes, des informations sur la vie et la spiritualité d'un saint célébré dans la semaine et dont l'exemple stimule la vie chrétienne.

Liturgie de la messe

QUE VENONS-NOUS VIVRE À LA MESSE ?

Ce qu'il faut savoir pour y trouver son chemin :

Après l'OUVERTURE DE LA CÉLÉBRATION,
deux grandes parties :

1. Nous écoutons la Parole de Dieu

– La Parole de Dieu, exprimée dans l'*Ancienne Alliance*
– et dans les *Écrits des Apôtres*,
– culmine dans la *Bonne Nouvelle* de Jésus, l'Évangile.
– C'est *aujourd'hui* que Dieu nous parle.
– Nous lui répondons par l'affirmation de notre *foi*
– et par notre *prière* pour tous les hommes.

2. Nous partageons le repas du Seigneur

Peu avant de mourir par amour et de revivre en Dieu, Jésus a pris avec les siens son dernier repas sur la terre. Pour participer à cette mort et à cette résurrection qui nous sauvent, nous faisons aujourd'hui les gestes que fit Jésus. Car il nous a dit de le faire en mémoire de lui, jusqu'à ce qu'il vienne.

– JÉSUS PRIT DU PAIN.
– JÉSUS RENDIT GRÂCE.
– JÉSUS ROMPIT LE PAIN ET LE DONNA AUX SIENS.

DÉROULEMENT DE LA MESSE

■ = se reporter aux pages du jour que l'on célèbre.

➤ = se reporter aux pages qui suivent (Liturgie de la messe)

↗ = voir

OUVERTURE DE LA CÉLÉBRATION
(↗ p. suivante)

1. Liturgie de la Parole

■ PREMIÈRE LECTURE (Ancien Testament, sauf au Temps pascal où on lit les Actes des Apôtres)

■ PSAUME, en réponse à la première lecture

■ DEUXIÈME LECTURE (Lettres des Apôtres ou Apocalypse)

■ ACCLAMATION

■ ÉVANGILE

HOMÉLIE

➤ PROFESSION DE FOI (↗ p. 21)

■ PRIÈRE UNIVERSELLE

2. Liturgie eucharistique

➤ ■ PRÉPARATION DE L'AUTEL ET PRÉSENTATION DES DONS (↗ p. 22)

➤ PRIÈRE EUCHARISTIQUE (↗ p. 38)

➤ ■ FRACTION DU PAIN ET COMMUNION (↗ p. 92)

➤ CONCLUSION ET ENVOI (↗ p. 95)

Ouverture de la célébration

Le chant d'entrée achevé, tous, debout, se signent tandis que le prêtre dit :

Au nom du Père, et du Fils et du Saint-Esprit.

Amen.

Salutation du prêtre

• La grâce de Jésus notre Seigneur, l'amour de Dieu le Père et la communion de l'Esprit Saint soient toujours avec vous.

Et avec votre esprit.

• Le Seigneur soit avec vous.

Et avec votre esprit

Traduction en usage

• Que Dieu notre Père et Jésus Christ notre Seigneur vous donnent la grâce et la paix.

R/. **Béni soit Dieu, maintenant et toujours !**

Nouvelle traduction

• Que la grâce et la paix de Dieu notre Père et du Seigneur Jésus, le Christ, soient toujours avec vous.

R/. **Et avec votre esprit.**

Le prêtre (ou un autre membre de l'assemblée) peut exprimer par une brève monition un aspect propre à la célébration du jour : la communauté rassemblée, les lectures, la tonalité du dimanche ou de la fête.

Préparation pénitentielle

• *Le prêtre invite d'abord les fidèles à la pénitence en disant, par exemple :*

Préparons-nous à la célébration de l'Eucharistie en reconnaissant que nous sommes pécheurs.

Acte pénitentiel

Ensuite vient l'acte pénitentiel auquel le prêtre invite les fidèles, en disant :

Frères et sœurs, préparons-nous à célébrer le mystère de l'Eucharistie, en reconnaissant que nous avons péché.

On fait une brève pause en silence.

Traduction en usage

• **Je confesse à Dieu tout-puissant, je reconnais devant mes frères, que j'ai péché en pensée, en parole, par action et par omission ;**

On se frappe la poitrine :

oui, j'ai vraiment péché.

On continue :

C'est pourquoi je supplie la Vierge Marie, les anges et tous les saints, et vous aussi, mes frères, de prier pour moi le Seigneur notre Dieu.

Ou bien :

• Seigneur, accorde-nous ton pardon.
Nous avons péché contre toi.
Montre-nous ta miséricorde.
Et nous serons sauvés.

Ou bien :

• Seigneur Jésus, envoyé par le Père pour guérir et sauver les hommes, prends pitié de nous.
Prends pitié de nous.
Ô Christ, venu dans le monde appeler tous les pécheurs, prends pitié de nous. **Prends pitié de nous.**
Seigneur, élevé dans la gloire du Père, où tu intercèdes pour nous, prends pitié de nous.
Prends pitié de nous.

Nouvelle traduction

• **Je confesse à Dieu tout-puissant, je reconnais devant vous, frères et sœurs, que j'ai péché en pensée, en parole, par action et par omission ;**

On se frappe la poitrine :

oui, j'ai vraiment péché.

On continue :

C'est pourquoi je supplie la bienheureuse Vierge Marie, les anges et tous les saints, et vous aussi, frères et sœurs, de prier pour moi le Seigneur notre Dieu.

Ou bien :

• Prends pitié de nous, Seigneur.
R/. **Nous avons péché contre toi.**
Montre-nous, Seigneur, ta miséricorde.
R/. **Et donne-nous ton salut.**

Ou bien :

• Seigneur Jésus, envoyé pour guérir les cœurs qui reviennent vers toi : Seigneur, prends pitié.
R/. **Seigneur, prends pitié.**
Ô Christ, venu appeler les pécheurs : ô Christ, prends pitié.
R/. **Ô Christ, prends pitié.**
Seigneur, qui sièges à la droite du Père où tu intercèdes pour nous : Seigneur, prends pitié.
R/. **Seigneur, prends pitié.**

Puis le prêtre prononce l'absolution, la prière pour le pardon :

Que Dieu tout-puissant nous fasse miséricorde, qu'il nous pardonne nos péchés et nous conduise à la vie éternelle. **Amen.**

Traduction en usage

• *Ou encore le rite de l'eau bénite*

Demandons au Seigneur de bénir cette eau ; nous allons en être aspergés en souvenir de notre baptême : que Dieu nous garde fidèles à l'Esprit que nous avons reçu.

Le prêtre dit la prière de bénédiction :

Dieu éternel et tout-puissant, tu as donné aux hommes l'eau qui les fait vivre et les purifie ; tu veux aussi qu'elle puisse laver nos âmes et nous apporter le don de la vie éternelle ; daigne bénir ✠ cette eau, pour que nous en recevions des forces en ce jour qui t'est consacré. Par cette eau, renouvelle en nous la source vive de ta grâce, défends-nous contre tout mal de l'âme et du corps ; nous pourrons alors nous approcher de toi avec un cœur pur, et profiter pleinement du salut que tu nous donnes. Par Jésus, le Christ, notre Seigneur. **Amen.** *(Il y a une autre prière au Temps pascal.)*

Pendant l'aspersion, on chante un psaume ou un chant approprié.

Le prêtre conclut par la prière suivante :

Que Dieu tout-puissant nous purifie de nos péchés et, par la célébration de cette eucharistie, nous rende dignes de participer un jour au festin de son Royaume. **Amen.**

Kyrie

Le Kyrie, litanie traditionnelle adressée au Christ, vient à la suite de la préparation pénitentielle, sauf si celle-ci a déjà employé cette formule.

Seigneur, prends pitié.	*ou bien* Kyrie eleison.
Seigneur, prends pitié.	**Kyrie eleison.**
Ô Christ, prends pitié.	Christe eleison.
Ô Christ, prends pitié.	**Christe eleison.**
Seigneur, prends pitié.	Kyrie eleison.
Seigneur, prends pitié.	**Kyrie eleison.**

Gloria

Le Gloria est omis pendant l'Avent et le Carême.

• **Gloire à Dieu au plus haut des cieux,**
et paix sur la terre aux hommes qu'il aime.
Nous te louons, nous te bénissons, nous t'adorons,
Nous te glorifions, nous te rendons grâce,
pour ton immense gloire,
Seigneur Dieu, Roi du ciel,
Dieu le Père tout-puissant.
Seigneur, Fils unique, Jésus Christ,
Seigneur Dieu, Agneau de Dieu, le Fils du Père ;
Toi qui enlèves le(s) péché(s) du monde,
prends pitié de nous ;
Toi qui enlèves le(s) péché(s) du monde,
reçois notre prière ;
Toi qui es assis à la droite du Père,
prends pitié de nous.
Car toi seul es Saint,
Toi seul es Seigneur,
Toi seul es le Très-Haut :
Jésus Christ, avec le Saint-Esprit
Dans la gloire de Dieu le Père. Amen.

• Gloria in excelsis Deo,
Et in terra pax hominibus bonae voluntatis.
Laudamus te, benedicimus te, adoramus te,
Glorificamus te, gratias agimus tibi
propter magnam gloriam tuam.
Domine Deus, rex cælestis, Deus Pater omnipotens.
Domine Fili unigenite, Iesu Christe.
Domine Deus, Agnus Dei, Filius Patris.
Qui tollis peccata mundi, miserere nobis.
Qui tollis peccata mundi, suscipe deprecationem nostram.
Qui sedes ad dexteram Patris, miserere nobis.
Quoniam tu solus sanctus, tu solus Dominus,

Tu solus Altissimus, Iesu Christe.
Cum Sancto Spiritu in gloria Dei Patris. **Amen.**

Prière d'ouverture

Voir à la messe du jour.

Traduction en usage

Prions ensemble ou Prions ou Prions le Seigneur.

Habituellement celle-ci se termine ainsi :

Par Jésus Christ, ton Fils, notre Seigneur et notre Dieu,
qui règne avec toi et le Saint-Esprit,
maintenant et pour les siècles des siècles.

Si la prière s'adresse au Père, mais avec mention du Fils à la fin, on dit :

Lui qui règne avec toi et le Saint-Esprit,
maintenant et pour les siècles des siècles.

Si elle s'adresse au Fils :

Toi qui règnes avec le Père et le Saint-Esprit,
maintenant et pour les siècles des siècles.

À la fin de la prière, le peuple dit l'acclamation :

Amen.

Nouvelle traduction

L'hymne finie, le prêtre, les mains jointes, dit ou chante :

Prions le Seigneur.

Habituellement, celle-ci se termine ainsi :

Par Jésus Christ, ton Fils, notre Seigneur,
qui vit et règne avec toi dans l'unité du Saint-Esprit,
Dieu, pour les siècles des siècles.

Si la prière s'adresse au Père, mais avec mention du Fils à la fin, on dit :

Lui qui vit et règne avec toi dans l'unité du Saint-Esprit,
Dieu, pour les siècles des siècles.

Si elle s'adresse au Fils :

Toi qui vis et règnes avec le Père dans l'unité du Saint-Esprit, Dieu, pour les siècles des siècles.

L'assemblée répond :

R/. Amen.

Liturgie de la Parole

Après avoir mis notre cœur en état d'accueil, nous écoutons et méditons la parole de Dieu.

■ **Première lecture** (↗ messe du jour)
On proclame *un passage de l'Ancien Testament* : pendant le Temps ordinaire, ce passage est en relation avec l'évangile du jour. Pendant le Temps pascal, on lit les Actes des Apôtres, qui racontent ce qui s'est passé après Pâques. Il est bon de faire un temps de silence après les lectures.

■ **Psaume** (↗ messe du jour)
En réponse à cette lecture, un psaume ou un cantique biblique est proclamé ou chanté. Cette prière en forme de poésie biblique permet de méditer ce qui est dit dans la lecture.

■ **Deuxième lecture** (↗ messe du jour)
On proclame *un passage d'une lettre des Apôtres* (souvent Paul, mais aussi Pierre, Jacques et Jean). Au Temps pascal de l'année B, on lit la première lettre de saint Jean. Pendant le Temps ordinaire, la lettre apostolique est lue, de manière semi-continue, d'un dimanche à l'autre.

■ **Évangile** (↗ messe du jour)
• *Acclamation de l'Évangile* : Alléluia, qui signifie « Louez Dieu » (durant le Carême, on prend une autre acclamation).
• *Proclamation d'un passage de l'Évangile.* En cette année B, on lit saint Marc. Dans ce passage évangélique se trouvent la clé et le sommet de la liturgie de la Parole.

Homélie
Le mot grec signifie « conversation ». C'est un commentaire en style familier, portant surtout sur l'Évangile.

■ **Profession de foi** (↗ p. 21-23)
En réponse à la parole de Dieu, l'assemblée proclame sa foi par le « Je crois en Dieu » (le Credo).

■ **Prière universelle** (↗ messe du jour)
Comme le demande saint Paul (1 Tm 2, 1-8), l'assemblée fait monter vers Dieu des supplications pour tous les hommes.

Profession de foi

• *Symbole de Nicée-Constantinople :*

Je crois en un seul Dieu, le Père tout-puissant,
créateur du ciel et de la terre,
de l'univers visible et invisible.
Je crois en un seul Seigneur, Jésus Christ,
le Fils unique de Dieu,
né du Père avant tous les siècles :
Il est Dieu, né de Dieu, lumière, née de la lumière,
vrai Dieu, né du vrai Dieu,
Engendré, non pas créé, de même nature que le Père ;
(*Nouvelle traduction :* **consubstantiel au Père ;**)
et par lui tout a été fait.
Pour nous les hommes, et pour notre salut,
il descendit du ciel ;
Par l'Esprit Saint, il a pris chair de la Vierge Marie,
et s'est fait homme.
Crucifié pour nous sous Ponce Pilate,
il souffrit sa passion et fut mis au tombeau.
Il ressuscita le troisième jour,
conformément aux Écritures,
et il monta au ciel ; il est assis à la droite du Père.
Il reviendra dans la gloire,
pour juger les vivants et les morts ;
et son règne n'aura pas de fin.
Je crois en l'Esprit Saint,
qui est Seigneur et qui donne la vie ;
il procède du Père et du Fils ;
Avec le Père et le Fils,
il reçoit même adoration et même gloire ;
il a parlé par les prophètes.
Je crois en l'Église,
une, sainte, catholique et apostolique.

Je reconnais un seul baptême
pour le pardon des péchés.
J'attends la résurrection des morts,
et la vie du monde à venir. Amen.

• Credo in unum Deum, Patrem omnipotentem,
factorem cæli et terrae, visibilium omnium et invisibilium.
Et in unum Dominum Iesum Christum,
Filium Dei unigenitum,
Et ex Patre natum ante omnia sæcula :
Deum de Deo, lumen de lumine,
Deum verum de Deo vero.
Genitum, non factum, consubstantialem Patri ;
per quem omnia facta sunt.
Qui propter nos homines, et propter nostram salutem,
descendit de cælis ;
Et incarnatus est de Spiritu Sancto ex Maria Virgine,
et homo factus est,
Crucifixus etiam pro nobis sub Pontio Pilato,
passus et sepultus est.
Et resurrexit tertia die, secundum Scripturas,
Et ascendit in cælum ; sedet ad dexteram Patris.
Et iterum venturus est cum gloria iudicare vivos et mortuos ;
cuius regni non erit finis.
Et in Spiritum Sanctum, Dominum et vivificantem ;
qui ex Patre Filioque procedit ;
Qui cum Patre et Filio simul adoratur et conglorificatur :
qui locutus est per prophetas.
Et unam, sanctam, catholicam et apostolicam Ecclesiam.
Confiteor unum baptisma in remissionem peccatorum.
Et exspecto resurrectionem mortuorum,
Et vitam venturi sæculi. Amen.

• *Symbole des Apôtres :*

Je crois en Dieu, le Père tout-puissant,
créateur du ciel et de la terre.
Et en Jésus Christ, son Fils unique,
notre Seigneur,
qui a été conçu du Saint-Esprit,
est né de la Vierge Marie,
a souffert sous Ponce Pilate,
a été crucifié, est mort et a été enseveli,
est descendu aux enfers,
le troisième jour est ressuscité des morts,
est monté aux cieux,
est assis à la droite de Dieu
le Père tout-puissant,
d'où il viendra juger les vivants et les morts.

Je crois en l'Esprit Saint,
à la sainte Église catholique,
à la communion des saints,
à la rémission des péchés,
à la résurrection de la chair,
à la vie éternelle.
Amen.

• *Dans certains cas, un autre formulaire est prévu, par exemple pour la confirmation, ou la profession de foi du baptême au cours de la nuit de Pâques,* *p. 356.*

Prière universelle

Nous exprimons devant Dieu, par de courtes intentions et un refrain, la prière des hommes et des femmes de ce temps à travers l'univers.

Il est bon que les formulations tiennent compte des besoins de l'Église et de ses responsables, des peuples et de leurs dirigeants, de ceux qui souffrent ou sont dans l'épreuve, et de la communauté réunie en ce lieu.

Quelques intentions sont suggérées dans les formulaires de ce missel. Plusieurs recueils existent, pour nous aider à formuler les nôtres.

Liturgie eucharistique

L'eucharistie est l'action de grâce rendue à Dieu pour Jésus Christ : par son sacrifice, rendu présent en chaque messe, il s'est offert par amour pour nous, afin de rétablir la communion entre Dieu et les hommes. Le sacrifice de sa mort, acceptée et vécue dans l'amour du Père et des hommes, est devenu passage vers la vraie vie.

Jésus Christ nous appelle désormais à partager cette vie nouvelle. Le baptême, avec la confirmation, nous y donne accès ; l'eucharistie nous procure l'aliment qui la nourrit. Cet aliment est Jésus lui-même qui nous présente son corps mort et ressuscité.

Ce corps transformé par le Saint-Esprit est rendu présent lorsque l'Église refait les gestes que fit Jésus la veille de sa mort :

1. Il prit du pain.
2. Il dit la prière d'action de grâce.
3. Il rompit le pain et le donna aux siens.

De là proviennent les grandes parties de la liturgie eucharistique.

1. PRÉPARATION DE L'AUTEL ET PRÉSENTATION DES DONS

Comme Jésus prit du pain et une coupe de vin lors de son dernier repas,

➤ on apporte du pain et du vin sur l'autel, et on les présente à Dieu (↗ p. 27) ;

■ **Prière sur les offrandes** (↗ messe du jour)

2. GRANDE PRIÈRE D'ACTION DE GRÂCE

Comme Jésus, le prêtre dit au nom de tous une grande prière d'action de grâce à Dieu le Père.

➤ **Dialogue d'introduction** (↗ p. 30)

➤ ■ **Préface :** le prêtre chante la louange de Dieu en évoquant le mystère célébré.

➤ **Sanctus** (↗ p. 37)

L'assemblée acclame le Dieu très saint.

➤ ■ **Prière eucharistique** (↗ p. 38)

Déjà commencée par la Préface et le Sanctus, cette grande prière se déploie selon une certaine variété, mais comporte normalement les éléments suivants :

- Une invocation à Dieu pour qu'il envoie l'Esprit Saint *(épiclèse)* sur le pain et sur le vin.
- Le récit du dernier repas de Jésus où il a institué l'eucharistie *(récit de l'institution)*. Le pain et le vin deviennent le corps et le sang, c'est-à-dire la personne, du Christ mort et ressuscité qui nous sauve *(consécration)*.
- Une acclamation de l'assemblée qui chante ces mystères.
- Une prière du prêtre qui en fait mémoire *(anamnèse)*.
- Une invocation à l'Esprit Saint pour qu'il unisse l'assemblée *(seconde épiclèse)*.
- Des intercessions pour l'Église et pour le monde, pour les vivants et les défunts, en union avec les responsables de l'Église, dans la communion des saints.
- Une conclusion en forme d'action de grâce à la Sainte Trinité *(doxologie)*.

3. FRACTION DU PAIN ET COMMUNION

Comme Jésus, le prêtre partage le pain. Avant de recevoir celui-ci, l'assemblée dit la prière des enfants de Dieu et accueille la paix que Dieu lui offre.

➤ NOTRE PÈRE (➚ p. 91)

➤ PRIÈRE ET RITE DE LA PAIX (➚ p. 92)

➤ FRACTION DU PAIN, pendant qu'on chante « Agneau de Dieu »

➤ COMMUNION

■ CHANT DE COMMUNION (➚ messe du jour)

■ PRIÈRE (➚ messe du jour)

CONCLUSION ET ENVOI

Le dernier repas de Jésus ne s'est pas clos sur lui-même : il a été suivi par le don total de Jésus sur la croix, qui a entraîné sa résurrection, le don de l'Esprit, et, finalement, l'envoi en mission.

➤ RITE DE CONCLUSION (➚ p. 95)

Présentation des dons

Préparation de l'autel

Les ministres préparent l'autel. Le pain et le vin peuvent être portés en procession par des membres de l'assemblée.

Quête

Elle permet aux fidèles de s'associer à la présentation des dons, en mettant en commun leurs offrandes, destinées à la vie de la communauté, aux activités d'Église et au partage avec les plus démunis.

Présentation des dons

Pour présenter les dons, le prêtre dit à voix basse (il peut le dire à haute voix s'il n'y a pas de chant ou de musique d'orgue) :

Traduction en usage	*Nouvelle traduction*
Tu es béni, Dieu de l'univers, toi qui nous donnes ce pain, fruit de la terre et du travail des hommes ; nous te le présentons : il deviendra le pain de la vie.	Tu es béni, Seigneur, Dieu de l'univers : nous avons reçu de ta bonté le pain que nous te présentons, fruit de la terre et du travail des hommes ; il deviendra pour nous le pain de la vie.

(R/. Béni soit Dieu, maintenant et toujours !)

En mettant l'eau dans le calice, le prêtre dit à voix basse :

Comme cette eau se mêle au vin pour le sacrement de l'Alliance, puissions-nous être unis à la divinité de Celui qui a pris (a voulu prendre) notre humanité.

Traduction en usage	*Nouvelle traduction*
Tu es béni, Dieu de l'univers, toi qui nous donnes ce vin, fruit de la vigne et du travail des hommes ; nous te le présentons : il deviendra le vin du Royaume éternel.	Tu es béni, Seigneur, Dieu de l'univers : nous avons reçu de ta bonté le vin que nous te présentons, fruit de la vigne et du travail des hommes ; il deviendra pour nous le vin du Royaume éternel.

(R/. **Béni soit Dieu, maintenant et toujours !**)

En s'inclinant au milieu de l'autel, le prêtre dit à voix basse :

Humbles et pauvres, nous te supplions, Seigneur, accueille-nous : que notre sacrifice, en ce jour, trouve grâce devant toi.

En se lavant les mains :

Lave-moi de mes fautes, Seigneur, (et) purifie-moi de mon péché.

Invitation à la prière

Prions ensemble,
au moment d'offrir le sacrifice de toute l'Église.
R/. **Pour la gloire de Dieu et le salut du monde.**

La nouvelle traduction propose d'abord :

Priez, frères et sœurs :
que mon sacrifice, et le vôtre,
soit agréable à Dieu le Père tout-puissant.
R/. **Que le Seigneur reçoive de vos mains ce sacrifice**
à la louange et à la gloire de son nom,
pour notre bien et celui de toute l'Église.

Prière sur les offrandes *(Voir à la messe du jour)*
Puis, les mains étendues, le prêtre dit la prière sur les offrandes.

Traduction en usage

Habituellement l'oraison se termine ainsi :

Par Jésus, le Christ notre Seigneur. R/. **Amen.**

Si elle s'adresse au Père, mais avec mention du Fils à la fin :

Lui qui règne avec toi pour les siècles des siècles. R/. **Amen.**

Si elle s'adresse au Fils :

Toi qui règnes pour les siècles des siècles. R/. **Amen.**

Nouvelle traduction

Habituellement l'oraison se termine ainsi :

Par le Christ, notre Seigneur. R/. **Amen.**

Si elle s'adresse au Père, mais avec mention du Fils à la fin :

Lui qui vit et règne pour les siècles des siècles.
R/. **Amen.**

Si elle s'adresse au Fils :

Toi qui vis et règnes pour les siècles des siècles.
R/. **Amen.**

Prière eucharistique

Le Seigneur soit avec vous.
Et avec votre esprit.
Élevons notre cœur.
Nous le tournons vers le Seigneur.
Rendons grâce au Seigneur notre Dieu.
Cela est juste et bon.

Préface

Traduction en usage

Certaines préfaces se trouvent dans les formulaires des messes (en particulier les préfaces de l'Avent).

Noël 1

Vraiment, il est juste et bon de te rendre gloire, de t'offrir notre action de grâce, toujours et en tout lieu, à toi, Père très saint, Dieu éternel et tout-puissant.
Car la révélation de ta gloire s'est éclairée pour nous d'une lumière nouvelle dans le mystère du Verbe incarné ; maintenant, nous connaissons en lui Dieu qui s'est rendu visible à nos yeux, et nous sommes entraînés par lui à aimer ce qui demeure invisible.
• C'est pourquoi, avec les anges et les archanges, avec les puissances d'en haut et tous les esprits bienheureux, nous chantons l'hymne de ta gloire et sans fin nous proclamons :
Saint !... (➚ p. 37)
• C'est pourquoi, avec les anges et tous les saints, nous proclamons ta gloire, en chantant (disant) d'une seule voix :
Saint !... (➚ p. 37)

Noël 2

Vraiment, il est juste et bon de te rendre gloire, de t'offrir notre action de grâce, toujours et en tout lieu, à toi, Père très saint, Dieu éternel et tout-puissant.
Dans le mystère de la Nativité, celui qui par nature est invisible se rend visible à nos yeux ; engendré avant le temps, il entre dans le cours du temps.
Faisant renaître en lui la création déchue, il RESTAURE TOUTE CHOSE et remet l'homme égaré sur le chemin de ton Royaume.
C'est pourquoi, avec les anges qui proclamaient ta gloire dans le ciel, nous voulons te bénir en chantant (disant) : **Saint !...**
(↗ p. 37)

Noël 3

Vraiment, il est juste et bon de te rendre gloire, de t'offrir notre action de grâce, toujours et en tout lieu, à toi, Père très saint, Dieu éternel et tout-puissant, par le Christ, notre Seigneur.
Par lui s'accomplit en ce jour l'échange merveilleux où nous sommes régénérés : lorsque ton Fils prend la condition de l'homme, la nature humaine en reçoit une incomparable noblesse ; il devient tellement l'un de nous que NOUS DEVENONS ÉTERNELS.
C'est pourquoi, avec les anges qui proclamaient ta gloire dans les cieux, pleins de joie, nous chantons (disons) : **Saint !...**
(↗ p. 37)

Carême 1

Vraiment, il est juste et bon de te rendre gloire, de t'offrir notre action de grâce, toujours et en tout lieu, à toi, Père très saint, Dieu éternel et tout-puissant, par le Christ, notre Seigneur.
Car chaque année, tu accordes aux chrétiens de se préparer aux fêtes pascales dans la joie d'un CŒUR PURIFIÉ ; de sorte qu'en se donnant davantage à la prière, en témoignant plus

d'amour pour le prochain, fidèles aux sacrements qui les ont fait renaître, ils soient comblés de la grâce que tu réserves à tes fils.

• C'est pourquoi, avec les anges et les archanges, avec les puissances d'en haut et tous les esprits bienheureux, nous chantons l'hymne de ta gloire et sans fin nous proclamons : **Saint !...** (↗ p. 37)

• C'est pourquoi, avec les anges et tous les saints, nous proclamons ta gloire, en chantant (disant) d'une seule voix : **Saint !...** (↗ p. 37)

Carême 2

Vraiment, il est juste et bon de te rendre gloire, de t'offrir notre action de grâce, toujours et en tout lieu, à toi, Père très saint, Dieu éternel et tout-puissant.

Tu offres à tes enfants ce TEMPS DE GRÂCE pour qu'ils retrouvent la pureté du cœur. Tu veux qu'ils se libèrent de leurs égoïsmes, afin qu'en travaillant à ce monde qui passe, ils s'attachent surtout aux choses qui ne passent pas.

C'est pourquoi, avec les anges et tous les saints, nous chantons et proclamons : **Saint !...** (↗ p. 37)

Carême 3

Vraiment, il est juste et bon de te rendre gloire, de t'offrir notre action de grâce, toujours et en tout lieu, à toi, Père très saint, Dieu éternel et tout-puissant.

Tu accueilles nos pénitences comme une offrande à ta gloire ; car nos privations, tout en abaissant notre orgueil, nous invitent à IMITER TA MISÉRICORDE et à partager avec ceux qui ont faim.

C'est pourquoi, avec les anges et tous les saints, nous chantons et proclamons : **Saint !...** (↗ p. 37)

Temps pascal 1 *(semaine pascale)*

Vraiment, il est juste et il est bon de te glorifier, Seigneur, en tout temps, mais plus encore en cette nuit (*ou* aujourd'hui *ou* en ces jours) où le Christ, notre Pâque, a été immolé : car il est l'Agneau véritable qui a enlevé le péché du monde ; en mourant, il a détruit notre mort ; en ressuscitant, il nous a RENDU LA VIE.

C'est pourquoi le peuple des baptisés, rayonnant de la joie pascale, exulte par toute la terre, tandis que les anges, dans le ciel, chantent sans fin l'hymne de ta gloire : **Saint !...** (➚ p. 37)

Temps pascal 2

Vraiment, il est juste et il est bon de te glorifier, Seigneur, en tout temps, mais plus encore en ces jours où le Christ, notre Pâque, a été immolé. Grâce à lui, se lèvent des enfants de lumière pour une vie éternelle, et les portes du Royaume des cieux s'ouvrent pour accueillir les croyants. Oui, nous te rendons gloire, car sa mort nous AFFRANCHIT DE LA MORT, et dans le mystère de la résurrection chacun de nous est déjà ressuscité.

C'est pourquoi le peuple des baptisés... (➚ Temps pascal 1, p. 33)

Temps pascal 3

Vraiment, il est juste et il est bon de te glorifier, Seigneur, en tout temps, mais plus encore en ces jours où le Christ, notre Pâque, a été immolé, lui qui ne cesse pas de s'offrir pour nous, et qui reste éternellement notre défenseur auprès de toi ; immolé, il a vaincu la mort ; mis à mort, il est TOUJOURS VIVANT.

C'est pourquoi le peuple des baptisés... (➚ Temps pascal 1, p. 33)

Temps pascal 4

Vraiment, il est juste et il est bon de te glorifier, Seigneur, en tout temps, mais plus encore en ces jours où le Christ, notre

Pâque, a été immolé. En détruisant un monde déchu, il fait une CRÉATION NOUVELLE ; et c'est de lui que nous tenons désormais la vie qu'il possède en plénitude.
C'est pourquoi le peuple des baptisés... (↗ Temps pascal 1, p. 33)

Temps pascal 5

Vraiment, il est juste et il est bon de te glorifier, Seigneur, en tout temps, mais plus encore en ces jours où le Christ, notre Pâque, a été immolé. Quand il livre son corps sur la croix, tous les sacrifices de l'Ancienne Alliance parviennent à leur achèvement ; et quand il s'offre pour notre salut, il est à lui seul L'AUTEL, LE PRÊTRE ET LA VICTIME.
C'est pourquoi le peuple des baptisés... (↗ Temps pascal 1, p. 33)

Dimanches du temps ordinaire 1

Vraiment, il est juste et bon de te rendre gloire, de t'offrir notre action de grâce, toujours et en tout lieu, à toi, Père très saint, Dieu éternel et tout-puissant, par le Christ, notre Seigneur. Dans le mystère de sa Pâque, il a fait une œuvre merveilleuse : car nous étions esclaves de la mort et du péché, et nous sommes appelés à partager sa gloire ; nous portons désormais ces noms glorieux : nation sainte, peuple racheté, race choisie, sacerdoce royal ; nous pouvons ANNONCER AU MONDE LES MERVEILLES que tu as accomplies, toi qui nous fais passer des ténèbres à ton admirable lumière.

• C'est pourquoi, avec les anges et les archanges, avec les puissances d'en haut et tous les esprits bienheureux, nous chantons l'hymne de ta gloire et sans fin nous proclamons : **Saint !...** (↗ p. 37)

• C'est pourquoi, avec les anges et tous les saints, nous proclamons ta gloire, chantant (disant) d'une seule voix : **Saint !...** (↗ p. 37)

Dimanches du temps ordinaire 2

Vraiment, il est juste et bon de te rendre gloire, de t'offrir notre action de grâce, toujours et en tout lieu, à toi, Père très saint, Dieu éternel et tout-puissant, par le Christ, notre Seigneur.
Dans sa pitié pour notre misère, il a voulu naître d'une femme, la Vierge Marie. Par sa passion et sa croix, il nous a délivrés de la mort éternelle ; par sa résurrection d'entre les morts, il nous a DONNÉ LA VIE qui n'aura pas de fin.
• C'est pourquoi (➚ *préface précédente*).

Dimanches du temps ordinaire 3

Vraiment, il est juste et bon de te rendre gloire, de t'offrir notre action de grâce, toujours et en tout lieu, à toi, Père très saint, Dieu éternel et tout-puissant.
Oui, nous le reconnaissons : afin de secourir tous les hommes, tu mets en œuvre ta puissance ; et tu te sers de notre condition mortelle pour nous AFFRANCHIR DE LA MORT : ainsi notre existence périssable devient un passage vers le salut, par le Christ, notre Seigneur.
C'est par lui que les anges, assemblés devant toi, adorent ta gloire ; à leur hymne de louange, laisse-nous joindre nos voix pour chanter et proclamer : **Saint !...** (➚ p. 37)

Dimanches du temps ordinaire 4

Vraiment, il est juste et bon de te rendre gloire, de t'offrir notre action de grâce, toujours et en tout lieu, à toi, Père très saint, Dieu éternel et tout-puissant, par le Christ notre Seigneur.
En naissant parmi les hommes, il les APPELLE À RENAÎTRE ; en souffrant sa passion, il a supprimé nos fautes ; par sa résurrection d'entre les morts, il donne accès à la vie éternelle, et par son ascension auprès de toi, notre Père, il nous ouvre le ciel.

C'est pourquoi, avec tous les anges et tous les saints, nous chantons l'hymne de ta gloire et sans fin nous proclamons : **Saint !...** (↗ p. 37)

Dimanches du temps ordinaire 5

Vraiment, il est juste et bon de te rendre gloire, de t'offrir notre action de grâce, toujours et en tout lieu, à toi, Père très saint, Dieu éternel et tout-puissant, à toi, Créateur de tous les éléments du monde, Maître des temps et de l'histoire.
C'est toi qui as formé l'homme à ton image et lui as soumis l'univers et ses merveilles ; tu lui as confié ta création pour qu'en ADMIRANT TON ŒUVRE il ne cesse de te rendre grâce par le Christ, notre Seigneur.
C'est toi que la terre et le ciel, avec les anges et les archanges, ne cessent d'acclamer en chantant : **Saint !...** (↗ p. 37)

Dimanches du temps ordinaire 6

Vraiment, il est juste et bon de te rendre gloire, Père très saint, Dieu éternel et tout-puissant de qui nous tenons la vie, la croissance et l'être.
Dans cette existence de chaque jour que nous recevons de ta grâce, la vie éternelle est déjà commencée : nous avons reçu les premiers dons de l'Esprit par qui tu as ressuscité Jésus d'entre les morts, et NOUS VIVONS DANS L'ESPÉRANCE que s'accomplisse en nous le mystère de Pâques.
C'est pourquoi avec tous les anges du ciel, nous voulons te bénir et t'acclamer en chantant (disant) d'une seule voix : **Saint !...** (↗ p. 37)

Dimanches du temps ordinaire 7

Vraiment, il est juste et bon de te rendre gloire, de t'offrir notre action de grâce, toujours et en tout lieu, à toi, Père très saint, Dieu éternel et tout-puissant.

Ton amour pour le monde est si grand que tu nous as envoyé un Sauveur ; tu l'as voulu semblable aux hommes en toute chose à l'exception du péché, afin d'aimer en nous ce que tu aimais en lui : nous avions rompu TON ALLIANCE, NOUS LA RETROUVONS dans l'obéissance de ton Fils.
Voilà pourquoi, Seigneur, avec les anges et tous les saints, nous proclamons ta gloire en chantant (disant) : **Saint !...** (↗ p. 37)

Dimanches du temps ordinaire 8

Vraiment, il est juste et bon de te rendre gloire, de t'offrir notre action de grâce, toujours et en tout lieu, à toi, Père très saint, Dieu éternel et tout-puissant.
Par le sang que ton Fils a versé, par le souffle de ton Esprit créateur, tu as ramené vers toi tes enfants que le péché avait éloignés ; et ce peuple, unifié par la Trinité sainte, c'est l'ÉGLISE, gloire de ta Sagesse, Corps du Christ et Temple de l'Esprit.
Et nous qui sommes rassemblés pour te rendre grâce, avec les anges du ciel nous te chantons : **Saint !...** (↗ p. 37)

Sanctus

• **Saint ! Saint ! Saint, le Seigneur, Dieu de l'univers !**
Le ciel et la terre sont remplis de ta gloire.
Hosanna au plus haut des cieux.
Béni soit celui qui vient au nom du Seigneur.
Hosanna au plus haut des cieux.

• Sanctus, Sanctus, Sanctus, Dominus Deus Sabaoth !
Pleni sunt cæli et terra gloria tua. Hosanna in excelsis !
Benedictus qui venit in nomine Domini. Hosanna in excelsis !

Suite de la prière eucharistique

Traduction en usage	*Nouvelle traduction*
Père infiniment bon...	**Toi, Père très aimant...**
Prière eucharistique 1, p. 40	Prière eucharistique 1, p. 41
Toi qui es vraiment saint...	**Toi qui es vraiment saint...**
Prière eucharistique 2, p. 50	Prière eucharistique 2, p. 51
Tu es vraiment saint, Dieu de l'univers...	**Tu es vraiment saint, Dieu de l'univers...**
Prière eucharistique 3, p. 58	Prière eucharistique 3, p. 59
Père très saint, nous proclamons...	**Père très saint, nous proclamons...**
Prière eucharistique 4, p. 68	Prière eucharistique 4, p. 69

Traduction en usage

Toi qui fais depuis les origines ce qui est bon...
Pour la réconciliation 1, ↗ p. 72
Dieu de l'univers, nous te rendons grâce...
Pour la réconciliation 2, ↗ p. 75
Vraiment, tu es saint et digne de louange...
Pour des circonstances particulières, ↗ p. 78
Dieu notre Père, tu nous as réunis...
Pour assemblées avec enfants 1, ↗ p. 83
Oui, béni soit Jésus, ton envoyé...
Pour assemblées avec enfants 2, ↗ p. 86
Oui, Dieu, tu es saint, tu es bon pour nous...
Pour assemblées avec enfants 3, ↗ p. 88

Acclamations après la consécration

Traduction en usage

• Il est grand, le mystère de la foi :
**Nous proclamons ta mort, Seigneur Jésus,
nous célébrons ta résurrection,
nous attendons ta venue dans la gloire.**

• Quand nous mangeons ce pain et buvons à cette coupe,
nous célébrons le mystère de la foi :
**Nous rappelons ta mort, Seigneur ressuscité,
et nous attendons que tu viennes.**

• Proclamons le mystère de la foi :
**Gloire à toi qui étais mort, gloire à toi qui es vivant,
notre Sauveur et notre Dieu : Viens, Seigneur Jésus !**

Nouvelle traduction

I. Il est grand, le mystère de la foi :

R/. **Nous annonçons ta mort, Seigneur Jésus,
nous proclamons ta résurrection,
nous attendons ta venue dans la gloire.**

II. Acclamons le mystère de la foi :

R/. **Quand nous mangeons ce Pain
et buvons à cette Coupe,
nous annonçons ta mort, Seigneur ressuscité,
et nous attendons que tu viennes.**

III. Qu'il soit loué, le mystère de la foi :

R/. **Sauveur du monde, sauve-nous !
Par ta croix et ta résurrection, tu nous as libérés.**

ou Proclamons le mystère de la foi :

R/. **Gloire à toi qui étais mort,
gloire à toi qui es vivant,
notre Sauveur et notre Dieu :
Viens, Seigneur Jésus !**

Prière eucharistique 1

Dialogue d'introduction et préface, p. 30, Sanctus, p. 37.

Traduction en usage

Père infiniment bon, toi vers qui montent nos louanges, nous te supplions par Jésus Christ, ton Fils, notre Seigneur, d'accepter et de bénir ✠ ces offrandes saintes.
Nous te les présentons avant tout pour ta sainte Église catholique : accorde-lui la paix et protège-la, daigne la rassembler dans l'unité et la gouverner par toute la terre ; nous les présentons en même temps pour ton serviteur le Pape N., pour notre évêque N. et tous ceux qui veillent fidèlement sur la foi catholique reçue des Apôtres.

Souviens-toi, Seigneur, de tes serviteurs (N. et N.), et de tous ceux qui sont ici réunis, dont tu connais la foi et l'attachement. Nous t'offrons pour eux, ou ils t'offrent pour eux-mêmes et tous les leurs ce sacrifice de louange, pour leur propre rédemption, pour le salut qu'ils espèrent ; et ils te rendent cet hommage, à toi Dieu éternel, vivant et vrai.

Textes propres : page suivante.

Dans la communion de toute l'Église, en ce premier jour de la semaine, nous célébrons le jour où le Christ est ressuscité d'entre les morts ; et nous voulons nommer en premier lieu la bienheureuse Marie toujours Vierge, Mère de notre Dieu et Seigneur, Jésus Christ ; saint Joseph, son époux, les saints Apôtres et Martyrs Pierre et Paul, André, (Jacques et Jean, Thomas, Jacques et Philippe, Barthélemy et Matthieu, Simon et Jude, Lin, Clet, Clément, Sixte, Corneille et Cyprien, Laurent, Chrysogone, Jean et Paul, Côme et Damien,) et tous les saints. Accorde-nous, par leur prière et leurs mérites, d'être, toujours et partout, forts de ton secours et de ta protection. (Par le Christ, notre Seigneur. Amen.)

N.B. *Le texte entre parenthèses est facultatif.*

Prière eucharistique I
ou Canon romain

Dialogue d'introduction et préface, p. 30, Sanctus, p. 37.

Nouvelle traduction

Toi, Père très aimant, nous te prions et te supplions par Jésus Christ, ton Fils, notre Seigneur, d'accepter et de bénir ✠ ces dons, ces offrandes, sacrifice pur et saint, que nous te présentons avant tout pour ta sainte Église catholique : accorde-lui la paix et protège-la, daigne la rassembler dans l'unité et la gouverner par toute la terre ; nous les présentons en union avec ton serviteur notre Pape N., notre Évêque N., et tous ceux qui gardent fidèlement la foi catholique reçue des Apôtres.

Souviens-toi, Seigneur, de tes serviteurs et de tes servantes (de N. et de N.), et de tous ceux qui sont ici réunis, dont tu connais la foi et l'attachement. Nous t'offrons pour eux, ou ils t'offrent pour eux-mêmes et tous les leurs ce sacrifice de louange, pour leur propre rédemption, pour la paix et le salut qu'ils espèrent ; ils te rendent cet hommage, à toi, Dieu éternel, vivant et vrai.

Textes propres : page suivante.

Unis dans une même communion, [*dimanche :* nous célébrons le jour où le Christ est ressuscité d'entre les morts, et] vénérant d'abord la mémoire de la bienheureuse Marie toujours Vierge, Mère de notre Dieu et Seigneur, Jésus Christ, † et celle de saint Joseph, son époux, des bienheureux Apôtres et martyrs Pierre et Paul, André, (Jacques et Jean, Thomas, Jacques et Philippe, Barthélemy et Matthieu, Simon et Jude, Lin, Clet, Clément, Sixte, Corneille et Cyprien, Laurent, Chrysogone, Jean et Paul, Côme et Damien,) et de tous les saints, nous t'en supplions : accorde-nous, par leur prière et leurs mérites, d'être toujours et partout, forts de ton secours et de ta protection. (Par le Christ, notre Seigneur. Amen.)

Traduction en usage

Aux grandes fêtes : **D**ans la communion de toute l'Église, nous célébrons le jour (très saint) (la nuit très sainte)

Noël : où Marie, dans la gloire de sa virginité, enfanta le Sauveur du monde ; et nous voulons nommer...

Épiphanie : où ton Fils unique qui partage éternellement ta propre gloire s'est manifesté à nos yeux dans un vrai corps pris de notre chair ; et nous voulons nommer...

Jeudi saint : où notre Seigneur Jésus Christ fut livré pour nous ; et nous voulons nommer...

Pâques : où ressuscita selon la chair notre Seigneur Jésus Christ ; et nous voulons nommer...

Ascension : où notre Seigneur, ton Fils unique, ayant pris notre nature avec sa faiblesse, la fit entrer dans ta gloire, à ta droite ; et nous voulons nommer...

Pentecôte : de la Pentecôte, où l'Esprit Saint s'est manifesté aux Apôtres par d'innombrables langues de feu ; et nous voulons nommer...

Assomption : où la Vierge Marie a été élevée dans la gloire du ciel, et nous voulons nommer en premier lieu cette Vierge bienheureuse...

Toussaint : consacré à la mémoire de tous les saints : ils ont imité le Christ pendant leur vie et, à leur mort, ils ont reçu de lui la couronne de gloire : et nous voulons nommer...

Voici l'offrande que nous présentons devant toi, nous, tes serviteurs, et ta famille entière : dans ta bienveillance, accepte-la. Assure toi-même la paix de notre vie, arrache-nous à la damnation et reçois-nous parmi tes élus. (Par le Christ, notre Seigneur. Amen.)

Nouvelle traduction

Aux grandes fêtes : **U**nis dans une même communion, nous célébrons le jour très saint (la nuit très sainte)

Noël : où Marie, dans la gloire de sa virginité, enfanta le Sauveur du monde ; et vénérant d'abord la mémoire de cette Vierge bienheureuse, la Mère de notre Dieu et Seigneur, Jésus Christ, †

Épiphanie : où ton Fils unique qui partage éternellement ta propre gloire s'est manifesté à nos yeux dans un vrai corps pris de notre chair ; et vénérant d'abord la mémoire de la bienheureuse Marie toujours Vierge, Mère de notre Dieu et Seigneur, Jésus Christ, †

Pâques : où ressuscita selon la chair notre Seigneur Jésus Christ ; et vénérant d'abord la mémoire de la bienheureuse Marie toujours Vierge, Mère de notre Dieu et Seigneur, Jésus Christ, †

Ascension : où notre Seigneur, ton Fils unique, ayant pris notre nature avec sa faiblesse, la fit entrer dans ta gloire, à ta droite ; et vénérant d'abord la mémoire de la bienheureuse Marie toujours Vierge, Mère de notre Dieu et Seigneur, Jésus Christ, †

Pentecôte : très saint de la Pentecôte, où l'Esprit Saint s'est manifesté aux Apôtres par d'innombrables langues de feu ; et vénérant d'abord la mémoire de la bienheureuse Marie toujours Vierge, Mère de notre Dieu et Seigneur, Jésus Christ, †

Assomption : où la Vierge Marie a été élevée dans la gloire du ciel ; et vénérant d'abord la mémoire de cette Vierge bienheureuse, la Mère de notre Dieu et Seigneur, Jésus Christ, †

Toussaint : consacré à la mémoire de tous les saints : ils ont imité le Christ pendant leur vie et, à leur mort, ils ont reçu de lui la couronne de gloire ; et vénérant d'abord la mémoire de la bienheureuse Marie toujours Vierge, Mère de notre Dieu et Seigneur, Jésus Christ, †

Voici donc l'offrande que nous présentons devant toi, nous, tes serviteurs, et ta famille entière : Seigneur, dans ta bienveillance, accepte-la. Assure toi-même la paix de notre vie, arrache-nous à la damnation éternelle et veuille nous admettre au nombre de tes élus. (Par le Christ, notre Seigneur. Amen.)

Traduction en usage

Jeudi saint : ... et ta famille entière, le jour même où notre Seigneur Jésus Christ a livré à ses disciples, pour qu'ils les célèbrent, les mystères de son corps et de son sang. Nous t'en prions, Seigneur, accepte cette offrande. Assure toi-même...

De Pâques au dimanche suivant : et ta famille entière, spécialement pour ceux que tu as fait renaître de l'eau et de l'Esprit Saint en pardonnant tous leurs péchés. Nous t'en prions, Seigneur, accepte cette offrande. Assure toi-même...

Sanctifie pleinement cette offrande par la puissance de ta bénédiction, rends-la parfaite et digne de toi : qu'elle devienne pour nous le corps et le sang de ton Fils bien-aimé, Jésus Christ, notre Seigneur.

La veille de sa passion,

Jeudi saint : La veille du jour où il devait souffrir pour notre salut et celui de tous les hommes, c'est-à-dire aujourd'hui...

il prit le pain dans ses mains très saintes et, les yeux levés au ciel, vers toi, Dieu, son Père tout-puissant, en te rendant grâce il le bénit, le rompit, et le donna à ses disciples, en disant :

> « Prenez, et mangez-en tous :
> ceci est mon corps livré pour vous. »

De même, à la fin du repas, il prit dans ses mains cette coupe incomparable ; et te rendant grâce à nouveau, il la bénit, et la donna à ses disciples, en disant :

> « Prenez, et buvez-en tous,
> car ceci est la coupe de mon sang,
> le sang de l'Alliance nouvelle et éternelle,
> qui sera versé pour vous et pour la multitude,
> en rémission des péchés.
> Vous ferez cela, en mémoire de moi. »

Nouvelle traduction

Jeudi saint : ... et ta famille entière, le jour même où notre Seigneur Jésus Christ a livré à ses disciples, pour qu'ils les célèbrent, les mystères de son corps et de son sang. Nous t'en prions, Seigneur, dans ta bienveillance, accepte cette offrande. Assure toi-même...

De Pâques au dimanche suivant : et ta famille entière, particulièrement pour les baptisés de Pâques que tu as fait renaître de l'eau et de l'Esprit Saint, en pardonnant tous leurs péchés. Nous t'en prions, Seigneur, dans ta bienveillance, accepte cette offrande. Assure toi-même...

Seigneur Dieu, nous t'en prions, daigne bénir et accueillir cette offrande, accepte-la pleinement, rends-la parfaite et digne de toi : qu'elle devienne pour nous le Corps et le Sang de ton Fils bien-aimé, Jésus, le Christ, notre Seigneur.

La veille de sa passion, il prit le pain dans ses mains très saintes et, les yeux levés au ciel, vers toi, Dieu, son Père tout-puissant, en te rendant grâce il dit la bénédiction, il rompit le pain, et le donna à ses disciples, en disant :

« PRENEZ, ET MANGEZ-EN TOUS :
CECI EST MON CORPS
LIVRÉ POUR VOUS. »

De même, après le repas, il prit cette coupe incomparable dans ses mains très saintes ; et, te rendant grâce à nouveau, il dit la bénédiction, et donna la coupe à ses disciples, en disant :

« PRENEZ, ET BUVEZ-EN TOUS,
CAR CECI EST LA COUPE DE MON SANG,
LE SANG DE L'ALLIANCE NOUVELLE ET ÉTERNELLE,
QUI SERA VERSÉ
POUR VOUS ET POUR LA MULTITUDE
EN RÉMISSION DES PÉCHÉS.
VOUS FEREZ CELA EN MÉMOIRE DE MOI. »

Traduction en usage

Acclamations après la consécration, p. 39.

C'est pourquoi nous aussi, tes serviteurs, et ton peuple saint avec nous, faisant mémoire de la passion bienheureuse de ton Fils, Jésus Christ, notre Seigneur, de sa résurrection du séjour des morts et de sa glorieuse ascension dans le ciel, nous te présentons, Dieu de gloire et de majesté, cette offrande prélevée sur les biens que tu nous donnes, le sacrifice pur et saint, le sacrifice parfait, pain de la vie éternelle et coupe du salut.
Et comme il t'a plu d'accueillir les présents d'Abel le Juste, le sacrifice de notre père Abraham, et celui que t'offrit Melkisédek, ton grand prêtre, en signe du sacrifice parfait, regarde cette offrande avec amour et, dans ta bienveillance, accepte-la.
Nous t'en supplions, Dieu tout-puissant : qu'elle soit portée par ton ange en présence de ta gloire, sur ton autel céleste, afin qu'en recevant ici, par notre communion à l'autel, le corps et le sang de ton Fils, nous soyons comblés de ta grâce et de tes bénédictions. (Par le Christ, notre Seigneur. Amen.)

Souviens-toi de tes serviteurs (N. et N.), qui nous ont précédés, marqués du signe de la foi, et qui dorment dans la paix... Pour eux et pour tous ceux qui reposent dans le Christ, nous implorons ta bonté : qu'ils entrent dans la joie, la paix et la lumière. (Par le Christ, notre Seigneur. Amen.)

Et nous, pécheurs, qui mettons notre espérance en ta miséricorde inépuisable, admets-nous dans la communauté des bienheureux Apôtres et Martyrs, de Jean Baptiste, Étienne, Matthias et Barnabé (Ignace, Alexandre, Marcellin et Pierre, Félicité et Perpétue, Agathe, Lucie, Agnès, Cécile, Anastasie) et de tous les saints. Accueille-nous dans leur compagnie, sans nous juger sur le mérite mais en accordant ton pardon, par Jésus Christ, notre Seigneur.

Nouvelle traduction

Acclamations après la consécration, p. 39.

Voilà pourquoi nous, tes serviteurs, et ton peuple saint avec nous, faisant mémoire de la passion bienheureuse de ton Fils, Jésus, le Christ, notre Seigneur, de sa résurrection du séjour des morts et de sa glorieuse ascension dans le ciel, nous te présentons, Dieu de gloire et de majesté, cette offrande prélevée sur les biens que tu nous donnes, le sacrifice pur et saint, le sacrifice parfait, Pain de la vie éternelle et Coupe du salut.
Et comme il t'a plu d'accueillir les présents de ton serviteur Abel le Juste, le sacrifice d'Abraham, notre père dans la foi, et celui que t'offrit Melkisédek, ton grand prêtre, oblation sainte et immaculée, regarde ces offrandes avec amour et, dans ta bienveillance, accepte-les.
Nous t'en supplions, Dieu tout-puissant : Qu'elles soient portées par les mains de ton saint Ange en présence de ta gloire, sur ton autel céleste, afin qu'en recevant ici, par notre communion à l'autel, le Corps et le Sang très saints de ton Fils, nous soyons comblés de la grâce et de toute bénédiction du ciel. (Par le Christ, notre Seigneur. Amen.)

Souviens-toi aussi, Seigneur, de tes serviteurs et de tes servantes (de N. et N.) qui nous ont précédés, marqués du signe de la foi, et qui dorment dans la paix (prière en silence). Pour eux et pour tous ceux qui reposent dans le Christ, nous implorons ta bonté, Seigneur : qu'ils demeurent dans la joie, la lumière et la paix. (Par le Christ, notre Seigneur. Amen.)

Et nous pécheurs, tes serviteurs, qui mettons notre espérance en ta miséricorde inépuisable, admets-nous dans la communauté des saints Apôtres et martyrs, avec Jean Baptiste, Étienne, Matthias et Barnabé, (Ignace, Alexandre, Marcellin et Pierre, Félicité et Perpétue, Agathe, Lucie, Agnès, Cécile, Anastasie,) et tous les saints ; nous t'en prions, accueille-nous dans leur compagnie, sans nous juger sur le mérite mais en accordant largement ton pardon. Par le Christ, notre Seigneur.

Traduction en usage

C'est par lui que tu ne cesses de créer tous ces biens, que tu les bénis, leur donnes la vie, les sanctifies et nous en fais le don.

Par lui, avec lui et en lui, à toi, Dieu le Père tout-puissant, dans l'unité du Saint-Esprit, tout honneur et toute gloire, pour les siècles des siècles. **Amen.**

Suite de la célébration : p. 91.

Nouvelle traduction

Par lui, tu ne cesses de créer tous ces biens, tu les sanctifies, leur donnes la vie, les bénis, et nous en fais le don.

Par lui, avec lui et en lui, à toi, Dieu le Père tout-puissant, dans l'unité du Saint-Esprit, tout honneur et toute gloire, pour les siècles des siècles. **Amen.**

Prière eucharistique 2

Dialogue d'introduction, p. 30.

Traduction en usage

Vraiment, Père très saint, il est juste et bon de te rendre grâce, toujours et en tout lieu, par ton Fils bien-aimé, Jésus Christ : car il est ta Parole vivante, par qui tu as créé toutes choses. C'est lui que tu nous as envoyé comme Rédempteur et Sauveur, Dieu fait homme, conçu de l'Esprit Saint, né de la Vierge Marie ; pour accomplir jusqu'au bout ta volonté et rassembler du milieu des hommes un peuple saint qui t'appartienne, il étendit les mains à l'heure de sa passion, afin que soit brisée la mort, et que la résurrection soit manifestée. C'est pourquoi, avec les anges et tous les saints, nous proclamons ta gloire, en chantant (disant) d'une seule voix :

Saint ! Saint ! Saint, le Seigneur, Dieu de l'univers !
Le ciel et la terre sont remplis de ta gloire.
Hosanna au plus haut des cieux.
Béni soit celui qui vient au nom du Seigneur.
Hosanna au plus haut des cieux.

Le dimanche :

Toi qui es vraiment saint, toi qui es la source de toute sainteté, nous voici rassemblés devant toi, et, dans la communion de toute l'Église, en ce premier jour de la semaine nous célébrons le jour où le Christ est ressuscité d'entre les morts. Par lui que tu as élevé à ta droite, Dieu notre Père, nous te prions :

En semaine :

Toi qui es vraiment saint, toi qui es la source de toute sainteté, Seigneur, nous te prions : **S**anctifie cette offrande...

Aux jours de fête :

Toi qui es vraiment saint, toi qui es la source de toute sainteté, nous voici rassemblés devant toi, et, dans la communion de toute l'Église...

Prière eucharistique 2

Dialogue d'introduction, p. 30.

Nouvelle traduction

Vraiment, Père très saint, il est juste et bon, pour ta gloire et notre salut, de t'offrir notre action de grâce, toujours et en tout lieu, par ton Fils bien-aimé, Jésus, le Christ : il est ta Parole par qui tu as créé toutes choses ; c'est lui que tu nous as envoyé comme Rédempteur et Sauveur, Dieu fait homme, conçu de l'Esprit Saint, né de la Vierge Marie. Pour accomplir jusqu'au bout ta volonté et rassembler un peuple saint qui t'appartienne, il étendit les mains à l'heure de sa passion, afin de briser la mort, et de manifester la résurrection. C'est pourquoi, avec les anges et tous les saints, nous chantons ta gloire, et d'une seule voix nous proclamons :

Saint ! Saint ! Saint, le Seigneur, Dieu de l'univers !
Le ciel et la terre sont remplis de ta gloire.
Hosanna au plus haut des cieux.
Béni soit celui qui vient au nom du Seigneur.
Hosanna au plus haut des cieux.

Le dimanche :

Toi qui es vraiment Saint, toi qui es la source de toute sainteté, Dieu notre Père, nous voici rassemblés devant toi, et, dans la communion de toute l'Église, nous célébrons le jour où le Christ est ressuscité d'entre les morts. Par lui que tu as élevé à ta droite, nous te prions : † Sanctifie...

En semaine :

Toi qui es vraiment saint, toi qui es la source de toute sainteté, Seigneur, nous te prions : Sanctifie ces offrandes...

Aux jours de fête :

Toi qui es vraiment saint, toi qui es la source de toute sainteté, nous voici rassemblés devant toi, et, dans la communion de toute l'Église...

Traduction en usage

Noël ... nous célébrons (la nuit très sainte) le jour très saint où Marie, dans la gloire de sa virginité, enfanta le Sauveur du monde. Par lui, notre Rédempteur et notre Seigneur, Dieu notre Père, nous te prions : **S**anctifie...

Épiphanie ... nous célébrons le jour très saint où ton Fils unique qui partage éternellement ta propre gloire s'est manifesté à nos yeux dans un vrai corps pris de notre chair. Par lui, notre Rédempteur et notre Sauveur, Dieu notre Père, nous te prions : **S**anctifie...

Jeudi saint ... nous célébrons le jour très saint où notre Seigneur Jésus Christ fut livré pour nous. Par lui, notre Rédempteur et Sauveur, que tu as glorifié, Dieu notre Père, nous te prions : **S**anctifie.

Pâques ... nous célébrons (la nuit très sainte) le jour très saint où ressuscita selon la chair notre Seigneur Jésus Christ. Par lui, que tu as élevé à ta droite, Dieu notre Père, nous te prions : **S**anctifie...

Ascension ... nous célébrons le jour très saint où notre Seigneur, ton Fils unique, ayant pris notre nature avec sa faiblesse, la fit entrer dans la gloire, près de toi. Par lui, qui siège désormais à ta droite, Dieu notre Père, nous te prions : **S**anctifie...

Pentecôte ... nous célébrons le jour très saint de la Pentecôte, où l'Esprit Saint s'est manifesté aux Apôtres par d'innombrables langues de feu, et nous te prions, Seigneur : **S**anctifie...

Assomption ... nous célébrons le jour où la Vierge, Mère de Dieu, a été élevée au ciel, dans la gloire de son Fils, Jésus Christ, notre Seigneur. Par lui, qui est à l'origine de notre foi et qui la mène à sa perfection, Dieu notre Père, nous te prions : **S**anctifie...

Toussaint ... nous célébrons le jour consacré à la mémoire de tous les saints : ils ont suivi le Christ pendant leur vie et, à leur mort, ils ont reçu de lui la couronne de gloire : par lui, qui est à l'origine de notre foi et qui la mène à sa perfection, Dieu notre Père, nous te prions : **S**anctifie...

Sanctifie ces offrandes en répandant sur elles ton Esprit ; qu'elles deviennent pour nous le corps † et le sang de Jésus, le Christ, notre Seigneur.

Nouvelle traduction

Noël ...nous célébrons (la nuit très sainte) le jour très saint où Marie, dans la gloire de sa virginité, enfanta le Sauveur du monde. Par lui, notre Rédempteur et notre Seigneur, nous te prions : † **S**anctifie

Épiphanie ...nous célébrons le jour très saint où ton Fils unique qui partage éternellement ta propre gloire s'est manifesté à nos yeux dans un vrai corps pris de notre chair. Par lui, notre Rédempteur et notre Sauveur, nous te prions : † **S**anctifie

Jeudi saint ... nous célébrons le jour très saint où notre Seigneur Jésus Christ fut livré pour nous. Par lui, notre Rédempteur et Sauveur, que tu as glorifié, nous te supplions : † **S**anctifie.

Pâques ... nous célébrons (la nuit très sainte) le jour très saint où ressuscita selon la chair notre Seigneur Jésus, le Christ. Par lui, que tu as élevé à ta droite, nous te prions : † **S**anctifie...

Ascension ... nous célébrons le jour très saint où notre Seigneur, ton Fils unique, ayant pris notre nature avec sa faiblesse, la fit entrer dans la gloire, près de toi. Par lui, qui siège désormais à ta droite, nous te prions : † **S**anctifie...

Pentecôte ... nous célébrons le jour très saint de la Pentecôte, où l'Esprit Saint s'est manifesté aux Apôtres par d'innombrables langues de feu, et nous te prions, Seigneur : † **S**anctifie...

Assomption ... nous célébrons le jour où la Vierge, Mère de Dieu, a été élevée au ciel, dans la gloire de son Fils, Jésus Christ, notre Seigneur. Par lui, qui est à l'origine de notre foi et qui la mène à sa perfection, nous te prions : † **S**anctifie...

Toussaint ... nous célébrons le jour consacré à la mémoire de tous les saints : ils ont suivi le Christ pendant leur vie et, à leur mort, ils ont reçu de lui la couronne de gloire. Par lui, qui est à l'origine de notre foi et qui la mène à sa perfection, nous te prions : † **S**anctifie...

---

† **S**anctifie ces offrandes en répandant sur elles ton Esprit ; qu'elles deviennent pour nous le Corps et ✠ le Sang de Jésus, le Christ, notre Seigneur.

Traduction en usage

Au moment d'être livré et d'entrer librement dans sa passion,
il prit le pain, il rendit grâce, il le rompit
et le donna à ses disciples, en disant :

« Prenez, et mangez-en tous :
ceci est mon corps livré pour vous. »

De même, à la fin du repas, il prit la coupe ;
de nouveau il rendit grâce et la donna à ses disciples, en disant :

« Prenez, et buvez-en tous,
car ceci est la coupe de mon sang,
le sang de l'Alliance nouvelle et éternelle,
qui sera versé pour vous
et pour la multitude,
en rémission des péchés.
Vous ferez cela, en mémoire de moi. »

• Il est grand, le mystère de la foi :
Nous proclamons ta mort, Seigneur Jésus,
nous célébrons ta résurrection,
nous attendons ta venue dans la gloire.

• Quand nous mangeons ce pain et buvons à cette coupe,
nous célébrons le mystère de la foi :
Nous rappelons ta mort, Seigneur ressuscité,
et nous attendons que tu viennes.

• Proclamons le mystère de la foi :
Gloire à toi qui étais mort,
gloire à toi qui es vivant,
notre Sauveur et notre Dieu :
Viens, Seigneur Jésus !

Nouvelle traduction

Au moment d'être livré et d'entrer librement dans sa passion,
il prit le pain, il rendit grâce, il le rompit
et le donna à ses disciples, en disant :

« PRENEZ, ET MANGEZ-EN TOUS :
CECI EST MON CORPS
LIVRÉ POUR VOUS. »

De même, après le repas, il prit la coupe ;
de nouveau il rendit grâce, et la donna à ses disciples, en disant :

« PRENEZ, ET BUVEZ-EN TOUS,
CAR CECI EST LA COUPE DE MON SANG,
LE SANG DE L'ALLIANCE NOUVELLE ET ÉTERNELLE,
QUI SERA VERSÉ
POUR VOUS ET POUR LA MULTITUDE
EN RÉMISSION DES PÉCHÉS.
VOUS FEREZ CELA EN MÉMOIRE DE MOI. »

I. Il est grand, le mystère de la foi :
R/. **Nous annonçons ta mort, Seigneur Jésus,
nous proclamons ta résurrection,
nous attendons ta venue dans la gloire.**
II. Acclamons le mystère de la foi :
R/. **Quand nous mangeons ce Pain
et buvons à cette Coupe,
nous annonçons ta mort, Seigneur ressuscité,
et nous attendons que tu viennes.**
III. Qu'il soit loué, le mystère de la foi :
R/. **Sauveur du monde, sauve-nous !
Par ta croix et ta résurrection, tu nous as libérés.**
ou Proclamons le mystère de la foi :
R/. **Gloire à toi qui étais mort,
gloire à toi qui es vivant,
notre Sauveur et notre Dieu :
Viens, Seigneur Jésus !**

Traduction en usage

Faisant ici mémoire de la mort et de la résurrection de ton Fils, nous t'offrons, Seigneur, le pain de la vie et la coupe du salut, et nous te rendons grâce, car tu nous as choisis pour servir en ta présence.

Humblement, nous te demandons qu'en ayant part au corps et au sang du Christ, nous soyons rassemblés par l'Esprit Saint en un seul corps.

Souviens-toi, Seigneur, de ton Église répandue à travers le monde : fais-la grandir dans ta charité avec le Pape N., notre évêque N., et tous ceux qui ont la charge de ton peuple.

Souviens-toi aussi de nos frères qui se sont endormis dans l'espérance de la résurrection, *(On peut nommer ici les défunts de la communauté)* et de tous les hommes qui ont quitté cette vie : reçois-les dans ta lumière, auprès de toi.
Sur nous tous enfin, nous implorons ta bonté : permets qu'avec la Vierge Marie, la bienheureuse Mère de Dieu, avec saint Joseph, son époux, les Apôtres et les saints de tous les temps qui ont vécu dans ton amitié, nous ayons part à la vie éternelle, et que nous chantions ta louange, par Jésus Christ, ton Fils bien-aimé.

Par lui, avec lui et en lui,
à toi, Dieu le Père tout-puissant,
dans l'unité du Saint-Esprit,
tout honneur et toute gloire,
pour les siècles des siècles. **Amen.**

Suite de la célébration : Notre Père, p. 91.

Nouvelle traduction

En faisant ainsi mémoire de la mort et de la résurrection de ton Fils, nous t'offrons, Seigneur, le Pain de la vie et la Coupe du salut, et nous te rendons grâce, car tu nous as estimés dignes de nous tenir devant toi pour te servir. Humblement, nous te demandons qu'en ayant part au Corps et au Sang du Christ, nous soyons rassemblés par l'Esprit Saint en un seul corps.

Souviens-toi, Seigneur, de ton Église répandue à travers le monde : fais-la grandir dans ta charité en union avec notre Pape N., notre Évêque N., et tous les évêques, les prêtres et les diacres.

De la Veillée pascale jusqu'au deuxième dimanche de Pâques inclus, on peut ajouter :

Souviens-toi des baptisés de Pâques que tu as fait renaître de l'eau et de l'Esprit Saint pour une vie nouvelle dans le Christ.

Aux messes pour les défunts, on peut ajouter :

Souviens-toi de N. ou celui (celle) (ton serviteur ou ta servante) qui a quitté ce monde (aujourd'hui) et que tu appelles auprès de toi. Puisqu'il (elle) a été uni(e) à la mort de ton Fils, accorde-lui de participer à sa résurrection.

Souviens-toi aussi de nos frères et sœurs qui se sont endormis dans l'espérance de la résurrection, et souviens-toi, dans ta miséricorde, de tous les défunts : accueille-les dans la lumière de ton visage.

Sur nous tous enfin, nous implorons ta bonté : permets qu'avec la Vierge Marie, la bienheureuse Mère de Dieu, avec saint Joseph, son époux, les Apôtres et tous les saints qui ont fait ta joie au long des âges, nous ayons part à la vie éternelle et que nous chantions ta louange et ta gloire, par ton Fils Jésus, le Christ.

Par lui, avec lui et en lui,
à toi, Dieu le Père tout-puissant,
dans l'unité du Saint-Esprit,
tout honneur et toute gloire,
pour les siècles des siècles.

R/. **Amen.**

Suite de la célébration : Notre Père, p. 91.

Prière eucharistique 3

Dialogue d'introduction et préface, p. 30, Sanctus, p. 50.

Traduction en usage

Tu es vraiment saint, Dieu de l'univers, et toute la création proclame ta louange, car c'est toi qui donnes la vie, c'est toi qui sanctifies toutes choses, par ton Fils, Jésus Christ, notre Seigneur, avec la puissance de l'Esprit Saint ; et tu ne cesses de rassembler ton peuple, afin qu'il te présente partout dans le monde une offrande pure.

C'est pourquoi nous voici rassemblés devant toi et, dans la communion de toute l'Église, en ce premier jour de la semaine nous célébrons le jour où le Christ est ressuscité d'entre les morts. Par lui, que tu as élevé à ta droite, Dieu tout-puissant, nous te supplions † de consacrer toi-même les offrandes que nous apportons. Sanctifie-les par ton Esprit pour qu'elles deviennent le Corps ✠ et le Sang de ton Fils, Jésus Christ, notre Seigneur, qui nous a dit de célébrer ce mystère.

Aux grandes fêtes :

C'est pourquoi nous voici rassemblés devant toi et, dans la communion de toute l'Église...

Noël : ... nous célébrons (la nuit très sainte) le jour très saint où Marie, dans la gloire de sa virginité, enfanta le Sauveur du monde. Par lui, notre Rédempteur et notre Seigneur, Dieu tout-puissant, nous te supplions † ...

Épiphanie : ... nous célébrons le jour très saint où ton Fils unique qui partage éternellement ta propre gloire s'est manifesté à nos yeux dans un vrai corps pris de notre chair. Par lui, notre Rédempteur et notre Sauveur, Dieu tout-puissant, nous te supplions †

Jeudi saint : ... nous célébrons le jour très saint où notre Seigneur Jésus Christ fut livré pour nous. Par lui, notre Rédempteur et Sauveur, que tu as glorifié, Dieu notre Père, nous te supplions †.

Prière eucharistique 3

Dialogue d'introduction et préface, p. 30, Sanctus, p. 51.

Nouvelle traduction

Tu es vraiment Saint, Dieu de l'univers, et il est juste que toute la création proclame ta louange, car c'est toi qui donnes la vie, c'est toi qui sanctifies toutes choses, par ton Fils, Jésus Christ, notre Seigneur, avec la puissance de l'Esprit Saint ; et tu ne cesses de rassembler ton peuple, afin que, du levant au couchant du soleil, une offrande pure soit présentée à ton nom.

C'est pourquoi nous voici rassemblés devant toi, Dieu notre Père, et, dans la communion de toute l'Église, nous célébrons le jour où le Christ est ressuscité d'entre les morts. Par lui, que tu as élevé à ta droite, nous te supplions de consacrer toi-même les offrandes que nous apportons : † Sanctifie-les...

En semaine : C'est pourquoi nous te supplions, Seigneur, de consacrer toi-même les offrandes que nous apportons : Sanctifie-les par ton Esprit pour qu'elles deviennent le Corps ✠ et le Sang de ton Fils, Jésus Christ, notre Seigneur, qui nous a dit de célébrer ce mystère.

Aux grandes fêtes : C'est pourquoi nous voici rassemblés devant toi et, dans la communion de toute l'Église...

Noël : ... nous célébrons (la nuit très sainte) le jour très saint où Marie, dans la gloire de sa virginité, enfanta le Sauveur du monde. Par lui, notre Rédempteur et notre Seigneur, nous te supplions de consacrer toi-même les offrandes que nous apportons : † Sanctifie-les...

Épiphanie : ... nous célébrons le jour très saint où ton Fils unique qui partage éternellement ta propre gloire s'est manifesté à nos yeux dans un vrai corps pris de notre chair. Par lui, notre Rédempteur et notre Sauveur, nous te supplions de consacrer toi-même les offrandes que nous apportons : † Sanctifie-les...

Jeudi saint : ... nous célébrons le jour très saint où notre Seigneur Jésus Christ fut livré pour nous. Par lui, notre Rédempteur et Sauveur, que tu as glorifié, Dieu notre Père, nous te supplions de consacrer toi-même les offrandes que nous apportons : † Sanctifie-les...

Traduction en usage

Pâques : ... nous célébrons (la nuit très sainte) le jour très saint où ressuscita selon la chair notre Seigneur Jésus Christ. Par lui, que tu as élevé à ta droite, Dieu tout-puissant, nous te supplions † ...

Ascension : ... nous célébrons le jour très saint où notre Seigneur, ton Fils unique, ayant pris notre nature avec sa faiblesse, la fit entrer dans la gloire, près de toi. Par lui, qui siège désormais à ta droite, Dieu notre Père, nous te supplions † ...

Pentecôte : ... nous célébrons le jour très saint de la Pentecôte, où l'Esprit Saint s'est manifesté aux Apôtres par d'innombrables langues de feu. Dieu tout-puissant, nous te supplions † ...

Assomption : ... nous célébrons le jour où la Vierge, Mère de Dieu, a été élevée au ciel, dans la gloire de son fils, Jésus Christ, notre Seigneur. Par lui, qui est à l'origine de notre foi et qui la mène à sa perfection, Dieu notre Père, nous te supplions † ...

Toussaint : ... nous célébrons le jour consacré à la mémoire de tous les saints : ils ont suivi le Christ pendant leur vie et, à leur mort, ils ont reçu de lui la couronne de gloire. Par lui, qui est à l'origine de notre foi et qui la mène à sa perfection, Dieu notre Père, nous te supplions †...

La nuit même où il fut livré, (*le Jeudi saint :* c'est-à-dire aujourd'hui) il prit le pain, en te rendant grâce il le bénit, il le rompit et le donna à ses disciples, en disant :

> « Prenez, et mangez-en tous :
> ceci est mon corps livré pour vous. »

De même, à la fin du repas, il prit la coupe, en te rendant grâce il la bénit, et la donna à ses disciples, en disant :

> « Prenez, et buvez-en tous,
> car ceci est la coupe de mon sang,
> le sang de l'Alliance nouvelle et éternelle,
> qui sera versé pour vous
> et pour la multitude
> en rémission des péchés.
> Vous ferez cela, en mémoire de moi. »

Nouvelle traduction

Pâques : ... nous célébrons (la nuit très sainte) le jour très saint où ressuscita selon la chair notre Seigneur Jésus Christ. Par lui, que tu as élevé à ta droite, nous te supplions de consacrer toi-même les offrandes que nous apportons : † Sanctifie-les...

Ascension : ... nous célébrons le jour très saint où notre Seigneur, ton Fils unique, ayant pris notre nature avec sa faiblesse, la fit entrer dans la gloire, près de toi. Par lui, qui siège désormais à ta droite, nous te supplions de consacrer toi-même les offrandes que nous apportons : † Sanctifie-les...

Pentecôte : ... nous célébrons le jour très saint de la Pentecôte, où l'Esprit Saint s'est manifesté aux Apôtres par d'innombrables langues de feu. nous te supplions de consacrer toi-même les offrandes que nous apportons : † Sanctifie-les...

Assomption : ... nous célébrons le jour où la Vierge, Mère de Dieu, a été élevée au ciel, dans la gloire de son fils, Jésus Christ, notre Seigneur. Par lui, qui est à l'origine de notre foi et qui la mène à sa perfection, nous te supplions de consacrer toi-même les offrandes que nous apportons : † Sanctifie-les...

Toussaint : ... nous célébrons le jour consacré à la mémoire de tous les saints : ils ont suivi le Christ pendant leur vie et, à leur mort, ils ont reçu de lui la couronne de gloire. Par lui, qui est à l'origine de notre foi et qui la mène à sa perfection, nous te supplions de consacrer toi-même les offrandes que nous apportons : † Sanctifie-les...

---

† Sanctifie-les par ton Esprit pour qu'elles deviennent le Corps ✠ et le Sang de ton Fils, Jésus Christ, notre Seigneur, qui nous a dit de célébrer ce mystère.

La nuit même où il fut livré, il prit le pain,
en te rendant grâce il dit la bénédiction,
il rompit le pain,
et le donna à ses disciples, en disant :

Traduction en usage

• Il est grand, le mystère de la foi :
Nous proclamons ta mort, Seigneur Jésus,
nous célébrons ta résurrection,
nous attendons ta venue dans la gloire.

• Quand nous mangeons ce pain et buvons à cette coupe, nous célébrons le mystère de la foi :
Nous rappelons ta mort, Seigneur ressuscité,
et nous attendons que tu viennes.

• Proclamons le mystère de la foi :
Gloire à toi qui étais mort,
gloire à toi qui es vivant,
notre Sauveur et notre Dieu :
Viens, Seigneur Jésus !

En faisant mémoire de ton Fils, de sa passion qui nous sauve, de sa glorieuse résurrection et de son ascension dans le ciel, alors que nous attendons son dernier avènement, nous présentons cette offrande vivante et sainte pour te rendre grâce.

Regarde, Seigneur, le sacrifice de ton Église, et daigne y reconnaître celui de ton Fils qui nous a rétablis dans ton Alliance ; quand nous serons nourris de son corps et de son sang et remplis de l'Esprit Saint, accorde-nous d'être un seul corps et un seul esprit dans le Christ.

Que l'Esprit Saint fasse de nous une éternelle offrande à ta gloire, pour que nous obtenions un jour les biens du monde à venir, auprès de la Vierge Marie, la bienheureuse Mère de Dieu, avec saint Joseph, son époux, les Apôtres, les martyrs (saint N.) et tous les saints, qui ne cessent d'intercéder pour nous.
Et maintenant, nous te supplions, Seigneur : par le sacrifice qui nous réconcilie avec toi, étends au monde entier le salut et la paix.

« PRENEZ, ET MANGEZ-EN TOUS :
CECI EST MON CORPS
LIVRÉ POUR VOUS. »

De même, après le repas,
il prit la coupe ;
en te rendant grâce il dit la bénédiction,
et donna la coupe à ses disciples, en disant :

« PRENEZ, ET BUVEZ-EN TOUS,
CAR CECI EST LA COUPE DE MON SANG,
LE SANG DE L'ALLIANCE NOUVELLE ET ÉTERNELLE,
QUI SERA VERSÉ
POUR VOUS ET POUR LA MULTITUDE
EN RÉMISSION DES PÉCHÉS.
VOUS FEREZ CELA EN MÉMOIRE DE MOI. »

Acclamations selon la nouvelle traduction, p. 55.

En faisant ainsi mémoire de ton Fils, de sa passion qui nous sauve, de sa glorieuse résurrection et de son ascension dans le ciel, alors que nous attendons son dernier avènement, nous t'offrons, Seigneur, en action de grâce, ce sacrifice vivant et saint.

Regarde, nous t'en prions, l'oblation de ton Église, et daigne y reconnaître ton Fils qui, selon ta volonté, s'est offert en sacrifice pour nous réconcilier avec toi. Quand nous serons nourris de son Corps et de son Sang, et remplis de l'Esprit Saint, accorde-nous d'être un seul corps et un seul esprit dans le Christ.

Que l'Esprit Saint fasse de nous une éternelle offrande à ta gloire, pour que nous obtenions un jour l'héritage promis, avec tes élus : en premier lieu la bienheureuse Vierge Marie, Mère de Dieu, avec saint Joseph, son époux, les bienheureux Apôtres, les glorieux martyrs, (saint N.) et tous les saints, qui ne cessent d'intercéder auprès de toi et nous assurent de ton secours.

Traduction en usage

• Affermis la foi et la charité de ton Église au long de son chemin sur la terre : veille sur ton serviteur le Pape N. et notre évêque N., l'ensemble des évêques, les prêtres, les diacres, et tout le peuple des rachetés.

Pâques : Souviens-toi de ceux que tu as fait renaître, en cette fête de Pâques, de l'eau et de l'Esprit Saint, pour une vie nouvelle dans le Christ.

Baptême : Souviens-toi, Seigneur, de N. et N. qui sont entrés aujourd'hui dans ta famille par le baptême.

Écoute les prières de ta famille assemblée devant toi, et ramène à toi, Père très aimant, tous tes enfants dispersés.

Aux messes des défunts Souviens-toi de N., celui (celle) que tu as appelé(e) auprès de toi (aujourd'hui). Puisqu'il(elle) a été baptisé(e) dans la mort de ton Fils, accorde-lui de participer à sa résurrection, le jour où le Christ, ressuscitant les morts, rendra nos pauvres corps pareils à son corps glorieux.
Souviens-toi aussi de nos frères défunts, souviens-toi des hommes qui ont quitté ce monde...

Pour nos frères défunts, pour les hommes qui ont quitté ce monde et dont tu connais la droiture, nous te prions :

On peut nommer ici les défunts de la communauté.

Reçois-les dans ton Royaume, où nous espérons être comblés de ta gloire, tous ensemble et pour l'éternité,

---

Aux messes des défunts quand tu essuieras toute larme de nos yeux ; en te voyant, toi notre Dieu, tel que tu es, nous te serons semblables éternellement, et sans fin, nous chanterons ta louange.

Nouvelle traduction

Et maintenant nous te supplions, Seigneur : par le sacrifice qui nous réconcilie avec toi, étends au monde entier le salut et la paix. Affermis ton Église, en pèlerinage sur la terre, dans la foi et la charité, en union avec ton serviteur notre Pape N., et notre Évêque N., l'ensemble des évêques, les prêtres, les diacres, et tout le peuple que tu as racheté.

Pâques : Souviens-toi des baptisés de Pâques que tu as fait renaître de l'eau et de l'Esprit Saint pour une vie nouvelle dans le Christ.

Baptême : Souviens-toi, Seigneur, de N. et N. qui sont entrés aujourd'hui dans ta famille par le baptême.

Écoute, en ta bonté, les prières de ta famille, que tu as voulu rassembler devant toi. Dans ta miséricorde, ramène à toi, Père très aimant, tous tes enfants dispersés.

Pour nos frères et sœurs défunts, et pour tous ceux qui ont quitté ce monde et trouvent grâce devant toi, nous te prions : en ta bienveillance, accueille-les dans ton Royaume, où nous espérons être comblés de ta gloire, tous ensemble et pour l'éternité, par le Christ, notre Seigneur, par qui tu donnes au monde toute grâce et tout bien.

Aux messes des défunts Souviens-toi de N. celui (celle) qui a quitté ce monde (aujourd'hui) et que tu appelles auprès de toi. Puisqu'il (elle) a été uni(e) à la mort de ton Fils, accorde-lui de participer à sa résurrection le jour où le Christ ressuscitera dans la chair ceux qui sont morts, et transformera nos pauvres corps à l'image de son corps glorieux. Souviens-toi aussi de nos frères et sœurs défunts, souviens-toi de tous

Traduction en usage

par le Christ, notre Seigneur, par qui tu donnes au monde toute grâce et tout bien.

Par lui, avec lui et en lui, à toi, Dieu le Père tout-puissant, dans l'unité du Saint-Esprit, tout honneur et toute gloire, pour les siècles des siècles. **Amen.**

Suite de la célébration : p. 91.

Nouvelle traduction

ceux qui ont quitté ce monde et trouvent grâce devant toi : en ta bienveillance, reçois-les dans ton Royaume, où nous espérons être comblés de ta gloire, tous ensemble et pour l'éternité, quand tu essuieras toute larme de nos yeux ; en te voyant, toi notre Dieu, tel que tu es, nous te serons semblables éternellement et, sans fin, nous chanterons ta louange par le Christ, notre Seigneur, par qui tu donnes au monde toute grâce et tout bien.

Par lui, avec lui et en lui, à toi, Dieu le Père tout-puissant, dans l'unité du Saint-Esprit, tout honneur et toute gloire, pour les siècles des siècles. **Amen.**

Suite de la célébration : p. 91.

Prière eucharistique 4

Dialogue d'introduction, p. 30.

Entre parenthèses, nouvelle traduction

Vraiment, il est bon de te rendre grâce, il est juste et bon de te glorifier, Père très saint, car tu es le seul Dieu, le Dieu vivant et vrai : tu étais (toi qui es) avant tous les siècles, tu demeures éternellement, lumière au-delà de toute lumière.
Toi, le Dieu de bonté, la source de la vie, tu as fait le monde pour que toute créature soit comblée de tes bénédictions, et que beaucoup se réjouissent de ta lumière.
Ainsi, les anges innombrables (la foule innombrable des Anges) qui te servent jour et nuit se tiennent devant toi et, contemplant la splendeur de ta face, n'interrompent jamais leur louange. Unis à leur hymne d'allégresse, avec la création tout entière qui t'acclame par nos voix, Dieu, nous te chantons (ou : louons) :

Saint ! Saint ! Saint !... *(p. 51)*

Père très saint, nous proclamons que tu es grand et que tu as créé (fait) toutes choses avec sagesse et par amour : tu as fait (créé) l'homme à ton image, et tu lui as confié l'univers, afin qu'en te servant, toi (seul) son Créateur, il règne sur la création.
Comme il avait perdu ton amitié en se détournant de toi (par sa désobéissance), tu ne l'as pas abandonné au pouvoir de la mort. Dans ta miséricorde, tu es venu en aide à tous les hommes pour qu'ils te cherchent et puissent te trouver. Tu as multiplié les alliances avec eux, et tu les as formés, par les prophètes, dans l'espérance du salut.
Tu as tellement aimé le monde, Père très saint, que tu nous as envoyé ton propre Fils (ton Fils unique), lorsque les temps furent accomplis, pour qu'il soit notre Sauveur. (Dieu fait

homme, conçu) Conçu de l'Esprit Saint, né de la Vierge Marie, il a vécu notre condition d'homme (la condition humaine) en toute chose, excepté le péché, annonçant aux pauvres la bonne nouvelle du salut ; aux captifs, la délivrance ; aux affligés, la joie.
Pour accomplir le dessein de ton amour, il s'est livré lui-même à la mort, et, par sa résurrection, il a détruit la mort et renouvelé la vie. Afin que notre vie ne soit plus à nous-mêmes, mais à lui qui est mort et ressuscité pour nous, il a envoyé d'auprès de toi, (Père), comme premier don fait aux croyants, l'Esprit qui poursuit (continue) son œuvre dans le monde et achève toute sanctification.

Que ce même Esprit Saint, nous t'en prions, Seigneur, sanctifie ces offrandes : qu'elles deviennent ainsi le Corps ✠ et le Sang de ton Fils (de notre Seigneur Jésus, le Christ,) dans la célébration de ce grand mystère, que lui-même nous a laissé en signe de l'Alliance éternelle.

Quand l'heure fut venue où tu allais le glorifier, (Père très saint,) comme il avait aimé les siens qui étaient dans le monde, il les aima jusqu'au bout : pendant le repas qu'il partageait avec eux, il prit le pain, il le bénit (dit la bénédiction), le rompit et le donna à ses disciples, en disant :

« Prenez, et mangez-en tous :
ceci est mon corps livré pour vous. »

De même, il prit la coupe remplie de vin, il rendit grâce, et la donna à ses disciples, en disant :

« Prenez, et buvez-en tous,
car ceci est la coupe de mon sang,
le sang de l'Alliance nouvelle et éternelle,
qui sera versé pour vous et pour la multitude
en rémission des péchés.
Vous ferez cela, en mémoire de moi. »

Acclamations, p. 39.

Voilà pourquoi, Seigneur, nous célébrons aujourd'hui le mémorial de notre rédemption : en rappelant la mort de Jésus Christ (la mort du Christ) et sa descente au séjour des morts, en proclamant sa résurrection et son ascension à ta droite dans le ciel, en attendant aussi qu'il vienne (en attendant sa venue) dans la gloire, nous t'offrons son Corps et son Sang, le sacrifice qui est digne de toi et qui sauve le monde.

Regarde, Seigneur, cette offrande que tu as donnée toi-même à ton Église ; (Regarde, Seigneur, Celui qui s'offre dans le sacrifice que toi-même as préparé pour ton Église, et, dans ta bonté,) accorde à tous ceux qui vont partager ce Pain et boire à cette Coupe d'être rassemblés par l'Esprit Saint en un seul corps, pour qu'ils soient (deviennent) eux-mêmes dans le Christ une vivante offrande à la louange de ta gloire.

Et maintenant, Seigneur, rappelle-toi tous ceux pour qui nous offrons le sacrifice : (en premier lieu, ton serviteur notre Pape) le Pape N., notre Évêque N. et tous les évêques, les prêtres et ceux qui les assistent (et les diacres), les fidèles qui présentent cette offrande, les membres de notre assemblée,

---

Baptême : N. et N. (ceux) que tu as fait renaître aujourd'hui de l'eau et de l'Esprit Saint,

---

le peuple (entier) qui t'appartient et tous les hommes (et tous ceux) qui te cherchent avec droiture.

Souviens-toi aussi de nos frères (aussi de ceux) qui sont morts dans la paix du Christ, et de tous les morts (et de tous les défunts) dont toi seul connais la foi.

On peut rappeler ici les défunts de la communauté.

À nous qui sommes tes enfants, accorde, Père très bon, l'héritage de la vie éternelle auprès de la Vierge Marie, la bienheureuse Mère de Dieu, auprès de saint Joseph, son époux, des Apôtres et de tous les saints, dans ton Royaume, où nous pourrons, (Nous pourrons alors) avec la création tout entière enfin libérée (de la corruption) du péché et de la mort, te glorifier par le Christ, notre Seigneur, par qui tu donnes au monde toute grâce et tout bien.

Par lui, avec lui et en lui, à toi, Dieu le Père tout-puissant, dans l'unité du Saint-Esprit, tout honneur et toute gloire, pour les siècles des siècles. **Amen.**

Suite de la célébration : Notre Père, p. 91.

Première prière eucharistique pour la réconciliation

Vraiment, il est juste et bon de te rendre grâce, Dieu très saint, car tu ne cesses de nous appeler à une vie plus belle : Toi, Dieu de tendresse et de pitié, sans te lasser tu offres ton pardon et tu invites l'homme pécheur à s'en remettre à ta seule bonté.
Bien loin de te résigner à nos ruptures d'Alliance, tu as noué entre l'humanité et toi, par ton Fils, Jésus, notre Seigneur, un lien nouveau, si fort que rien ne pourra le défaire. Et maintenant que ton peuple connaît un temps de grâce et de réconciliation, tu lui donnes dans le Christ de reprendre souffle en se tournant vers toi, et d'être au service de tout homme en se livrant davantage à l'Esprit Saint.
Pleins d'admiration et de reconnaissance, nous voulons joindre nos voix aux voix innombrables du ciel, pour clamer la puissance de ton amour et la joie de ton salut dans le Christ :
Saint !... *(p. 37)*

Toi qui fais depuis les origines ce qui est bon pour l'homme afin de le rendre saint, comme toi-même es saint, regarde ton peuple ici rassemblé, et mets à l'œuvre la puissance de ton Esprit : que ces offrandes deviennent pour nous le Corps ✠ et le sang de ton Fils bien-aimé, Jésus, le Christ, en qui nous sommes tes fils.
Nous, qui étions perdus, incapables de nous rapprocher de toi, tu nous as aimés du plus grand amour : ton Fils, le seul Juste, s'est livré entre nos mains, et fut cloué sur une croix. Mais avant que ses bras étendus dessinent entre ciel et terre le signe indélébile de ton Alliance, il voulut célébrer la Pâque au milieu de ses disciples.

Comme il était à table, il prit le pain, il prononça la bénédiction pour te rendre grâce, puis il le rompit et le donna aux siens en leur disant :

« Prenez, et mangez-en tous :
ceci est mon corps livré pour vous. »

À la fin de ce dernier repas, sachant qu'il allait tout réconcilier en lui par le sang de sa croix, il prit la coupe remplie de vin, il te rendit grâce encore, et la fit passer à ses amis, en leur disant :

« Prenez, et buvez-en tous,
car ceci est la coupe de mon sang,
le sang de l'Alliance nouvelle et éternelle,
qui sera versé pour vous et pour la multitude
en rémission des péchés.
Vous ferez cela, en mémoire de moi. »

Acclamations, p. 39.

En faisant mémoire du Christ, notre Pâque et notre paix définitive, en célébrant sa mort et sa résurrection, en appelant le jour béni de sa venue et de notre joie, nous te présentons, Dieu fidèle et sûr, l'offrande qui remet l'humanité dans ta grâce.
Regarde avec amour, Père très bon, ceux que tu attires vers toi, leur donnant de communier à l'unique sacrifice du Christ : qu'ils deviennent ensemble, par la force de l'Esprit, le Corps de ton Fils ressuscité en qui sont abolies toutes les divisions.

Tiens-nous les uns et les autres en communion d'esprit et de cœur avec le Pape N. et notre évêque N. Aide-nous tous à préparer la venue de ton règne jusqu'à l'heure où nous serons devant toi, saints parmi les saints du ciel, aux côtés de la Vierge Marie et des Apôtres, avec nos frères qui sont morts, et que nous confions à ta miséricorde. Alors, au cœur de la création nouvelle enfin libérée de la corruption, nous pourrons chanter vraiment l'action de grâce du Christ à jamais vivant.

Par lui, avec lui et en lui, à toi, Dieu le Père tout-puissant, dans l'unité du Saint-Esprit, tout honneur et toute gloire, pour les siècles des siècles. **Amen.**

Suite de la célébration : Notre Père, p. 91.

Deuxième prière eucharistique pour la réconciliation

Dieu, notre Père, nous te rendons grâce et nous te bénissons par Jésus, Christ et Seigneur, pour ton œuvre d'amour en ce monde. Au sein de notre humanité encore désunie et déchirée, nous savons et nous proclamons que tu ne cesses d'agir et que tu es à l'origine de tout effort vers la paix. Ton Esprit travaille au cœur des hommes : et les ennemis enfin se parlent, les adversaires se tendent la main, des peuples qui s'opposaient acceptent de faire ensemble une partie du chemin.
Oui, c'est à toi, Seigneur, que nous le devons, si le désir de s'entendre l'emporte sur la guerre, si la soif de vengeance fait place au pardon, et si l'amour triomphe de la haine. C'est pourquoi nous devons toujours te rendre grâce et te bénir, en unissant nos voix à celles qui te chantent, unanimes, dans les cieux :

Saint !... *(p. 37)*

Dieu de l'univers, nous te rendons grâce, pour Jésus, ton Fils, venu dans notre monde en ton nom. Il est la parole qui sauve les hommes. Il est la main que tu tends aux pécheurs. Il est le chemin par où nous arrive la véritable paix. Alors que nous étions loin de toi, Dieu, notre Père, c'est par lui que tu nous as fait revenir. C'est lui, ton propre Fils, qui a été livré au pouvoir des hommes afin que nous soyons, par sa mort, en paix avec toi et entre nous. Aussi pouvons-nous maintenant célébrer en reconnaissance le mystère de cette réconciliation qu'il nous a lui-même obtenue.
Nous t'en prions, Père, sanctifie ces offrandes par la puissance de ton Esprit, alors que nous accomplissons ce que Jésus nous a dit de faire.

Au cours du repas qu'il partageait avec ses disciples, avant de s'offrir à toi pour notre libération, il prit le pain en te rendant grâce ; il le rompit de ses propres mains, et le donna aux disciples, en leur disant :

« Prenez, et mangez-en tous :
ceci est mon corps livré pour vous. »

De la même façon, ce soir-là, tenant entre ses mains la coupe de bénédiction, il te rendit grâce pour ta miséricorde ; puis il donna la coupe à ses disciples, en leur disant :

« Prenez, et buvez-en tous,
car ceci est la coupe de mon sang,
le sang de l'Alliance nouvelle et éternelle,
qui sera versé pour vous et pour la multitude
en rémission des péchés.
Vous ferez cela, en mémoire de moi. »

Acclamations, p. 39.

Père très bon, ton Fils a laissé à ton Église ce mémorial de son amour ; en rappelant ici sa mort et sa résurrection, nous te présentons cette offrande qui vient de toi, le sacrifice qui nous rétablit dans ta grâce ; accepte-nous aussi, avec ton Fils bien-aimé.

Donne-nous dans ce repas ton Esprit Saint : qu'il fasse disparaître les causes de nos divisions ; qu'il nous établisse dans une charité plus grande, en communion avec le Pape N., notre évêque N., le collège épiscopal, et ton peuple tout entier. Fais de ton Église en ce monde le signe visible de l'unité, et la servante de la paix.

Et comme tu nous rassembles ici, dans la communion de la bienheureuse Mère de Dieu, la Vierge Marie, et de tous les saints du ciel, autour de la table de ton Christ, daigne rassembler un jour les hommes de tout pays et de toute langue, de toute race et de toute culture, au banquet de ton Royaume ; alors nous pourrons célébrer l'unité enfin accomplie et la paix définitivement acquise, par Jésus, le Christ, notre Seigneur.

Par lui, avec lui et en lui, à toi, Dieu le Père tout-puissant, dans l'unité du Saint-Esprit, tout honneur et toute gloire, pour les siècles des siècles. **Amen.**

Suite de la célébration : Notre Père, p. 91.

Prière eucharistique pour des circonstances particulières

Dialogue d'introduction, *p. 30.*

On choisit l'une des quatre préfaces suivantes :

I. L'Église en marche vers l'unité

• **V**raiment, il est juste et bon de te chanter louange et gloire, à toi, Seigneur, Père d'infinie bonté.
Oui, il nous est bon de te rendre grâce et de te bénir, car, à la parole de ton Fils annonçant l'Évangile du salut, tu as rassemblé ton Église de tous pays, de toutes langues et de toutes cultures, et tu ne cesses de la vivifier par ton Esprit pour faire grandir jour après jour l'unité du genre humain. En témoignant de ton amour, elle ouvre à chacun les portes de l'espérance, elle devient pour le monde un signe de la fidélité que tu as promise à tous les âges dans le Christ.
C'est pourquoi, nous te glorifions sur la terre comme tu es glorifié dans les cieux et nous proclamons d'une seule voix avec toute l'Église : **Saint !...** *(p. 37)*

II. Dieu guide son Église sur la voie du salut

• **V**raiment, il est juste et bon de te rendre gloire, de t'offrir notre action de grâce toujours et en tout lieu, à toi, Père très saint, Créateur de l'univers et source de toute vie.
Car tu n'abandonnes jamais ce que tu crées dans ta sagesse, mais tu te montres bienveillant, toujours à l'œuvre parmi nous. Dans les temps anciens, en déployant la force de ton bras, tu as guidé ton peuple Israël à travers le désert. Aujourd'hui encore, tu accompagnes ton Église dans sa marche au milieu du monde, tu la soutiens de ton Esprit et tu la conduis sur les routes de ce temps vers la joie éternelle de ton Royaume, par notre Seigneur, Jésus, le Christ.
C'est pourquoi, avec les anges et tous les saints, nous chantons l'hymne de ta gloire et sans fin nous proclamons : **Saint !...** *(p. 37)*

III. Jésus, chemin vers le Père

• Vraiment, il est juste et bon de te rendre gloire, de t'offrir notre action de grâce toujours et en tout lieu, à toi, Père très saint, maître du ciel et de la terre, par notre Seigneur, Jésus, le Christ.
Nous te rendons grâce, Dieu saint et fort : par ton Verbe, tu as créé le monde et par lui tu gouvernes toute chose avec justice.
C'est lui, Verbe fait chair, que tu nous as donné pour médiateur, lui qui nous a dit tes propres paroles et nous appelle à le suivre. Il est le chemin qui mène vers toi, il est la vérité qui rend libre, il est la vie qui comble de joie. Et c'est par lui, ton Fils bien-aimé, que tu rassembles en une seule famille des hommes si divers, créés pour la gloire de ton Nom, rachetés par le sang de la croix et marqués du sceau de ton Esprit.
C'est pourquoi, dès maintenant et pour l'éternité, nous célébrons ta gloire avec tous les anges du ciel et dans la joie nous (chantons et) proclamons : **Saint !...** *(p. 37)*

IV. Jésus, modèle de charité

• Vraiment, il est juste et bon de te rendre gloire, de t'offrir notre action de grâce toujours et en tout lieu, à toi, Dieu fidèle, Père des miséricordes.
Car tu nous as donné ton Fils, Jésus, le Christ, notre Seigneur et notre frère. Il a manifesté son amour pour les petits et les pauvres, les malades et les pécheurs ; il s'est fait le prochain des opprimés et des affligés. Sa parole et ses actes ont annoncé au monde que tu es vraiment un Père et que tu prends soin de tous tes enfants.
C'est pourquoi, avec les anges et tous les saints, nous te louons, nous te bénissons, nous chantons l'hymne de ta gloire et sans fin nous proclamons : **Saint !...** *(p. 37)*

Vraiment, tu es saint et digne de louange, Dieu qui aimes tes enfants, toi qui es toujours avec eux sur les chemins de cette vie. Vraiment, ton Fils, Jésus, est béni, lui qui se tient au milieu de nous, quand nous sommes réunis en son nom : comme autrefois pour ses disciples, il nous ouvre les Écritures et nous partage le pain.
Maintenant donc, Père de toute grâce, nous t'en prions, envoie ton Esprit Saint afin qu'il sanctifie nos offrandes :

que ce pain et ce vin deviennent pour nous le Corps ✠ et le Sang du Christ, notre Seigneur.

La veille de sa passion, la nuit de la dernière Cène, il prit le pain, il rendit grâce, il le rompit et le donna à ses disciples, en disant :

« Prenez, et mangez-en tous :
ceci est mon corps livré pour vous. »

De même, à la fin du repas, il prit la coupe ; de nouveau il rendit grâce, et la donna à ses disciples, en disant :

« Prenez, et buvez-en tous,
car ceci est la coupe de mon sang,
le sang de l'Alliance nouvelle et éternelle,
qui sera versé pour vous et pour la multitude
en rémission des péchés.
Vous ferez cela en mémoire de moi. »

Acclamations, p. 39.

Voilà pourquoi, Père très saint, faisant ici mémoire de ton Fils, le Christ, notre Sauveur, que tu as conduit, par la passion et la mort sur la croix, à la gloire de la résurrection pour qu'il siège à ta droite, nous annonçons ton œuvre de grâce jusqu'au jour où il viendra, et nous t'offrons le pain de la vie et la coupe de bénédiction.
Regarde avec bonté, Seigneur, l'offrande de ton Église qui te présente par nos mains ce qu'elle a reçu de toi, le sacrifice de louange, la Pâque du Christ. Que la force de ton Esprit fasse de nous, dès maintenant et pour toujours, les membres de ton Fils ressuscité, par notre communion à son Corps et à son Sang.

On choisit l'intercession correspondant à la préface :

I. Renouvelle, Seigneur, par la lumière de l'Évangile, ton Église (qui est à N.). Resserre les liens de charité qui unissent les fidèles et les pasteurs ; garde-les en communion avec le pape N., avec notre évêque N. et l'ensemble des évêques, pour que le peuple qui t'appartient brille comme un signe prophétique de l'unité et de la paix, au milieu d'une humanité qui se divise et se déchire.
II. Toi qui nous invites à cette table, Seigneur, nous te prions de nous fortifier dans l'unité : alors, en suivant tes chemins, avançant dans la foi et l'espérance, avec le pape N., et notre évêque N., avec l'ensemble des évêques, les prêtres, les diacres et ton peuple répandu par tout l'univers, nous pourrons apporter au monde la confiance et la joie.
III. Père tout-puissant, fais-nous vivre de ton Esprit dans notre participation à ce mystère : renouvelle-nous à l'image de ton Fils, et resserre les liens de notre unité avec le pape N. et notre évêque N., avec l'ensemble des évêques, les prêtres, les diacres et ton peuple répandu par tout l'univers. Donne à tous les membres de l'Église de savoir lire les signes des temps à la lumière de la foi, et de se dépenser sans relâche au service de l'Évangile. Rends-nous attentifs aux besoins de tous, afin que partageant leurs tristesses et leurs angoisses, leurs espérances et leurs joies, nous leur annoncions fidèlement la Bonne Nouvelle du salut et progressions avec eux sur le chemin de ton Royaume.
IV. Seigneur, fais grandir ton Église dans la foi et la charité, en union avec le pape N., et notre évêque N., avec l'ensemble des évêques, les prêtres, les diacres et tout le peuple qui t'appartient. Ouvre nos yeux à toute détresse, inspire-nous la parole et le geste qui conviennent pour soutenir notre prochain dans la peine ou dans l'épreuve ; donne-nous de le servir avec un cœur sincère selon l'exemple et la parole du Christ lui-même. Fais de ton Église un lieu de vérité et de liberté, de justice et de paix, pour que l'humanité tout entière renaisse à l'espérance.

Souviens-toi de nos frères et de nos sœurs qui se sont endormis dans la paix du Christ, et de tous les morts dont toi seul connais la foi : donne-leur de contempler la clarté de ton visage et conduis-les, par la résurrection, à la plénitude de la vie. Et lorsque prendra fin notre pèlerinage sur la terre, accueille-nous dans la demeure où nous vivrons près de toi pour toujours.
En union avec la Vierge Marie, la bienheureuse Mère de Dieu, avec les Apôtres, les martyrs et tous les saints du ciel, nous pourrons alors te louer sans fin et magnifier ton nom par Jésus, le Christ, ton Fils bien-aimé.

Par lui, avec lui et en lui,
à toi, Dieu le Père tout-puissant,
dans l'unité du Saint-Esprit,
tout honneur et toute gloire,
pour les siècles des siècles.
Amen.

Première prière eucharistique pour les assemblées avec enfants

Dieu notre Père, tu nous as réunis, et nous sommes devant toi pour te fêter, pour t'acclamer et te dire l'émerveillement de nos cœurs. Sois loué pour ce qui est beau dans le monde et pour la joie que tu mets en nous. Sois loué pour la lumière du jour et pour ta parole qui nous éclaire. Sois loué pour la terre et les hommes qui l'habitent, sois loué pour la vie qui nous vient de toi. Oui, tu es très bon, tu nous aimes et tu fais pour nous des merveilles. Alors, tous ensemble, nous chantons :

Le ciel et la terre sont remplis de ta gloire.
Hosanna au plus haut des cieux. CL 5-3

Toi, tu penses toujours aux hommes. Tu ne veux pas être loin d'eux, tu as envoyé parmi nous Jésus, ton Fils bien-aimé. Il est venu nous sauver : il a guéri les malades, il a pardonné aux pécheurs. À tous, il a montré ton amour ; il a accueilli et béni les enfants. Pleins de reconnaissance, nous acclamons :

Béni soit celui qui vient au nom du Seigneur.
Hosanna au plus haut des cieux.

Nous ne sommes pas seuls pour te fêter, Seigneur. Partout sur la terre, ton peuple te rend gloire. Nous te prions avec l'Église entière, avec le Pape N. et notre évêque N. Dans le ciel, la Vierge Marie, les Apôtres et tous les saints te bénissent. Avec eux, avec les anges, nous t'adorons en chantant :

Saint ! Saint ! Saint,
le Seigneur, Dieu de l'univers !
Hosanna au plus haut des cieux.

Père très saint, nous voudrions te montrer notre reconnaissance. Nous avons apporté ce pain et ce vin : qu'ils deviennent pour nous le corps et le sang de Jésus ressuscité. Alors nous pourrons t'offrir ce qui vient de toi.

Un soir, en effet, juste avant sa mort, Jésus mangeait avec ses apôtres. Il a pris du pain sur la table. Dans sa prière, il t'a béni. Puis il a partagé le pain, en disant à ses amis :

« Prenez, et mangez-en tous :
ceci est mon corps livré pour vous. »

À la fin du repas, il a pris une coupe de vin. Il dit encore une action de grâce. Puis il donna la coupe à ses amis en leur disant :

« Prenez, et buvez-en tous,
car ceci est la coupe de mon sang,
le sang de l'Alliance nouvelle et éternelle,
qui sera versé pour vous et pour la multitude
en rémission des péchés. » Il leur dit aussi :
« Vous ferez cela, en mémoire de moi. »

Ce que Jésus nous a dit de faire, nous le faisons dans cette eucharistie : en proclamant sa mort et sa résurrection, nous te présentons le pain de la vie et la coupe du salut. Il nous conduit vers toi, notre Père : nous t'en prions, accueille-nous avec lui :

Christ est mort pour nous ! Christ est ressuscité !
Nous t'attendons, Seigneur Jésus !

Père, toi qui nous aimes tant, laisse-nous venir à cette table, unis dans la joie de l'Esprit Saint, pour recevoir le Corps et le Sang de ton Fils. Toi qui n'oublies jamais personne, nous te prions pour ceux que nous aimons, N. et N., et pour ceux qui sont partis vers toi. Souviens-toi de ceux qui souffrent et qui ont de la peine, de la grande famille des chrétiens et de tous les hommes dans le monde entier. Nous te prions aussi pour nous, et nous prions les uns pour les autres. Devant ce que tu fais par ton Fils, Dieu notre Père, nous sommes émerveillés, et nous chantons encore :

Par lui, avec lui et en lui, à toi, Dieu le Père tout-puissant, dans l'unité du Saint-Esprit, tout honneur et toute gloire, pour les siècles des siècles. **Amen.**

Suite de la célébration : Notre Père, p. 91.

Deuxième prière eucharistique pour les assemblées avec enfants

On peut choisir d'autres acclamations que celles qui sont proposées.

Oui, Père très bon, c'est une fête pour nous ; notre cœur est plein de reconnaissance : avec Jésus, nous te chantons notre joie.

Gloire à toi : tu nous aimes ! CL 6

Tu nous aimes tellement que tu inventes pour nous ce monde immense et beau.

[Gloire à toi : tu nous aimes !]

[Tu nous aimes tellement que] tu nous donnes ton Fils, Jésus, pour nous conduire à toi.

[Gloire à toi : tu nous aimes !]

[Tu nous aimes tellement que] tu nous rassembles en lui, comme les enfants d'une même famille.

Gloire à toi : tu nous aimes !

Pour tant d'amour, nous voulons te rendre grâce et chanter notre merci avec les anges et les saints qui t'adorent dans les cieux :

- **Saint ! Saint ! Saint, le Seigneur...** *(p. 37)*
- **Louange et gloire à notre Dieu !**

Saint est le Seigneur, le Dieu de l'univers. Louange et gloire à notre Dieu !
Le ciel et la terre nous disent ta splendeur. Louange et gloire à notre Dieu !
Qu'il soit béni, celui qui vient d'auprès de toi.
Louange et gloire à notre Dieu ! CL 6

Oui, béni soit Jésus, ton envoyé, l'ami des petits et des pauvres. Il est venu nous montrer comment nous pouvons t'aimer et nous aimer les uns les autres. Il est venu arracher du cœur des hommes le mal qui empêche l'amitié, la haine qui empêche d'être heureux.
Il a promis que l'Esprit Saint serait avec nous chaque jour, pour que nous vivions de ta vie.

- **Béni soit celui qui vient au nom du Seigneur.
Hosanna au plus haut des cieux.**
- **Qu'il soit béni, celui qui vient d'auprès de toi.
Louange et gloire à notre Dieu !**

Dieu, notre Père, nous te prions d'envoyer ton Esprit, pour que ce pain et ce vin deviennent le Corps ✠ et le Sang de Jésus, notre Seigneur.

La veille de sa mort, il nous a prouvé ton amour : il était à table avec ses disciples ; il prit un morceau de pain, il dit une prière pour te bénir et te rendre grâce ; il partagea le pain et le donna aux disciples, en leur disant :

> « Prenez, et mangez-en tous :
> ceci est mon corps livré pour vous. »
> **Jésus Christ, livré pour nous !**

Il prit ensuite une coupe remplie de vin ; il dit encore une prière pour te rendre grâce ; il fit passer la coupe à chacun en leur disant :

> « Prenez, et buvez-en tous,
> car ceci est la coupe de mon sang,
> le sang de l'Alliance nouvelle et éternelle,
> qui sera versé pour vous et pour la multitude
> en rémission des péchés. »
> **Jésus Christ, livré pour nous !**

Et puis il leur dit : « Vous ferez cela, en mémoire de moi. »

Nous rappelons ici, Père très bon, la mort et la résurrection de Jésus, le Sauveur du monde. Il s'est donné lui-même entre nos mains pour être maintenant notre offrande et nous attirer vers toi.

- **Louange et gloire à notre Dieu !**
- **À toi nos cœurs, à toi nos chants, nos actions de grâce !**

Exauce-nous, Seigneur notre Dieu : donne ton Esprit d'amour à ceux qui partagent ce repas ; qu'ils soient de plus en plus unis dans ton Église, avec le Pape N., l'évêque N., les autres évêques, et tous ceux qui travaillent pour ton peuple.

Un seul corps pour ta gloire !

N'oublie pas ceux que nous aimons (N.), et ceux que nous n'aimons pas assez. Souviens-toi de ceux qui sont morts (N.) ; accueille-les avec amour dans ta maison.

Un seul corps pour ta gloire !

Rassemble-nous un jour près de toi, avec la Vierge Marie, la Mère du Christ et notre mère, pour la grande fête du ciel dans ton Royaume. Alors, tous les amis de Jésus, le Christ, notre Seigneur, pourront te chanter sans fin.

Un seul corps pour ta gloire !

- Par lui, avec lui et en lui,
  à toi, Dieu le Père tout-puissant,
  dans l'unité du Saint-Esprit,
  tout honneur et toute gloire,
  pour les siècles des siècles. **Amen.**
- **Avec lui nous te chantons,**
  Avec lui nous te bénissons,
  Gloire à toi, ô notre Père,
  Maintenant et pour toujours !
  Amen, Amen, Amen, Amen ! CL 6-1

Suite de la célébration : Notre Père, p. 91.

Troisième prière eucharistique pour les assemblées avec enfants

Père, nous te disons merci, nous te rendons grâce. C'est toi qui nous as créés ; et tu nous appelles à vivre pour toi, à nous aimer les uns les autres. Nous pouvons nous rencontrer, parler ensemble. Grâce à toi, nous pouvons partager nos difficultés et nos joies.

Pour le Temps pascal

Père, nous te disons merci, nous te rendons grâce avec Jésus ton Fils : car tu aimes la vie, tu nous as appelés à la vie, tu veux notre bonheur pour toujours. Jésus est le premier que tu as ressuscité des morts. Tu lui as donné la vie nouvelle. Cette vie est en nous aussi depuis notre baptême ; et nous savons que nous ressusciterons comme lui près de toi. Alors, il n'y aura plus de mort : nous n'aurons plus à souffrir.

À cause de tout cela, Dieu, notre Père, nous sommes heureux de te rendre grâce tous ensemble. Avec ceux qui croient en toi, avec les saints et les anges, nous te louons en chantant :

Saint ! Saint ! Saint. *(p. 37)*

Oui, Dieu, tu es saint, tu es bon pour nous, tu es bon pour tous les hommes. Nous te disons merci, et nous voulons surtout te rendre grâce à cause de Jésus, ton Fils.
Il est venu chez les hommes qui se détournent de toi et n'arrivent pas à s'entendre. Par l'Esprit Saint, il ouvre nos yeux et nos oreilles, il change notre cœur : alors nous arrivons à nous aimer, et nous reconnaissons que tu es notre Père et que nous sommes tes enfants.

Pour le Temps pascal Il est venu nous apporter la bonne nouvelle : nous sommes faits pour vivre, pour être dans la gloire du ciel avec toi. Il nous a montré le chemin qui mène à cette vie : c'est l'amour des autres. Il a pris ce chemin avant nous.

C'est lui, Jésus, le Christ, qui nous rassemble maintenant autour de cette table où nous apportons notre offrande.

Sanctifie, Père très bon, ce pain et ce vin : ils deviendront pour nous le Corps ✠ et le Sang de Jésus, ton Fils, qui nous dit de faire à notre tour ce qu'il a fait lui-même la veille de sa passion.

Au cours du dernier repas qu'il partageait avec ses disciples, Jésus prit le pain. Il te rendit grâce. Il partagea le pain et le donna à ses amis, en leur disant :

« Prenez, et mangez-en tous :
ceci est mon corps, livré pour vous. »

Il prit aussi la coupe de vin. Il te rendit grâce. Il donna la coupe à ses amis en leur disant :

« Prenez, et buvez-en tous,
car ceci est la coupe de mon sang,
le sang de l'Alliance nouvelle et éternelle,
qui sera versé pour vous et pour la multitude
en rémission des péchés. »

Il leur dit aussi :

« Vous ferez cela, en mémoire de moi. »

Voilà pourquoi nous sommes ici, rassemblés devant toi, Père. Et tout remplis de joie, nous rappelons ce que Jésus a fait pour nous sauver : dans cette offrande qu'il a confiée à l'Église, nous célébrons sa mort et sa résurrection ; Père du ciel, accueille-nous avec ton Fils bien-aimé.
Pour nous, Jésus a voulu donner sa vie.

Toi, tu l'as ressuscité. Nous t'acclamons : MNA 26.35

Dieu, tu es bon ! Loué sois-tu ! Gloire à toi !

Il vit maintenant près de toi. Il est avec nous toujours et partout.

Dieu, tu es bon ! Loué sois-tu ! Gloire à toi !

Un jour, il viendra dans la gloire du Royaume. Il n'y aura plus de gens tristes, malades ou malheureux.

Dieu, tu es bon ! Loué sois-tu ! Gloire à toi !

Père, nous allons recevoir à cette table, dans la joie de l'Esprit Saint, le Corps et le Sang du Christ : que cette communion nous rende capables de vivre comme Jésus, entièrement donnés à toi et aux autres. Viens en aide, Seigneur, à notre Pape N., à notre évêque N., et à tous les évêques.
Accorde-nous, et à tous les disciples de Jésus Christ, d'être de ceux qui font la paix et le bonheur autour d'eux.

Pour le Temps pascal Mets au cœur des chrétiens la vraie joie de Pâques ; et qu'ils pensent à communiquer cette joie à ceux qui ne savent pas encore que Jésus est ressuscité.

Et puis, donne-nous un jour d'être près de toi, avec la Vierge Marie, la Mère de Dieu, et avec les saints du ciel, tous ensemble, dans le Christ.

Par lui, avec lui et en lui,
à toi, Dieu le Père tout-puissant,
dans l'unité du Saint-Esprit,
tout honneur et toute gloire,
pour les siècles des siècles. **Amen.**

Suite de la célébration : Notre Père, p. 91.

Communion

Prière du Seigneur

• Comme nous l'avons appris du Sauveur, et selon son commandement, nous osons dire :

• Unis dans le même Esprit, nous pouvons dire avec confiance la prière que nous avons reçue du Sauveur :

• *ou une autre introduction.*

Notre Père qui es aux cieux,
que ton nom soit sanctifié,
que ton règne vienne,
que ta volonté soit faite
sur la terre comme au ciel.
Donne-nous aujourd'hui
notre pain de ce jour.
Pardonne-nous nos offenses,
comme nous pardonnons aussi
à ceux qui nous ont offensés.
Et ne nous laisse pas entrer en tentation,
mais délivre-nous du Mal.

Pater noster, qui es in cælis : sanctificetur nomen tuum ; adveniat regnum tuum ; fiat voluntas tua, sicut in cælo, et in terra. Panem nostrum cotidianum da nobis hodie ; et dimitte nobis debita nostra, sicut et nos dimittimus debitoribus nostris ; et ne nos inducas in tentationem ; sed libera nos a malo.

Traduction en usage	*Nouvelle traduction*
Délivre-nous de tout mal, Seigneur, et donne la paix à notre temps ; par ta miséricorde, libère-nous du péché, rassure-nous devant les épreuves, en cette vie où nous espérons le bonheur que tu promets et l'avènement de Jésus Christ, notre Sauveur.	Délivre-nous de tout mal, Seigneur, et donne la paix à notre temps : soutenus par ta miséricorde, nous serons libérés de tout péché, à l'abri de toute épreuve, nous qui attendons que se réalise cette bienheureuse espérance : l'avènement de Jésus Christ, notre Sauveur.

- **Car c'est à toi qu'appartiennent**
le règne, la puissance et la gloire,
pour les siècles des siècles !
- **À toi, le règne, à toi, la puissance et la gloire,**
pour les siècles des siècles !

Rite de la paix

Seigneur Jésus Christ, tu as dit à tes Apôtres : « Je vous laisse la paix, je vous donne ma paix » ; ne regarde pas nos péchés mais la foi de ton Église ; pour que ta volonté s'accomplisse, donne-lui toujours cette paix, et conduis-la vers l'unité parfaite, toi qui règnes pour les siècles des siècles. **Amen.**

Que la paix du Seigneur soit toujours avec vous.
Et avec votre esprit.

Dans la charité du Christ, donnez-vous la paix.

Partage du pain consacré

Le rite de la paix étant achevé, le prêtre prend le pain consacré, le rompt et en mettant un fragment de l'hostie dans le calice, il dit à voix basse :

Que le Corps et le Sang de Jésus Christ, réunis dans cette coupe, nourrissent en nous la vie éternelle.

Pendant ce temps, on chante ou on dit :

Agneau de Dieu, qui enlèves le(s) péché(s) du monde, prends pitié de nous.

On peut chanter ce refrain plusieurs fois. On termine par :

Agneau de Dieu, qui enlèves le(s) péché(s) du monde, donne-nous la paix.
Agnus Dei qui tollis peccata mundi,
miserere nobis (dona nobis pacem).

Les fidèles qui vont donner la communion et ceux qui vont porter la communion aux malades s'approchent de l'autel pour communier.

Communion

Avant de communier, le prêtre dit à voix basse :

- Seigneur Jésus Christ, Fils du Dieu vivant, selon la volonté du Père et avec la puissance du Saint-Esprit, tu as donné, par ta mort, la vie au monde ; que ton Corps et ton Sang me délivrent de mes péchés et de tout mal ; fais que je demeure fidèle à tes commandements et que jamais je ne sois séparé de toi.
- Seigneur Jésus Christ, que cette communion à ton Corps et à ton Sang n'entraîne pour moi ni jugement ni condamnation, mais qu'elle soutienne mon esprit et mon corps et me donne la guérison.

Que le Corps du Christ me garde pour la vie éternelle.
Que le Sang du Christ me garde pour la vie éternelle.

Le prêtre fait la génuflexion, prend l'hostie, et, la tenant un peu élevée au-dessus de la patène ou du calice, tourné vers le peuple, dit à voix haute :

Traduction en usage	***Nouvelle traduction***
Heureux les invités au repas du Seigneur !	Voici l'Agneau de Dieu, voici celui qui enlève les péchés du monde.
Voici l'Agneau de Dieu qui enlève le péché du monde.	Heureux les invités au repas des noces de l'Agneau !

**Seigneur, je ne suis pas digne de te recevoir ;
mais dis seulement une parole et je serai guéri.**

Le Corps du Christ. **Amen.**
Le Sang du Christ. **Amen.**

Prière après la communion *(Voir à la messe du jour)*

Traduction en usage

Habituellement l'oraison se termine ainsi :

Par Jésus, le Christ notre Seigneur. **R/. Amen.**

Si elle s'adresse au Père, mais avec mention du Fils à la fin :

Lui qui règne avec toi pour les siècles des siècles. **R/. Amen.**

Si elle s'adresse au Fils :

Toi qui règnes pour les siècles des siècles. **R/. Amen.**

Nouvelle traduction

Habituellement l'oraison se termine ainsi :

Par le Christ, notre Seigneur. **R/. Amen.**

Si elle s'adresse au Père, mais avec mention du Fils à la fin :

Lui qui vit et règne pour les siècles des siècles.
R/. Amen.

Si elle s'adresse au Fils :

Toi qui vis et règnes pour les siècles des siècles.
R/. Amen.

Conclusion et envoi

Les avis pour la semaine sont donnés ici.

Le Seigneur soit avec vous.
R/. **Et avec votre esprit.**

La bénédiction peut être précédée d'une prière sur le peuple ou être développée sous une forme solennelle.

Que Dieu tout-puissant vous bénisse,
le Père, le Fils et le Saint-Esprit. **Amen.**

Puis le diacre, ou le prêtre lui-même, tourné vers l'assemblée, dit :

Allez dans la paix du Christ.
R/. **Nous rendons grâce à Dieu.**

La nouvelle traduction ajoute

Ou bien :

Allez porter l'Évangile du Seigneur.

Ou bien :

Allez en paix, glorifiez le Seigneur par votre vie.

Ou bien :

Allez en paix.

Le peuple répond :

R/. **Nous rendons grâce à Dieu.**

Pistes de réflexion pour accueillir le nouveau Missel

POUR UN MISSEL PLUS PROCHE DES ASSEMBLÉES

Le vocabulaire des prières liturgiques semble être parfois d'un autre âge. Il paraît loin de celui utilisé dans la vie courante. Les mots et les tournures ne pourraient-elles pas être plus directement compréhensibles ? Cette question revient souvent dans les réactions des fidèles et, selon certains, elle contribue au fait qu'on s'ennuie à la messe et qu'on écoute d'une oreille distraite ce que dit le prêtre. On peut espérer que le nouveau Missel permettra un accès plus facile à ces textes de l'Église. Qu'en est-il vraiment ?

Les textes liturgiques, à la différence de prières lues pour un petit groupe ou rédigées pour une circonstance particulière, ont vocation à être chantés ou dits et écoutés régulièrement, certains au moins tous les ans comme les oraisons ou certaines préfaces, d'autres à chaque eucharistie pour ce qu'on appelle « l'ordinaire de la messe ». Aussi, on ne peut employer un vocabulaire trop simple qui assez vite manquerait de saveur et de profondeur. Ces textes, écrits en latin dans leur version originale, sont donc traduits avec la double préoccupation qu'ils soient adaptés au peuple des fidèles et que, pour autant, ils gardent une certaine solennité dans leur expression.

La nouvelle traduction que nous découvrirons a voulu éviter le caractère formel et s'est adaptée à ce que sont effectivement nos assemblées. Par exemple, dans le « Je confesse à Dieu » on a introduit le langage inclusif et on exprime plus concrètement notre situation réelle. Au lieu de dire « je reconnais devant mes frères », nous dirons maintenant : « je reconnais devant vous, frères et sœurs ». L'ajout de « sœurs » qui complète l'ensemble des « frères » se retrouvera aussi dans les prières eucharistiques au mémento des défunts avec une particularité pour la prière eucharistique n° 1 qui mentionne « les serviteurs » et donc aussi désormais « les servantes ». De même, quand le texte original de certaines oraisons parle du Christ par sous-entendu « celui qui » (a pris notre humanité), les traducteurs ont introduit « ton Fils » pour une compréhension plus facile.

Certaines oraisons que nous utilisons datent de l'Empire romain et elles en ont subi une influence. On utilise aisément le mot de « majesté » et on demande à Dieu de « daigner » nous accorder tel ou tel bien spirituel. Pour manifester davantage que la puissance de Dieu se manifeste dans l'humilité, le nouveau Missel a préféré l'expression « Il a voulu » à « Il a daigné ».

À l'inverse, la demande des autorités romaines d'une traduction plus proche du texte original que celui que nous connaissions jusqu'à présent, a parfois obligé à des formulations un peu lourdes ; par exemple dans la prière eucharistique n° 2 « car tu nous as choisis pour servir en ta présence » est remplacé par « car tu nous as estimés dignes de nous tenir devant toi pour te servir ». C'est la même préoccupation de précision théologique qui a voulu que dans le Credo de Nicée-Constantinople l'expression « de même nature » soit remplacée par « consubstantiel ». Cette nouveauté sera l'occasion de bonnes catéchèses !

Les formulations des prières liturgiques utilisent un langage rituel qui se justifie parce qu'elles sont souvent répétées. Elles ont pour objet de rassembler le peuple des fidèles dans la foi chrétienne plus que de provoquer des émotions spirituelles. C'est dans leur mise en œuvre, normalement chantée ou énoncée avec un ton et une attitude qui conviennent, qu'elles trouveront leur place dans la liturgie, au profit du peuple chrétien.

ÉB

UN MISSEL POUR UNE PARTICIPATION ACTIVE

La nouvelle édition du Missel romain nous donnera d'entendre des mots et des formules qui peuvent nous apparaître nouveaux. Ils ne sont que la traduction plus exacte du latin et cela nous invite à plus d'attention. Attention à ce que nous disons et ce que nous faisons et par conséquent attention à la manière de répondre. La liturgie est en somme un dialogue où par la parole et le geste nous sommes invités à participer.

UN DÉSIR DU CONCILE

La recherche de la participation active des fidèles est l'axe principal auquel se ramènent toute la restauration liturgique engagée par le Concile et l'ensemble des prescriptions et orientations contenues dans la Constitution *Sacrosanctum concilium.* Quand le concile écrit que cette participation doit être active (S.C. 11), communautaire (21), plénière (14), à la fois extérieure, visible et intérieure (19), assumée et fructueuse (11), il s'agit bien de se donner les moyens de la vivre pour que la communauté ne soit pas seulement ornementale et accidentelle. La participation en liturgie est organique et structurelle de la célébration.

UN CHEMIN D'INITIATION

Pour participer, il faut comprendre ; d'où le fait que nous ayons des traductions en langue vernaculaire (langue du pays où nous sommes). C'est pourquoi toute réforme, toute nouvelle traduction d'un rituel vise aussi à une plus grande lisibilité des signes liturgiques et donc de leur compréhension. Il ne s'agit pas d'un savoir pour pouvoir participer mais que l'acte de notre participation puisse manifester le salut qui s'opère dans le cœur des hommes d'aujourd'hui et que célèbre notre liturgie.

LAISSER AGIR LE SEIGNEUR

Concrètement la participation active n'est pas fondée sur une action que chacun aurait à faire. Il ne s'agit pas que chaque catégorie ou personne de l'assemblée se retrouve à faire une chose en liturgie pour avoir l'impression de participer. Celui qui écoute, qui répond et qui adore réalise ce que l'on appelle en liturgie la participation active. Elle se déploie à partir de notre vocation de baptisé qui est sacerdoce, c'est-à-dire une offrande de notre vie en réponse à la parole entendue et aux actions faites en mémoire du Seigneur. Aussi l'action liturgique doit laisser transparaître deux choses. D'abord, qu'elle est bien un dialogue entre Dieu et son peuple. Ensuite que ce dialogue conduit à une réponse renvoyant à l'ensemble de ce qui se vit dans la liturgie, qui est manifestation, épiphanie pour éclairer notre quotidien et nous aider à porter la bonne nouvelle du salut.

UNE PARTICIPATION QUI EST ALLIANCE

La participation active est bien celle de tous, et pour sa mise en œuvre nous aurons besoin que soit signifié un vrai dialogue, celui qu'opère la liturgie, pour que Dieu continue de nous parler et que son peuple lui réponde dans une louange des lèvres et du cœur. En liturgie, il nous faut donc laisser, dans le cours de toutes les paroles prononcées, la parole à celui qui invite « La paix soit avec vous » et la parole à ceux qui répondent « Et avec votre esprit ». Mais ce dialogue se dit aussi par les gestes et les attitudes, la lumière et les couleurs, les sons et le silence... Une nouvelle traduction doit nous inviter à mieux entrer et participer à l'Alliance que Dieu nous propose.

BM

« FILS DE DIEU, CONSUBSTANTIEL AU PÈRE »

Il est Dieu, né de Dieu, lumière, née de la lumière,
vrai Dieu, né du vrai Dieu,
Engendré, non pas créé, consubstantiel au Père ; (*nouvelle traduction*)
et par lui tout a été fait.

Fallait-il changer la traduction du Credo ? Les avis sont partagés.

Rappelons d'abord que ce texte est celui du premier concile œcuménique, qui s'est tenu à Nicée (actuelle Turquie), en l'année 325, douze ans après que le christianisme eut été reconnu comme religion licite dans l'empire romain. Après l'époque des persécutions, les Églises chrétiennes disséminées en Occident et en Orient souhaitaient fonder leur unité sur une foi commune. Elles y étaient d'ailleurs poussées par Constantin, le premier empereur chrétien.

Ce concile a voulu essentiellement reconnaître que Jésus Christ est pleinement Dieu, à l'égal de son Père, et cela contre l'opinion d'un prêtre d'Alexandrie nommé Arius, qui prétendait que seul le Père est Dieu, et que son fils n'est que la première des créatures. Cette conception tronquée de ce qu'était le Christ était partagée par un grand nombre de chrétiens, soucieux de préserver l'unicité de Dieu, comme on la trouve dans l'Ancien Testament. Mais les évêques réunis à Nicée confessèrent que Jésus est pleinement Dieu, comme l'indique le texte ci-dessus.

Plus tard, en 381, un deuxième concile œcuménique se réunit dans la capitale de l'empire romain, qui était alors Constantinople (aujourd'hui Istanbul), et ils confessèrent que l'Esprit Saint, lui aussi, est pleinement Dieu : « Avec le Père et le Fils, il reçoit même adoration et même gloire. » On avait réussi à mettre au point la foi chrétienne, dite « orthodoxe » (c'est-à-dire la foi juste), selon laquelle il n'y a qu'un seul Dieu, mais il est en trois personnes, le

Père, le Fils et le Saint-Esprit, comme le disait d'ailleurs déjà la finale de l'évangile de Matthieu : « Baptisez-les au nom du Père, et du Fils, et du Saint-Esprit » (Mt 28,19). C'est ce que nous appelons la Sainte Trinité.

Ce deuxième concile a complété en ce sens le « Symbole de foi » de Nicée, ce qui a donné le « Symbole de Nicée-Constantinople » qui est proclamé depuis l'an mil environ durant la liturgie de la messe des dimanches et des grandes fêtes. Nous redisons alors ce qui est au cœur de notre foi chrétienne.

Ce « Credo » n'est pas le seul. Il en existe un autre, plus court, appelé le « Symbole des Apôtres », qui est peut-être le Credo ancien de l'Église de Rome. Depuis le concile Vatican II, on peut le dire aussi à la messe. Auparavant, il était surtout utilisé dans la catéchèse et la prière personnelle.

La question qui se pose concerne la traduction de l'expression du Symbole de Nicée-Constantinople citée en commençant : le Fils est « consubstantiel au Père », traduction qui décalque le texte latin *consubstantialem Patri.* Mais on oublie parfois que ce terme lui-même est déjà une traduction car le terme original de Nicée est en grec, comme tous les textes officiels du concile. Or, en grec, on a le terme *homo-ousios.* littéralement : de « même » *ousia.* Le substantif *ousia*, issu du verbe « être », signifie l'être, l'essence, la nature, la substance, sans que ces termes aient, à l'époque de Nicée, les sens techniques qu'élaborera la Scolastique au Moyen Âge. D'ailleurs, S. Thomas d'Aquin lui-même le reconnaît dans son « Exposition sur le Symbole ».

Il y a une dizaine d'années, au cours des débats entre évêques, dont la majorité a toujours écarté le terme « consubstantiel » jugé trop technique, une autre formule, plus claire, a émergé : « de la nature même du Père », qui exprime une union plus forte entre le Père et le Fils. Cette formule avait finalement obtenu la préférence, mais l'autorité supérieure a imposé « consubstantiel », formule habituelle dans la théologie latine.

Alors que la formule « de même nature » a nourri la polémique depuis son introduction il y a une cinquantaine d'années[1], on peut souhaiter que l'introduction du terme « consubstantiel » en suscitera moins et qu'à cette occasion, chacun réactive sa foi en Jésus Christ vrai Dieu et vrai homme.

HD

1. Le débat d'il y a cinquante ans a été présenté en détail par Florian MICHEL, *Traduire la liturgie,* CLD éditions, 2013, chap. II.

« POUR LA GLOIRE DE DIEU ET LE SALUT DU MONDE »

Prions ensemble,
au moment d'offrir le sacrifice de toute l'Église.
R/. Pour la gloire de Dieu et le salut du monde.

La nouvelle traduction propose aussi, et d'abord :

Priez, frères et sœurs :
que mon sacrifice, et le vôtre,
soit agréable à Dieu le Père tout-puissant.
R/. Que le Seigneur reçoive de vos mains ce sacrifice
à la louange et à la gloire de son nom,
pour notre bien et celui de toute l'Église.

Tout en donnant une traduction plus littérale du dialogue entre le prêtre et l'assemblée au début de la liturgie eucharistique, la nouvelle traduction française du Missel romain prévoit de pouvoir encore utiliser cette formule à laquelle les assemblées sont habituées. Une occasion pour la redécouvrir.

« Pour la gloire de Dieu et le salut du monde » : l'assemblée redit par ces mots brefs et concis tout son engagement dans l'offrande eucharistique afin que celle-ci soit l'expression de la gloire de Dieu, lui qui en Jésus Christ sauve le monde. D'ailleurs, il faudrait aussi entendre cette affirmation en commençant par la fin : « Pour le salut du monde et (en conséquence) la gloire de Dieu ».

L'eucharistie est un sacrement du salut. N'est-elle pas, comme l'affirme l'évangile de Jean, pour celui qui mange la chair et boit le sang du Seigneur, don de vie éternelle ? (Jn 6, 54). Lors de la messe, nous allons tenir entre nos mains le sacrement de la vie nouvelle, promesse et réalité que notre vie peut être dès à présent transformée par la Pâque du Christ. Dès lors, tout notre être peut déjà vivre du salut de Dieu, dans nos relations, nos engagements, mais aussi dans nos échecs et nos peurs. Mais le salut ne s'arrête pas aux seuls chrétiens : c'est l'humanité entière que Dieu veut réconcilier. En célébrant l'eucharistie, nous coopérons à l'avancée du pardon et de la paix voulus par Dieu.

Voilà pourquoi le salut reste à vivre et c'est là la gloire de Dieu. Saint Paul demande que tout ce que nous faisons, nous le fassions pour la gloire de Dieu (1 Co 10, 31). C'est donc à l'action que l'eucharistie nous presse. La gloire de Dieu ne peut être une expression abstraite et vide de contenu ; elle requiert, à la suite du Christ, de présenter notre personne tout entière « en sacrifice vivant, saint, capable de plaire à Dieu : c'est la juste manière de lui rendre un culte » (Rm 12, 1-2).

SG

BENEDIXIT

La nuit même où il fut livré, il prit le pain,
en te rendant grâce il dit la bénédiction,
il rompit le pain, et le donna à ses disciples, en disant :
« Prenez, et mangez-en tous :
ceci est mon corps livré pour vous. »

(Prière eucharistique III, nouvelle traduction)

Dans le « récit de l'institution » qui est au cœur de l'eucharistie, nous entendions jusqu'à la dernière révision de la traduction du Missel romain, l'expression « il le bénit », à savoir le pain, dans les Prières eucharistiques I, III et IV : « Il prit le pain... [en te rendant grâce PE I et III], il le bénit, il le rompit et le donna à ses disciples en disant ... ». Tandis que dans la prière eucharistique II, on lisait seulement : « Il prit le pain, il rendit grâce, il le rompit[1]... »

Il est à parier que peu d'entre nous faisaient attention à cette différence qui paraît infime, et pourtant ...

Lorsque le texte latin utilise le mot *benedixit*, « il bénit », le verbe n'a pas de complément. La question est de savoir *sur quoi ou sur qui porte la bénédiction de Jésus :* le pain qu'il a dans les mains (*accepit panem*) ? ou Dieu son Père à qui il offre sa vie et sa prière d'action de grâce (*tibi gratiam agens*) ? Dans l'évangile, c'est à son Père, bien sûr, que Jésus adresse sa bénédiction. Il n'a aucune raison de bénir le pain et d'ailleurs le texte latin ne dit pas *benedixit eum* qui renverrait au pain. L'erreur de traduction vient probablement du geste que faisait le prêtre autrefois lorsqu'il dessinait une croix sur l'hostie posée sur l'autel en disant les mots du Canon romain en latin. On pouvait croire qu'il bénissait le pain.

---

1. L'expression « il le bénit » ne se trouve pas dans la traduction française de la Prière eucharistique II parce que le terme *benedixit* ne figure pas dans le texte original.

La nouvelle traduction, retrouvant le sens du récit évangélique, propose pour *benedixit* : « Il dit la bénédiction » dans les Prières eucharistiques où figure ce terme, ce qui n'est pas le cas pour toutes.

On aurait pu écrire le mot avec une majuscule, car c'est presque un nom propre, le nom d'une forme de prière recensée dans le rituel juif.

C'était en effet le rite selon lequel Jésus, comme tous les Juifs à son époque – et ils le font aujourd'hui encore – célébrait la liturgie des repas. Le dernier repas du Christ, qu'on appelle la Sainte Cène, suit la structure de tout repas juif de fête. L'évangile de Mathieu indique : « Tandis qu'ils mangeaient, Jésus prit du pain, et après avoir prononcé la Bénédiction, il le rompit et le donna à ses disciples [...]. Puis prenant une coupe, il rendit grâce et la leur donna en disant ... (Mt 26, 26 *sq.*)

Dans la tradition biblique à laquelle Jésus appartient, la « bénédiction » est d'abord un don de Dieu. Dans la Genèse, Dieu bénit et sa bénédiction est *vie*. Elle est l'action de Dieu à l'intérieur de la création. Elle est fécondité : les enfants sont une bénédiction, la création bénie par Dieu devient féconde sous l'action du travail de l'humanité. La bénédiction est transformation des puissances de mort en puissances de vie : elle est *salut*, présence effective de Dieu à l'œuvre avec nous pour faire surgir la vie de la mort, le positif du négatif.

La bénédiction peut aussi être accomplie par l'homme. Elle est alors retour vers Dieu de la bénédiction qu'il nous donne. Lorsque nous bénissons un objet, nous ne lui donnons pas une valeur magique, mais cet objet devient pour nous l'occasion de faire remonter notre vie vers Dieu. Bénir une voiture, ce n'est pas lui donner un talisman pour l'empêcher d'avoir un accident, c'est vouloir en faire un instrument de service, de vérité dans nos relations avec les autres et dans notre travail. La même signification s'applique pour la bénédiction des alliances dans le sacrement du mariage, pour la bénédiction des cloches ou pour le rite du pain bénit. Il y a tant d'occasion de bénir Dieu !

L'acte cultuel de bénédiction est essentiellement *louange*, il célèbre la grandeur de Dieu, sa puissance bienfaisante, il rappelle ses merveilles. La bénédiction est donc une confession de foi. Elle n'est pas d'abord gratitude personnelle, même si elle l'est aussi. C'est un merci à Dieu *pour* QUI IL EST, lui qui se découvre dans ce qu'il fait, en particulier dans nos vies.

Jésus dans son dernier repas prononce la prière de bénédiction juive des repas de famille et de fête dont le sommet était la fête de la Pâque. La veille de sa Passion, il a pris le pain du repas fraternel, il a prononcé la Bénédiction rituelle par laquelle il confessait sa confiance en Dieu son Père qui avait tout remis entre ses mains (Jn 13,3), il l'a rompu et l'a donné à ses disciples avec l'ordre de refaire ce geste comme son mémorial, c'est-à-dire un acte de salut de Dieu dans la vie de chacun et dans la vie de l'humanité.

IRC

NOUVELLES FORMULES POUR L'ENVOI

Allez porter l'Évangile du Seigneur.
ou: Allez en paix, glorifiez le Seigneur par votre vie.
ou: Allez en paix.
R/. Nous rendons grâce à Dieu.

Le moment est venu pour l'assemblée de conclure son rassemblement visible afin de porter au monde les grâces reçues et d'en témoigner. Celui qui a ouvert l'assemblée et l'a présidée va la clore en la saluant une dernière fois et en invoquant sur elle la bénédiction de Dieu avant que le diacre ou le prêtre ne la renvoie.

Le nouveau Missel mettra à disposition des célébrants plusieurs oraisons sur le peuple, des bénédictions solennelles et plusieurs formules d'envoi qui en précisent le sens. À quoi sommes-nous donc envoyés ? À être des facteurs de réconciliation, de semeurs de la paix qui nous vient du Christ, dans un monde de conflits et de violences. Cette paix, nous l'avons reçue dans l'eucharistie. Nous ne saurions garder pour nous seuls ce don de Dieu. Nous sommes envoyés semer la paix : « Allez dans la paix du Christ ».

Une seconde formule « Allez porter l'Évangile du Seigneur » ouvre à une autre dimension de l'envoi. Au cours de la célébration de l'eucharistie, nous avons reçu le don de la parole de Dieu, le don du Christ, Parole qui prend corps. Nous pourrions être tentés de garder pour nous cette Bonne Nouvelle comme un bien précieux que l'on enfermerait en nous. Alors, l'Église envoie chaque chrétien porter l'Évangile au cœur du monde, levain dans la pâte humaine où il vit.

Une troisième formule invite le chrétien à « Glorifier le Seigneur » par sa vie. Cette invitation nous renvoie à l'attitude de la Vierge Marie. Lors de la visite à sa cousine Élisabeth, elle ne se met pas en avant pour les merveilles que Dieu réalise en elle. Bien au contraire, Marie glorifie Dieu par le Magnificat et plus encore, par toute sa vie, modèle de fidélité à Dieu. Nous aussi, nous recevons sans cesse de Dieu sa grâce dans les sacrements. À nous de faire de nos vies un mystère d'amour et de sainteté qui témoigne du bonheur d'être aimés de Dieu.

Enfin une formule assez lapidaire nous renvoie : « Allez en paix ». Il s'agit de vivre dans la paix, dans une profonde sérénité du cœur que le Christ nous a donnée. Cette sérénité transparaît dans toutes nos relations humaines. Le chrétien n'a rien d'un agité. Il vit une foi paisible et sereine que lui procure l'espérance et le tourne vers la charité.

L'envoi qualifie donc la mission du chrétien. Plus encore, il comporte une forte dimension eschatologique. En effet, l'envoi nous tourne vers la destinée finale de l'homme et du monde. Nous sommes envoyés pour prendre notre part à la construction du Royaume de Dieu, un Royaume déjà là et encore à construire. Le chrétien ne saurait être tourné vers le passé. Il tourne son regard vers le Royaume qui vient. Il devient, après avoir vécu chaque eucharistie, témoin de l'Espérance folle qui l'habite : notre monde sait qu'il va vers son accomplissement en Dieu.

Nous voilà donc envoyés prendre part à la mission que le Christ donnait à ses Apôtres ; « Allez dans le monde entier. Proclamez l'Évangile à toute la création... Quant à eux, ils s'en allèrent proclamer partout l'Évangile » (Mt 16, 16... 20).

SK

Les messes des dimanches et fêtes en 2021

LE TEMPS DE L'AVENT

L'Avent, chemin du salut

Le Temps de l'Avent, qui ouvre l'année liturgique, oriente d'abord notre regard et notre espérance vers l'avenir, vers la fin des temps, le salut annoncé par Jean Baptiste. « Car il (le Christ) est venu, en prenant la condition des hommes, pour accomplir l'éternel dessein de ton amour et nous ouvrir le chemin du salut ; il viendra de nouveau, revêtu de sa gloire, afin que nous possédions dans la pleine lumière les biens que tu nous as promis et que nous attendons en veillant dans la foi » (*1re préface de l'Avent*).

Pendant l'Avent (en latin, le mot signifie « venue »), nous célébrons Celui qui est déjà venu, qui reviendra au dernier jour et qui ne cesse de survenir en nous : Jésus, le Christ, notre Sauveur. Le prologue de l'évangile de Jean dit cela à merveille (*évangile de la Messe du jour de Noël*) : « Et le Verbe s'est fait chair, il a habité parmi nous, et nous avons vu sa gloire, la gloire qu'il tient de son Père comme Fils unique, plein de grâce et de vérité. [...] Dieu, personne ne l'a jamais vu ; le Fils unique, lui qui est Dieu, lui qui est dans le sein du Père, c'est lui qui l'a fait connaître » (Jn 1, 14 ; 18).

Les paroles d'Isaïe, reprises dans l'hymne *Rorate caeli*, annoncent la spécificité du salut attendu par les chrétiens, qui ne peut advenir sans la justice. « Cieux, distillez d'en haut votre rosée ; que, des nuages, pleuve la justice, que la terre s'ouvre, produise le salut, et qu'alors germe aussi la justice. Moi, le Seigneur, je crée tout cela » (Is 45, 8). Dieu est juste car il est bon : « Le Seigneur donnera ses bienfaits, et notre terre donnera son fruit. La justice marchera devant lui, et ses pas traceront le chemin », entendrons-nous chanter dans le *psaume du deuxième dimanche de l'Avent*.

Après avoir célébré le second avènement du Christ, l'Avent se termine par l'annonce faite à Marie par l'ange Gabriel : ainsi se fait le passage du temps de l'Avent au temps de Noël, mystère de Dieu qui se fait homme pour le salut de tous.

1er dimanche de l'Avent

29 NOVEMBRE 2020

« Veillez ! »

En ce premier dimanche de la nouvelle année liturgique, l'Église nous propose de commencer la lecture de l'évangile de Marc. Nous ne l'ouvrons pas à la première page (ce sera pour le 2e dimanche de l'Avent) mais seulement au chapitre 13, pour entendre un extrait de la conclusion du discours de Jésus sur la fin des temps (*évangile*). Si la lecture de ce dimanche se prolongeait d'un demi-verset, nous pourrions entendre : « La fête de la Pâque et des pains sans levain allait avoir lieu deux jours après. » Au premier jour de l'année liturgique, nous pourrions presque dire que Pâques aura lieu dans deux jours ! Le commencement de l'année nous plonge déjà dans l'urgence, à la veille de la Passion et à trois jours du Salut.

Au début de l'Avent, la liturgie veut nous mettre en disposition d'attente : le Seigneur est déjà venu mais il reviendra au temps dernier et il vient sans cesse, dans notre monde et notre vie. La courte parabole entendue ce jour nous apporte une information inattendue : c'est de nuit que le maître de la maison doit revenir. Dans la littérature juive et les premiers écrits chrétiens, la nuit symbolise très souvent le monde présent plongé dans les ténèbres, soumis aux puissances du mal. C'est aussi, pour les fidèles, le temps de l'épreuve et des tentations qui prendra fin avec la venue du « jour de notre Seigneur Jésus Christ » (*deuxième lecture*). Cette nuit inaugurale est à l'image de notre vie de foi : être chrétien, c'est attendre la pleine manifestation pascale, c'est « tenir fermement jusqu'au bout ».

Si « nul ne se réveille pour prendre appui sur toi » (*première lecture*), alors l'homme est livré au pouvoir de ses fautes. « Veillez ! », recommande Jésus, car nul ne sait quand ce sera le *kairos*, le bon moment. C'est cette ignorance qui doit nous garder en éveil, dans un état de vigilance active et confiante, tout au long de cette nouvelle année : « Dieu, que ton visage s'éclaire, et nous serons sauvés ! » (*psaume*).

CHANTER

- Pour la procession d'ouverture, ***Préparez le chemin du Seigneur*** **E 13-95 CNA 371,** ***Entrons dans l'espérance*** **E 26-30,** ***Viens, Seigneur, ne tarde plus*** **E 57-31,** ***Voici venir les temps*** **E 241,** ***Aube Nouvelle*** **E 130 CNA 363,** ***Vienne Seigneur, vienne ton jour*** **E 240.**
- Pour la préparation pénitentielle, ***Litanies pénitentielles*** **CNA 185 a, Kyrie grégorien XVII ou XVIII CNA 165 ou 166,** ***Viens renaître en nous*** **EY 183,** ***Messe pour le temps de l'Avent*** **AL 72-22 ou AL 611.**
- Après l'homélie, ***Vienne la rosée*** **EP 103 CNA 376,** ***Lumière pour l'homme aujourd'hui*** **EP 61-3 CNA 568,** ***Christ et Seigneur, nous t'espérons*** **E 35-69.**
- Pour le refrain de la prière universelle, ***Réveille ta puissance*** **EA2 CNA 231-13.**
- Pour le ***Saint le Seigneur*** **AL 37-97 ou AL 604.**
- Pour l'***Agneau de Dieu*** **AL 73, AL 107 ou AL 604.**
- Pendant la procession de communion, ***Prenez et mangez*** **D 52-67,** ***Voici le pain que donne Dieu*** **D 50-07-2,** ***Approchons-nous de la table*** **D 19-30,** ***La Sagesse a dressé une table*** **D 580 CNA 332.**
- Après la communion, ***Dieu est à l'œuvre en cet âge*** **EP 50 CNA 541,** ***Vienne la paix*** **M 150-1 CNA 771,** ***Toi qui viens pour tout sauver*** **EP 68 CNA 374,** ***Ô viens, Jésus*** **E 147 CNA 370.**
- À la fin de la célébration, ***Venez, divin Messie*** **E 52-47 CNA 375,** ***Entrons dans l'espérance*** **E 26-30.**
- À ces propositions, on peut ajouter les chants suivants :

– Pour le 2e dimanche, ***La voix qui crie dans le désert*** **EA 330** ou ***Préparez à travers le désert***

– Pour le 3e dimanche, ***Joie sur terre*** **E 32** ou ***Soyez dans la joie*** **EX 41-29,** ***Jubilez, criez de joie*** **U 52-42**

– Pour le 4e dimanche on pourra chanter un chant à Marie, à la fin de la célébration.

Prière d'ouverture

Donne à tes fidèles, Dieu tout-puissant, d'aller avec courage sur les chemins de la justice à la rencontre du Seigneur, pour qu'ils soient appelés, lors du jugement, à entrer en possession du royaume des Cieux. Par Jésus Christ, ton Fils, notre Seigneur et notre Dieu, qui règne avec toi et le Saint-Esprit, maintenant et pour les siècles des siècles. Amen.

1re lecture *« Ah ! Si tu déchirais les cieux, si tu descendais ! »*

→ Lecture du livre du prophète Isaïe 63, 16b-17.19b ; 64, 2b-7

C'**est toi**, Seigneur, notre père ; « Notre-rédempteur-depuis-toujours », tel est ton nom. Pourquoi, Seigneur, nous laisses-tu errer hors de tes chemins ? Pourquoi laisser nos cœurs s'endurcir et ne plus te craindre ? Reviens, à cause de tes serviteurs, des tribus de ton héritage. Ah ! Si tu déchirais les cieux, si tu descendais, les montagnes seraient ébranlées devant ta face.

Voici que tu es descendu : les montagnes furent ébranlées devant ta face. Jamais on n'a entendu, jamais on n'a ouï dire, nul œil n'a jamais vu un autre dieu que toi agir ainsi pour celui qui l'attend. Tu viens rencontrer celui qui pratique avec joie la justice, qui se souvient de toi en suivant tes chemins. Tu étais irrité, mais nous avons encore péché, et nous nous sommes égarés. Tous, nous étions comme des gens impurs, et tous nos actes justes n'étaient que linges souillés. Tous, nous étions desséchés comme des feuilles, et nos fautes, comme le vent, nous emportaient. Personne n'invoque plus ton nom, nul ne se réveille pour prendre appui sur toi. Car tu nous as caché ton visage, tu nous as livrés au pouvoir de nos fautes. Mais maintenant, Seigneur, c'est toi notre père. Nous sommes l'argile, c'est toi qui nous façonnes : nous sommes tous l'ouvrage de ta main.

Psaume 79

R/ Dieu, fais-nous revenir ;
que ton visage s'éclaire,
et nous serons sauvés !

Berger d'Israël, écoute,
resplendis au-dessus des Kéroubim !
Réveille ta vaillance
et viens nous sauver.

Dieu de l'univers, reviens !
Du haut des cieux, regarde et vois :
visite cette vigne, protège-la,
celle qu'a plantée ta main puissante.

Que ta main soutienne ton protégé,
le fils de l'homme qui te doit sa force.
Jamais plus nous n'irons loin de toi :
fais-nous vivre et invoquer ton nom !

2e lecture

Nous attendons de voir se révéler notre Seigneur Jésus Christ

→ Lecture de la première lettre de saint Paul apôtre aux Corinthiens 1 Co 1, 3-9

Frères, à vous, la grâce et la paix, de la part de Dieu notre Père et du Seigneur Jésus Christ. Je ne cesse de rendre grâce à Dieu à votre sujet, pour la grâce qu'il vous a donnée dans le Christ Jésus ; en lui vous avez reçu toutes les richesses, toutes celles de la parole et de la connaissance de Dieu. Car le témoignage rendu au Christ s'est établi fermement parmi vous. Ainsi, aucun don de grâce ne vous manque, à vous qui attendez de voir se révéler notre Seigneur Jésus Christ. C'est lui qui vous fera tenir fermement jusqu'au bout, et vous serez sans reproche au jour de notre Seigneur Jésus Christ. Car Dieu est fidèle, lui qui vous a appelés à vivre en communion avec son Fils, Jésus Christ notre Seigneur.

Alléluia. Alléluia. Fais-nous voir, Seigneur, ton amour, et donne-nous ton salut. **Alléluia.**

Évangile

« Veillez »

→ Évangile de Jésus Christ selon saint Marc Mc 13, 33-37

En ce temps-là, Jésus disait à ses disciples : « Prenez garde, restez éveillés : car vous ne savez pas quand ce sera le moment.

C'est comme un homme parti en voyage : en quittant sa maison, il a donné tout pouvoir à ses serviteurs, fixé à chacun son travail, et demandé au portier de veiller. Veillez donc, car vous ne savez pas quand vient le maître de la maison, le soir ou à minuit, au chant du coq ou le matin ; s'il arrive à l'improviste, il ne faudrait pas qu'il vous trouve endormis. Ce que je vous dis là, je le dis à tous : Veillez ! »

POUR LA PRIÈRE UNIVERSELLE

– Seigneur, nous te prions pour ton Église qui, dans l'attente de ton retour, continue à rendre visible ton amour.
– Seigneur, nous te prions pour les contemplatifs qui, dans l'attente de ton retour, sont sentinelles de lumière.
– Seigneur, nous te prions pour les gouvernants qui, dans l'attente de ton retour, œuvrent à la paix et au pardon.
– Seigneur, nous te prions pour notre communauté qui, dans l'attente de ton retour, fait mémoire de toi et participe à rendre vivante ta parole.

Prière sur les offrandes

Seigneur, nous ne pourrons jamais t'offrir que les biens venus de toi : accepte ceux que nous t'apportons ; et puisque c'est toi qui nous donnes maintenant de célébrer l'eucharistie, fais qu'elle soit pour nous le gage du salut éternel. Par Jésus, le Christ, notre Seigneur. **Amen.**

Préface

Vraiment, il est juste et bon de te rendre gloire, de t'offrir notre action de grâce, toujours et en tout lieu, à toi, Père très saint, Dieu éternel et tout-puissant, par le Christ, notre Seigneur.
Car il est déjà venu, en prenant la condition des hommes, pour accomplir l'éternel dessein de ton amour et nous ouvrir le chemin du salut ; il viendra de nouveau, revêtu de sa gloire,

afin que nous possédions dans la pleine lumière les biens que tu nous as promis, et que nous attendons en veillant dans la foi.
C'est pourquoi, avec les anges et tous les saints, nous proclamons ta gloire en chantant (disant) d'une seule voix : **Saint !...**

Prière après la communion

Fais fructifier en nous, Seigneur, l'eucharistie qui nous a rassemblés : c'est par elle que tu formes, dès maintenant, à travers la vie de ce monde, l'amour dont nous t'aimerons éternellement. Par Jésus, le Christ, notre Seigneur. **Amen.**

Mais c'est dans la nuit

« Je sais bien moi la source qui jaillit
et qui court, mais c'est dans la nuit.
Cette source éternelle est enfouie
Mais moi, je sais bien où elle vit...
Mais c'est dans la nuit.

Sa clarté n'est jamais obscurcie
Et je sais que d'elle toute lumière luit...
Mais c'est dans la nuit.

Cette source éternelle est enfouie
Dans ce pain vivant pour nous donner la vie...
Mais c'est dans la nuit.

Et là elle appelle toutes les créatures
et toutes boivent de cette eau dans l'obscur.
Car c'est dans la nuit.
Cette source vive que je désire
Dans ce pain de vie je la vois je l'aspire
Mais c'est dans la nuit. »

Jean de la Croix, dans « *Chansons du Carmel* »,
traduction de Pierre Éliane, Presses de la Renaissance, 2002.

CALENDRIER LITURGIQUE

Di 29	**1er dimanche de l'Avent B.** *Liturgie des Heures : Psautier semaine I.*
Lu 30	S. ANDRÉ, Apôtre. Lectures propres : Rm 10, 9-18 ; Ps 18 A ; Mt 4, 18-22 : « Aussitôt, laissant là leurs filets, ils le suivirent »
Ma 1er	Isaïe 11, 1-10 ; Ps 71 ; Luc 10, 21-24 : « Jésus exulta de joie sous l'action de l'Esprit Saint »
Me 2	Isaïe 25, 6-10a ; Ps 22 ; Mt 15, 29-37 : Jésus guérit les infirmes et multiplie les pains
Je 3	S. François Xavier, prêtre, jésuite missionnaire, † 1552 dans l'île de San-Choan (Chine). Isaïe 26, 1-6 ; Ps 117 ; Mt 7, 21.24-27 : « Pour entrer dans le royaume des Cieux, il faut faire la volonté de mon Père »
Ve 4	*S. Jean de Damas, prêtre, docteur de l'Église*, † vers 749 près de Jérusalem. Isaïe 29, 17-24 ; Ps 26 ; Mt 9, 27-31 : Croyant en Jésus, deux aveugles sont guéris
Sa 5	Isaïe 30, 19-21.23-26 ; Ps 146 ; Mt 9, 35–10, 1.5a.6-8 : « Voyant les foules, Jésus fut saisi de compassion »

Bonne fête ! 29 : Saturnin. 30 : André, Andrée. 1er : Florence, Éloi, Loïc. 2 : Viviane. 3 : Xavier. 4 : Barbara, Barbe. 5 : Gérard, Géraldine.

Saint François Xavier (3 décembre) François Xavier est né le 7 avril 1506 près de Pampelune en Navarre. Il suit ses études de théologie à la Sorbonne à Paris et loge avec Pierre Favre et Ignace de Loyola. Ensemble, ils sont à l'origine de la Compagnie de Jésus. À partir de 1541, il devient missionnaire en Inde et en Extrême-Orient. Malade, il meurt en 1552 sur l'île de San-Choan alors qu'il souhaitait se rendre en Chine. Béatifié en 1619, il est canonisé trois ans plus tard.

2e dimanche de l'Avent

6 DÉCEMBRE 2020

Dans le désert de notre cœur

« Commencement de l'Évangile de Jésus, Christ, Fils de Dieu. » C'est par cette phrase que débute l'évangile de Marc qui va nous accompagner durant cette année liturgique (*évangile*). Arrêtons-nous sur chacun des mots de cette phrase introductive qui annonce ce pourquoi Marc a écrit ce livre : Jésus est Christ et Jésus est Fils de Dieu.

Évangile signifie « bonne nouvelle ». Ce mot est déjà utilisé par Isaïe pour annoncer le règne de Dieu (Is 52, 7) mais Marc est le premier à l'utiliser pour désigner la vie, la mort et la résurrection de Jésus. Jésus est lui-même la « bonne nouvelle ».

Christ est un mot grec qui a la même signification que Messie en hébreu (celui qui a reçu l'onction royale). Jésus est le Messie attendu par le peuple d'Israël, autant libérateur qu'homme juste et fidèle à Dieu. C'est Pierre, au chapitre 8 de l'évangile de Marc, qui confessera : « Tu es le Christ » (*24e dimanche du Temps ordinaire*).

Au dimanche des Rameaux, nous entendrons le passage de l'évangile dans lequel le centurion romain s'exclame : « Vraiment, cet homme était Fils de Dieu ». L'expression souligne le lien privilégié qui unit Jésus à son Père et l'ouverture de la Bonne Nouvelle aux païens. À travers son témoignage de foi, l'évangéliste Marc veut nous éveiller à « l'intelligence du cœur » (*prière d'ouverture*) qui donne « le vrai sens des choses de ce monde et l'amour des biens éternels » (*prière après la communion*).

« Le Seigneur ne tarde pas à tenir sa promesse [...], il prend patience envers vous, car [...] il veut que tous parviennent à la conversion », nous dit saint Pierre dans la *deuxième lecture*. Si Dieu patiente, c'est pour nous laisser le temps de descendre dans le désert de notre cœur, là où plus rien ne vient nous distraire, pour le reconnaître : « Amour et vérité se rencontrent, justice et paix s'embrassent » (*psaume*).

Les textes de ce dimanche nous orientent vers ce temps de conversion nécessaire pour vivre l'Évangile, conversion annoncée par le prophète Isaïe (*première lecture*) et par Jean, dernier des prophètes et premier des disciples, qui proclame un baptême dans l'Esprit Saint.

Des chants sont proposés pour l'Avent, p. 116.

Prière d'ouverture

Seigneur tout-puissant et miséricordieux, ne laisse pas le souci de nos tâches présentes entraver notre marche à la rencontre de ton Fils ; mais éveille en nous cette intelligence du cœur qui nous prépare à l'accueillir et nous fait entrer dans sa propre vie. Lui qui règne avec toi et le Saint-Esprit, maintenant et pour les siècles des siècles. **Amen.**

1re lecture

« Voici votre Dieu ! »

→ Lecture du livre du prophète d'Isaïe Is 40, 1-5.9-11

« **Consolez**, consolez mon peuple ! » – dit votre Dieu – parlez au cœur de Jérusalem. Proclamez que son service est accompli, que son crime est expié, qu'elle a reçu de la main du Seigneur le double pour toutes ses fautes.

Une voix proclame : « Dans le désert, préparez le chemin du Seigneur ; tracez droit, dans les terres arides, une route pour notre Dieu. Que tout ravin soit comblé, toute montagne et toute colline abaissées ! que les escarpements se changent en plaine, et les sommets, en large vallée ! Alors se révélera la gloire du Seigneur, et tout être de chair verra que la bouche du Seigneur a parlé. »

Monte sur une haute montagne, toi qui portes la bonne nouvelle à Sion. Élève la voix avec force, toi qui portes la bonne nouvelle à Jérusalem. Élève la voix, ne crains pas. Dis aux villes de Juda : « Voici votre Dieu ! » Voici le Seigneur Dieu ! Il vient avec puissance ; son bras lui soumet tout. Voici le fruit de son travail avec lui, et devant lui, son ouvrage. Comme un berger, il fait paître son troupeau : son bras rassemble les agneaux, il les porte sur son cœur, il mène les brebis qui allaitent.

Psaume 84

R/ Fais-nous voir, Seigneur, ton amour,
et donne-nous ton salut.

J'écoute : que dira le Seigneur Dieu ?
Ce qu'il dit, c'est la paix pour son peuple et ses fidèles.
Son salut est proche de ceux qui le craignent,
et la gloire habitera notre terre.

Amour et vérité se rencontrent,
justice et paix s'embrassent ;
la vérité germera de la terre
et du ciel se penchera la justice.

Le Seigneur donnera ses bienfaits,
et notre terre donnera son fruit.
La justice marchera devant lui,
et ses pas traceront le chemin.

2e LECTURE

« Nous attendons un ciel nouveau et une terre nouvelle »

→ Lecture de la deuxième lettre de saint Pierre apôtre

2 P 3, 8-14

Bien-aimés, il est une chose qui ne doit pas vous échapper : pour le Seigneur, un seul jour est comme mille ans, et mille ans sont comme un seul jour. Le Seigneur ne tarde pas à tenir sa promesse, alors que certains prétendent qu'il a du retard. Au contraire, il prend patience envers vous, car il ne veut pas en laisser quelques-uns se perdre, mais il veut que tous parviennent à la conversion. Cependant le jour du

Seigneur viendra, comme un voleur. Alors les cieux disparaîtront avec fracas, les éléments embrasés seront dissous, la terre, avec tout ce qu'on a fait ici-bas, ne pourra y échapper.

Ainsi, puisque tout cela est en voie de dissolution, vous voyez quels hommes vous devez être, en vivant dans la sainteté et la piété, vous qui attendez, vous qui hâtez l'avènement du jour de Dieu, ce jour où les cieux enflammés seront dissous, où les éléments embrasés seront en fusion. Car ce que nous attendons, selon la promesse du Seigneur, c'est un ciel nouveau et une terre nouvelle où résidera la justice. C'est pourquoi, bien-aimés, en attendant cela, faites tout pour qu'on vous trouve sans tache ni défaut, dans la paix.

Alléluia. Alléluia. Préparez le chemin du Seigneur, rendez droits ses sentiers : tout être vivant verra le salut de Dieu. **Alléluia.**

Évangile *« Bonne nouvelle de Jésus Christ, le Fils de Dieu »*

→ Évangile de Jésus Christ selon saint Marc Mc 1, 1-8

Commencement de l'Évangile de Jésus, Christ, Fils de Dieu.

Il est écrit dans Isaïe, le prophète : *Voici que j'envoie mon messager en avant de toi, pour ouvrir ton chemin. Voix de celui qui crie dans le désert : Préparez le chemin du Seigneur, rendez droits ses sentiers.* Alors Jean, celui qui baptisait, parut dans le désert. Il proclamait un baptême de conversion pour le pardon des péchés.

Toute la Judée, tous les habitants de Jérusalem se rendaient auprès de lui, et ils étaient baptisés par lui dans le Jourdain, en reconnaissant publiquement leurs péchés. Jean était vêtu de poil de chameau, avec une ceinture de cuir autour des reins ; il se nourrissait de sauterelles et de miel sauvage. Il proclamait : « Voici venir derrière moi celui qui est plus fort que moi ; je ne suis pas digne de m'abaisser pour défaire la courroie de ses sandales. Moi, je vous ai baptisés avec de l'eau ; lui vous baptisera dans l'Esprit Saint. »

POUR LA PRIÈRE UNIVERSELLE

– « J'écoute : que dira le Seigneur Dieu ? Ce qu'il dit, c'est la paix pour son peuple et ses fidèles. »

◗ Seigneur, regarde ton Église et notre communauté avec bienveillance, afin que tu la trouves « sans tache ni défaut » au jour de ton retour.

– « Justice et paix s'embrassent. »

◗ Seigneur, regarde notre monde avec bonté, afin que tu trouves une route tracée pour toi, au jour de ton retour.

– « Amour et vérité se rencontrent. »

◗ Seigneur, regarde les malades et les soignants avec amour, afin qu'ils trouvent place auprès de toi, au jour de ton retour.

– « Son salut est proche de ceux qui le craignent. »

◗ Seigneur, regarde notre communauté avec miséricorde, afin qu'elle travaille à ce que « tous parviennent à la conversion ».

Prière sur les offrandes

Laisse-toi fléchir, Seigneur, par nos prières et nos pauvres offrandes ; nous ne pouvons pas invoquer nos mérites, viens par ta grâce à notre secours. Par Jésus.

Préface de l'Avent, p. 119.

Prière après la communion

Pleins de reconnaissance pour cette eucharistie, nous te prions encore, Seigneur : apprends-nous, dans la communion à ce mystère, le vrai sens des choses de ce monde et l'amour des biens éternels. Par Jésus.

Il est grand le cœur de l'homme

« Il est grand le cœur de l'homme, il est spacieux et hospitalier, pourvu qu'il soit pur. Voulez-vous connaître son ampleur et sa largeur ? Voyez quelle abondance de connaissances divines il peut embrasser ! Il le dit lui-même : *Il m'a donné une connaissance exacte du réel. Il m'a appris la structure de l'univers et l'activité des éléments, le commencement, la fin et le milieu des temps, les alternances des solstices et les changements de saisons, les cycles de l'année et les positions des astres, les natures des animaux et les humeurs des bêtes sauvages, les impulsions violentes des esprits et les pensées des hommes, les variétés des plantes et les vertus des racines* (Sg 7,17-23). Vous voyez qu'il n'est pas petit, le cœur des hommes, pour embrasser tant de choses ! [...] Et s'il n'est pas petit pour embrasser tant de choses, on peut bien y préparer le chemin du Seigneur et rendre droit son sentier, pour que puisse y marcher celui qui est la Parole et la Sagesse. Préparez le chemin du Seigneur par une conduite honorable, par des œuvres excellentes ; aplanissez le sentier afin que le Verbe de Dieu marche en vous sans rencontrer d'obstacle et vous donne la connaissance de ses mystères et de son avènement, lui à qui appartiennent la gloire et la puissance pour les siècles des siècles. Amen (1 P 4,11). »

Origène, *Homélie*, dans *Les Pères de l'Église commentent l'Évangile*, Abbaye de Clervaux, Brepols, 1991.

CALENDRIER LITURGIQUE

Di 6	**2e dimanche de l'Avent B.** *Liturgie des Heures : Psautier semaine II.* [*S. Nicolas, évêque de Myre, (Asie Mineure), † vers 350*]
Lu 7	S. Ambroise, évêque de Milan, docteur de l'Église, † vers 397. Isaïe 35, 1-10 ; Ps 84 ; Luc 5, 17-26 : « Nous avons vu des choses extraordinaires aujourd'hui ! »
Ma 8	**IMMACULÉE CONCEPTION DE LA VIERGE MARIE**, p. 129.
Me 9	*S. Juan Diego Cuauhtlatoatzin, † 1548, près de Mexico.* Isaïe 40, 25-31 ; Ps 102 ; Mt 11, 28-30 : « Venez à moi, vous tous qui peinez »
Je 10	Isaïe 41, 13-20 ; Ps 144 ; Mt 11, 11-15 : « Personne ne s'est levé de plus grand que Jean le Baptiste »
Ve 11	*S. Damase Ier, pape, † 384 à Rome.* Isaïe 48, 17-19 ; Ps 1 ; Mt 11, 16-19 : Ils n'écoutent ni Jean ni le Fils de l'homme
Sa 12	*Notre-Dame de Guadaloupé (Mexique). (Au Canada,* fête) Ben Sira 48, 1-4.9-11 ; Ps 79 ; Mt 17, 10-13 : « Élie est déjà venu et ils ne l'ont pas reconnu »

Bonne fête ! 6 : Nicolas, Colas, Nils. 7 : Ambroise. 8 : Conception, Sabine, Édith. 9 : Valérie. 10 : Romaric, Eulalie. 11 : Damase, Daniel, Dany. 12 : Corentin.

Saint Ambroise (**7 décembre**) Saint Ambroise a été évêque de Milan de 374 à 397. Il est encore catéchumène lorsqu'il est élu évêque par acclamation du peuple. Il est immédiatement baptisé, ordonné prêtre et consacré évêque. Grand orateur (Augustin aurait épié ses sermons en cachette avant sa conversion), il portait le souci des belles liturgies. Il introduisit dans l'Église latine l'usage grec de chanter des hymnes. Il en composa plusieurs (le chant ambrosien). Il est Docteur de l'Église.

Immaculée Conception de la Vierge Marie

8 DÉCEMBRE 2020

Marie, plénitude de grâce

Dans le préambule de la Constitution apostolique *Ineffabilis Deus* du 8 décembre 1854 proclamant le dogme de l'Immaculée Conception, le Pape Pie IX écrit : « Dieu ineffable [...] destina donc, dès le commencement et avant tous les siècles, à son Fils unique, la Mère de laquelle, s'étant incarné, il naîtrait, dans la bienheureuse plénitude des temps. C'est pourquoi, puisant dans les trésors de sa divinité, il la combla [...] de l'abondance de toutes les grâces célestes, et l'enrichit avec une profusion merveilleuse, afin qu'elle fût toujours sans aucune tache, entièrement exempte de l'esclavage du péché. » Par ces termes, il reprend une croyance exprimée dans la liturgie de l'Église à partir du xve siècle et que nous entendons en ce jour notamment dans la prière d'ouverture. L'Immaculée Conception ne célèbre pas seulement, pour Marie, la préservation du mal, elle est plénitude de grâce (*évangile*). En ce jour de fête, nous rendons grâce pour « la merveille du don gratuit que Dieu nous a fait en son Fils bien-aimé » (*deuxième lecture*).

Voici la demeure de Dieu parmi les hommes,
Marie, terre admirable, terre de la promesse,
Mère de l'Emmanuel.

L'ange du Seigneur fut envoyé à Marie,
Et la Vierge fut éblouie par la lumière.
Écoute, Marie, Vierge du Christ :
Tu concevras et tu enfanteras un fils,
Tu es le paradis nouveau et la terre promise
En toi le soleil a établi sa demeure.

Voici la demeure de Dieu parmi les hommes EX420 (d'après Ap 21, 3)

1re lecture :	Gn 3, 9-15.20 Ève, mère de tous les vivants
Psaume 97 :	R/ Chantez au Seigneur un chant nouveau car il a fait des merveilles.
2e lecture :	Ep 1, 3-6.11-12 Choisis avant la création du monde
Évangile :	Lc 1, 26-38 « Voici la servante du Seigneur » (p. 141)

3e dimanche de l'Avent

13 DÉCEMBRE 2020

Le Christ nous donne la joie

« **Seigneur,** ton peuple se prépare à célébrer la naissance de ton Fils ; dirige notre joie vers la joie d'un si grand mystère » (*prière d'ouverture*). Cette joie traverse les deux premières lectures et le cantique de Marie que nous entendons aujourd'hui : « Je tressaille de joie dans le Seigneur » (*première lecture*), « exulte mon esprit en Dieu, mon Sauveur » (*Cantique Luc 1*), « Frères, soyez toujours dans la joie » (*deuxième lecture*). En ce dimanche de la joie (appelé « Gaudéte » en référence au premier mot latin de l'introït et pour lequel on peut utiliser des ornements liturgiques roses), nous quittons la lecture de l'évangile de Marc pour trouver chez Jean une référence explicite à la prédication de Jean Baptiste. Jean Baptiste est une figure majeure du temps de l'Avent car, comme le souligne l'*évangile* du jour, Jean est d'abord reconnu pour sa qualité de « témoin ». Jean est le témoin de la Lumière, celle que nous allons célébrer prochainement dans la nuit de Noël. Dans un raccourci saisissant et poétique, Paul écrit aux Thessaloniciens : « N'éteignez pas l'Esprit ». Alors, les disciples seront prêts « pour la venue de notre Seigneur Jésus Christ », non pas celle de Noël mais celle des fins dernières. Jean Baptiste est aussi, pourrait-on dire, le témoin de la défense dans le procès que le monde intente à Jésus, procès dont Jésus sortira finalement vainqueur, puisque vainqueur de la mort même.

Les premiers versets de l'évangile sont extraits du Prologue de Jean qui commence par ces mots : « Au commencement était le Verbe ». Pour répondre à la question posée par les prêtres et les lévites : « Qui es-tu ? », Jean Baptiste utilise une citation d'Isaïe (Is 40, 3) par laquelle il dit être la voix qui annonce la venue du Seigneur. Ainsi, « c'est par une voix que la Parole est rendue présente », écrira Origène. Jean se fait le serviteur de la Parole et s'effacera devant la Parole elle-même, le Christ.

Jean est l'instrument par lequel Dieu montre son Fils vers qui il faut aller. Son rayonnement et son charisme lui sont accordés par la grâce de Celui qu'il annonce.

Ce dimanche est un dimanche festif car « c'est le Christ qui nous donne la joie d'entrer déjà dans le mystère de Noël, pour qu'il nous trouve, quand il viendra, remplis d'allégresse » (*préface*).

Des chants sont proposés pour l'Avent, p. 116.

Prière d'ouverture

Tu le vois, Seigneur, ton peuple se prépare à célébrer la naissance de ton Fils ; dirige notre joie vers la joie d'un si grand mystère : pour que nous fêtions notre salut avec un cœur vraiment nouveau. Par Jésus Christ.

1re lecture

« Je tressaille de joie dans le Seigneur »

→ **Lecture du livre du prophète Isaïe** Is 61, 1-2a.10-11

L**'esprit du Seigneur Dieu** est sur moi parce que le Seigneur m'a consacré par l'onction. Il m'a envoyé annoncer la bonne nouvelle aux humbles, guérir ceux qui ont le cœur brisé, proclamer aux captifs leur délivrance, aux prisonniers leur libération, proclamer une année de bienfaits accordée par le Seigneur.

Je tressaille de joie dans le Seigneur, mon âme exulte en mon Dieu. Car il m'a vêtu des vêtements du salut, il m'a couvert du manteau de la justice, comme le jeune marié orné du diadème, la jeune mariée que parent ses joyaux. Comme la terre fait éclore son germe, et le jardin, germer ses semences, le Seigneur Dieu fera germer la justice et la louange devant toutes les nations.

Cantique

Luc 1

R/Mon âme exulte en mon Dieu.

Mon âme exalte le Seigneur,
exulte mon esprit en Dieu, mon Sauveur !
Il s'est penché sur son humble servante ;
désormais tous les âges me diront bienheureuse.

Le Puissant fit pour moi des merveilles ;
Saint est son nom !
Sa miséricorde s'étend d'âge en âge
sur ceux qui le craignent.

Il comble de biens les affamés,
renvoie les riches les mains vides.
Il relève Israël son serviteur,
il se souvient de son amour.

2e LECTURE

« Soyez toujours dans la joie »

Lecture de la première lettre de saint Paul apôtre aux Thessaloniciens 1 Th 5, 16-24

Frères, soyez toujours dans la joie, priez sans relâche, rendez grâce en toute circonstance : c'est la volonté de Dieu à votre égard dans le Christ Jésus. N'éteignez pas l'Esprit, ne méprisez pas les prophéties, mais discernez la valeur de toute chose : ce qui est bien, gardez-le ; éloignez-vous de toute espèce de mal.

Que le Dieu de la paix lui-même vous sanctifie tout entiers ; que votre esprit, votre âme et votre corps, soient tout entiers gardés sans reproche pour la venue de notre Seigneur Jésus Christ. Il est fidèle, Celui qui vous appelle : tout cela, il le fera.

Alléluia. Alléluia. L'Esprit du Seigneur est sur moi : il m'a envoyé porter la Bonne Nouvelle aux pauvres. **Alléluia.**

Évangile

Jean, le témoin

→ Évangile de Jésus Christ selon saint Jean   Jn 1, 6-8.19-28

Il y eut un homme envoyé par Dieu ; son nom était Jean. Il est venu comme témoin, pour rendre témoignage à la Lumière, afin que tous croient par lui. Cet homme n'était pas la Lumière, mais il était là pour rendre témoignage à la Lumière.

Voici le témoignage de Jean, quand les Juifs lui envoyèrent de Jérusalem des prêtres et des lévites pour lui demander : « Qui es-tu ? » Il ne refusa pas de répondre, il déclara ouvertement : « Je ne suis pas le Christ. » Ils lui demandèrent : « Alors qu'en est-il ? Es-tu le prophète Élie ? » Il répondit : « Je ne le suis pas. – Es-tu le Prophète annoncé ? » Il répondit : « Non. » Alors ils lui dirent : « Qui es-tu ? Il faut que nous donnions une réponse à ceux qui nous ont envoyés. Que dis-tu sur toi-même ? » Il répondit : « Je suis *la voix de celui qui crie dans le désert : Redressez le chemin du Seigneur,* comme a dit le prophète Isaïe. » Or, ils avaient été envoyés de la part des pharisiens. Ils lui posèrent encore cette question : « Pourquoi donc baptises-tu, si tu n'es ni le Christ, ni Élie, ni le Prophète ? » Jean leur répondit : « Moi, je baptise dans l'eau. Mais au milieu de vous se tient celui que vous ne connaissez pas ; c'est lui qui vient derrière moi, et je ne suis pas digne de délier la courroie de sa sandale. »

Cela s'est passé à Béthanie, de l'autre côté du Jourdain, à l'endroit où Jean baptisait.

POUR LA PRIÈRE UNIVERSELLE

– Seigneur, pour que ton Église accomplisse sa mission en annonçant au monde la joie de croire en ton Fils notre Sauveur, nous te prions.

– Seigneur, en cette journée Pax Christi, pour que les populations qui subissent la guerre puissent connaître la paix, nous te prions.

– Seigneur, pour que les réfugiés et les migrants puissent participer pleinement à la vie de la société qui les accueille, nous te prions.

– Seigneur, pour que notre communauté ne renonce jamais à la voie du dialogue constructif et du pardon, nous te prions.

Prière sur les offrandes

Permets, Seigneur, que le sacrifice de nos eucharisties te soit toujours offert dans ton Église, pour accomplir le sacrement que tu nous as donné et pour réaliser la merveille de notre salut. Par Jésus.

Préface de l'Avent, p. 119.

Prière après la communion

Seigneur notre Dieu, nous attendons de ta miséricorde que cette nourriture prise à ton autel nous empêche de céder à nos penchants mauvais et nous prépare aux fêtes qui approchent. Par Jésus.

Transmettre les dons de Dieu

« Tous les saints sont les témoins de Dieu dans la mesure où, par leurs œuvres bonnes, Dieu est glorifié devant les hommes – Que brille votre lumière devant les hommes, en sorte qu'ils voient vos œuvres bonnes et glorifient votre Père qui est dans les cieux (Mt 5, 16). Cependant, ceux qui, non seulement participent aux dons de Dieu en eux-mêmes en faisant le bien par la grâce de Dieu, mais encore transmettent ces dons aux autres par leur enseignement, leur influence et leurs exhortations, sont plus spécialement les témoins de Dieu – Quiconque invoque mon nom, je l'ai créé pour ma gloire (Is 43, 7). Jean vint donc pour témoigner, c'est-à-dire pour transmettre aux autres les dons de Dieu et annoncer sa louange. »

Saint Thomas d'Aquin, *Commentaire de l'évangile de saint Jean*, Éditions du Cerf, 2006.

CALENDRIER LITURGIQUE

Di 13	**3e dimanche de l'Avent B.** *Liturgie des Heures : Psautier semaine III.* [Ste Lucie, vierge et martyre, à Syracuse, premiers siècles].
Lu 14	S. Jean de la Croix, prêtre carme, docteur de l'Église, † 1591 à Ubeda (Espagne). Nombres 24, 2-7.15-17a ; Ps 24 ; Mt 21, 23-27 : « Le baptême de Jean, d'où venait-il ? »
Ma 15	Sophonie 3, 1-2.9-13 ; Ps 33 ; Mt 21, 28-32 : « Jésus est venu : les publicains et les prostituées ont cru à sa parole »
Me 16	Isaïe 45, 6b-8.18.21b-25 ; Ps 84 ; Lc 7, 18b-23 : « Allez annoncer à Jean ce que vous avez vu et entendu »
Je 17	Genèse 49, 1-2.8-10 ; Ps 71 ; Mt 1, 1-17 : « Jésus, fils de David, fils d'Abraham »
Ven 18	Jérémie 23, 5-8 ; Ps 71 ; Mt 1, 18-24 : Jésus, engendré en Marie, épouse de Joseph, fils de David
Sa 19	Juges 13, 2-7.24-25a ; Ps 70 ; Lc 1, 5-25 : L'ange Gabriel annonce la naissance de Jean le Baptiste

Bonne fête ! 13 : Lucie, Aurore, Josselyne ou Jocelyne. 14 : Odile. 15 : Christine, Ninon. 16 : Adélaïde, Alice. 17 : Gaël, Tessa. 18 : Gratien. 19 : Urbain.

Pour mémoire : Aujourd'hui, troisième dimanche de l'Avent, journée *Pax Christi*.

Saint Jean de la Croix (14 décembre) Né en 1542 en Vieille Castille, Jean de la Croix prend l'habit chez les Carmes à l'âge de 20 ans. En 1567, il célèbre sa première messe et rencontre Thérèse d'Avila (1515-1582) engagée dans la réforme du Carmel. Un an plus tard, en 1568, il inaugure, avec deux autres compagnons, une vie de retour aux pratiques primitives de l'Ordre. À partir de 1572, Jean rejoint Thérèse à Avila pour accompagner spirituellement les moniales. Après la mort de Thérèse en 1582, il devient prieur du couvent de Grenade, avant d'être élu prieur du couvent de Ségovie en 1589. Entouré des frères de la petite communauté d'Ubeda, il meurt dans la nuit du 13 au 14 décembre 1591, après avoir demandé au Prieur de lire en guise de prière des agonisants le *Cantique des Cantiques*. Il est reconnu comme l'un des plus grands poètes de la littérature espagnole. Il est aussi docteur de l'Église.

4e dimanche de l'Avent

20 DÉCEMBRE 2020

« Rien n'est impossible à Dieu »

L'*évangile* du jour est celui de l'« Annonciation ». Dans la Bible, le personnage principal des récits d'annonciation n'est pas le destinataire du message mais bien l'enfant à naître. Le récit de ce dimanche ne fait pas exception à cette tournure : c'est bien sur Jésus que l'évangéliste Luc veut attirer le regard. Dans un premier temps, l'ange Gabriel annonce à Marie que le fils qu'elle va enfanter « sera appelé Fils du Très-Haut ». Ce titre se réfère au Messie royal attendu par Israël. C'est le sens de l'oracle messianique de la *première lecture* : « Je te susciterai dans ta descendance un successeur, qui naîtra de toi, et je rendrai stable sa royauté. Moi, je serai pour lui un père ; et lui sera pour moi un fils. »

Mais l'évangéliste Luc veut souligner que c'est par Jésus Christ que le « mystère [est] porté à la connaissance de toutes les nations » (*deuxième lecture*). C'est pourquoi, dans un second temps – et avec un sens certain de la pédagogie ! –, l'ange Gabriel révèle à Marie que celui qui va naître « sera appelé Fils de Dieu ». Après l'annonce du Messie attendu, vient l'expression de l'inattendu, l'inespéré : Dieu se fait homme... « Car rien n'est impossible à Dieu » (*évangile*).

« Le Verbe de Dieu est venu habiter dans l'homme ; il s'est fait "Fils de l'Homme" pour habituer l'homme à recevoir Dieu et pour habituer Dieu à habiter dans l'homme, comme il a plu au Père », écrira saint Irénée (*Contre les hérésies* III, 2, 2).

Marie, en accueillant l'inattendu, devient la parfaite image de l'Israël qui a su faire le passage de la promesse à l'accomplissement, de l'ancienne à la nouvelle alliance. « Pousse des cris de joie, fille de Sion ! » (So 3, 14) Marie engendre Jésus, tout en le recevant comme un don de Dieu. C'est ce mystère d'« un amour bâti pour toujours » (*psaume*) que nous allons célébrer à Noël.

Des chants sont proposés pour l'Avent, p. 116.

Prière d'ouverture

Que ta grâce, Seigneur notre Père, se répande en nos cœurs : par le message de l'ange, tu nous as fait connaître l'incarnation de ton Fils bien-aimé, conduis-nous par sa passion et par sa croix jusqu'à la gloire de la résurrection. Par Jésus Christ.

1re lecture

« Ton trône sera stable pour toujours »

→ **Lecture du deuxième livre de Samuel** 2 S 7, 1-5.8b-12.14a.16

Le roi David habitait enfin dans sa maison. Le Seigneur lui avait accordé la tranquillité en le délivrant de tous les ennemis qui l'entouraient. Le roi dit alors au prophète Nathan : « Regarde ! J'habite dans une maison de cèdre, et l'arche de Dieu habite sous un abri de toile ! » Nathan répondit au roi : « Tout ce que tu as l'intention de faire, fais-le, car le Seigneur est avec toi. »

Mais, cette nuit-là, la parole du Seigneur fut adressée à Nathan : « Va dire à mon serviteur David : Ainsi parle le Seigneur : Est-ce toi qui me bâtiras une maison pour que j'y habite ? C'est moi qui t'ai pris au pâturage, derrière le troupeau, pour que tu sois le chef de mon peuple Israël. J'ai été avec toi partout où tu es allé, j'ai abattu devant toi tous tes ennemis. Je t'ai fait un nom aussi grand que celui des plus grands de la terre. Je fixerai en ce lieu mon peuple Israël, je l'y planterai, il s'y établira et ne tremblera plus, et les méchants ne viendront plus l'humilier, comme ils l'ont fait autrefois, depuis le jour où j'ai institué des juges pour conduire mon peuple Israël. Oui, je t'ai accordé la tranquillité en te délivrant de tous tes ennemis. Le Seigneur t'annonce qu'il te fera lui-même une maison. Quand tes jours seront accomplis et que tu reposeras auprès de tes pères, je te susciterai dans ta descendance un successeur, qui naîtra de toi, et je rendrai stable sa royauté. Moi, je serai pour lui un père ; et lui sera pour moi un fils. Ta maison et ta royauté subsisteront toujours devant moi, ton trône sera stable pour toujours. »

Psaume 88

R/Ton amour, Seigneur, sans fin je le chante.

L'amour du Seigneur, sans fin je le chante ;
ta fidélité, je l'annonce d'âge en âge.
Je le dis : c'est un amour bâti pour toujours ;
ta fidélité est plus stable que les cieux.

« Avec mon élu, j'ai fait une alliance,
j'ai juré à David, mon serviteur :
J'établirai ta dynastie pour toujours,
je te bâtis un trône pour la suite des âges. »

« Il me dira : "Tu es mon Père,
mon Dieu, mon roc et mon salut !"
Sans fin je lui garderai mon amour,
mon alliance avec lui sera fidèle. »

2e lecture

Un mystère gardé depuis toujours dans le silence

→ **Lecture de la lettre de saint Paul apôtre aux Romains** Rm 16, 25-27

Frères,
à Celui qui peut vous rendre forts
selon mon Évangile qui proclame Jésus Christ :
révélation d'un mystère
gardé depuis toujours dans le silence,
mystère maintenant manifesté
au moyen des écrits prophétiques,
selon l'ordre du Dieu éternel,
mystère porté à la connaissance de toutes les nations
pour les amener à l'obéissance de la foi,
à Celui qui est le seul sage, Dieu, par Jésus Christ,
à lui la gloire pour les siècles. Amen.

Alléluia. Alléluia. Voici la servante du Seigneur ; que tout m'advienne selon ta parole. **Alléluia.**

Évangile

« Voici la servante du Seigneur »

→ Évangile de Jésus Christ selon saint Luc Lc 1, 26-38

En ce temps-là, l'ange Gabriel fut envoyé par Dieu dans une ville de Galilée, appelée Nazareth, à une jeune fille vierge, accordée en mariage à un homme de la maison de David, appelé Joseph ; et le nom de la jeune fille était Marie.

L'ange entra chez elle et dit : « Je te salue, Comblée-de-grâce, le Seigneur est avec toi. »

À cette parole, elle fut toute bouleversée, et elle se demandait ce que pouvait signifier cette salutation.

L'ange lui dit alors : « Sois sans crainte, Marie, car tu as trouvé grâce auprès de Dieu. Voici que tu vas concevoir et enfanter un fils ; tu lui donneras le nom de Jésus. Il sera grand, il sera appelé Fils du Très-Haut ; le Seigneur Dieu lui donnera le trône de David son père ; il régnera pour toujours sur la maison de Jacob, et son règne n'aura pas de fin. »

Marie dit à l'ange : « Comment cela va-t-il se faire, puisque je ne connais pas d'homme ? »

L'ange lui répondit : « L'Esprit Saint viendra sur toi, et la puissance du Très-Haut te prendra sous son ombre ; c'est pourquoi celui qui va naître sera saint, il sera appelé Fils de Dieu. Or voici que, dans sa vieillesse, Élisabeth, ta parente, a conçu, elle aussi, un fils et en est à son sixième mois, alors qu'on l'appelait la femme stérile. Car rien n'est impossible à Dieu. »

Marie dit alors : « Voici la servante du Seigneur ; que tout m'advienne selon ta parole. »

Alors l'ange la quitta.

POUR LA PRIÈRE UNIVERSELLE

– Pour que notre Église favorise la paix en Palestine et en Israël, Seigneur, nous te prions.
– Pour que les chefs d'État concrétisent la transition écologique pour sauver « sœur notre mère la terre », Seigneur, nous te prions.
– Pour que les femmes et les enfants isolés puissent trouver accueil et sécurité, Seigneur, nous te prions.
– Pour que notre communauté sache accueillir tous ceux qui se présentent à elle, Seigneur, nous te prions.

Prière sur les offrandes

Que ton Esprit, Seigneur notre Dieu, dont la puissance a fécondé le sein de la Vierge Marie, consacre les offrandes posées sur cet autel. Par Jésus.

Préface

Vraiment il est juste et bon de te rendre gloire, de t'offrir notre action de grâce, toujours et en tout lieu, à toi, Père très saint, Dieu éternel et tout-puissant, par le Christ, notre Seigneur. Il est celui que tous les prophètes avaient chanté, celui que la Vierge attendait avec amour, celui dont Jean Baptiste a proclamé la venue et révélé la présence au milieu des hommes. C'est lui qui nous donne la joie d'entrer déjà dans le mystère de Noël, pour qu'il nous trouve, quand il viendra, vigilants dans la prière et remplis d'allégresse.
C'est pourquoi, avec les anges et tous les saints, nous proclamons ta gloire en chantant (disant) d'une seule voix : **Saint !...**

Prière après la communion

Nous avons reçu dans ton sacrement, Seigneur, le gage de la rédemption éternelle ; accorde-nous une ferveur qui grandisse à l'approche de Noël, pour bien fêter la naissance de ton Fils. Lui qui règne.

Le Seigneur nous a sauvés

« Voici un autre texte où Isaïe a prédit que celui qui nous sauve n'est ni simplement un homme, ni un être incorporel : "Ce n'est pas un messager, ce n'est pas un ange, mais c'est le Seigneur lui-même qui sauvera son peuple. Parce qu'il l'aime, il lui pardonnera ; lui-même, il le délivrera" (63,9). Mais ce Sauveur est aussi vraiment un homme, visible : "Cité de Sion, voici : tes yeux verront notre Sauveur" (33,20)... Un autre prophète a dit : "Lui-même il se retournera, nous fera miséricorde, et jettera nos péchés au fond de la mer" (Mi 7,19)... Du pays de Juda, de Bethléem (Mi 5,1) devait venir le Fils de Dieu, qui est aussi Dieu, pour répandre sa louange sur toute la terre... Dieu donc s'est bien fait homme et le Seigneur lui-même nous a sauvés en nous donnant le signe de la Vierge. »

Saint Irénée de Lyon, *Contre les hérésies*, III, 2, 2.

CALENDRIER LITURGIQUE

Di 20	**4e dimanche de l'Avent B.** *Liturgie des Heures : Psautier semaine IV.*
Lu 21	*S. Pierre Casinius, prêtre jésuite, docteur de l'Église, † 1597 à Fribourg (Suisse)* (En Suisse, 27 avril). Cantique des Cantiques 2, 8-14 ou Sophonie 3, 14-18a ; Ps 32 ; Luc 1, 39-45 : « D'où m'est-il donné que la mère de mon Seigneur vienne jusqu'à moi ? »
Ma 22	1 Samuel 1, 24-28 ; Cant. 1 Samuel 2 ; Luc 1, 46-56 : « Le Puissant fit pour moi des merveilles »
Me 23	*S. Jean de Kenty, prêtre, † 1473 à Cracovie (Pologne).* Malachie 3, 1-4.23-24 ; Ps 24 ; Luc 1, 57-66
Je 24	À la messe du matin : 2 Samuel 7, 1-5.8b-12.14a.16 ; Ps 88 ; Luc 1, 67-79 : « Le soleil levant nous visitera »
Ve 25	**NATIVITÉ DU SEIGNEUR, solennité**, p. 147.
Sa 26	S. ÉTIENNE, premier martyr. Lectures propres : Ac 6,8-10 ; 7,54-60 ; Ps 30 ; Mt 10,17-22 : « Ce n'est pas vous qui parlerez, c'est l'Esprit de votre Père »

Bonne fête ! 20 : Abraham, Isaac, Jacob. 21 : Théophile, Zéphirin. 22 : Xavière. 23 : Armand. 24 : Adèle, Eugénie. 25 : Noël, Emmanuel, Nelly. 26 : Étienne, Stéphane, Stéphanie, Fanny.

Saint Pierre Canisius (21 décembre) Né en 1521 à Nimègue (Pays-Bas) et décédé à Fribourg (Suisse) en 1597, Pierre Canisius devient, suite à sa rencontre avec Pierre Favre, l'un des premiers membres de la Compagnie de Jésus. Il passe l'essentiel de sa vie de prêtre jésuite en Allemagne et en Suisse. Convaincu que le renouvellement de l'Église catholique doit passer par la lutte contre l'ignorance du clergé et des fidèles, il est l'auteur d'un catéchisme qui connut un immense succès. Il traduisit aussi les écrits des Pères de l'Église. Il chercha, avec conviction, douceur et bon sens, à enrayer la progression du protestantisme. Il a été déclaré docteur de l'Église et canonisé par Pie XI le 21 mai 1925.

LE TEMPS DE NOËL
Messagers de l'Évangile

« Joie au ciel ! Exulte la terre ! » (*psaume de la messe de la nuit).* À Noël, les chrétiens sont invités à vivre un temps de joie. Une joie profonde qui n'est pas du même ordre que celle de l'enfant découvrant son cadeau au pied du sapin. Car la joie de Noël, c'est la joie de se savoir sauvé par la venue dans notre histoire, de Jésus, « un Sauveur qui est le Christ, le Seigneur » (*évangile de la messe de la nuit*).

Cette proclamation de l'ange aux bergers exprime à la fois la révélation divine de la nature même de Jésus et le cœur de la prédication apostolique. Au matin de la Pentecôte, Pierre déclare : « Dieu l'a fait Seigneur et Christ, ce Jésus que vous aviez crucifié. » (Ac 2, 36). Les bergers qui reçoivent cette Bonne Nouvelle ne sont pas de « gentils pâtres ». Dans le contexte juif de l'époque, ils sont considérés impurs, notamment parce que leur travail les empêche de se rendre à la synagogue – impurs comme les collecteurs d'impôts et les publicains. Tout au long de son évangile, Luc s'attache à présenter Jésus comme le témoin de la miséricorde du Père, qui va tout particulièrement vers les pécheurs, les laissés-pour-compte, ceux qui sont méprisés (cf. Lc 4, 18).

Ainsi, les bergers sont les premiers destinataires d'« une bonne nouvelle, qui sera une grande joie pour tout le peuple ». Mais ils sont aussi les premiers messagers de l'évangile. Après avoir vu « l'événement que le Seigneur [leur] a fait connaître » (*évangile de la messe de l'aurore*), ils témoignent et louent Dieu, préfigurant et accomplissant la mission de tout chrétien.

Les récits évangéliques de l'enfance chez Luc et Matthieu n'ont pas pour but de nous offrir le souvenir attendrissant de la naissance du « petit Jésus » mais de nous proposer une méditation croyante : dans la nuit de Noël, brille déjà la lumière de Pâques.

CHANTER

- Pendant le temps de Noël, on veillera à choisir les chants en tenant compte de la diversité des assemblées. Il s'agira de trouver un bon équilibre entre chants traditionnels et chants nouveaux.
- Pour l'ouverture de la célébration à la messe de la nuit, ***La voici la nuit de Dieu*** **F 256 CNA 398.**
- Pour les autres célébrations, ***Il est né le divin enfant*** **F 160 CNA 397,** ***Aujourd'hui dans notre monde*** **FP 47 CNA 801,** ***Un enfant nous est né*** **F 36-64-3,** ***Au plus haut du ciel*** **Y 221-1.**
- Pour la préparation pénitentielle, ***Messe du temps de Noël*** **AL 589,** ***Petite messe pour Noël*** **A 35-96, Litanies pénitentielles CNA 178, 382, 383** ou **F 31-10.**
- Nous retrouvons le ***Gloire à Dieu*** dont on retiendra une version bien connue.
- Pour l'acclamation à l'Évangile, ***Alléluia, je vous annonce*** **AE 60-61,** ***Alléluia, aujourd'hui la lumière*** **AE 60-61-4.**
- Après l'homélie, ***Aujourd'hui, dans notre monde*** **FP 47 CNA 801,** ***Aujourd'hui, sur nous, la lumière a resplendi*** **FX 51-85,** ***Dans une humble crèche*** **F 49-89.**
- ***Saint le Seigneur,*** **AL 20 CNA 243, AL 589, AL 51-69.**
- ***Agneau de Dieu,*** **A 35-96, AL 200 CNA 304.**
- Pour la procession de communion, ***Le Verbe s'est fait chair*** **FD 31-15,** ***Venez prendre le corps*** **D 50-06-2.**
- Après la communion, ***Aujourd'hui, le roi des cieux*** **F 2 CNA 393,** ***Voici la paix sur nous*** **F 213,** ***La lumière née de la lumière*** **FX 20-80-1,** ***Un enfant nous est né, chantons Noël*** **F 52-38,** ***À pleine voix chantons pour Dieu*** **FP 180.**
- À la fin de la célébration, ***Les anges dans nos campagnes*** **F 9 CNA 399,** ***Qu'exulte tout l'univers*** **DEV 44-72,** ***Exultez de joie, peuples de l'univers*** **F 35-24.**
- Pour la fête de la Sainte Famille, on pourrait chanter, après la communion, ***Celui qui aime son frère*** **D 32-89,** ***Celui qui aime est né de Dieu*** **D 18-13 CNA 537.**
- À la fin de la célébration, ***Apprends-nous, Marie*** **V 219 CNA 616** avec les couplets 2 et 4.

Nativité du Seigneur

25 DÉCEMBRE 2020

Messe de la veille au soir

Prière d'ouverture

Chaque année, Seigneur, tu ravives en nous la joyeuse espérance du salut ; nous accueillons dans l'allégresse ton Fils unique qui vient nous racheter : quand il viendra nous juger, accorde-nous de le regarder sans crainte. Lui qui règne.

1re Lecture

« Tu seras la joie de ton Dieu »

→ **Lecture du livre du prophète Isaïe** 62,1-5

Pour la cause de Sion, je ne me tairai pas, et pour Jérusalem, je n'aurai de cesse que sa justice ne paraisse dans la clarté, et son salut comme une torche qui brûle. Et les nations verront ta justice ; tous les rois verront ta gloire. On te nommera d'un nom nouveau que la bouche du Seigneur dictera. Tu seras une couronne brillante dans la main du Seigneur, un diadème royal entre les doigts de ton Dieu. On ne te dira plus : « Délaissée ! » À ton pays, nul ne dira : « Désolation ! » Toi, tu seras appelée « Ma Préférence », cette terre se nommera « L'Épousée ». Car le Seigneur t'a préférée, et cette terre deviendra « L'Épousée ». Comme un jeune homme épouse une vierge, ton Bâtisseur t'épousera. Comme la jeune mariée fait la joie de son mari, tu seras la joie de ton Dieu.

Psaume 88

R/ L'amour du Seigneur, sans fin je le chante.

« Avec mon élu, j'ai fait une alliance,
j'ai juré à David, mon serviteur :
J'établirai ta dynastie pour toujours,
je te bâtis un trône pour la suite des âges. »

Heureux le peuple qui connaît l'ovation
Seigneur, il marche à la lumière de ta face ;
tout le jour, à ton nom il danse de joie,
fier de ton juste pouvoir.

« Il me dira : Tu es mon Père,
mon Dieu, mon roc et mon salut
Sans fin je lui garderai mon amour,
mon alliance avec lui sera fidèle. »

2e Lecture *Le témoignage de Paul au sujet du Christ, fils de David*

→ Lecture du livre des Actes des Apôtres 13, 16-17.22-25

Invité à prendre la parole dans la synagogue d'Antioche de Pisidie, Paul se leva, fit un signe de la main et dit : « Israélites, et vous aussi qui craignez Dieu, écoutez : Le Dieu de ce peuple, le Dieu d'Israël a choisi nos pères ; il a fait grandir son peuple pendant le séjour en Égypte et il l'en a fait sortir à bras étendu. Plus tard, Dieu a, pour eux, suscité David comme roi, et il lui a rendu ce témoignage : *J'ai trouvé David, fils de Jessé ; c'est un homme selon mon cœur qui réalisera toutes mes volontés.* De la descendance de David, Dieu, selon la promesse, a fait sortir un sauveur pour Israël : c'est Jésus, dont Jean le Baptiste a préparé l'avènement, en proclamant avant lui un baptême de conversion pour tout le peuple d'Israël. Au moment d'achever sa course, Jean disait : "Ce que vous pensez que je suis, je ne le suis pas. Mais le voici qui vient après moi, et je ne suis pas digne de retirer les sandales de ses pieds." »

Alléluia. Alléluia. Demain sera détruit le péché de la terre, et sur nous régnera le Sauveur du monde. **Alléluia.**

Évangile

« Généalogie de Jésus, Christ, fils de David »

→ **Évangile de Jésus Christ selon saint Matthieu** 1, 1-25 (lecture brève : 1, 18-25)

La lecture du texte entre crochets est facultative.

[**Généalogie de Jésus Christ**, fils de David, fils d'Abraham. Abraham engendra Isaac, Isaac engendra Jacob, Jacob engendra Juda et ses frères, Juda, de son union avec Thamar, engendra Pharès et Zara, Pharès engendra Esrom, Esrom engendra Aram, Aram engendra Aminadab, Aminadab engendra Naassone, Naassone engendra Salmone, Salmone, de son union avec Rahab, engendra Booz, Booz, de son union avec Ruth, engendra Jobed, Jobed engendra Jessé, Jessé engendra le roi David.

David, de son union avec la femme d'Ourias, engendra Salomon, Salomon engendra Roboam, Roboam engendra Abia, Abia engendra Asa, Asa engendra Josaphat, Josaphat engendra Joram, Joram engendra Ozias, Ozias engendra Joatham, Joatham engendra Acaz, Acaz engendra Ézékias, Ézékias engendra Manassé, Manassé engendra Amone, Amone engendra Josias, Josias engendra Jékonias et ses frères à l'époque de l'exil à Babylone.

Après l'exil à Babylone, Jékonias engendra Salathiel, Salathiel engendra Zorobabel, Zorobabel engendra Abioud, Abioud engendra Éliakim, Éliakim engendra Azor, Azor engendra Sadok, Sadok engendra Akim, Akim engendra Élioud, Élioud engendra Éléazar, Éléazar engendra Mattane, Mattane engendra Jacob, Jacob engendra Joseph, l'époux de Marie, de laquelle fut engendré Jésus, que l'on appelle Christ. Le nombre total des générations est donc : depuis Abraham jusqu'à David, quatorze générations ; depuis David jusqu'à l'exil à Babylone, quatorze générations ; depuis l'exil à Babylone jusqu'au Christ, quatorze générations.]

Voici comment fut engendré Jésus Christ : Marie, sa mère, avait été accordée en mariage à Joseph ; avant qu'ils aient habité ensemble, elle fut enceinte par l'action de l'Esprit Saint. Joseph, son époux, qui était un homme juste, et ne voulait pas la dénoncer publiquement, décida de la renvoyer en secret. Comme il avait formé ce projet, voici que l'ange du Seigneur lui apparut en songe et lui dit : « Joseph, fils de David, ne crains pas de prendre chez toi Marie, ton épouse, puisque l'enfant qui est engendré en elle vient de l'Esprit Saint ; elle enfantera un fils, et tu lui donneras le nom de Jésus (c'est-à-dire : Le-Seigneur-sauve), car c'est lui qui sauvera son peuple de ses péchés. »

Tout cela est arrivé pour que soit accomplie la parole du Seigneur prononcée par le prophète : *Voici que la Vierge concevra, et elle enfantera un fils ; on lui donnera le nom d'Emmanuel*, qui se traduit : « Dieu-avec-nous ». Quand Joseph se réveilla, il fit ce que l'ange du Seigneur lui avait prescrit : il prit chez lui son épouse, mais il ne s'unit pas à elle, jusqu'à ce qu'elle enfante un fils, auquel il donna le nom de Jésus.

Prière sur les offrandes

Donne-nous, Seigneur, de célébrer déjà la fête de Noël avec une ferveur d'autant plus grande que tu nous fais voir dans ce mystère le commencement de notre salut. Par Jésus.

Préface de Noël au choix, p. 30-31.

Prière après la communion

Fais-nous reprendre vie, Seigneur, alors que nous rappelons la naissance de ton Fils et que déjà tu apaises notre soif et notre faim à la table de ton Royaume. Par Jésus.

Messe de la nuit de Noël

Prière d'ouverture

Seigneur, tu as fait resplendir cette nuit très sainte des clartés de la vraie lumière : de grâce, accorde-nous qu'illuminés dès ici-bas par la révélation de ce mystère, nous goûtions dans le ciel la plénitude de sa joie. Par Jésus Christ.

1re Lecture

« Un enfant nous est né »

→ **Lecture du livre du prophète Isaïe** 9, 1-6

Le peuple qui marchait dans les ténèbres a vu se lever une grande lumière ; et sur les habitants du pays de l'ombre, une lumière a resplendi. Tu as prodigué la joie, tu as fait grandir l'allégresse : ils se réjouissent devant toi, comme on se réjouit de la moisson, comme on exulte au partage du butin. Car le joug qui pesait sur lui, la barre qui meurtrissait son épaule, le bâton du tyran, tu les as brisés comme au jour de Madiane. Et les bottes qui frappaient le sol, et les manteaux couverts de sang, les voilà tous brûlés : le feu les a dévorés.

Oui, un enfant nous est né, un fils nous a été donné ! Sur son épaule est le signe du pouvoir ; son nom est proclamé : « Conseiller-merveilleux, Dieu-Fort, Père-à-jamais, Prince-de-la-Paix. » Et le pouvoir s'étendra, et la paix sera sans fin pour le trône de David et pour son règne qu'il établira, qu'il affermira sur le droit et la justice dès maintenant et pour toujours. Il fera cela, l'amour jaloux du Seigneur de l'univers !

Psaume 95

**R/ Aujourd'hui, un Sauveur nous est né :
c'est le Christ, le Seigneur.**

Chantez au Seigneur un chant nouveau,
chantez au Seigneur, terre entière,
chantez au Seigneur et bénissez son nom !

De jour en jour, proclamez son salut,
racontez à tous les peuples sa gloire,
à toutes les nations ses merveilles !

Joie au ciel ! Exulte la terre !
Les masses de la mer mugissent,
la campagne tout entière est en fête.

Les arbres des forêts dansent de joie
devant la face du Seigneur, car il vient,
car il vient pour juger la terre.

Il jugera le monde avec justice
et les peuples selon sa vérité.

2e Lecture

« La grâce de Dieu s'est manifestée pour tous les hommes »

→ **Lecture de la lettre de saint Paul apôtre à Tite** 2, 11-14

Bien-aimé, la grâce de Dieu s'est manifestée pour le salut de tous les hommes. Elle nous apprend à renoncer à l'impiété et aux convoitises de ce monde, et à vivre dans le temps présent de manière raisonnable, avec justice et piété, attendant que se réalise la bienheureuse espérance : la manifestation de la gloire de notre grand Dieu et Sauveur, Jésus Christ. Car il s'est donné pour nous afin de nous racheter de toutes nos fautes, et de nous purifier pour faire de nous son peuple, un peuple ardent à faire le bien.

Alléluia. Alléluia. Je vous annonce une grande joie : Aujourd'hui vous est né un Sauveur qui est le Christ, le Seigneur ! **Alléluia.**

Évangile

« Aujourd'hui vous est né un Sauveur »

→ Évangile de Jésus Christ selon saint Luc 2, 1-14

En ces jours-là, parut un édit de l'empereur Auguste, ordonnant de recenser toute la terre – ce premier recensement eut lieu lorsque Quirinius était gouverneur de Syrie. Et tous allaient se faire recenser, chacun dans sa ville d'origine. Joseph, lui aussi, monta de Galilée, depuis la ville de Nazareth, vers la Judée, jusqu'à la ville de David appelée Bethléem. Il était en effet de la maison et de la lignée de David. Il venait se faire recenser avec Marie, qui lui avait été accordée en mariage et qui était enceinte. Or, pendant qu'ils étaient là, le temps où elle devait enfanter fut accompli. Et elle mit au monde son fils premier-né ; elle l'emmaillota et le coucha dans une mangeoire, car il n'y avait pas de place pour eux dans la salle commune.

Dans la même région, il y avait des bergers qui vivaient dehors et passaient la nuit dans les champs pour garder leurs troupeaux. L'ange du Seigneur se présenta devant eux, et la gloire du Seigneur les enveloppa de sa lumière. Ils furent saisis d'une grande crainte. Alors l'ange leur dit : « Ne craignez pas, car voici que je vous annonce une bonne nouvelle, qui sera une grande joie pour tout le peuple : Aujourd'hui, dans la ville de David, vous est né un Sauveur qui est le Christ, le Seigneur. Et voici le signe qui vous est donné : vous trouverez un nouveau-né emmailloté et couché dans une mangeoire. » Et soudain, il y eut avec l'ange une troupe céleste innombrable, qui louait Dieu en disant : « Gloire à Dieu au plus haut des cieux, et paix sur la terre aux hommes, qu'Il aime. »

POUR LA PRIÈRE UNIVERSELLE

– Pour notre Église qui, dans la joie, fait mémoire de la venue de ton fils en notre monde, nous te prions, Seigneur.
– Pour « les habitants du pays de l'ombre », les peuples qui subissent la guerre et la maltraitance, nous te prions, Seigneur.
– Pour les parents qui ne peuvent avoir d'enfant et pour les enfants qui naissent en cette nuit, nous te prions, Seigneur.
– Pour celles et ceux qui vivent Noël dans la solitude, nous te prions, Seigneur.
– Pour notre communauté qui a préparé cette fête et qui se rassemble pour te chanter, nous te prions, Seigneur.

Prière sur les offrandes

Accepte, Seigneur, notre sacrifice en cette nuit de Noël ; et dans un prodigieux échange, nous deviendrons semblables à ton Fils en qui notre nature est unie à la tienne. Lui qui règne.

Préface de Noël, au choix, p. 30-31.

Dans les prières eucharistiques, il y a des textes propres à la fête de Noël.

Prière après la communion

Joyeux de célébrer dans ces mystères la naissance de notre Rédempteur, nous t'en prions, Seigneur notre Dieu : donne-nous de parvenir, après une vie toujours plus fidèle, jusqu'à la communion glorieuse avec ton Fils bien-aimé. Lui qui règne.

Messe de l'aurore

Prière d'ouverture

Dieu tout-puissant, en ton Verbe fait chair une lumière nouvelle nous envahit : puisqu'elle éclaire déjà nos cœurs par la foi, fais qu'elle resplendisse dans toute notre vie. Par Jésus Christ.

1re Lecture

« Voici ton Sauveur qui vient »

→ **Lecture du livre du prophète Isaïe** 62, 11-12

Voici que le Seigneur se fait entendre jusqu'aux extrémités de la terre : Dites à la fille de Sion : Voici ton Sauveur qui vient ; avec lui, le fruit de son travail, et devant lui, son ouvrage. Eux seront appelés « Peuple-saint », « Rachetés-par-le-Seigneur », et toi, on t'appellera « La-Désirée », « La-Ville-qui-n'est-plus-délaissée ».

Psaume 96

**R/ La lumière aujourd'hui a resplendi sur nous :
un Sauveur nous est né !**

Le Seigneur est roi ! Exulte la terre !
Joie pour les îles sans nombre !
Les cieux ont proclamé sa justice,
et tous les peuples ont vu sa gloire.

Une lumière est semée pour le juste,
et pour le cœur simple, une joie.
Que le Seigneur soit votre joie, hommes justes ;
rendez grâce en rappelant son nom très saint.

2e lecture

Héritiers de la vie éternelle par Jésus Christ

→ **Lecture de la lettre de saint Paul apôtre à Tite** 3, 4-7

Bien-aimé, lorsque Dieu, notre Sauveur, a manifesté sa bonté et son amour pour les hommes, il nous a sauvés, non pas à cause de la justice de nos propres actes, mais par sa miséricorde. Par le bain du baptême, il nous a fait renaître et nous a renouvelés dans l'Esprit Saint. Cet Esprit, Dieu l'a répandu sur nous en abondance, par Jésus Christ notre Sauveur, afin que, rendus justes par sa grâce, nous devenions en espérance héritiers de la vie éternelle.

Alléluia. Alléluia. Gloire à Dieu au plus haut des cieux, et paix sur la terre aux hommes, qu'Il aime ! **Alléluia.**

Évangile

« Les bergers découvrirent Marie et Joseph, avec le nouveau-né »

→ **Évangile de Jésus Christ selon saint Luc** 2, 15-20

Lorsque les anges eurent quitté les bergers pour le ciel, ceux-ci se disaient entre eux : « Allons jusqu'à Bethléem pour voir ce qui est arrivé, l'événement que le Seigneur nous a fait connaître. » Ils se hâtèrent d'y aller, et ils découvrirent Marie et Joseph, avec le nouveau-né couché dans la mangeoire. Après avoir vu, ils racontèrent ce qui leur avait été annoncé au sujet de cet enfant. Et tous ceux qui entendirent s'étonnaient de ce que leur racontaient les bergers. Marie, cependant, retenait tous ces événements et les méditait dans son cœur. Les bergers repartirent ; ils glorifiaient et louaient Dieu pour tout ce qu'ils avaient entendu et vu, selon ce qui leur avait été annoncé.

Prière sur les offrandes

Puissent nos offrandes, Seigneur, s'accorder pleinement au mystère de nativité que nous célébrons en ce jour : un homme, un petit enfant, s'est manifesté comme Dieu ; fais maintenant que ces fruits de la terre nous communiquent tes dons divins. Par Jésus.

Préface de Noël, au choix, p. 30-31.

Prière après la communion

Seigneur, nous célébrons de tout notre cœur la naissance de ton Fils ; accorde-nous la grâce d'approfondir notre foi en ce mystère et d'y trouver la force d'un meilleur amour. Par Jésus.

Messe du jour de Noël

Prière d'ouverture

Père, toi qui as merveilleusement créé l'homme et plus merveilleusement encore rétabli sa dignité, fais-nous participer à la divinité de ton Fils, puisqu'il a voulu prendre notre humanité. Lui qui règne.

1re Lecture

« Tous les lointains de la terre ont vu le salut de notre Dieu »

→ **Lecture du livre du prophète Isaïe** 52, 7-10

Comme ils sont beaux sur les montagnes, les pas du messager, celui qui annonce la paix, qui porte la bonne nouvelle, qui annonce le salut, et vient dire à Sion : « Il règne, ton Dieu ! » Écoutez la voix des guetteurs : ils élèvent la voix, tous ensemble ils crient de joie car, de leurs propres yeux, ils voient le Seigneur qui revient à Sion. Éclatez en cris de joie, vous, ruines de Jérusalem, car le Seigneur console son peuple, il rachète Jérusalem ! Le Seigneur a montré la sainteté de son bras aux yeux de toutes les nations. Tous les lointains de la terre ont vu le salut de notre Dieu.

Psaume 97

R/ La terre tout entière a vu
le salut que Dieu nous donne.

Chantez au Seigneur un chant nouveau,
car il a fait des merveilles ;
par son bras très saint, par sa main puissante,
il s'est assuré la victoire.

Le Seigneur a fait connaître sa victoire
et révélé sa justice aux nations ;
il s'est rappelé sa fidélité, son amour,
en faveur de la maison d'Israël.

La terre tout entière a vu
la victoire de notre Dieu.
Acclamez le Seigneur, terre entière,
sonnez, chantez, jouez !

Jouez pour le Seigneur sur la cithare,
sur la cithare et tous les instruments ;
au son de la trompette et du cor,
acclamez votre roi, le Seigneur !

2e Lecture

« Dieu nous a parlé par son Fils »

→ Lecture de la lettre aux Hébreux — 1, 1-6

À bien des reprises et de bien des manières, Dieu, dans le passé, a parlé à nos pères par les prophètes ; mais à la fin, en ces jours où nous sommes, il nous a parlé par son Fils qu'il a établi héritier de toutes choses et par qui il a créé les mondes.

Rayonnement de la gloire de Dieu, expression parfaite de son être, le Fils, qui porte l'univers par sa parole puissante, après avoir accompli la purification des péchés, s'est assis à la droite de la Majesté divine dans les hauteurs des cieux ; et il est devenu bien supérieur aux anges, dans la mesure même où il a reçu en héritage un nom si différent du leur. En effet, Dieu déclara-t-il jamais à un ange : *Tu es mon Fils, moi, aujourd'hui, je t'ai engendré ?* Ou bien encore : *Moi, je serai pour lui un père, et lui sera pour moi un fils ?* À l'inverse, au moment d'introduire le Premier-né dans le monde à venir, il dit : *Que se prosternent devant lui tous les anges de Dieu.*

Alléluia. Alléluia. Aujourd'hui la lumière a brillé sur la terre. Peuples de l'univers, entrez dans la clarté de Dieu ; venez tous adorer le Seigneur. **Alléluia.**

Évangile

« Le Verbe s'est fait chair, il a habité parmi nous »

→ Évangile de Jésus Christ selon saint Jean 1, 1-18

Les textes entre crochets sont facultatifs.

Au commencement était le Verbe,
et le Verbe était auprès de Dieu,
et le Verbe était Dieu.
Il était au commencement auprès de Dieu.
C'est par lui que tout est venu à l'existence,
et rien de ce qui s'est fait ne s'est fait sans lui.
En lui était la vie,
et la vie était la lumière des hommes ;
la lumière brille dans les ténèbres,
et les ténèbres ne l'ont pas arrêtée.

[Il y eut un homme envoyé par Dieu ; son nom était Jean. Il est venu comme témoin, pour rendre témoignage à la Lumière, afin que tous croient par lui. Cet homme n'était pas la Lumière, mais il était là pour rendre témoignage à la Lumière.]

Le Verbe était la vraie Lumière, qui éclaire tout homme en venant dans le monde. Il était dans le monde, et le monde était venu par lui à l'existence, mais le monde ne l'a pas reconnu. Il est venu chez lui, et les siens ne l'ont pas reçu. Mais à tous ceux qui l'ont reçu, il a donné de pouvoir devenir enfants de Dieu, eux qui croient en son nom. Ils ne sont pas nés du sang, ni d'une volonté charnelle, ni d'une volonté d'homme : ils sont nés de Dieu. Et le Verbe s'est fait chair, il a habité parmi nous, et nous avons vu sa gloire, la gloire qu'il tient de son Père comme Fils unique, plein de grâce et de vérité.

[Jean le Baptiste lui rend témoignage en proclamant : « C'est de lui que j'ai dit : Celui qui vient derrière moi est passé devant moi, car avant moi il était. » Tous, nous avons eu part à sa plénitude, nous avons reçu grâce après grâce ; car la Loi fut donnée par Moïse, la grâce et la vérité sont venues par Jésus Christ.

Dieu, personne ne l'a jamais vu ; le Fils unique, lui qui est Dieu, lui qui est dans le sein du Père, c'est lui qui l'a fait connaître.]

POUR LA PRIÈRE UNIVERSELLE

– Seigneur, nous te prions pour ton Église qui annonce le salut, la bonne nouvelle de Jésus Christ.
– Seigneur, nous te prions pour les responsables du bien public qui favorisent les politiques d'accueil de l'étranger.
– Seigneur, nous te prions pour tous les messagers qui annoncent la paix, pour tous ceux qui la construisent.
– Seigneur, nous te prions pour notre communauté qui sait secourir le prochain accablé.

Prière sur les offrandes

Accepte, Seigneur, l'offrande que nous te présentons en ce jour de fête : car elle est le sacrifice qui nous rétablit dans ton Alliance et fait monter vers toi la parfaite louange. Par Jésus.

Préface de Noël, au choix, p. 30-31.

Dans les prières eucharistiques, il y a des textes propres.

Prière après la communion

Nous t'en prions, Dieu notre Père, puisque le Sauveur du monde, en naissant aujourd'hui, nous a fait naître à la vie divine, qu'il nous donne aussi l'immortalité. Lui qui règne.

« Nous sommes "disciples-missionnaires" »

« En vertu du baptême reçu, chaque membre du Peuple de Dieu est devenu disciple missionnaire (cf. Mt 28, 19). Chaque baptisé, quelle que soit sa fonction dans l'Église et le niveau d'instruction de sa foi, est un sujet actif de l'évangélisation, et il serait inadéquat de penser à un schéma d'évangélisation utilisé pour des acteurs qualifiés, où le reste du peuple fidèle serait seulement destiné à bénéficier de leurs actions. La nouvelle évangélisation doit impliquer que chaque baptisé soit protagoniste d'une façon nouvelle. Cette conviction se transforme en un appel adressé à chaque chrétien, pour que personne ne renonce à son engagement pour l'évangélisation, car s'il a vraiment fait l'expérience de l'amour de Dieu qui le sauve, il n'a pas besoin de beaucoup de temps de préparation pour aller l'annoncer, il ne peut pas attendre d'avoir reçu beaucoup de leçons ou de longues instructions. Tout chrétien est missionnaire dans la mesure où il a rencontré l'amour de Dieu en Jésus Christ ; nous ne disons plus que nous sommes "disciples" et "missionnaires", mais toujours que nous sommes "disciples-missionnaires. »

Pape François, Exhortation apostolique
La joie de l'évangile, nº 120.

La Sainte Famille

27 DÉCEMBRE 2020

« Grâce à la foi »

Instaurée par l'Église catholique en 1893, la fête liturgique de la Sainte Famille veut célébrer « après les difficultés de cette vie, le bonheur sans fin » (*prière après la communion*), en prenant pour exemple Jésus, Marie et Joseph : « Tu as voulu, Seigneur, que la Sainte Famille nous soit donnée en exemple ; accorde-nous la grâce de pratiquer, comme elle, les vertus familiales et d'être unis par les liens de ton amour » (*prière d'ouverture*).

Les deux premières lectures nous présentent la foi d'Abraham et de Sara. Abram souffre parce que le Seigneur ne lui a « pas donné de descendance » (*première lecture*). Il n'a pu donner la vie. Cette absence de fécondité le prive du sentiment de voir se poursuivre, par ses enfants, ce qu'il a bâti durant sa vie. Mais la fécondité ne se limite pas à la fertilité biologique. Il existe une fécondité spirituelle dans le partage, l'écoute, le travail, la créativité artistique, la transmission des savoirs, des valeurs, l'attention portée aux malades et aux pauvres. Une autre façon de donner la vie, de donner sa vie. C'est ce que peut rappeler le refrain de l'extrait de la lettre aux Hébreux (*deuxième lecture*) : « Grâce à la foi... »

Comme tout évangile, celui que nous entendons ce dimanche a Jésus pour personnage central. Alors que ses parents sont sur le point de le présenter au Seigneur dans le Temple de Jérusalem, le récit est détourné par l'intervention de Syméon qui a « reçu de l'Esprit Saint l'annonce qu'il ne verrait pas la mort avant d'avoir vu le Christ » (*évangile*). Il prononce d'abord un cantique puis un oracle. Tel Abraham qui reçut la promesse de rejoindre ses pères dans la paix (Gn 15, 15), Syméon peut « s'en aller en paix » car il voit se réaliser le salut, salut offert « aux nations ». Mais l'oracle qui suit se fait menaçant car le fils de Marie sera source de division en Israël puisque beaucoup ne croiront pas en lui. Ce rejet de Jésus par le peuple choisi va courir tout au long de l'œuvre de Luc jusqu'à la conclusion des Actes de apôtres : « Les nations, elles, écouteront » (Ac 28, 28).

Syméon, ultime veilleur de la Première Alliance, reçoit « l'enfant dans ses bras », premier né du monde nouveau dont nous faisons mémoire au cours de notre eucharistie.

Des chants sont proposés pour le temps de Noël, p. 146.

Prière d'ouverture

Tu as voulu, Seigneur, que la Sainte Famille nous soit donnée en exemple ; accorde-nous la grâce de pratiquer, comme elle, les vertus familiales et d'être unis par les liens de ton amour, avant de nous retrouver pour l'éternité dans la joie de ta maison. Par Jésus Christ.

1re Lecture

La fécondité de la foi

→ Lecture du livre de la Genèse

Gn 15, 1-6 ; 21, 1-3

E**n ces jours-là**, la parole du Seigneur fut adressée à Abram dans une vision : « Ne crains pas, Abram ! Je suis un bouclier pour toi. Ta récompense sera très grande. » Abram répondit : « Mon Seigneur Dieu, que pourrais-tu donc me donner ? Je m'en vais sans enfant, et l'héritier de ma maison, c'est Éliézer de Damas. » Abram dit encore : « Tu ne m'as pas donné de descendance, et c'est un de mes serviteurs qui sera mon héritier. » Alors cette parole du Seigneur fut adressée à Abram : « Ce n'est pas lui qui sera ton héritier, mais quelqu'un de ton sang. » Puis il le fit sortir et lui dit : « Regarde le ciel, et compte les étoiles, si tu le peux... » Et il déclara : « Telle sera ta descendance ! » Abram eut foi dans le Seigneur et le Seigneur estima qu'il était juste.

Le Seigneur visita Sara comme il l'avait annoncé ; il agit pour elle comme il l'avait dit. Elle devint enceinte, et elle enfanta un fils pour Abraham dans sa vieillesse, à la date que Dieu avait fixée. Et Abraham donna un nom au fils que Sara lui avait enfanté : il l'appela Isaac.

Psaume 104

**R/ Le Seigneur, c'est lui notre Dieu ;
il s'est toujours souvenu de son alliance.**

Rendez grâce au Seigneur, proclamez son nom,
annoncez parmi les peuples ses hauts faits ;
chantez et jouez pour lui,
redites sans fin ses merveilles.

Glorifiez-vous de son nom très saint :
joie pour les cœurs qui cherchent Dieu !
Cherchez le Seigneur et sa puissance,
recherchez sans trêve sa face.

Souvenez-vous des merveilles qu'il a faites,
de ses prodiges, des jugements qu'il prononça,
vous, la race d'Abraham son serviteur,
les fils de Jacob, qu'il a choisis.

Il s'est toujours souvenu de son alliance,
parole édictée pour mille générations :
promesse faite à Abraham,
garantie par serment à Isaac.

2e LECTURE *La foi d'Abraham, de Sara et d'Isaac*

→ Lecture de la lettre aux Hébreux He 11, 8.11-12.17-19

Frères, grâce à la foi, Abraham obéit à l'appel de Dieu : il partit vers un pays qu'il devait recevoir en héritage, et il partit sans savoir où il allait. Grâce à la foi, Sara, elle aussi, malgré son âge, fut rendue capable d'être à l'origine d'une descendance parce qu'elle pensait que Dieu est fidèle à ses promesses. C'est pourquoi, d'un seul homme, déjà marqué par la mort, a pu naître une descendance aussi nombreuse que les étoiles du ciel et que le sable au bord de la mer, une multitude innombrable.

Grâce à la foi, quand il fut soumis à l'épreuve, Abraham offrit Isaac en sacrifice. Et il offrait le fils unique, alors qu'il avait reçu les promesses et entendu cette parole : *C'est par Isaac qu'une descendance portera ton nom.* Il pensait en effet que Dieu est capable même de ressusciter les morts ; c'est pourquoi son fils lui fut rendu : il y a là une préfiguration.

Alléluia. Alléluia. À bien des reprises, Dieu, dans le passé, a parlé à nos pères par les prophètes ; à la fin, en ces jours où nous sommes, il nous a parlé par son Fils. **Alléluia.**

Évangile

Les paroles prophétiques de la foi

→ **Évangile de Jésus Christ selon saint Luc**

Lc 2, 22-40 (lecture brève : 2, 22.39-40)

Quand fut accompli le temps prescrit par la loi de Moïse pour la purification, les parents de Jésus l'amenèrent à Jérusalem pour le présenter au Seigneur,

Arrêt de la lecture brève qui reprend au v. 39

selon ce qui est écrit dans la Loi : Tout premier-né de sexe masculin sera consacré au Seigneur. Ils venaient aussi offrir le sacrifice prescrit par la loi du Seigneur : un couple de tourterelles ou deux petites colombes.

Or, il y avait à Jérusalem un homme appelé Syméon. C'était un homme juste et religieux, qui attendait la Consolation d'Israël, et l'Esprit Saint était sur lui. Il avait reçu de l'Esprit Saint l'annonce qu'il ne verrait pas la mort avant d'avoir vu le Christ, le Messie du Seigneur. Sous l'action de l'Esprit, Syméon vint au Temple. Au moment où les parents présentaient l'enfant Jésus pour se conformer au rite de la Loi qui le concernait, Syméon reçut l'enfant dans ses bras, et il bénit Dieu en disant :

« Maintenant, ô Maître souverain, tu peux laisser ton serviteur s'en aller en paix, selon ta parole. Car mes yeux ont vu le salut que tu préparais à la face des peuples : lumière qui se révèle aux nations et donne gloire à ton peuple Israël. »

Le père et la mère de l'enfant s'étonnaient de ce qui était dit de lui. Syméon les bénit, puis il dit à Marie sa mère : « Voici que cet enfant provoquera la chute et le relèvement de beaucoup en Israël. Il sera un signe de contradiction – et toi, ton âme sera traversée d'un glaive – : ainsi seront dévoilées les pensées qui viennent du cœur d'un grand nombre. » Il y avait aussi une femme prophète, Anne, fille de Phanuel, de la tribu d'Aser. Elle était très avancée en âge ; après sept ans de mariage, demeurée veuve, elle était arrivée à l'âge de quatre-vingt-quatre ans. Elle ne s'éloignait pas du Temple, servant Dieu jour et nuit dans le jeûne et la prière. Survenant à cette heure même, elle proclamait les louanges de Dieu et parlait de l'enfant à tous ceux qui attendaient la délivrance de Jérusalem.

Reprise de la lecture brève

Lorsqu'ils eurent achevé tout ce que prescrivait la loi du Seigneur, ils retournèrent en Galilée, dans leur ville de Nazareth. L'enfant, lui, grandissait et se fortifiait, rempli de sagesse, et la grâce de Dieu était sur lui.

POUR LA PRIÈRE UNIVERSELLE

– Nous te prions, Seigneur, pour l'Église qui accompagne les fiancés dans la célébration de leur mariage.
– Nous te prions, Seigneur, pour les décideurs politiques qui votent des lois qui impactent les familles.
– Nous te prions, Seigneur, pour les familles qui vivent dans la fidélité à leurs engagements.
– Nous te prions, Seigneur, pour les familles qui connaissent la division, les rancunes, l'éclatement.
– Nous te prions, Seigneur, pour les jeunes qui s'interrogent sur leur avenir.

Prière sur les offrandes

En t'offrant, Seigneur, le sacrifice qui nous réconcilie avec toi, nous te supplions humblement : à la prière de la Vierge Marie, Mère de Dieu, et à la prière de saint Joseph, affermis nos familles dans ta grâce et la paix. Par Jésus.

Préface de Noël, au choix, p. 30-31.

Dans les prières eucharistiques, on prend les textes propres à la fête de Noël.

Prière après la communion

Toi qui nous as fortifiés par cette communion, accorde à nos familles, Père très aimant, la grâce d'imiter la famille de ton Fils, et de goûter avec elle, après les difficultés de cette vie, le bonheur sans fin. Par Jésus.

La beauté de la passion

« En tant que parents, vous êtes appelés à rappeler à tous les baptisés que chacun est appelé, d'une façon ou d'une autre, à être papa ou maman. Un prêtre, une sœur, un catéchiste sont eux aussi appelés à la paternité et à la maternité spirituelles. En effet, un homme et une femme choisissent de construire une famille parce que Dieu les appelle après leur avoir fait expérimenter la beauté de l'amour. Non la beauté de la passion, non la beauté d'un enthousiasme peut-être passager ; la beauté de l'amour ! Et cela, il faut le découvrir tous les jours, tous les jours. Dieu appelle à devenir parents – des hommes et des femmes – qui croient dans l'amour, qui croient en sa beauté. »

Pape François, Discours au Congrès du diocèse de Rome, 14 juin 2015.

CALENDRIER LITURGIQUE

Di 27	**La Sainte Famille B.** *Liturgie des Heures: Psautier semaine I.* [*S. JEAN, Apôtre et évangéliste*].
Lu 28	LES SAINTS INNOCENTS, martyrs. Lectures propres: 1 Jn 1,5–2,2; Ps 123; Mt 2,13-18: « Hérode envoya tuer tous les enfants de Bethléem »
Ma 29	*S. Thomas Becket, évêque de Cantorbéry, martyr, † 1170.* 5e jour dans l'Octave de la Nativité: 1 Jean 2, 3-11; Ps 95; Luc 2, 22-35: « Lumière qui se révèle aux nations »
Me 30	6e jour dans l'Octave de la Nativité: 1 Jean 2, 12-17; Ps 95; Luc 2, 36-40: « Elle parlait de l'enfant à tous ceux qui attendaient la délivrance de Jérusalem »
Je 31	*S. Sylvestre Ier, pape, † 335, à Rome.* 7e jour dans l'Octave de la Nativité: 1 Jean 2, 18-21; Ps 95; Jean 1, 1-18: « Le Verbe s'est fait chair »
Ve 1er	Octave de la Nativité: **SAINTE MARIE, MÈRE DE DIEU,** p. 169.
Sa 2	S. Basile le Grand, évêque de Césarée (Asie mineure), † 379 et S. Grégoire de Nazianze, évêque de Constantinople, † vers 389, docteurs de l'Église. 1re lettre de Jean 2, 22-28; Ps 97; Jean 1, 19-28: « C'est lui qui vient derrière moi »

Bonne fête! 27: Jean, Yvan, Fabiola. 28: Innocent, Gaspard. 29: David. 30: Roger. 31: Sylvestre, Colombe. 1er: Fulgence. 2: Basile, Vassili.

Saint Grégoire de Nazianze (2 janvier) Né en 329 en Cappadoce, Grégoire, ami de Basile de Césarée, a été successivement évêque de Sasimes, de Constantinople et de Nazianze. Il défendit avec ardeur la divinité du Verbe et la place de l'Esprit Saint dans la Trinité, ce qui lui valut d'être appelé le Théologien. Chassé de Constantinople, il finira solitaire, composant d'admirables poèmes que la liturgie utilise encore. Il est mort le 25 janvier 370 et fait docteur de l'Église par le pape Pie V en 1578.

Sainte Marie, Mère de Dieu

1er JANVIER 2021

Naissance d'une année

Bien commencer l'année ? Réveillon, soirée ou, pourquoi pas, messe ? Certains, même, ont passé la nuit en prière pour eux, pour tous leurs frères et sœurs et pour la paix dans le monde. Le 1er janvier, début de l'année civile, est aussi la journée mondiale pour la paix : la paix toujours fragile, trop souvent violée, mais qui reste promesse divine, celle du Prince de la paix, né à Bethléem, où les anges chantaient dans le ciel : « Paix sur terre aux hommes de bonne volonté », ou, plus exactement, selon le texte original, « aux humains, que Dieu aime », c'est-à-dire à tous. Tel est le souhait de Dieu en ce nouvel an. Pour l'exprimer, la liturgie reprend un beau passage de l'Ancien Testament : « Que le Seigneur tourne vers toi son visage, qu'il t'apporte la paix ! » (*première lecture*) Ce souhait s'est conservé de manière exceptionnelle. On l'a, en effet, trouvé inscrit sur une feuille argentée découverte à Jérusalem dans les restes du premier temple. C'est le document biblique le plus ancien que nous ayons : il date du 8e siècle avant notre ère ! Depuis ce temps-là, au moins, Dieu, dans la Bible, souhaite la paix à son peuple avec cette formule !

Ce peuple, c'est celui auquel appartient Jésus, fils d'une femme (*deuxième lecture*) appelée Marie, et juridiquement, selon la Loi juive, fils de Joseph. Et c'est dans ce peuple qu'il entre officiellement, et physiquement, huit jours après sa naissance, par le rite de la circoncision (*évangile*).

Rendons grâce au Seigneur et invoquons, au seuil de cette année qui vient de naître, l'intercession de la Mère de Dieu : « Que Dieu nous prenne en grâce et qu'il nous bénisse ! » (*psaume*).

Prière d'ouverture

Dieu tout-puissant, par la maternité virginale de la bienheureuse Marie, tu as offert au genre humain les trésors du salut éternel ; accorde-nous de sentir qu'intervient en notre faveur celle qui nous permit d'accueillir l'auteur de la vie, Jésus Christ, ton Fils, notre Seigneur. Lui qui règne.

1re Lecture *« Et moi, je les bénirai »*

→ **Lecture du livre des Nombres** Nb 6, 22-27

Le Seigneur parla à Moïse. Il dit : « Parle à Aaron et à ses fils. Tu leur diras : Voici en quels termes vous bénirez les fils d'Israël : “Que le Seigneur te bénisse et te garde ! Que le Seigneur fasse briller sur toi son visage, qu'il te prenne en grâce ! Que le Seigneur tourne vers toi son visage, qu'il t'apporte la paix !” Ils invoqueront ainsi mon nom sur les fils d'Israël, et moi, je les bénirai. »

Psaume 66

R/ **Que Dieu nous prenne en grâce et qu'il nous bénisse !**

2e Lecture *« Dieu a envoyé son Fils, né d'une femme »*

→ **Lecture de la lettre de saint Paul apôtre aux Galates** Ga 4, 4-7

Évangile *« L'enfant reçut le nom de Jésus »*

→ **Évangile de Jésus Christ selon saint Luc** Lc 2, 16-21

En ce temps-là, les bergers se hâtèrent d'aller à Bethléem, et ils découvrirent Marie et Joseph, avec le nouveau-né couché dans la mangeoire. Après avoir vu, ils racontèrent ce qui leur avait été annoncé au sujet de cet enfant. Et tous ceux qui entendirent s'étonnaient de ce que leur racontaient les bergers. Marie, cependant, retenait tous ces événements et les méditait dans son cœur. Les bergers repartirent ; ils glorifiaient et louaient Dieu pour tout ce qu'ils avaient entendu et vu, selon ce qui leur avait été annoncé. Quand fut arrivé le huitième jour, celui de la circoncision, l'enfant reçut le nom de Jésus, le nom que l'ange lui avait donné avant sa conception.

Prière sur les offrandes

Tu es l'origine de tous les biens, Seigneur, et tu les mènes à leur plein développement ; puisque cette fête de Marie, Mère de Dieu, nous fait célébrer notre salut dans son germe, donne-nous la joie d'en recueillir tous les fruits. Par Jésus.

Préface de la Vierge Marie.

Prière eucharistique : textes propres.

Prière après la communion

Nous avons communié à ton sacrement, Seigneur, en ce jour où nous saluons avec fierté dans la bienheureuse Vierge Marie la Mère de ton Fils, et la Mère de l'Église ; que cette communion fasse grandir en nous la vie éternelle. Par Jésus.

Le silence de Marie

« Elle est en silence, ravie par le silence de son Fils Jésus. Et c'est un des effets sacrés et divins du silence de Jésus, de mettre la très sainte Mère de Jésus en une vie de silence ; silence humble, profond et adorant plus saintement et plus disertement la sapience incarnée que les paroles ni des hommes ni des anges [...]. Aussi est-ce une merveille de voir qu'en cet état de silence et d'enfance de Jésus, tout le monde parle et Marie ne parle point. [...] Les pasteurs courent et parlent, et Marie est en silence [...]. Marie offre, donne, reçoit et rapporte son Fils en silence, tant le silence de Jésus a de puissance et d'impression secrète sur l'esprit et le cœur de la Vierge. »

Pierre de Bérulle (+ 1629), *De la naissance et enfance de Jésus*, cité dans le *Missel dominical de l'assemblée*, 1981, p. 123.

Pour mémoire: Aujourd'hui, journée mondiale de la paix.

Épiphanie du Seigneur

3 JANVIER 2021

Théophanie

Théophanie ! Non, il n'est pas question de changer le nom de cette solennité mais de dire en un seul mot son sens profond : elle est manifestation (« phanie ») de Dieu (« Théo »). Manifestation bien modeste, à la mesure de ce Dieu qui veut se manifester dans la modestie. Certes, il y a l'étoile qui accompagne les mages, ces sages voyageurs, qui accomplissaient sans le savoir les prophéties (*première lecture et psaume*), ces astronomes en quête « du roi des Juifs qui vient de naître ». Mais plutôt que de chercher à identifier ce phénomène astronomique improbable, n'est-il pas préférable de scruter le sens et la portée de cette démarche inattendue ?

La question que posent à Hérode les voyageurs venus d'Orient met en contraste ce potentat, jaloux de sa puissance, et un enfant nouveau-né, sans faste ni arme, le seul roi, au fond, qui les intéresse (*évangile*). Alors, par leurs cadeaux symboliques, ils manifestent – car ils sont aussi acteurs de l'épiphanie – quelle est la personnalité de cet enfant pauvre, si fragile et démuni. C'est un petit d'homme voué comme tous ses semblables à la mort et dont la myrrhe, utilisée pour l'ensevelissement, qu'il aurait dû un jour recevoir, devait freiner un temps les effets dégradants. Mais ce pauvre, contrairement aux apparences, n'est pas un homme de rien : il est roi, dont la majesté est, bien imparfaitement, évoquée par l'or qui a, de tout temps, fait rêver les riches et les pauvres. Cependant l'essentiel n'a pas encore été dit : ce petit, ce pauvre, n'est rien de moins que Dieu même, celui qui, seul, mérite d'être encensé.

Cette scène a en outre une portée qui déborde largement le cercle des personnages qui l'animent : elle concerne toutes les nations. Elle est, en fait, bien plus qu'un récit imagé ; elle est un mystère de salut. Plus précisément, elle dit, à mots couverts, qu'en cet enfant qui sera connu comme Christ (Messie) Jésus (Dieu sauve), « toutes les nations seront associées au même héritage, au même corps, au partage de la même promesse » (*deuxième lecture*) que le peuple, jusque-là seul à être élu. Ce qui se réalisera « par l'annonce de l'Évangile » à tous les peuples de la terre. Pense-t-on à tout cela en partageant avec délice la galette des rois ?

CHANTER

- Le répertoire proposé pour le temps de Noël convient encore. On peut cependant y ajouter :
- Pour l'ouverture de la célébration, ***Peuple fidèle*** **EX 63 CNA 402,** ***l'Épiphanie du Dieu de gloire*** **F 289.**
- Après la Parole, ***Qui es-tu, roi d'humilité ?*** **FP 231 CNA 403.**
- Après la communion, ***À l'Orient, l'étoile a paru*** **FP 45-67-3,** ***Un astre nouveau s'est levé*** **FX 23-18.**
- À la fin de la célébration, ***Qu'exulte tout l'univers*** **DEV 44-72.**

CÉLÉBRER

- Le Missel romain propose désormais des oraisons de l'Épiphanie propres à la Messe de la veille au soir. Mais les lectures sont les mêmes que celles du jour. On dit cette messe le soir soit avant soit après les 1res Vêpres de l'Épiphanie du Seigneur.

Prière d'ouverture

MESSE DE LA VEILLE AU SOIR (*nouvelle version du Missel romain*)

Seigneur, nous t'en prions, fais briller en nos cœurs la splendeur de ta gloire ; nous pourrons ainsi traverser les ténèbres de ce monde et parvenir à la lumière éternelle du ciel, notre patrie. Par Jésus Christ.

MESSE DU JOUR

Aujourd'hui, Seigneur, tu as révélé ton Fils unique aux nations, grâce à l'étoile qui les guidait ; daigne nous accorder, à nous qui te connaissons déjà par la foi, d'être conduits jusqu'à la claire vision de ta splendeur. Par Jésus Christ.

1re Lecture

« Elle est venue ta lumière »

→ Lecture du livre du prophète Isaïe Is 60, 1-6

Debout, Jérusalem, resplendis ! Elle est venue, ta lumière, et la gloire du Seigneur s'est levée sur toi. Voici que les ténèbres couvrent la terre, et la nuée obscure couvre les peuples. Mais sur toi se lève le Seigneur, sur toi sa gloire apparaît. Les nations marcheront vers ta lumière, et les rois, vers la clarté de ton aurore. Lève les yeux alentour, et regarde : tous, ils se rassemblent, ils viennent vers toi ; tes fils reviennent de loin, et tes filles sont portées sur la hanche. Alors tu verras, tu seras radieuse, ton cœur frémira et se dilatera. Les trésors d'au-delà des mers afflueront vers toi, vers toi viendront les richesses des nations. En grand nombre, des chameaux t'envahiront, de jeunes chameaux de Madiane et d'Épha. Tous les gens de Saba viendront, apportant l'or et l'encens ; ils annonceront les exploits du Seigneur.

Psaume 71

R/ Toutes les nations, Seigneur,
se prosterneront devant toi.

Dieu, donne au r_o_i tes pouvoirs,
à ce fils de r_o_i ta justice.
Qu'il gouverne ton pe_u_ple avec justice,
qu'il fasse dr_o_it aux malheureux !

En ces jours-là fleurir_a_ la justice,
grande paix jusqu'à la f_i_n des lunes !
Qu'il domine de la m_e_r à la mer,
et du Fleuve jusqu'au bo_u_t de la terre !

Les rois de Tarsis et des Îles apporter_o_nt des présents,
les rois de Saba et de Seba fer_o_nt leur offrande.
Tous les rois se prosterner_o_nt devant lui,
tous les pays le serviront.

Il délivrera le pauvre qui appelle
et le malheureux sans recours.
Il aura souci du faible et du pauvre,
du pauvre dont il sauve la vie.

2e Lecture

La gloire du Seigneur s'est levée

→ Lecture de la lettre de saint Paul apôtre aux Éphésiens Ep 3,2-3a.5-6

Frères, vous avez appris, je pense, en quoi consiste la grâce que Dieu m'a donnée pour vous : par révélation, il m'a fait connaître le mystère. Ce mystère n'avait pas été porté à la connaissance des hommes des générations passées, comme il a été révélé maintenant à ses saints Apôtres et aux prophètes, dans l'Esprit. Ce mystère, c'est que toutes les nations sont associées au même héritage, au même corps, au partage de la même promesse, dans le Christ Jésus, par l'annonce de l'Évangile.

Alléluia. Alléluia. Nous avons vu son étoile à l'orient, et nous sommes venus adorer le Seigneur. **Alléluia.**

Évangile

Les mages viennent adorer l'Enfant-Jésus

→ Évangile de Jésus Christ selon saint Matthieu Mt 2, 1-12

Jésus était né à Bethléem en Judée, au temps du roi Hérode le Grand. Or, voici que des mages venus d'Orient arrivèrent à Jérusalem et demandèrent : « Où est le roi des Juifs qui vient de naître ? Nous avons vu son étoile à l'orient et nous sommes venus nous prosterner devant lui. »

En apprenant cela, le roi Hérode fut bouleversé, et tout Jérusalem avec lui. Il réunit tous les grands prêtres et les scribes du peuple, pour leur demander où devait naître le Christ. Ils lui répondirent : « À Bethléem en Judée, car voici ce qui est écrit par le prophète : *Et toi, Bethléem, terre de Juda, tu n'es certes pas le dernier parmi les chefs-lieux de Juda, car de toi sortira un chef, qui sera le berger de mon peuple Israël.* » Alors Hérode convoqua les mages en secret pour leur faire préciser à quelle date l'étoile était apparue : puis il les envoya à Bethléem, en leur disant : « Allez vous renseigner avec précision sur l'enfant. Et quand vous l'aurez trouvé, venez me l'annoncer pour que j'aille, moi aussi, me prosterner devant lui. » Après avoir entendu le roi, ils partirent.

Et voici que l'étoile qu'ils avaient vue à l'orient les précédait, jusqu'à ce qu'elle vienne s'arrêter au-dessus de l'endroit où se trouvait l'enfant. Quand ils virent l'étoile, ils se réjouirent d'une très grande joie. Ils entrèrent dans la maison, ils virent l'enfant avec Marie sa mère ; et, tombant à ses pieds, ils se prosternèrent devant lui. Ils ouvrirent leurs coffrets, et lui offrirent leurs présents : de l'or, de l'encens et de la myrrhe.

Mais, avertis en songe de ne pas retourner chez Hérode, ils regagnèrent leur pays par un autre chemin.

POUR LA PRIÈRE UNIVERSELLE

– Pour les Églises d'Afrique, afin que leur dynamisme soit soutenu par les chrétiens de nos pays.

– Pour les chefs d'État, afin que, sans rechercher la puissance, ils soient simplement au service de leur peuple.

– Pour les astronomes qui scrutent le ciel et ses merveilles, afin qu'ils comprennent aussi que les cieux chantent la gloire de Dieu.

– Pour tous les chercheurs de sens, afin qu'ils découvrent le sens de leur vie et la bonté de Dieu.

Prière sur les offrandes

MESSE DE LA VEILLE AU SOIR *(nouvelle version du Missel romain)*

Nous te prions, Seigneur : accueille les offrandes que nous te consacrons pour célébrer la manifestation de ton Fils unique et le premier hommage des nations ; alors montera vers toi la louange et s'accomplira pour nous le salut éternel. Par Jésus.

MESSE DU JOUR

Regarde avec bonté, Seigneur, les dons de ton Église qui ne t'offre plus ni l'or, ni l'encens, ni la myrrhe, mais celui que ces présents révélaient, qui s'immole et se donne en nourriture : Jésus, le Christ, notre Seigneur. Lui qui règne.

Préface

Vraiment, il est juste et bon de te rendre gloire, de t'offrir notre action de grâce, toujours et en tout lieu, à toi, Père très saint, Dieu éternel et tout-puissant.

Aujourd'hui, tu as dévoilé dans le Christ le mystère de notre salut pour que tous les peuples en soient illuminés ; et quand le Christ s'est manifesté dans notre nature mortelle, tu nous as recréés par la lumière éternelle de sa divinité.

C'est pourquoi, avec les anges et tous les saints, nous proclamons ta gloire, en chantant (disant) d'une seule voix : **Saint !...**

Dans les prières eucharistiques il y a des textes propres à la fête de l'Épiphanie.

Prière après la communion

MESSE DE LA VEILLE AU SOIR (*nouvelle version du Missel romain*)

Renouvelés par cette nourriture sainte, nous implorons, Seigneur, ta miséricorde : que l'étoile de justice brille toujours en nos esprits et que le témoignage de notre foi soit le trésor que nous t'offrons. Par Jésus.

MESSE DU JOUR

Que la clarté d'en haut, Seigneur, nous dirige en tous temps et en tous lieux, et puisque tu nous fais communier à ce mystère, puissions-nous désormais le pénétrer d'un regard pur et l'accueillir dans un cœur plus aimant. Par Jésus.

CALENDRIER LITURGIQUE

Di 3	**Épiphanie du Seigneur B.** *Liturgie des Heures : Psautier semaine II.* [*Le Saint Nom de Jésus.* *En France, Ste Geneviève, vierge, vers † 500 à Paris.* *Au Luxembourg, Ste Irmine, religieuse, vers † 710 à Wissembourg.*]
Lu 4	1re lettre de Jean 3, 22–4, 6 ; Ps 2 ; Mt 4, 12-17.23-25 : « Le royaume des Cieux est tout proche »
Ma 5	1re lettre de Jean 4, 7-10 ; Ps 71 ; Marc 6, 34-44 : Multipliant les pains, Jésus se manifeste comme le Prophète
Me 6	1re lettre de Jean 4, 11-18 ; Ps 71 ; Marc 6, 45-52 : « Ils le virent marcher sur la mer »
Je 7	*S. Raymond de Penyafort, prêtre, dominicain, † 1275 à Barcelone.* Au Canada, S. André Bessette, religieux, fondateur de l'Oratoire Saint-Joseph, † 1937 à Montréal. 1re lettre de Jean 5, 14-21 ; Ps 149 ; Jean 3, 22-30 : « L'ami de l'époux est tout joyeux d'entendre la voix de l'époux » 1re lettre de Jean 4, 19–5, 4 : Ps 71 ; Luc 4, 14-22a : « Aujourd'hui s'accomplit ce passage de l'Écriture »
Ve 8	1re lettre de Jean 5, 5-13 ; Ps 147 ; Luc 5, 12-16 : « À l'instant même, la lèpre le quitta »
Sa 9	1re lettre de Jean 5, 14-21 ; Ps 149 ; Jean 3, 22-30 : « L'ami de l'époux est tout joyeux d'entendre la voix de l'époux »

Bonne fête ! 3 : Geneviève, Ginette. 4 : Odilon. 5 : Édouard, Teddy, Émilien. 6 : Melaine, Tiphaine. 7 : Raymond, Raymonde, Cédric, Virginie. 8 : Lucien, Lucienne, Gudule, Peggy. 9 : Alix, Alexia.

Pour mémoire : le dimanche de l'Épiphanie, en France et en Belgique, quête pour l'Aide aux Églises d'Afrique (AEA).

Sainte Geneviève (3 janvier, en France) Née à Nanterre, cette petite villageoise (420 ?-vers 500) se consacra à Dieu dès l'âge de quinze ans. Sa foi, sa force d'âme et sa capacité de ravitailler

Paris assiégé, lui permirent de sauver cette ville, en particulier lors de l'invasion des Huns commandés par Attila. C'est dans la prière qu'elle puisait sa force. Elle est la patronne de Paris.
(*Missel de l'assemblée pour la semaine*)

« Accueillons cette grande joie

« L'étoile vient de s'arrêter au-dessus du lieu où se trouvait l'enfant. C'est pourquoi les mages, quand ils virent l'étoile, éprouvèrent une très grande joie (Mt 2,9.10). Accueillons, nous aussi, cette grande joie dans nos cœurs. Car c'est de la joie que les anges annoncent aux bergers. Adorons avec les mages, rendons gloire avec les bergers, dansons avec les anges ! Il nous est né aujourd'hui un Sauveur, qui est le Messie, le Seigneur (Lc 2,11). C'est Dieu, le Seigneur qui nous illumine (Ps 117,27), non pas sous la forme de Dieu, pour ne pas épouvanter notre faiblesse, mais sous la forme du serviteur, afin de donner la liberté à ceux qui étaient réduits en servitude. Qui donc a un cœur assez endormi, qui donc est assez ingrat pour ne pas se réjouir, exulter et rayonner devant un tel événement ? »

S. Basile le Grand (+ 379), *Homélie sur Noël*, 2,
dans *Les Pères de l'Église commentent l'Évangile*,
Abbaye de Clervaux, Brepols, 1991, p. 29.

Baptême du Seigneur

10 JANVIER 2021

Un baptême singulier

Nativité, adoration des mages, puis baptême de Jésus : entre Noël et l'Épiphanie d'une part et, d'autre part, le baptême, et même le miracle de Cana, la commémoration liturgique fait un saut d'une trentaine d'années qui vont s'écouler dans l'incognito d'une bourgade dont rien « ne peut sortir de bon ». Pourtant, les liturgies d'Orient et d'Occident ont traditionnellement rapproché ces trois événements, quoiqu'en les répartissant différemment.

Dans la liturgie romaine, le baptême du Seigneur ne faisait pas l'objet d'une célébration particulière mais, depuis la fin du 8e siècle, était seulement la lecture évangélique du jour-octave de l'Épiphanie. Il a fallu attendre l'année 1960 pour qu'il soit élevé au rang de fête ; et depuis 1969, il est normalement célébré le dimanche qui suit l'Épiphanie. Cette discrétion de l'Église occidentale, qui contrastait avec la solennité que l'Orient reconnaissait à ce mystère, s'explique peut-être par le fait qu'elle craignait que l'on présente le baptême du Seigneur comme l'élévation de l'homme Jésus à la divinité, tandis que, pour l'Église, Jésus est à la fois homme et Dieu depuis le premier instant de sa conception dans le sein de la Vierge Marie.

Alors, quelle est la portée de son baptême ? C'est une théophanie, une manifestation divine, mais pas une divinisation de Jésus, car Jésus n'a pas attendu son baptême pour devenir Dieu. Cependant celui-ci est d'une grande importance dans l'histoire du salut. D'abord, la filiation divine y est révélée par une voix venant des cieux qui déclare : « Tu es mon Fils bien-aimé ; en toi, je trouve ma joie » (*évangile*). De plus, il reçoit l'onction messianique au début de son ministère, c'est-à-dire qu'il est reconnu comme Christ, Messie ; il va donc pouvoir commencer sa mission évangélique. Cela explique que l'évangile de Marc, lu cette année, commence précisément par le récit du baptême, sans rien dire de l'enfance de Jésus. Ce baptême dans l'eau le conduira jusqu'au baptême dans le sang, parce qu'il aura été fidèle à cette mission jusqu'au bout. Enfin ce rite de la plongée dans l'eau purificatrice annonce le baptême dans l'Esprit par lequel les humains, grâce au nom de Jésus, entreront dans sa vie nouvelle en étant purifiés de leurs péchés. Bien sûr, pour Jésus lui-même, ce rite est inutile car lui n'a pas besoin d'être purifié : Jean en a bien conscience, qui préside ce baptême à son corps défendant. Mais pour nous, le baptême réalise la nouvelle naissance qui fait de nous des fils et filles de Dieu (*prière d'ouverture*).

CHANTER

- Pour la procession d'ouverture, ***L'Esprit de Dieu repose sur moi*** **K 35 CNA 565, *Le Fils de Dieu, le Bien Aimé* FA 260.**
- Si l'on choisit de faire l'aspersion pour la préparation pénitentielle, on l'accompagnera d'un chant approprié, ***J'ai vu l'eau vive*** **I 132-1 CNA 191**, **I 18-65-11 CNA 481**, **IEV 23-13.**
- Après la communion, ***Chantons à Dieu*** **MP 30-79-2 CNA 538, *Père adorable* MP 28-50 CNA 516, *En route avec le Christ* K 20-71-2.**

Prière d'ouverture

• Dieu éternel et tout-puissant, quand le Christ fut baptisé dans le Jourdain, et que l'Esprit Saint reposa sur lui, tu l'as désigné comme ton Fils bien-aimé ; accorde à tes fils adoptifs, nés de l'eau et de l'esprit, de se garder toujours dans ta sainte volonté. Par Jésus Christ.

• Dieu éternel, c'est dans la réalité de notre chair que ton Fils unique est apparu ; puisque nous reconnaissons que son humanité fut semblable à la nôtre, donne-nous d'être transformés par lui au plus intime de notre cœur. Lui qui règne.

1re Lecture

« Venez, voici de l'eau ! Écoutez, et vous vivrez »

→ **Lecture du livre du prophète Isaïe** 55, 1-11

Ainsi parle le Seigneur : Vous tous qui avez soif, venez, voici de l'eau ! Même si vous n'avez pas d'argent, venez acheter et consommer, venez acheter du vin et du lait sans argent, sans rien payer. Pourquoi dépenser votre argent pour ce qui ne nourrit pas, vous fatiguer pour ce qui ne rassasie pas ? Écoutez-moi bien, et vous mangerez de bonnes choses, vous vous régalerez de viandes savoureuses ! Prêtez l'oreille ! Venez à moi ! Écoutez, et vous vivrez. Je m'engagerai envers vous par une alliance éternelle : ce sont les bienfaits garantis à David. Lui, j'en ai fait un témoin pour les peuples, pour les peuples, un guide et un chef. Toi, tu appelleras une nation inconnue de toi ; une nation qui ne te connaît pas accourra vers toi, à cause du Seigneur ton Dieu, à cause du Saint d'Israël, car il fait ta splendeur.

Cherchez le Seigneur tant qu'il se laisse trouver ; invoquez-le tant qu'il est proche. Que le méchant abandonne son chemin, et l'homme perfide, ses pensées ! Qu'il revienne vers le Seigneur qui lui montrera sa miséricorde, vers notre Dieu qui est riche en pardon. Car mes pensées ne sont pas vos pensées, et vos chemins ne sont pas mes chemins, – oracle du Seigneur. Autant le ciel est élevé au-dessus de la terre, autant mes chemins sont élevés au-dessus de vos chemins, et mes pensées, au-dessus de vos pensées.

La pluie et la neige qui descendent des cieux n'y retournent pas sans avoir abreuvé la terre, sans l'avoir fécondée et l'avoir fait germer, donnant la semence au semeur et le pain à celui qui doit manger ; ainsi ma parole, qui sort de ma bouche, ne me reviendra pas sans résultat, sans avoir fait ce qui me plaît, sans avoir accompli sa mission.

Cantique

Isaïe 12, 2, 4bcd, 5-6

R/ Exultant de joie, vous puiserez les eaux
aux sources du salut !

Voici le Dieu qui me sauve :
j'ai confiance, je n'ai plus de crainte.
Ma force et mon chant, c'est le Seigneur ;
il est pour moi le salut.

Rendez grâce au Seigneur,
proclamez son nom,
annoncez parmi les peuples ses hauts faits !
Redites-le : « Sublime est son nom ! »

Jouez pour le Seigneur, il montre sa magnificence,
et toute la terre le sait.
Jubilez, criez de joie, habitants de Sion,
car il est grand au milieu de toi, le Saint d'Israël !

2e Lecture

« L'Esprit, l'eau et le sang »

→ Lecture de la première lettre de saint Jean 5, 1-9

Bien-aimés, celui qui croit que Jésus est le Christ, celui-là est né de Dieu ; celui qui aime le Père qui a engendré aime aussi le Fils qui est né de lui. Voici comment nous reconnaissons que nous aimons les enfants de Dieu : lorsque nous aimons Dieu et que nous accomplissons ses commandements. Car tel est l'amour de Dieu : garder ses commandements ; et ses commandements ne sont pas un fardeau, puisque tout être qui est né de Dieu est vainqueur du monde. Or la victoire remportée sur le monde, c'est notre foi. Qui donc est vainqueur du monde ? N'est-ce pas celui qui croit que Jésus est le Fils de Dieu ? C'est lui, Jésus Christ, qui est venu par l'eau et par le sang : non pas seulement avec l'eau, mais avec l'eau et avec le sang. Et celui qui rend témoignage, c'est l'Esprit, car l'Esprit est la vérité. En effet, ils sont trois qui rendent témoignage, l'Esprit, l'eau et le sang, et les trois n'en font qu'un. Nous acceptons bien le témoignage des hommes ; or, le témoignage de Dieu a plus de valeur, puisque le témoignage de Dieu, c'est celui qu'il rend à son Fils.

Alléluia. Alléluia. Voyant Jésus venir à lui, Jean déclara : Voici l'Agneau de Dieu, qui enlève le péché du monde. **Alléluia.**

Évangile

Le baptême de Jésus

→ **Évangile de Jésus Christ selon saint Marc** Mc 1, 7-11

E**n ce temps-là**, Jean le Baptiste proclamait : « Voici venir derrière moi celui qui est plus fort que moi ; je ne suis pas digne de m'abaisser pour défaire la courroie de ses sandales. Moi, je vous ai baptisés avec de l'eau ; lui vous baptisera dans l'Esprit Saint. »

En ces jours-là, Jésus vint de Nazareth, ville de Galilée, et il fut baptisé par Jean dans le Jourdain. Et aussitôt, en remontant de l'eau, il vit les cieux se déchirer et l'Esprit descendre sur lui comme une colombe. Il y eut une voix venant des cieux : « Tu es mon Fils bien-aimé ; en toi, je trouve ma joie. »

POUR LA PRIÈRE UNIVERSELLE

– Prions pour les adultes qui se préparent au baptême et pour les témoins de l'Évangile qui les accompagnent dans ce cheminement vers la vie nouvelle.

– Prions pour les parents qui demandent le baptême pour leur enfant, afin qu'ils redécouvrent la beauté de cette nouvelle naissance à laquelle eux-mêmes, jadis, ont eu la grâce de participer.

– Prions pour que l'eau, dont tous ont besoin pour vivre, soit davantage épargnée et respectée par tous dans sa pureté, et partagée entre tous les peuples.

Prière sur les offrandes

Seigneur, accepte les offrandes que nous te présentons en ce jour où ton Fils nous est révélé ; qu'elles deviennent ainsi le sacrifice de celui qui a enlevé le péché du monde. Lui qui règne.

Préface

Vraiment, il est juste et bon de te rendre gloire, de t'offrir notre action de grâce, toujours et en tout lieu, à toi, Père très saint, Dieu éternel et tout-puissant.
Aujourd'hui, sur les eaux du Jourdain, tu peux inaugurer le baptême nouveau : une voix descend du ciel pour attester que ta Parole habite chez les hommes, et l'Esprit, manifesté sous l'aspect d'une colombe, consacre ton Serviteur Jésus, pour qu'il aille annoncer aux pauvres la Bonne Nouvelle.
C'est pourquoi, avec les anges dans le ciel, nous pouvons te bénir sur la terre et t'adorer en chantant (disant) : **Saint !...**

Prière après la communion

Nourris de ton eucharistie et sûrs de ta bonté, nous te prions, Seigneur : accorde à ceux qui sauront écouter ton Fils unique de mériter le nom de fils de Dieu, et de l'être vraiment. Par Jésus.

Le Fils de Dieu, baptisé lui aussi

« *Celui-ci est mon Fils bien-aimé en qui je trouve ma joie* (Mt 3,17), dit le Père. Il est celui qui a rempli le sein de Marie sans quitter le mien ; qui, demeurant en moi inséparablement, a résidé aussi en elle, sans contracter aucune limite ; qui est au ciel en gardant son unité, et qui a séjourné dans les entrailles de la Vierge sans tache. Il n'y en a pas un qui est mon Fils, et un autre le Fils de Marie ; l'un qui était couché dans une grotte, et un autre, adoré par les mages ; l'un qui a été baptisé, et un autre demeuré sans baptême. Non, *celui-ci est mon*

Fils. Il n'y en a qu'un : celui qui est vu par la pensée et celui qui est vu par les yeux ; il n'y en a qu'un, et c'est le même : celui qui est invisible et celui que vous voyez ; celui qui est éternel et situé dans le temps ; celui qui est consubstantiel avec moi par la divinité, et consubstantiel avec vous par son humanité, *en toutes choses à l'exception du péché* (cf. He 4,15). »

Grégoire d'Antioche (+ 593), Homélies sur le baptême du Christ, 2,
dans *Les Pères de l'Église commentent l'Évangile*,
Abbaye de Clervaux, Brepols, 1991, p. 29.

CALENDRIER LITURGIQUE

Di 10	**BAPTÊME DU SEIGNEUR B.**
Lu 11	Début du Temps ordinaire : 1re semaine *Liturgie des Heures : Psautier semaine I.* Hébreux 1, 1-6 ; Ps 96 ; Marc 1, 14-20 : « Convertissez-vous et croyez à l'Évangile »
Ma 12	Au Canada, Ste Marguerite Bourgeois, vierge, fondatrice, † 1700 à Montréal. Hébreux 2, 5-12 ; Ps 8 ; Marc 1, 21-28 : « Il enseignait en homme qui a autorité »
Me 13	*S. Hilaire, évêque de Poitiers, docteur de l'Église, † 367.* Hébreux 2, 14-18 ; Ps 104 ; Marc 1, 29-39 : « Il guérit beaucoup de gens »
Je 14	Hébreux 3, 7-14 ; Ps 94 ; Marc 1, 40-45 : « La lèpre le quitta et il fut purifié »
Ve 15	En France, S. Remi, évêque de Reims, † vers 530. Hébreux 4, 1-5.11 ; Ps 77 ; Marc 2, 1-12 : « Le Fils de l'homme a autorité pour pardonner les péchés sur la terre »
Sa 16	Hébreux 4, 12-16 ; Ps 18 B ; Marc 2, 13-17 : « Je ne suis pas venu appeler des justes, mais des pécheurs »

Bonne fête ! 10 : Guillaume, Guillemette, William, Willy. 11 : Paulin. 12 : Césarine, Tatiana, Tania. 13 : Hilaire, Yvette. 14 : Nina. 15 : Remi. 16 : Marcel, Priscilla, Honoré.

Saint Hilaire (fêté le 13 janvier). Hilaire n'avait découvert le Christ qu'à l'âge adulte. D'abord père de famille païen, il se convertit à la foi chrétienne grâce à sa méditation des Écritures, dont ses commentaires sont encore étudiés aujourd'hui. Devenu en 350 évêque de Poitiers, sa ville natale, il défendit la divinité du Christ avec un tel talent et une telle conviction qu'il fut envoyé en exil par les Ariens qui la niaient. Il est le premier grand docteur de la foi que la Gaule ait donné à l'Église.

LE TEMPS ORDINAIRE

Le temps ordinaire parmi les autres temps liturgiques

En ce premier mois de l'année civile, il peut être utile de rappeler comment se présente l'année liturgique. Elle comporte des temps forts et un temps ordinaire.

Le Temps ordinaire est le plus long : une trentaine de dimanches, répartis sur deux périodes entre les temps forts et comprenant ce que l'on appelait autrefois les dimanches après l'Épiphanie et les dimanches après la Pentecôte.

Les temps forts sont regroupés en ce qu'on appelle deux cycles liturgiques qui sont, par ordre d'importance, celui de Pâques (Carême et Temps pascal) et celui de Noël (Avent et Temps de Noël). Le premier est centré sur les actes principaux de l'histoire du salut : la mort et la résurrection du Christ, pendant les Jours saints. Ceux-ci sont précédés d'une période de préparation de 40 jours, le Carême ; et suivis d'une prolongation de 50 jours, qui sont une Pâque continuée jusqu'au cinquantième jour, la Pentecôte, célébrant la descente de l'Esprit Saint sur l'Église naissante.

L'autre cycle liturgique, celui de Noël, célèbre la venue du Fils de Dieu dans notre chair d'homme. L'Incarnation est le passage obligé – et permanent – pour l'accomplissement de l'histoire du salut culminant à Pâques : divine stratégie pour établir avec l'humanité un dialogue d'amour. C'est pourquoi, dans l'année liturgique, ce deuxième cycle est placé chronologiquement avant le cycle pascal. Il commence, lui aussi, par une période de préparation, l'Avent, qui signifie « venue » (voir l'introduction à ce temps, p. 114). Le Temps de Noël proprement dit s'articule autour de trois grands événements du salut : Noël, Épiphanie et Baptême du Seigneur, que nous venons de célébrer.

Ensuite recommence le Temps ordinaire, qui continue la tradition de l'Église primitive avant l'apparition des cycles de Noël et de Pâques. À l'origine, en effet, il n'y a pas de cycle annuel, mais uniquement le cycle hebdomadaire : les chrétiens célèbrent le jour du Seigneur chaque dimanche (du latin *dies dominica*), premier jour de la semaine puisque lendemain du sabbat, le septième jour. Chaque dimanche, avec son eucharistie, constitue en fait une célébration hebdomadaire récapitulant toute l'histoire du salut, en mettant l'accent sur la résurrection du Christ, survenue le lendemain d'un sabbat. Cette célébration apparaissait aux yeux des païens eux-mêmes, tel Pline le Jeune dans sa lettre à l'empereur Trajan (112), comme le signe caractéristique de cette nouvelle secte qui chantait des hymnes à un certain Chrestos le jour du Soleil (expression qui est passée dans l'usage des langues germaniques pour désigner le dimanche). Il est bon de rappeler, à notre époque où diminue sensiblement l'assistance à la messe dominicale, que celle-ci, bien plus qu'une obligation du droit ecclésiastique, est une expression fondamentale de l'être chrétien.

La lettre aux Hébreux encourage dans ce sens les fidèles tentés par l'absentéisme : « Continuons sans fléchir d'affirmer notre espérance, car il est fidèle, Celui qui a promis. Soyons attentifs les uns aux autres pour nous stimuler à vivre dans l'amour et à bien agir. Ne délaissons pas nos assemblées, comme certains en ont pris l'habitude, mais encourageons-nous, d'autant plus que vous voyez s'approcher le Jour (c'est-à-dire le retour du Seigneur » (He 10,23-25).

COMMENT COMPTER LES SEMAINES DU TEMPS ORDINAIRE ?

(*Missel romain*, Indications placées au début du Temps ordinaire)

« 1. Le Temps ordinaire comporte 33 ou 34 semaines. Il commence le lundi qui suit le dimanche tombant après le 6 janvier, et se poursuit jusqu'au début du Carême ; il reprend le lundi après la Pentecôte et s'achève le samedi avant le 1er dimanche de l'Avent.

2. La manière de compter les dimanches et les semaines du Temps ordinaire est la suivante :

a) Le dimanche après le 6 janvier, où l'on célèbre le Baptême du Seigneur ou l'Épiphanie, tient lieu de 1er dimanche du Temps ordinaire ; la semaine qui suit est ainsi la 1re semaine ordinaire. Les dimanches et semaines qui viennent ensuite suivent l'ordre numérique jusqu'au début du Carême.

b) Après la Pentecôte, si le Temps ordinaire comporte 34 semaines, on reprend la série interrompue par le Carême. (Par exemple, si le mercredi des Cendres a interrompu la 7e semaine, le lundi de la Pentecôte, on prend la 8e.) Si le Temps ordinaire ne comporte que 33 semaines, on omet une semaine intermédiaire. (Par exemple, si le mercredi des Cendres a interrompu la 7e semaine, le lundi de la Pentecôte, on prend la 9e). »

Les messes de la Pentecôte, de la Sainte Trinité, du Saint-Sacrement et du Christ Roi tiennent lieu des messes dominicales en tête de chacune des semaines correspondantes du Temps ordinaire.

SUIVRE JÉSUS AVEC L'ÉVANGILE DE MARC (ANNÉE C)

L'évangile de Marc commence par les trois titres de Jésus, Christ, Fils de Dieu. Le récit nous met d'abord en présence de Jésus, tel que Pierre et les disciples l'ont rencontré : un homme pleinement humain, qui ne révèle sa mission messianique que progressivement, pour que le sens n'en soit pas faussé. Faisant écho à Pierre, dont il fut le disciple, Marc écrit son livre entre 65 et 70, à l'intention de milieux chrétiens d'origine païenne. Son récit, vivant et concret, est centré sur la question fondamentale adressée par Jésus aux disciples et, à travers eux, à tout homme : « Qui dites-vous que je suis ? » (8,29)

Il comporte trois étapes. Dans la première étape (1,1–6,6), Jésus annonce le règne de Dieu et choisit ceux qu'il appelle à l'annoncer avec lui ; les réactions sont diverses ; celle des chefs du peuple est une opposition décidée à le perdre.

La deuxième étape est celle de la formation des disciples (6,7–13,37) ; dans un premier temps, Jésus révèle sa mission : il est le

Messie (6,7–8,30) ; dans un deuxième temps, il révèle quel esprit l'anime dans l'accomplissement de sa mission : il sera le Serviteur souffrant qui donne sa vie pour le salut des hommes (8,31–10,45) ; enfin, troisième temps, il révèle sa personne : s'il est fils de David, il est aussi Fils de Dieu, donc Seigneur de David et de tous les hommes qu'il viendra juger à la fin des temps (10,46–13,37).

La troisième étape est celle de l'accomplissement par Jésus du salut qu'il a annoncé ; en donnant sa vie sur la croix, Jésus ouvre le Royaume à tous ceux qui, comme le centurion, reconnaissent en lui le Fils de Dieu. C'est un tel acte de foi que l'évangile de Marc veut susciter (14–16).

Missel de l'Assemblée pour la semaine, pp. 510-511,
Abbaye de Clervaux (Luxembourg)

CHANTER DU 2e AU 6e DIMANCHE

- Le répertoire proposé ici pourra unifier les dimanches du 2e au 6e du Temps ordinaire.
- Pour l'ouverture de la célébration, ***Écoute la voix du Seigneur*** **X 548 CNA 761,** ***Pour avancer ensemble*** **K 20-38 CNA 524,** ***Dieu nous a tous appelés*** **KD 14-56-1 CNA 571,** ***Maître sur nos chemins*** **A 35-81,** ***Dieu nous éveille à la foi*** **IA 20-70-3 CNA 546,** ***Il est venu marcher*** **M 157-4 CNA 557.**
- Pour l'ordinaire de la messe, ***Messe de Saint Jean Baptiste*** **AL 539** ou un autre ordinaire que l'on conserverait pendant plusieurs dimanches, ***Messe de Sylvanès SYLE 510, Messe du partage AL 23-08***, 23-09, etc.
- Après la Parole, ***Qui donc es-tu, Jésus de Nazareth ?*** **X 48-46,** ***Ouvriers de la paix*** **XW 13-92-1 CNA 522,** ***Je vous ai choisis*** **DEV 44-63,** ***Vous tous qui peinez*** **U 13-21 CNA 700.**
- Pendant la procession de communion, ***Devenez ce que vous recevez*** **D 68-39,** ***Partageons le pain du Seigneur*** **D 39-31 CNA 342,** ***Toi qui manges*** **D 344,** ***T'approcher, Seigneur*** **GP 504.**
- Pour l'action de grâce, ***En accueillant l'amour*** **DP 126 CNA 325,** ***Prenons la main que Dieu nous tend*** **GR 42-2 CNA 580,** ***Celui qui a mangé de ce pain*** **D 140-2 CNA 321,** ***Chantons sans fin le nom du Seigneur*** **Edit 15-85.**
- Pour l'envoi, ***Allez dire à tous les hommes*** **U 132-1 CNA 532,** ***Appelés pour bâtir le Royaume*** **TK 51-32,** ***Peuple de frères*** **T 122 CNA 576.**

2e dimanche

17 JANVIER 2021

Une rencontre décisive

Au début du Temps ordinaire, les passages tirés de l'évangile racontent les débuts de la mission de Jésus. Après le baptême de Jean où l'Esprit est descendu sur lui, Jésus peut entamer sa proclamation itinérante de la Bonne Nouvelle. Son premier soin est de se choisir des collaborateurs, les futurs Apôtres. On trouve des récits de l'appel des premiers disciples dans les quatre évangiles, mais selon différentes approches.

Aujourd'hui le passage est tiré du quatrième évangile, celui de Jean. Dimanche prochain, la liturgie proposera le récit de Marc qui présente cet épisode autrement. En Marc, Jésus appelle directement deux pêcheurs, Simon et André, qui sont frères ; puis deux autres pêcheurs, qui sont frères également : Jacques et Jean. Selon le quatrième évangile, la scène ne se situe pas parmi des pêcheurs, mais parmi les disciples de Jean Baptiste. En outre, ce n'est pas Jésus qui prend l'initiative de les appeler ; c'est le Baptiste qui incite deux des siens à suivre Jésus, puisqu'il le désigne comme rien de moins que « l'Agneau de Dieu ». Jésus va simplement accepter qu'ils le suivent. Déjà, la variété des vocations !

L'auteur du quatrième évangile ne donne pas d'emblée le nom des deux premiers disciples. Ce n'est qu'après la rencontre qu'il donnera le nom de l'un d'entre eux : André. Celui-ci ira chercher son frère Simon, sur lequel Jésus posera son regard, avant de changer son nom en Pierre. Mais le nom de l'autre restera à jamais inconnu. Nous ne saurons pas si c'est celui qui sera désigné plus tard comme « le disciple que Jésus aimait », bien que ce soit probable. Mais nous ne saurons pas non plus si ce dernier est l'apôtre Jean, même si la tradition les identifie l'un à l'autre.

En tout cas, le récit donne vraiment l'impression d'avoir été rédigé par l'un des deux protagonistes de la scène, celui qui, plutôt que de se mettre lui-même en valeur, a préféré l'anonymat. De plus, il note même l'heure de la première rencontre : la dixième heure, environ quatre heures de l'après-midi. Ce chiffre n'a probablement pas de portée symbolique mais une forte charge affective : comme le coup de foudre, au premier regard, à l'aube d'une relation amoureuse.

Des chants sont proposés du 2e au 6e dimanche, p. 192. Pour le 2e dimanche, Écoute la voix du Seigneur *548 CNA 761.*

Prière d'ouverture

Dieu éternel et tout-puissant, qui régis l'univers du ciel et de la terre : exauce, en ta bonté, les prières de ton peuple et fais à notre temps la grâce de la paix. Par Jésus Christ.

1re LECTURE *Vocation du prophète Samuel*

→ Lecture du premier livre de Samuel 1 S 3, 3b-10.19

En ces jours-là, le jeune Samuel était couché dans le temple du Seigneur à Silo, où se trouvait l'arche de Dieu. Le Seigneur appela Samuel, qui répondit : « Me voici ! » Il courut vers le prêtre Éli, et il dit : « Tu m'as appelé, me voici. » Éli répondit : « Je n'ai pas appelé. Retourne te coucher. » L'enfant alla se coucher.

De nouveau, le Seigneur appela Samuel. Et Samuel se leva. Il alla auprès d'Éli, et il dit : « Tu m'as appelé, me voici. » Éli répondit : » Je n'ai pas appelé, mon fils. Retourne te coucher. » Samuel ne connaissait pas encore le Seigneur, et la parole du Seigneur ne lui avait pas encore été révélée.

De nouveau, le Seigneur appela Samuel. Celui-ci se leva. Il alla auprès d'Éli, et il dit : « Tu m'as appelé, me voici. » Alors Éli comprit que c'était le Seigneur qui appelait l'enfant, et il lui dit : « Va te recoucher, et s'il t'appelle, tu diras : "Parle,

Seigneur, ton serviteur écoute." » Samuel alla se recoucher à sa place habituelle. Le Seigneur vint, il se tenait là et il appela comme les autres fois : « Samuel ! Samuel ! » Et Samuel répondit : « Parle, ton serviteur écoute. »

Samuel grandit. Le Seigneur était avec lui, et il ne laissa aucune de ses paroles sans effet.

Psaume 39

R/ Me voici, Seigneur, je viens faire ta volonté.

D'un grand espoir, j'espérais le Seigneur :
il s'est penché vers moi.
En ma bouche il a mis un chant nouveau,
une louange à notre Dieu.

Tu ne voulais ni offrande ni sacrifice,
tu as ouvert mes oreilles ;
tu ne demandais ni holocauste ni victime,
alors j'ai dit : « Voici, je viens.

« Dans le livre, est écrit pour moi
ce que tu veux que je fasse.
Mon Dieu, voilà ce que j'aime :
ta loi me tient aux entrailles. »

Vois, je ne retiens pas mes lèvres,
Seigneur, tu le sais.
j'ai dit ton amour et ta vérité
à la grande assemblée.

2e Lecture *« Vos corps sont les membres du Christ »*

→ **Lecture de la première lettre de saint Paul apôtre aux Corinthiens** 1 Co 6, 13c-15a.17-20

Frères, le corps n'est pas pour la débauche, il est pour le Seigneur, et le Seigneur est pour le corps ; et Dieu, par sa puissance, a ressuscité le Seigneur et nous ressuscitera nous aussi. Ne le savez-vous pas ? Vos corps sont les membres du Christ. Celui qui s'unit au Seigneur ne fait avec lui qu'un seul esprit. Fuyez la débauche. Tous les péchés que l'homme peut commettre sont extérieurs à son corps ; mais l'homme qui se livre à la débauche commet un péché contre son propre corps.

Ne le savez-vous pas ? Votre corps est un sanctuaire de l'Esprit Saint, lui qui est en vous et que vous avez reçu de Dieu ; vous ne vous appartenez plus à vous-mêmes, car vous avez été achetés à grand prix. Rendez donc gloire à Dieu dans votre corps.

Alléluia. Alléluia. En Jésus Christ, nous avons reconnu le Messie : par lui sont venues la grâce et la vérité. **Alléluia.**

Évangile

Les deux premiers disciples du Christ

→ Évangile de Jésus Christ selon saint Jean Jn 1, 35-42

En ce temps-là, Jean le Baptiste se trouvait avec deux de ses disciples. Posant son regard sur Jésus qui allait et venait, il dit : « Voici l'Agneau de Dieu. » Les deux disciples entendirent ce qu'il disait, et ils suivirent Jésus. Se retournant, Jésus vit qu'ils le suivaient, et leur dit : « Que cherchez-vous ? » Ils lui répondirent : « Rabbi – ce qui veut dire : Maître –, où demeures-tu ? » Il leur dit : « Venez, et vous verrez. » Ils allèrent donc, ils virent où il demeurait, et ils restèrent auprès de lui ce jour-là. C'était vers la dixième heure, (environ quatre heures de l'après-midi).

André, le frère de Simon-Pierre, était l'un des deux disciples qui avaient entendu la parole de Jean et qui avaient suivi Jésus. Il trouve d'abord Simon, son propre frère, et lui dit : « Nous avons trouvé le Messie » – ce qui veut dire : Christ. André amena son frère à Jésus. Jésus posa son regard sur lui et dit : « Tu es Simon, fils de Jean ; tu t'appelleras Kèphas » – ce qui veut dire : Pierre.

POUR LA PRIÈRE UNIVERSELLE

– Prions pour le pape et les évêques, successeurs des Apôtres, qui doivent discerner aujourd'hui ce que le Christ veut réformer dans son Église.
– Prions pour ceux qui ont reconnu que le Christ les appelle à un don total de leur personne dans le ministère sacerdotal ou dans la vie religieuse.
– Prions pour ceux qui ne savent pas, ou refusent de savoir, que Dieu les appelle à se convertir, en passant d'une vie désordonnée à la recherche de la sainteté.
– Prions pour que chacun reconnaisse l'appel, le plus souvent indirect, que Dieu lui adresse, quel que soit son état de vie.

Prière sur les offrandes

Seigneur, accorde-nous la grâce de vraiment participer à cette eucharistie ; car chaque fois qu'est célébré ce sacrifice en mémorial, c'est l'œuvre de notre rédemption qui s'accomplit. Par Jésus.

Prière après la communion

Pénètre-nous, Seigneur, de ton esprit de charité, afin que soient unis par ton amour ceux que tu as nourris d'un même pain. Par Jésus.

« Viens, suis-nous »

« Vers nos mers dévastées,
vers nos vergers sans fruits,
nos villages déserts et nos déserts sans puits,
sur toutes places familières
où s'entrecroisent les traces de nos pas,
sur les chemins mille fois parcourus
de notre aire quotidienne,
tu veux, Seigneur, que nous te conduisions.
Oui, tu attends, Seigneur,
que nous t'appelions :
"Viens. Suis-nous.
Viens. Ne tarde pas.
Viens et vois.
Regarde où nous demeurons,
et reste auprès de nous
le temps que passe l'heure,
le temps que nos yeux s'ouvrent
et que l'espoir renaisse."
Alors, si tu le veux,
nous te suivrons aux demeures lointaines. »

Jean-Yves Quellec osb, *Dieu nous prend en chemin*,
Centurion, 1979, p. 99.

CALENDRIER LITURGIQUE

Di 17	**2e dimanche B.** *Liturgie des Heures : Psautier semaine II.* [S. Antoine, ermite en Égypte, † 356.]
Lu 18	Hébreux 5, 1-10 ; Ps 109 ; Marc 2, 18-22 : « L'Époux est avec eux »
Ma 19	Hébreux 6, 10-20 ; Ps 110 ; Marc 2, 23-28 : « Le sabbat a été fait pour l'homme, et non pas l'homme pour le sabbat »
Me 20	*S. Fabien, pape et martyr, † 250.* *S. Sébastien, martyr à Rome au début du 4e siècle.* Hébreux 7, 1-3.15-17 ; Ps 109 ; Marc 3, 1-6 : « Est-il permis, le jour du sabbat, de sauver une vie ou de tuer ? »
Je 21	Ste Agnès, vierge et martyre, † 305 à Rome. Hébreux 7, 25–8, 6 ; Ps 55 ; Marc 3, 7-12 : « Les esprits impurs criaient : "Toi, tu es le Fils de Dieu !" Mais il leur défendait vivement de le faire connaître »
Ve 22	*S. Vincent, diacre et martyr, † 304 à Valence (Espagne).* Hébreux 8, 6-13 ; Ps 84 (85), 8.10, 11-12, 13-14 ; Marc 3, 13-19 : « Jésus appela ceux qu'il voulait pour qu'ils soient avec lui »
Sa 23	Hébreux 9, 2-3.11-14 ; Ps 46 ; Marc 3, 20-21 : « Les gens de chez lui affirmaient : Il a perdu la tête »

Bonne fête ! 17 : Antoine, Anthony, Toinon, Toinette. 18 : Prisca. 19 : Marius. 20 : Fabien, Fabienne, Sébastien, Bastien. 21 : Agnès, Inès. 22 : Vincent. 23 : Barnard.

Pour mémoire : Du 18 au 25 janvier, semaine de prière pour l'unité des chrétiens.

Saint Antoine le Grand (fêté le 17 janvier) « Si tu veux être parfait, va, vends tout ce que tu as ; puis viens, et suis-moi ». Un jeune égyptien, nommé Antoine, né vers 250, entendit cette parole de Jésus proclamée à l'église. Il la prit à la lettre : il vendit tous ses biens et choisit une vie de solitude et de prière dans le désert. Son rayonnement fut tel que d'autres solitaires l'imitèrent. Il est le père des moines chrétiens d'Orient.

3e dimanche

24 JANVIER 2021

Dimanche de la parole de Dieu

Dimanche de la parole de Dieu, dimanche dans la semaine de prière pour l'unité des chrétiens et troisième dimanche du Temps ordinaire, sans parler de saint François de Sales honoré aujourd'hui, cela fait beaucoup pour un seul jour ! Et pourtant il y a un fil rouge qui relie tous ces thèmes : c'est précisément la parole de Dieu.

Dimanche de la parole de Dieu : le 30 septembre 2019, en la mémoire liturgique de saint Jérôme, le grand traducteur de la Bible, décédé le 30 septembre 420 à Bethléem, le pape François a institué le Dimanche de la parole de Dieu, qui sera célébré chaque année le troisième dimanche du Temps ordinaire, afin que le peuple chrétien vive « un rapport décisif avec la Parole vivante que le Seigneur ne se lasse jamais d'adresser à son Épouse », l'Église. Ce dimanche sera un « jour solennel », consacré « à la célébration, à la réflexion et à la proclamation de la parole de Dieu ». Une manière de rappeler que l'eucharistie dominicale, comme toute messe, n'est pas seulement liturgie de la communion au Corps et au Sang du Christ, mais qu'elle est en premier lieu liturgie de la Parole, ces deux pôles étant indispensables à la vie chrétienne.

La semaine de prière pour l'unité des chrétiens serait-elle un corps étranger dans cette démarche ? Nullement. Car qu'y a-t-il de plus unifiant entre les Églises et Communautés chrétiennes séparées entre elles que de se désaltérer à la même source, celle des Écritures ? La parole de Dieu transmise par la Bible réalise déjà l'unité profonde entre tous ces chrétiens ; l'accueil et l'étude de la parole biblique transcendent déjà les séparations confessionnelles. Tandis que l'eucharistie commune reste un idéal qui est encore loin d'être réalisé, en raison des graves divergences concernant les sacrements et les ministères. D'où la nécessité de prier intensément pour l'unité encore à bâtir.

Or la prière par excellence n'est-elle pas l'eucharistie, et, singulièrement, l'eucharistie dominicale au cœur de laquelle, comme en toute messe, nous prions le Notre Père, ou oraison dominicale, la prière que le Seigneur nous a enseignée ? C'est ce que nous faisons en ce troisième dimanche du Temps ordinaire, qui nous fait entendre les premières paroles humaines conservées du Verbe, de la Parole de Dieu incarnée, celles qui figurent au début de l'évangile le plus ancien, celui de Marc : « Les temps sont accomplis : le règne de Dieu est tout proche. Convertissez-vous et croyez à l'Évangile. »

Marc rapporte ensuite un fait déterminant pour la diffusion de l'Évangile dans le monde : la vocation des premiers disciples Simon et André, puis Jacques et Jean, appelés à devenir pêcheurs d'hommes. Comme ministres et déjà comme baptisés, nous sommes tous appelés à témoigner de la Parole de vie et d'unité.

Des chants sont proposés du 2e au 6e dimanche, p. 192. Pour le 3e dimanche, Ouvriers de la paix *XW 13-92-1 CNA 522.*

Prière d'ouverture

Dieu éternel et tout-puissant, dirige notre vie selon ton amour, afin qu'au nom de ton Fils bien-aimé, nous portions des fruits en abondance. Par Jésus Christ.

(ou pour l'unité des chrétiens)

• Seigneur, ravive ton Église au souffle de l'Esprit ; qu'elle avance dans l'amour de la vérité, et travaille d'un cœur généreux à l'unité de tous les chrétiens. Par Jésus Christ.
• Montre-nous, Seigneur, à quel point tu nous aimes, et par la force de ton Esprit rapproche les chrétiens divisés : que ton Église apparaisse clairement comme ton signe au milieu du monde, et que le monde attiré par sa lumière croie en Jésus ton envoyé. Lui qui règne.

1re Lecture

Ninive se convertit à l'appel de Jonas

→ Lecture du livre de Jonas Jn 3, 1-5.10

La parole du Seigneur fut adressée de nouveau à Jonas : « Lève-toi, va à Ninive, la grande ville païenne, proclame le message que je te donne sur elle. » Jonas se leva et partit pour Ninive, selon la parole du Seigneur. Or, Ninive était une ville extraordinairement grande : il fallait trois jours pour la traverser. Jonas la parcourut une journée à peine en proclamant : « Encore quarante jours, et Ninive sera détruite ! » Aussitôt, les gens de Ninive crurent en Dieu. Ils annoncèrent un jeûne, et tous, du plus grand au plus petit, se vêtirent de toile à sac.

En voyant leur réaction, et comment ils se détournaient de leur conduite mauvaise, Dieu renonça au châtiment dont il les avait menacés.

Psaume 24

R/ Seigneur, enseigne-moi tes chemins.

Seigneur, enseigne-moi tes voies,
fais-moi connaître ta route.
Dirige-moi par ta vérité, enseigne-moi,
car tu es le Dieu qui me sauve.

Rappelle-toi, Seigneur, ta tendresse,
ton amour qui est de toujours.
Dans ton amour, ne m'oublie pas,
en raison de ta bonté, Seigneur.

Il est droit, il est bon, le Seigneur,
lui qui montre aux pécheurs le chemin.
Sa justice dirige les humbles,
il enseigne aux humbles son chemin.

2e Lecture

Le temps de ce monde est limité

→ **Lecture de la première lettre de saint Paul apôtre aux Corinthiens** 1 Co 7, 29-31

Frères, je dois vous le dire : le temps est limité. Dès lors, que ceux qui ont une femme soient comme s'ils n'avaient pas de femme, ceux qui pleurent, comme s'ils ne pleuraient pas, ceux qui ont de la joie, comme s'ils n'en avaient pas, ceux qui font des achats, comme s'ils ne possédaient rien, ceux qui profitent de ce monde, comme s'ils n'en profitaient pas vraiment. Car il passe, ce monde tel que nous le voyons.

Alléluia. Alléluia. Le règne de Dieu est tout proche. Convertissez-vous et croyez à l'Évangile. **Alléluia.**

Évangile

Jésus prêche la conversion

→ **Évangile de Jésus Christ selon saint Marc** Mc 1, 14-20

Après l'arrestation de Jean le Baptiste, Jésus partit pour la Galilée proclamer l'Évangile de Dieu ; il disait : « Les temps sont accomplis : le règne de Dieu est tout proche. Convertissez-vous et croyez à l'Évangile. »

Passant le long de la mer de Galilée, Jésus vit Simon et André, le frère de Simon, en train de jeter les filets dans la mer, car c'étaient des pêcheurs. Il leur dit : « Venez à ma suite. Je vous ferai devenir pêcheurs d'hommes. » Aussitôt, laissant leurs filets, ils le suivirent.

Jésus avança un peu et il vit Jacques, fils de Zébédée, et son frère Jean, qui étaient dans la barque et réparaient les filets. Aussitôt, Jésus les appela. Alors, laissant dans la barque leur père Zébédée avec ses ouvriers, ils partirent à sa suite.

POUR LA PRIÈRE UNIVERSELLE

En cette semaine de prière pour l'unité de l'Église, prions pour que tous les chrétiens soient davantage sensibles à la demande que le Christ lui-même a formulée quand il demandait instamment au Père : « Que tous soient un ! » (Jn 17, 21)

– Prions pour les ministres de l'Église, témoins privilégiés de la parole de Dieu, afin que, par leur vie et leur prédication, ils accomplissent leur mission avec zèle, compétence et humilité.

– Pour les parents chrétiens, afin qu'ils soient, l'un pour l'autre et envers leurs enfants, des témoins de la parole de Dieu qui nous aime avec tendresse.

– Pour les catéchètes et tous les serviteurs de la Parole, afin que la semence qu'ils sèment tombe dans une terre accueillante.

– Pour tous les croyants, afin qu'ils aiment de plus en plus à lire, méditer et pratiquer la parole de Dieu.

Prière sur les offrandes

Dans ta bonté, Seigneur, accepte notre offrande : qu'elle soit sanctifiée et serve ainsi à notre salut. Par Jésus.

• *ou pour l'unité des chrétiens*

Dans le sacrifice que nous t'offrons, Seigneur, consume le péché qui divise les chrétiens : puisqu'ils sont d'un même corps par le baptême, qu'ils puissent communier un jour à la même table. Par Jésus.

Préface

• *On peut prendre la préface pour l'unité des chrétiens :*

Vraiment, il est juste et bon de te rendre gloire, de t'offrir notre action de grâce, toujours et en tout lieu, à toi, Père très saint, Dieu éternel et tout-puissant, par le Christ, notre Seigneur. Par lui, tu nous conduis à la connaissance de ta vérité, nous appelant à devenir son corps grâce à la même foi et par un seul baptême ; par lui, tu répands ton Esprit Saint sur tous les peuples du monde, l'Esprit qui met en œuvre ses dons les plus divers et qui réalise l'unité : il habite le cœur de tes fils, il remplit l'Église tout entière, il ne cesse de la guider. C'est pourquoi, avec les anges et tous les saints, nous proclamons ta gloire en disant d'une seule voix : **Saint !...**

Prière après la communion

Permets, nous t'en prions, Dieu tout-puissant, qu'ayant reçu de toi la grâce d'une nouvelle vie, nous puissions nous en émerveiller toujours. Par Jésus.

• *ou pour l'unité des chrétiens*

Après avoir communié au sacrifice du Christ, nous te demandons, Seigneur, d'envoyer sur le corps tout entier de l'Église ton Esprit de sainteté, afin qu'il entraîne ceux qui portent le nom de chrétiens à te servir dans l'unité de la foi. Par Jésus.

Appel universel à la sainteté

« Dans les formes diverses de vie et les charges différentes, c'est une seule sainteté que cultivent tous ceux que conduit l'Esprit de Dieu et qui, obéissant à la voix du Père et adorant Dieu le Père en esprit et en vérité, marchent à la suite du Christ pauvre, humble et chargé de sa croix, pour mériter de devenir participants de sa gloire. Chacun doit résolument avancer, selon ses propres dons et ressources, par la voie d'une foi vivante qui stimule l'espérance et agit par la charité. »

Concile Vatican II, *Constitution sur l'Église « Lumen gentium »*, n° 41.

CALENDRIER LITURGIQUE

Di 24	**3e dimanche B.** *Liturgie des Heures : Psautier semaine III.* [S. François de Sales, évêque de Genève, docteur de l'Église, † 1622 à Lyon.]
Lu 25	CONVERSION DE SAINT PAUL, Apôtre. Lectures propres : Actes 22,3-16 ou Actes 9,1-22 ; Ps 116 ; Marc 16,15-18 : « Allez dans le monde entier, proclamez l'Évangile »
Ma 26	S. Timothée et S. Tite, compagnons de S. Paul. Lecture propre : 2 Tm 1,1-8 ou Tt 1,1-5. Férie : Ps 39 ; Marc 3, 31-35 : « Celui qui fait la volonté de Dieu, celui-là est pour moi un frère, une sœur, une mère »
Me 27	*Ste Angèle Merici, vierge, fondatrice des Ursulines, † 1540 à Brescia (Italie).* Hébreux 10, 11-18 ; Ps 109 ; Marc 4, 1-20 : « Voici que le semeur sortit pour semer »
Je 28	S. Thomas d'Aquin, prêtre, dominicain, docteur de l'Église, † 1274 (7 mars) à Fossanova (Italie), enseveli à Toulouse. Hébreux 10, 19-25 ; Ps 23 ; Marc 4, 21-25 : « La lampe est apportée pour être mise sur le lampadaire. La mesure que vous utilisez sera utilisée pour vous »
Ve 29	Hébreux 10, 32-39 ; Ps 36 ; Marc 4, 26-34 : « L'homme qui jette en terre la semence, qu'il dorme ou qu'il se lève, la semence grandit, il ne sait comment »
Sa 30	En Belgique, S. Mutien-Marie, frère des écoles chrétiennes, † 1917. Hébreux 11, 1-2.8-19 ; Cant. Luc 1, 69-70, 71-72-73-75 ; Marc 4, 35-41 : « Qui est-il donc, celui-ci, pour que même le vent et la mer lui obéissent ? »

Bonne fête ! 24 : François, Francis, Franck. 25 : Priest. 26 : Timothée, Tite, Paule, Pauline, Mélanie. 27 : Angèle, Angélique, Julien. 28 : Thomas. 29 : Gildas. 30 : Bathilde, Jacinthe, Martine.

Pour mémoire : dimanche de la parole de Dieu, institué par le pape François le 30 septembre 2019, pour chaque troisième dimanche du Temps ordinaire.

4e dimanche

31 JANVIER 2021

Le prophète que Dieu avait promis

La liturgie nous fait entendre aujourd'hui la suite de l'évangile de Marc, comme elle le fait durant les dimanches de cette année (sauf exceptions). Mais nous écouterons d'abord un passage célèbre du Deutéronome, là où Dieu promet qu'à l'avenir il fera se lever au milieu de son peuple un prophète comme Moïse (*première lecture*). Or pendant le Temps ordinaire, la première lecture est toujours choisie en fonction de l'évangile du jour. En proposant ce passage comme première lecture, la liturgie de ce dimanche suggère donc, à la suite du Nouveau Testament, que cette promesse divine s'accomplit en Jésus.

À la stupéfaction de ses auditeurs, Jésus donne à la synagogue un enseignement nouveau et il parle avec autorité, à l'inverse des scribes (*évangile*). Ceux-ci devaient toujours se référer à leurs prédécesseurs pour rendre leur enseignement crédible : en un sens, ils n'étaient que des répétiteurs. Mais voilà qu'un fils d'Israël, en pleine synagogue, a l'audace de proposer un enseignement nouveau et, qui plus est, avec autorité, c'est-à-dire sans se référer aux anciens rabbins. D'ailleurs, lui-même n'est pas un rabbin officiel. Il parle donc avec une liberté rare. Pourtant, son enseignement n'est pas d'emblée rejeté. D'abord, on peut supposer qu'il parle admirablement et d'une manière convaincante : « Jamais un homme n'a parlé de la sorte ! » (Jn 7,46), dira-t-on de lui plus tard. Mais aussi parce qu'il ne se contente pas de parler : il agit, il guérit, il va jusqu'à libérer un possédé de l'esprit impur qui le tourmentait. Chose étrange, ce pauvre homme, ou plutôt l'esprit impur qui l'habite, a l'air d'avoir déjà découvert qui est, en réalité, Jésus : « Tu es le Saint de Dieu », dit-il. Mais Jésus lui demande de se taire. Cela peut étonner. Peut-être Jésus perçoit-il que cette déclaration est hypocrite : cet esprit mauvais joue, sans doute, au croyant, pour mieux déconcerter.

Quoi qu'il en soit, la proclamation de l'Évangile est lancée ; elle s'exprime donc de deux manières : par un enseignement et par des guérisons. Ce que les prédicateurs d'aujourd'hui et d'hier ne peuvent généralement pas faire. Cette incapacité a peut-être un avantage : elle évite les enthousiasmes factices qu'une guérison, réelle ou supposée telle, peut provoquer, et elle contraint les prédicateurs à se concentrer sur la transmission par la parole, avec moins de visibilité mais en centrant l'attention sur l'essentiel. On peut aussi dire à ceux de leurs auditeurs tentés par la déception que s'applique à eux la béatitude formulée plus tard par Jésus face à Thomas l'incrédule : « Heureux ceux qui croient sans avoir vu ! » (Jn 20,29)

Des chants sont proposés du 2e au 6e dimanche, p. 192. Pour le 4e dimanche, La Parole de Dieu *X 59.*

Prière d'ouverture

Accorde-nous, Seigneur, de pouvoir t'adorer sans partage, et d'avoir pour tout homme une vraie charité. Par Jésus Christ.

1re Lecture *Dieu promet à son peuple un prophète comme Moïse*

→ **Lecture du livre du Deutéronome** Dt 18, 15-20

Moïse disait au peuple : « Au milieu de vous, parmi vos frères, le Seigneur votre Dieu fera se lever un prophète comme moi, et vous l'écouterez. C'est bien ce que vous avez demandé au Seigneur votre Dieu, au mont Horeb, le jour de l'assemblée, quand vous disiez : "Je ne veux plus entendre la voix du Seigneur mon Dieu, je ne veux plus voir cette grande flamme, je ne veux pas mourir !" Et le Seigneur me dit alors : "Ils ont bien fait de dire cela. Je ferai se lever au milieu de leurs frères un prophète comme toi ; je mettrai dans sa bouche mes paroles, et il leur dira tout ce que je lui prescrirai. Si quelqu'un n'écoute pas les paroles que ce prophète prononcera en mon nom, moi-même je lui en demanderai compte.

Mais un prophète qui aurait la présomption de dire en mon nom une parole que je ne lui aurais pas prescrite, ou qui parlerait au nom d'autres dieux, ce prophète-là mourra." »

Psaume 94

**R/ Aujourd'hui, ne fermez pas votre cœur,
mais écoutez la voix du Seigneur.**

Venez, crions de joie pour le Seigneur,
acclamons notre Rocher, notre salut !
Allons jusqu'à lui en rendant grâce,
par nos hymnes de fête acclamons-le !

Entrez, inclinez-vous, prosternez-vous,
adorons le Seigneur qui nous a faits.
Oui, il est notre Dieu ;
nous sommes le peuple qu'il conduit
le troupeau guidé par sa main.

Aujourd'hui écouterez-vous sa parole ?
« Ne fermez pas votre cœur comme au désert,
comme au jour de tentation et de défi,
où vos pères m'ont tenté et provoqué,
et pourtant ils avaient vu mon exploit. »

2e LECTURE *Conseil pour être pleinement attaché au Seigneur*

→ **Lecture de la première lettre de saint Paul apôtre aux Corinthiens** 1 Co 7, 32-35

Frères, j'aimerais vous voir libres de tout souci. Celui qui n'est pas marié a le souci des affaires du Seigneur, il cherche comment plaire au Seigneur. Celui qui est marié a le souci des affaires de ce monde, il cherche comment plaire à sa femme, et il se trouve divisé.

La femme sans mari, ou celle qui reste vierge, a le souci des affaires du Seigneur, afin d'être sanctifiée dans son corps et son esprit. Celle qui est mariée a le souci des affaires de ce monde, elle cherche comment plaire à son mari. C'est dans votre intérêt que je dis cela ; ce n'est pas pour vous tendre un piège, mais pour vous proposer ce qui est bien, afin que vous soyez attachés au Seigneur sans partage.

Alléluia. Alléluia. Le peuple qui habitait dans les ténèbres a vu une grande lumière. Sur ceux qui habitaient dans le pays et l'ombre de la mort, une lumière s'est levée. **Alléluia.**

Évangile

L'autorité de l'enseignement de Jésus

→ **Évangile de Jésus Christ selon saint Marc** Mc 1, 21-28

Jésus et ses disciples entrèrent à Capharnaüm. Aussitôt, le jour du sabbat, Jésus se rendit à la synagogue, et là, il enseignait. On était frappé par son enseignement, car il enseignait en homme qui a autorité, et non pas comme les scribes.

Or, il y avait dans leur synagogue un homme tourmenté par un esprit impur, qui se mit à crier : « Que nous veux-tu, Jésus de Nazareth ? Es-tu venu pour nous perdre ? Je sais qui tu es : tu es le Saint de Dieu. » Jésus l'interpella vivement : « Tais-toi ! Sors de cet homme. » L'esprit impur le fit entrer en convulsions, puis, poussant un grand cri, sortit de lui.

Ils furent tous frappés de stupeur et se demandaient entre eux : « Qu'est-ce que cela veut dire ? Voilà un enseignement nouveau, donné avec autorité ! Il commande même aux esprits impurs, et ils lui obéissent. » Sa renommée se répandit aussitôt partout, dans toute la région de la Galilée.

POUR LA PRIÈRE UNIVERSELLE

– Prions pour les prédicateurs et tous les ministres de la Parole, afin qu'ils ne se découragent pas face au peu de résultat apparent de leurs efforts : la popularité de leur Maître, lui-même, n'a eu qu'un temps parmi ses contemporains.

– Prions pour nos frères juifs, afin qu'ils reconnaissent un jour en Jésus, fils d'Israël, le prophète promis par Dieu à Moïse.

– Prions pour les personnes qui sont en proie à des addictions, à des tendances perverses ou même esclaves d'un esprit mauvais, afin qu'elles se confient à la miséricorde et à la puissance de Jésus et de son Esprit Saint.

Prière sur les offrandes

Pour te servir, Seigneur, nous déposons nos offrandes sur ton autel : accueille-les avec indulgence, pour qu'elles deviennent le sacrement de notre salut. Par Jésus.

Prière après la communion

Nous avons été fortifiés, Seigneur, par le sacrement de notre Rédemption ; permets que cet aliment de salut éternel nous fasse progresser dans la vraie foi. Par Jésus.

Un enseignement nouveau donné avec autorité

« *Il enseignait en homme qui a autorité, et non pas comme les scribes*. Car il ne disait pas "Le Seigneur dit ceci", ni "Celui qui m'a envoyé dit cela" ; il parlait en son nom, lui qui primitivement avait parlé par les prophètes. Il y a une nuance entre les expressions "Il est écrit" et "Le Seigneur dit cela" ; mais il est encore différent de dire "En vérité je vous le dis". [...] Nul n'est habilité à changer la loi, hormis le Roi en personne. »

S. Jérôme (+ 420), *Homélie sur saint Marc*, dans *Missel de l'assemblée dominicale*, Brepols, 1997, p. 873.

Saint Anschaire ou Oscar (**3 février**) Moine bénédictin de Corbie, en Picardie, puis de la Nouvelle Corbie, en Saxe, Anschaire (801-865) partit évangéliser l'Allemagne du Nord, puis le Danemark et la Suède. Évêque de Hambourg, puis de Brême, il ne se découragea pas quand les invasions normandes menacèrent son œuvre et ruinèrent sa ville épiscopale. Il sema dans la peine ce que d'autres moissonneraient dans la joie (*Missel de l'assemblée pour la semaine*).

CALENDRIER LITURGIQUE

Di 31	**4e dimanche B.** *Liturgie des Heures : Psautier semaine IV.* [S. Jean Bosco, prêtre, fondateur des Salésiens, † 1888 à Turin.]
Lu 1er	Hébreux 11, 32-40 ; Ps 30 ; Marc 5, 1-20 : « Esprit impur, sors de cet homme ! »
Ma 2	PRÉSENTATION DU SEIGNEUR AU TEMPLE, p. 213.
Me 3	*S. Blaise, évêque de Sébaste (Asie Mineure), martyr, † vers 316.* *S. Anschaire, évêque de Hambourg, † 865.* Hébreux 12, 4-7.11-15 ; Ps 102 ; Marc 6, 1-6 : « Un prophète n'est méprisé que dans son pays »
Je 4	Hébreux 12, 18-19.21-24 ; Ps 47 ; Marc 6, 7-13 : « Il commença à les envoyer en mission »
Ve 5	Ste Agathe, vierge et martyre, † 251 à Catane (Italie). Hébreux 13, 1-8 ; Ps 26 ; Marc 6, 14-29 : « Celui que j'ai fait décapiter, Jean, le voilà ressuscité ! »
Sa 6	S. Paul Miki, prêtre, et ses compagnons, martyrs, † 1597 à Nagasaki. *En Belgique, S. Amand, évêque de Maastricht, † 679 ou 684 à Saint-Amand-les-Eaux.* Hébreux 13, 15-17.20-21 ; Ps 22 ; Marc 6, 30-34 : « Ils étaient comme des brebis sans berger »

Bonne fête ! 31 : Marcelle, Alban. 1er : Ella, Véridiana. 2 : Théophane. 3 : Blaise, Anatole, Oscar. 4 : Gilbert, Véronique, Bérénice, Vanessa. 5 : Agathe. 6 : Amand, Gaston, Dorothée, Doris.

Pour mémoire :
– Aujourd'hui, dernier dimanche de janvier, journée mondiale des lépreux, fondée en 1954 par Raoul Follereau (+ 1977) et célébrée dans 127 pays.
– 2 février : Journée de la vie consacrée (religieuses, religieux, vierges consacrées, instituts séculiers, etc.)

Présentation du Seigneur au Temple

2 FÉVRIER 2021

Purification, présentation, illumination

Quarante jours se sont écoulés depuis la naissance de Jésus. Ce petit juif a été intégré dans la communauté de son peuple huit jours après sa naissance par le rite de la circoncision. Trente-trois jours plus tard a lieu un autre rite qui concerne d'abord la jeune mère, considérée par la loi mosaïque comme rendue impure, non pas moralement mais cultuellement, par le flux de sang qui avait accompagné l'accouchement. Au quarantième jour, la mère se rendait au sanctuaire avec son enfant pour y être purifiée, par un double sacrifice présenté par un prêtre. Pour les pauvres, les victimes offertes étaient deux tourterelles. Ce rite réintégrait la mère dans la communauté cultuelle (voir Lv 12,1-8). À partir du 8e siècle, d'ailleurs, la fête s'appela la « Purification de la Vierge Marie ».

La liturgie actuelle tourne davantage le regard vers Jésus lui-même en intitulant la fête : « Présentation du Seigneur au Temple ». Non seulement, Jésus lui-même a partagé la condition humaine de sang et de chair (*deuxième lecture*). Mais, se trouvant pour la première fois dans le Temple, lui qui est Seigneur réalise la prophétie de Malachie (*première lecture*). Et ce n'est pas seulement un rite de purification qui a lieu dans le Temple : c'est aussi une rencontre, ou plutôt deux. L'enfant porté par ses parents rencontre le vieillard Syméon représentant l'espérance de l'Ancien Testament, son attente du Messie ; de même qu'Anne, une femme prophète, « qui proclamait les louanges de Dieu et parlait de l'enfant à tous ceux qui attendaient la délivrance de Jérusalem » (*évangile*). Non sans raison, donc, la liturgie orientale désigne cette fête comme celle de la Rencontre : Dieu visite son peuple. Enfin, dans son cantique d'action de grâce, Syméon voit dans cet enfant la « lumière qui se révèle aux nations ». C'est ce mystère du salut que l'on célèbre en portant en procession les cierges bénis : fête de la Chandeleur.

CHANTER

- Pour la procession des lumières, ***Joyeuse lumière*** **I 17 CNA 477 ou 806**, ***Lumière des hommes*** **G 128-2 CNA 422 ou** ***Cantique de Syméon*** (voir évangile).
- Après la communion, ***Tu es la vraie lumière*** **D 86 CNA 595**.

Prière d'ouverture

Dieu éternel et tout-puissant, nous t'adressons cette humble prière : puisque ton Fils unique, ayant revêtu notre chair, fut en ce jour présenté dans le temple, fais que nous puissions aussi, avec une âme purifiée, nous présenter devant toi. Par Jésus Christ.

Lectures

1. Malachie 3, 1-4 : « *Soudain viendra dans son Temple le Seigneur que vous cherchez* »

Psaume 23

R/ C'est le Seigneur, Dieu de l'univers ;
c'est lui, le roi de gloire.

2. Lettre aux Hébreux 2, 14-18 : « *Il lui fallait se rendre en tout semblable à ses frères* »

Évangile

« Mes yeux ont vu ton salut »

→ **Évangile de Jésus Christ selon saint Luc**

Lc 2,22-32 (lecture brève ; lecture longue à la fête de la Sainte-Famille, p. 165)

Quand fut accompli le temps prescrit par la loi de Moïse pour la purification, les parents de Jésus l'amenèrent à Jérusalem pour le présenter au Seigneur, selon ce qui est écrit dans la Loi : *Tout premier-né de sexe masculin sera consacré au Seigneur.* Ils venaient aussi offrir le sacrifice prescrit par la loi du Seigneur : *un couple de tourterelles ou deux petites colombes.*

Or, il y avait à Jérusalem un homme appelé Syméon. C'était un homme juste et religieux, qui attendait la Consolation d'Israël, et l'Esprit Saint était sur lui. Il avait reçu de l'Esprit Saint l'annonce qu'il ne verrait pas la mort avant d'avoir vu le Christ, le Messie du Seigneur. Sous l'action de l'Esprit, Syméon vint au Temple. Au moment où les parents présentaient l'enfant Jésus pour se conformer au rite de la Loi qui le concernait, Syméon reçut l'enfant dans ses bras, et il bénit Dieu en disant :

« Maintenant, ô Maître souverain,
tu peux laisser ton serviteur s'en aller
en paix selon ta parole.
Car mes yeux ont vu le salut
que tu préparais à la face des peuples :
Lumière qui se révèle aux nations
et donne gloire à ton peuple Israël. »

POUR LA PRIÈRE UNIVERSELLE

– Prions pour les jeunes mères qui rendent grâce d'avoir mis au monde un enfant, même si cela a été douloureux.
– Prions pour les femmes et les hommes qui se donnent au Christ dans la vie consacrée.
– Prions pour les personnes attendant une lumière qui donne sens et espérance à leur vie.

Prière sur les offrandes

Accueille, Seigneur, avec bonté les dons de ton Église en fête : elle te les présente pour le sacrifice de ton Fils unique, puisque tu as voulu qu'il s'offre à toi comme l'Agneau sans tache pour le salut du monde. Lui qui règne pour les siècles des siècles.

Préface

Vraiment, il est juste et bon de te rendre gloire, de t'offrir notre action de grâce, toujours et en tout lieu, à toi, Père très saint, Dieu éternel et tout-puissant. Aujourd'hui, ton Fils éternel est présenté dans le Temple, et l'Esprit Saint, par la bouche de Syméon, le désigne comme la gloire de ton peuple et la lumière des nations. Joyeux nous aussi d'aller à la rencontre du Sauveur, nous te chantons avec les anges et tous les saints, et déjà nous proclamons : **Saint !...**

Si tu veux tenir Jésus dans tes bras

« Ce n'est pas un hasard ni sans raison que Syméon *est venu au Temple poussé par l'Esprit* (Lc 2, 26-27). En effet, *tous ceux qui se laissent conduire par l'Esprit sont fils de Dieu* (Rm 8, 14). Toi aussi, si tu veux tenir Jésus et le serrer dans tes mains, fais tous tes efforts pour te laisser guider par l'Esprit et pour venir au temple de Dieu. Voici que tu te tiens maintenant dans le temple du Seigneur Jésus, c'est-à-dire dans son Église, temple construit *de pierres vivantes* (1 P 2, 5). Or tu te tiens dans le temple du Seigneur quand ta vie et ta conduite méritent vraiment d'être appelées d'Église. »

Origène (+ 253), *Homélies sur l'évangile de Luc*, 15, 3-4,
dans *Les Pères de l'Église commentent l'Évangile*,
Abbaye de Clervaux, Brepols, 1991, p. 467.

5e dimanche

7 FÉVRIER 2021

« Il guérit beaucoup de gens »

Job est, dans la Bible et dans la littérature mondiale, l'icône de l'humanité souffrante. Il est accablé de toutes sortes de maux en son corps, en ses biens et en la personne de ses enfants. Or il n'a pas commis de faute ; sa souffrance est totalement imméritée. Alors il crie vers Dieu : « Souviens-toi, Seigneur : ma vie n'est qu'un souffle, mes yeux ne verront plus le bonheur » (*première lecture*). La fin du livre de Job raconte qu'il trouve finalement un état encore meilleur qu'auparavant. Mais ni l'auteur ni le lecteur ne sont dupes : la souffrance humaine, surtout si elle est injuste, reste un scandale.

La liturgie de ce dimanche évoque Job avant de rappeler l'action thérapeutique de Jésus. Elle prend un risque, car l'action thérapeutique de Jésus (*évangile*), même si elle est reconnue autour de lui, reste une goutte d'eau dans l'océan des souffrances de l'humanité. Manque-t-elle pour autant de toute pertinence ? Rien n'est moins sûr. Car elle devient, à son tour, une icône : un homme engagé sans réserve dans un combat contre le mal sous toutes ses formes et dont on va découvrir progressivement qu'il est fils de Dieu. Le mouvement, la bonne nouvelle, est lancé.

Et il sera relayé par de nombreux disciples au cours des siècles. « Moi, Paul, je me suis fait tout à tous pour en sauver à tout prix quelques-uns » (*deuxième lecture*). Ils n'ont pas les talents du Maître et certains d'entre eux, comme autant de Judas, le trahissent par leurs fautes et leurs crimes. Mais l'arbre ne doit pas cacher la forêt : il ne faudrait pas oublier les hommes et les femmes sans nombre, qui, à toutes les époques, forts de l'espérance puisée dans l'Évangile, ont soigné, éduqué, secouru leurs semblables dans les misères de toute sorte et continuent à le faire aujourd'hui aux quatre coins du monde.

Le mal est loin d'avoir disparu, et le scandale de la souffrance des humains reste une question d'actualité, qui ne cesse de questionner la foi. Mais depuis deux mille ans une lumière a jailli, que nulle persécution ou trahison n'a pu éteindre. Elle donne l'assurance que cette situation n'est pas sans remède, qu'il importe de s'engager pour la surmonter peu à peu, jusqu'à ce jour où le Fils de Dieu, qui en a bu le calice jusqu'à la lie, viendra établir toutes choses nouvelles, là où « Dieu avec eux, sera leur Dieu ». Alors « il essuiera toute larme de leurs yeux, et la mort ne sera plus, et il n'y aura plus ni deuil, ni cri, ni douleur » (Ap 21, 3-4).

Des chants sont proposés du 2e au 6e dimanche, p. 192. Pour le 5e dimanche, Vous tous qui peinez *U 13-21 CNA 700.*

Prière d'ouverture

Dans ton amour inlassable, Seigneur, veille sur ta famille ; et puisque ta grâce est notre unique espoir, garde-nous sous ta constante protection. Par Jésus Christ.

1re Lecture

Prière de Job dans la détresse

→ Lecture du livre de Job

Jb 7, 1-4.6-7

Job prit la parole et dit : « Vraiment, la vie de l'homme sur la terre est une corvée, il fait des journées de manœuvre. Comme l'esclave qui désire un peu d'ombre, comme le manœuvre qui attend sa paye, depuis des mois je n'ai en partage que le néant, je ne compte que des nuits de souffrance. À peine couché, je me dis : "Quand pourrai-je me lever ?" Le soir n'en finit pas : je suis envahi de cauchemars jusqu'à l'aube. Mes jours sont plus rapides que la navette du tisserand, ils s'achèvent faute de fil. Souviens-toi, Seigneur : ma vie n'est qu'un souffle, mes yeux ne verront plus le bonheur. »

Psaume 146

**R/ Bénissons le Seigneur
qui guérit nos blessures !**
ou : **Alléluia.**

Il est bon de fêter notre Dieu,
il est beau de chanter sa louange :
il guérit les cœurs brisés
et soigne leurs blessures.

Il compte le nombre des étoiles,
il donne à chacune un nom ;
il est grand, il est fort, notre Maître :
nul n'a mesuré son intelligence.

Le Seigneur élève les humbles
et rabaisse jusqu'à terre les impies.
Entonnez pour le Seigneur l'action de grâce,
jouez pour notre Dieu sur la cithare !

2e Lecture *« Malheur à moi si je n'annonçais pas l'Évangile ! »*

→ Lecture de la première lettre de saint Paul apôtre aux Corinthiens 1 Co 9, 16-19.22-23

Frères, annoncer l'Évangile, ce n'est pas là pour moi un motif de fierté, c'est une nécessité qui s'impose à moi. Malheur à moi si je n'annonçais pas l'Évangile ! Certes, si je le fais de moi-même, je mérite une récompense. Mais je ne le fais pas de moi-même, c'est une mission qui m'est confiée. Alors quel est mon mérite ? C'est d'annoncer l'Évangile sans rechercher aucun avantage matériel, et sans faire valoir mes droits de prédicateur de l'Évangile. Oui, libre à l'égard de tous, je me suis fait l'esclave de tous afin d'en gagner le plus grand nombre possible. Avec les faibles, j'ai été faible, pour gagner les faibles. Je me suis fait tout à tous pour en sauver à tout prix quelques-uns. Et tout cela, je le fais à cause de l'Évangile, pour y avoir part, moi aussi.

Alléluia. Alléluia. Le Christ a pris nos souffrances, il a porté nos maladies. **Alléluia.**

Évangile

Guérisons et exorcismes à Capharnaüm

→ Évangile de Jésus Christ selon saint Marc Mc 1, 29-39

En ce temps-là, aussitôt sortis de la synagogue de Capharnaüm, Jésus et ses disciples allèrent, avec Jacques et Jean, dans la maison de Simon et d'André. Or, la belle-mère de Simon était au lit, elle avait de la fièvre. Aussitôt, on parla à Jésus de la malade. Jésus s'approcha, la saisit par la main et la fit lever. La fièvre la quitta, et elle les servait.

Le soir venu, après le coucher du soleil, on lui amenait tous ceux qui étaient atteints d'un mal ou possédés par des démons. La ville entière se pressait à la porte. Il guérit beaucoup de gens atteints de toutes sortes de maladies, et il expulsa beaucoup de démons ; il empêchait les démons de parler, parce qu'ils savaient, eux, qui il était.

Le lendemain, Jésus se leva, bien avant l'aube. Il sortit et se rendit dans un endroit désert, et là il priait. Simon et ceux qui étaient avec lui partirent à sa recherche. Ils le trouvent et lui disent : « Tout le monde te cherche. » Jésus leur dit : « Allons ailleurs, dans les villages voisins, afin que là aussi je proclame l'Évangile ; car c'est pour cela que je suis sorti. » Et il parcourut toute la Galilée, proclamant l'Évangile dans leurs synagogues, et expulsant les démons.

POUR LA PRIÈRE UNIVERSELLE

– Prions pour tous les souffrants de la terre, afin qu'ils ne perdent pas toute espérance.
– Prions pour ceux et celles qui, poussés par l'Évangile, viennent en aide aux personnes en détresse.
– Prions pour que se multiplient ceux qui travaillent à la proclamation de l'Évangile et aux actions bienfaisantes qui l'accompagnent.

Prière sur les offrandes

Seigneur notre Dieu, tu as voulu choisir dans ta création le pain et le vin qui refont chaque jour nos forces : fais qu'ils deviennent aussi pour nous le sacrement de la vie éternelle. Par Jésus.

Prière après la communion

Tu as voulu, Seigneur, que nous partagions un même pain et que nous buvions à la même coupe : accorde-nous de vivre tellement unis dans le Christ que nous portions du fruit pour le salut du monde. Par Jésus.

« Sur son front enfiévré tu poses une caresse »

« Toi qui veilles, toi tu vois
comme, enfermé dans son moi factice,
l'homme rêve.
Il poursuit des fantômes, il combat des chimères.
Il pense, il aime, il s'agite ;
parfois il rit, parfois il pleure ;
et parfois il tend les bras en criant
car il souffre. Tu le sens,
toi qui toujours le veilles,
toi qui ne te lasses point et jamais ne sommeilles.
Et quand son rêve outre mesure l'oppresse,
sur son front enfiévré tu poses une caresse
de ta main. »

Hélène Lubienska de Lenval, *L'éducation de l'homme conscient et l'entraînement à l'attention*, Spes, 1968, p. 141, citée dans *Missel dominical de l'assemblée*, 1981, p. 933.

CALENDRIER LITURGIQUE

Di 7	**5e dimanche B.** *Liturgie des Heures : Psautier semaine I.* [*En Belgique*, S. Paul Miki et ses compagnons, martyrs, † 1597 à Nagasaki.]
Lu 8	*S. Jérôme Émilien, fondateur des Serviteurs des pauvres, † 1537, à Somasca (Italie).* *Ste Joséphine Bakhita, vierge, esclave soudanaise, puis religieuse, † 1947 à Schio (Italie).* Genèse 1, 1-19 ; Ps 103 ; Marc 6, 53-56 : « Tous ceux qui touchèrent la frange de son manteau étaient sauvés »
Ma 9	Genèse 1, 20–2, 4a ; Ps 8 ; Marc 7, 1-13 : « Vous laissez de côté le commandement de Dieu, pour vous attacher à la tradition des hommes »
Me 10	Ste Scholastique, vierge, moniale, sœur de S. Benoît, † vers 547 au Mont-Cassin (Italie). Genèse 2, 4b-9.15-17 ; Ps 103 ; Marc 7, 14-23 : « Ce qui sort de l'homme, voilà ce qui rend l'homme impur »
Je 11	*Notre-Dame de Lourdes (1858).* Genèse 2, 18-25 ; Ps 127 ; Marc 7, 24-30 : « Les petits chiens, sous la table, mangent bien les miettes des petits enfants ! »
Ve 12	Genèse 3, 1-8 ; Ps 31 ; Marc 7, 31-37 : « Il fait entendre les sourds et parler les muets »
Sa 13	Genèse 3, 9-24 ; Ps 89 ; Marc 8, 1-10 : « Les gens mangèrent et furent rassasiés »

Bonne fête ! 7 : Eugénie. 8 : Joséphine, Jacqueline, Jackie. 9 : Apolline. 10 : Scholastique, Arnaud. 11 : Lourdes. 12 : Félix. 13 : Béatrice, Jourdain.

Pour mémoire : le 11 février, Notre-Dame de Lourdes, journée mondiale de la santé et des malades.

6e dimanche

14 FÉVRIER 2021

Un Dieu saisi de compassion, qui touche un intouchable

Le combat de Jésus contre la maladie et le mal est sans trêve. Pour lui, la proclamation de la Bonne Nouvelle s'accompagne d'une action thérapeutique. Car l'évangélisation n'est pas seulement la diffusion d'un enseignement, fût-il sublime. Elle doit révéler que Dieu est bon, qu'il veut activement le bien des humains et qu'il s'oppose à ce qui leur fait du mal : les guérisons sont le signe de sa bonté. Mais le Fils de Dieu pousse cette action au paroxysme en guérissant un pauvre homme atteint de ce qui était jugé comme la pire des maladies, la lèpre. En outre, selon la mentalité ancienne, une maladie aussi hideuse ne pouvait qu'être la conséquence de péchés graves. Dès lors, le malade était tenu à l'écart de la société, ce qui la protégeait de la contagion, mais manifestait aussi sa réprobation à l'égard de quelqu'un qui avait la présomption non pas d'innocence mais de culpabilité. C'est l'ambigüité du mot « impur » qui lui était appliqué sans pitié (*première lecture*).

Le lépreux dont parle l'évangile d'aujourd'hui a l'audace de ne plus se tenir à distance mais de s'approcher de Jésus. Non par bravade mais, sans doute, parce qu'il pressent que ce prédicateur, plein de bonté, peut le purifier, le guérir physiquement, socialement et spirituellement. Il ne se trompe pas. Car, comme le dit l'évangile, Jésus est aussitôt « saisi de compassion. » Ce Fils de Dieu a des entrailles qui s'émeuvent de pitié ; il communie profondément avec cette personne en détresse. Cela, déjà, est une révélation de Dieu. Mais Jésus va plus loin : il enfreint l'interdit légal et touche le lépreux. Il aurait pu le guérir autrement, puisqu'il a guéri des malades à distance. Mais Jésus est un tactile, comme le pape François, son disciple. Toucher quelqu'un fait partie de sa manière de communiquer. Et aussi de transmettre son énergie qui guérit.

La liturgie chrétienne en perpétuera la tradition en célébrant des sacrements où le toucher a un rôle décisif. Par exemple, le célébrant pose les mains sur celui qui, par là, reçoit le sacrement. L'incarnation du Fils de Dieu continue.

Des chants sont proposés du 2e au 6e dimanche, p. 192.

Prière d'ouverture

Dieu qui veux habiter les cœurs droits et sincères, donne-nous de vivre selon ta grâce, alors tu pourras venir en nous pour y faire ta demeure. Par Jésus Christ.

1re Lecture

Règles à observer par les lépreux

→ **Lecture du livre des Lévites** Lv 13, 1-2.45-46

Le Seigneur parla à Moïse et à son frère Aaron, et leur dit : « Quand un homme aura sur la peau une tumeur, une inflammation ou une pustule, qui soit une tache de lèpre, on l'amènera au prêtre Aaron ou à l'un des prêtres ses fils. Le lépreux atteint d'une tache portera des vêtements déchirés et les cheveux en désordre, il se couvrira le haut du visage jusqu'aux lèvres, et il criera : "Impur ! Impur !" Tant qu'il gardera cette tache, il sera vraiment impur. C'est pourquoi il habitera à l'écart, son habitation sera hors du camp. »

Psaume 31

R/ Tu es un refuge pour moi ;
de chants de délivrance tu m'as entouré.

Heureux l'homme dont la faute est enlevée,
et le péché remis !
Heureux l'homme dont le Seigneur ne retient pas l'offense,
dont l'esprit est sans fraude !

Je t'ai fait connaître ma faute,
je n'ai pas caché mes torts.

J'ai dit : « Je rendrai grâce au Seigneur
en confessant mes péchés. »

Toi, tu as enlevé l'offense de ma faute.
Que le Seigneur soit votre joie !
Exultez, hommes justes !
Hommes droits, chantez votre allégresse !

2e Lecture

Témoigner du Christ par les actes

→ Lecture de la première lettre de saint Paul apôtre aux Corinthiens 1 Co 10, 31–11, 1

Frères, tout ce que vous faites : manger, boire, ou toute autre action, faites-le pour la gloire de Dieu. Ne soyez un obstacle pour personne, ni pour les Juifs, ni pour les païens, ni pour l'Église de Dieu. Ainsi, moi-même, en toute circonstance, je tâche de m'adapter à tout le monde, sans chercher mon intérêt personnel, mais celui de la multitude des hommes, pour qu'ils soient sauvés. Imitez-moi, comme moi aussi j'imite le Christ.

Alléluia. Alléluia. Un grand prophète s'est levé parmi nous, et Dieu a visité son peuple. **Alléluia.**

Évangile

Guérison d'un lépreux

→ Évangile de Jésus Christ selon saint Marc Mc 1, 40-45

En ce temps-là, un lépreux vint auprès de Jésus ; il le supplia et, tombant à ses genoux, lui dit : « Si tu le veux, tu peux me purifier. » Saisi de compassion, Jésus étendit la main, le toucha et lui dit : « Je le veux, sois purifié. » À l'instant même, la lèpre le quitta et il fut purifié. Avec fermeté, Jésus le renvoya aussitôt en lui disant : « Attention, ne dis rien à personne, mais va te montrer au prêtre, et donne pour ta purification ce que Moïse a prescrit dans la Loi : cela sera pour les gens un témoignage. »

Une fois parti, cet homme se mit à proclamer et à répandre la nouvelle, de sorte que Jésus ne pouvait plus entrer ouvertement dans une ville, mais restait à l'écart, dans des endroits déserts. De partout cependant on venait à lui.

POUR LA PRIÈRE UNIVERSELLE

– Prions pour les ministres de l'Église, afin qu'au ministère de l'enseignement et de la réconciliation ils joignent toujours l'action bienfaisante.

– Prions pour les lépreux et toutes les personnes que leur maladie grave sépare de leur famille et de la société, afin qu'ils ne perdent pas l'espérance et trouvent du soutien autour d'eux.

– Prions pour les missionnaires dont certains, comme le Père Damien à Molokaï, saint religieux originaire de Belgique, ont sacrifié leur vie pour les lépreux.

Prière sur les offrandes

Que cette eucharistie, Seigneur, notre Dieu, nous purifie et nous renouvelle ; qu'elle donne à ceux qui font ta volonté le bonheur que tu leur as promis. Par Jésus.

Prière après la communion

Tu nous as donné, Seigneur, de goûter aux joies du ciel : fais que nous ayons toujours soif des sources de la vraie vie. Par Jésus.

« Je le veux »

« La foi pure, vécue dans l'amour, maintenue par la persévérance, patiente dans l'attente, humble dans son affirmation, ferme dans sa confiance, pleine de respect dans sa prière et de sagesse dans ce qu'elle demande, est certaine d'entendre en toute circonstance cette parole du Seigneur : *Je le veux.*

En ayant présente à l'esprit cette réponse admirable, nous devons regrouper les mots selon leur sens. Aussi bien le lépreux a-t-il dit pour commencer : *Seigneur, si tu le veux*, et le Seigneur : *Je le veux.* Le lépreux ayant ajouté : *Tu peux me purifier*, le Seigneur ordonna avec la puissance de sa parole : *Sois purifié.* Vraiment, tout ce que le pécheur a proclamé dans une vraie confession de foi, la bonté et la puissance divine l'ont aussitôt accompli par grâce. »

S. Paschase Radbert osb (+ 860),
Commentaire sur l'évangile de Matthieu, 5, 8,
dans *Les Pères de l'Église commentent l'Évangile*,
Abbaye de Clervaux, Brepols, 1991, p. 244-245.

CALENDRIER LITURGIQUE

Di 14	**6e dimanche B.** Liturgie *des Heures : Psautier semaine II.* [S. CYRILLE, moine, † 869 à Rome, et son frère S. MÉTHODE, évêque de Moravie, † 895, patrons de l'Europe.]
Lu 15	Genèse 4, 1-15.25 ; Ps 49 ; Marc 8, 11-13 : « Pourquoi cette génération cherche-t-elle un signe ? »
Ma 16	Genèse 6, 5-8 ; 7, 1-5.10 ; Ps 28 ; Marc 8, 14-21 : « Prenez garde au levain des pharisiens et au levain d'Hérode ! »
Me 17	**MERCREDI DES CENDRES**, jour de jeûne et d'abstinence, p. 233. [*Les sept* saints *fondateurs des Servites de Marie à Florence, 14e siècle.*]
Je 18	Lectures du Carême : Deutéronome 30, 15-20 ; Ps 1 ; Luc 9, 22-25 : « Celui qui perdra sa vie à cause de moi la sauvera » [*En France, Ste Bernadette Soubirous, vierge, † 1879 à Nevers.*]
Ve 19	Isaïe 58, 1-9a ; Ps 50 ; Matthieu 9, 14-15 : « Des jours viendront où l'Époux leur sera enlevé ; alors ils jeûneront »
Sa 20	Isaïe 58, 9b-14 ; Ps 85 ; Luc 5, 27-32 : « Je ne suis pas venu appeler des justes mais des pécheurs, pour qu'ils se convertissent »

Bonne fête ! 14 : Cyrille, Méthode, Valentin, Tino. 15 : Faustin, Georgina, Claude. 16 : Juliette, Paméla. 17 : Alexis. 18 : Bernadette, Siméon, Nadine, Flavien. 19 : Gabin, Boniface. 20 : Aimée.

Saint Cyrille et saint Méthode (14 février) Au milieu du 9e siècle, ces deux frères se firent moines et furent envoyés par Byzance porter l'Évangile aux peuples slaves. Soucieux d'inculturation, ils inventèrent l'alphabet dit « cyrillique » afin de traduire la Bible et les livres liturgiques en langue slavonne, ce qui leur valut l'hostilité des missionnaires de rite latin. Ils se rendirent à Rome où le pape Nicolas Ier (868) approuva leur usage de la langue vivante. Cyrille y mourut mais Méthode fut nommé archevêque et légat pontifical en Pannonie et en Moravie. S. Jean-Paul II les proclama patrons de l'Europe.

LE TEMPS DU CARÊME, UN ITINÉRAIRE

Pour les catéchumènes qui seront baptisés à Pâques, le temps du Carême est celui de l'ultime préparation aux sacrements de l'initiation chrétienne. La communauté paroissiale tout entière est appelée, non seulement à les accompagner par la prière et l'amitié, mais à prendre le même chemin qu'eux et à se préparer au renouvellement de la profession de foi baptismale au cours de la Vigile pascale. Pour nous guider, la liturgie des dimanches de Carême nous offre, cette année, deux chemins possibles.

Le premier, mettant l'accent sur les lectures de l'Ancien Testament, nous fait parcourir les grandes étapes de l'Alliance : après le Déluge, l'Alliance avec toute l'humanité ; par Abraham, l'Alliance avec tous les croyants ; au Sinaï, l'Alliance avec ceux qui écoutent la parole de Dieu et la mettent en pratique. Au retour de l'Exil, l'Alliance est renouvelée avec tous ceux qui reviennent vers Dieu de tout leur cœur. Enfin, par les prophètes, nous recevons l'annonce de la Nouvelle Alliance que Jésus réalisera en donnant sa vie.

Le second itinéraire, à partir des évangiles, fait porter notre regard sur Jésus lui-même : il nous conduit au désert avec lui pour que par lui notre foi en sorte purifiée ; il nous conduit sur la montagne pour transfigurer nos vies ; il fait de nous des pierres vivantes pour construire avec nous le Temple nouveau ; il nous est donné par le Père pour être notre lumière ; il est le grain qui meurt pour donner beaucoup de fruit.

Jésus a dit : « Je suis le Chemin, la Vérité, la Vie » (Jn 14,6). Il sera donc notre guide durant ce Carême. Avec lui, de dimanche en dimanche, tentons de prendre résolument le chemin de Pâques, la voie simple et quotidienne qui mène à sa Pâque. Nous voulons « monter à Jérusalem » comme il l'a fait. Ainsi le font les adultes qui se préparent à devenir chrétiens dans tous les pays du monde. Écoutons l'appel de l'Église qui nous demande, à nous aussi, à nous ensemble, d'entrer en Carême et de venir au Jour afin que Dieu nous donne naissance.

CHANTER EN CARÊME

- **La célébration du mercredi des Cendres** demande un certain dépouillement, y compris dans le répertoire des chants. Le silence en est une dimension importante. On peut ouvrir la célébration par ***Seigneur, avec toi, nous irons au désert*** **GP 229 CNA 414**, ou ***Changez vos cœurs*** **GA 162 CNA 415.**
- Pour le rite de l'imposition des cendres prendre ***Revenez à moi de tout votre cœur*** **GX 94, *Oui, je me lèverai*** **G 48 CNA 423, *Donne-nous, Seigneur, un cœur nouveau*** **ZL 50-32.**
- On utilisera le Saint le Seigneur et l'Agneau de Dieu de l'ordinaire retenu pour le temps du Carême.
- Après la communion ou à la fin de la célébration s'il n'y a pas d'eucharistie, on peut choisir ***Rends-nous la joie de ton salut*** **G 268, *Seigneur, avec toi, nous irons au désert*** **G 229 CNA 414, *Vivons en enfants de lumière*** **G 14-57-1 CNA 430.**
- **Pour les cinq dimanches de Carême**, nous proposons ici un répertoire commun, afin d'unifier ce temps liturgique et de donner aux communautés la possibilité d'approfondir le sens des paroles chantées au long des dimanches.
- On retiendra un même ordinaire de la messe, par exemple **Messe brève pour le Carême AL 73-93, Messe de Carême AL 71-73-75, *Litanie pénitentielle, Jésus Sauveur*** **C 53-98, *Christ, le Fils du Père*** **G 50 CNA 413 ou CNA 177, 185 c, *Toi qui es venu pour nous sauver*** **C 48-72, *Seigneur Jésus, toi qui es venu*** **CNA 177** ou encore pour la préparation pénitentielle ***Jésus, Verbe de Dieu*** **G 323-1 CNA 696, *Lave-nous de nos fautes*** **AL 192 CNA 698, *Pitié, Seigneur*** **G 248.**
- Pour l'acclamation à l'évangile **UG 48-84, *Parole éternelle du Père*** **GU 13-94 CNA 219, *Loué sois-tu, ô Christ*** **MNA 33-24.**
- ***Saint le Seigneur*** **AL 37-97, AL 604, AL 52-77-15, AL 55-53, AL 45 CNA 244**
- ***Agneau de Dieu*** **D 543 CNA 311, AL 51-61, AL 23-12 CNA 295.**
- Plusieurs chants pourront servir aux autres moments de la liturgie.
- Pour la procession d'ouverture, ***Seigneur, avec toi, nous irons au désert*** **GP 229 CNA 414, *C'est ta mission, Seigneur Jésus*** **G 47-78, *Rends-nous la joie de son salut*** **G 268, *Ton peuple dans la nuit se met en marche*** **G 26-36,**

Chemin de Pâques GX 545, *Quarante jours d'une avancée* GA 58-20, *Choisirons-nous ?* GA 33-33.

- Après la Parole ***C'est ta mission, Seigneur Jésus*** G 47-78 (les trois strophes prévues pour chaque dimanche), ***Pour que l'homme soit un fils*** **GP 297-1 CNA 426,** ***Dieu de pardon*** **GR 284-1**
- Pour la procession de communion, ***Pain donné pour notre vie*** **D 19-75 CNA 339,** ***T'approcher, Seigneur*** **G 22-68-6 CNA 590,** ***Mendiant du jour*** **DP 150-5 CNA 334,** ***La Sagesse a dressé une table*** **D 580 CNA 332,** ***Corps livré, sang versé*** **D 54-18,** ***Pain donné pour notre vie*** **D 19-75 CNA 339,** ***Partageons le pain du Seigneur*** **D 39-31 CNA 342.**
- Après la communion, ***En toi, Seigneur, mon espérance*** **GP 7 ou GP 45-35 CNA 417** ou **418,** ***Dieu notre Père*** **D 52-40,** ***En accueillant l'amour*** **DP 126 CNA 325,** ***Puisque tu fais miséricorde*** **Z 129-15,** ***Réveille les sources de l'eau vive*** **G 548 CNA 769,** ***Pour que l'homme soit un fils*** **GP 297-1 CNA 426,** ***Jésus, le Christ, lumière intérieure*** (répertoire de Taizé), ***Réveille les sources*** **G 548 CNA 769.**
- À la fin de la célébration, ***Vivons en enfants de lumière*** **G 14-57-1 CNA 430** (chaque strophe correspond à un dimanche et aux étapes du catéchuménat), ***Tout recommence*** **G 277,** ***Sur les routes de l'Alliance*** **G 321.**
- Si l'on veut caractériser davantage chaque dimanche, on peut retenir :
- Pour le 1er dimanche, ***Au désert avec toi, Jésus Christ*** **G 52-81.**
- Pour le 2e dimanche, ***Lumière des hommes*** **GX 128-2 bis CNA 422.**
- Pour le 3e dimanche, ***Écoute la voix du Seigneur.***
- Pour le 4e dimanche, ***Lumière sur mes pas*** **HX 26-37.**
- Pour le 5e dimanche, ***Le grain de blé*** **GP 228.**

CÉLÉBRER EN CARÊME

- Pendant tout le Carême, l'accent pourra être mis sur la qualité des silences, en particulier au début de la célébration. On respectera soigneusement le temps de silence avant chaque oraison après l'invitation à la prière, pour que la prière au nom de l'assemblée soit vraiment la « collecte » des prières individuelles. Le rythme des célébrations sera sobre et recueilli. Il n'y a pas de Gloria. L'Alléluia est remplacé par une acclamation de l'Évangile.
- La décoration florale sera aussi extrêmement dépouillée. On veillera à soigner le lieu de la Parole en ces dimanches où l'on célèbre particulièrement l'Alliance de Dieu avec son Peuple et avec l'humanité (voir l'introduction au temps du Carême p. 000). La croix où le Christ est élevé sera aussi mise en valeur de la meilleure manière : « Quand j'aurai été élevé de terre, j'attirerai à moi tous les hommes » (évangile du 5e dimanche).
- Si la communauté paroissiale accueille en son sein des catéchumènes se préparant aux sacrements de l'initiation chrétienne pendant la Nuit pascale,

les textes de la liturgie seront ceux de l'année A, Carême baptismal par excellence, avec les évangiles des scrutins les 3e, 4e et 5e dimanches : la Samaritaine, la guérison de l'Aveugle-né et la résurrection de Lazare. Il y a des oraisons d'ouverture et des préfaces propres. Mais dans tous les cas, les assemblées qui le souhaiteront pourront prendre les textes de l'année A ces dimanches-là.

La première prière eucharistique pour la réconciliation a été spécialement conçue et prévue pour le temps du Carême : « Maintenant que ton peuple connaît un temps de grâce... »

Mercredi des Cendres

17 FÉVRIER 2021

Entrée en Carême

Voici venu le moment où, dans chaque diocèse, l'évêque appelle officiellement ceux qui vont recevoir les sacrements de l'initiation chrétienne (baptême, confirmation, eucharistie) durant la Nuit pascale. Le Carême est en effet le temps de l'ultime préparation au baptême. Toute la communauté chrétienne est aussi invitée à « entrer en Carême » pour faire une démarche analogue à celle des catéchumènes, et se préparer à renouveler la profession de foi baptismale lors de la fête de Pâques. C'est ainsi qu'est née la célébration liturgique du Mercredi des Cendres. Ne perdons pas de vue ce rapport si étroit entre le temps du Carême et le chemin vers le baptême.

La célébration des Cendres est donc un point de départ, le début d'un chemin à parcourir individuellement et en communauté. Elle prend son sens dans le parcours qu'elle ouvre et donne leur sens aux semaines qui viennent dont l'Église nous demande de les marquer par un geste de solidarité envers les plus fragiles et les plus démunis. C'est pourquoi dès aujourd'hui nous préparons notre cœur en allant recevoir les cendres et en entendant l'invitation qui nous est faite : « Convertissez-vous et croyez à l'Évangile ».

« Retournez-vous, apprenez Dieu, il a promis son règne à ceux qui emprunteront ses passages », enjoint une hymne du Carême (G 103). Rien de plus urgent en effet que d'« apprendre Dieu ». Car « apprendre Dieu », c'est découvrir que notre Dieu est pardon et que nous pouvons nous approcher de lui avec confiance (*première lecture*), c'est découvrir le visage d'un Dieu qui sauve, et accepter d'être sauvés (*deuxième lecture*), c'est accéder à une relation personnelle avec le Père « dans le secret » par l'aumône, la prière et le jeûne (*évangile*).

La lumière de Pâques brille déjà devant nous.

Prière d'ouverture

Accorde-nous, Seigneur, de savoir commencer saintement, par une journée de jeûne, notre entraînement au combat spirituel : que nos privations nous rendent plus forts pour lutter contre l'esprit du mal. Par Jésus Christ.

1re Lecture *« Déchirez vos cœurs et non pas vos vêtements »*

→ Lecture du livre du prophète Joël Jl 2, 12-18

M**aintenant** – oracle du Seigneur – revenez à moi de tout votre cœur, dans le jeûne, les larmes et le deuil ! Déchirez vos cœurs et non pas vos vêtements, et revenez au Seigneur votre Dieu, car il est tendre et miséricordieux, lent à la colère et plein d'amour, renonçant au châtiment.

Qui sait ? Il pourrait revenir, il pourrait renoncer au châtiment, et laisser derrière lui sa bénédiction : alors, vous pourrez présenter offrandes et libations au Seigneur votre Dieu.

Sonnez du cor dans Sion : prescrivez un jeûne sacré, annoncez une fête solennelle, réunissez le peuple, tenez une assemblée sainte, rassemblez les anciens, réunissez petits enfants et nourrissons !

Que le jeune époux sorte de sa maison, que la jeune mariée quitte sa chambre ! Entre le portail et l'autel, les prêtres, serviteurs du Seigneur, iront pleurer et diront : « Pitié, Seigneur, pour ton peuple, n'expose pas ceux qui t'appartiennent à l'insulte et aux moqueries des païens ! Faudra-t-il qu'on dise : "Où donc est leur Dieu ?" »

Et le Seigneur s'est ému en faveur de son pays, il a eu pitié de son peuple.

Psaume 50

R/ Pitié, Seigneur, car nous avons péché.

Pitié pour moi, mon Dieu, dans ton amour,
selon ta grande miséricorde, efface mon péché.
Lave-moi tout entier de ma faute,
purifie-moi de mon offense.

Oui, je connais mon péché,
ma faute est toujours devant moi.
Contre toi, et toi seul, j'ai péché,
ce qui est mal à tes yeux, je l'ai fait.

Crée en moi un cœur pur, ô mon Dieu,
renouvelle et raffermis au fond de moi mon esprit.
Ne me chasse pas loin de ta face,
ne me reprends pas ton esprit saint.

Rends-moi la joie d'être sauvé ;
que l'esprit généreux me soutienne.
Seigneur, ouvre mes lèvres,
et ma bouche annoncera ta louange.

2e Lecture

« Laissez-vous réconcilier avec Dieu »

→ Lecture de la deuxième lettre de saint Paul apôtre aux Corinthiens 2 Co 5, 20 – 6, 2

Frères, nous sommes les ambassadeurs du Christ, et par nous c'est Dieu lui-même qui lance un appel : nous le demandons au nom du Christ, laissez-vous réconcilier avec Dieu.

Celui qui n'a pas connu le péché, Dieu l'a pour nous identifié au péché, afin qu'en lui nous devenions justes de la justice même de Dieu.

En tant que coopérateurs de Dieu, nous vous exhortons encore à ne pas laisser sans effet la grâce reçue de lui. Car il dit dans l'Écriture : *Au moment favorable je t'ai exaucé, au jour du salut je t'ai secouru.* Le voici maintenant le moment favorable, le voici maintenant le jour du salut.

Ta Parole, Seigneur, est vérité, et ta loi, délivrance. Aujourd'hui, ne fermez pas votre cœur, mais écoutez la voix du Seigneur. **Ta Parole, Seigneur, est vérité, et ta loi, délivrance.**

Évangile

« Ton Père qui voit dans le secret te le rendra »

→ Évangile de Jésus Christ selon saint Matthieu

Mt 6, 1-6.16-18

En ce temps-là, Jésus disait à ses disciples : « Ce que vous faites pour devenir des justes, évitez de l'accomplir devant les hommes pour vous faire remarquer. Sinon, il n'y a pas de récompense pour vous auprès de votre Père qui est aux cieux.

Ainsi, quand tu fais l'aumône, ne fais pas sonner la trompette devant toi, comme les hypocrites qui se donnent en spectacle dans les synagogues et dans les rues, pour obtenir la gloire qui vient des hommes. Amen, je vous le déclare : ceux-là ont reçu leur récompense. Mais toi, quand tu fais l'aumône, que ta main gauche ignore ce que fait ta main droite, afin que ton aumône reste dans le secret ; ton Père qui voit dans le secret te le rendra.

Et quand vous priez, ne soyez pas comme les hypocrites : ils aiment à se tenir debout dans les synagogues et aux carrefours pour bien se montrer aux hommes quand ils prient. Amen, je vous le déclare : ceux-là ont reçu leur récompense. Mais toi, quand tu pries, retire-toi dans ta pièce la plus retirée, ferme la porte, et prie ton Père qui est présent dans le secret ; ton Père qui voit dans le secret te le rendra.

Et quand vous jeûnez, ne prenez pas un air abattu, comme les hypocrites : ils prennent une mine défaite pour bien montrer aux hommes qu'ils jeûnent. Amen, je vous le déclare : ceux-là ont reçu leur récompense. Mais toi, quand tu jeûnes, parfume-toi la tête et lave-toi le visage ; ainsi, ton jeûne ne sera pas connu des hommes, mais seulement de ton Père qui est présent au plus secret ; ton Père qui voit au plus secret te le rendra. »

LITURGIE DES CENDRES

Après l'homélie, qui a fait le lien entre la parole de Dieu et le rite des Cendres, le prêtre prie pour l'assemblée.

• Seigneur notre Dieu, toi qui aimes pardonner à ceux qui s'humilient et veulent réparer leurs torts, prête l'oreille à nos prières ; en ta bonté, répands sur tes serviteurs qui vont recevoir les cendres la grâce de ta bénédiction : par leur fidélité à ce temps de pénitence, qu'ils parviennent avec une âme purifiée à la célébration de la Pâque de ton Fils. Lui qui règne.
• Seigneur notre Dieu, toi qui ne veux pas la mort du pécheur mais sa conversion, dans ta bonté, exauce notre prière ; bénis les cendres dont nous serons marqués, nous qui venons de la terre et devons retourner à la terre. En nous appliquant à observer le Carême, puissions-nous obtenir le pardon de nos péchés et vivre de la vie nouvelle à l'image de ton Fils ressuscité. Lui qui règne.

Ensuite le prêtre impose les cendres à ceux qui le désirent, en disant :

• Convertissez-vous et croyez à l'Évangile.
• Souviens-toi que tu es poussière,
et que tu retourneras en poussière.

POUR LA PRIÈRE UNIVERSELLE

– Pour tous ceux qui consacrent leurs forces, leur temps ou leurs dons aux efforts de développement dans les pays de la faim et aux efforts de paix dans les régions en guerre, Dieu notre Père nous te prions.
– Pour les catéchumènes qui se préparent à vivre les sacrements de l'initiation chrétienne : baptême, confirmation, eucharistie, et pour les chrétiens qui cheminent avec eux, Dieu notre Père nous te prions.
– Pour ceux qui vivent le combat pour la foi les yeux rivés sur la croix du Christ, Dieu notre Père nous te prions.
– Pour les croyants de toutes les religions et de toutes les spiritualités qui veulent faire un chemin de vérité pour se rapprocher de Dieu, Dieu notre Père nous te prions.

Prière sur les offrandes

En t'offrant, au début du Carême, cette eucharistie, nous te supplions, Seigneur : inspire-nous des actes de pénitence et de charité qui nous détournent de nous-mêmes, afin que, purifiés de nos fautes, nous puissions mieux nous unir à la passion de ton Fils. Lui qui règne.

Préface

Vraiment, il est juste et bon de te rendre gloire, de t'offrir notre action de grâce, toujours et en tout lieu, à toi, Père très saint, Dieu éternel et tout-puissant.
Car tu veux, par notre jeûne et nos privations, réprimer nos penchants mauvais, élever nos esprits, nous donner la force et enfin la récompense, par le Christ, notre Seigneur.
Par lui, avec les anges et tous les saints, nous chantons l'hymne de ta gloire, et sans fin nous proclamons : **Saint !**...

Prière après la communion

Que cette communion, Seigneur, nous ouvre à la justice et à la charité, pour que nous observions le seul jeûne que tu aimes et qui mène à notre guérison. Par Jésus.

« Il a tenu cette alliance au milieu de nous »

« Béni soit l'Esprit d'amour qui nous souffle :
Eucharistie, Eucharistie !
C'est par ce cri, Dieu de l'Alliance,
que nous accueillons le Messie, porteur de ton Nom et du nôtre :
Il est venu renouer ce que l'homme avait délié,
ton souffle et notre cœur de créature ;
il a tenu cette alliance au milieu de nous
pour rendre à notre vie son sens originel vers toi. »

Patrice de La Tour du Pin, *Petite liturgie de Carême.*

1er dimanche du Carême

21 FÉVRIER 2021

L'Alliance avec toute l'humanité

Première étape sur le chemin de Pâques : nous célébrons ce dimanche un Dieu qui fait alliance avec tous les hommes.

Après le déluge, celui des temps mythiques raconté dans la Genèse, mais aussi les différents « déluges » que nous connaissons tous au temps où nous sommes, Dieu fait refleurir l'olivier et il couronne sa création d'un éclatant arc-en-ciel (*première lecture*). C'est le signe de la première Alliance, l'alliance cosmique, le signe de la paix et de l'harmonie dans le monde. Il nous fait comprendre que la fidélité de Dieu est aussi indéfectible que le retour des saisons et les cycles biologiques de la mort et de la vie. Travailler à ce monde réconcilié est la tâche que Dieu confie à son peuple. Il est avec nous pour réaliser son Alliance offerte à toute la création.

L'*évangile* de ce dimanche est bref. Il juxtapose deux scènes qui forment tout un programme et disent l'essentiel de la vie du Maître : le combat contre le mal et l'annonce de la Bonne Nouvelle de Dieu. Engagés dans ce chemin baptismal, c'est le premier regard que nous portons sur Jésus : avec lui nous comprenons que la vie de foi est un combat à livrer au long de l'existence. Marc ne donne pas le détail des « tentations » – ou plutôt des épreuves, selon le terme grec – que Jésus a dû surmonter. Comme dans le prologue d'une tragédie grecque, l'évangile met en scène les protagonistes du drame qui se déroule au long de la vie de tout croyant : c'est l'affrontement entre l'Esprit de Dieu et l'Esprit du Mal. En Jésus, les puissances du Mal sont terrassées et la Mort est vaincue, une fois pour toutes (*deuxième lecture*). Le Père conclut l'Alliance qui devient éternelle et définitive. L'humanité est renouvelée par le baptême dans la mort et la résurrection du Christ. Nous pouvons célébrer dans la joie de l'Esprit la Pâque du Fils à jamais vivant.

Des chants sont proposés du 1er au 5e dimanche, p. 230.

Prière d'ouverture

Accorde-nous, Dieu tout-puissant, tout au long de ce Carême, de progresser dans la connaissance de Jésus Christ et de nous ouvrir à sa lumière par une vie de plus en plus fidèle. Lui qui règne.

1re Lecture *Dieu fait alliance avec Noé qu'il a sauvé du déluge*

→ **Lecture du livre de la Genèse** Gn 9, 8-15

Dieu dit à Noé et à ses fils : « Voici que moi, j'établis mon alliance avec vous, avec votre descendance après vous, et avec tous les êtres vivants qui sont avec vous : les oiseaux, le bétail, toutes les bêtes de la terre, tout ce qui est sorti de l'arche. Oui, j'établis mon alliance avec vous : aucun être de chair ne sera plus détruit par les eaux du déluge, il n'y aura plus de déluge pour ravager la terre. »

Dieu dit encore : « Voici le signe de l'alliance que j'établis entre moi et vous, et avec tous les êtres vivants qui sont avec vous, pour les générations à jamais : je mets mon arc au milieu des nuages, pour qu'il soit le signe de l'alliance entre moi et la terre. Lorsque je rassemblerai les nuages au-dessus de la terre, et que l'arc apparaîtra au milieu des nuages, je me souviendrai de mon alliance qui est entre moi et vous, et tous les êtres vivants : les eaux ne se changeront plus en déluge pour détruire tout être de chair. »

Psaume 24

R/ **Tes chemins, Seigneur, sont amour et vérité**
pour qui garde ton alliance.

Seigneur, enseigne-moi tes voies,
fais-moi connaître ta route.
Dirige-moi par ta vérité, enseigne-moi,
car tu es le Dieu qui me sauve.

Rappelle-toi, Seigneur, ta tendresse,
ton amour qui est de toujours.
Dans ton amour, ne m'oublie pas,
en raison de ta bonté, Seigneur.

Il est droit, il est bon, le Seigneur,
lui qui montre aux pécheurs le chemin.
Sa justice dirige les humbles,
il enseigne aux humbles son chemin.

2e Lecture

« Le baptême sauve par la résurrection de Jésus Christ »

→ Lecture de la première lettre de saint Pierre apôtre 1 P 3, 18-22

Bien-aimés, le Christ, lui aussi, a souffert pour les péchés, une seule fois, lui, le juste, pour les injustes, afin de vous introduire devant Dieu ; il a été mis à mort dans la chair, mais vivifié dans l'Esprit.

C'est en lui qu'il est parti proclamer son message aux esprits qui étaient en captivité. Ceux-ci, jadis, avaient refusé d'obéir, au temps où se prolongeait la patience de Dieu, quand Noé construisit l'arche, dans laquelle un petit nombre, en tout huit personnes, furent sauvées à travers l'eau. C'était une figure du baptême qui vous sauve maintenant : le baptême ne purifie pas de souillures extérieures, mais il est l'engagement envers Dieu d'une conscience droite et il sauve par la résurrection de Jésus Christ, lui qui est à la droite de Dieu, après s'en être allé au ciel, lui à qui sont soumis les anges, ainsi que les Souverainetés et les Puissances.

Ta Parole, Seigneur, est vérité, et ta loi, délivrance. L'homme ne vit pas seulement de pain, mais de toute parole qui sort de la bouche de Dieu. **Ta Parole, Seigneur, est vérité, et ta loi, délivrance.**

Évangile

« Jésus vivait parmi les bêtes sauvages, et les anges le servaient »

→ **Évangile de Jésus Christ selon saint Marc** Mc 1, 12-15

En ce temps-là, Jésus venait d'être baptisé. Aussitôt l'Esprit le pousse au désert et, dans le désert, il resta quarante jours, tenté par Satan. Il vivait parmi les bêtes sauvages, et les anges le servaient.

Après l'arrestation de Jean, Jésus partit pour la Galilée proclamer l'Évangile de Dieu ; il disait : « Les temps sont accomplis : le règne de Dieu est tout proche. Convertissez-vous et croyez à l'Évangile. »

POUR LA PRIÈRE UNIVERSELLE

– Pour les catéchumènes qui viennent d'être appelés par l'évêque en vue d'un prochain baptême, Dieu notre Père nous te prions.
– Pour les artisans de paix et les personnes qui savent faire partager leur foi et leur espérance, Dieu notre Père nous te prions.
– Pour les chefs d'État et ceux qui portent avec eux la responsabilité de la justice et de la paix, Dieu notre Père nous te prions.
– Pour les innocents injustement condamnés, les malades souffrant d'affections graves, les vieillards fatigués d'une vie trop difficile, Dieu notre Père nous te prions.
– Pour ceux qui se battent contre des forces spirituelles et physiques qui les oppriment et les empêchent de vivre, Dieu notre Père nous te prions.

Prière sur les offrandes

Avec cette eucharistie, Seigneur, nous commençons notre marche vers Pâques : fais que nos cœurs correspondent vraiment à nos offrandes. Par Jésus.

Préface

Vraiment, il est juste et bon de te rendre gloire, de t'offrir notre action de grâce, toujours et en tout lieu, à toi, Père très saint, Dieu éternel et tout-puissant, par le Christ, notre Seigneur.
En jeûnant quarante jours au désert, il consacrait le temps du Carême ; lorsqu'il déjouait les pièges du Tentateur, il nous apprenait à résister au péché, pour célébrer d'un cœur pur le mystère pascal, et parvenir enfin à la Pâque éternelle. C'est pourquoi, avec tous les anges et tous les saints, nous chantons l'hymne de ta gloire et nous proclamons : **Saint !...**

Prière après la communion

Le pain que nous avons reçu de toi, Seigneur notre Dieu, a renouvelé nos cœurs : il nourrit la foi, fait grandir l'espérance et donne la force d'aimer ; apprends-nous à toujours avoir faim du Christ, seul pain vivant et vrai, et à vivre de toute parole qui sort de ta bouche. Par Jésus.

L'Esprit de Dieu souffle au désert

« Venez au jour !
Le Christ prépare son retour !
Le Christ prévient l'ère nuptiale !
Passent les temps ! Passe la chair !
L'Esprit de Dieu souffle au désert,
Annonçant l'aurore pascale ! »

Patrice de La Tour du Pin, *Hymne pour le Carême*, G 103, strophe 1.

CALENDRIER LITURGIQUE

Di 21	**1er dimanche de Carême B.** *Liturgie des Heures : Psautier semaine I.* [S. Pierre Damien, cardinal-évêque d'Ostie, docteur de l'Église, † 1072.]
Lu 22	CHAIRE DE SAINT PIERRE, Apôtre. Lectures propres : 1 Pierre 5, 1-4 ; Ps 22 ; Matthieu 16, 13-19 : « Tu es Pierre, et je te donnerai les clés du royaume des Cieux »
Ma 23	S. Polycarpe, évêque de Smyrne (Asie mineure) et martyr, † 155. Lectures du Carême : Isaïe 55,10-11 ; Ps 33 ; Matthieu 6,7-15 : « Vous donc, priez ainsi »
Me 24	Jonas 3,1-10 ; Ps 50 ; Lc 11,29-32 : « À cette génération il ne sera donné que le signe de Jonas le prophète »
Je 25	Esther 14,1.3-5.12-14 Vg ; Ps 137 ; Matthieu 7,7-12 : « Quiconque demande reçoit »
Ve 26	Ézékiel 18,21-28 ; Ps 129 ; Matthieu 5,20-26 : « Va d'abord te réconcilier avec ton frère »
Sa 27	Deutéronome 26 ; Ps 118 ; Matthieu 5, 43-48 : « Soyez parfaits comme votre Père céleste est parfait »

Bonne fête ! 21 : Damien. 22 : Isabelle. 23 : Lazare, Polycarpe. 24 : Modeste, Robert. 25 : Roméo. 26 : Nestor. 27 : Honorine, Gabriel.

Saint Polycarpe (**23 février**) Disciple de saint Jean, l'évêque Polycarpe est le dernier témoin de l'âge apostolique. Il mourut sur le bûcher, au milieu du théâtre de Smyrne, en présence de tout le peuple, rendant grâce au Seigneur « d'avoir été jugé digne d'être compté au nombre des martyrs et de participer à la coupe du Christ ». C'était le 23 février 155, il avait quatre-vingt-six ans (*Liturgie des heures*).

2e dimanche du Carême

28 FÉVRIER 2021

Notre vie est transfigurée

En cette deuxième étape sur le chemin de Pâques, nous apprenons quel genre de culte Dieu attend de nous. À Abraham qui est prêt à sacrifier son fils unique, Dieu ne réclame que la foi en son inépuisable générosité : il est le Dieu de la vie (*première lecture*). Abraham a cru en Dieu « qui donne la vie aux morts » (Rm 4, 17), c'est pourquoi il est devenu notre père dans la foi. En lui seront bénies toutes les nations de la terre.

Et comme en réponse au geste d'Abraham, Dieu lui-même nous donne son Fils unique pour transfigurer nos vies (*deuxième lecture*). Dieu n'a pas voulu qu'Abraham lui sacrifie son fils, mais lui-même nous a fait don de son Unique. En nous donnant Jésus, il nous donne tout.

On pourrait croire que la Transfiguration est une parenthèse dans la vie de Jésus. Sur le chemin vers Jérusalem, entre deux annonces de la Passion, voici ce moment béni où tout son être est transfiguré (*évangile*). Les trois mêmes disciples qui seront les témoins de son angoisse à Gethsémani, Pierre, Jacques et Jean, ont le privilège de découvrir la grandeur de celui qui les a appelés à le suivre. Mystère de cette voix qui vient de la nuée et qui proclame l'intimité de Jésus avec son Père : « Celui-ci est mon Fils bien-aimé, écoutez-le ». C'est la même voix qui s'était fait entendre au baptême dans le Jourdain, dans les mêmes termes : « Celui-ci est mon Fils bien-aimé. »

« Si Dieu est pour nous, qui sera contre nous ? » (Rm 8, 31) : pour Jésus, la Transfiguration est le témoignage de la présence du Père à ses côtés. La même certitude nous habite en raison de notre baptême. Comme des fils bien-aimés, poursuivons courageusement notre chemin vers Pâques. Que Dieu illumine nos cœurs de la clarté de son regard et nous rende attentifs à son Évangile, afin que nous lui offrions, avec le psalmiste, le sacrifice d'action de grâce.

Des chants sont proposés du 1er au 5e dimanche, p. 230.

Prière d'ouverture

Tu nous as dit, Seigneur, d'écouter ton Fils bien-aimé ; fais-nous trouver dans ta parole les vivres dont notre foi a besoin : et nous aurons le regard assez pur pour discerner ta gloire. Par Jésus Christ.

1re Lecture

« Le sacrifice de notre père Abraham »

→ Lecture du livre de la Genèse

Gn 22, 1-2.9-13.15-18

En ces jours-là, Dieu mit Abraham à l'épreuve. Il lui dit : « Abraham ! » Celui-ci répondit : « Me voici ! » Dieu dit : « Prends ton fils, ton unique, celui que tu aimes, Isaac, va au pays de Moriah, et là tu l'offriras en holocauste sur la montagne que je t'indiquerai. »

Ils arrivèrent à l'endroit que Dieu avait indiqué. Abraham y bâtit l'autel et disposa le bois ; puis il lia son fils Isaac et le mit sur l'autel, par-dessus le bois. Abraham étendit la main et saisit le couteau pour immoler son fils. Mais l'ange du Seigneur l'appela du haut du ciel et dit : « Abraham ! Abraham ! » Il répondit : « Me voici ! » L'ange lui dit : « Ne porte pas la main sur le garçon ! Ne lui fais aucun mal ! Je sais maintenant que tu crains Dieu : tu ne m'as pas refusé ton fils, ton unique. » Abraham leva les yeux et vit un bélier retenu par les cornes dans un buisson. Il alla prendre le bélier et l'offrit en holocauste à la place de son fils.

Du ciel, l'ange du Seigneur appela une seconde fois Abraham. Il déclara : « Je le jure par moi-même, oracle du Seigneur : parce que tu as fait cela, parce que tu ne m'as pas refusé ton fils, ton unique, je te comblerai de bénédictions, je rendrai ta descendance aussi nombreuse que les étoiles du ciel et que le sable au bord de la mer, et ta descendance occupera les places fortes de ses ennemis. Puisque tu as écouté ma voix, toutes les nations de la terre s'adresseront l'une à l'autre la bénédiction par le nom de ta descendance. »

Psaume 115

**R/ Je marcherai en présence du Seigneur
sur la terre des vivants.**

Je crois, et je parlerai,
moi qui ai beaucoup souffert.
Il en coûte au Seigneur
de voir mourir les siens !

Ne suis-je pas, Seigneur, ton serviteur,
moi, dont tu brisas les chaînes ?
Je t'offrirai le sacrifice d'action de grâce,
j'invoquerai le nom du Seigneur.

Je tiendrai mes promesses au Seigneur,
oui, devant tout son peuple,
à l'entrée de la maison du Seigneur,
au milieu de Jérusalem !

2e Lecture *Le Christ Jésus est mort ; bien plus, il est ressuscité*

→ **Lecture de la lettre de saint Paul apôtre aux Romains** Rm 8, 31b-34

Frères, si Dieu est pour nous, qui sera contre nous ? Il n'a pas épargné son propre Fils, mais il l'a livré pour nous tous : comment pourrait-il, avec lui, ne pas nous donner tout ? Qui accusera ceux que Dieu a choisis ? Dieu est celui qui rend juste : alors, qui pourra condamner ? Le Christ Jésus est mort ; bien plus, il est ressuscité, il est à la droite de Dieu, il intercède pour nous.

Gloire au Christ, Parole éternelle du Dieu vivant. Gloire à toi, Seigneur. De la nuée lumineuse, la voix du Père a retenti : « Celui-ci est mon Fils bien-aimé, écoutez-le ! » **Gloire au Christ, Parole éternelle du Dieu vivant. Gloire à toi, Seigneur.**

Évangile

« Celui-ci est mon Fils bien-aimé »

→ Évangile de Jésus Christ selon saint Marc

Mc 9, 2-10

En ce temps-là, Jésus prit avec lui Pierre, Jacques et Jean, et les emmena, eux seuls, à l'écart sur une haute montagne. Et il fut transfiguré devant eux. Ses vêtements devinrent resplendissants, d'une blancheur telle que personne sur terre ne peut obtenir une blancheur pareille. Élie leur apparut avec Moïse, et tous deux s'entretenaient avec Jésus.

Pierre alors prend la parole et dit à Jésus : « Rabbi, il est bon que nous soyons ici ! Dressons donc trois tentes : une pour toi, une pour Moïse, et une pour Élie. » De fait, Pierre ne savait que dire, tant leur frayeur était grande. Survint une nuée qui les couvrit de son ombre, et de la nuée une voix se fit entendre : « Celui-ci est mon Fils bien-aimé : écoutez-le ! » Soudain, regardant tout autour, ils ne virent plus que Jésus seul avec eux.

Ils descendirent de la montagne, et Jésus leur ordonna de ne raconter à personne ce qu'ils avaient vu, avant que le Fils de l'homme soit ressuscité d'entre les morts. Et ils restèrent fermement attachés à cette parole, tout en se demandant entre eux ce que voulait dire : « ressusciter d'entre les morts ».

POUR LA PRIÈRE UNIVERSELLE

– Avec les moines et les moniales et tous les contemplatifs qui vont au désert et « sur la montagne », comme dit l'évangile, pour découvrir le vrai visage du Christ, Dieu notre Père nous te prions.
– Avec nos frères israélites qui sont fidèles à la Loi et aux Prophètes pour éclairer leur chemin ; avec les musulmans qui se reçoivent, eux aussi, comme des enfants d'Abraham, Dieu notre Père nous te prions.
– Dieu notre Père nous te prions : donne aux chrétiens une lumière qui les aide à scruter les Écritures et y trouver le chemin de la vie.
– Nous te rendons grâce pour ceux et celles qui ont la générosité d'Abraham et t'offrent, à toi, Dieu notre Père, le meilleur d'eux-mêmes sans compter.

Prière sur les offrandes

Que cette offrande, Seigneur, nous purifie de nos péchés : qu'elle sanctifie le corps et l'esprit de tes fidèles, et les prépare à célébrer les fêtes pascales. Par Jésus.

Préface

Vraiment, il est juste et bon de te rendre gloire, de t'offrir notre action de grâce, toujours et en tout lieu, à toi, Père très saint, Dieu éternel et tout-puissant, par le Christ, notre Seigneur.
Après avoir prédit sa mort à ses disciples, il les mena sur la montagne sainte ; en présence de Moïse et du prophète Élie, il leur a manifesté sa splendeur : il nous révélait ainsi que sa passion le conduirait à la gloire de la résurrection.
C'est pourquoi, avec les anges dans le ciel, nous pouvons te bénir sur la terre et t'adorer en (disant) chantant : **Saint !...**

Prière après la communion

Pour avoir communié, Seigneur, aux mystères de ta gloire, nous voulons te remercier, toi qui nous donnes déjà, en cette vie, d'avoir part aux biens de ton Royaume. Par Jésus.

Pour que Dieu vous donne naissance

« Dépouillez-vous !
Quand vous mourrez, vous perdrez tout !
Suivez votre exode à l'avance !
Tombe la mort ! Tombe le soir !
N'attendez pas qu'il soit trop tard
Pour que Dieu vous donne naissance ! »

Patrice de La Tour du Pin, *Hymne pour le Carême*, G 103, strophe 2.

CALENDRIER LITURGIQUE

Di 28	**2e dimanche du Carême B.** *Liturgie des Heures : Psautier semaine II.*
Lu 1er	Daniel 9,4-10 ; Ps 78 ; Luc 6,36-38 : « Pardonnez, et vous serez pardonnés »
Ma 2	Isaïe 1,10.16-20 ; Ps 49 ; Matthieu 23,1-12 : « Ils disent et ne font pas »
Me 3	Jérémie 18,18-20 ; Ps 30 ; Matthieu 20, 17-28 : « Ils le condamneront à mort »
Je 4	*S. Casimir, prince de Lituanie, † 1484 à Grodno.* Jérémie 17,5-10 ; Ps 1 ; Luc 16, 19-31 : « Maintenant, lui, il trouve ici la consolation, et toi, la souffrance »
Ve 5	Genèse 37,3-4.12-13.17-28 ; Ps 104 ; Matthieu 21, 33-43.45-46 : « Voici l'héritier : venez ! tuons-le ! »
Sa 6	Michée 7,14-15.18-20 ; Ps 102 ; Luc 15, 1-3.11-32 : « Ton frère que voilà était mort, et il est revenu à la vie »

Bonne fête ! 28 : Romain. 1er : Aubin, Albin. 2 : Charles. 3 : Guénolé. 4 : Casimir. 5 : Olivia, Olive. 6 : Colette.

Saint-Casimir (4 mars) Casimir (1458-1484), dont le père régnait sur la Pologne et la Lituanie, mourut à vingt-six ans, laissant le souvenir d'un jeune prine intelligent et généreux, mais par-dessus tout adonné à la pénitence et à la prière, intimement uni à la Vierge Marie et au Christ présent dans l'Eucharistie (*Liturgie des heures*).

3e dimanche du Carême

7 MARS 2021

Vers un nouveau Temple

Centre de rassemblement de toutes les tribus au début de l'histoire biblique, puis emblème national, joyau du peuple d'Israël, le temple est la demeure où chacun vient au rendez-vous de Dieu. Il est le signe de l'Alliance, le lieu de la Présence, le signe de la présence de Dieu au milieu de son peuple, le sanctuaire de la Loi, cette parole donnée au Sinaï qui cimente l'unité entre les enfants d'Israël et rappelle les paroles créatrices de Dieu à la naissance du monde (*première lecture*).

La mort et la résurrection du Christ ouvrent un nouvel espace pour le rassemblement des enfants de Dieu dispersés. Ce temple dont Jésus annonce la nouvelle construction, c'est son corps ! (*évangile*) Par le baptême, le Seigneur fait de tous les chrétiens les membres de ce corps, les pierres vivantes d'une nouvelle construction qui est la seule véritable demeure de Dieu au milieu des hommes.

Alors l'Alliance s'ouvre aux nations et les dix « paroles » confiées à Moïse (le « Décalogue ») peuvent devenir la règle de vie de tous ceux qui cherchent Dieu. Ne sont-elles pas un garant de respect mutuel entre les êtres humains ? Ces dix « commandements » sont la charte de notre liberté et de notre identité à vivre à la lumière de la nouvelle Alliance dans la Pâque de Jésus.

Pour cette troisième étape vers Pâques, l'Église accompagne maternellement les catéchumènes : elle nous invite à prier avec eux (premier scrutin) et à découvrir un Dieu qui surprend nos attentes : à ceux qui le cherchent dans la raison et la beauté, il se révèlera sous les traits défigurés du Crucifié ; à ceux qui attendent un libérateur, il montrera un homme enchaîné : tel est le visage de notre Dieu dont la toute-puissance se manifeste par le don de son amour. Ce qui est folie aux yeux des hommes se révèle la sagesse même de Dieu (*deuxième lecture*).

En recevant le Fils dans le Pain partagé, nous devenons son Corps, ce Temple que le Père a relevé en trois jours. Ensemble, nous rendons grâce pour l'Alliance de Dieu avec les hommes.

En ce 3e dimanche de Carême a lieu le premier scrutin pour les candidats au baptême.

Des chants sont proposés du 1er au 5e dimanche, p. 230.

Prière d'ouverture

Tu es la source de toute bonté, Seigneur, et toute miséricorde vient de toi ; tu nous as dit comment guérir du péché par le jeûne, la prière et le partage ; écoute l'aveu de notre faiblesse : nous avons conscience de nos fautes ; patiemment, relève-nous avec amour. Par Jésus Christ.

Au lieu des lectures suivantes, on peut aussi, surtout dans les communautés où des adultes se préparent au baptême, employer l'évangile, et même les autres lectures, du 3e dimanche du Carême de l'année A (voir le Missel des dimanches de l'an dernier).

1re Lecture

« Tu n'auras pas d'autres dieux en face de moi »

→ **Lecture du livre de l'Exode** Ex 20, 1-17

(lecture brève : 20, 1-3.7-8.12-12)

La lecture des textes entre crochets est facultative.

En ces jours-là, sur le Sinaï, Dieu prononça toutes les paroles que voici : « Je suis le Seigneur ton Dieu, qui t'ai fait sortir du pays d'Égypte, de la maison d'esclavage. Tu n'auras pas d'autres dieux en face de moi.

[Tu ne feras aucune idole, aucune image de ce qui est là-haut dans les cieux, ou en bas sur la terre, ou dans les eaux par-dessous la terre. Tu ne te prosterneras pas devant ces dieux, pour leur rendre un culte. Car moi, le Seigneur ton Dieu, je suis un Dieu jaloux : chez ceux qui me haïssent, je punis la faute des pères sur les fils, jusqu'à la troisième et la quatrième génération ; mais ceux qui m'aiment et observent mes commandements, je leur montre ma fidélité jusqu'à la millième génération.]

Tu n'invoqueras pas en vain le nom du Seigneur ton Dieu, car le Seigneur ne laissera pas impuni celui qui invoque en vain son nom.

Souviens-toi du jour du sabbat pour le sanctifier.

[Pendant six jours tu travailleras et tu feras tout ton ouvrage ; mais le septième jour est le jour du repos, sabbat en l'honneur du Seigneur ton Dieu : tu ne feras aucun ouvrage, ni toi, ni ton fils, ni ta fille, ni ton serviteur, ni ta servante, ni tes bêtes, ni l'immigré qui est dans ta ville. Car en six jours le Seigneur a fait le ciel, la terre, la mer et tout ce qu'ils contiennent, mais il s'est reposé le septième jour. C'est pourquoi le Seigneur a béni le jour du sabbat et l'a sanctifié.]

Honore ton père et ta mère, afin d'avoir longue vie sur la terre que te donne le Seigneur ton Dieu. Tu ne commettras pas de meurtre. Tu ne commettras pas d'adultère. Tu ne commettras pas de vol. Tu ne porteras pas de faux témoignage contre ton prochain. Tu ne convoiteras pas la maison de ton prochain ; tu ne convoiteras pas la femme de ton prochain, ni son serviteur, ni sa servante, ni son bœuf, ni son âne : rien de ce qui lui appartient. »

Psaume 18 B

R/ Seigneur, tu as les paroles de la vie éternelle.

La loi du Seigneur est parfaite,
qui redonne vie ;
la charte du Seigneur est sûre,
qui rend sages les simples.

Les préceptes du Seigneur sont droits,
ils réjouissent le cœur ;
le commandement du Seigneur est limpide,
il clarifie le regard.

La crainte qu'il inspire est pure,
elle est là pour toujours ;
les décisions du Seigneur sont justes
et vraiment équitables :

plus désirables que l'or,
qu'une masse d'or fin,
plus savoureuses que le miel
qui coule des rayons.

2e LECTURE « Nous proclamons un Messie crucifié »

→ **Lecture de la première lettre de saint Paul apôtre aux Corinthiens** 1 Co 1, 22-25

Frères, alors que les Juifs réclament des signes miraculeux, et que les Grecs recherchent une sagesse, nous, nous proclamons un Messie crucifié, scandale pour les Juifs, folie pour les nations païennes. Mais pour ceux que Dieu appelle, qu'ils soient Juifs ou Grecs, ce Messie, ce Christ, est puissance de Dieu et sagesse de Dieu. Car ce qui est folie de Dieu est plus sage que les hommes, et ce qui est faiblesse de Dieu est plus fort que les hommes.

Gloire au Christ, Sagesse éternelle du Père vivant. Gloire à toi, Seigneur. Dieu a tellement aimé le monde qu'il a donné son Fils unique, afin que ceux qui croient en lui aient la vie éternelle. **Gloire au Christ, Sagesse éternelle du Père vivant. Gloire à toi, Seigneur.**

Évangile *« Détruisez ce sanctuaire, et en trois jours je le relèverai »*

→ **Évangile de Jésus Christ selon saint Jean** Jn 2, 13-25

Comme la Pâque juive était proche, Jésus monta à Jérusalem. Dans le Temple, il trouva installés les marchands de bœufs, de brebis et de colombes, et les changeurs. Il fit un fouet avec des cordes, et les chassa tous du Temple, ainsi que les brebis et les bœufs ; il jeta par terre la monnaie des changeurs, renversa leurs comptoirs, et dit aux marchands de colombes : « Enlevez cela d'ici. Cessez de faire de la maison de mon Père une maison de commerce. » Ses disciples se rappelèrent qu'il est écrit : *L'amour de ta maison fera mon tourment.*

Des Juifs l'interpellèrent : « Quel signe peux-tu nous donner pour agir ainsi ? » Jésus leur répondit : « Détruisez ce sanctuaire, et en trois jours je le relèverai. » Les Juifs lui répliquèrent : « Il a fallu quarante-six ans pour bâtir ce sanctuaire, et toi, en trois jours tu le relèverais ! » Mais lui parlait du sanctuaire de son corps.

Aussi, quand il se réveilla d'entre les morts, ses disciples se rappelèrent qu'il avait dit cela ; ils crurent à l'Écriture et à la parole que Jésus avait dite.

Pendant qu'il était à Jérusalem pour la fête de la Pâque, beaucoup crurent en son nom, à la vue des signes qu'il accomplissait. Jésus, lui, ne se fiait pas à eux, parce qu'il les connaissait tous et n'avait besoin d'aucun témoignage sur l'homme ; lui-même, en effet, connaissait ce qu'il y a dans l'homme.

POUR LA PRIÈRE UNIVERSELLE

– Pour les hommes et les femmes qui bâtissent tes demeures matérielles et spirituelles au milieu des hommes afin que tous puissent rencontrer le Christ, Dieu notre Père nous te prions.

– Pour ceux qui sont victimes des fanatismes religieux et de tous les intégrismes, Dieu notre Père nous te prions.

– Pour les catéchumènes qui vivent en ta présence et se préparent sous l'action de l'Esprit Saint à recevoir le baptême, la confirmation et l'eucharistie, Dieu notre Père nous te prions.

– Pour ceux qui sont fidèles à écouter ta parole et contribuent ainsi à vivifier l'Église et à la faire grandir, Dieu notre Père nous te prions.

Prière sur les offrandes

Que cette eucharistie nous obtienne, Seigneur, à nous qui implorons ton pardon, la grâce de savoir pardonner à nos frères. Par Jésus.

Préface

Lorsqu'a été lu l'évangile de la Samaritaine, on dit la préface ci-dessous. Après un autre évangile, on emploie une des préfaces du Carême, p. 31-32.

Vraiment, il est juste et bon de te rendre gloire, de t'offrir notre action de grâce, toujours et en tout lieu, à toi, Père très saint, Dieu éternel et tout-puissant, Par le Christ, notre Seigneur.
En demandant à la Samaritaine de lui donner à boire, Jésus faisait à cette femme le don de la foi. Il avait un si grand désir d'éveiller la foi dans son cœur, qu'il fit naître en elle l'amour même de Dieu.
Voilà pourquoi le ciel et la terre t'adorent ; ils te chantent leur hymne toujours nouvelle, et nous-mêmes, unissant notre voix à celle des anges, nous t'acclamons : Saint !..

Prière après la communion

Nous avons reçu de toi, Seigneur, un avant-goût du ciel en mangeant dès ici-bas le pain du Royaume, et nous te supplions encore : fais-nous manifester par toute notre vie ce que le sacrement vient d'accomplir en nous. Par Jésus.

Il recréera ce que vous cédez de vous-mêmes

« Ne craignez pas
De vous défaire, il recréera
Ce que vous cédez de vous-mêmes ;
Fermez les yeux ! Baissez vos fronts !
Venez mendier sa création
Au fond des ténèbres humaines ! »

P. de La Tour du Pin, *Hymne pour le Carême*, G 103, strophe 3.

CALENDRIER LITURGIQUE

Di 7	**3e dimanche du Carême B.** *Liturgie des Heures : Psautier semaine III.* [Stes Perpétue et Félicité, martyres, † 203 à Carthage. En Afrique du Nord, fête] En semaine, messe au choix. On peut employer ces lectures n'importe quel jour de cette semaine, surtout les années B et C, quand on ne lit pas l'évangile de la Samaritaine le troisième dimanche du Carême : Exode 17,1-7 ; Ps 94 ; Jean 4, 5-42 : « Une source d'eau jaillissant pour la vie éternelle ».
Lu 8	*S. Jean de Dieu, fondateur des Frères hospitaliers, † 1550 à Grenade.* Deuxième livre des Rois 5, 1-15 ; Ps 41-42 ; Luc 4, 24-30 : Jésus, comme Élie et Élisée, n'est pas envoyé qu'aux seuls Juifs
Ma 9	*Ste Françoise Romaine, mère de famille, puis religieuse, † 1440 à Rome.* Daniel 3,25.34-43 ; Ps 24 ; Matthieu 18, 21-35 : « C'est ainsi que mon Père du ciel vous traitera, si chacun de vous ne pardonne pas à son frère »
Me 10	Deutéronome 4, 1.5-9 ; Ps 147 ; Matthieu 5, 17-19 : « Celui qui les observera et les enseignera, celui-là sera déclaré grand »
Je 11	Jérémie 7, 23-28 ; Ps 94 ; Luc 11, 14-23 : « Celui qui n'est pas avec moi est contre moi »
Ve 12	Osée 14,2-10 ; Ps 80 ; 12, 28b-34 : « Le Seigneur notre Dieu est l'unique Seigneur : tu l'aimeras »
Sa 13	Osée 6,1-6 ; Ps 50 ; Luc 18, 9-14 : « Le publicain était devenu un homme juste, plutôt que l'autre »

Bonne fête ! 7 : Félicité. 8 : Urbain. 9 : Françoise, France, Francine. 10 : Viviane. 11 : Rosine. 12 : Justine, Pol. 13 : Rodrigue.

Saint Françoise Romaine (9 mars) Romaine de naissance, Françoise Ponziani (1384-1440) fut d'abord une épouse modèle et une mère attentive à l'éducation de ses enfants. Dans sa vie, elle faisait une large part à la prière et au service des pauvres. Après la mort de son mari, elle groupa autour d'elle quelques femmes désireuses de mener la vie consacrée sous la Règle de saint Benoît (*Liturgie des heures*).

4e dimanche du Carême

14 MARS 2021

Venir à la lumière

La quatrième étape sur le chemin de Pâques est une halte de joie, le dimanche de *Laetare* (« Réjouis-toi »). Nous remplaçons le violet de la pénitence par le rose de la proximité de Pâques. Réjouissons-nous : Dieu pardonne, il ramène son peuple à Jérusalem après 70 ans d'exil à Babylone, le temps pour expier les ruptures de l'Alliance dont le peuple s'est rendu coupable. Dieu ne condamne pas, il sauve (*première lecture*). Le retour de l'Exil est l'image de tous les retours vers Dieu qui s'échelonnent au cours de nos vies. Alors ensemble nous « montons vers Jérusalem », certains que Dieu nous accueille dans sa miséricorde. Les harpes abandonnées aux branches des saules (*psaume*) vont pouvoir résonner à nouveau des chants de la fête.

En effet c'est vers la lumière que nous allons. La Vigile pascale pendant laquelle tant de catéchumènes recevront les sacrements de l'initiation est la grande fête de la lumière. Le feu nouveau vient déjà trouer les ténèbres dont nous sortons ; nous voyons déjà la procession du cierge, la multitude des bougies, le chant de l'Exultet : sans attendre, nous acclamons le Christ, notre lumière. La marche vers le baptême est une marche vers la lumière, c'est-à-dire vers la vérité. Avec Nicodème qui reçoit Jésus de nuit pour apprendre de lui le chemin de la vérité (*évangile*), nous découvrons un Dieu qui a tant aimé le monde qu'il a donné son Fils unique. C'est en levant les yeux vers la croix que nous avons la révélation de la vérité : le Fils est la lumière du monde. En regardant la croix élevée sur le monde, tout homme peut choisir d'aller vers la lumière de l'amour. Les actions bonnes que nous réalisons ne sont pas le fruit de nos efforts héroïques, mais elles manifestent la vie du Seigneur Jésus ressuscité agissant en nous (*deuxième lecture*).

Conscients que « tout est grâce », rendons grâce à Dieu en son Christ.

CÉLÉBRER

▸ Les ornements liturgiques peuvent être rose, de la couleur de la joie et de l'espérance. Laetare, « Réjouis-toi », est le premier mot de l'introït.

En ce 4e dimanche de Carême a lieu le deuxième scrutin pour les candidats au baptême.

Des chants sont proposés du 1er au 5e dimanche, *p. 230.*

Prière d'ouverture

Dieu qui as réconcilié avec toi toute l'humanité en lui donnant ton propre Fils, augmente la foi du peuple chrétien pour qu'il se hâte avec amour au-devant des fêtes pascales qui approchent. Par Jésus Christ.

Au lieu des lectures suivantes, on peut aussi, surtout dans les communautés où des adultes se préparent au baptême, employer l'évangile, et même les autres lectures, du 4e dimanche du Carême de l'année A.

1re Lecture

« Le Seigneur, sans attendre et sans se lasser, avait pitié de son peuple »

→ **Lecture du deuxième livre des Chroniques** 2 Ch 36, 14-16.19-23

En ces jours-là, tous les chefs des prêtres et du peuple multipliaient les infidélités, en imitant toutes les abominations des nations païennes, et ils profanaient la Maison que le Seigneur avait consacrée à Jérusalem. Le Seigneur, le Dieu de leurs pères, sans attendre et sans se lasser, leur envoyait des messagers, car il avait pitié de son peuple et de sa Demeure. Mais eux tournaient en dérision les envoyés de Dieu, méprisaient ses paroles, et se moquaient de ses prophètes ; finalement, il n'y eut plus de remède à la fureur grandissante du Seigneur contre son peuple.

Les Babyloniens brûlèrent la Maison de Dieu, détruisirent le rempart de Jérusalem, incendièrent tous ses palais, et réduisirent à rien tous leurs objets précieux. Nabucodonosor déporta à Babylone ceux qui avaient échappé au massacre ; ils devinrent les esclaves du roi et de ses fils jusqu'au temps de la domination des Perses. Ainsi s'accomplit la parole du Seigneur proclamée par Jérémie : « *La terre sera dévastée et elle se reposera durant 70 ans, jusqu'à ce qu'elle ait compensé par ce repos tous les sabbats profanés.* »

Or, la première année du règne de Cyrus, roi de Perse, pour que soit accomplie la parole du Seigneur proclamée par Jérémie, le Seigneur inspira Cyrus, roi de Perse. Et celui-ci fit publier dans tout son royaume – et même consigner par écrit – : « Ainsi parle Cyrus, roi de Perse : Le Seigneur, le Dieu du ciel, m'a donné tous les royaumes de la terre ; et il m'a chargé de lui bâtir une maison à Jérusalem, en Juda. Quiconque parmi vous fait partie de son peuple, que le Seigneur son Dieu soit avec lui, et qu'il monte à Jérusalem ! »

Psaume 136

R/ Que ma langue s'attache à mon palais,
si je perds ton souvenir !

Au bord des fleuves de Babylone
nous étions assis et nous pleurions,
nous souvenant de Sion ;
aux saules des alentours
nous avions pendu nos harpes.

C'est là que nos vainqueurs
nous demandèrent des chansons,
et nos bourreaux, des airs joyeux :
« Chantez-nous, disaient-ils,
quelque chant de Sion. »

Comment chanterions-nous
un chant du Seigneur
sur une terre étrangère ?
Si je t'oublie, Jérusalem,
que ma main droite m'oublie !

Je veux que ma langue
s'attache à mon palais
si je perds ton souvenir,
si je n'élève Jérusalem,
au sommet de ma joie.

2e Lecture

« C'est bien par grâce que vous êtes sauvés »

→ Lecture de la lettre de saint Paul apôtre aux Éphésiens Ep 2, 4-10

Frères, Dieu est riche en miséricorde ; à cause du grand amour dont il nous a aimés, nous qui étions des morts par suite de nos fautes, il nous a donné la vie avec le Christ : c'est bien par grâce que vous êtes sauvés. Avec lui, il nous a ressuscités et il nous a fait siéger aux cieux, dans le Christ Jésus. Il a voulu ainsi montrer, au long des âges futurs, la richesse surabondante de sa grâce, par sa bonté pour nous dans le Christ Jésus.

C'est bien par la grâce que vous êtes sauvés, et par le moyen de la foi. Cela ne vient pas de vous, c'est le don de Dieu. Cela ne vient pas des actes : personne ne peut en tirer orgueil. C'est Dieu qui nous a faits, il nous a créés dans le Christ Jésus, en vue de la réalisation d'œuvres bonnes qu'il a préparées d'avance pour que nous les pratiquions.

Gloire et louange à toi, Seigneur Jésus. Dieu a tellement aimé le monde qu'il a donné son Fils unique, afin que ceux qui croient en lui aient la vie éternelle. **Gloire et louange à toi, Seigneur Jésus.**

Évangile

« Dieu a envoyé son Fils pour que, par lui, le monde soit sauvé »

→ Évangile de Jésus Christ selon saint Jean Jn 3, 14-21

En ce temps-là, Jésus disait à Nicodème : « De même que le serpent de bronze fut élevé par Moïse dans le désert, ainsi faut-il que le Fils de l'homme soit élevé, afin qu'en lui tout homme qui croit ait la vie éternelle. Car Dieu a tellement aimé le monde qu'il a donné son Fils unique, afin que quiconque croit en lui ne se perde pas, mais obtienne la vie éternelle. Car Dieu a envoyé son Fils dans le monde, non pas pour juger le monde, mais pour que, par lui, le monde soit sauvé.

Celui qui croit en lui échappe au Jugement, celui qui ne croit pas est déjà jugé, du fait qu'il n'a pas cru au nom du Fils unique de Dieu. Et le Jugement, le voici : la lumière est venue dans le monde, et les hommes ont préféré les ténèbres à la lumière, parce que leurs œuvres étaient mauvaises. Celui qui fait le mal déteste la lumière : il ne vient pas à la lumière, de peur que ses œuvres ne soient dénoncées ; mais celui qui fait la vérité vient à la lumière, pour qu'il soit manifeste que ses œuvres ont été accomplies en union avec Dieu. »

POUR LA PRIÈRE UNIVERSELLE

– Nous te présentons, Père, celles et ceux qui cherchent loyalement à vivre en vérité et avec sagesse.
– Nous te présentons, Père, les catéchumènes qui ont décidé d'accueillir la lumière de la Parole pour qu'elle illumine leur vie.
– Nous te présentons, Seigneur, ceux qui n'ont aucune confiance dans ta miséricorde de Père et qui ne sortent pas des ombres du doute et du désespoir.
– Nous te présentons, Père, ceux qui acceptent de mettre leur vie au service de ton projet d'amour pour l'humanité.

Prière sur les offrandes

Seigneur, nous te présentons dans la joie le sacrifice qui sauve notre vie et nous te prions humblement : accorde-nous de le célébrer avec respect et de savoir l'offrir pour le salut du monde. Par Jésus.

Préface

Lorsqu'a été lu l'évangile de l'Aveugle-né, on dit la préface ci-dessous. Après un autre évangile, on emploie une des préfaces du Carême, p. 31-32.

Vraiment, il est juste et bon de te rendre gloire, de t'offrir notre action de grâce, toujours et en tout lieu, à toi, Père très saint, Dieu éternel et tout-puissant, par le Christ, notre Seigneur.
En prenant la condition humaine, il a guidé vers la lumière de la foi l'humanité qui s'en allait dans les ténèbres ; et par le bain qui fait renaître, il a donné aux hommes, nés dans le péché, de devenir vraiment fils de Dieu.
Voilà pourquoi le ciel et la terre t'adorent ; ils te chantent leur hymne toujours nouvelle, et nous-mêmes, unissant notre voix à celle des anges, nous t'acclamons : Saint !...

Prière après la communion

Dieu qui éclaires tout homme venant dans ce monde, illumine nos cœurs par la clarté de ta grâce : afin que toutes nos pensées soient dignes de toi, et notre amour de plus en plus sincère. Par Jésus.

Apprenez Dieu !

« Ne glissez plus
Sur votre pente à l'inconnu
Car ici commence un autre âge ;
Retournez-vous ! Apprenez Dieu !
Il a promis son règne à ceux
Qui emprunteront ses passages ! »

Patrice de La Tour du Pin, *Hymne pour le Carême*, G 103, strophe 4.

CALENDRIER LITURGIQUE

Di 14	**4e dimanche du Carême B.** *Liturgie des Heures : Psautier semaine IV.* En semaine, messe au choix. On peut employer ces lectures n'importe quel jour de cette semaine, surtout les années B et C, quand on ne lit pas l'évangile de l'aveugle-né le quatrième dimanche du Carême : Michée 7,7-9 ; Ps 26 ; Jean 9, 1-41 : « Il s'en alla et se lava ; quand il revint, il voyait ».
Lu 15	Isaïe 65, 17-21 ; Ps 29 ; Jean 4, 43-54 : « Va, ton fils est vivant »
Ma 16	Ézékiel 47, 1-9.12 ; Ps 45 ; Jean 5, 1-16 : « Aussitôt l'homme fut guéri »
Me 17	*S. Patrick, évêque, apôtre de l'Irlande, † 461.* Isaïe 49,8-15 ; Ps 144 ; Jean 5, 17-30 : « Comme le Père relève les morts et les fait vivre, ainsi le Fils fait vivre qui il veut »
Je 18	*S. Cyrille, évêque de Jérusalem, docteur de l'Église, † 386.* Exode 32,7-14 ; Ps 105 ; Jean 5, 31-47 : « Votre accusateur, c'est Moïse, en qui vous avez mis votre espérance »
Ve 19	**S. JOSEPH, ÉPOUX DE LA VIERGE MARIE**, patron principal de la Belgique. Lectures propres : Deuxième livre de Samuel 7, 4-5a.12-14a.16 ; Ps 88 ; Romains 4, 13.16-18.22 ; Matthieu 1, 16.18-21.24a : « Joseph fit ce que l'ange du Seigneur lui avait prescrit » *ou :* Luc 2, 41-51a : « Vois comme ton père et moi, nous avons souffert en te cherchant ! »
Sa 20	Jérémie 11,18-20 ; Ps 7 ; Jean 7, 40-53 :« Est-ce de Galilée que vient le Christ ? »

Bonne fête ! 14 : Mathilde, Maud. 15 : Louise. 16 : Bénédicte. 17 : Patrick, Patrice, Patricia. 18 : Cyrille, Salvatore. 19 : Joseph, José, Josette, Josiane. 20 : Herbert.

Saint Patrick (17 mars) Patrick était né en Grande-Bretagne vers 385. Il décida de consacrer sa vie à l'évangélisation de l'Irlande. Homme de prière et d'une austérité étonnante, il avait aussi un sens pratique qui lui permit d'adapter son apostolat aux conditions sociales et politiques des Celtes. Ordonné évêque, il russit à implanter solidement l'Église dans l'ensemble de l'île († vers 461).

5e dimanche du Carême

21 MARS 2021

Porter du fruit

« Si le grain de blé tombé en terre ne meurt pas, il reste seul, mais s'il meurt, il porte beaucoup de fruit » (Jn 12, 24). Phrase lapidaire de l'*évangile* de Jean qui met en évidence le destin du Christ et la dimension tragique de toute vie humaine. Voici venu le temps de la Passion, voici le moment de la Pâque du Seigneur. Le délaissement de Gethsémani et la solitude du Calvaire sont le passage obligé vers la gloire de la Résurrection. « Baptisés dans le Christ, c'est dans sa mort que nous avons été baptisés » (Rm 6, 3). Les catéchumènes nous en donnent l'exemple : un baptême d'adulte est souvent précédé par bien des arrachements humains, des ruptures familiales, des remises en cause des comportements habituels, des attaques du démon.

Mais l'exemple du grain de blé est aussi promesse de fécondité : « Quand j'aurai été élevé de terre, j'attirerai à moi tous les hommes », dit le Seigneur. Les futurs baptisés de la Nuit pascale en sont l'illustration toute proche. À la fin de ce Carême et pour aborder en toute confiance les jours de la Passion, nous entendons une voix qui vient du ciel comme au jour de la Transfiguration : « Je l'ai glorifié et je le glorifierai encore ». C'est bien à nous que s'adresse cette voix aujourd'hui. N'ayons pas peur de suivre le Christ : par lui l'arbre de la croix est devenu l'arbre de la Vie. La prophétie de Jérémie (*première lecture*) est réalisée : Jésus nous offre le sang de l'Alliance nouvelle pour le pardon des péchés. L'alliance que le Seigneur inscrit au cœur de l'homme donne à chacun la connaissance de Dieu. Pleinement homme, le Christ a éprouvé le besoin d'être sauvé de la mort. Pleinement Dieu, c'est lui qui est la source de notre salut (*deuxième lecture*).

Au moment de nous engager dans la Semaine sainte, nous savons que suivre Jésus, c'est accepter comme lui de donner sa vie pour porter du fruit.

En ce 5e dimanche de Carême a lieu le troisième scrutin pour les candidats au baptême.

Des chants sont proposés du 1er au 5e dimanche, *p. 230.*

Prière d'ouverture

Que ta grâce nous obtienne, Seigneur, d'imiter avec joie la charité du Christ qui a donné sa vie par amour pour le monde. Lui qui règne.

Au lieu des lectures suivantes, on peut aussi, surtout dans les communautés où des adultes se préparent au baptême, employer l'évangile, et même les autres lectures, du 5e dimanche du Carême de l'année A.

1re Lecture

« J'inscrirai ma Loi sur leur cœur »

→ Lecture du livre du prophète Jérémie Jr 31, 31-34

Voici venir des jours – oracle du Seigneur –, où je conclurai avec la maison d'Israël et avec la maison de Juda une alliance nouvelle. Ce ne sera pas comme l'alliance que j'ai conclue avec leurs pères, le jour où je les ai pris par la main pour les faire sortir du pays d'Égypte : mon alliance, c'est eux qui l'ont rompue, alors que moi, j'étais leur maître – oracle du Seigneur.

Mais voici quelle sera l'alliance que je conclurai avec la maison d'Israël quand ces jours-là seront passés – oracle du Seigneur. Je mettrai ma Loi au plus profond d'eux-mêmes ; je l'inscrirai sur leur cœur. Je serai leur Dieu, et ils seront mon peuple. Ils n'auront plus à instruire chacun son compagnon, ni chacun son frère en disant : « Apprends à connaître le Seigneur ! » Car tous me connaîtront, des plus petits jusqu'aux plus grands – oracle du Seigneur. Je pardonnerai leurs fautes, je ne me rappellerai plus leurs péchés.

Psaume 50

R/ Crée en moi un cœur pur, ô mon Dieu !

Pitié pour moi, mon Dieu, dans ton amour,
selon ta grande miséricorde, efface mon péché.
Lave-moi tout entier de ma faute,
purifie-moi de mon offense.

Crée en moi un cœur pur, ô mon Dieu,
renouvelle et raffermis au fond de moi mon esprit.
Ne me chasse pas loin de ta face,
ne me reprends pas ton esprit saint.

Rends-moi la joie d'être sauvé ;
que l'esprit généreux me soutienne.
Aux pécheurs, j'enseignerai tes chemins ;
vers toi, reviendront les égarés.

2e Lecture *« Le Christ est devenu la cause du salut éternel »*

→ **Lecture de la lettre aux Hébreux** He 5, 7-9

Le Christ, pendant les jours de sa vie dans la chair, offrit, avec un grand cri et dans les larmes, des prières et des supplications à Dieu qui pouvait le sauver de la mort, et il fut exaucé en raison de son grand respect. Bien qu'il soit le Fils, il apprit par ses souffrances l'obéissance et, conduit à sa perfection, il est devenu pour tous ceux qui lui obéissent la cause du salut éternel.

Gloire à toi, Seigneur, gloire à toi. Si quelqu'un veut me servir, qu'il me suive, dit le Seigneur ; et là où moi je suis, là aussi sera mon serviteur. **Gloire à toi, Seigneur, gloire à toi.**

Évangile

*« L'heure est venue
où le Fils de l'homme doit être glorifié »*

→ Évangile de Jésus Christ selon saint Jean Jn 12, 20-33

En ce temps-là, il y avait quelques Grecs parmi ceux qui étaient montés à Jérusalem pour adorer Dieu pendant la fête de la Pâque. Ils abordèrent Philippe, qui était de Bethsaïde en Galilée, et lui firent cette demande : « Nous voudrions voir Jésus. » Philippe va le dire à André, et tous deux vont le dire à Jésus.

Alors Jésus leur déclare : « L'heure est venue où le Fils de l'homme doit être glorifié. Amen, amen, je vous le dis : si le grain de blé tombé en terre ne meurt pas, il reste seul ; mais s'il meurt, il porte beaucoup de fruit. Qui aime sa vie la perd ; qui s'en détache en ce monde la gardera pour la vie éternelle. Si quelqu'un veut me servir, qu'il me suive ; et là où moi je suis, là aussi sera mon serviteur. Si quelqu'un me sert, mon Père l'honorera. Maintenant mon âme est bouleversée. Que vais-je dire ? "Père, sauve-moi de cette heure" ? – Mais non ! C'est pour cela que je suis parvenu à cette heure-ci ! Père, glorifie ton nom ! » Alors, du ciel vint une voix qui disait : « Je l'ai glorifié et je le glorifierai encore. »

En l'entendant, la foule qui se tenait là disait que c'était un coup de tonnerre. D'autres disaient : « C'est un ange qui lui a parlé. » Mais Jésus leur répondit : « Ce n'est pas pour moi qu'il y a eu cette voix, mais pour vous. Maintenant a lieu le jugement de ce monde ; maintenant le prince de ce monde va être jeté dehors ; et moi, quand j'aurai été élevé de terre, j'attirerai à moi tous les hommes. » Il signifiait par là de quel genre de mort il allait mourir.

POUR LA PRIÈRE UNIVERSELLE

◗ Dieu notre Père, nous confions à ta miséricorde :

– les catéchumènes qui vont recevoir bientôt les sacrements de l'initiation ; soutiens-les dans leur chemin vers toi, nous t'en prions.

– les hommes et les femmes qui « veulent voir Jésus » et s'adressent à nous ; éclaire-les dans leur démarche de foi. Donne aux chrétiens le goût et l'audace de témoigner de l'Évangile, nous t'en prions.

– ceux qui mettent leur vie au service de leurs frères, quels que soient leur religion, leur milieu social et la couleur de leur peau ; accueille le sacrifice de leur vie et donne-leur de porter du fruit en abondance, nous t'en prions.

– tous ceux, beaucoup trop nombreux, à qui la souffrance arrache « des cris et des larmes » qui montent vers toi. Écoute la misère de ton peuple, viens à son secours, nous t'en prions.

Prière sur les offrandes

Exauce tes serviteurs, Dieu tout-puissant : tu les as initiés à la foi chrétienne, qu'ils soient purifiés par ce sacrifice. Par Jésus.

Préface

Lorsqu'a été lu l'évangile de la résurrection de Lazare, on dit la préface ci-dessous. Si on a lu un autre évangile, on emploie une des préfaces du Carême, p. 31-32.

Vraiment, il est juste et bon de te rendre gloire, de t'offrir notre action de grâce, toujours et en tout lieu, à toi, Père très saint, Dieu éternel et tout-puissant, par le Christ, notre Seigneur.

Il est cet homme plein d'humanité qui a pleuré sur son ami Lazare ; il est Dieu, le Dieu éternel qui fit sortir le mort de son tombeau ; ainsi, dans sa tendresse pour tous les hommes, il nous conduit par les mystères de sa Pâque, jusqu'à la vie nouvelle.

C'est par lui que les anges assemblés devant toi adorent ta sainteté ; laisse donc nos voix se joindre à leur louange pour chanter et proclamer ; Saint !

Prière après la communion

Accorde-nous, Dieu tout-puissant, d'être toujours comptés parmi les membres du Christ, nous qui communions à son corps et à son sang. Lui qui règne.

Comme un arbre

« Comme un arbre témoigne devant le ciel
De la lumière investie dans la terre,
Ma voix d'homme témoigne devant le Seigneur
De sa descente au sein de la création. »

Patrice de La Tour du Pin, Psaume,
« Concert eucharistique des semailles »

CALENDRIER LITURGIQUE

Di 21	**5e dimanche du Carême B.** *Liturgie des Heures : Psautier semaine I.* En semaine, messe au choix. On peut employer ces lectures n'importe quel jour de cette semaine, surtout les années B et C, quand on ne lit pas l'évangile de Lazare le cinquième dimanche du Carême : 2 Rois 4, 18b-21.32-37 ; Ps 16 ; Jean 11, 1-45 : « Je suis la résurrection et la vie ».
Lu 22	Daniel 13,1-9.15-17.19-30.33-62 ; lecture brève : 41c-62 ; Ps 22 ; années A et B : Jean 8,1-11 ; années C : Jean 8,12-20.
Ma 23	*S. Turibio de Mogrovejo, évêque de Lima, † 1606.* Nombres 21,4-9 ; Ps 101 ; Jean 8, 21-30 : « Quand vous aurez élevé le Fils de l'homme, alors vous comprendrez que moi, JE SUIS »
Me 24	Daniel 3,14-20.91-92.95 ; Cant. Daniel 3 ; Jean 8, 31-42 : « Si le Fils vous rend libres, réellement vous serez libres »
Je 25	**ANNONCIATION DU SEIGNEUR**, voir p. 272.
Ve 26	Jérémie 20,10-13 ; Ps 17 ; Jean 10, 31-42 : « Ils cherchaient à l'arrêter, mais il échappa à leurs mains »
Sa 27	Ézékiel 37, 21-28 ; Cant. Jérémie 31 ; Jean 11, 45-57 : « Afin de rassembler dans l'unité les enfants de Dieu dispersés »

Bonne fête ! 21 : Clémence, Axel. 22 : Léa, Leïla, Lia, Lila. 23 : Victorien, Rébecca. 24 : Catherine, Aldemar. 25 : Annuntiata, Annonciation. 26 : Larissa, Lara. 27 : Habib.

Pour mémoire : La quête de ce dimanche est faite pour le CCFD, Comité Catholique contre la Faim et pour le Développement-Terre Solidaire. Ce mouvement propose chaque année une démarche de solidarité et des pistes d'animation : www.ccfd-terresolidaire.org. En Belgique, quête pour Entraide et Fraternité.

Annonciation du Seigneur

25 MARS 2021

Neuf mois avant Noël, la fête de l'Annonciation nous invite à célébrer Marie comme la mère de Jésus et notre mère. Elle est la figure par excellence de l'Église à l'écoute de la parole de Dieu, prête à faire la volonté du Seigneur. En elle Jésus a pris corps et vie d'homme.

« La Vierge a fait entrer tout le Monde dans la voyelle toute ronde de son Oui ».

Fr. François Cassingena-Trévedy, *Etincelles*

Prière d'ouverture

Seigneur, tu as voulu que ton Verbe prît chair dans le sein de la Vierge Marie ; puisque nous reconnaissons en lui notre Rédempteur, à la fois homme et Dieu, accorde-nous d'être participants de sa nature divine. Lui qui règne.

Lectures

Is 7, 10-14	*La vierge enfantera.*
Ps 39	R/ Me voici, Seigneur, je viens faire ta volonté.
He 10, 4-10	*Je viens faire ta volonté.*
Lc 1, 26-38	L'*annonce à Marie* *(p. 141)*.

Préface

Vraiment, il est juste et bon de te rendre gloire, de t'offrir notre action de grâce, toujours et en tout lieu, à toi, Père très saint, Dieu éternel et tout-puissant, par le Christ, notre Seigneur.

C'est lui qui pour sauver les hommes devait naître parmi les hommes ; c'est lui que l'ange annonce à la Vierge Immaculée et qu'à l'ombre de l'Esprit Saint elle accueille par la foi ; lui

qu'elle porte avec tendresse dans sa chair. Il venait accomplir les promesses faites à Israël, combler, et même dépasser, l'espérance des nations.
C'est par lui que les anges assemblés devant toi adorent ta gloire...

Faire corps un jour à la lumière

« Un jour des âges,
Il y eut un éclair
Né de la fin des temps,
Le grand message
Du ciel à tous les sangs :
Dieu allait prendre chair.

Nul ne surprit
Sur les plus hauts sommets
L'émissaire de gloire ;
Il descendit
Dans le cours de l'histoire :
Rien n'y parut changé.

Il approcha
Du secret de la vie
Que Dieu se réservait ;
L'ange toucha
Celle qui le gardait
Et l'ombre tressaillit.

En ce jour-là,
S'il n'y eut qu'une chair
Pour recevoir l'aurore,
Partout monta
L'espoir de faire corps
Un jour à la lumière. »

Patrice de La Tour du Pin,
« Hymne pour la fête de l'Annonciation »

Célébration de la Réconciliation dans une assemblée

Le temps du Carême est le moment favorable pour célébrer le sacrement de la Réconciliation. L'Église propose trois formes pour ce sacrement : les célébrations communes avec ou sans absolution individuelle et la célébration individuelle. Toutes trois ont leur place pendant le Carême. Elles sont complémentaires et chacune a sa valeur propre. La Constitution sur la Liturgie conseille : « Chaque fois que les rites [...] comportent une célébration commune avec fréquentation et participation active des fidèles, on soulignera que celle-ci doit l'emporter sur leur célébration individuelle et quasi privée (n° 27) ».

Les célébrations communes sans absolution renouent avec l'antique tradition de l'Église, puisqu'elles sont à l'origine de la liturgie du Mercredi des Cendres. On entrait en pénitence au début du Carême et la célébration de la Réconciliation intervenait dans les jours précédant Pâques, généralement le Jeudi saint. De cette façon, le sacrement se déploie dans le temps. Cette célébration comporte une liturgie de la Parole, un appel à la conversion et un examen de conscience. Elle n'est que le début d'une démarche qui se poursuivra pendant les jours et les semaines à venir. Chacun pourra alors choisir en toute liberté un point sur lequel il désire faire porter son effort et fera le point ensuite en venant se confesser. C'est un véritable processus de conversion qui se vit pendant tout le Carême. Ce mode de célébration a l'immense avantage, dans une démarche commune de Réconciliation prônée par la Constitution sur la Liturgie, de donner leur place aux chrétiens que leur situation habituelle empêche d'être pleinement participants des sacrements. C'est le cas en particulier des catéchumènes et de tous ceux qui ne se jugent pas encore prêts à une pleine intégration dans l'Église, parfois aussi les couples qui n'ont pas encore célébré leur mariage à l'église, ou même des divorcés remariés.

Nous proposons ici une célébration commune de la Réconciliation avec absolution individuelle.

Le *Rituel de la Pénitence et de la Réconciliation* propose un déroulement en quatre étapes :

I – S'accueillir mutuellement

Chant d'ouverture : T 42 Prenons la main que Dieu nous tend (CNA 580)

Mot d'accueil : Nous confessons un Dieu qui pardonne. C'est un appel à faire la vérité en face de lui et en face de nos frères. La réconciliation est un signe vivant pour notre temps.

Monition : Nous voici, et voici notre monde avec nous. Nous arrivons avec tant de contradictions et de contrariétés, souvent mécontents de nous ou des autres, quelquefois aussi, mécontents de Dieu. Nous avons besoin que Jésus nous ouvre le chemin vers Dieu notre Père, car il est notre paix et notre unité. Dans sa chair, il a détruit les murs qui nous séparaient entre nous et qui nous séparaient du Père. Nous voici rassemblés pour l'accueillir et écouter sa parole, afin que, l'ayant entendue, nous puissions révéler au monde le visage du Sauveur.

Prière : Choisir l'une des prières d'ouverture du *Rituel* n° 103 à 109.

II – Écouter la parole

Annonce du pardon dans la parole de Dieu

Lecture : Éphésiens 2, 13-22. Une seule lecture assez longue donnera lieu ensuite à l'examen de conscience (*Rituel* n° 112).

III – Confesser l'amour de Dieu en même temps que notre péché

Examen de conscience à la lumière de la parole de Dieu :

1 – « Vous qui étiez loin, vous êtes devenus proches par le sang du Christ. »

2 – Béni sois-tu, Père. Tu n'as pas voulu que nous restions loin de toi. Tu nous envoies ton Fils. En lui, tu nous réconcilies avec toi et entre nous.

3 – Et vous, frères, acceptez-vous toujours de répondre à cet appel à la réconciliation qui retentit dans les Évangiles et quels actes de réconciliation posez-vous ?
4 – *Silence. Chacun se le demande en son for intérieur.*

Chant : Z 94 Aujourd'hui, ne fermons pas notre cœur, mais écoutons la voix du Seigneur ! (CNA 94)
1 – « Les uns et les autres réunis en un seul corps, il voulait les réconcilier avec Dieu. »
2 – Béni sois-tu, Père. Ton Fils Jésus s'est fait l'un de nous, les hommes. Par l'Esprit Saint il donne aujourd'hui à l'Église d'être son corps visible.
3 – Et vous, frères, savez-vous toujours vivre cette unité entre vous pour que le monde croie que Jésus est l'envoyé du Père ?
4 – *Silence. Chacun se le demande en son for intérieur.*

Chant : Aujourd'hui ...
1 – « Il crée en lui un seul homme nouveau. »
2 – Béni sois-tu, Père. Jésus est l'homme que tu nous appelles à être. Renouvelle en nous l'Esprit pour que nous devenions ce que nous sommes, les enfants de ta grâce.
3 – Et vous, frères, savez-vous accueillir la vie qui vient du Père, et rendre grâce à Dieu de faire de nous ses enfants ?
4 – *Silence. Chacun se le demande en son for intérieur.*

Chant : Aujourd'hui ...
1 – « Par Jésus, nous avons accès auprès du Père. »
2 – Béni sois-tu, Père. Nous qui étions loin de toi, nous avons été rendus proches par le sang de Jésus. Sa croix nous ouvre le chemin de la vie.
3 – Et vous frères, acceptez-nous de voir votre chair crucifiée pour faire tomber le mur de la haine et rassembler tous les hommes dans la plénitude de la vie ?
4 – *Silence. Chacun se le demande en son for intérieur.*

Chant : Aujourd'hui ...
Après un assez long temps de silence, on dit tous ensemble : *Je confesse à Dieu.*

IV – Accueillir le pardon de Dieu pour en être les témoins

Célébration du pardon

Monition : Il ne s'agit pas seulement de confesser nos péchés, mais de confesser un Dieu qui pardonne. Nous témoignons que Dieu est pardon en accueillant pour nous le pardon de Dieu. C'est un geste personnel que nous faisons en communauté, de même que nous avons écouté ensemble la parole de Dieu adressée à chacun.

Notre Père

Confession et absolution individuelle des fidèles qui le souhaitent : « En entendant cette parole de Dieu (*chacun choisit*), je me reconnais pécheur parce que j'ai ... et je demande le pardon de Dieu. »

Ensuite, tous se retrouvent ensemble.

Proclamation solennelle du pardon : Lorsque nous récitons le Notre Père, nous disons : « Pardonne-nous comme nous pardonnons. » Dieu nous a pardonné. À nous maintenant de pardonner. Prenons le temps de faire ce pardon au fond de nous. *Silence*

J'annonce à chacun de vous qu'il peut vivre heureux dans la communauté. Chacun ici vous a pardonné s'il avait à le faire. Pour manifester que nous accueillons le pardon de Dieu et que nous voulons en être les témoins auprès de tous, prenons intérieurement un engagement de conversion et de pénitence, puis partageons la paix qui vient de Dieu.

Geste de paix

Action de grâce. On peut chanter le *Magnificat.*

LA SEMAINE SAINTE SUR LES PAS DE JÉSUS

Toute une semaine, pas seulement un week-end, ni même un pont de quelques jours… une véritable semaine, d'un dimanche, celui des Rameaux, à un autre dimanche, celui de Pâques. Huit jours pour mettre nos pas dans ceux des premiers pèlerins quand, au IVe siècle, ils se rendaient à Jérusalem sur les lieux saints de la Passion du Seigneur. Même si des basiliques avaient déjà été édifiées, dans chaque lieu visité était lu un passage de l'Écriture rappelant ce qui s'y était passé. Comme ces pèlerins, nous allons entrer dans la mémoire pascale de la Semaine sainte. Mais excepté pour les plus chanceux d'entre nous qui se rendraient cette année à Jérusalem, nous ne prierons pas à la basilique du Saint-Sépulcre qui rassemble à la fois le Golgotha et le tombeau du Christ. Et pourtant, nous en serons parfaitement proches. Car c'est là toute la force de la Semaine sainte, elle nous fait participer sacramentellement à la passion, la mort et la résurrection du Christ.

Mais de quoi s'agit-il ? D'une machine à remonter le temps qui nous transporterait dans un grand jeu scénique en costumes d'époque ? Ou alors, d'une histoire de bons et de méchants qui n'auraient pas d'existence réelle ? Ni l'une ni l'autre. Nous participons à la Semaine sainte par le moyen unique des célébrations liturgiques. C'est-à-dire par un vivre ensemble des croyants qui se réunissent, écoutent les lectures bibliques et confessent que la passion, la mort et la résurrection de Jésus s'accomplissent pour eux aujourd'hui.

Pour nous, mais pas sans nous. En effet, les célébrations de la Semaine sainte nous demandent une véritable participation. Participation par le choix effectif de libérer du temps et particulièrement lors des trois jours saints : Jeudi saint, Vendredi saint et Dimanche de

Pâques qui commence avec la vigile du samedi soir. Participation parce que chacune de ces célébrations nous fait poser des gestes singuliers : le lavement des pieds du Jeudi saint, la vénération de la croix du Vendredi saint, la marche nocturne à la lumière du cierge pascal lors de la vigile... Participation encore car l'offre de vie que nous fait le Christ dans sa passion, sa mort et sa résurrection est pour aujourd'hui : nous pouvons la laisser irriguer nos relations et notre confiance dans l'avenir.

Dimanche des Rameaux et de la Passion du Seigneur

28 MARS 2021

Un dimanche à deux temps

Deux évangiles : celui de l'entrée à Jérusalem et la grande lecture de la Passion selon saint Marc. Deux rites aussi : l'entrée des fidèles avec les rameaux bénits, et la célébration de la messe qui culmine dans l'eucharistie. En ce dimanche, deux traditions liturgiques antiques, celle de l'Église de Jérusalem (procession des Rameaux), et celle de l'Église de Rome (lecture de la Passion) ont été réunies au cours des siècles en une seule. Cette riche liturgie anticipe la réalité historique et sacramentelle que nous célébrons : le mystère de la mort et de la résurrection du Christ. Un « mystère » : entendons par ce terme une réalité indivise qui se dévoile progressivement à nous et qu'il nous faut découvrir en profondeur, chaque année, chaque dimanche et chaque jour.

La célébration des Rameaux nous plonge littéralement au cœur du mystère, où il faut passer par la mort pour vivre. Comme dans toute existence, la vie et la mort sont entremêlées, au point que les acclamations de la foule qui reconnaît en Jésus son Messie sont aussi ambivalentes : Quel genre de messie veulent ces gens ? Sont-ils prêts à le suivre jusqu'à la croix ? L'histoire montrera que non. Avec eux, nous restons en quelque sorte au bord de la route, bruyants et convaincus certes, mais aussi paralysés à l'idée de devoir tout laisser quand viendra le moment ultime.

La Passion est le récit de cet ultime moment, si spécifique à la vie de chaque être humain. La Passion de Jésus est à entendre aussi dans ce registre intime qui nous fait parfois imaginer notre propre fin ou celle de nos proches. Elle est un témoignage du calvaire et de la mort du fils de

Dieu fait homme. Il ne s'est pas dérobé, « il s'est abaissé, prenant la condition de serviteur » (*deuxième lecture*).

La joie des Rameaux et la peine de la Passion s'inverseront lors des trois jours saints : la souffrance conduira à la joie pascale. Nous accompagnerons le Christ plus intensément, dans les derniers jours de sa vie d'homme, jusqu'à descendre avec lui dans sa mort. Et c'est encore avec lui que nous remonterons insensiblement vers la vie et la joie parfaite.

CHANTER

- Pour l'ouverture de la célébration, ***Hosanna*** **répertoire de Lourdes, ou AL 179 CNA 441**, ***Hosanna au Fils de David*** **HX 70-65**.
- Pour la bénédiction des rameaux, ***Gloire et louange à toi*** **X 10 CNA 555**.
- Pour la procession, ***Gloire à toi, Jésus notre chef*** **H 39**, ***Gloire à toi, Sauveur des hommes*** **H 27 CNA 442,** ***Peuple où s'avance le Seigneur*** **K 82 CNA 578.**
- À l'entrée dans l'église, ***Voici que s'ouvrent pour le Roi*** **HY 43-82-5 ou HA 96-3 CNA 444,** ***Sion crie d'allégresse*** **HA 113.**
- Après la Parole ou au cours de la lecture de la Passion, ***C'était nos péchés qu'il portait*** **ZL 8-1 CNA 463,** ***Mystère du calvaire*** **H 44 CNA 464,** ***Au cœur de nos détresses*** **H 128 CNA 462,** ***Les soldats ont enchaîné tes mains*** **DEV 191.**
- Pour l'anamnèse, ***Jésus, Messie humilié*** **C 246.**
- Pendant la procession de communion, ***Corps livré, Sang versé*** **D 54-18,** ***Tu fais ta demeure en nous*** **D 56-49,** ***Recevez le corps du Christ*** **SYL 250 CNA 345.**
- Après la communion, ***Pas de plus grand amour*** **EDIT 10-64,** ***Ô Croix qui fais mourir*** **H 38-84,** ***L'Église ouvre le livre HP 47-83-1 CNA 450.***
- La fin de la célébration, ***Victoire, tu règneras*** **H 32 CNA 468,** ***Fais paraître ton jour*** **HY 53 CNA 552.**

Liturgie des Rameaux

Prière de bénédiction

• Dieu tout-puissant, daigne bénir ces rameaux que nous portons pour fêter le Christ notre Roi : accorde-nous d'entrer avec lui dans la Jérusalem éternelle. Lui qui règne.

• Augmente la foi de ceux qui espèrent en toi, Seigneur, exauce la prière de ceux qui te supplient : nous tenons à la main ces rameaux pour acclamer le triomphe du Christ ; pour que nous portions en lui des fruits qui te rendent gloire, donne-nous de vivre comme lui en faisant le bien. Lui qui règne.

Évangile

On peut choisir entre le texte de Marc et celui de Jean

Béni soit celui qui vient au nom du Seigneur

→ Évangile de Jésus Christ selon saint Marc Mc 11, 1-10

Lorsqu'ils approchent de Jérusalem, vers Bethphagé et Béthanie, près du mont des Oliviers, Jésus envoie deux de ses disciples et leur dit : « Allez au village qui est en face de vous. Dès que vous y entrerez, vous trouverez un petit âne attaché, sur lequel personne ne s'est encore assis. Détachez-le et amenez-le. Si l'on vous dit : "Que faites-vous là ?", répondez : "Le Seigneur en a besoin, mais il vous le renverra aussitôt." » Ils partirent, trouvèrent un petit âne attaché près d'une porte, dehors, dans la rue, et ils le détachèrent.

Des gens qui se trouvaient là leur demandaient : « Qu'avez-vous à détacher cet ânon ? » Ils répondirent ce que Jésus leur avait dit, et on les laissa faire.

Ils amenèrent le petit âne à Jésus, le couvrirent de leurs manteaux, et Jésus s'assit dessus. Alors, beaucoup de gens étendirent leurs manteaux sur le chemin, d'autres, des feuillages coupés dans les champs. Ceux qui marchaient devant et ceux qui suivaient criaient : « *Hosanna ! Béni soit celui qui vient au nom du Seigneur !* Béni soit le Règne qui vient, celui de David, notre père. *Hosanna* au plus haut des cieux ! »

ou bien *Quelques jours avant la fête de la Pâque*

→ Évangile de Jésus Christ selon saint Jean Jn 12, 12-16

En ce temps-là, quelques jours avant la Pâque, la grande foule venue pour la fête apprit que Jésus arrivait à Jérusalem. Les gens prirent des branches de palmiers et sortirent à sa rencontre. Ils criaient : « Hosanna ! *Béni soit celui qui vient au nom du Seigneur !* Béni soit le roi d'Israël ! » Jésus, trouvant un petit âne, s'assit dessus, comme il est écrit : *Ne crains pas, fille de Sion. Voici ton roi qui vient, assis sur le petit d'une ânesse.*

Cela, ses disciples ne le comprirent pas sur le moment ; mais, quand Jésus fut glorifié, ils se rappelèrent que l'Écriture disait cela de lui : c'était bien ce qu'on lui avait fait.

Procession

Et maintenant, avançons, comme les foules de Jérusalem, heureuses d'acclamer le Messie.

Messe de la Passion

Prière d'ouverture

Dieu éternel et tout-puissant, pour montrer au genre humain quel abaissement il doit imiter, tu as voulu que notre Sauveur, dans un corps semblable au nôtre, subisse la mort de la croix : accorde-nous cette grâce de retenir les enseignements de sa passion et d'avoir part à sa résurrection. Lui qui règne.

1re Lecture

« Le Seigneur vient à mon secours »

→ **Lecture du livre du prophète Isaïe** Is 50, 4-7

Le Seigneur mon Dieu m'a donné le langage des disciples, pour que je puisse, d'une parole, soutenir celui qui est épuisé. Chaque matin, il éveille, il éveille mon oreille pour qu'en disciple, j'écoute. Le Seigneur mon Dieu m'a ouvert l'oreille, et moi, je ne me suis pas révolté, je ne me suis pas dérobé. J'ai présenté mon dos à ceux qui me frappaient, et mes joues à ceux qui m'arrachaient la barbe. Je n'ai pas caché ma face devant les outrages et les crachats. Le Seigneur mon Dieu vient à mon secours ; c'est pourquoi je ne suis pas atteint par les outrages, c'est pourquoi j'ai rendu ma face dure comme pierre : je sais que je ne serai pas confondu.

Psaume 21

R/ **Mon Dieu, mon Dieu,**
pourquoi m'as-tu abandonné ?

Tous ceux qui me voient me bafouent ;
ils ricanent et hochent la tête :
« Il comptait sur le Seigneur : qu'il le délivre !
Qu'il le sauve, puisqu'il est son ami ! »

Oui, des chiens me cernent,
une bande de vauriens m'entoure ;
Ils me percent les mains et les pieds,
je peux compter tous mes os.

Ils partagent entre eux mes habits
et tirent au sort mon vêtement.
Mais toi, Seigneur, ne sois pas loin :
ô ma force, viens vite à mon aide !

Tu m'as répondu !
Et je proclame ton nom devant mes frères,
je te loue en pleine assemblée.
Vous qui le craignez, louez le Seigneur.

2e Lecture

Jésus s'est abaissé lui-même

→ **Lecture de la lettre de saint Paul apôtre aux Philippiens** Ph 2, 6-11

Le Christ Jésus,
ayant la condition de Dieu,
ne retint pas jalousement
le rang qui l'égalait à Dieu.

Mais il s'est anéanti,
prenant la condition de serviteur,
devenant semblable aux hommes.

Reconnu homme à son aspect,
il s'est abaissé,
devenant obéissant jusqu'à la mort,
et la mort de la croix.

C'est pourquoi Dieu l'a exalté :
il l'a doté du Nom
qui est au-dessus de tout nom,

afin qu'au nom de Jésus
tout genou fléchisse
au ciel, sur terre et aux enfers,

et que toute langue proclame :
« Jésus Christ est Seigneur »
à la gloire de Dieu le Père.

Gloire et louange à toi, Seigneur Jésus. Pour nous, le Christ est devenu obéissant, jusqu'à la mort, et la mort de la croix. C'est pourquoi Dieu l'a exalté : il l'a doté du Nom qui est au-dessus de tout nom. **Gloire et louange à toi, Seigneur Jésus.**

Évangile

Passion de notre Seigneur Jésus Christ

Indications pour la lecture dialoguée : Les sigles désignant les divers interlocuteurs sont les suivants : **+** = Jésus ; **L** = Lecteur ; **D** = Disciples et amis ; **F** = Foule ; **A** = Autres personnages.

→ **La Passion de notre Seigneur Jésus Christ selon saint Marc** Mc 14, 1–15, 47 (lecture brève : 15, 1-39)

L. La fête de la Pâque et des pains sans levain allait avoir lieu deux jours après. Les grands prêtres et les scribes cherchaient comment arrêter Jésus par ruse, pour le faire mourir. Car ils se disaient :

A. « Pas en pleine fête, pour éviter des troubles dans le peuple. »

L. Jésus se trouvait à Béthanie, dans la maison de Simon le lépreux. Pendant qu'il était à table, une femme entra, avec un flacon d'albâtre contenant un parfum très pur et de grande valeur. Brisant le flacon, elle lui versa le parfum sur la tête. Or, de leur côté, quelques-uns s'indignaient :

A. « À quoi bon gaspiller ce parfum ? On aurait pu, en effet, le vendre pour plus de trois cents pièces d'argent, que l'on aurait données aux pauvres. »

L. Et ils la rudoyaient. Mais Jésus leur dit :

+ « Laissez-la ! Pourquoi la tourmenter ? Il est beau, le geste qu'elle a fait envers moi. Des pauvres, vous en aurez toujours avec vous, et, quand vous le voulez, vous pouvez leur faire du bien ; mais moi, vous ne m'avez pas pour toujours. Ce qu'elle pouvait faire, elle l'a fait. D'avance elle a parfumé mon corps pour mon ensevelissement. Amen, je vous le dis : partout où l'Évangile sera proclamé – dans le monde entier –, on racontera, en souvenir d'elle, ce qu'elle vient de faire. »

L. Judas Iscariote, l'un des Douze, alla trouver les grands prêtres pour leur livrer Jésus. À cette nouvelle, ils se réjouirent et promirent de lui donner de l'argent. Et Judas cherchait comment le livrer au moment favorable.

Le premier jour de la fête des pains sans levain, où l'on immolait l'agneau pascal, les disciples de Jésus lui disent :

D. « Où veux-tu que nous allions faire les préparatifs pour que tu manges la Pâque ? »

L. Il envoie deux de ses disciples en leur disant :

+ « Allez à la ville ; un homme portant une cruche d'eau viendra à votre rencontre. Suivez-le, et là où il entrera, dites au propriétaire : "Le Maître te fait dire : Où est la salle où je pourrai manger la Pâque avec mes disciples ?" Il vous indiquera, à l'étage, une grande pièce aménagée et prête pour un repas. Faites-y pour nous les préparatifs. »

L. Les disciples partirent, allèrent à la ville ; ils trouvèrent tout comme Jésus leur avait dit, et ils préparèrent la Pâque.

Le soir venu, Jésus arrive avec les Douze. Pendant qu'ils étaient à table et mangeaient, Jésus déclara :

+ « Amen, je vous le dis : l'un de vous, qui mange avec moi, va me livrer. »

L. Ils devinrent tout tristes et, l'un après l'autre, ils lui demandaient :

D. « Serait-ce moi ? »

L. Il leur dit :

+ « C'est l'un des Douze, celui qui est en train de se servir avec moi dans le plat. Le Fils de l'homme s'en va, comme il est écrit à son sujet ; mais malheureux celui par qui le Fils de l'homme est livré ! Il vaudrait mieux pour lui qu'il ne soit pas né, cet homme-là ! »

L. Pendant le repas, Jésus, ayant pris du pain et prononcé la bénédiction, le rompit, le leur donna, et dit :

+ « Prenez, ceci est mon corps. »

L. Puis, ayant pris une coupe et ayant rendu grâce, il la leur donna, et ils en burent tous. Et il leur dit :

+ « Ceci est mon sang, le sang de l'Alliance, versé pour la multitude. Amen, je vous le dis : je ne boirai plus du fruit de la vigne, jusqu'au jour où je le boirai, nouveau, dans le royaume de Dieu. »

L. Après avoir chanté les psaumes, ils partirent pour le mont des Oliviers. Jésus leur dit :

+ « Vous allez tous être exposés à tomber, car il est écrit : *Je frapperai le berger, et les brebis seront dispersées.* Mais, une fois ressuscité, je vous précéderai en Galilée. »

L. Pierre lui dit alors :

D. « Même si tous viennent à tomber, moi, je ne tomberai pas. »

L. Jésus lui répond : « Amen, je te le dis : toi, aujourd'hui, cette nuit même, avant que le coq chante deux fois, tu m'auras renié trois fois. »

L. Mais lui reprenait de plus belle :

D. « Même si je dois mourir avec toi, je ne te renierai pas. »

L. Et tous en disaient autant. Ils parviennent à un domaine appelé Gethsémani. Jésus dit à ses disciples :

+ « Asseyez-vous ici, pendant que je vais prier. »

L. Puis il emmène avec lui Pierre, Jacques et Jean, et commence à ressentir frayeur et angoisse. Il leur dit :

+ « Mon âme est triste à mourir. Restez ici et veillez. »

L. Allant un peu plus loin, il tombait à terre et priait pour que, s'il était possible, cette heure s'éloigne de lui. Il disait :

+ « *Abba...* Père, tout est possible pour toi. Éloigne de moi cette coupe. Cependant, non pas ce que moi, je veux, mais ce que toi, tu veux ! »

L. Puis il revient et trouve les disciples endormis. Il dit à Pierre :

+ « Simon, tu dors ! Tu n'as pas eu la force de veiller seulement une heure ? Veillez et priez, pour ne pas entrer en tentation ; l'esprit est ardent, mais la chair est faible. »

L. De nouveau, il s'éloigna et pria, en répétant les mêmes paroles. Et de nouveau, il vint près des disciples qu'il trouva endormis, car leurs yeux étaient alourdis de sommeil. Et eux ne savaient que lui répondre. Une troisième fois, il revient et leur dit :

+ « Désormais, vous pouvez dormir et vous reposer. C'est fait ; l'heure est venue : voici que le Fils de l'homme est livré aux mains des pécheurs. Levez-vous ! Allons ! Voici qu'il est proche, celui qui me livre. »

L. Jésus parlait encore quand Judas, l'un des Douze, arriva et avec lui une foule armée d'épées et de bâtons, envoyée par les grands prêtres, les scribes et les anciens. Or, celui qui le livrait leur avait donné un signe convenu :

D. « Celui que j'embrasserai, c'est lui : arrêtez-le, et emmenez-le sous bonne garde. »

L. À peine arrivé, Judas, s'approchant de Jésus, lui dit :

D. « Rabbi ! »

L. Et il l'embrassa. Les autres mirent la main sur lui et l'arrêtèrent. Or un de ceux qui étaient là tira son épée, frappa le serviteur du grand prêtre et lui trancha l'oreille. Alors Jésus leur déclara :

+ « Suis-je donc un bandit, pour que vous soyez venus vous saisir de moi, avec des épées et des bâtons ? Chaque jour, j'étais auprès de vous dans le Temple en train d'enseigner, et vous ne m'avez pas arrêté. Mais c'est pour que les Écritures s'accomplissent. »

L. Les disciples l'abandonnèrent et s'enfuirent tous. Or, un jeune homme suivait Jésus ; il n'avait pour tout vêtement qu'un drap. On essaya de l'arrêter. Mais lui, lâchant le drap, s'enfuit tout nu. Ils emmenèrent Jésus chez le grand prêtre. Ils se rassemblèrent tous, les grands prêtres, les anciens et les scribes. Pierre avait suivi Jésus à distance, jusqu'à l'intérieur du palais du grand prêtre, et là, assis avec les gardes, il se chauffait près du feu. Les grands prêtres et tout le Conseil suprême cherchaient un témoignage contre Jésus pour le faire mettre à mort, et ils n'en trouvaient pas.

De fait, beaucoup portaient de faux témoignages contre Jésus, et ces témoignages ne concordaient pas. Quelques-uns se levèrent pour porter contre lui ce faux témoignage :

A. « Nous l'avons entendu dire : "Je détruirai ce sanctuaire fait de main d'homme, et en trois jours j'en rebâtirai un autre qui ne sera pas fait de main d'homme." »

L. Et même sur ce point, leurs témoignages n'étaient pas concordants. Alors s'étant levé, le grand prêtre, devant tous, interrogea Jésus :

A. « Tu ne réponds rien ? Que dis-tu des témoignages qu'ils portent contre toi ? »

L. Mais lui gardait le silence et ne répondait rien. Le grand prêtre l'interrogea de nouveau :

A. « Es-tu le Christ, le Fils du Dieu béni ? »

L. Jésus lui dit :

+ « Je le suis. Et vous verrez *le Fils de l'homme siéger à la droite du Tout-Puissant, et venir parmi les nuées du ciel.* »

L. Alors, le grand prêtre déchire ses vêtements et dit :

A. « Pourquoi nous faut-il encore des témoins ? Vous avez entendu le blasphème. Qu'en pensez-vous ? »

L. Tous prononcèrent qu'il méritait la mort. Quelques-uns se mirent à cracher sur lui, couvrirent son visage d'un voile, et le giflèrent, en disant :

F. « Fais le prophète ! »

L. Et les gardes lui donnèrent des coups. Comme Pierre était en bas, dans la cour, arrive une des jeunes servantes du grand prêtre. Elle voit Pierre qui se chauffe, le dévisage et lui dit :

A. « Toi aussi, tu étais avec Jésus de Nazareth ! »

L. Pierre le nia :

D. « Je ne sais pas, je ne comprends pas de quoi tu parles. »

L. Puis il sortit dans le vestibule, au dehors. Alors un coq chanta. La servante, ayant vu Pierre, se mit de nouveau à dire à ceux qui se trouvaient là :

A. « Celui-ci est l'un d'entre eux ! »

L. De nouveau, Pierre le niait. Peu après, ceux qui se trouvaient là lui disaient à leur tour :

F. « Sûrement tu es l'un d'entre eux ! D'ailleurs, tu es Galiléen. »

L. Alors il se mit à protester violemment et à jurer :

D. « Je ne connais pas cet homme dont vous parlez. »

L. Et aussitôt, pour la seconde fois, un coq chanta. Alors Pierre se rappela cette parole que Jésus lui avait dite : « Avant que le coq chante deux fois, tu m'auras renié trois fois. » Et il fondit en larmes.

Début de la lecture brève.

L. Dès le matin, les grands prêtres convoquèrent les anciens et les scribes, et tout le Conseil suprême. Puis, après avoir ligoté Jésus, ils l'emmenèrent et le livrèrent à Pilate. Celui-ci l'interrogea :

A. « Es-tu le roi des Juifs ? »

Jésus répondit :

+ « C'est toi-même qui le dis. »

L. Les grands prêtres multipliaient contre lui les accusations. Pilate lui demanda à nouveau :

A. « Tu ne réponds rien ? Vois toutes les accusations qu'ils portent contre toi. »

L. Mais Jésus ne répondit plus rien, si bien que Pilate fut étonné. À chaque fête, il leur relâchait un prisonnier, celui qu'ils demandaient. Or, il y avait en prison un dénommé Barabbas, arrêté avec des émeutiers pour un meurtre qu'ils avaient commis lors de l'émeute. La foule monta donc chez Pilate, et se mit à demander ce qu'il leur accordait d'habitude. Pilate leur répondit :

A. « Voulez-vous que je vous relâche le roi des Juifs ? »

L. Il se rendait bien compte que c'était par jalousie que les grands prêtres l'avaient livré. Ces derniers soulevèrent la foule pour qu'il leur relâche plutôt Barabbas. Et comme Pilate reprenait :

A. « Que voulez-vous donc que je fasse de celui que vous appelez le roi des Juifs ? »,

L. de nouveau ils crièrent :

F. « Crucifie-le ! »

L. Pilate leur disait :

A. « Qu'a-t-il donc fait de mal ? »

L. Mais ils crièrent encore plus fort :

F. « Crucifie-le ! »

L. Pilate, voulant contenter la foule, relâcha Barabbas et, après avoir fait flageller Jésus, il le livra pour qu'il soit crucifié.

Les soldats l'emmenèrent à l'intérieur du palais, c'est-à-dire dans le Prétoire. Alors ils rassemblent toute la garde, ils le revêtent de pourpre, et lui posent sur la tête une couronne d'épines qu'ils ont tressée. Puis ils se mirent à lui faire des salutations, en disant :

F. « Salut, roi des Juifs ! »

L. Ils lui frappaient la tête avec un roseau, crachaient sur lui, et s'agenouillaient pour lui rendre hommage. Quand ils se furent bien moqués de lui, ils lui enlevèrent le manteau de pourpre, et lui remirent ses vêtements.

Puis, de là, ils l'emmènent pour le crucifier, et ils réquisitionnent, pour porter sa croix, un passant, Simon de Cyrène, le père d'Alexandre et de Rufus, qui revenait des champs. Et ils amènent Jésus au lieu dit Golgotha, ce qui se traduit : Lieu-du-Crâne (ou Calvaire). Ils lui donnaient du vin aromatisé de myrrhe ; mais il n'en prit pas. Alors ils le crucifient, *puis se partagent ses vêtements, en tirant au sort* pour savoir la part de chacun. C'était la troisième heure (c'est-à-dire : neuf heures du matin) lorsqu'on le crucifia. L'inscription indiquant le motif de sa condamnation portait ces mots : « Le roi des Juifs ». Avec lui ils crucifient deux bandits, l'un à sa droite, l'autre à sa gauche. Les passants l'injuriaient en hochant la tête ; ils disaient :

F. « Hé ! toi qui détruis le Sanctuaire et le rebâtis en trois jours, sauve-toi toi-même, descends de la croix ! »

L. De même, les grands prêtres se moquaient de lui avec les scribes, en disant entre eux :

A. « Il en a sauvé d'autres, et il ne peut pas se sauver lui-même ! Qu'il descende maintenant de la croix, le Christ, le roi d'Israël ; alors nous verrons et nous croirons. »

L. Même ceux qui étaient crucifiés avec lui l'insultaient.

Quand arriva la sixième heure (c'est-à-dire : midi), l'obscurité se fit sur toute la terre jusqu'à la neuvième heure. Et à la neuvième heure, Jésus cria d'une voix forte :

+ « *Éloï, Éloï, lema sabactani ?* »,

L. ce qui se traduit :

+ « Mon Dieu, mon Dieu, pourquoi m'as-tu abandonné ? »

L. L'ayant entendu, quelques-uns de ceux qui étaient là disaient :

F. « Voilà qu'il appelle le prophète Élie ! »

L. L'un d'eux courut tremper une éponge dans une boisson vinaigrée, il la mit au bout d'un roseau, et il lui donnait à boire, en disant :

A. « Attendez ! Nous verrons bien si Élie vient le descendre de là ! »

L. Mais Jésus, poussant un grand cri, expira.

Ici on fléchit le genou et on s'arrête un instant.

Le rideau du Sanctuaire se déchira en deux, depuis le haut jusqu'en bas. Le centurion qui était là en face de Jésus, voyant comment il avait expiré, déclara :

A. « Vraiment, cet homme était Fils de Dieu ! »

Fin de la lecture brève

L. Il y avait aussi des femmes, qui observaient de loin, et parmi elles, Marie Madeleine, Marie, mère de Jacques le Petit et de José, et Salomé, qui suivaient Jésus et le servaient quand il était en Galilée, et encore beaucoup d'autres, qui étaient montées avec lui à Jérusalem. Déjà il se faisait tard ; or, comme c'était le jour de la Préparation, qui précède le sabbat, Joseph d'Arimathie intervint. C'était un homme influent, membre du Conseil, et il attendait lui aussi le règne de Dieu. Il eut l'audace d'aller chez Pilate pour demander le corps de Jésus. Pilate s'étonna qu'il soit déjà mort ; il fit appeler le centurion, et l'interrogea pour savoir si Jésus était mort depuis longtemps. Sur le rapport du centurion, il permit à Joseph de prendre le corps. Alors Joseph acheta un linceul, il descendit Jésus de la croix, l'enveloppa dans le linceul et le déposa dans un tombeau qui était creusé dans le roc. Puis il roula une pierre contre l'entrée du tombeau.

Or, Marie Madeleine et Marie, mère de José, observaient l'endroit où on l'avait mis.

POUR LA PRIÈRE UNIVERSELLE

Seigneur, Messie acclamé par les foules de Jérusalem, écoute nos supplications :

– Prends pitié des populations qui fuient leurs pays en guerre et cherchent un havre de paix ;

– Prends pitié des personnes qui manquent d'espérance, de celles qui se sentent seules et ignorées ;

– Soutiens les jeunes qui veulent mettre leurs pas dans les tiens, qui se rassemblent pour la journée mondiale de la jeunesse et témoignent de la vitalité de l'Évangile ;

– Sois auprès de l'Église qui entre dans la grande Semaine et se prépare à célébrer Pâques.

Prière sur les offrandes

Souviens-toi, Seigneur, de la passion de ton Fils, ne tarde pas à nous réconcilier avec toi : il est vrai que nous n'avons pas mérité ton pardon, mais nous comptons sur ta miséricorde et sur la grâce du sacrifice de Jésus. Lui qui règne.

Préface

Vraiment, il est juste et bon de te rendre gloire, de t'offrir notre action de grâce, toujours et en tout lieu, à toi, Père très saint, Dieu éternel et tout-puissant, par le Christ, notre Seigneur.
Alors qu'il était innocent, il a voulu souffrir pour les coupables, et sans avoir commis le mal il s'est laissé juger comme un criminel ; en mourant, il détruit notre péché ; en ressuscitant, il nous fait vivre et nous sanctifie.
C'est par lui que la terre et le ciel, le peuple de Dieu avec tous les anges, ne cessent de t'acclamer en chantant : **Saint !...**

Prière après la communion

Tu nous as fortifiés, Seigneur, dans cette communion à tes saints mystères et nous te supplions encore : toi qui nous as donné, dans la mort de ton Fils, l'espérance des biens auxquels nous croyons, donne-nous, dans sa résurrection glorieuse, de parvenir au Royaume que nous attendons. Par Jésus.

Une Église jeune

« Demandons au Seigneur de délivrer l'Église des personnes qui veulent la faire vieillir, la scléroser dans le passé, la figer, l'immobiliser. Demandons-lui également de la délivrer d'une autre tentation : croire qu'elle est jeune parce qu'elle cède à tout ce que le monde lui offre ; croire qu'elle se renouvelle parce qu'elle cache son message et qu'elle imite les autres. Non ! Elle est jeune quand elle est elle-même, quand elle reçoit la force toujours nouvelle de la Parole de Dieu, de l'eucharistie, de la présence du Christ et de la force de son Esprit chaque jour. Elle est jeune quand elle est capable de retourner inlassablement à sa source. »

Pape François, Exhortation apostolique post synodale,
Christus vivit, Le Christ est vivant, n° 35.

CALENDRIER LITURGIQUE

Di 28	**DIMANCHE DES RAMEAUX ET DE LA PASSION B.** *Liturgie des Heures : Psautier semaine II.*
Lu 29	Lundi saint : Isaïe 42, 1-7 ; Ps 26 ; Jn 12, 1-11 : « Laisse-la observer cet usage en vue du jour de mon ensevelissement ! »
Ma 30	Mardi saint : Isaïe 49,1-6 ; Ps 70 ; Jn 13, 21-33.36-38 : « L'un de vous me livrera... Le coq ne chantera pas avant que tu m'aies renié trois fois »
Me 31	Mercredi saint : Isaïe 50, 4-9 ; Ps 68 ; Mt 26, 14-25 : « Le Fils de l'homme s'en va, comme il est écrit ; mais malheureux celui par qui il est livré ! »
Je 1er	**JEUDI SAINT (p. 299).**
Ve 2	**VENDREDI SAINT (p. 307)** Journée de jeûne et d'abstinence. [*S. François de Paule, ermite italien † 1507 à Plessis-les-Tours*].
Sa 3	**SAMEDI SAINT**. Il n'y a pas de célébration de mariage. Le tabernacle reste vide : c'est l'attente de la célébration de la Résurrection du Seigneur.

Bonne fête ! 28 : Gontran. 29 : Gladys. 30 : Amédée. 31 : Benjamin, Balbine. 1er : Hugues, Valérie. 2 : Sandra. 3 : Richard.

Pour mémoire : Depuis le rassemblement de Rome 1985, le dimanche des Rameaux est devenu journée mondiale des jeunes.

Jeudi saint
Messe du soir en mémoire de la Cène du Seigneur

1er AVRIL 2021

Le sacrement de l'amour absolu

Un véritable concentré de vie eucharistique que les trois lectures du Jeudi saint : on y retrouve toutes les significations de l'eucharistie : l'action de grâce, le sacrifice, le mémorial, le repas et la Pâque du Seigneur Jésus.

D'abord la lecture de l'Exode (*première lecture*) : le sacrifice de l'agneau anticipe le passage de la mer Rouge rendu possible parce que Dieu protège son peuple ; la Pâque (mot signifiant « passage ») juive devient un mémorial à accomplir. Non pas un souvenir glorieux mais la célébration reconnaissante que Dieu n'abandonne pas son peuple et que ce qu'il a fait hier pour lui s'accomplit encore aujourd'hui dans l'histoire.

Puis la lecture de la lettre de Paul aux chrétiens de Corinthe (*deuxième lecture*). C'est le plus ancien récit de l'institution du repas du Seigneur, de ce que nous appelons l'eucharistie. Nous oublions souvent que c'est au cours d'un repas, situé dans le cadre de la Pâque juive, que Jésus identifie à son corps et son sang le pain et la coupe partagés. La messe est en tout premier lieu un repas, dont le maître, l'hôte, est le Ressuscité. En effet, seul le Seigneur ressuscité peut rendre croyables ces paroles impossibles à expliquer autrement que par la puissance de sa résurrection : « Ceci est mon corps livré pour vous… Ceci est mon sang versé pour vous ».

Enfin la lecture de l'évangile de Jean. Au cours du repas de la Cène, Jésus lave les pieds de ses Apôtres. Ce geste accompli par le maître est tellement paradoxal que Pierre résiste avant de se laisser persuader.

Jésus fonde la figure du maître : ce sera celle du serviteur. Que ce soit l'eucharistie ou le lavement des pieds, ces deux actions sont sacramentellement liées à la mort et de la résurrection du Seigneur. Elles en sont le mémorial, c'est-à-dire le signe et la réalité vivante du mystère pascal. Toutes deux sont à l'origine d'un seul commandement : « Faites-le » les uns aux autres, les uns pour les autres. Ce soir, en nous laissant laver les pieds et en prenant place à la table du Seigneur, nous célébrons « le sacrement de son amour » (*prière d'ouverture*).

CHANTER

- Pour la procession d'ouverture, ***Quand vint le jour d'étendre les bras*** HP 128-5 CNA 454, ***L'Église ouvre le livre*** HP 47-83-1 CNA 450, ***Avec le Christ, vivons*** HA 149.
- Pendant le lavement des pieds, ***Ubi Caritas*** **Taizé CNA 448,** ***Où sont amour et charité*** **D 29-78,** ***À l'heure du grand amour*** **HX 20-39-1,** ***Il n'y a pas de plus grand amour*** **HX 156.**
- Pour la procession des dons, ***Dieu, notre Père, voici le pain*** **B 57-30.**
- Pendant la procession de communion, ***Qui mange ma chair*** **D 290 CNA 343,** ***Tu fais ta demeure en nous*** **D 56-49,** ***Pain donné pour notre vie*** **D 32-10,** ***Voici mon corps livré pour vous*** **D 620.**
- Pour la procession au reposoir, ***La nuit qu'il fut livré*** **HP 3 CNA 449,** ***Litanies du Sacré Cœur*** **MY 22-83 CNA 787.**
- ***Au reposoir, Pange lingua*** **CNA 775,** ***L'heure est venue*** **HP 21-28-1 CNA 451,** ***In manus tuas,*** **Pater Taizé.**

CÉLÉBRER

- La célébration du Jeudi saint comporte des rites spécifiques :
  – le lavement des pieds est un geste riche de signification. Le pape François a ouvert ce rite liturgique aux femmes comme aux hommes ;
  – le tabernacle doit être vide au début de la messe et la communion sous les deux espèces pour les fidèles est recommandée ;
  – il n'y a pas à proprement parler de fin de célébration (pas de bénédiction ni d'envoi). Le prêtre emporte en procession les saintes espèces consacrées pour la célébration du Vendredi saint au reposoir. Ce lieu doit favoriser la prière.
- Dans les paroisses qui comportent plusieurs lieux de culte, il est préférable de célébrer l'intégralité du Triduum pascal dans un même lieu. L'unité de lieu manifeste l'unité du mystère et évite bien des difficultés de mise en œuvre, particulièrement entre le Jeudi et le Vendredi saints.

Gloire à Dieu

Pendant le chant, les cloches sonnent. Elles se taisent ensuite jusqu'au même chant de la Veillée de Pâques.

Prière d'ouverture

Tu nous appelles, Dieu notre Père, à célébrer ce soir la très sainte Cène où ton Fils unique, avant de se livrer lui-même à la mort, a voulu remettre à son Église le sacrifice nouveau de l'Alliance éternelle ; fais que nous recevions de ce repas qui est le sacrement de son amour, la charité et la vie. Par Jésus Christ.

1re Lecture

Ce sera pour vous un mémorial

→ Lecture du livre de l'Exode

Ex 12, 1-8.11-14

En ces jours-là, dans le pays d'Égypte, le Seigneur dit à Moïse et à son frère Aaron : « Ce mois-ci sera pour vous le premier des mois, il marquera pour vous le commencement de l'année. Parlez ainsi à toute la communauté d'Israël :

Le dix de ce mois, que l'on prenne un agneau par famille, un agneau par maison. Si la maisonnée est trop peu nombreuse pour un agneau, elle le prendra avec son voisin le plus proche, selon le nombre des personnes. Vous choisirez l'agneau d'après ce que chacun peut manger. Ce sera une bête sans défaut, un mâle, de l'année. Vous prendrez un agneau ou un chevreau. Vous le garderez jusqu'au quatorzième jour du mois. Dans toute l'assemblée de la communauté d'Israël, on l'immolera au coucher du soleil. On prendra du sang, que l'on mettra sur les deux montants et sur le linteau des maisons où on le mangera. On mangera sa chair cette nuit-là, on la mangera rôtie au feu, avec des pains sans levain et des herbes amères. Vous mangerez ainsi : la ceinture aux reins, les sandales aux pieds, le bâton à la main. Vous mangerez en toute hâte : c'est la Pâque du Seigneur.

Je traverserai le pays d'Égypte, cette nuit-là ; je frapperai tout premier-né au pays d'Égypte, depuis les hommes jusqu'au bétail. Contre tous les dieux de l'Égypte j'exercerai mes jugements : Je suis le Seigneur. Le sang sera pour vous un signe, sur les maisons où vous serez. Je verrai le sang, et je passerai : vous ne serez pas atteints par le fléau dont je frapperai le pays d'Égypte.

Ce jour-là sera pour vous un mémorial. Vous en ferez pour le Seigneur une fête de pèlerinage. C'est un décret perpétuel : d'âge en âge vous la fêterez. »

Psaume 115

R/ La coupe de bénédiction
est communion au sang du Christ.

Comment rendrai-je au Seigneur
tout le bien qu'il m'a fait ?
J'élèverai la coupe du salut,
j'invoquerai le nom du Seigneur.

Il en coûte au Seigneur
de voir mourir les siens !
Ne suis-je pas, Seigneur, ton serviteur,
moi, dont tu brisas les chaînes ?

Je t'offrirai le sacrifice d'action de grâce,
j'invoquerai le nom du Seigneur.
Je tiendrai mes promesses au Seigneur,
oui, devant tout son peuple.

2e Lecture

L'institution de l'eucharistie

→ **Lecture de la première lettre de saint Paul apôtre aux Corinthiens** 1 Co 11, 23-26

Frères, moi, Paul, j'ai moi-même reçu ce qui vient du Seigneur, et je vous l'ai transmis : la nuit où il était livré, le Seigneur Jésus prit du pain, puis, ayant rendu grâce, il le rompit, et dit : « Ceci est mon corps, qui est pour vous. Faites cela en mémoire de moi. » Après le repas, il fit de même avec la coupe, en disant : « Cette coupe est la nouvelle Alliance en mon sang. Chaque fois que vous en boirez, faites cela en mémoire de moi. » Ainsi donc, chaque fois que vous mangez ce pain et que vous buvez cette coupe, vous proclamez la mort du Seigneur, jusqu'à ce qu'il vienne.

Gloire et louange à toi, Seigneur Jésus. Je vous donne un commandement nouveau, dit le Seigneur. Aimez-vous les uns les autres comme je vous ai aimés. **Gloire et louange à toi, Seigneur Jésus.**

Évangile

Le lavement des pieds

→ Évangile de Jésus Christ selon saint Jean Jn 13, 1-15

Avant la fête de la Pâque, sachant que l'heure était venue pour lui de passer de ce monde à son Père, Jésus, ayant aimé les siens qui étaient dans le monde, les aima jusqu'au bout. Au cours du repas, alors que le diable a déjà mis dans le cœur de Judas, fils de Simon l'Iscariote, l'intention de le livrer, Jésus, sachant que le Père a tout remis entre ses mains, qu'il est sorti de Dieu et qu'il s'en va vers Dieu, se lève de table, dépose son vêtement, et prend un linge qu'il se noue à la ceinture ; puis il verse de l'eau dans un bassin. Alors il se mit à laver les pieds des disciples et à les essuyer avec le linge qu'il avait à la ceinture.

Il arrive donc à Simon-Pierre, qui lui dit : « C'est toi, Seigneur, qui me laves les pieds ? » Jésus lui répondit : « Ce que je veux faire, tu ne le sais pas maintenant ; plus tard tu comprendras. » Pierre lui dit : « Tu ne me laveras pas les pieds ; non, jamais ! » Jésus lui répondit : « Si je ne te lave pas, tu n'auras pas de part avec moi. » Simon-Pierre lui dit :

« Alors, Seigneur, pas seulement les pieds, mais aussi les mains et la tête ! » Jésus lui dit : « Quand on vient de prendre un bain, on n'a pas besoin de se laver, sinon les pieds : on est pur tout entier. Vous-mêmes, vous êtes purs, mais non pas tous. » Il savait bien qui allait le livrer ; et c'est pourquoi il disait : « Vous n'êtes pas tous purs. »

Quand il leur eut lavé les pieds, il reprit son vêtement, se remit à table et leur dit : « Comprenez-vous ce que je viens de faire pour vous ? Vous m'appelez "Maître" et "Seigneur", et vous avez raison, car vraiment je le suis. Si donc moi, le Seigneur et le Maître, je vous ai lavé les pieds, vous aussi, vous devez vous laver les pieds les uns aux autres. C'est un exemple que je vous ai donné afin que vous fassiez, vous aussi, comme j'ai fait pour vous. »

Lavement des pieds

Après s'être levé de table,
le Seigneur versa de l'eau dans un bassin
et se mit à laver les pieds des disciples.
C'est l'exemple qu'il leur a donné.

(Antienne, cf. Jn 13, 4.5.15)

Aujourd'hui, on ne dit pas le Credo.

POUR LA PRIÈRE UNIVERSELLE

▸ En ce soir où nous faisons mémoire du repas du Seigneur, confions à la prière de l'Église :
– les fidèles qui participent au repas du Seigneur et vivent dans un esprit de communion et de partage ;
– les Églises chrétiennes qui confessent le Christ mort et ressuscité et qui sont dans l'attente de partager la même eucharistie ;
– les catéchumènes et les enfants qui se préparent à communier pour la première fois et les personnes qui souffrent de ne pas pouvoir communier ;
– les ministres de l'eucharistie, évêques, prêtres, diacres, ainsi que ceux qui apportent la communion aux malades.

Prière sur les offrandes

Seigneur, accorde-nous la grâce de vraiment participer à cette eucharistie ; car chaque fois qu'est célébré ce sacrifice en mémorial, c'est l'œuvre de notre Rédemption qui s'accomplit. Par Jésus.

Préface

Vraiment, il est juste et bon de te rendre gloire, de t'offrir notre action de grâce, toujours et en tout lieu, à toi, Père très saint, Dieu éternel et tout-puissant, par le Christ, notre Seigneur.
C'est lui le prêtre éternel et véritable, qui apprit à ses disciples comment perpétuer son sacrifice ; il s'est offert à toi en victime pour notre salut ; il nous a prescrit d'accomplir après lui cette offrande pour célébrer son mémorial.
Quand nous mangeons sa chair immolée pour nous, nous sommes fortifiés ; quand nous buvons le sang qu'il a versé pour nous, nous sommes purifiés.
C'est pourquoi, avec les anges et les archanges, avec les puissances d'en haut et tous les esprits bienheureux, nous chantons l'hymne de ta gloire et sans fin nous proclamons : **Saint !...**

Dans les prières eucharistiques, il y a des textes propres au Jeudi saint.

Prière après la communion

Nous avons repris des forces, Dieu tout-puissant, en participant ce soir à la Cène de ton Fils ; accorde-nous d'être un jour rassasiés à la table de son Royaume éternel. Lui qui règne.

Ensuite le prêtre porte solennellement au lieu prévu le pain eucharistique pour la communion du lendemain et pour l'adoration dans la soirée.

Avant et après le repas

« S'arrêter pour rendre grâce à Dieu avant et après les repas est une expression de cette attitude. Je propose aux croyants de renouer avec cette belle habitude et de la vivre en profondeur. Ce moment de la bénédiction, bien qu'il soit très bref, nous rappelle notre dépendance de Dieu pour la vie, il fortifie notre sentiment de gratitude pour les dons de la création, reconnaît ceux qui par leur travail fournissent ces biens, et renforce la solidarité avec ceux qui sont le plus dans le besoin. »

Pape François, Lettre encyclique *Laudato si*, n° 227.

Vendredi saint

2 AVRIL 2021

Célébration de la Passion du Seigneur

Le don total

La célébration commence en silence, sans salutation liturgique. Déjà la veille au soir, la célébration du Jeudi saint ne s'est pas véritablement terminée. Pas de bénédiction finale, ni même d'envoi. Ces deux célébrations du jeudi et du vendredi forment comme les deux temps d'un même événement qui culmine avec la mort de Jésus. Comme jadis les pèlerins à Jérusalem (voir introduction à la Semaine sainte), en vénérant la croix, nous adorons le Christ qui est le salut du monde : « Voici le bois de la croix qui a porté le salut du monde. Venez, adorons le Seigneur », chantons-nous en nous avançant vers la croix. Là où nous serions tentés de nous lamenter sur la mort de Jésus, la liturgie annonce que le monde est déjà transformé par la croix.

Dans sa concordance parfaite avec notre condition humaine, le Fils de Dieu nous conduit jusqu'à la condition divine. En entrant librement dans la mort et en portant l'amour jusqu'au pardon, il a transformé ce qui nous entrave, nos enfermements et nos peurs. En lui, nous pouvons comprendre ce qu'est une vie librement donnée. Dieu, au contraire des divinités de l'Antiquité, n'exerce pas un chantage qui voudrait que l'homme Jésus paie de sa vie pour que tous les autres restent vivants. Il laisse s'accomplir librement la destinée humaine du Fils. Jésus prend le parti de l'homme en ne se défaussant pas face au calvaire et à la mort. Là où Dieu pouvait s'éclipser, et « bien qu'il soit le Fils » (*deuxième lecture*), Jésus affirme sa solidarité totale avec chacun de nous. Jusqu'au bout, jusqu'à la vérité de la parole donnée, jusqu'au renoncement à la puissance. La parole de Jésus, « Ma vie, nul ne la prend, mais c'est moi qui la donne » (Jn 10, 18), éclaire profondément son geste. Tout s'accomplit sous le signe du don. Et l'eucharistie que nous recevons ce jour en communion est le signe sacramentel de ce don.

CHANTER

- La célébration commence dans le silence.
- Pendant la lecture de la Passion, si on le juge utile, ***Au cœur de nos détresses*** **H 128 CNA 462,** ***C'était nos péchés qu'il portait*** **ZL 8-1 CNA 463,** ***Chant pour la passion selon Saint Jean*** **H 14-41**
- Pendant la vénération de la Croix, ***Impropères*** **HP 60-44-4** ou **H 860** ou **H 52-55 CNA 461,** ***Croix de lumière*** **H 30-89.**
- Pendant la communion, ***Corps livré, sang versé*** **D 54-18,** ***Approchons-nous de la table*** **D 19-30,** ***C'est toi, Seigneur le pain rompu*** **D 293 CNA 322.**
- La célébration s'achève dans le silence.

CÉLÉBRER

- La célébration comporte trois parties : la liturgie de la Parole avec l'entrée en silence ; la vénération de la croix par l'assemblée ; la communion eucharistique avec les hosties consacrées la veille.
- L'atmosphère est au silence et au recueillement : l'entrée en silence, sans chant, la prostration du prêtre, l'autel dépouillé, l'absence de salutation liturgique, en sont les signes.
- La grande prière universelle du Missel romain demande de prévoir un lecteur (diacre s'il y en a un) qui lit l'intention. Ensuite tous prient en silence debout ou à genoux. On peut ensuite chanter un refrain (*Kyrie eleison*), puis le prêtre dit ou chante l'oraison les mains étendues. Ceci se répète pour chaque intention.

Après un moment de prière en silence :

Prière d'ouverture

• Seigneur, nous savons que tu aimes sans mesure, toi qui n'as pas refusé ton propre Fils mais qui l'as livré pour sauver tous les hommes ; aujourd'hui encore, montre-nous ton amour : nous voulons suivre le Christ qui marche librement vers sa mort ; soutiens-nous comme tu l'as soutenu, et sanctifie-nous dans le mystère de sa Pâque. Lui qui règne avec toi et le Saint-Esprit, maintenant et pour les siècles des siècles.

ou bien

• Seigneur notre Dieu, par la passion du Christ, tu as détruit la mort héritée du premier péché, la mort qui tenait l'humanité sous sa loi ; accorde-nous d'être semblables à ton Fils : du fait de notre nature, nous avons dû connaître la condition du premier homme qui vient de la terre ; sanctifie-nous par ta grâce pour que nous connaissions désormais la condition de l'homme nouveau qui appartient au ciel. Par Jésus, le Christ, notre Seigneur.

1re Lecture

« Comme un agneau conduit à l'abattoir »

→ Lecture du livre du prophète Isaïe Is 52, 13–53, 12

M**on serviteur réussira**, dit le Seigneur ; il montera, il s'élèvera, il sera exalté ! La multitude avait été consternée en le voyant, car il était si défiguré qu'il ne ressemblait plus à un homme ; il n'avait plus l'apparence d'un fils d'homme. Il étonnera de même une multitude de nations ; devant lui les rois resteront bouche bée, car ils verront ce que, jamais, on ne leur avait dit, ils découvriront ce dont ils n'avaient jamais entendu parler. Qui aurait cru ce que nous avons entendu ? Le bras puissant du Seigneur, à qui s'est-il révélé ? Devant lui, le serviteur a poussé comme une plante chétive, une racine dans une terre aride ; il était sans apparence ni beauté qui attire nos regards, son aspect n'avait rien pour nous plaire. Méprisé, abandonné des hommes, homme de douleurs, familier de la souffrance, il était pareil à celui devant qui on se voile la face ; et nous l'avons méprisé, compté pour rien. En fait, c'étaient nos souffrances qu'il portait, nos douleurs dont il était chargé. Et nous, nous pensions qu'il était frappé, meurtri par Dieu, humilié. Or, c'est à cause de nos révoltes qu'il a été transpercé, à cause de nos fautes qu'il a été broyé. Le châtiment qui nous donne la paix a pesé sur lui : par ses blessures, nous sommes guéris.

Nous étions tous errants comme des brebis, chacun suivait son propre chemin. Mais le Seigneur a fait retomber sur lui nos fautes à nous tous. Maltraité, il s'humilie, il n'ouvre pas la bouche : comme un agneau conduit à l'abattoir, comme une brebis muette devant les tondeurs, il n'ouvre pas la bouche. Arrêté, puis jugé, il a été supprimé. Qui donc s'est inquiété de son sort ? Il a été retranché de la terre des vivants, frappé à mort pour les révoltes de son peuple. On a placé sa tombe avec les méchants, son tombeau avec les riches ; et pourtant il n'avait pas commis de violence, on ne trouvait pas de tromperie dans sa bouche. Broyé par la souffrance, il a plu au Seigneur. S'il remet sa vie en sacrifice de réparation, il verra une descendance, il prolongera ses jours : par lui, ce qui plaît au Seigneur réussira.

Par suite de ses tourments, il verra la lumière, la connaissance le comblera. Le juste, mon serviteur, justifiera les multitudes, il se chargera de leurs fautes. C'est pourquoi, parmi les grands, je lui donnerai sa part, avec les puissants il partagera le butin, car il s'est dépouillé lui-même jusqu'à la mort, et il a été compté avec les pécheurs, alors qu'il portait le péché des multitudes et qu'il intercédait pour les pécheurs.

Psaume 30

R/ Ô Père, en tes mains je remets mon esprit.

En toi, Seigneur, j'ai mon refuge ;
garde-moi d'être humilié pour toujours.
En tes mains je remets mon esprit ;
tu me rachètes, Seigneur, Dieu de vérité.

Je suis la risée de mes adversaires
et même de mes voisins,
je fais peur à mes amis,
s'ils me voient dans la rue, ils me fuient.

On m'ignore comme un mort oublié,
comme une chose qu'on jette.
J'entends les calomnies de la foule ;
ils s'accordent pour m'ôter la vie.

Moi, je suis sûr de toi, Seigneur,
je dis : « Tu es mon Dieu ! »
Mes jours sont dans ta main : délivre-moi
des mains hostiles qui s'acharnent.

Sur ton serviteur, que s'illumine ta face ;
sauve-moi par ton amour.
Soyez forts, prenez courage,
vous tous qui espérez le Seigneur !

2e Lecture *Il a appris l'obéissance*

→ Lecture de la lettre aux Hébreux He 4, 14-16 ; 5, 7-9

Frères, en Jésus, le Fils de Dieu, nous avons le grand prêtre par excellence, celui qui a traversé les cieux ; tenons donc ferme l'affirmation de notre foi. En effet, nous n'avons pas un grand prêtre incapable de compatir à nos faiblesses, mais un grand prêtre éprouvé en toutes choses, à notre ressemblance, excepté le péché. Avançons-nous donc avec assurance vers le Trône de la grâce, pour obtenir miséricorde et recevoir, en temps voulu, la grâce de son secours.

Le Christ, pendant les jours de sa vie dans la chair, offrit, avec un grand cri et dans les larmes, des prières et des supplications à Dieu qui pouvait le sauver de la mort, et il fut exaucé en raison de son grand respect. Bien qu'il soit le Fils, il apprit par ses souffrances l'obéissance et, conduit à sa perfection, il est devenu pour tous ceux qui lui obéissent la cause du salut éternel.

Le Christ s'est anéanti, prenant la condition de serviteur. Pour nous, le Christ est devenu obéissant, jusqu'à la mort, et la mort sur une croix. C'est pourquoi Dieu l'a exalté : il l'a doté du Nom qui est au-dessus de tout nom. **Le Christ s'est anéanti, prenant la condition de serviteur.**

Évangile

La Passion selon saint Jean

Indications pour la lecture dialoguée : Les sigles désignant les divers interlocuteurs sont les suivants : **+** = Jésus ; **L** = Lecteur ; **D** = Disciples et amis ; **F** = Foule ; **A** = Autres personnages.

→ **La Passion de notre Seigneur Jésus Christ selon saint Jean** Jn 18, 1–19, 42

1. JÉSUS EST ARRÊTÉ

L. En ce temps-là, après le repas, Jésus sortit avec ses disciples et traversa le torrent du Cédron ; il y avait là un jardin, dans lequel il entra avec ses disciples. Judas, qui le livrait, connaissait l'endroit, lui aussi, car Jésus et ses disciples s'y étaient souvent réunis. Judas, avec un détachement de soldats ainsi que des gardes envoyés par les grands prêtres et les pharisiens, arrive à cet endroit. Ils avaient des lanternes, des torches et des armes. Alors Jésus, sachant tout ce qui allait lui arriver, s'avança et leur dit :

+ « Qui cherchez-vous ? »

L. Ils lui répondirent :

F. « Jésus le Nazaréen. »

L. Il leur dit :

+ « C'est moi, je le suis. »

L. Judas, qui le livrait, se tenait avec eux. Quand Jésus leur répondit : « C'est moi, je le suis », ils reculèrent, et ils tombèrent à terre. Il leur demanda de nouveau :

+ « Qui cherchez-vous ? »

L. Ils dirent :

F. « Jésus le Nazaréen. »

L. Jésus répondit :

+ « Je vous l'ai dit : c'est moi, je le suis. Si c'est bien moi que vous cherchez, ceux-là, laissez-les partir. »

L. Ainsi s'accomplissait la parole qu'il avait dite : « Je n'ai perdu aucun de ceux que tu m'as donnés ». Or Simon-Pierre avait une épée ; il la tira, frappa le serviteur du grand prêtre et lui coupa l'oreille droite. Le nom de ce serviteur était Malcus. Jésus dit à Pierre :

+ « Remets ton épée au fourreau. La coupe que m'a donnée le Père, vais-je refuser de la boire ? »

L. Alors la troupe, le commandant et les gardes juifs se saisirent de Jésus et le ligotèrent. Ils l'emmenèrent d'abord chez Hanne, beau-père de Caïphe, qui était grand prêtre cette année-là. Caïphe était celui qui avait donné aux Juifs ce conseil : « Il vaut mieux qu'un seul homme meure pour le peuple. »

2. JÉSUS EST RENIÉ PAR PIERRE

L. Or Simon-Pierre, ainsi qu'un autre disciple, suivait Jésus. Comme ce disciple était connu du grand prêtre, il entra avec Jésus dans le palais du grand prêtre. Pierre se tenait près de la porte, dehors. Alors l'autre disciple – celui qui était connu du grand prêtre – sortit, dit un mot à la servante qui gardait la porte, et fit entrer Pierre. Cette jeune servante dit alors à Pierre :

A. « N'es-tu pas, toi aussi, l'un des disciples de cet homme ? »

L. Il répondit :

D. « Non, je ne le suis pas ! »

L. Les serviteurs et les gardes se tenaient là ; comme il faisait froid, ils avaient fait un feu de braise pour se réchauffer. Pierre était avec eux, en train de se chauffer.

3. JÉSUS EST INTERROGÉ PAR LE GRAND PRÊTRE

L. Le grand prêtre interrogea Jésus sur ses disciples et sur son enseignement. Jésus lui répondit :

+ « Moi, j'ai parlé au monde ouvertement. J'ai toujours enseigné à la synagogue et dans le Temple, là où tous les Juifs se réunissent, et je n'ai jamais parlé en cachette. Pourquoi m'interroges-tu ? Ce que je leur ai dit, demande-le à ceux qui m'ont entendu. Eux savent ce que j'ai dit. »

L. À ces mots, un des gardes, qui était à côté de Jésus, lui donna une gifle en disant :

A. « C'est ainsi que tu réponds au grand prêtre ! »

L. Jésus lui répliqua :

+ « Si j'ai mal parlé, montre ce que j'ai dit de mal. Mais si j'ai bien parlé, pourquoi me frappes-tu ? »

L. Hanne l'envoya, toujours ligoté, au grand prêtre Caïphe.

4. JÉSUS EST RENIÉ PAR PIERRE POUR LA SECONDE FOIS

L. Simon-Pierre était donc en train de se chauffer. On lui dit :

A. « N'es-tu pas, toi aussi, l'un de ses disciples ? »

L. Pierre le nia et dit :

D. « Non, je ne le suis pas ! »

L. Un des serviteurs du grand prêtre, parent de celui à qui Pierre avait coupé l'oreille, insista :

A. « Est-ce que moi, je ne t'ai pas vu dans le jardin avec lui ? »

L. Encore une fois, Pierre le nia. Et aussitôt un coq chanta.

5. JÉSUS EST EMMENÉ CHEZ PILATE

L. Alors on emmène Jésus de chez Caïphe au Prétoire. C'était le matin. Ceux qui l'avaient amené n'entrèrent pas dans le Prétoire, pour éviter une souillure et pouvoir manger l'agneau pascal. Pilate sortit donc à leur rencontre et demanda :

A. « Quelle accusation portez-vous contre cet homme ? »

L. Ils lui répondirent :

F. « S'il n'était pas un malfaiteur, nous ne t'aurions pas livré cet homme. »

L. Pilate leur dit :

A. « Prenez-le vous-mêmes et jugez-le suivant votre loi. »

L. Les Juifs lui dirent :

F. « Nous n'avons pas le droit de mettre quelqu'un à mort. »

L. Ainsi s'accomplissait la parole que Jésus avait dite pour signifier de quel genre de mort il allait mourir.

6. JÉSUS EST INTERROGÉ PAR PILATE

L. Alors Pilate rentra dans le Prétoire ; il appela Jésus et lui dit :

A. « Es-tu le roi des Juifs ? »

L. Jésus lui demanda :

+ « Dis-tu cela de toi-même, ou bien d'autres te l'ont dit à mon sujet ? »

L. Pilate répondit :

A. « Est-ce que je suis juif, moi ? Ta nation et les grands prêtres t'ont livré à moi : qu'as-tu donc fait ? »

L. Jésus déclara :

+ « Ma royauté n'est pas de ce monde ; si ma royauté était de ce monde, j'aurais des gardes qui se seraient battus pour que je ne sois pas livré aux Juifs. En fait, ma royauté n'est pas d'ici. »

L. Pilate lui dit :

A. « Alors, tu es roi ? »

L. Jésus répondit :

+ « C'est toi-même qui dis que je suis roi. Moi, je suis né, je suis venu dans le monde pour ceci : rendre témoignage à la vérité. Quiconque appartient à la vérité écoute ma voix. »

L. Pilate lui dit :

A. « Qu'est-ce que la vérité ? »

7. JÉSUS EST FLAGELLÉ ET COURONNÉ D'ÉPINES

L. Ayant dit cela, il sortit de nouveau à la rencontre des Juifs, et il leur déclara :

A. « Moi, je ne trouve en lui aucun motif de condamnation. Mais, chez vous, c'est la coutume que je vous relâche quelqu'un pour la Pâque : voulez-vous donc que je vous relâche le roi des Juifs ? »

L. Alors ils répliquèrent en criant :

F. « Pas lui ! Mais Barabbas ! »

L. Or ce Barabbas était un bandit. Alors Pilate fit saisir Jésus pour qu'il soit flagellé. Les soldats tressèrent avec des épines une couronne qu'ils lui posèrent sur la tête ; puis ils le revêtirent d'un manteau pourpre. Ils s'avançaient vers lui et ils disaient :

F. « Salut à toi, roi des Juifs ! »

L. Et ils le giflaient.

8. JÉSUS EST INTERROGÉ PAR PILATE POUR LA DEUXIÈME FOIS

L. Pilate, de nouveau, sortit dehors et leur dit :

A. « Voyez, je vous l'amène dehors pour que vous sachiez que je ne trouve en lui aucun motif de condamnation. »

L. Jésus donc sortit dehors, portant la couronne d'épines et le manteau pourpre. Et Pilate leur déclara :

A. « Voici l'homme. »

L. Quand ils le virent, les grands prêtres et les gardes se mirent à crier :

F. « Crucifie-le ! Crucifie-le ! »

L. Pilate leur dit :

A. « Prenez-le vous-mêmes, et crucifiez-le ; moi, je ne trouve en lui aucun motif de condamnation. »

L. Ils lui répondirent :

F. « Nous avons une Loi, et suivant la Loi il doit mourir, parce qu'il s'est fait Fils de Dieu. »

L. Quand Pilate entendit ces paroles, il redoubla de crainte. Il rentra dans le Prétoire, et dit à Jésus :

A. « D'où es-tu ? »

L. Jésus ne lui fit aucune réponse. Pilate lui dit alors :

A. « Tu refuses de me parler, à moi ? Ne sais-tu pas que j'ai pouvoir de te relâcher, et pouvoir de te crucifier ? »

L. Jésus répondit :

+ « Tu n'aurais aucun pouvoir sur moi si tu ne l'avais reçu d'en haut ; c'est pourquoi celui qui m'a livré à toi porte un péché plus grand. »

L. Dès lors, Pilate cherchait à le relâcher ; mais des Juifs se mirent à crier :

F. « Si tu le relâches, tu n'es pas un ami de l'empereur. Quiconque se fait roi s'oppose à l'empereur. »

L. En entendant ces paroles, Pilate amena Jésus au-dehors ; il le fit asseoir sur une estrade au lieu dit le Dallage – en hébreu : Gabbatha. C'était le jour de la Préparation de la Pâque, vers la sixième heure, environ midi. Pilate dit aux Juifs :

A. « Voici votre roi. »

L. Alors ils crièrent :

F. « À mort ! À mort ! Crucifie-le ! »

L. Pilate leur dit :

A. « Vais-je crucifier votre roi ? »

L. Les grands prêtres répondirent :

F. « Nous n'avons pas d'autre roi que l'empereur. »

L. Alors, il leur livra Jésus pour qu'il soit crucifié.

9. JÉSUS EST CRUCIFIÉ

L. Ils se saisirent de Jésus. Et lui-même, portant sa croix, sortit en direction du lieu dit Le Crâne (ou Calvaire), qui se dit en hébreu Golgotha. C'est là qu'ils le crucifièrent, et deux autres avec lui, un de chaque côté, et Jésus au milieu. Pilate avait rédigé un écriteau qu'il fit placer sur la croix ; il était écrit : « Jésus le Nazaréen, roi des Juifs. » Beaucoup de Juifs lurent cet écriteau, parce que l'endroit où l'on avait crucifié Jésus était proche de la ville, et que c'était écrit en hébreu, en latin et en grec. Alors les grands prêtres des Juifs dirent à Pilate :

F. « N'écris pas : "Roi des Juifs" ; mais : "Cet homme a dit : Je suis le roi des Juifs". » Pilate répondit :

A. « Ce que j'ai écrit, je l'ai écrit. »

10. LES VÊTEMENTS DE JÉSUS SONT TIRÉS AU SORT

L. Quand les soldats eurent crucifié Jésus, ils prirent ses habits ; ils en firent quatre parts, une pour chaque soldat. Ils prirent aussi la tunique ; c'était une tunique sans couture, tissée tout d'une pièce de haut en bas. Alors ils se dirent entre eux :

A. « Ne la déchirons pas, désignons par le sort celui qui l'aura. »

L. Ainsi s'accomplissait la parole de l'Écriture : *Ils se sont partagé mes habits ; ils ont tiré au sort mon vêtement.* C'est bien ce que firent les soldats.

11. LA MÈRE DE JÉSUS ÉTAIT LÀ

L. Or, près de la croix de Jésus se tenaient sa mère et la sœur de sa mère, Marie, femme de Cléophas, et Marie Madeleine. Jésus, voyant sa mère, et près d'elle le disciple qu'il aimait, dit à sa mère :

+ « Femme, voici ton fils. »

L. Puis il dit au disciple :

+ « Voici ta mère. »

L. Et à partir de cette heure-là, le disciple la prit chez lui.

12. JÉSUS MEURT SUR LA CROIX

L. Après cela, sachant que tout, désormais, était achevé pour que l'Écriture s'accomplisse jusqu'au bout, Jésus dit :

+ « J'ai soif. »

L. Il y avait là un récipient plein d'une boisson vinaigrée. On fixa donc une éponge remplie de ce vinaigre à une branche d'hysope, et on l'approcha de sa bouche. Quand il eut pris le vinaigre, Jésus dit :

+ « Tout est accompli. »

L. Puis, inclinant la tête, il remit l'esprit.

Ici on fléchit le genou et on s'arrête un instant.

13. LE CŒUR DE JÉSUS EST PERCÉ D'UN COUP DE LANCE

L. Comme c'était le jour de la Préparation (c'est-à-dire le vendredi), il ne fallait pas laisser les corps en croix durant le sabbat, d'autant plus que ce sabbat était le grand jour de la Pâque. Aussi les Juifs demandèrent à Pilate qu'on enlève les corps après leur avoir brisé les jambes. Les soldats allèrent donc briser les jambes du premier, puis de l'autre homme crucifié avec Jésus. Quand ils arrivèrent à Jésus, voyant qu'il était déjà mort, ils ne lui brisèrent pas les jambes, mais un des soldats avec sa lance lui perça le côté ; et aussitôt, il en sortit du sang et de l'eau. Celui qui a vu rend témoignage, et son témoignage est véridique ; et celui-là sait qu'il dit vrai afin que vous aussi, vous croyiez. Cela, en effet, arriva pour que s'accomplisse l'Écriture : *Aucun de ses os ne sera brisé.* Un autre passage de l'Écriture dit encore : *Ils lèveront les yeux vers celui qu'ils ont transpercé.*

14. JÉSUS EST MIS AU TOMBEAU

L. Après cela, Joseph d'Arimathie, qui était disciple de Jésus, mais en secret par crainte des Juifs, demanda à Pilate de pouvoir enlever le corps de Jésus. Et Pilate le permit. Joseph vint donc enlever le corps de Jésus. Nicodème – celui qui, au début, était venu trouver Jésus pendant la nuit – vint lui aussi ; il apportait un mélange de myrrhe et d'aloès pesant environ cent livres. Ils prirent donc le corps de Jésus, qu'ils lièrent de linges, en employant les aromates selon la coutume juive d'ensevelir les morts. À l'endroit où Jésus avait été crucifié, il y avait un jardin et, dans ce jardin, un tombeau neuf dans lequel on n'avait encore déposé personne. À cause de la Préparation de la Pâque juive, et comme ce tombeau était proche, c'est là qu'ils déposèrent Jésus.

Prière universelle

L'invitatoire précédant chaque intention peut être dit par un diacre.

On peut prévoir une acclamation du peuple avant chaque oraison.

Le prêtre peut choisir, parmi les intentions proposées, celles seulement qui sont les plus aptes à nourrir la prière de l'assemblée, de manière toutefois que soient conservées les séries habituelles de la prière universelle.

1. POUR L'ÉGLISE

Prions, frères bien-aimés, pour la sainte Église de Dieu : que le Père tout-puissant lui donne la paix et l'unité, qu'il la protège dans tout l'univers ; et qu'il nous accorde une vie calme et paisible pour que nous rendions grâce à notre Dieu.

Tous prient en silence. Puis le prêtre dit :

Dieu éternel et tout-puissant, dans le Christ, tu as révélé ta gloire à tous les peuples ; protège l'œuvre de ton amour : afin que ton Église répandue par tout l'univers demeure inébranlable dans la foi pour proclamer ton nom. Par Jésus, le Christ, notre Seigneur. **Amen.**

2. POUR LE PAPE

Prions pour notre saint Père le pape, N., élevé par Dieu notre Seigneur à l'ordre épiscopal : qu'il le garde sain et sauf à son Église pour gouverner le peuple de Dieu.
Dieu éternel et tout-puissant dont la sagesse organise toutes choses, daigne écouter notre prière : protège avec amour le pape que tu as choisi, afin que, sous la conduite de ce pasteur, le peuple chrétien que tu gouvernes progresse toujours dans la foi. Par Jésus, le Christ, notre Seigneur. **Amen.**

3. POUR LE CLERGÉ ET LE PEUPLE FIDÈLE

Prions pour notre évêque, N., pour tous les évêques, les prêtres, les diacres, pour tous ceux qui remplissent des ministères dans l'Église et pour l'ensemble du peuple des croyants.
Dieu éternel et tout-puissant dont l'Esprit sanctifie et gouverne le corps entier de l'Église, exauce les prières que nous t'adressons pour tous les ordres de fidèles qui la composent : que chacun d'eux, par le don de ta grâce, te serve avec fidélité. Par Jésus, le Christ, notre Seigneur. **Amen.**

4. *POUR LES CATÉCHUMÈNES*

Prions pour les (nos) catéchumènes : que Dieu notre Seigneur ouvre leur intelligence et leur cœur, et les accueille dans sa miséricorde ; après avoir reçu le pardon de tous leurs péchés par le bain de la naissance nouvelle, qu'ils soient incorporés à notre Seigneur Jésus Christ.

Dieu éternel et tout-puissant, toi qui assures toujours la fécondité de ton Église, augmente en nos catéchumènes l'intelligence et la foi : qu'ils renaissent à la source du baptême et prennent place parmi tes enfants d'adoption. Par Jésus, le Christ, notre Seigneur. **Amen.**

5. *POUR L'UNITÉ DES CHRÉTIENS*

Prions pour tous nos frères qui croient en Jésus Christ et s'efforcent de conformer leur vie à la vérité : demandons au Seigneur notre Dieu de les rassembler et de les garder dans l'unité de son Église.

Dieu éternel et tout-puissant, toi qui rassembles ce qui est dispersé et qui fais l'unité de ce que tu rassembles, regarde avec amour l'Église de ton Fils : nous te prions d'unir dans la totalité de la foi et par le lien de la charité tous les hommes qu'un seul baptême a consacrés. Par Jésus, le Christ, notre Seigneur. **Amen.**

6. *POUR LE PEUPLE JUIF*

Prions pour les Juifs à qui Dieu a parlé en premier : qu'ils progressent dans l'amour de son Nom et la fidélité à son Alliance.

Dieu éternel et tout-puissant, toi qui as choisi Abraham et sa descendance pour en faire les fils de ta promesse, conduis à la plénitude de la rédemption le premier peuple de l'Alliance, comme ton Église t'en supplie. Par Jésus, le Christ, notre Seigneur. **Amen.**

7. POUR LES AUTRES CROYANTS

Prions pour ceux qui ne croient pas en Jésus Christ : demandons qu'à la lumière de l'Esprit Saint, ils soient capables eux aussi de s'engager pleinement sur le chemin du salut.
Dieu éternel et tout-puissant, donne à ceux qui ne croient pas au Christ d'aller sous ton regard avec un cœur sincère, afin de parvenir à la connaissance de la vérité ; et donne-nous de mieux nous aimer les uns les autres et d'ouvrir davantage notre vie à la tienne, pour être dans le monde de meilleurs témoins de ton amour. Par Jésus, le Christ, notre Seigneur. Amen.

8. POUR CEUX QUI NE CONNAISSENT PAS DIEU

Prions pour ceux qui ne connaissent pas Dieu : demandons qu'en obéissant à leur conscience ils parviennent à le reconnaître.
Dieu éternel et tout-puissant, toi qui as créé les hommes pour qu'ils te cherchent de tout leur cœur et que leur cœur s'apaise en te trouvant, fais qu'au milieu des difficultés de ce monde tous puissent discerner les signes de ta bonté et rencontrer des témoins de ton amour : qu'ils aient le bonheur de te reconnaître, toi, le seul vrai Dieu et le Père de tous les hommes. Par Jésus, le Christ, notre Seigneur. **Amen.**

9. POUR LES POUVOIRS PUBLICS

Prions pour les chefs d'État et tous les responsables des affaires publiques : que le Seigneur notre Dieu dirige leur esprit et leur cœur selon sa volonté pour la paix et la liberté de tous.
Dieu éternel et tout-puissant, toi qui tiens en ta main le cœur des hommes, et garantis les droits des peuples, viens en aide à ceux qui exercent le pouvoir ; que partout sur la terre s'affermissent avec ta grâce la sécurité et la paix, la prospérité des nations et la liberté religieuse. Par Jésus, le Christ, notre Seigneur. **Amen.**

10. POUR NOS FRÈRES ET SŒURS DANS L'ÉPREUVE

Frères bien-aimés, prions Dieu le Père tout-puissant d'avoir pitié des hommes dans l'épreuve : qu'il débarrasse le monde de toute erreur, qu'il chasse les épidémies et repousse la famine, qu'il vide les prisons et délivre les captifs, qu'il protège ceux qui voyagent, qu'il ramène chez eux les exilés, qu'il donne la force aux malades, et accorde le salut aux mourants.
Dieu éternel et tout-puissant, consolation des affligés, force de ceux qui peinent, entends les prières des hommes qui t'appellent, quelles que soient leurs souffrances : qu'ils aient la joie de trouver dans leurs détresses le secours de ta miséricorde. Par Jésus, le Christ, notre Seigneur. **Amen.**

Adoration et vénération de la Croix

Une grande croix est apportée dans l'église, en passant au milieu de l'assemblée, ou bien une croix voilée est découverte peu à peu.

Voici le bois de la Croix,
qui a porté le salut du monde.

Venez, adorons le Seigneur.

Ou une autre acclamation.

Puis chacun vient vénérer la croix.

On apporte sur l'autel le pain consacré à la messe du Jeudi saint.

Notre Père...

On omet le rite de paix, le rite de la fraction et le chant de l'Agneau de Dieu.

Prière après la communion

Dieu de puissance et de miséricorde, toi qui nous as renouvelés par la mort et la résurrection de ton Christ, entretiens en nous l'œuvre de ton amour ; que notre communion à ce mystère consacre notre vie à ton service. Par Jésus, le Christ, notre Seigneur. **Amen.**

Bénédiction

Le prêtre étend les mains sur l'assemblée et dit :

Que ta bénédiction, Seigneur, descende en abondance sur ton peuple qui a célébré la mort de ton Fils dans l'espérance de sa propre résurrection : accorde-lui pardon et réconfort, augmente sa foi, assure son éternelle rédemption. Par Jésus, le Christ, notre Seigneur. **Amen.**

La célébration se termine dans le silence et le recueillement.

Une histoire d'amour

« Nous sommes sauvés par Jésus : parce qu'il nous aime et ne peut pas s'en passer. Nous pouvons lui faire n'importe quoi, lui nous aime et nous sauve. Parce que seul celui qu'on aime peut être sauvé. Seul celui qu'on embrasse peut être transformé. L'amour du Seigneur est plus grand que toutes nos contradictions, que toutes nos fragilités et que toutes nos petitesses. Mais c'est précisément à travers nos contradictions, nos fragilités et nos petitesses qu'il veut écrire cette histoire d'amour. Il a embrassé le fils prodigue, il a embrassé Pierre après son reniement, et il nous embrasse toujours, toujours, toujours après nos chutes, en nous aidant à nous relever et nous remettre sur pieds.

Pape François, Exhortation apostolique post synodale *Christus vivit*, Le Christ est vivant, n° 120.

Dimanche de Pâques
La Résurrection du Seigneur

DANS LA NUIT DU 3 AU 4 AVRIL 2021

La Vigile pascale

Notre avenir est ouvert

L'évangile de cette nuit pascale l'affirme, le tombeau est vide car la lourde pierre a été déplacée de l'ouverture. Donnant la parole à un mystérieux jeune homme, l'évangile nous apprend que Jésus de Nazareth, le crucifié, est ressuscité et que si les femmes venues prodiguer des soins au corps de Jésus veulent le voir, c'est ailleurs qu'il se trouve, en Galilée.

Cet évangile relate une expérience intégrale. D'abord ce qui est visible et ce qui ne l'est pas : visible le tombeau ouvert on ne sait comment, mais non visible le ressuscité. Pour le voir, il faut opérer un déplacement, ou mieux encore un changement de regard. Ensuite, ce que l'on entend : non pas une explication pour raconter comment Jésus est ressuscité, mais une première confession de foi : Jésus, l'homme de Nazareth, celui-là même qui a été crucifié, est ressuscité. Là est l'origine de tous nos credo : il y a identité entre le crucifié mort, et le ressuscité, le vivant. Et cet homme n'est pas un personnage imaginaire puisqu'il a une histoire qui est liée à son lieu de vie, Nazareth.

Mais comme nous, ces femmes en sont encore au petit matin, le jour point à peine. Il faut croire sur parole pour ne pas rester au sépulcre. Il faut faire confiance à la vie pour se mettre en quête du Ressuscité, pour espérer que c'est de vie nouvelle qu'il s'agit.

Alors mettons-nous en route ! Voilà le programme quasi sportif de la Vigile pascale. Dès son commencement, nous progressons dans la nuit en suivant la lumière du Ressuscité. Puis en écoutant toutes les Écritures, nous traversons l'histoire du Salut pour qu'elle devienne notre propre histoire. Cette histoire se prolonge avec la litanie des saints, eux qui ont suivi le Ressuscité. Enfin, nous nous mettons à nouveau en marche, cette fois-ci pour recevoir et devenir le corps du Ressuscité, car c'est bien parce qu'il est ressuscité que l'eucharistie est le pain vivant. Parce que Jésus est ressuscité, nous pouvons croire que ce pain est nourriture pour la vie éternelle et qu'en lui se trouve la promesse de notre propre résurrection.

CHANTER

- Pour la bénédiction du feu et la procession des lumières, ***Feu de joie dans notre nuit*** **I 14-07,** ***Joyeuse lumière*** **I 17 CNA 477** ou **SYL C 001 CNA 806.**
- Pour l'annonce de la Pâque, ***Qu'éclate dans le ciel*** **IL 111-1** ou **IL 14-08-4.**
- Pour la liturgie de la Parole, on veillera à une bonne mise en œuvre des psaumes et cantiques bibliques.
- Pour l'acclamation à l'évangile, ***Alléluia*** avec le psaume **117 CNA 530** ou **CNA 215-38.**
- Si un baptême est célébré, ***Baptisés dans l'eau et dans l'Esprit*** **I 14-67-1 CNA 673,** ***Hommes nouveaux baptisés*** **IX 14-64-1 CNA 675,** ***Baptisé dans la lumière de Jésus*** **N 297 CNA 672.**
- Pour le rite d'aspersion, ***Sauvés des mêmes eaux*** **I 20-72-2,** ***J'ai vu des fleuves d'eau vive*** **I 44-62.**
- Pendant la procession de communion, ***Voici le pain que donne Dieu*** **D 50-07-2 ou D 50-07-3,** ***Voici le corps livré*** **ID 33-55,** ***De la table du Seigneur*** **D 80 CNA 324,** ***Venez manger la Pâque*** **I 119-2 CNA 347.**
- Pour l'action de grâce, ***Tu as triomphé de la mort*** **ILH 165 CNA 594,** ***Christ est vraiment ressuscité*** **I 64-23 ou I 169 CNA 487.**
- Pour l'envoi, ***Surrexit Christus*** **Taizé,** ***Chrétien, chantons*** **I 36 CNA 485,** ***Exultez de joie, peuples de la terre*** **I 508,** ***Le Seigneur est ressuscité*** **I 13 CNA 491.**

CÉLÉBRER

- « La Vigile pascale, en la nuit sainte où le Seigneur est ressuscité est considérée comme la mère de toutes les saintes veillées. L'Église y attend la résurrection du Christ en veillant et la célèbre dans les sacrements. Sa célébration doit donc se faire entièrement de nuit, c'est-à-dire commencer après la tombée de la nuit et finir avant l'aube du dimanche » (Présentation générale du lectionnaire romain, 21).

◗ Combien de lectures ? Certaines paroisses ou monastères font le choix de lire les 9 lectures, (7 de l'Ancien Testament et 2 du Nouveau), ce qui demande de prendre le temps et d'avoir des lecteurs expérimentés. Si on juge qu'il est préférable d'en faire moins, il faut au minimum en lire deux de l'Ancien Testament dont obligatoirement le texte de l'Exode, ainsi que la lettre de Paul sur le baptême et l'évangile de la résurrection.
◗ La liturgie de la Parole de la Vigile pascale, à la différence d'une messe dominicale, a une structure de vigile qu'il faut respecter : les textes déroulent les évènements fondamentaux de l'histoire du salut depuis la Genèse (deux textes), l'Exode, les Prophètes (deux textes), la lettre aux Romains de saint Paul et l'évangile. Chaque texte est suivi d'un psaume ou cantique biblique, et d'une oraison qui donne la signification pascale de la lecture. C'est cette répétition qui caractérise une vigile.

1. OFFICE DE LA LUMIÈRE

Frères bien-aimés, en cette nuit très sainte où notre Seigneur Jésus Christ est passé de la mort à la vie, l'Église invite tous ses enfants disséminés de par le monde à se réunir pour veiller et prier.
Nous allons donc commémorer ensemble la Pâque du Seigneur, en écoutant sa parole et en célébrant ses sacrements, dans l'espérance d'avoir part à son triomphe sur la mort et de vivre avec lui pour toujours en Dieu.

Bénédiction du feu

Seigneur notre Dieu, par ton Fils qui est la lumière du monde, tu as donné aux hommes la clarté de ta lumière ; daigne bénir cette flamme qui brille dans la nuit ; accorde-nous, durant ces fêtes pascales, d'être enflammés d'un si grand désir du ciel que nous puissions parvenir, avec un cœur pur, aux fêtes de l'éternelle lumière. Par Jésus, le Christ, notre Seigneur. **Amen.**

Préparation du cierge pascal

Le Christ, hier et aujourd'hui, commencement et fin de toutes choses, Alpha et Oméga ; à lui, le temps et l'éternité, à lui, la gloire et la puissance pour les siècles sans fin. **Amen.**
Par ses saintes plaies, ses plaies glorieuses, que le Christ Seigneur nous garde et nous protège. **Amen.**
Que la lumière du Christ, ressuscitant dans la gloire, dissipe les ténèbres de notre cœur et de notre esprit. **Amen.**

Procession d'entrée

Lumière du Christ !
Nous rendons grâce à Dieu !

Louange pascale

On choisit l'un des deux textes suivants :

Qu'éclate dans le ciel la joie des anges !
Qu'éclate de partout la joie du monde !
Qu'éclate dans l'Église la joie des fils de Dieu !
La lumière éclaire l'Église,
La lumière éclaire la terre,
Peuples, chantez !
• **Nous te louons, splendeur du Père.,**
Jésus, Fils de Dieu.
• **Sainte lumière, Splendeur du Père,**
Louange à toi, Jésus Christ !
Voici pour tous les temps l'unique Pâque,
Voici pour Israël le grand passage,
Voici la longue marche vers la terre de liberté !
Ta lumière éclaire la route,
Dans la nuit ton peuple s'avance,
Libre, vainqueur !
Voici maintenant la Victoire,
Voici la liberté pour tous les peuples,
Le Christ ressuscité triomphe de la mort.

Ô nuit qui nous rend la lumière,
Ô nuit qui vit dans sa Gloire
Le Christ Seigneur !
Amour infini de notre Père,
Suprême témoignage de tendresse,
Pour libérer l'esclave, tu as livré le Fils !
Bienheureuse faute de l'homme,
Qui valut au monde en détresse
Le seul Sauveur !
Victoire qui rassemble ciel et terre,
Victoire où Dieu se donne un nouveau peuple
Victoire de l'Amour, victoire de la Vie !
Ô Père, accueille la flamme,
Qui vers toi s'élève en offrande,
Feu de nos cœurs !
Que brille devant toi cette lumière ! Demain se lèvera l'aube nouvelle
D'un monde rajeuni dans la Pâque de ton Fils !
Et que règnent la Paix, la Justice et l'Amour,
Et que passent tous les hommes
De cette terre à ta grande maison,
Par Jésus Christ ! (I 111)

Ou bien (forme brève) :

Exultez de joie, multitude des anges,
exultez, serviteurs de Dieu,
sonnez cette heure triomphale
et la victoire d'un si grand roi.
Sois heureuse aussi, notre terre,
irradiée de tant de feux,
car il t'a prise dans sa clarté
et son règne a chassé ta nuit.
Réjouis-toi, mère Église,
toute parée de sa splendeur,
entends vibrer dans ce lieu saint
l'acclamation de tout un peuple.
Le Seigneur soit avec vous.

Et avec votre esprit.
Élevons notre cœur.
Nous le tournons vers le Seigneur.
Rendons grâce au Seigneur notre Dieu.
Cela est juste et bon.

Vraiment, il est juste et bon de chanter à pleine voix et de tout cœur le Père tout-puissant, Dieu invisible, et son Fils unique, Jésus Christ, notre Seigneur.
C'est lui qui a remis pour nous au Père éternel le prix de la dette encourue par Adam ; c'est lui qui répandit son sang par amour pour effacer la condamnation du premier péché.
Car voici la fête de la Pâque dans laquelle est mis à mort l'Agneau véritable dont le sang consacre les portes des croyants.
Voici la nuit où tu as tiré d'Égypte les enfants d'Israël, nos pères, et leur as fait passer la mer Rouge à pied sec.
C'est la nuit où le feu d'une colonne lumineuse repoussait les ténèbres du péché. C'est maintenant la nuit qui arrache au monde corrompu, aveuglé par le mal, ceux qui, aujourd'hui et dans tout l'univers, ont mis leur foi dans le Christ : nuit qui les rend à la grâce et leur ouvre la communion des saints.
Voici la nuit où le Christ, brisant les liens de la mort, s'est relevé, victorieux, des enfers.
Merveilleuse condescendance de ta grâce ! Imprévisible choix de ton amour : pour racheter l'esclave, tu livres le Fils.
Il fallait le péché d'Adam que la mort du Christ abolit. Heureuse était la faute qui nous valut pareil Rédempteur.
Car le pouvoir sanctifiant de cette nuit chasse les crimes et lave les fautes, rend l'innocence aux coupables et l'allégresse aux affligés.
Ô nuit de vrai bonheur, nuit où le ciel s'unit à la terre, où l'homme rencontre Dieu.
Dans la grâce de cette nuit, accueille, Père saint, en sacrifice du soir, la flamme montant de cette colonne de cire que l'Église t'offre par nos mains. Permets que ce cierge pascal, consacré à

ton nom, brûle sans déclin dans cette nuit. Qu'il soit agréable à tes yeux, et joigne sa clarté à celle des étoiles.
Qu'il brûle encore quand se lèvera l'astre du matin, celui qui ne connaît pas de couchant, le Christ, ton Fils ressuscité, revenu des enfers, répandant sur les humains sa lumière et sa paix, lui qui règne avec toi et le Saint-Esprit, maintenant et pour les siècles des siècles. **Amen.**

Tous éteignent leur cierge et s'assoient.

2. LITURGIE DE LA PAROLE

1re Lecture

Le récit de la création

→ Lecture du livre de la Genèse

Gn 1, 1–2, 2
(lecture brève : 1, 1.26-31a)

La lecture du texte entre crochets est facultative.

Au commencement, Dieu créa le ciel et la terre. [La terre était informe et vide, les ténèbres étaient au-dessus de l'abîme et le souffle de Dieu planait au-dessus des eaux. Dieu dit : « Que la lumière soit. » Et la lumière fut. Dieu vit que la lumière était bonne, et Dieu sépara la lumière des ténèbres. Dieu appela la lumière « jour », il appela les ténèbres « nuit ». Il y eut un soir, il y eut un matin : premier jour.

Et Dieu dit : « Qu'il y ait un firmament au milieu des eaux, et qu'il sépare les eaux. » Dieu fit le firmament, il sépara les eaux qui sont au-dessous du firmament et les eaux qui sont au-dessus. Et ce fut ainsi. Dieu appela le firmament « ciel ». Il y eut un soir, il y eut un matin : deuxième jour.

Et Dieu dit : « Les eaux qui sont au-dessous du ciel, qu'elles se rassemblent en un seul lieu, et que paraisse la terre ferme. » Et ce fut ainsi. Dieu appela la terre ferme « terre », et il appela la masse des eaux « mer ». Et Dieu vit que cela était bon. Dieu dit : « Que la terre produise l'herbe, la plante qui porte sa semence, et que, sur la terre, l'arbre à fruit donne, selon son espèce, le fruit qui porte sa semence. » Et ce fut ainsi. La terre produisit l'herbe, la plante qui porte sa semence, selon son espèce, et l'arbre qui donne, selon son espèce, le fruit qui porte sa semence. Et Dieu vit que cela était bon. Il y eut un soir, il y eut un matin : troisième jour.

Et Dieu dit : « Qu'il y ait des luminaires au firmament du ciel, pour séparer le jour de la nuit ; qu'ils servent de signes pour marquer les fêtes, les jours et les années ; et qu'ils soient, au firmament du ciel, des luminaires pour éclairer la terre. » Et ce fut ainsi. Dieu fit les deux grands luminaires : le plus grand pour commander au jour, le plus petit pour commander à la nuit ; il fit aussi les étoiles. Dieu les plaça au firmament du ciel pour éclairer la terre, pour commander au jour et à la nuit, pour séparer la lumière des ténèbres. Et Dieu vit que cela était bon. Il y eut un soir, il y eut un matin : quatrième jour.

Et Dieu dit : « Que les eaux foisonnent d'une profusion d'êtres vivants, et que les oiseaux volent au-dessus de la terre, sous le firmament du ciel. » Dieu créa, selon leur espèce, les grands monstres marins, tous les êtres vivants qui vont et viennent et foisonnent dans les eaux, et aussi, selon leur espèce, tous les oiseaux qui volent. Et Dieu vit que cela était bon. Dieu les bénit par ces paroles : « Soyez féconds et multipliez-vous, remplissez les mers, que les oiseaux se multiplient sur la terre. » Il y eut un soir, il y eut un matin : cinquième jour.

Et Dieu dit : « Que la terre produise des êtres vivants selon leur espèce, bestiaux, bestioles et bêtes sauvages selon leur espèce. » Et ce fut ainsi. Dieu fit les bêtes sauvages selon leur espèce, les bestiaux selon leur espèce, et toutes les bestioles de la terre selon leur espèce. Et Dieu vit que cela était bon.]

Dieu dit : « Faisons l'homme à notre image, selon notre ressemblance. Qu'il soit le maître des poissons de la mer, des oiseaux du ciel, des bestiaux, de toutes les bêtes sauvages, et de toutes les bestioles qui vont et viennent sur la terre. » Dieu créa l'homme à son image, à l'image de Dieu il le créa, il les créa homme et femme. Dieu les bénit et leur dit : « Soyez féconds et multipliez-vous, remplissez la terre et soumettez-la. Soyez les maîtres des poissons de la mer, des oiseaux du ciel, et de tous les animaux qui vont et viennent sur la terre. » Dieu dit encore : « Je vous donne toute plante qui porte sa semence sur toute la surface de la terre, et tout arbre dont le fruit porte sa semence : telle sera votre nourriture. À tous les animaux de la terre, à tous les oiseaux du ciel, à tout ce qui va et vient sur la terre et qui a souffle de vie, je donne comme nourriture toute herbe verte. » Et ce fut ainsi. Et Dieu vit tout ce qu'il avait fait ; et voici : cela était très bon. Il y eut un soir, il y eut un matin : sixième jour.

[Ainsi furent achevés le ciel et la terre, et tout leur déploiement. Le septième jour, Dieu avait achevé l'œuvre qu'il avait faite. Il se reposa, le septième jour, de toute l'œuvre qu'il avait faite.]

Psaume 103

R/ Ô Seigneur, envoie ton Esprit
qui renouvelle la face de la terre !

Bénis le Seigneur, ô mon âme ;
Seigneur mon Dieu, tu es si grand !
Revêtu de magnificence,
tu as pour manteau la lumière !

Tu as donné son assise à la terre :
qu'elle reste inébranlable au cours des temps.
Tu l'as vêtue de l'abîme des mers :
les eaux couvraient même les montagnes ;

Dans les ravins tu fais jaillir des sources
et l'eau chemine aux creux des montagnes ;
les oiseaux séjournent près d'elle :
dans le feuillage on entend leurs cris.

De tes demeures tu abreuves les montagnes,
et la terre se rassasie du fruit de tes œuvres ;
tu fais pousser les prairies pour les troupeaux,
et les champs pour l'homme qui travaille.

Quelle profusion dans tes œuvres, Seigneur !
Tout cela, ta sagesse l'a fait ;
la terre s'emplit de tes biens.
Bénis le Seigneur, ô mon âme !

ou bien

Psaume 32

R/ **Toute la terre, Seigneur, est remplie de ton amour.**

Oui, elle est droite, la parole du Seigneur ;
il est fidèle en tout ce qu'il fait.
Il aime le bon droit et la justice ;
la terre est remplie de son amour.

Le Seigneur a fait les cieux par sa parole,
l'univers, par le souffle de sa bouche.
Il amasse, il retient l'eau des mers ;
les océans, il les garde en réserve.

Heureux le peuple dont le Seigneur est le Dieu,
heureuse la nation qu'il s'est choisie pour domaine !
Du haut des cieux, le Seigneur regarde :
il voit la race des hommes.

Nous attendons notre vie du Seigneur :
il est pour nous un appui, un bouclier.
Que ton amour, Seigneur, soit sur nous
comme notre espoir est en toi !

Prière

• Dieu éternel et tout-puissant, toi qui agis toujours avec une sagesse admirable, donne aux hommes que tu as rachetés de comprendre que le sacrifice du Christ, notre Pâque, est une œuvre plus merveilleuse encore que l'acte de la création au commencement du monde. Par Jésus, le Christ, notre Seigneur.

• Seigneur notre Dieu, toi qui as fait merveille en créant l'homme et plus grande merveille encore en le rachetant, donne-nous de résister aux attraits du péché par la sagesse de l'esprit, et de parvenir aux joies éternelles. Par Jésus, le Christ, notre Seigneur.

2e Lecture

Le sacrifice d'Isaac

→ Lecture du livre de la Genèse Gn 22, 1-18

(lecture brève : 22, 1-2.9a.10-13.15-18)

La lecture du texte entre crochets est facultative.

En ces jours-là, Dieu mit Abraham à l'épreuve. Il lui dit : « Abraham ! » Celui-ci répondit : « Me voici ! » Dieu dit : « Prends ton fils, ton unique, celui que tu aimes, Isaac, va au pays de Moriah, et là tu l'offriras en holocauste sur la montagne que je t'indiquerai. »

[Abraham se leva de bon matin, sella son âne, et prit avec lui deux de ses serviteurs et son fils Isaac. Il fendit le bois pour l'holocauste, et se mit en route vers l'endroit que Dieu lui avait indiqué. Le troisième jour, Abraham, levant les yeux, vit l'endroit de loin. Abraham dit à ses serviteurs : « Restez ici avec l'âne. Moi et le garçon, nous irons jusque là-bas pour adorer, puis nous reviendrons vers vous. » Abraham prit le bois pour l'holocauste et le chargea sur son fils Isaac ; il prit le feu et le couteau, et tous deux s'en allèrent ensemble. Isaac dit à son père Abraham : « Mon père ! – Eh bien, mon fils ? » Isaac reprit : « Voilà le feu et le bois, mais où est l'agneau pour l'holocauste ? » Abraham répondit : « Dieu saura bien trouver l'agneau pour l'holocauste, mon fils. » Et ils s'en allaient tous les deux ensemble.]

Ils arrivèrent à l'endroit que Dieu avait indiqué. [Abraham y bâtit l'autel et disposa le bois, puis il lia son fils Isaac et le mit sur l'autel, par-dessus le bois.] Abraham étendit la main et saisit le couteau pour immoler son fils. Mais l'ange du Seigneur l'appela du haut du ciel et dit : « Abraham ! Abraham ! » Il répondit : « Me voici ! » L'ange lui dit : « Ne porte pas la main sur le garçon ! Ne lui fais aucun mal ! Je sais maintenant que tu crains Dieu : tu ne m'as pas refusé ton fils, ton unique. »

Abraham leva les yeux et vit un bélier retenu par les cornes dans un buisson. Il alla prendre le bélier et l'offrit en holocauste à la place de son fils. [Abraham donna à ce lieu le nom de « Le-Seigneur-voit ». On l'appelle aujourd'hui : « Sur-le-mont-le-Seigneur-est-vu. »] Du ciel, l'ange du Seigneur appela une seconde fois Abraham. Il déclara : « Je le jure par moi-même, oracle du Seigneur : parce que tu as fait cela, parce que tu ne m'as pas refusé ton fils, ton unique, je te comblerai de bénédictions, je rendrai ta descendance aussi nombreuse que les étoiles du ciel et que le sable au bord de la mer, et ta descendance occupera les places fortes de ses ennemis. Puisque tu as écouté ma voix, toutes les nations de la terre s'adresseront l'une à l'autre la bénédiction par le nom de ta descendance. »

Psaume 15

R/ Garde-moi, mon Dieu : j'ai fait de toi mon refuge.

Seigneur, mon partage et ma coupe :
de toi dépend mon sort.
Je garde le Seigneur devant moi sans relâche ;
il est à ma droite : je suis inébranlable.

Mon cœur exulte, mon âme est en fête,
ma chair elle-même repose en confiance :
tu ne peux m'abandonner à la mort
ni laisser ton ami voir la corruption.

Tu m'apprends le chemin de la vie :
devant ta face, débordement de joie !
À ta droite, éternité de délices !

Prière

Dieu très saint, Père des croyants, en répandant la grâce de l'adoption, tu multiplies sur toute la terre les fils de ta promesse ; par le mystère pascal, tu fais de ton serviteur Abraham, comme tu l'avais promis, le père de toutes les nations ; accorde à ton peuple de savoir répondre à cet appel. Par Jésus, le Christ, notre Seigneur.

3e Lecture

Le passage de la mer

→ Lecture du livre de l'Exode Ex 14, 15–15, 1a

En ces jours-là, le Seigneur dit à Moïse : « Pourquoi crier vers moi ? Ordonne aux fils d'Israël de se mettre en route ! Toi, lève ton bâton, étends le bras sur la mer, fends-la en deux, et que les fils d'Israël entrent au milieu de la mer à pied sec. Et moi, je ferai en sorte que les Égyptiens s'obstinent : ils y entreront derrière eux ; je me glorifierai aux dépens de Pharaon et de toute son armée, de ses chars et de ses guerriers. Les Égyptiens sauront que je suis le Seigneur, quand je me serai glorifié aux dépens de Pharaon, de ses chars et de ses guerriers. »

L'ange de Dieu, qui marchait en avant d'Israël, se déplaça et marcha à l'arrière. La colonne de nuée se déplaça depuis l'avant-garde et vint se tenir à l'arrière, entre le camp des Égyptiens et le camp d'Israël. Cette nuée était à la fois ténèbres et lumière dans la nuit, si bien que, de toute la nuit, ils ne purent se rencontrer. Moïse étendit le bras sur la mer. Le Seigneur chassa la mer toute la nuit par un fort vent d'est ; il mit la mer à sec, et les eaux se fendirent. Les fils d'Israël entrèrent au milieu de la mer à pied sec, les eaux formant une muraille à leur droite et à leur gauche. Les Égyptiens les poursuivirent ; tous les chevaux de Pharaon, ses chars et ses guerriers entrèrent derrière eux jusqu'au milieu de la mer.

Aux dernières heures de la nuit, le Seigneur observa, depuis la colonne de feu et de nuée, l'armée des Égyptiens, et il la frappa de panique. Il faussa les roues de leurs chars, et ils eurent beaucoup de peine à les conduire.

Les Égyptiens s'écrièrent : « Fuyons devant Israël, car c'est le Seigneur qui combat pour eux contre nous ! » Le Seigneur dit à Moïse : « Étends le bras sur la mer : que les eaux reviennent sur les Égyptiens, leurs chars et leurs guerriers ! » Moïse étendit le bras sur la mer. Au point du jour, la mer reprit sa place ; dans leur fuite, les Égyptiens s'y heurtèrent, et le Seigneur les précipita au milieu de la mer. Les eaux refluèrent et recouvrirent les chars et les guerriers, toute l'armée de Pharaon qui était entrée dans la mer à la poursuite d'Israël. Il n'en resta pas un seul. Mais les fils d'Israël avaient marché à pied sec au milieu de la mer, les eaux formant une muraille à leur droite et à leur gauche.

Ce jour-là, le Seigneur sauva Israël de la main de l'Égypte, et Israël vit les Égyptiens morts sur le bord de la mer. Israël vit avec quelle main puissante le Seigneur avait agi contre l'Égypte. Le peuple craignit le Seigneur, il mit sa foi dans le Seigneur et dans son serviteur Moïse. Alors Moïse et les fils d'Israël chantèrent ce cantique au Seigneur :

Cantique d'Exode 15

R/ Chantons pour le Seigneur ! Éclatante est sa gloire.

Je chanterai pour le Seigneur !
Éclatante est sa gloire :
il a jeté dans la mer
cheval et cavalier.

Ma force et mon chant, c'est le Seigneur :
il est pour moi le salut.
Il est mon Dieu, je le célèbre ;
j'exalte le Dieu de mon père.

Le Seigneur est le guerrier des combats ;
son nom est « Le Seigneur ».
Les chars du Pharaon et ses armées, il les lance dans la mer.
L'élite de leurs chefs a sombré dans la mer Rouge.

L'abîme les recouvre :
ils descendent, comme la pierre, au fond des eaux.
Ta droite, Seigneur, magnifique en sa force,
ta droite, Seigneur, écrase l'ennemi.

Tu les amènes, tu les plantes sur la montagne, ton héritage,
le lieu que tu as fait, Seigneur, pour l'habiter,
le sanctuaire, Seigneur, fondé par tes mains.
Le Seigneur régnera pour les siècles des siècles.

Prière

• Seigneur notre Dieu, dans la lumière de l'Évangile tu as donné leur sens aux miracles accomplis sous l'Ancien Testament : on reconnaît dans la mer Rouge l'image de la fontaine baptismale ; et le peuple juif, délivré de la servitude d'Égypte, est la figure du peuple chrétien. Fais que tous les hommes, grâce à la foi, participent au privilège d'Israël, et soient régénérés en recevant ton Esprit. Par Jésus, le Christ, notre Seigneur.

• Maintenant encore, Seigneur, nous voyons resplendir tes merveilles d'autrefois : alors que jadis tu manifestais ta puissance en délivrant un seul peuple de la poursuite des Égyptiens, tu assures désormais le salut de toutes les nations en les faisant renaître à travers les eaux du baptême ; fais que les hommes du monde entier deviennent des fils d'Abraham et accèdent à la dignité de tes enfants. Par Jésus, le Christ notre Seigneur.

4e Lecture

L'amour de Jérusalem

→ **Lecture du livre du prophète Isaïe** Is 54, 5-14

Parole du Seigneur adressée à Jérusalem : Ton époux, c'est Celui qui t'a faite, son nom est « Le Seigneur de l'univers ». Ton rédempteur, c'est le Saint d'Israël, il s'appelle « Dieu de toute la terre ». Oui, comme une femme abandonnée, accablée, le Seigneur te rappelle. Est-ce que l'on rejette la femme de sa jeunesse ? – dit ton Dieu.

Un court instant, je t'avais abandonnée, mais dans ma grande tendresse, je te ramènerai. Quand ma colère a débordé, un instant, je t'avais caché ma face. Mais dans mon éternelle fidélité, je te montre ma tendresse, – dit le Seigneur, ton rédempteur. Je ferai comme au temps de Noé, quand j'ai juré que les eaux ne submergeraient plus la terre : de même, je jure de ne plus m'irriter contre toi, et de ne plus te menacer.

Même si les montagnes s'écartaient, si les collines s'ébranlaient, ma fidélité ne s'écarterait pas de toi, mon alliance de paix ne serait pas ébranlée, – dit le Seigneur, qui te montre sa tendresse. Jérusalem, malheureuse, battue par la tempête, inconsolée, voici que je vais sertir tes pierres et poser tes fondations sur des saphirs. Je ferai tes créneaux avec des rubis, tes portes en cristal de roche, et toute ton enceinte avec des pierres précieuses. Tes fils seront tous disciples du Seigneur, et grande sera leur paix. Tu seras établie sur la justice : loin de toi l'oppression, tu n'auras plus à craindre ; loin de toi la terreur, elle ne t'approchera plus.

Psaume 29

R/ Je t'exalte, Seigneur : tu m'as relevé.

Quand j'ai crié vers toi, Seigneur,
mon Dieu, tu m'as guéri ;
Seigneur, tu m'as fait remonter de l'abîme
et revivre quand je descendais à la fosse.

Fêtez le Seigneur, vous, ses fidèles,
rendez grâce en rappelant son nom très saint.
Sa colère ne dure qu'un instant,
sa bonté, toute la vie.

Avec le soir, viennent les larmes,
mais au matin, les cris de joie !
Tu as changé mon deuil en une danse,
mes habits funèbres en parure de joie !

Que mon cœur ne se taise pas,
qu'il soit en fête pour toi ;
et que sans fin, Seigneur, mon Dieu,
je te rende grâce !

Prière

Dieu éternel et tout-puissant, pour l'honneur de ton nom, multiplie la postérité promise à nos pères à cause de leur foi, augmente le nombre de tes enfants d'adoption ; que ton Église voie, dès maintenant, se réaliser la promesse dont les patriarches n'ont jamais douté. Par Jésus, le Christ, notre Seigneur.

Ou bien l'une des prières qui suivent les autres lectures, si elles sont omises.

5e Lecture

La promesse de l'Alliance éternelle

→ Lecture du livre du prophète Isaïe Is 55, 1-11

Ainsi parle le Seigneur : Vous tous qui avez soif, venez, voici de l'eau ! Même si vous n'avez pas d'argent, venez acheter et consommer, venez acheter du vin et du lait sans argent, sans rien payer. Pourquoi dépenser votre argent pour ce qui ne nourrit pas, vous fatiguer pour ce qui ne rassasie pas ? Écoutez-moi bien, et vous mangerez de bonnes choses, vous vous régalerez de viandes savoureuses ! Prêtez l'oreille ! Venez à moi ! Écoutez, et vous vivrez. Je m'engagerai envers vous par une alliance éternelle : ce sont les bienfaits garantis à David. Lui, j'en ai fait un témoin pour les peuples, pour les peuples, un guide et un chef. Toi, tu appelleras une nation inconnue de toi ; une nation qui ne te connaît pas accourra vers toi, à cause du Seigneur ton Dieu, à cause du Saint d'Israël, car il fait ta splendeur.

Cherchez le Seigneur tant qu'il se laisse trouver ; invoquez-le tant qu'il est proche. Que le méchant abandonne son chemin, et l'homme perfide, ses pensées ! Qu'il revienne vers le Seigneur qui lui montrera sa miséricorde, vers notre Dieu qui est riche en pardon. Car mes pensées ne sont pas vos pensées, et vos chemins ne sont pas mes chemins, – oracle du Seigneur. Autant le ciel est élevé au-dessus de la terre, autant mes chemins sont élevés au-dessus de vos chemins, et mes pensées, au-dessus de vos pensées.

La pluie et la neige qui descendent des cieux n'y retournent pas sans avoir abreuvé la terre, sans l'avoir fécondée et l'avoir fait germer, donnant la semence au semeur et le pain à celui qui doit manger ; ainsi ma parole, qui sort de ma bouche, ne me reviendra pas sans résultat, sans avoir fait ce qui me plaît, sans avoir accompli sa mission.

Cantique d'Isaïe 12

**R/ Exultant de joie, vous puiserez les eaux
aux sources du salut !**

Voici le Dieu qui me sauve :
j'ai confiance, je n'ai plus de crainte.
Ma force et mon chant, c'est le Seigneur ;
il est pour moi le salut.

Rendez grâce au Seigneur,
proclamez son nom,
annoncez parmi les peuples ses hauts faits !
Redites-le : « Sublime est son nom ! »

Jouez pour le Seigneur, il montre sa magnificence,
et toute la terre le sait.
Jubilez, criez de joie, habitants de Sion,
car il est grand au milieu de toi, le Saint d'Israël !

Prière

Dieu éternel et tout-puissant, unique espoir du monde, toi qui annonçais par la voix des prophètes les mystères qui s'accomplissent aujourd'hui, daigne inspirer toi-même les désirs de ton peuple, puisque aucun de tes fidèles ne peut progresser en vertu sans l'inspiration de ta grâce. Par Jésus, le Christ, notre Seigneur.

Ou bien l'une des prières qui suivent les lectures 4, 6 et 7.

6e Lecture

La sagesse vit parmi les hommes

→ Lecture du livre du prophète Baruc Ba 3, 9-15.32 – 4, 4

Écoute, Israël, les commandements de vie, prête l'oreille pour acquérir la connaissance. Pourquoi donc, Israël, pourquoi es-tu exilé chez tes ennemis, vieillissant sur une terre étrangère, souillé par le contact des cadavres, inscrit parmi les habitants du séjour des morts ? – Parce que tu as abandonné la Source de la Sagesse ! Si tu avais suivi les chemins de Dieu, tu vivrais dans la paix pour toujours. Apprends où se trouvent et la connaissance, et la force, et l'intelligence ; pour savoir en même temps où se trouvent de longues années de vie, la lumière des yeux et la paix.

Mais qui donc a découvert la demeure de la Sagesse, qui a pénétré jusqu'à ses trésors ? Celui qui sait tout en connaît le chemin, il l'a découvert par son intelligence. Il a pour toujours aménagé la terre, et l'a peuplée de troupeaux. Il lance la lumière, et elle prend sa course ; il la rappelle, et elle obéit en tremblant. Les étoiles brillent, joyeuses, à leur poste de veille ; il les appelle, et elles répondent : « Nous voici ! » Elles brillent avec joie pour celui qui les a faites. C'est lui qui est notre Dieu : aucun autre ne lui est comparable. Il a découvert les chemins du savoir, et il les a confiés à Jacob, son serviteur, à Israël, son bien-aimé.

Ainsi, la Sagesse est apparue sur la terre, elle a vécu parmi les hommes. Elle est le livre des préceptes de Dieu, la Loi qui demeure éternellement : tous ceux qui l'observent vivront, ceux qui l'abandonnent mourront.

Reviens, Jacob, saisis-la de nouveau ; à sa lumière, marche vers la splendeur : ne laisse pas ta gloire à un autre, tes privilèges à un peuple étranger. Heureux sommes-nous, Israël ! Car ce qui plaît à Dieu, nous le connaissons.

Psaume 18 B

R/ Seigneur, tu as les paroles de la vie éternelle.

La loi du Seigneur est parfaite,
qui redonne vie ;
la charte du Seigneur est sûre,
qui rend sages les simples.

Les préceptes du Seigneur sont droits,
ils réjouissent le cœur ;
le commandement du Seigneur est limpide,
il clarifie le regard.

La crainte qu'il inspire est pure,
elle est là pour toujours ;
les décisions du Seigneur sont justes
et vraiment équitables :

plus désirables que l'or,
qu'une masse d'or fin,
plus savoureuses que le miel
qui coule des rayons.

Prière

Dieu qui ne cesses de faire grandir ton Église en appelant à elle les hommes qui sont loin de toi, daigne garder sous ta protection ceux que tu purifies dans l'eau du baptême. Par Jésus, le Christ, notre Seigneur.

Ou bien l'une des prières qui suivent les lectures 4, 5 et 7.

7e Lecture

Un cœur et un esprit nouveau

→ **Lecture du livre du prophète Ézékiel** Ez 36, 16-17a.18-28

La parole du Seigneur me fut adressée : « Fils d'homme, lorsque les gens d'Israël habitaient leur pays, ils le rendaient impur par leur conduite et leurs actes. Alors j'ai déversé sur eux ma fureur, à cause du sang qu'ils avaient versé dans le pays, à cause des idoles immondes qui l'avaient rendu impur. Je les ai dispersés parmi les nations, ils ont été disséminés dans les pays étrangers. Selon leur conduite et leurs actes, je les ai jugés. Dans les nations où ils sont allés, ils ont profané mon saint nom, car on disait : "C'est le peuple du Seigneur, et ils sont sortis de son pays !" Mais j'ai voulu épargner mon saint nom, que les gens d'Israël avaient profané dans les nations où ils sont allés.

Eh bien ! tu diras à la maison d'Israël : Ainsi parle le Seigneur Dieu : Ce n'est pas pour vous que je vais agir, maison d'Israël, mais c'est pour mon saint nom que vous avez profané dans les nations où vous êtes allés. Je sanctifierai mon grand nom, profané parmi les nations, mon nom que vous avez profané au milieu d'elles. Alors les nations sauront que Je suis le Seigneur – oracle du Seigneur Dieu – quand par vous je manifesterai ma sainteté à leurs yeux. Je vous prendrai du milieu des nations, je vous rassemblerai de tous les pays, je vous conduirai dans votre terre. Je répandrai sur vous une eau pure, et vous serez purifiés ; de toutes vos souillures, de toutes vos idoles, je vous purifierai. Je vous donnerai un cœur nouveau, je mettrai en vous un esprit nouveau. J'ôterai de votre chair le cœur de pierre, je vous donnerai un cœur de chair. Je mettrai en vous mon esprit, je ferai que vous marchiez selon mes lois, que vous gardiez mes préceptes et leur soyez fidèles. Vous habiterez le pays que j'ai donné à vos pères : vous, vous serez mon peuple, et moi, je serai votre Dieu.

S'il n'y a pas de baptême :

Psaume 41

**R/ Comme un cerf altéré cherche l'eau vive,
ainsi mon âme te cherche, toi, mon Dieu.**

Mon âme a soif de Dieu,
le Dieu vivant ;
quand pourrai-je m'avancer,

paraître face à Dieu ?
Je conduisais vers la maison de mon Dieu
la multitude en fête,
parmi les cris de joie

et les actions de grâce.
Envoie ta lumière et ta vérité :
qu'elles guident mes pas
et me conduisent à ta montagne sainte,

jusqu'en ta demeure.
J'avancerai jusqu'à l'autel de Dieu,
vers Dieu qui est toute ma joie ;
je te rendrai grâce avec ma harpe,
Dieu, mon Dieu.

Lorsqu'il y a baptême, Cantique d'Isaïe 12, comme après la 5e lecture, *p. 346.*

ou bien

Psaume 50

R/ Crée en moi un cœur pur, ô mon Dieu.

Crée en moi un cœur pur, ô mon Dieu,
renouvelle et raffermis au fond de moi mon esprit.
Ne me chasse pas loin de ta face,
ne me reprends pas ton esprit saint.

Rends-moi la joie d'être sauvé ;
que l'esprit généreux me soutienne.
Aux pécheurs, j'enseignerai tes chemins ;
vers toi, reviendront les égarés.

Si j'offre un sacrifice, tu n'en veux pas,
tu n'acceptes pas d'holocauste.
Le sacrifice qui plaît à Dieu,
c'est un esprit brisé ;

tu ne repousses pas, ô mon Dieu,
un cœur brisé et broyé.

Prière

• Seigneur notre Dieu, puissance inaltérable et lumière sans déclin, regarde avec bonté le sacrement merveilleux de l'Église tout entière. Comme tu l'as prévu de toute éternité, poursuis dans la paix l'œuvre du salut des hommes ; que le monde entier reconnaisse la merveille : ce qui était abattu est relevé, ce qui avait vieilli est rénové, et tout retrouve son intégrité première en celui qui est le principe de tout, Jésus Christ, ton Fils et notre Seigneur. Lui qui règne pour les siècles des siècles.
• Seigneur notre Dieu, tu veux nous former à célébrer le mystère pascal en nous faisant écouter l'Ancien et le Nouveau Testament, ouvre nos cœurs à l'intelligence de ta miséricorde : ainsi la conscience des grâces déjà reçues affermira en nous l'espérance des biens à venir. Par Jésus, le Christ, notre Seigneur.

Ou l'une des prières qui suivent les lectures 4, 5 et 6.

Gloria

Nous retrouvons le chant du Gloire à Dieu. Là où les conditions locales le permettent, les cloches annoncent alors la joie de Pâques.

Prière

Dieu qui fais resplendir cette nuit très sainte par la gloire de la résurrection du Seigneur, ravive en ton Église l'esprit filial que tu lui as donné, afin que, renouvelés dans notre corps et notre âme, nous soyons tout entiers à ton service. Par Jésus Christ.

Épître

Baptisés dans la mort et la résurrection du Christ

→ Lecture de la lettre de saint Paul apôtre aux Romains Rm 6, 3b-11

Frères, nous tous qui par le baptême avons été unis au Christ Jésus, c'est à sa mort que nous avons été unis par le baptême. Si donc, par le baptême qui nous unit à sa mort, nous avons été mis au tombeau avec lui, c'est pour que nous menions une vie nouvelle, nous aussi, comme le Christ qui, par la toute-puissance du Père, est ressuscité d'entre les morts. Car, si nous avons été unis à lui par une mort qui ressemble à la sienne, nous le serons aussi par une résurrection qui ressemblera à la sienne.

Nous le savons : l'homme ancien qui est en nous a été fixé à la croix avec lui pour que le corps du péché soit réduit à rien, et qu'ainsi nous ne soyons plus esclaves du péché. Car celui qui est mort est affranchi du péché.

Et si nous sommes passés par la mort avec le Christ, nous croyons que nous vivrons aussi avec lui. Nous le savons en effet : ressuscité d'entre les morts, le Christ ne meurt plus ; la mort n'a plus de pouvoir sur lui. Car lui qui est mort, c'est au péché qu'il est mort une fois pour toutes ; lui qui est vivant, c'est pour Dieu qu'il est vivant. De même, vous aussi, pensez que vous êtes morts au péché, mais vivants pour Dieu en Jésus Christ.

Psaume 117

R/ **Alléluia, alléluia, alléluia !**

Rendez grâce au Seigneur : Il est bon !
Éternel est son amour !
Oui, que le dise Israël :
Éternel est son amour !

Le bras du Seigneur se lève,
le bras du Seigneur est fort !
Non, je ne mourrai pas, je vivrai,
pour annoncer les actions du Seigneur.

La pierre qu'ont rejetée les bâtisseurs
est devenue la pierre d'angle :
c'est là l'œuvre du Seigneur,
la merveille devant nos yeux.

Évangile

Les femmes au tombeau

→ **Évangile de Jésus Christ selon saint Marc** Mc 16, 1-7

Le sabbat terminé, Marie Madeleine, Marie, mère de Jacques, et Salomé achetèrent des parfums pour aller embaumer le corps de Jésus. De grand matin, le premier jour de la semaine, elles se rendent au tombeau dès le lever du soleil. Elles se disaient entre elles : « Qui nous roulera la pierre pour dégager l'entrée du tombeau ? » Levant les yeux, elles s'aperçoivent qu'on a roulé la pierre, qui était pourtant très grande. En entrant dans le tombeau, elles virent, assis à droite, un jeune homme vêtu de blanc. Elles furent saisies de frayeur. Mais il leur dit : « Ne soyez pas effrayées ! Vous cherchez Jésus de Nazareth, le Crucifié ? Il est ressuscité : il n'est pas ici. Voici l'endroit où on l'avait déposé. Et maintenant, allez dire à ses disciples et à Pierre : "Il vous précède en Galilée. Là vous le verrez, comme il vous l'a dit." »

Homélie

3. LITURGIE BAPTISMALE

• *S'il n'y a pas de baptême à la Vigile pascale et si l'on ne doit pas non plus bénir de l'eau baptismale pour les baptêmes qui auront lieu pendant le Temps pascal, on passe directement à la bénédiction de l'eau comme indiqué à la p. 355.*

• *Nous donnons ci-dessous la célébration telle qu'elle se déroule lorsqu'elle comporte des baptêmes d'adultes. Les textes sont ceux de l'édition 1997 du Rituel de l'initiation chrétienne des adultes.*

On invite ceux qui vont être baptisés à s'approcher de la vasque baptismale avec leurs parrains et marraines. Le prêtre s'adresse à l'assemblée, en disant par exemple :

Chers frères et sœurs, implorons la miséricorde de Dieu le Père tout-puissant pour N. et N. qui demandent le baptême.

C'est lui qui les a appelés et les a conduits jusqu'à cette nuit. Qu'il leur accorde la lumière et la force, pour qu'ils s'attachent au Christ de tout leur cœur et professent la foi de l'Église ; et qu'il leur donne d'être renouvelés par l'Esprit Saint que nous allons invoquer sur cette eau.

Les catéchumènes peuvent s'agenouiller pendant les litanies. Les ministres et l'assemblée restent debout, comme c'est l'usage pendant le Temps pascal.

Litanies

Seigneur, prends pitié.	**Seigneur, prends pitié.**
Ô Christ, prends pitié.	**Ô Christ, prends pitié.**
Seigneur, prends pitié.	**Seigneur, prends pitié.**
Sainte Marie, Mère de Dieu,	**priez pour nous.**
Saint Michel,	**priez pour nous.**
Saints Anges de Dieu,	**priez pour nous.**
Saint Jean Baptiste,	**priez pour nous.**
Saint Joseph,	**priez pour nous.**
Saint Pierre et saint Paul,	**priez pour nous.**
Saint André,	**priez pour nous.**
Saint Jean,	**priez pour nous.**
Sainte Marie Madeleine,	**priez pour nous.**
Saint Étienne,	**priez pour nous.**
Saint Ignace d'Antioche,	**priez pour nous.**
Saint Laurent,	**priez pour nous.**
Sainte Perpétue et sainte Félicité,	**priez pour nous.**
Sainte Agnès,	**priez pour nous.**
Saint Grégoire,	**priez pour nous.**
Saint Augustin,	**priez pour nous.**
Saint Athanase,	**priez pour nous.**
Saint Basile,	**priez pour nous.**
Saint Martin,	**priez pour nous.**
Saint Benoît,	**priez pour nous.**
Saint François et saint Dominique,	**priez pour nous.**
Saint François Xavier,	**priez pour nous.**
Saint Jean-Marie Vianney,	**priez pour nous.**

Sainte Catherine de Sienne, **priez pour nous.**
Sainte Thérèse d'Avila, **priez pour nous.**

On peut ajouter d'autres noms, en particulier les saints patrons des nouveaux baptisés.

Vous tous, saints et saintes de Dieu, **priez pour nous.**
Montre-toi favorable, **délivre-nous, Seigneur.**
De tout mal, **délivre-nous, Seigneur.**
De tout péché, **délivre-nous, Seigneur.**
De la mort éternelle, **délivre-nous, Seigneur.**
Par ton incarnation, **délivre-nous, Seigneur.**
Par ta mort et ta résurrection, **délivre-nous, Seigneur.**
Par le don de l'Esprit Saint, **délivre-nous, Seigneur.**
Nous qui sommes pécheurs, **de grâce, écoute-nous.**

On peut ajouter ici d'autres intentions. S'il y a des baptêmes :

Pour qu'il te plaise de faire vivre de ta vie par la grâce du baptême ceux que tu as appelés, **de grâce, écoute-nous.**

Si l'on ne célèbre pas de baptême :

Pour qu'il te plaise de sanctifier cette eau d'où naîtront pour toi de nouveaux enfants, **de grâce, écoute-nous.**

On continue :

Jésus, Fils du Dieu vivant, **de grâce, écoute-nous.**
Ô Christ, écoute-nous. **Ô Christ, écoute-nous.**
Ô Christ, exauce-nous. **Ô Christ, exauce-nous.**

Dieu éternel et tout-puissant, viens agir dans les mystères qui révèlent ton amour, viens agir dans le sacrement du baptême ; envoie ton Esprit pour enfanter les peuples nouveaux qui vont naître pour toi de la fontaine baptismale : fais que les gestes de notre humble ministère deviennent efficaces par ta puissance. Par Jésus, le Christ, notre Seigneur. **Amen.**

Les catéchumènes se relèvent et l'on procède à la bénédiction de l'eau. Le rituel donne le choix entre plusieurs formules de bénédiction qui peuvent être entrecoupées par un refrain chanté.

• Dieu, dont la puissance invisible accomplit des merveilles par les sacrements, tu as voulu, au cours des temps, que l'eau, ta créature, révèle ce que serait la grâce du baptême.

Dès les commencements du monde, c'est ton Esprit qui planait sur les eaux, pour qu'elles reçoivent en germe la force de sanctifier. (Refrain)

Par les flots du déluge, tu annonçais le baptême qui fait renaître, puisque l'eau y préfigurait à la fois la fin de tout péché et le début de toute justice. (Refrain)

Aux enfants d'Abraham, tu as fait passer la mer Rouge à pied sec, pour que le peuple d'Israël, libéré de la servitude, préfigure le peuple des baptisés. (Refrain)

Ton Fils bien-aimé, baptisé par Jean dans les eaux du Jourdain, consacré par l'onction de ton Esprit, suspendu au bois de la croix, laissa couler de son côté ouvert du sang et de l'eau et quand il fut ressuscité, il dit à ses disciples : « Allez, enseignez toutes les nations, et baptisez-les au nom du Père, et du Fils, et du Saint-Esprit. » (Refrain)

Maintenant, Seigneur notre Dieu, regarde avec amour ton Église et fais jaillir en elle la source du baptême.

Que cette eau reçoive de l'Esprit Saint la grâce de ton Fils unique, afin que l'homme, créé à ta ressemblance, et lavé par le baptême des souillures qui déforment cette image, puisse renaître de l'eau et de l'Esprit pour la vie nouvelle d'enfant de Dieu.

Nous t'en prions, Seigneur notre Dieu : Par la grâce de ton Fils, que vienne sur cette eau la puissance de l'Esprit Saint, afin que tout homme qui sera baptisé, enseveli dans la mort avec le Christ, ressuscite avec le Christ pour la vie, car il est vivant pour les siècles des siècles.

Amen.

ou bien :

Béni sois-tu, Père tout-puissant, notre Créateur et notre Dieu : tu nous donnes l'eau qui purifie et qui fait vivre.
Béni sois-tu, Seigneur ! (ou une autre acclamation)
Béni sois-tu, Fils unique du Père, Jésus Christ, notre Dieu : pour que naisse l'Église dans le mystère de ta mort et de ta Résurrection, tu laissas couler de ton côté ouvert l'eau et le sang. **Béni sois-tu, Seigneur !**
Béni sois-tu, Esprit-Saint, notre Dieu : pour que nous soyons tous baptisés en toi, tu as consacré Jésus quand il fut baptisé dans les eaux du Jourdain. **Béni sois-tu, Seigneur !**
Pour que renaissent par l'Esprit Saint ceux que tu as appelés, et pour qu'ils soient de ton peuple, Seigneur, sanctifie cette eau. **Exauce-nous, Seigneur !**

• *Dans les églises et chapelles qui ne sont pas destinées à la célébration du baptême, le prêtre bénit l'eau pour l'aspersion :*

Demandons au Seigneur de bénir cette eau ; nous allons en être aspergés en souvenir de notre baptême : que Dieu nous garde fidèles à l'Esprit que nous avons reçu.
Seigneur, Dieu tout-puissant, écoute les prières de ton peuple qui veille en cette nuit très sainte ; alors que nous célébrons la merveille de notre création et la merveille plus grande encore de notre rédemption, daigne bénir cette eau. Tu l'as créée pour féconder la terre et donner à nos corps fraîcheur et pureté. Tu en as fait aussi l'instrument de ta miséricorde ; par elle tu as libéré ton peuple de la servitude et tu as étanché sa soif dans le désert ; par elle les prophètes ont annoncé la nouvelle Alliance que tu voulais sceller avec les hommes ; par elle enfin, eau sanctifiée quand Jésus fut baptisé au Jourdain, tu as renouvelé notre nature pécheresse dans le bain de la nouvelle naissance. Que cette eau, maintenant, nous rappelle notre baptême, et nous fasse participer à la joie de nos frères les baptisés de Pâques. Par Jésus, le Christ, notre Seigneur. **Amen.**

Renonciation et profession de foi

Pour la renonciation au mal et la profession de foi, le prêtre pose chaque question à ceux qui vont être baptisés. Lorsqu'ils ont répondu à une question (Je le rejette ou Je crois), le prêtre se tourne vers l'assemblée et repose la même question à laquelle l'assemblée répond.

On peut aussi procéder maintenant à la renonciation et à la profession de foi de ceux qui vont être baptisés et procéder plus tard à celles de l'assemblée, juste avant de faire sur elle l'aspersion avec l'eau baptismale.

On peut choisir entre les formules suivantes :

• Renoncez-vous à Satan, au péché et à tout ce qui conduit au péché ? **J'y renonce.**

• *Ou bien*

Pour vivre dans la liberté des enfants de Dieu,
rejetez-vous le péché ? **Oui, je le rejette.**
Pour échapper au pouvoir du péché,
rejetez-vous ce qui conduit au mal ? **Oui, je le rejette.**
Pour suivre Jésus Christ, rejetez-vous Satan
qui est l'auteur du péché ? **Oui, je le rejette.**

• *Ou bien*

Renoncez-vous aux séductions du monde,
elles étouffent la parole de Dieu semée en vous ? **Je renonce.**
Renoncez-vous au péché,
il empêche la parole de Dieu de porter du fruit ? **Je renonce.**
Renoncez-vous à Satan, votre ennemi,
il sème l'ivraie au milieu du bon grain ? **Je renonce.**

Croyez-vous en Dieu, le Père tout-puissant,
créateur du ciel et de la terre ? **Je crois.**
Croyez-vous en Jésus Christ, son Fils unique, notre Seigneur, qui est né de la Vierge Marie, a souffert la passion, a été enseveli, est ressuscité d'entre les morts, et qui est assis à la droite du Père ? **Je crois.**
Croyez-vous en l'Esprit Saint, à la sainte Église catholique, à la communion des saints, au pardon des péchés, à la résurrection de la chair, et à la Vie éternelle ? **Je crois.**

Oraison dite quand il n'y a pas de baptême :
Que Dieu tout-puissant, Père de notre Seigneur Jésus Christ, qui nous a fait renaître par l'eau et l'Esprit Saint, et qui nous a accordé le pardon de tout péché, nous garde encore par sa grâce dans le Christ Jésus notre Seigneur pour la vie éternelle.
Amen.

Baptême et confirmation

Puis le prêtre baptise chacun des catéchumènes.
N., je te baptise au nom du Père, et du Fils, et du Saint-Esprit.

Il peut leur remettre un vêtement blanc :
Vous avez revêtu le Christ...

et il leur donne un cierge allumé :
La lumière du Christ Jésus...

Normalement, l'évêque – ou le prêtre – qui baptise des adultes leur donne aussi la confirmation.
Il impose les mains aux nouveaux baptisés :
Dieu très bon... donne-leur en plénitude l'Esprit qui reposait sur ton Fils Jésus...

Puis, avec le saint chrême, il trace le signe de la croix sur le front de chacun des confirmands en disant :

N., sois marqué de l'Esprit Saint, le don de Dieu.

La confirmation des nouveaux baptisés étant achevée, le prêtre descend dans l'allée centrale pour asperger tous les participants qui tiennent leur cierge allumé.

S'il n'y a pas eu de baptêmes, aussitôt après la bénédiction de l'eau, tout le peuple renouvelle sa profession de foi baptismale.

Frères bien-aimés, par le mystère pascal nous avons été mis au tombeau avec le Christ dans le baptême, afin que nous vivions d'une vie nouvelle. C'est pourquoi, après avoir terminé l'entraînement du Carême, renouvelons notre profession de foi au Dieu vivant et vrai et à son Fils, Jésus Christ, dans la sainte Église catholique.

Renonciation et profession de foi, p. 356-357.

Puis, le prêtre va asperger l'assemblée avec l'eau bénite.

Après l'aspersion, le prêtre revient au siège. On omet le Credo. On fait la Prière universelle, à laquelle les nouveaux baptisés participent pour la première fois.

4. LITURGIE EUCHARISTIQUE

Prière sur les offrandes

Avec ces offrandes, Seigneur, reçois les prières de ton peuple ; fais que le sacrifice inauguré dans le mystère pascal nous procure la guérison éternelle. Par Jésus.

Préface

Vraiment il est juste et bon de te glorifier, Seigneur, en tout temps, mais plus encore en cette nuit [aujourd'hui] où le Christ, notre Pâque, a été immolé.
Car il est l'Agneau véritable qui a enlevé le péché du monde : en mourant, il a détruit notre mort ; en ressuscitant, il nous a rendu la vie.
C'est pourquoi le peuple des baptisés, rayonnant de la joie pascale, exulte par toute la terre, tandis que les anges, dans le ciel, chantent sans fin l'hymne de ta gloire : **Saint !...**

Dans les prières eucharistiques, il y a des textes propres à la fête de Pâques. Il y a aussi des textes propres pour ceux qui viennent d'être baptisés et confirmés.

Au moment de la communion, on appelle les nouveaux baptisés avec leurs parrains et marraines. Ils sont accompagnés éventuellement par leurs conjoints. En cette nuit ils communient au Corps et au Sang du Christ.

Prière après la communion

Pénètre-nous, Seigneur, de ton esprit de charité, afin que soient unis par ton amour ceux que tu as nourris du sacrement pascal. Par Jésus.

Bénédiction solennelle

Que demeure en vous la grâce de Dieu, la grâce pascale qu'il vous offre aujourd'hui : qu'elle vous protège de l'oubli et du doute. **Amen.** (*ou :* **Alléluia, Amen.**)

Par la résurrection de son Fils, il vous a fait déjà renaître : qu'il vous rappelle toujours à cette joie que rien, pas même la mort, ne pourra vous ravir. **Amen.**
Ils sont finis, les jours de la passion, suivez maintenant les pas du Ressuscité : suivez-le désormais jusqu'à son Royaume, où vous posséderez enfin la joie parfaite. **Amen.**
Et que Dieu tout-puissant vous bénisse...

Renvoi

Allez, dans la paix du Christ, alléluia, alléluia !
Nous rendons grâce à Dieu, alléluia, alléluia !

Tout devient jeune

« Il vit, le Christ, notre espérance et il est la plus belle jeunesse de ce monde. Tout ce qu'il touche devient jeune, devient nouveau, se remplit de vie. Les premières paroles que je voudrais adresser à chacun des jeunes chrétiens sont donc : Il vit et il te veut vivant !

Il est en toi, il est avec toi et jamais ne t'abandonne. Tu as beau t'éloigner, le Ressuscité est là, t'appelant et t'attendant pour recommencer. Quand tu te sens vieilli par la tristesse, les rancœurs, les peurs, les doutes ou les échecs, il sera toujours là pour te redonner force et espérance. »

Pape François, Exhortation apostolique post synodale *Christus vivit*, Le Christ est vivant, n° 1-2.

Tropaire de Pâques

Le Christ est ressuscité des morts.
Par sa mort Il a vaincu la mort,
À ceux qui sont dans les tombeaux, Il a donné la vie.

(Liturgie byzantine)

Messe du jour de Pâques

4 AVRIL 2021

La course au tombeau

De Pierre ou de Jean, qui arrivera le premier dans le tombeau vide de Jésus ? Cette question pourrait paraître puérile s'il n'y allait de l'enjeu (déjà !) d'une place à la tête des Apôtres. Dans l'évangile, Jean court plus vite que Pierre. Jean, disciple bien aimé, à qui Jésus a confié Marie sa mère, est le disciple de l'intuition du cœur, il est un rapide de cœur : « il vit et il cru » (*évangile*). De Pierre, le récit ne dit pas qu'il a cru en la résurrection de Jésus. Omission ou évidence ? Quoi qu'il en soit, Pierre est entré le premier, il est le « primat » des Apôtres et de ce fait, il porte la charge de l'annonce de la résurrection

Et en effet, le discours de Pierre dans les Actes des Apôtres est sans ambiguïté (*première lecture*) : Jésus de Nazareth, celui dont on connaît les guérisons et les paroles, est ressuscité. La preuve, c'est que quelques-uns ont mangé et bu avec lui. Comme si le tombeau vide et le linceul abandonné et rangé n'avaient pas suffi. Partager le repas s'avère être pour Pierre l'expérience décisive pour attester de la résurrection du Christ. Pierre tient sa foi non du côté de l'absence (le tombeau vide) mais davantage du côté de la présence conviviale (au sens littéral du terme) de Jésus ressuscité. On retrouve là ce qui sera aussi déterminant pour les deux disciples d'Emmaüs (*messe du soir*) quand ils reconnaissent Jésus lors du repas et que celui-ci prononce la bénédiction. Il est frappant de voir combien la référence au repas du Ressuscité est décisive. Et comment ne pas se rappeler que c'est au cours d'un repas que Jésus a annoncé sa Pâque.

Aujourd'hui, c'est au repas eucharistique, le Repas du Seigneur, que nous sommes conviés pour nourrir et affermir notre foi en la résurrection. L'eucharistie est le sacrement de Pâques. Nous sommes dispensés de la course au tombeau parce que la présence eucharistique du Ressuscité nous est pleinement offerte en communion. Nous n'avons qu'à tendre les mains.

CHANTER

- Pour la procession d'ouverture, ***Jour du vivant*** **IP 34-92-8 CNA 561,** ***Chrétiens chantons*** **I 36 CNA 485,** ***Un nouveau matin se lève*** **I 180,** ***Christ est vraiment ressuscité*** **I 169 CNA 487 ou I 64-21,** ***Voici le jour du Seigneur*** **IA 508.**
- Pour l'aspersion, ***J'ai vu des fleuves d'eau vive*** **I 44-62,** ***Sauvés des mêmes eaux*** **ID 20-72,** ***J'ai vu l'eau vive*** **I 132-1 CNA 191 ou I 18-65-11 CNA 481.**
- Après la 2e lecture, on chante la séquence du jour de Pâques **IX 40-80 ou I 60-80-2.**
- Pour l'acclamation à l'Évangile, ***Alléluia pascal*** **CNA 215-38,** ***Alléluia pour le temps de Pâques*** **IU 56-65.**
- Pour le Saint le Seigneur **AL 20 CNA 243, AL 25-00, AL 44-03** ***Missa pro Europa.***
- Pour la fraction du pain, ***Agneau de Pâque, Agneau de Dieu*** **C 582,** ***Agneau de Dieu*** **AL 56-29.**
- Pendant la procession de communion, ***Venez manger la Pâque*** **D 38-93-3,** ***Christ, ô Pâque nouvelle*** **IX 33-63,** ***Pain de Dieu, pain rompu*** **D 294 CNA 338.**
- Après la communion, ***Tu as triomphé de la mort*** **IP 165 CNA 594,** ***Reste avec nous, Ressuscité*** **I 56-47,** ***Christ est vraiment ressuscité*** **I 169 CNA 487,** ***Splendeur jaillie*** **P 30-56-2.**
- Pour l'envoi, ***Chantons la gloire du Seigneur*** **I 41-62,** ***Par la musique et par nos voix*** **Y 43-38 CNA 572,** ***Le Seigneur est ressuscité*** **I 13 CNA 491.**

Prière d'ouverture

Aujourd'hui, Dieu notre Père, tu nous ouvres la vie éternelle par la victoire de ton Fils sur la mort, et nous fêtons sa résurrection. Que ton Esprit fasse de nous des hommes nouveaux pour que nous ressuscitions avec le Christ dans la lumière de la vie. Lui qui règne.

1re LECTURE

« Dieu l'a ressuscité le troisième jour »

→ **Lecture du livre des Actes des Apôtres** Ac 10, 34a.37-43

E**n ces jours-là**, quand Pierre arriva à Césarée chez un centurion de l'armée romaine, il prit la parole et dit :

« Vous savez ce qui s'est passé à travers tout le pays des Juifs, depuis les commencements en Galilée, après le baptême proclamé par Jean : Jésus de Nazareth, Dieu lui a donné l'onction d'Esprit Saint et de puissance. Là où il passait, il faisait le bien et guérissait tous ceux qui étaient sous le pouvoir du diable, car Dieu était avec lui. Et nous, nous sommes témoins de tout ce qu'il a fait dans le pays des Juifs et à Jérusalem. Celui qu'ils ont supprimé en le suspendant au bois du supplice, Dieu l'a ressuscité le troisième jour. Il lui a donné de se manifester, non pas à tout le peuple, mais à des témoins que Dieu avait choisis d'avance, à nous qui avons mangé et bu avec lui après sa résurrection d'entre les morts. Dieu nous a chargés d'annoncer au peuple et de témoigner que lui-même l'a établi Juge des vivants et des morts. C'est à Jésus que tous les prophètes rendent ce témoignage : Quiconque croit en lui reçoit par son nom le pardon de ses péchés. »

Psaume 117

R/ Voici le jour que fit le Seigneur,
qu'il soit pour nous jour de fête et de joie !

Rendez grâce au Seigneur : Il est bon !
Éternel est son amour !
Oui, que le dise Israël :
Éternel est son amour !

Le bras du Seigneur se lève,
le bras du Seigneur est fort !
Non, je ne mourrai pas, je vivrai,
pour annoncer les actions du Seigneur.

La pierre qu'ont rejetée les bâtisseurs
est devenue la pierre d'angle :
c'est là l'œuvre du Seigneur,
la merveille devant nos yeux.

2e Lecture

« Recherchez les réalités d'en haut »

→ • **Lecture de la lettre de saint Paul apôtre aux Colossiens** Co 3, 1-4

Frères, si vous êtes ressuscités avec le Christ, recherchez les réalités d'en haut : c'est là qu'est le Christ, assis à la droite de Dieu. Pensez aux réalités d'en haut, non à celles de la terre. En effet, vous êtes passés par la mort, et votre vie reste cachée avec le Christ en Dieu. Quand paraîtra le Christ, votre vie, alors vous aussi, vous paraîtrez avec lui dans la gloire.

ou bien *« Vous qui êtes le pain de la Pâque »*

→ • **Lecture de la première lettre de saint Paul apôtre aux Corinthiens** 1 Co 5, 6b-8

Frères, ne savez-vous pas qu'un peu de levain suffit pour que fermente toute la pâte ? Purifiez-vous donc des vieux ferments, et vous serez une pâte nouvelle, vous qui êtes le pain de la Pâque, celui qui n'a pas fermenté. Car notre agneau pascal a été immolé : c'est le Christ. Ainsi, célébrons la Fête, non pas avec de vieux ferments, non pas avec ceux de la perversité et du vice, mais avec du pain non fermenté, celui de la droiture et de la vérité.

Séquence

À la Victime pascale,
chrétiens, offrez le sacrifice de louange.

L'Agneau a racheté les brebis ;
le Christ innocent a réconcilié
l'homme pécheur avec le Père.

La mort et la vie s'affrontèrent
en un duel prodigieux.
Le Maître de la vie mourut ; vivant, il règne.

« Dis-nous, Marie Madeleine,
qu'as-tu vu en chemin ? »

« J'ai vu le sépulcre du Christ vivant,
j'ai vu la gloire du Ressuscité.

J'ai vu les anges ses témoins,
le suaire et les vêtements.

Le Christ, mon espérance, est ressuscité !
Il vous précédera en Galilée. »

Nous le savons : le Christ
est vraiment ressuscité des morts.

Roi victorieux,
prends-nous tous en pitié !
Amen.

Alléluia. Alléluia. Notre Pâque immolée, c'est le Christ ! Célébrons la Fête dans le Seigneur ! **Alléluia.**

Évangile

« Le premier jour de la semaine »

→ Évangile de Jésus Christ selon saint Jean Jn 20, 1-9

Le premier jour de la semaine, Marie Madeleine se rend au tombeau de grand matin ; c'était encore les ténèbres. Elle s'aperçoit que la pierre a été enlevée du tombeau. Elle court donc trouver Simon-Pierre et l'autre disciple, celui que Jésus aimait, et elle leur dit : « On a enlevé le Seigneur de son tombeau, et nous ne savons pas où on l'a déposé. »

Pierre partit donc avec l'autre disciple pour se rendre au tombeau. Ils couraient tous les deux ensemble, mais l'autre disciple courut plus vite que Pierre et arriva le premier au tombeau. En se penchant, il s'aperçoit que les linges sont posés à plat ; cependant il n'entre pas.

Simon-Pierre, qui le suivait, arrive à son tour. Il entre dans le tombeau ; il aperçoit les linges, posés à plat, ainsi que le suaire qui avait entouré la tête de Jésus, non pas posé avec les linges, mais roulé à part à sa place. C'est alors qu'entra l'autre disciple, lui qui était arrivé le premier au tombeau. Il vit, et il crut. Jusque-là, en effet, les disciples n'avaient pas compris que, selon l'Écriture, il fallait que Jésus ressuscite d'entre les morts.

À la messe du soir de Pâques, on peut lire : Les disciples d'Emmaüs

→ Évangile de Jésus Christ selon saint Luc Lc 24, 13-35

Le même jour (c'est-à-dire le premier jour de la semaine), deux disciples faisaient route vers un village appelé Emmaüs, à deux heures de marche de Jérusalem, et ils parlaient entre eux de tout ce qui s'était passé.

Or, tandis qu'ils s'entretenaient et s'interrogeaient, Jésus lui-même s'approcha, et il marchait avec eux. Mais leurs yeux étaient empêchés de le reconnaître. Jésus leur dit : « De quoi discutez-vous en marchant ? » Alors, ils s'arrêtèrent, tout tristes. L'un des deux, nommé Cléophas, lui répondit : « Tu es bien le seul étranger résidant à Jérusalem qui ignore les événements de ces jours-ci. » Il leur dit : « Quels événements ? » Ils lui répondirent : « Ce qui est arrivé à Jésus de Nazareth, cet homme qui était un prophète puissant par ses actes et ses paroles devant Dieu et devant tout le peuple : comment les grands prêtres et nos chefs l'ont livré, ils l'ont fait condamner à mort et ils l'ont crucifié. Nous, nous espérions que c'était lui qui allait délivrer Israël. Mais avec tout cela, voici déjà le troisième jour qui passe depuis que c'est arrivé. À vrai dire, des femmes de notre groupe nous ont remplis de stupeur. Quand, dès l'aurore, elles sont allées au tombeau, elles n'ont pas trouvé son corps ; elles sont venues nous dire qu'elles avaient même eu une vision : des anges, qui disaient qu'il est vivant. Quelques-uns de nos compagnons sont allés au tombeau, et ils ont trouvé les choses comme les femmes l'avaient dit ; mais lui, ils ne l'ont pas vu. » Il leur dit alors : « Esprits sans intelligence ! Comme votre cœur est lent à croire tout ce que les prophètes ont dit ! Ne fallait-il pas que le Christ souffrît cela pour entrer dans sa gloire ? » Et, partant de Moïse et de tous les Prophètes, il leur interpréta, dans toute l'Écriture, ce qui le concernait.

Quand ils approchèrent du village où ils se rendaient, Jésus fit semblant d'aller plus loin. Mais ils s'efforcèrent de le retenir : « Reste avec nous, car le soir approche et déjà le jour baisse. » Il entra donc pour rester avec eux.

Quand il fut à table avec eux, ayant pris le pain, il prononça la bénédiction et, l'ayant rompu, il le leur donna. Alors leurs yeux s'ouvrirent, et ils le reconnurent, mais il disparut à leurs regards. Ils se dirent l'un à l'autre : « Notre cœur n'était-il pas brûlant en nous, tandis qu'il nous parlait sur la route et nous ouvrait les Écritures ? » À l'instant même, ils se levèrent et retournèrent à Jérusalem. Ils y trouvèrent réunis les onze Apôtres et leurs compagnons, qui leur dirent : « Le Seigneur est réellement ressuscité : il est apparu à Simon-Pierre. » À leur tour, ils racontaient ce qui s'était passé sur la route, et comment le Seigneur s'était fait reconnaître par eux à la fraction du pain.

POUR LA PRIÈRE UNIVERSELLE

Dans la joie pascale, demandons au Seigneur ressuscité d'écouter notre prière :

– pour les chrétiens qui, de par le monde, célèbrent Pâques et sont unis dans l'unique foi au Christ ressuscité ;

– pour les nouveaux fidèles, baptisés dans la nuit sainte : qu'ils trouvent sur leur chemin des communautés ouvertes et attentives ;

– pour les familles qui se réunissent pour fêter Pâques et qui partagent leur joie avec des personnes isolées ;

– pour les responsables politiques et associatifs qui facilitent la préservation la terre et font progresser la justice pour un réel partage des richesses entre tous.

Prière sur les offrandes

Dans la joie de Pâques, Seigneur, nous t'offrons ce sacrifice : c'est par lui que ton Église, émerveillée de ta puissance, naît à la vie et reçoit sa nourriture. Par Jésus.

Préface de Pâques, p. 359.

Prière après la communion

Dieu de toute bonté, ne cesse pas de veiller sur ton Église : déjà les sacrements de la Pâque nous ont régénérés en nous obtenant ton pardon, en nous faisant communier à ta vie ; donne-nous d'entrer dans la lumière de la résurrection. Par Jésus.

Bénédiction solennelle, p. 359.

Renvoi

Allez, dans la paix du Christ, alléluia, alléluia !
Nous rendons grâce à Dieu, alléluia, alléluia !

De la création à la résurrection

« L'aboutissement de la marche de l'univers se trouve dans la plénitude de Dieu, qui a été atteinte par le Christ ressuscité, axe de la maturation universelle. Nous ajoutons ainsi un argument de plus pour rejeter toute domination despotique et irresponsable de l'être humain sur les autres créatures. La fin ultime des autres créatures, ce n'est pas nous. Mais elles avancent toutes, avec nous et par nous, jusqu'au terme commun qui est Dieu, dans une plénitude transcendante où le Christ ressuscité embrasse et illumine tout ; car l'être humain, doué d'intelligence et d'amour, attiré par la plénitude du Christ, est appelé à reconduire toutes les créatures à leur Créateur. »

Pape François, Lettre encyclique *Laudato si*, n° 83.

CALENDRIER LITURGIQUE

Di 4	**DIMANCHE DE PÂQUES, RÉSURRECTION DU SEIGNEUR.** *Liturgie des Heures : Psautier : semaine propre.* [*S. Isidore, évêque de Séville, docteur de l'Eglise, † 636*] Tous les jours de l'octave de Pâques ont une messe propre l'emportant sur toute autre fête.
Lu 5	Actes 2, 14.22b-33 ; Ps 15 ; Matthieu 28, 8-15 : « Allez annoncer à mes frères qu'ils doivent se rendre en Galilée : c'est là qu'ils me verront ». [*S. Vincent Ferrier, prêtre, dominicain espagnol, † 1419 à Vannes.*]
Ma 6	Actes 2, 36-41 ; Ps 32 ; Jean 20, 11-18 « J'ai vu le Seigneur ! », et elle raconta ce qu'il lui avait dit
Me 7	Actes 3, 1-10 ; Ps 104 ; Luc 24, 13-35 : « Il se fit reconnaître par eux à la fraction du pain » [S. Jean-Baptiste de la Salle, prêtre, fondateur des Frères des écoles chrétiennes, †1719 à Rouen.]
Je 8	Actes 3, 11-26 ; Ps 8 ; Luc 24, 35-48 : « Ainsi est-il écrit que le Christ souffrirait, qu'il ressusciterait d'entre les morts le troisième jour »
Ve 9	Actes 4, 1-12 ; Ps 117 ; Jean 21, 1-14 : « Jésus s'approche ; il prend le pain et le leur donne ; et de même pour le poisson »
Sa 10	Actes 4, 13-21 ; Ps 117 ; Marc 16, 9-15 : « Allez dans le monde entier. Proclamez l'Évangile »

Bonne fête ! 4 : Isidore, Aleth. 5 : Irène, Ève, Juliana. 6 : Marcellin. 7 : Saturnin. 8 : Constance, Julie. 9 : Gautier, Walter. 10 : Fulbert.

LE TEMPS PASCAL
Devenir l'Église de Pâques

« La voie est ouverte, alléluia,
C'est la Pâque de Jésus ! »

« La voie est ouverte », chante le début de l'hymne pascale des moines d'En Calcat dans ce temps de Pâques. Dans la vie concrète, cette expression renvoie à de nombreuses expériences : depuis l'alpiniste qui réussit à « ouvrir une voie », là où personne encore n'avait pu passer, aux canaux qui permettent aux bateaux de rejoindre le fleuve… C'est aussi ce que nous disons pour signifier que désormais, des comportements ou des décisions vont être différents du passé.

Le Temps pascal, avec ses sept dimanches qui suivent le dimanche de Pâques et qui s'achève à la Pentecôte, ressemble à une voie qui s'élargit, dimanche après dimanche, travaillée par la résurrection du Seigneur et le don de l'Esprit Saint. On suit cela de très près dans les textes des Actes des Apôtres et dans les évangiles de Jean et Luc, où la nouvelle de la résurrection de Jésus se communique généreusement tant aux proches de Jésus, ses Apôtres, qu'à des foules d'inconnus.

On dit communément que le Temps pascal est le temps de l'Esprit et de l'Église. Cela signifie que l'Église naît de Pâques. Elle est en charge d'élargir la voie ouverte par le Christ. Ou plutôt, elle se met au service de l'Esprit qui tient ouvert le passage inauguré par le Christ. Cette tâche, cette mission, pour employer le vocabulaire biblique, est aussi son identité. L'Église est dépositaire de la confession de foi pascale et en conséquence du pardon des péchés. La mission est redoutable car elle ne supporte pas de demi-mesure. Et nous nous interrogeons parfois sur la capacité de l'Église à la remplir.

Que donnons-nous à voir de l'Esprit du Ressuscité ? Quelle confiance dans la vie suscitons-nous ? Comment entraînons-nous dans la voie ouverte par le Christ ceux qui ont des difficultés pour avancer, les aveugles, les boiteux... ?

Le Temps pascal nous demande de redevenir l'Église de Pâques, convertie au Christ ressuscité. La voie-chemin mais aussi la voix de la Parole, qui est pardon et amour, demeure grande ouverte.

CHANTER LES DIMANCHES DU TEMPS PASCAL

- Afin de favoriser l'unité de ce temps liturgique, on pourra retenir un même ordinaire de la messe pour tout le Temps pascal.
- Le rite d'aspersion est recommandé. Il est le signe de notre vie baptismale, vie nouvelle dans le Christ. Pendant l'aspersion, on peut chanter : ***J'ai vu des fleuves d'eau vive*** **I 44-62,** ***J'ai vu l'eau vive*** **I 132-1 CNA 191, I 18-65-11 CNA 481, I 1865-12, I 18-65-18.**
- Préparation pénitentielle avec Kyrie, ***Par ton mystère pascal*** **AL 18-69-4 ou AL 18-69 CNA 176, Kyrie pour le Temps pascal AL 56-29,** ***Messe pro Europa, Messe de Saint Boniface*** **AL 69-8-18**
- Gloire à Dieu **AL 51-59, AL 61-96, AL 32-31.**
- Saint le Seigneur **AL 20 CNA 243,** ***Messe pro Europa, Messe de Saint Boniface*** **AL 79-18.**
- Agneau de Dieu, ***Jubilus*** **AL 35-46-24,** ***Messe pro Europa, Messe des chantres*** **AL 59-87.**
- Pour la procession d'ouverture, ***Jour du vivant*** **I 34-92-8 CNA 561,** ***Jour de fête et jour de joie*** **I 57-89-3,** ***Nous te chantons, Ressuscité*** **I 262,** ***Christ est vraiment ressuscité*** **I 64-21 CNA 487,** ***Alléluia nantais*** **IU 22-8-78 CNA 484,** ***Peuple de baptisés*** **K 106 CNA 573,** ***Chrétiens, chantons le Dieu vainqueur*** **I 36 CNA 485.**
- Pour la procession de communion, ***Nous partageons le pain nouveau*** **D 184-4 CNA 335,** ***Goûtez et voyez*** **D 57-71,** ***Christ, ô Pâques nouvelles*** **IX 33-63,** ***La Sagesse a dressé une table*** **D 580 CNA 332,** ***En marchant vers toi, Seigneur*** **D 380 CNA 326,** ***Ô pain vivant*** **D 48-11.**
- Après la communion, ***Chantez au Seigneur un cantique nouveau*** **Y 82 CNA 483,** ***Tu as triomphé de la mort*** **IP 165 CNA 594,** ***Alléluia, proclamez que le Seigneur est bon*** **Z 558.**

2e dimanche de Pâques ou de la divine Miséricorde

11 AVRIL 2021

Déjà la Pentecôte ?

Aurions-nous fait un bond en avant de 50 jours ? Même si tout est possible avec l'Esprit Saint, nous sommes bien le soir de Pâques, puis, huit jours après, avec l'histoire du sympathique Thomas à qui nous ressemblons tant (*évangile*). Thomas veut toucher les plaies de Jésus qui se laisse faire. Il veut voir par lui-même car la parole des autres ne lui suffit pas. Bien avant nos sociétés de multimédia, la parole était déjà en crise !

Mais revenons à ce soir de Pâques quand, pour les disciples de Jésus, l'heure n'est pas à l'euphorie. Ils ont la peur au ventre, celle qui légitime des murs solides et des portes verrouillées.

Nous ne pouvons pas nous représenter, imaginer, la résurrection de Jésus, et même, nous devons y renoncer, non par facilité spirituelle mais par vérité. La résurrection implique le deuil de sa représentation. Mais ce n'est pas parce que nous ne pouvons pas nous représenter la résurrection que nous ne pouvons pas la comprendre. La réalité de Jésus ressuscité qui est au milieu de quelques disciples est éclairante. On ne sait comment Jésus les rejoint mais toujours est-il que les disciples font l'expérience de sa présence. Un petit groupe de personnes qui vit dans la réelle présence du Seigneur. Cette présence de Jésus n'est ni fantomatique ni ésotérique : Jésus parle, leur parle, comme il leur parlait avant sa mort, les réconfortant. Il se laisse toucher en son corps, et enfin, il leur donne l'Esprit Saint. On peut se permettre d'imaginer que tout cela se passe très vite.

Pour nous permettre de discerner la parole et le corps de Jésus comme parole vivante et corps ressuscité, le Seigneur souffle l'Esprit, comme pour une nouvelle création. Ces hommes, et – même si l'évangile ne le dit pas – peut-être ces femmes, vont être transformés. Nous faisons parfois l'expérience d'une rencontre décisive, après laquelle plus rien n'est pareil. Souvent une rencontre amoureuse ou encore amicale. La rencontre avec le Ressuscité s'inscrit dans cette expérience, à ceci près qu'il se partage avec tous, que c'est à tous que le pardon des péchés est offert.

Des chants sont proposés pour le Temps pascal, p. 372.

Prière d'ouverture

Dieu de miséricorde infinie, tu ranimes la foi de ton peuple par les célébrations pascales ; augmente en nous ta grâce pour que nous comprenions toujours mieux quel baptême nous a purifiés, quel Esprit nous a fait renaître, et quel sang nous a rachetés. Par Jésus Christ.

1re Lecture

Personne ne manquait de rien

→ Lecture du livre des Actes des Apôtres — Ac 4, 32-35

La multitude de ceux qui étaient devenus croyants avait un seul cœur et une seule âme ; et personne ne disait que ses biens lui appartenaient en propre, mais ils avaient tout en commun. C'est avec une grande puissance que les Apôtres rendaient témoignage de la résurrection du Seigneur Jésus, et une grâce abondante reposait sur eux tous. Aucun d'entre eux n'était dans l'indigence, car tous ceux qui étaient propriétaires de domaines ou de maisons les vendaient, et ils apportaient le montant de la vente pour le déposer aux pieds des Apôtres ; puis on le distribuait en fonction des besoins de chacun.

Psaume 117

**R/ Rendez grâce au Seigneur : Il est bon !
Éternel est son amour !**
ou : **Alléluia.**

Oui, que le dise Israël :
Éternel est son amour !
Que le dise la maison d'Aaron :
Éternel est son amour !
Qu'ils le disent, ceux qui craignent le Seigneur :
Éternel est son amour !

Le bras du Seigneur se lève,
le bras du Seigneur est fort !
Non, je ne mourrai pas, je vivrai
pour annoncer les actions du Seigneur.
Il m'a frappé, le Seigneur, il m'a frappé,
mais sans me livrer à la mort.

La pierre qu'ont rejetée les bâtisseurs
est devenue la pierre d'angle :
c'est là l'œuvre du Seigneur,
la merveille devant nos yeux.
Voici le jour que fit le Seigneur,
qu'il soit pour nous jour de fête et de joie !

2e Lecture

« L'Esprit est la vérité »

→ Lecture de la première lettre de saint Jean 1 Jn 5, 1-6

Bien-aimés, celui qui croit que Jésus est le Christ, celui-là est né de Dieu ; celui qui aime le Père qui a engendré aime aussi le Fils qui est né de lui. Voici comment nous reconnaissons que nous aimons les enfants de Dieu : lorsque nous aimons Dieu et que nous accomplissons ses commandements. Car tel est l'amour de Dieu : garder ses commandements ; et ses commandements ne sont pas un fardeau, puisque tout être qui est né de Dieu est vainqueur du monde. Or la victoire remportée sur le monde, c'est notre foi. Qui donc est vainqueur du monde ? N'est-ce pas celui qui croit que Jésus est le Fils de Dieu ?

C'est lui, Jésus Christ, qui est venu par l'eau et par le sang : non pas seulement avec l'eau, mais avec l'eau et avec le sang. Et celui qui rend témoignage, c'est l'Esprit, car l'Esprit est la vérité.

Alléluia. Alléluia. Thomas, parce que tu m'as vu, tu crois, dit le Seigneur. Heureux ceux qui croient sans avoir vu ! **Alléluia.**

Évangile

Jésus souffle l'Esprit

→ Évangile de Jésus Christ selon saint Jean

Jn 20, 19-31

C**'était après la mort de Jésus.** Le soir venu, en ce premier jour de la semaine, alors que les portes du lieu où se trouvaient les disciples étaient verrouillées par crainte des Juifs, Jésus vint, et il était là au milieu d'eux. Il leur dit : « La paix soit avec vous ! » Après cette parole, il leur montra ses mains et son côté. Les disciples furent remplis de joie en voyant le Seigneur. Jésus leur dit de nouveau : « La paix soit avec vous ! De même que le Père m'a envoyé, moi aussi, je vous envoie. » Ayant ainsi parlé, il souffla sur eux et il leur dit : « Recevez l'Esprit Saint. À qui vous remettrez ses péchés, ils seront remis ; à qui vous maintiendrez ses péchés, ils seront maintenus. »

Or, l'un des Douze, Thomas, appelé Didyme (c'est-à-dire Jumeau), n'était pas avec eux quand Jésus était venu. Les autres disciples lui disaient : « Nous avons vu le Seigneur ! » Mais il leur déclara : « Si je ne vois pas dans ses mains la marque des clous, si je ne mets pas mon doigt dans la marque des clous, si je ne mets pas la main dans son côté, non, je ne croirai pas ! »

Huit jours plus tard, les disciples se trouvaient de nouveau dans la maison, et Thomas était avec eux. Jésus vient, alors que les portes étaient verrouillées, et il était là au milieu d'eux. Il dit : « La paix soit avec vous ! » Puis il dit à Thomas : « Avance ton doigt ici, et vois mes mains ; avance ta main, et mets-la dans mon côté : cesse d'être incrédule, sois croyant. » Alors Thomas lui dit : « Mon Seigneur et mon Dieu ! » Jésus lui dit : « Parce que tu m'as vu, tu crois. Heureux ceux qui croient sans avoir vu. » Il y a encore beaucoup d'autres signes que Jésus a faits en présence des disciples et qui ne sont pas écrits dans ce livre. Mais ceux-là ont été écrits pour que vous croyiez que Jésus est le Christ, le Fils de Dieu, et pour qu'en croyant, vous ayez la vie en son nom.

POUR LA PRIÈRE UNIVERSELLE

Seigneur ressuscité, exauce notre prière pour ceux que nous présentons devant toi :
– les chrétiens qui ont célébré Pâques : qu'ils soient les joyeux témoins de la vie nouvelle et de la divine miséricorde ;
– les malades et les prisonniers : qu'ils mettent leur confiance en toi seul ;
– les nouveaux baptisés de Pâques : que leur joie et leur témoignage renouvellent l'Église ;
– les familles qui sont en vacances : que ce temps soit favorable à l'amour partagé.

Prière sur les offrandes

Accueille avec bonté, Seigneur, les offrandes de tes fidèles (et de tous ceux qui viennent de renaître dans le Christ) ; renouvelés par la foi et le baptême, qu'ils parviennent au bonheur sans fin. Par Jésus.

Préface de Pâques I, p. 33 (ou p. 359 Vigile pascale).

Dans les prières eucharistiques, on prend les textes propres à la fête de Pâques.

Prière après la communion

Nous t'en prions, Dieu tout-puissant : que le mystère pascal accueilli dans cette communion ne cesse jamais d'agir en nos cœurs. Par Jésus.

On peut prendre la bénédiction solennelle de Pâques, p. 359.

Renvoi

Allez, dans la paix du Christ, alléluia, alléluia !
Nous rendons grâce à Dieu, alléluia, alléluia !

La croix et le tombeau vide rendus présents

« Le sens de la Pâque : elle nous enseigne que le chrétien dans l'Église doit mourir avec le Christ pour ressusciter avec lui. Et elle ne fait pas que l'enseigner, comme on montrerait du doigt quelque chose que l'on ne tient pas en son pouvoir, elle l'opère. [...] Ainsi la Pâque n'est-elle pas une simple commémoration ; elle est la Croix et le tombeau vide rendus présents. »

L. Bouyer, *Le mystère pascal,* (1946), Paris, Cerf, 2008, p. 32.

CALENDRIER LITURGIQUE

Di 11	**2e dimanche de Pâques ou de la Divine Miséricorde B.** *Liturgie des Heures : Psautier semaine II.* [S. Stanislas, évêque de Cracovie, martyr, † 1079.]
Lu 12	Actes 4, 23-31 ; Ps 2 ; Jean 3, 1-8 : « Personne, à moins de naître de l'eau et de l'Esprit, ne peut entrer dans le royaume de Dieu »
Ma 13	*S. Martin Ier, pape, martyr en Crimée, † 656.* Actes 4, 32-37 ; Ps 92 ; Jean 3, 7b-15 : « Nul n'est monté au ciel sinon celui qui est descendu du ciel, le Fils de l'homme »
Me 14	Actes 5, 17-26 ; Ps 33 ; Jean 3, 16-21 : « Dieu a envoyé son Fils dans le monde, pour que, par lui, le monde soit sauvé »
Je 15	Actes 5, 27-33 ; Ps 33 ; Jean 3, 31-36 : « Le Père aime le Fils et il a tout remis dans sa main »
Ve 16	Actes 5, 34-42 ; Ps 26 ; Jean 6, 1-15 : « Il distribua aux convives, autant qu'ils en voulaient »
Sa 17	Au Canada, Ste Kateri Tekakwitha, vierge, jeune indienne, † 1680 à Kahnawake, en face de Montréal. Actes 6, 1-7 ; Ps 32 ; Jean 6, 16-21 : « Ils virent Jésus qui marchait sur la mer »

Bonne fête ! 11 : Stanislas, Gemma. 12 : Jules. 13 : Ida. 14 : Maxime, Ludivine. 15 : Paterne. 16 : Benoît-Joseph. 17 : Étienne.

Saint Stanislas, patron de la Pologne, (11 avril) En langue slave, Stanislas signifie « debout pour la gloire de Dieu ». Stanislas, évêque de Cracovie, s'opposa à l'immoralité du roi Boleslav de Pologne et fut égorgé au pied de l'autel où il célébrait en 1079.

« Le souvenir du ministère de saint Stanislas [...] accompagna sans cesse, au cours des siècles, l'histoire de la nation et de l'Église qui est en Pologne. Et dans cette mémoire collective, le saint évêque de Cracovie resta présent comme le patron de l'ordre moral et de l'ordre social dans notre patrie » (S. Jean-Paul II).

3e dimanche de Pâques

18 AVRIL 2021

Les rencontres du Ressuscité

Le texte connu des disciples d'Emmaüs dans l'évangile de Luc se termine par le retour des deux disciples à Jérusalem. On se souvient qu'ils avaient fait route avec le Ressuscité sans d'abord le reconnaitre, même quand il leur avait expliqué que la Loi (Pentateuque), les écrits des prophètes, et les psaumes parlaient de Lui. Ils l'ont enfin reconnu dans l'auberge à Emmaüs quand Jésus a prononcé la bénédiction sur le pain et l'a rompu. L'évangile d'aujourd'hui nous raconte la suite et, chose étrange, ces deux disciples qui ont rejoint les Apôtres, qui racontent leur expérience d'Emmaüs, sont, malgré tout, pris de peur avec tout le groupe quand Jésus se rend présent parmi eux. Jésus réitère la même « pédagogie » que l'on peut lire dans d'autres récits d'apparition à des disciples : il calme les esprits et donne à voir ou à toucher son corps martyrisé ; comme à Emmaüs, il prend le repas et il relit les Écritures en se révélant comme le Messie annoncé.

Dans ce Temps pascal, nous apprenons à devenir des lecteurs de la Bible, et particulièrement de l'Ancien Testament. Les textes du Nouveau Testament que nous entendons dans la liturgie donnent la clé de lecture pour comprendre en quoi l'Ancien Testament a à voir avec Jésus. Nous découvrons la formidable continuité de l'histoire du peuple de Dieu sauvé par le Christ.

Plus encore, en présence du Seigneur, avec les disciples et les Apôtres, qui « n'osaient pas encore y croire » (*évangile*), nous faisons l'expérience du passage de la peur à la confiance, autrement dit du passage à la foi. Aujourd'hui, nous ne toucherons pas le corps abîmé de Jésus mais cependant, nous aurons part à son corps et son sang dans l'eucharistie. Nous ne l'entendrons pas nous parler et nous réconforter mais cependant, nous entendons sa Parole. Aujourd'hui encore, nous pourrons oser y croire et redire avec toute l'Église : « le troisième jour, il est ressuscité des morts ».

Des chants sont proposés pour le Temps pascal, p. 372.

Prière d'ouverture

Garde à ton peuple sa joie, Seigneur, toi qui refais ses forces et sa jeunesse ; tu nous as rendu la dignité de fils de Dieu, affermis-nous dans l'espérance de la résurrection. Par Jésus Christ.

1re Lecture *Dieu a accompli ce que les prophètes ont prédit*

→ **Lecture du livre des Actes des Apôtres** Ac 3, 13-15.17-19

En ces jours-là, devant le peuple, Pierre prit la parole : « Hommes d'Israël, *le Dieu d'Abraham, d'Isaac et de Jacob, le Dieu de nos pères*, a glorifié son serviteur Jésus, alors que vous, vous l'aviez livré, vous l'aviez renié en présence de Pilate qui était décidé à le relâcher. Vous avez renié le Saint et le Juste, et vous avez demandé qu'on vous accorde la grâce d'un meurtrier. Vous avez tué le Prince de la vie, lui que Dieu a ressuscité d'entre les morts, nous en sommes témoins. D'ailleurs, frères, je sais bien que vous avez agi dans l'ignorance, vous et vos chefs. Mais Dieu a ainsi accompli ce qu'il avait d'avance annoncé par la bouche de tous les prophètes : que le Christ, son Messie, souffrirait. Convertissez-vous donc et tournez-vous vers Dieu pour que vos péchés soient effacés. »

Psaume 4

R/ Sur nous, Seigneur, que s'illumine ton visage !
ou : **Alléluia.**

Quand je cri_e, réponds-moi,
Dieu_, ma justice !
Toi qui me libè_res dans la détresse,
pitié pour moi, écou_te ma prière !

Sachez que le Seigneur a mis à part son fidèle,
le Seigneur entend quand je crie vers lui.
Beaucoup demandent : « Qui nous fera voir le bonheur ? »
Sur nous, Seigneur, que s'illumine ton visage !

Dans la paix moi aussi, je me couche et je dors,
car tu me donnes d'habiter, Seigneur,
seul, dans la confiance.

2e Lecture

Garder la parole

→ **Lecture de la première lettre de saint Jean** 1 Jn 2, 1-5a

Mes petits enfants, je vous écris cela pour que vous évitiez le péché. Mais si l'un de nous vient à pécher, nous avons un défenseur devant le Père : Jésus Christ, le Juste. C'est lui qui, par son sacrifice, obtient le pardon de nos péchés, non seulement des nôtres, mais encore de ceux du monde entier. Voici comment nous savons que nous le connaissons : si nous gardons ses commandements. Celui qui dit : « Je le connais », et qui ne garde pas ses commandements, est un menteur : la vérité n'est pas en lui. Mais en celui qui garde sa parole, l'amour de Dieu atteint vraiment la perfection.

Alléluia. Alléluia. Seigneur Jésus, ouvre-nous les Écritures ! Que notre cœur devienne brûlant tandis que tu nous parles. **Alléluia.**

Évangile

Ressuscité selon les Écritures

→ **Évangile de Jésus Christ selon saint Luc** Lc 24, 35-48

En ce temps-là, les disciples qui rentraient d'Emmaüs racontaient aux onze Apôtres et à leurs compagnons ce qui s'était passé sur la route, et comment le Seigneur s'était fait reconnaître par eux à la fraction du pain.

Comme ils en parlaient encore, lui-même fut présent au milieu d'eux, et leur dit : « La paix soit avec vous ! » Saisis de frayeur et de crainte, ils croyaient voir un esprit. Jésus leur dit : « Pourquoi êtes-vous bouleversés ? Et pourquoi ces pensées qui surgissent dans votre cœur ? Voyez mes mains et mes pieds : c'est bien moi ! Touchez-moi, regardez : un esprit n'a pas de chair ni d'os comme vous constatez que j'en ai. » Après cette parole, il leur montra ses mains et ses pieds.

Dans leur joie, ils n'osaient pas encore y croire, et restaient saisis d'étonnement. Jésus leur dit : « Avez-vous ici quelque chose à manger ? » Ils lui présentèrent une part de poisson grillé qu'il prit et mangea devant eux. Puis il leur déclara : « Voici les paroles que je vous ai dites quand j'étais encore avec vous : "Il faut que s'accomplisse tout ce qui a été écrit à mon sujet dans la loi de Moïse, les Prophètes et les Psaumes." »

Alors il ouvrit leur intelligence à la compréhension des Écritures. Il leur dit : « Ainsi est-il écrit que le Christ souffrirait, qu'il ressusciterait d'entre les morts le troisième jour, et que la conversion serait proclamée en son nom, pour le pardon des péchés, à toutes les nations, en commençant par Jérusalem. À vous d'en être les témoins. »

POUR LA PRIÈRE UNIVERSELLE

Seigneur ressuscité, exauce notre prière pour ceux que nous nommons devant toi :
– les communautés chrétiennes qui manquent parfois de confiance : rends-les fortes pour annoncer l'Évangile et témoigner de ton amour ;
– les ministres de l'Église : qu'ils soient les témoins ardents de la foi en la résurrection ;
– les nouveaux baptisés de Pâques : qu'ils puissent trouver une place véritable dans la vie concrète de l'Église ;
– les chrétiens d'Orient : que leur foi les secoure dans les situations de désespoir et de persécution.

Prière sur les offrandes

Accueille, Seigneur, les dons de ton Église en fête : tu es à l'origine d'un si grand bonheur, qu'il s'épanouisse en joie éternelle. Par Jésus.

Préface de Pâques, au choix, p. 33.

Prière après la communion

Regarde avec bonté, Seigneur, le peuple que tu as rénové par tes sacrements : accorde-nous de parvenir à la résurrection bienheureuse, toi qui nous as destinés à connaître ta gloire. Par Jésus.

Renaître à la beauté et à la vie

« Sa résurrection n'est pas un fait relevant du passé ; elle a une force de vie qui a pénétré le monde. Là où tout semble être mort, de partout, les germes de la résurrection réapparaissent. C'est une force sans égale. Il est vrai que souvent Dieu semble ne pas exister : nous constatons que l'injustice, la méchanceté, l'indifférence et la cruauté ne diminuent pas. Pourtant, il est aussi certain que dans l'obscurité commence toujours à germer quelque chose de nouveau, qui tôt ou tard produira du fruit. Dans un champ aplani commence à apparaître la vie, persévérante et invincible. La persistance de la laideur n'empêchera pas le bien de s'épanouir et de se répandre toujours. Chaque jour, dans le monde renaît la beauté, qui ressuscite transformée par les drames de l'histoire. »

Pape François, Exhortation apostolique *Evangelii gaudium*,
La joie de l'Évangile, n° 276.

CALENDRIER LITURGIQUE

Di 18	**3e dimanche de Pâques B.** *Liturgie des Heures : Psautier semaine* III.
Lu 19	Actes 6, 8-15 ; Ps 118 ; Jean 6, 22-29 : « Travaillez non pas pour la nourriture qui se perd, mais pour la nourriture qui demeure jusque dans la vie éternelle »
Ma 20	Actes 7, 51–8, 1° ; Ps 30 ; Jean 6, 30-35 : « Ce n'est pas Moïse, c'est mon Père qui vous donne le vrai pain venu du ciel »
Me 21	*S. Anselme, évêque de Cantorbéry, bénédictin, docteur de l'Église, † 1109.* Actes 8, 1b-8 ; Ps 65 ; Jean 6, 35-40 : « Telle est la volonté de mon Père : que celui qui voit le Fils et croit en lui ait la vie éternelle »
Je 22	Actes 8, 26-40 ; Ps 65 ; Jean 6, 44-51 : « Moi, je suis le pain vivant, qui est descendu du ciel »
Ve 23	*S. Georges, martyr à Lod en Palestine, 3e-4e siècle.* *S. Adalbert, évêque de Prague, martyr, † 997 près de Gdansk (Pologne).* Actes 9, 1-20 ; Ps 116 ; Jean 6, 52-59 : « Ma chair est la vraie nourriture, et mon sang est la vraie boisson »
Sa 24	*S. Fidèle de Sigmaringen, capucin, martyr à Seewis (Suisse), † 1622.* Actes 9, 31-42 ; Ps 115 ; Jean 6, 60-69 : « Seigneur, à qui irions-nous ? Tu as les paroles de la vie éternelle »

Bonne fête ! 18 : Parfait. 19 : Emma. 20 : Odette, Giraud. 21 : Anselme, Selma. 22 : Alexandre. 23 : Georges, Georgina, Youri, Fortunat. 24 : Fidèle, Euphrasie.

Saint Georges (**23 avril**) Officier originaire de Cappadoce, Georges refusa d'offrir les sacrifices païens exigés par l'empereur romain Dioclétien et fut exécuté. On lui attribua de nombreux miracles et, dans les Églises d'Orient, il est appelé « le grand martyr ». Sa notoriété fut renforcée au XIe siècle par la légende de saint Georges victorieux du dragon. Le culte populaire dédié à saint Georges, en Orient comme en Occident, se traduisit par la construction de nombreuses églises portant son nom. Il est le protecteur de plusieurs pays dont l'Angleterre et a donné son nom à la Géorgie. Il est aussi le patron des cavaliers.

4e dimanche de Pâques

25 AVRIL 2021

Le soin pastoral

Deux figures du Christ, le berger et la vigne, nous sont proposées ce dimanche ainsi que dimanche prochain (*évangiles du 4e et du 5e dimanche de Pâques*). Ces deux représentations, si fréquentes dans la culture antique et méditerranéenne dans laquelle baigne la Bible, nous parlent encore aujourd'hui. Il suffit de voir un troupeau traverser une route (plus fréquent qu'on ne le croit !) ou d'admirer les belles vignes de nos terroirs pour entrer de plain-pied dans ces comparaisons évangéliques.

Aujourd'hui, le Christ se présente à nous comme un berger, un berger digne de ce nom car il est prêt à tout pour sauver ses bêtes (*évangile*). Il ne peut être confondu avec les mauvais bergers qui abandonnent leurs troupeaux devant le danger. Traduction pascale : Jésus a donné sa vie pour nous ; il s'agit d'un don véritable, un don de soi total et sans retour.

Mais si la figure du berger peut nous être sympathique, c'est sans doute moins vrai de la comparaison avec le troupeau. Nous ne souhaitons pas être comme « des moutons » qui suivent sans discernement. Alors, que retenir de la comparaison avec les brebis de l'évangile ? La caractéristique des brebis est d'écouter la voix. La brebis, c'est quelqu'un qui écoute la Parole, lui fait confiance suffisamment pour croire que sa vie ne sera pas mise en péril, qu'elle sera sauvée du danger. Cette confiance n'est pas aveugle mais fondée par le témoignage de ce berger : il ne les abandonne pas, il reste solidaire de son troupeau-humanité et le conduit « par-delà les ravins de la mort » (*Ps 22*).

Certes, Jésus s'adresse en premier lieu aux juifs pharisiens, se présentant en filigrane comme l'unique berger d'Israël, sauveur et messie. Or cette affirmation ne peut que remettre en question le pouvoir religieux de l'époque devant le choix que Jésus lui impose : ou bien reconnaître en lui le messie d'Israël, et avec lui, laisser les brebis étrangères entrer dans l'enclos de l'Alliance avec Dieu, jusqu'ici réservé au peuple élu, ou bien rejeter « la pierre d'angle » (*psaume et deuxième lecture*). Toute proportion gardée, cette question peut être transposée et interroge notre souci pastoral d'aller chercher, bien au-delà des murs de nos communautés chrétiennes, tous « les enfants de Dieu » (*deuxième lecture*) dispersés.

Des chants sont proposés pour le Temps pascal, p. 372.

Prière d'ouverture

Dieu éternel et tout-puissant, guide-nous jusqu'au bonheur du ciel ; que le troupeau parvienne, malgré sa faiblesse, là où son Pasteur est entré victorieux. Lui qui règne.

1re Lecture

« En nul autre que lui, il n'y a de salut »

→ **Lecture du livre des Actes des Apôtres** Ac 4, 8-12

En ces jours-là, Pierre, rempli de l'Esprit Saint, déclara : « Chefs du peuple et anciens, nous sommes interrogés aujourd'hui pour avoir fait du bien à un infirme, et l'on nous demande comment cet homme a été sauvé. Sachez-le donc, vous tous, ainsi que tout le peuple d'Israël : c'est par le nom de Jésus le Nazaréen, lui que vous avez crucifié mais que Dieu a ressuscité d'entre les morts, c'est par lui que cet homme se trouve là, devant vous, bien portant. Ce Jésus est *la pierre méprisée de vous, les bâtisseurs, mais devenue la pierre d'angle.* En nul autre que lui, il n'y a de salut, car, sous le ciel, aucun autre nom n'est donné aux hommes, qui puisse nous sauver. »

Psaume 117

R/ La pierre qu'ont rejetée les bâtisseurs
est devenue la pierre d'angle.
ou : **Alléluia.**

Rendez grâce au Seigneur : Il est bon !
Éternel est son amour !
Mieux vaut s'appuyer sur le Seigneur
que de compter sur les hommes ;
mieux vaut s'appuyer sur le Seigneur
que de compter sur les puissants !

Je te rends grâce car tu m'as exaucé :
tu es pour moi le salut.
La pierre qu'ont rejetée les bâtisseurs
est devenue la pierre d'angle ;
c'est là l'œuvre du Seigneur,
la merveille devant nos yeux.

Béni soit au nom du Seigneur celui qui vient !
De la maison du Seigneur, nous vous bénissons !
Tu es mon Dieu, je te rends grâce,
mon Dieu, je t'exalte !
Rendez grâce au Seigneur : Il est bon !
Éternel est son amour !

2e Lecture

« Nous sommes enfants de Dieu »

→ Lecture de la première lettre de saint Jean 1 Jn 3, 1-2

Bien-aimés, voyez quel grand amour nous a donné le Père pour que nous soyons appelés enfants de Dieu – et nous le sommes. Voici pourquoi le monde ne nous connaît pas : c'est qu'il n'a pas connu Dieu. Bien-aimés, dès maintenant, nous sommes enfants de Dieu, mais ce que nous serons n'a pas encore été manifesté. Nous le savons : quand cela sera manifesté, nous lui serons semblables car nous le verrons tel qu'il est.

Alléluia. Alléluia. Je suis le bon Pasteur, dit le Seigneur ; je connais mes brebis et mes brebis me connaissent. **Alléluia.**

Évangile

« Le Christ, berger de notre humanité »

→ Évangile de Jésus Christ selon saint Jean

Jn 10, 11-18

En ce temps-là, Jésus disait : « Moi, je suis le bon pasteur, le vrai berger, qui donne sa vie pour ses brebis. Le berger mercenaire n'est pas le pasteur, les brebis ne sont pas à lui : s'il voit venir le loup, il abandonne les brebis et s'enfuit ; le loup s'en empare et les disperse. Ce berger n'est qu'un mercenaire, et les brebis ne comptent pas vraiment pour lui. Moi, je suis le bon pasteur ; je connais mes brebis, et mes brebis me connaissent, comme le Père me connaît, et que je connais le Père ; et je donne ma vie pour mes brebis.

J'ai encore d'autres brebis, qui ne sont pas de cet enclos : celles-là aussi, il faut que je les conduise. Elles écouteront ma voix : il y aura un seul troupeau et un seul pasteur. Voici pourquoi le Père m'aime : parce que je donne ma vie, pour la recevoir de nouveau. Nul ne peut me l'enlever : je la donne de moi-même. J'ai le pouvoir de la donner, j'ai aussi le pouvoir de la recevoir de nouveau : voilà le commandement que j'ai reçu de mon Père. »

POUR LA PRIÈRE UNIVERSELLE

Confions notre prière au Christ ressuscité :
– pour les pasteurs qui ont reçu la mission de conduire le peuple de Dieu ;
– pour les personnes laïques qui au nom de l'Église participent à la charge pastorale en accompagnant les funérailles, préparant au mariage ou au baptême ou encore dans la catéchèse ou dans le soutien des plus démunis ;
– pour les séminaristes, les hommes et les femmes qui se préparent à entrer dans la vie religieuse, et toutes les personnes qui discernent dans leur vie l'appel à suivre du Seigneur ;
– pour les communautés chrétiennes qui s'ouvrent aux étrangers ou aux non croyants et témoignent de l'amour de Dieu pour tous les hommes.

Prière sur les offrandes

Donne-nous, Seigneur, de te rendre grâce toujours par ces mystères de Pâques : ils continuent en nous ton œuvre de rédemption, qu'ils nous soient une source intarissable de joie. Par Jésus.

Préface de Pâques, au choix, p. 33.

Prière après la communion

Père tout-puissant et Pasteur plein de bonté, veille sur tes enfants avec tendresse ; tu nous as sauvés par le sang de ton Fils : ouvre-nous une demeure dans le Royaume des cieux. Par Jésus.

Le pasteur de la terre entière

« Dans la lecture de ce jour, le Christ a proclamé : *Je suis le Bon Pasteur, le vrai berger. Le vrai berger donne sa vie pour ses brebis.* Il nous a indiqué ainsi sa venue sur la terre comme pasteur des nations serait un bienfait pour tous. Aussi, lui qui est le maître, cherche-t-il des collaborateurs, des assistants pour le monde entier, lorsqu'il dit dans le psaume : Acclamez le Seigneur, terre entière.

Au moment de retourner au ciel, il confie donc à Pierre le soin de paître ses brebis à sa place. *Pierre, m'aimes-tu ?* dit-il,
Sois le pasteur de mes brebis. Et pour que Pierre ne commence pas par contraindre de façon autoritaire les plus petits du troupeau, il répète sa question : *Pierre, m'aimes-tu ? Sois le pasteur de mes agneaux*. Il confie à Pierre les brebis avec leurs petits, parce qu'il est le pasteur qui prévoit déjà la future fécondité de son troupeau. »

Saint Pierre Chrysologue († 450),
cité dans *Les Pères de l'Église commentent l'Évangile*,
Abbaye de Clervaux, Brepols, 1991, p. 210.

CALENDRIER LITURGIQUE

Di 25 **4e dimanche de Pâques B.**
Liturgie des Heures : Psautier semaine IV.
[S. MARC, évangéliste.]

Lu 26 Actes 11, 1-18 ; Ps 41 ; à employer de préférence les années B et C : Jean 10, 1-10 : « Moi, je suis la porte des brebis »

Ma 27 *En Suisse*, S. Pierre Canisius, prêtre jésuite, † 21 décembre 1597 à Fribourg (Suisse). Ailleurs, mémoire le 21 décembre.
Actes 11, 19-26 ; Ps 86 ; Jean 10, 22-30 : « Le Père et moi, nous sommes UN »

Me 28 *S. Pierre Chanel, prêtre mariste français, premier martyr de l'Océanie, † 1841 à Futuna.*
S. Louis-Marie Grignion de Montfort, prêtre, fondateur de congrégations religieuses, † 1716 à Saint-Laurent-sur-Sèvre (Vendée).
Actes 12, 24–13, 5 ; Ps 66 ; Jean 12, 44-50 : « Moi qui suis la lumière, je suis venu dans le monde »

Je 29 Ste CATHERINE DE SIENNE, vierge, tertiaire dominicaine, docteur de l'Église, † 1380 à Rome, patronne de l'Europe. En Europe, lectures propres : 1 Jean 1,5–2, 2 ; Luc 10,38-42.

Ve 30 *S. Pie V, pape, † 1572 à Rome.*
Actes 13, 26-33 ; Ps 2 ; Jean 14, 1-6 : « Moi, je suis le Chemin, la Vérité et la Vie »
En Afrique du Nord, NOTRE-DAME D'AFRIQUE.
Au Canada, Ste Marie de l'Incarnation, veuve, puis religieuse ursuline, † 1672 à Québec.

Sa 1er *S. Joseph travailleur.*
Actes 13, 44-52 ; Ps 97 ; Jean 14, 7-14 : « Celui qui m'a vu a vu le Père »
Au Luxembourg, samedi de la 4e semaine de Pâques : LA Vierge Marie Consolatrice des affligés, patronne principale du Luxembourg.

Bonne fête ! 25 : Marc. 26 : Alida, Clet. 27 : Zita. 28 : Louis-Marie, Vital. 29 : Catherine. 30 : Robert, Robin, Rosemonde. 1er : Tamara, Jérémie, Brieuc.

Pour mémoire :

– Aujourd'hui, quatrième dimanche de Pâques, dimanche du Bon Pasteur, journée des vocations.

– Aujourd'hui, dernier dimanche d'avril, souvenir des déportés.

– 1er mai : Fête du travail.

Sainte Catherine de Sienne (30 avril) Femme influente de son époque (1347-1380), elle est une des patronnes de l'Europe. Très jeune, Catherine allie une vie d'oraison et le service des pauvres dans la ville de Sienne, et devient tertiaire dominicaine. Ayant à cœur l'unité de l'Église, elle œuvre pour faire revenir le pape d'Avignon à Rome et voyage beaucoup pour encourager la paix. Sa réputation de sainteté s'étant diffusée, elle devient « conseillère spirituelle » de nombreuses personnes, puissants et artistes, gens du peuple et ecclésiastiques. Elle influence aussi la vie spirituelle avec son ouvrage *Dialogue de la divine Providence.* Catherine de Sienne est une mystique, on retrouve ses visions sur les tableaux la représentant comme par exemple, la vision de Marie la conduisant à Jésus, ou encore celle du Christ lui offrant une bague en échange de son cœur.

5e dimanche de Pâques

2 MAI 2021

La vigne et les sarments

Nous renouons avec la Semaine sainte car, dans l'évangile de Jean, les propos de Jésus sur la vigne et les sarments se situent juste après le lavement des pieds et font partie de l'ultime testament de Jésus à ses disciples.

Il nous est facile d'imaginer un pied de vigne mais qu'est-ce qu'un sarment ? Il s'agit d'un jeune rameau qui a poussé dans l'année partant du pied de vigne et portant la récolte. Pendant l'année, les sarments sont taillés et après les vendanges, ils sont broyés ou brulés. Quand Jésus affirme que nous sommes les sarments, voici donc ce qui nous attend (*évangile*). Jésus emprunte ici une comparaison puissante de l'Ancien Testament : la vigne, c'est le peuple de l'alliance avec Dieu. Mais ce peuple parfois déçoit et le prophète Isaïe le rabroue (Is 5) car, tel une vigne qui donne un jus de raisin aigre, il est infidèle à la loi de Dieu.

Dans la nouvelle alliance en Jésus (ne communions-nous pas au sang de l'alliance nouvelle et éternelle ?), la vigne qu'il personnifie ne peut que produire un fruit parfait. Cependant, même si cela est acquis par la nature divine de la vigne-Jésus, la participation des sarments-disciples reste nécessaire. À l'image de la continuité entre la vigne et ses sarments, le lien qui s'établit entre Jésus et ses disciples est de même nature que celui de Jésus avec son Père et se traduit par le verbe « demeurer en... ». Or s'il nous est difficile de comprendre concrètement ce que peut recouvrir cette inhabitation, Jésus l'explicite en l'appliquant à sa parole : les paroles de Jésus sont appelées à demeurer en nous. La 1re lettre de Jean que nous entendons aujourd'hui ne dit pas autre chose : celui qui garde les commandements du Seigneur demeure en lui (*deuxième lecture*). En chérissant la parole du Seigneur, qui est un commandement à aimer, toute fécondité est désormais possible. Le vin sera bon cette année !

Des chants sont proposés pour le Temps pascal, p. 372.

Prière d'ouverture

Dieu qui as envoyé ton Fils pour nous sauver et pour faire de nous tes enfants d'adoption, regarde avec bonté ceux que tu aimes comme un père ; puisque nous croyons au Christ, accorde-nous la vraie liberté et la vie éternelle. Par Jésus Christ.

1re Lecture

Quand Paul paraît

→ **Lecture du livre des Actes des Apôtres** Ac 9, 26-31

E**n ces jours-là**, arrivé à Jérusalem, Saul cherchait à se joindre aux disciples, mais tous avaient peur de lui, car ils ne croyaient pas que lui aussi était un disciple. Alors Barnabé le prit avec lui et le présenta aux Apôtres ; il leur raconta comment, sur le chemin, Saul avait vu le Seigneur, qui lui avait parlé, et comment, à Damas, il s'était exprimé avec assurance au nom de Jésus. Dès lors, Saul allait et venait dans Jérusalem avec eux, s'exprimant avec assurance au nom du Seigneur. Il parlait aux Juifs de langue grecque, et discutait avec eux. Mais ceux-ci cherchaient à le supprimer. Mis au courant, les frères l'accompagnèrent jusqu'à Césarée et le firent partir pour Tarse.

L'Église était en paix dans toute la Judée, la Galilée et la Samarie ; elle se construisait et elle marchait dans la crainte du Seigneur ; réconfortée par l'Esprit Saint, elle se multipliait.

Psaume 21

R/ Tu seras ma louange, Seigneur,
dans la grande assemblée.
ou : **Alléluia.**

Devant ceux qui te craignent, je tiendrai mes promesses.
Les pauvres mangeront : ils seront rassasiés ;

ils loueront le Seigneur, ceux qui le cherchent :
« À vous, toujours, la vie et la joie ! »

La terre entière se souviendra et reviendra vers le Seigneur,
chaque famille de nations se prosternera devant lui :
« Oui, au Seigneur la royauté,
le pouvoir sur les nations ! »

Et moi, je vis pour lui : ma descendance le servira ;
on annoncera le Seigneur aux générations à venir.
On proclamera sa justice au peuple qui va naître :
« Voilà son œuvre ! »

2e Lecture

Garder ses commandements

→ **Lecture de la première lettre de saint Jean** 1 Jn 3, 18-24

Petits enfants, n'aimons pas en paroles ni par des discours, mais par des actes et en vérité. Voilà comment nous reconnaîtrons que nous appartenons à la vérité, et devant Dieu nous apaiserons notre cœur ; car si notre cœur nous accuse, Dieu est plus grand que notre cœur, et il connaît toutes choses.

Bien-aimés, si notre cœur ne nous accuse pas, nous avons de l'assurance devant Dieu. Quoi que nous demandions à Dieu, nous le recevons de lui, parce que nous gardons ses commandements, et que nous faisons ce qui est agréable à ses yeux.

Or, voici son commandement : mettre notre foi dans le nom de son Fils Jésus Christ, et nous aimer les uns les autres comme il nous l'a commandé. Celui qui garde ses commandements demeure en Dieu, et Dieu en lui ; et voilà comment nous reconnaissons qu'il demeure en nous, puisqu'il nous a donné part à son Esprit.

Alléluia. Alléluia. Demeurez en moi, comme moi en vous, dit le Seigneur ; celui qui demeure en moi porte beaucoup de fruit. **Alléluia.**

Évangile

Jésus est la vigne

→ Évangile de Jésus Christ selon saint Jean

Jn 15, 1-8

En ce temps-là, Jésus disait à ses disciples : « Moi, je suis la vraie vigne, et mon Père est le vigneron. Tout sarment qui est en moi, mais qui ne porte pas de fruit, mon Père l'enlève ; tout sarment qui porte du fruit, il le purifie en le taillant, pour qu'il en porte davantage. Mais vous, déjà vous voici purifiés grâce à la parole que je vous ai dite. Demeurez en moi, comme moi en vous. De même que le sarment ne peut pas porter de fruit par lui-même s'il ne demeure pas sur la vigne, de même vous non plus, si vous ne demeurez pas en moi.

Moi, je suis la vigne, et vous, les sarments. Celui qui demeure en moi et en qui je demeure, celui-là porte beaucoup de fruit, car, en dehors de moi, vous ne pouvez rien faire. Si quelqu'un ne demeure pas en moi, il est, comme le sarment, jeté dehors, et il se dessèche. Les sarments secs, on les ramasse, on les jette au feu, et ils brûlent. Si vous demeurez en moi, et que mes paroles demeurent en vous, demandez tout ce que vous voulez, et cela se réalisera pour vous. Ce qui fait la gloire de mon Père, c'est que vous portiez beaucoup de fruit et que vous soyez pour moi des disciples. »

POUR LA PRIÈRE UNIVERSELLE

▸ Confions notre prière au Christ ressuscité afin qu'il intercède :
– pour ceux qui s'occupent des vignes, produisent du vin : que leur savoir-faire respecte au mieux la terre qui produit les fruits et les hommes qui y travaillent ;
– pour l'Église qui sans cesse incorpore de nouveaux baptisés : qu'elle entende leur foi toute neuve et se renouvelle à leur contact ;
– pour les catéchistes, ceux qui étudient la Bible, ceux qui en font la lecture : qu'ils goûtent avec délice le vin nouveau de la parole de Dieu ;
– pour les personnes en précarité, au chômage depuis longtemps : que les décideurs politiques et économiques les prennent en compte et œuvrent au partage du travail et à la formation professionnelle.

Prière sur les offrandes

Seigneur notre Dieu, dans l'admirable échange du sacrifice eucharistique, tu nous fais participer à ta propre nature divine : puisque nous avons la connaissance de ta vérité, accorde-nous de lui être fidèles par toute notre vie. Par Jésus.

Préface de Pâques, au choix, p. 33.

Prière après la communion

Dieu très bon, reste auprès de ton peuple, car sans toi notre vie tombe en ruine : fais passer à une vie nouvelle ceux que tu as initiés aux sacrements de ton Royaume. Par Jésus.

Nouvelle traduction

Dans ta bienveillance, reste auprès de ton peuple, nous t'en prions, Seigneur ; * puisque tu l'as initié aux sacrements du ciel, / fais-le passer de ce qui est ancien à la vie nouvelle. Par le Christ, notre Seigneur.

« Je suis la vigne et vous êtes les sarments »

« C'est moi qui suis le principe de votre floraison : comment vous étonneriez-vous donc qu'une goutte de sang de mon cœur se soit insinuée dans tous vos sens et dans toutes vos énergies ? Et que, délicatement, les pensées de mon cœur s'infiltrent dans votre cœur tout occupé du monde ? qu'un murmure se fasse entendre, un bourdonnement qui jour et nuit éveille en vous une attirance vers l'amour ? vers l'amour qui veut souffrir, vers l'amour qui, associé au mien, ait un pouvoir rédempteur ? Et encore, que naisse en vous le désir ardent de risquer et de mettre en jeu toutes vos forces et votre vie même pour vos frères ? »

Hans Urs vons Balthasar, *Le Cœur du monde*,
DDB, 1956, p. 81.

TEMPS PASCAL

CALENDRIER LITURGIQUE

Di 2	**5e dimanche de Pâques B.** *Liturgie des Heures : Psautier semaine I.* [S. Athanase, évêque d'Alexandrie, docteur de l'Église, † 373.]
Lu 3	S. PHILIPPE et S. JACQUES, Apôtres. Lectures propres : 1 Corinthiens 15,1-8 ; Ps 18A ; Jean 14, 6-14 : "Il y a si longtemps que je suis avec vous, et tu ne me connais pas !"
Ma 4	Actes 14, 19-28 ; Ps 144 ; Jean 14, 27-31a : « Je vous donne ma paix »
Me 5	Actes 15, 1-6 ; Ps 121 ; Jean 15, 1-8 : « Celui qui demeure en moi et en qui je demeure, celui-là porte beaucoup de fruit »
Je 6	*Au Canada*, S. François de Laval, premier évêque de Québec, † 1708 à Québec. Actes 15, 7-21 ; Ps 95 ; Jean 15, 9-11 : « Demeurez dans mon amour pour que votre joie soit parfaite »
Ve 7	Actes 15, 22-31 ; Ps 56 ; Jean 15, 12-17 : « Voici ce que je vous commande : c'est de vous aimer les uns les autres »
Sa 8	Actes 16, 1-10 ; Ps 99 ; Jean 15, 18-21 : « Vous n'appartenez pas au monde, puisque je vous ai choisis en vous prenant dans le monde »

Bonne fête ! 2 : Athanase, Antonin, Boris, Zoé. 3 : Jacques, James, Jim, Juvénal, Philippe. 4 : Florian, Sylvain. 5 : Ange, Judith. 6 : Prudence. 7 : Flavie. 8 : Désiré.

Saint Athanase d'Alexandrie (**2 mai**) Athanase est une des figures célèbres des Églises de l'Antiquité, en particulier parce qu'il a contribué à la lutte contre la doctrine de l'arianisme (IVe s.) qui niait la divinité du Christ. Il a contribué à l'élaboration du dogme de l'Incarnation et à celui de la Trinité. Comme évêque d'Alexandrie, il a lutté contre les disciples de sectes chrétiennes hérétiques. Il a passé 17 ans en exil, notamment à Rome mais il a aussi mené la vie érémitique dans le désert égyptien. De ce père de l'Église, on peut lire par exemple sa *Vie de saint Antoine* ou encore son traité sur l'*Incarnation du Verbe*. À la suite de saint Irénée, il reprend l'adage « Dieu s'est fait homme pour que l'homme devienne Dieu ».

6e dimanche de Pâques

9 MAI 2021

Un amour qui nous donne d'aimer

Amour : le mot revient sans cesse dans les textes de ce dimanche, au point de les saturer. Il ne s'agit pas de n'importe quel amour ; il s'agit de l'amour de Dieu, car « Dieu est amour ». Et c'est parce qu'il nous aime que Dieu nous a envoyé son Fils *(deuxième lecture).* Comment dès lors, face à cet amour gratuit de Dieu, ne pas aimer à notre tour jusqu'au don de notre propre vie ? Cet amour de Dieu n'exclut personne. Des païens eux-mêmes reçoivent à profusion le don de l'Esprit Saint qui est l'amour divin en personne. Par lui, ils connaissent Dieu ; on les entend dire des paroles mystérieuses et chanter la grandeur de Dieu *(première lecture)*.

Connaître et aimer. Pour S. Jean le lien est fort entre les deux termes. L'ami est celui qui connaît ce que Jésus lui révèle : Dieu est amour et cet amour fait de l'homme un enfant de Dieu, capable d'aimer comme Dieu. Cela suppose le libre choix de chacun car faire la volonté d'un autre est un acte de liberté. Rien n'est donné au départ. Connaître, devenir ami, aimer sont toujours en devenir et exigent un choix. Pourtant, et Jésus l'affirme clairement, c'est lui qui, le premier, choisit ses amis. L'amour et le choix partent de Dieu. C'est lui la source de l'amour mais cet amour reçu doit retourner à Dieu et ce mouvement de retour dépend de notre liberté humaine. À cette condition, nous porterons du fruit, nous serons capables, à notre tour, d'aimer les autres en réponse à l'amour premier de Dieu *(évangile).*

Alors, en ce dimanche, nous avons à nous émerveiller de l'initiative gratuite d'un Dieu qui nous donne son amour et nous engage à le vivre chaque jour. Et, prenant appui sur les paroles de l'Évangile : « Aimez-vous comme je vous ai aimés », nous devons aimer les autres du même amour que le Père nous a manifesté en son Fils Jésus.

Des chants sont proposés pour le Temps pascal, p. 372.

Prière d'ouverture

Dieu tout-puissant, accorde-nous, en ces jours de fête, de célébrer avec ferveur le Christ ressuscité : que le mystère de Pâques dont nous faisons mémoire reste présent dans notre vie et la transforme. Par Jésus Christ.

1re Lecture

Un amour sans frontière

→ Lecture du livre des Actes des Apôtres — Ac 10, 25-26.34-35.44-48

Comme Pierre arrivait à Césarée chez Corneille, centurion de l'armée romaine, celui-ci vint à sa rencontre, et, tombant à ses pieds, il se prosterna. Mais Pierre le releva en disant : « Lève-toi. Je ne suis qu'un homme, moi aussi. » Alors Pierre prit la parole et dit : « En vérité, je le comprends, Dieu est impartial : il accueille, quelle que soit la nation, celui qui le craint et dont les œuvres sont justes. »

Pierre parlait encore quand l'Esprit Saint descendit sur tous ceux qui écoutaient la Parole. Les croyants qui accompagnaient Pierre, et qui étaient juifs d'origine, furent stupéfaits de voir que, même sur les nations, le don de l'Esprit Saint avait été répandu. En effet, on les entendait parler en langues et chanter la grandeur de Dieu. Pierre dit alors : « Quelqu'un peut-il refuser l'eau du baptême à ces gens qui ont reçu l'Esprit Saint tout comme nous ? » Et il donna l'ordre de les baptiser au nom de Jésus Christ. Alors ils lui demandèrent de rester quelques jours avec eux.

Psaume 97

**R/ Le Seigneur a fait connaître sa victoire
et révélé sa justice aux nations.**
ou : **Alléluia.**

Chantez au Seigneur un chant nouveau,
car il a fait des merveilles ;
par son bras très saint, par sa main puissante,
il s'est assuré la victoire.

Le Seigneur a fait connaître sa victoire
et révélé sa justice aux nations ;
il s'est rappelé sa fidélité, son amour,
en faveur de la maison d'Israël.

La terre tout entière a vu
la victoire de notre Dieu.
Acclamez le Seigneur, terre entière,
sonnez, chantez, jouez !

2e Lecture

Dieu nous a aimés le premier

→ Lecture de la première lettre de saint Jean 1 Jn 4, 7-10

Bien-aimés, aimons-nous les uns les autres, puisque l'amour vient de Dieu. Celui qui aime est né de Dieu et connaît Dieu. Celui qui n'aime pas n'a pas connu Dieu, car Dieu est amour.

Voici comment l'amour de Dieu s'est manifesté parmi nous : Dieu a envoyé son Fils unique dans le monde pour que nous vivions par lui. Voici en quoi consiste l'amour : ce n'est pas nous qui avons aimé Dieu, c'est lui qui nous a aimés, et il a envoyé son Fils en sacrifice de pardon pour nos péchés.

Alléluia. Alléluia. Si quelqu'un m'aime, il gardera ma parole, dit le Seigneur ; mon Père l'aimera, et nous viendrons vers lui. **Alléluia.**

Évangile

Donner sa vie pour ceux qu'on aime

→ Évangile de Jésus Christ selon saint Jean

Jn 15, 9-17

En ce temps-là, Jésus disait à ses disciples : « Comme le Père m'a aimé, moi aussi je vous ai aimés. Demeurez dans mon amour. Si vous gardez mes commandements, vous demeurerez dans mon amour, comme moi, j'ai gardé les commandements de mon Père, et je demeure dans son amour. Je vous ai dit cela pour que ma joie soit en vous, et que votre joie soit parfaite.

Mon commandement, le voici : Aimez-vous les uns les autres comme je vous ai aimés. Il n'y a pas de plus grand amour que de donner sa vie pour ceux qu'on aime. Vous êtes mes amis si vous faites ce que je vous commande. Je ne vous appelle plus serviteurs, car le serviteur ne sait pas ce que fait son maître ; je vous appelle mes amis, car tout ce que j'ai entendu de mon Père, je vous l'ai fait connaître. Ce n'est pas vous qui m'avez choisi, c'est moi qui vous ai choisis et établis afin que vous alliez, que vous portiez du fruit, et que votre fruit demeure. Alors, tout ce que vous demanderez au Père en mon nom, il vous le donnera. Voici ce que je vous commande : c'est de vous aimer les uns les autres. »

POUR LA PRIÈRE UNIVERSELLE

– Pour l'Église, appelée à témoigner de ton amour, Seigneur, nous te prions.
– Pour les nouveaux baptisés venus de toutes langues peuples et cultures, Seigneur, nous te prions.
– Pour celles et ceux qui donnent leur vie par amour pour leurs frères, Seigneur, nous te prions.
– Pour notre communauté qui s'efforce de vivre ton amour, et de donner du fruit, Seigneur, nous te prions.

Prière sur les offrandes

Que nos prières montent vers toi, Seigneur, avec ces offrandes pour le sacrifice ; dans ta bonté, purifie-nous, et nous correspondrons davantage aux sacrements de ton amour. Par Jésus.

Préface de Pâques, au choix, p. 33.

Prière après la communion

Dieu tout-puissant, dans la résurrection du Christ, tu nous recrées pour la vie éternelle ; multiplie en nous les fruits du sacrement pascal : fais-nous prendre des forces neuves à cette nourriture qui apporte le salut. Par Jésus.

« Comme le Père m'a aimé, je vous ai aimés »

« Jésus dit : "Aimez-vous les uns les autres comme je vous ai aimés." Voilà qui change tout, peut-être. Il ne s'agit pas seulement d'aimer, au sens vague du terme. "Comme" tend le doigt vers celui qui a ouvert la voie et donné l'exemple. Tout l'évangile raconte comme il a aimé. Ce n'était pas mièvre et douceâtre. Toute une société en était remuée. Il renversait les barrières entre les pécheurs et ceux qui se croyaient justes, entre les humbles et ceux qui se croyaient savants, entre les infirmes et ceux qui se croyaient bien-portants, entre les pauvres et les riches, entre les exclus et les notables... La révolution de l'amour ! Il était fou de l'impossible. Un volcan en éruption. Il disait qu'il était venu "mettre le feu sur la Terre". Ses adversaires ont fait le nécessaire pour éteindre l'incendie qui menaçait la capitale. Mais d'où venait cette vive flamme ?

Ce n'est pas tout. Il y a un autre "comme". Un abîme. On va plonger dans le feu central. "Comme le Père m'a aimé, je vous ai aimés". Nous voici proches des ultimes secrets, ceux que l'on pressent parfois en des instants privilégiés de l'existence. Alors, aimer, ce serait mettre en œuvre la fragilité de nos existences, une énergie lumineuse, bienfaisante, créatrice, qui surgirait du cœur secret du monde, de... Dieu ? »

Gérard Bessière, *Dieu, si proche, Année B*,
Desclée de Brouwer, p. 65-66.

TEMPS PASCAL

CALENDRIER LITURGIQUE

Di 9	**6e dimanche de Pâques B.** *Liturgie des Heures : Psautier semaine II.* [En France, Ste Louise de Marillac, fondatrice des Filles de la Charité, † 1660 à Paris.]
Lu 10	En Belgique, S. Damien, prêtre, religieux des Sacrés-Cœurs, apôtre des lépreux, † 1889 (15 avril) à Molokaï (archipel des Hawaï). Actes des Apôtres 16, 11-15 ; Ps 149 ; Jean 15, 26–16, 4a : « L'Esprit de vérité rendra témoignage en ma faveur »
Ma 11	Actes 16, 22-34 ; Ps 137 ; Jean 16, 5-11 : « Si je ne m'en vais pas, le Défenseur ne viendra pas à vous »
Me 12	S. Nérée et S. Achille, martyrs, † 304-305 à Rome. S. Pancrace, martyr, † 304-305 à Rome. Actes 17, 15.22–18, 1 ; Ps 148 ; Jean 16, 12-15 : « L'Esprit de vérité vous conduira dans la vérité tout entière »
Je 13	**ASCENSION DU SEIGNEUR**, p. 405. [Notre-Dame de Fatima (1917).]
Ve 14	S. MATTHIAS, Apôtre. Lectures propres : Ac 1,15-17.20-26 ; Jn 15,9-17.
Sa 15	Actes 18, 23-28 ; Ps 46 ; Jean 16, 23b-28 : « Le Père lui-même vous aime, parce que vous m'avez aimé et vous avez cru »

Bonne fête ! 9 : Pacôme, Isaïe. 10 : Solange, Damien. 11 : Mayeul, Estelle, Stella. 12 : Achille, Nérée, Simon. 13 : Rolande. 14 : Matthias. 15 : Denise, Victorin.

Pour mémoire : aujourd'hui, 2e dimanche de mai, en Belgique, fête des mères.

Saint Damien (10 mai), apôtre des lépreux, est un prêtre belge. En mars 1864, il arrive à Hawaï où la lèpre fait des ravages. En 1865, les lépreux sont déportés sur deux sites isolés de l'île de Molokai. Ils y sont abandonnés à leur sort. Le père Damien rejoint Molokai en mai 1873. Sa présence apporte de nombreux bienfaits. Il contracte la maladie en 1884 et meurt de ses complications en 1889.

Ascension du Seigneur

3 MAI 2021

Le Christ nous ouvre le chemin du ciel

Peut-on se réjouir du départ du Christ en célébrant en ce jour l'Ascension du Seigneur ? Pour comprendre le sens de cette fête, il faut regarder au-delà des apparitions du Christ ressuscité à ses disciples. « Pourquoi restez-vous là à regarder vers le ciel ? » C'est le message entendu par les Apôtres en ce jour. Dans son récit de l'Ascension, Luc situe le départ du Maître après une ultime promesse, celle du don du Saint-Esprit, qui fera des Apôtres les témoins du Christ (*première lecture*). Mais une autre indication nous est donnée dans ce récit pour comprendre ce que nous célébrons en ce jour de l'Ascension : la mission du Seigneur consiste à établir un Royaume nouveau qui ne sera pas temporel comme le royaume d'Israël : le Christ a été glorifié puisqu'il est enlevé au ciel et il viendra de la même manière à la fin des temps.

L'évangile de Marc souligne davantage l'envoi des Apôtres en mission dans son récit de l'Ascension, mais « les signes qui accompagneront ceux qui deviendront croyants » manifestent la nouveauté du Royaume de Dieu : la capacité de parler des langues nouvelles, l'invulnérabilité face au Mal et la guérison des malades (*évangile*).

Ainsi, l'Ascension du Seigneur signe l'accomplissement de sa venue sur terre pour sauver le monde. Le Christ qui s'est abaissé jusqu'à mourir sur la croix est élevé à la droite du Père et il ouvre par là le chemin de la vie éternelle pour tous ses disciples. C'est la raison pour laquelle ceux-ci sont envoyés en mission pour que tous les hommes soient sauvés.

Saint Paul a connu le prix de l'engagement missionnaire puisque c'est de sa prison qu'il écrit aux Éphésiens (*deuxième lecture*). Prenant part à la mission du Christ, il a communié à ses souffrances. En raison de « la seule espérance », celle d'être glorifié par le Christ, chaque chrétien doit se conduire selon sa vocation et vivre la charité fraternelle dans l'humilité, la douceur et la patience.

La fête de l'Ascension nous montre combien nous avons besoin de recevoir l'Esprit Saint : pour mettre nos pas dans ceux du Christ et participer à sa mission, nous devons être pleinement consacrés au Père qui nous glorifiera, comme il a glorifié son Fils. Alors nous entrerons dans le Royaume et nous pourrons chanter avec le psalmiste « Acclamez Dieu par vos cris de joie ! Car le Seigneur est le Très-Haut, le redoutable, le grand roi sur toute la terre » (*psaume*).

CHANTER

- Pour la procession d'ouverture : ***Le Seigneur monte au ciel* I 35, *Christ est vraiment ressuscité* I 169 CNA 487, *Chantons avec toute l'Église* M 26-03, *Chantez au Seigneur* Y 82 CNA 483.**
- Après la Parole : ***Vers le ciel où tu t'élèves* J 35-78, *Entré dans la gloire* JP 15-52-5.**
- Pour la procession de communion : ***Nous partageons le pain nouveau* D 184-4 CNA 335, *Nous formons un même corps* D 105 CNA 570.**
- Pour l'action de grâce : ***Christ est ressuscité* ID 24-72-1 CNA 486, *En ton nom* Y 67-46, *N'oublions pas les merveilles de Dieu* ZL 33-34.**
- Pour l'envoi : ***Allez par toute la terre* TL 20-76 CNA 533, *Laudate Dominum* répertoire de Taizé, *Exultez de joie, peuples de la terre* I 508, *Par la musique et par nos voix* Y 43-38 CNA 572.**

Prière d'ouverture

MESSE DE LA VEILLE AU SOIR *(nouvelle version du Missel romain)*
Aujourd'hui, Seigneur Dieu, + ton Fils monte au ciel en présence des Apôtres ; * nous t'en prions : puisque, selon sa promesse, il est toujours avec nous sur la terre, / accorde-nous de vivre avec lui dans le ciel. Lui qui vit et règne avec toi dans l'unité du Saint-Esprit, / Dieu, pour les siècles des siècles.

MESSE DU JOUR

Dieu qui élèves le Christ au-dessus de tout, ouvre-nous à la joie et à l'action de grâce, car l'Ascension de ton Fils est déjà notre victoire : nous sommes les membres de son corps, il nous a précédés dans la gloire auprès de toi, et c'est là que nous vivons en espérance. Par Jésus Christ.

1re Lecture

L'Ascension du Seigneur

→ Lecture du livre des Actes des Apôtres Ac 1, 1-11

Cher Théophile, dans mon premier livre j'ai parlé de tout ce que Jésus a fait et enseigné depuis le moment où il commença, jusqu'au jour où il fut enlevé au ciel, après avoir, par l'Esprit Saint, donné ses instructions aux Apôtres qu'il avait choisis. C'est à eux qu'il s'est présenté vivant après sa Passion ; il leur en a donné bien des preuves, puisque, pendant quarante jours, il leur est apparu et leur a parlé du royaume de Dieu.

Au cours d'un repas qu'il prenait avec eux, il leur donna l'ordre de ne pas quitter Jérusalem, mais d'y attendre que s'accomplisse la promesse du Père. Il déclara : « Cette promesse, vous l'avez entendue de ma bouche : alors que Jean a baptisé avec l'eau, vous, c'est dans l'Esprit Saint que vous serez baptisés d'ici peu de jours. » Ainsi réunis, les Apôtres l'interrogeaient : « Seigneur, est-ce maintenant le temps où tu vas rétablir le royaume pour Israël ? » Jésus leur répondit : « Il ne vous appartient pas de connaître les temps et les moments que le Père a fixés de sa propre autorité. Mais vous allez recevoir une force quand le Saint-Esprit viendra sur vous ; vous serez alors mes témoins à Jérusalem, dans toute la Judée et la Samarie, et jusqu'aux extrémités de la terre. »

Après ces paroles, tandis que les Apôtres le regardaient, il s'éleva, et une nuée vint le soustraire à leurs yeux. Et comme ils fixaient encore le ciel où Jésus s'en allait, voici que, devant eux, se tenaient deux hommes en vêtements blancs, qui leur dirent : « Galiléens, pourquoi restez-vous là à regarder vers le ciel ? Ce Jésus qui a été enlevé au ciel d'auprès de vous, viendra de la même manière que vous l'avez vu s'en aller vers le ciel. »

Psaume 46

R/ Dieu s'élève parmi les ovations,
le Seigneur, aux éclats du cor.
ou : **Alléluia.**

Tous les peuples, battez des mains,
acclamez Dieu par vos cris de joie !
Car le Seigneur est le Très-Haut, le redoutable,
le grand roi sur toute la terre.

Dieu s'élève parmi les ovations,
le Seigneur, aux éclats du cor.
Sonnez pour notre Dieu, sonnez,
sonnez pour notre roi, sonnez !

Car Dieu est le roi de la terre :
que vos musiques l'annoncent !
Il règne, Dieu, sur les païens,
Dieu est assis sur son trône sacré.

2e Lecture

« Garder l'unité dans l'Esprit »

→ **Lecture de la lettre de saint Paul apôtre aux Éphésiens** Ep 4, 1-13 (lecture brève 4, 1-7.11-13)

Frères, moi qui suis en prison à cause du Seigneur, je vous exhorte donc à vous conduire d'une manière digne de votre vocation : ayez beaucoup d'humilité, de douceur et de patience, supportez-vous les uns les autres avec amour ; ayez soin de garder l'unité dans l'Esprit par le lien de la paix. Comme votre vocation vous a tous appelés à une seule espérance, de même il y a un seul Corps et un seul Esprit. Il y a un seul Seigneur, une seule foi, un seul baptême, un seul Dieu et Père de tous, au-dessus de tous, par tous, et en tous. À chacun d'entre nous, la grâce a été donnée selon la mesure du don fait par le Christ.

Arrêt de la lecture brève

C'est pourquoi l'Écriture dit : *Il est monté sur la hauteur, il a capturé des captifs il a fait des dons aux hommes.* Que veut dire : *Il est monté ?* – Cela veut dire qu'il était d'abord descendu dans les régions inférieures de la terre. Et celui qui était descendu est le même qui est monté au-dessus de tous les cieux pour remplir l'univers.

Reprise de la lecture brève

Et les dons qu'il a faits, ce sont les Apôtres, et aussi les prophètes, les évangélisateurs, les pasteurs et ceux qui enseignent. De cette manière, les fidèles sont organisés pour que les tâches du ministère soient accomplies et que se construise le corps du Christ, jusqu'à ce que nous parvenions tous ensemble à l'unité dans la foi et la pleine connaissance du Fils de Dieu, à l'état de l'Homme parfait, à la stature du Christ dans sa plénitude.

Alléluia. Alléluia. Allez ! De toutes les nations faites des disciples, dit le Seigneur. Moi, je suis avec vous tous les jours jusqu'à la fin du monde. **Alléluia.**

Évangile

« Ils s'en allèrent proclamer partout l'Évangile »

→ Évangile de Jésus Christ selon saint Marc Mc 16, 15-20

En ce temps-là, Jésus ressuscité se manifesta aux onze Apôtres et leur dit : « Allez dans le monde entier. Proclamez l'Évangile à toute la création. Celui qui croira et sera baptisé sera sauvé ; celui qui refusera de croire sera condamné. Voici les signes qui accompagneront ceux qui deviendront croyants : en mon nom, ils expulseront les démons ; ils parleront en langues nouvelles ; ils prendront des serpents dans leurs mains et, s'ils boivent un poison mortel, il ne leur fera pas de mal ; ils imposeront les mains aux malades, et les malades s'en trouveront bien. »

Le Seigneur Jésus, après leur avoir parlé, fut enlevé au ciel et s'assit à la droite de Dieu. Quant à eux, ils s'en allèrent proclamer partout l'Évangile. Le Seigneur travaillait avec eux et confirmait la Parole par les signes qui l'accompagnaient.

POUR LA PRIÈRE UNIVERSELLE

– Prions pour l'Église qui, sur la terre, doit être le signe de l'action de Dieu : qu'elle cherche toujours mieux à annoncer l'Évangile à toutes les nations et à toutes les populations de notre pays.

– Prions pour les victimes de violence et de mépris : qu'elles rencontrent des frères pleins d'humilité, de douceur et de patience.

– Prions pour les adultes et les jeunes qui recevront la confirmation : qu'ils se préparent à accueillir le Saint-Esprit dans toute leur vie.

Prière sur les offrandes

MESSE DE LA VEILLE AU SOIR *(nouvelle version du Missel romain)*

Seigneur Dieu, + ton Fils unique, notre souverain Prêtre, est vivant à jamais et siège à ta droite, pour intercéder en notre faveur : * accorde-nous d'avancer avec assurance vers le trône de la grâce / pour obtenir ta miséricorde. Par le Christ, notre Seigneur.

MESSE DU JOUR

Seigneur, nous te présentons humblement ce sacrifice pour fêter l'Ascension de ton Fils auprès de toi : que cet échange mystérieux nous fasse vivre avec le Christ ressuscité. Lui qui règne.

Préface

Vraiment, il est juste et bon de te rendre gloire, de t'offrir notre action de grâce, toujours et en tout lieu, à toi, Père très saint, Dieu éternel et tout-puissant.
Car le Seigneur Jésus, vainqueur du péché et de la mort, est aujourd'hui ce Roi de gloire devant qui s'émerveillent les anges ; il s'élève au plus haut des cieux, pour être le Juge du monde et le Seigneur des seigneurs, seul médiateur entre Dieu et les hommes ; il ne s'évade pas de notre condition humaine : mais en entrant le premier dans le Royaume, il donne aux membres de son corps l'espérance de le rejoindre un jour. C'est pourquoi le peuple des baptisés, rayonnant de la joie pascale, exulte par toute la terre, tandis que les anges dans le ciel chantent sans fin l'hymne de ta gloire : **Saint !...**

On peut prendre aussi la préface de la p. 417.

Au cours des prières eucharistiques, il y a des textes propres.

Prière après la communion

MESSE DE LA VEILLE AU SOIR *(nouvelle version du Missel romain)*
Que les dons reçus à ton autel, Seigneur, embrasent nos cœurs du désir du ciel, notre patrie, * afin qu'en marchant sur les traces du Sauveur, / nous cherchions à parvenir là où il est entré pour nous en précurseur. Lui qui vit et règne pour les siècles des siècles.

MESSE DU JOUR
Dieu qui nous donnes les biens du ciel alors que nous sommes encore sur la terre, mets en nos cœurs un grand désir de vivre avec le Christ en qui notre nature humaine est déjà près de toi. Lui qui règne.

Bénédiction solennelle

Que le Seigneur tout-puissant vous bénisse : il élève aujourd'hui son Fils dans la gloire et vous offre ainsi le chemin du ciel. **Amen.**
Après sa résurrection d'entre les morts, Jésus s'est manifesté tout proche de ses disciples : qu'il ait pour vous un visage de paix quand il viendra juger le monde. **Amen.**
Vous savez qu'il est assis à la droite du Père ; mais cherchez-le, trouvez-le aussi près de vous, jusqu'à la fin, comme il l'a promis. **Amen.**
Et que Dieu tout-puissant vous bénisse...

Jésus glorifié auprès de son Père

« L'enlèvement au ciel des hommes justes et saints, qui ont marché avec Dieu durant leur vie terrestre, est un thème courant de la tradition juive (voyez Hénok en Genèse 5, 24 ; Élie en 2 R 2, 9-18). Le but même de l'Ascension de Jésus est particulier. Le texte précise : il "s'assit à la droite de Dieu". C'est dire, toujours en image, que Jésus est pleinement devenu Messie et Seigneur par sa Résurrection. Dieu lui a donné de partager ses pleins pouvoirs divins de Juge et Sauveur de tous les hommes pour la fin des temps. »

Jacques Hervieux, *L'Évangile de Marc*, Centurion, 1991, p. 239.

7e dimanche de Pâques

16 MAI 2021

Témoin d'Esprit Saint

Dans cet entre-deux, Ascension et Pentecôte, les chrétiens sont comme Matthias appelés à rejoindre les Apôtres (*première lecture*). En soi, les « critères » de discernement du choix de cet apôtre sont ceux qui devraient être le lot de tout baptisé. Nous avons reçu, par notre initiation chrétienne (baptême, confirmation, eucharistie), un appel à participer à la mission des Apôtres. Ne parle-t-on pas de l'apostolat des laïcs ? Notre vie chrétienne est un compagnonnage à vivre avec Jésus et à le suivre. Ne vit-il pas toujours parmi nous ? Il nous faut alors être témoin de sa résurrection, mais pas tout seul car c'est au sein d'une communauté qu'une telle vocation se réalise, authentifiée par les successeurs des Apôtres, aujourd'hui les évêques. C'est pour être témoin de son amour que chacun de nous a été choisi témoin de l'amour que nous avons reconnu et cru pour nous (*deuxième lecture*) et témoin de l'amour qui s'exprime entre frères et manifeste le don de son Esprit d'amour à l'Église. L'unité, mieux l'union dans le Nom de Jésus (*évangile*) de toute la communauté, est le garant de notre témoignage. De même que Jésus a été envoyé dans le monde, nous aussi nous sommes envoyés. Car si nous sommes sanctifiés en Christ, ce n'est pas pour notre confort spirituel et notre salut personnel. C'est pour les autres, pour le monde qu'un tel don existe. C'est pour reconnaître l'œuvre de l'Esprit Saint dans le cœur de tous qu'il « nous a donné part à son Esprit ». C'est pour annoncer la joie de ce mystère pascal que Jésus a prié afin que nous soyons gardés et donc trouvés dans son Nom. Avec lui, la communauté chrétienne qui aspire à la plénitude du don de l'Esprit Saint est invitée à veiller sur toute notre humanité afin qu'aucun homme ne se perde. Le désir de communion entre tous les hommes, l'unité dans l'Église sont le sens du témoignage et la gloire de toute communauté. La liturgie de ce jour nous le dit bien : « Que notre communion au mystère du salut nous confirme dans cette assurance que tu glorifieras tout le corps de l'Église » (*prière après la communion*).

Des chants sont proposés pour le Temps pascal, p. 372.

Prière d'ouverture

Entends notre prière, Seigneur : nous croyons que le Sauveur des hommes est auprès de toi dans la gloire ; fais-nous croire aussi qu'il est encore avec nous jusqu'à la fin des temps, comme il nous l'a promis. Lui qui règne.

1re Lecture

Matthias est appelé à rejoindre les Apôtres

→ **Lecture du livre des Actes des Apôtres** Ac 1, 15-17.20a.c-26

En ces jours-là, Pierre se leva au milieu des frères qui étaient réunis au nombre d'environ cent vingt personnes, et il déclara : « Frères, il fallait que l'Écriture s'accomplisse. En effet, par la bouche de David, l'Esprit Saint avait d'avance parlé de Judas, qui en est venu à servir de guide aux gens qui ont arrêté Jésus : ce Judas était l'un de nous et avait reçu sa part de notre ministère. Il est écrit au livre des Psaumes : *Qu'un autre prenne sa charge.* Or, il y a des hommes qui nous ont accompagnés durant tout le temps où le Seigneur Jésus a vécu parmi nous, depuis le commencement, lors du baptême donné par Jean, jusqu'au jour où il fut enlevé d'auprès de nous. Il faut donc que l'un d'entre eux devienne, avec nous, témoin de sa résurrection. »

On en présenta deux : Joseph appelé Barsabbas, puis surnommé Justus, et Matthias. Ensuite, on fit cette prière : « Toi, Seigneur, qui connais tous les cœurs, désigne lequel des deux tu as choisi pour qu'il prenne, dans le ministère apostolique, la place que Judas a désertée en allant à la place qui est désormais la sienne. » On tira au sort entre eux, et le sort tomba sur Matthias, qui fut donc associé par suffrage aux onze Apôtres.

Psaume 102

R/ Le Seigneur a son trône dans les cieux.
ou : *Alléluia.*

Bénis le Seigneur, ô mon âme,
bénis son nom très saint, tout mon être !
Bénis le Seigneur, ô mon âme,
n'oublie aucun de ses bienfaits !

Comme le ciel domine la terre,
fort est son amour pour qui le craint ;
aussi loin qu'est l'orient de l'occident,
il met loin de nous nos péchés.

Le Seigneur a son trône dans les cieux :
sa royauté s'étend sur l'univers.
Messagers du Seigneur, bénissez-le,
invincibles porteurs de ses ordres !

2e Lecture

Demeurer dans l'amour

→ Lecture de la première lettre de saint Jean 1 Jn 4, 11-16

Bien-aimés, puisque Dieu nous a tellement aimés, nous devons, nous aussi, nous aimer les uns les autres. Dieu, personne ne l'a jamais vu. Mais si nous nous aimons les uns les autres, Dieu demeure en nous, et, en nous, son amour atteint la perfection. Voici comment nous reconnaissons que nous demeurons en lui et lui en nous : il nous a donné part à son Esprit. Quant à nous, nous avons vu et nous attestons que le Père a envoyé son Fils comme Sauveur du monde.

Celui qui proclame que Jésus est le Fils de Dieu, Dieu demeure en lui, et lui en Dieu. Et nous, nous avons reconnu l'amour que Dieu a pour nous, et nous y avons cru. Dieu est amour : qui demeure dans l'amour demeure en Dieu, et Dieu demeure en lui.

Alléluia. Alléluia. Je ne vous laisserai pas orphelins, dit le Seigneur ; je reviens vers vous, et votre cœur se réjouira. **Alléluia.**

Évangile

La prière de Jésus pour ses disciples

→ Évangile de Jésus Christ selon saint Jean Jn 17, 11b-19

En ce temps-là, les yeux levés au ciel, Jésus priait ainsi : « Père saint, garde mes disciples unis dans ton nom, le nom que tu m'as donné, pour qu'ils soient un, comme nous-mêmes. Quand j'étais avec eux, je les gardais unis dans ton nom, le nom que tu m'as donné. J'ai veillé sur eux, et aucun ne s'est perdu, sauf celui qui s'en va à sa perte de sorte que l'Écriture soit accomplie. Et maintenant que je viens à toi, je parle ainsi, dans le monde, pour qu'ils aient en eux ma joie, et qu'ils en soient comblés. Moi, je leur ai donné ta parole, et le monde les a pris en haine parce qu'ils n'appartiennent pas au monde, de même que moi je n'appartiens pas au monde. Je ne prie pas pour que tu les retires du monde, mais pour que tu les gardes du Mauvais. Ils n'appartiennent pas au monde, de même que moi, je n'appartiens pas au monde.

Sanctifie-les dans la vérité : ta parole est vérité. De même que tu m'as envoyé dans le monde, moi aussi, je les ai envoyés dans le monde. Et pour eux je me sanctifie moi-même, afin qu'ils soient, eux aussi, sanctifiés dans la vérité. »

PRIÈRE UNIVERSELLE

Guide ton Église, Seigneur : que chaque baptisé soit conscient de ses faiblesses et de celles de ses frères et que chacun ait le souci de la peine des autres.

Viens en aide, Seigneur, aux personnes qui souffrent de maladie, de solitude. Soutiens nos frères qui les secourent. Éclaire les détenteurs de pouvoir, dans leur service des plus fragiles.

Viens guérir, Seigneur, les cœurs, les esprits, de ceux qui, quelle que soit leur religion, croient te servir en attentant à la vie des autres. Viens guérir les cœurs et les corps de leurs victimes directes et indirectes.
Seigneur, donne-nous d'accepter ton amour, donne-nous d'accueillir, de méditer, d'intérioriser tes paroles, de tout notre cœur, notre intelligence, notre volonté.

Prière sur les offrandes

Avec ces offrandes, Seigneur, reçois les prières de tes fidèles ; que cette liturgie célébrée avec amour nous fasse passer à la gloire du ciel. Par Jésus.

Préface

Vraiment, il est juste et bon de te rendre gloire, de t'offrir notre action de grâce, toujours et en tout lieu, à toi, Père très saint, Dieu éternel et tout-puissant, par le Christ, notre Seigneur.
Car il s'est manifesté après sa résurrection, en apparaissant à tous ses disciples, et, devant leurs yeux, il est monté au ciel pour nous rendre participants de sa divinité.
C'est pourquoi le peuple des baptisés, rayonnant de la joie pascale, exulte par toute la terre, tandis que les anges dans le ciel chantent sans fin l'hymne de ta gloire : **Saint !...**

On peut prendre la préface de la p. 411.

Prière après la communion

Exauce-nous, Dieu notre Sauveur : que notre communion au mystère du salut nous confirme dans cette assurance que tu glorifieras tout le corps de l'Église comme tu as glorifié son chef, Jésus, le Christ. Lui qui règne.

La communauté fondée par le Christ

« [La communauté] n'est pas seulement l'ensemble de ceux que le Christ a conquis, mais encore, comme le disent saint Paul et saint Jean, elle embrasse tout l'Univers. L'Église est donc l'Univers sanctifié, la création nouvelle qui naît sous l'action du Saint-Esprit. D'autre part, elle n'existe pas à côté des individus, mais en eux. Le même homme est membre de l'Église, dans la mesure où il appartient à la communauté, et en même temps individu, parce que, par le centre de son être personnel, il est le partenaire de Dieu. »

Romano Guardini, *Initiation à la prière*,
Éditions Alsatia, Paris, 1952, p. 227.

CALENDRIER LITURGIQUE

Di 16	**7e dimanche de Pâques B.** Liturgie des Heures : Psautier semaine III.
Lu 17	Actes 19, 1-8 ; Ps 67 ; Jean 16, 29-33 : « Courage ! Moi, je suis vainqueur du monde »
Ma 18	*S. Jean Ier, pape et martyr, † 526 à Ravenne.* Actes 20, 17-27 ; Ps 67 ; Jean 17, 1-11a : « Père, glorifie ton Fils »
Me 19	*En France, S. Yves, prêtre et juge, † 1303 à Tréguier.* Actes 20, 28-38 ; Ps 67 ; Jean 17, 11b-19 : « Qu'ils soient un comme nous-mêmes »
Je 20	*S. Bernardin de Sienne, prêtre, franciscain, † 1444 à L'Aquila (Italie).* Actes 22, 30 ; 23, 6-11 ; Ps 15 ; Jean 17, 20-26 : « Qu'ils deviennent parfaitement un ! »
Ve 21	*S. Christophe Magallanès, prêtre, et ses compagnons, martyrs au Mexique, † 1926-1928.* *Au Canada, S. Eugène de Mazenod, évêque de Marseille, fondateur des Missionnaires Oblats de Marie Immaculée, † 1861 à Marseille.* Actes 25, 13-21 ; Ps 102 ; Jean 21, 15-19 : « Sois le berger de mes agneaux. Sois le pasteur de mes brebis »
Sa 22	*Ste Rita de Cascia, religieuse augustine, † 1453 à Cascia (Italie).* Actes 28, 16-20.30-31 ; Ps 10 ; Jean 21, 20-25 : « C'est ce disciple qui a écrit ces choses ; son témoignage est vrai »

Bonne fête ! 16 : Honoré. 17 : Pascal. 18 : Éric, Corinne, Coralie. 19 : Yves, Yvon, Yvonne, Célestin, Erwin. 20 : Bernardin. 21 : Christophe, Constantin. 22 : Émilie, Rita.

Pour mémoire : aujourd'hui, 7e dimanche de Pâques, journée chrétienne de la communication.

Saint Jean Ier, pape (18 mai) Persécuté et mis en prison à Ravenne par le roi Théodoric, roi des Ostrogoths d'Italie et arien, Jean y meurt de faim (526). Il sera enterré comme un martyr. Il a été le premier des évêques de Rome à célébrer la messe de Pâques dans l'église Sainte-Sophie de Constantinople.

Dimanche de la Pentecôte

23 MAI 2021

L'enfantement de la création nouvelle

Le cinquantième jour après la fête de la Pâque, les Juifs célèbrent la Pentecôte, qui fait mémoire du don de la Loi, constitutif du peuple élu, depuis la révélation de Dieu au désert du Sinaï. Or les Actes des Apôtres racontent que, ce jour-là, donc au terme des cinquante jours après Pâques – la Pâque douloureuse puis glorieuse du Christ –, le petit groupe de ses disciples fit une expérience décisive, celle du don de l'Esprit, l'Esprit du Christ ressuscité. Certes, selon l'évangile de Jean, ils avaient déjà reçu l'Esprit au soir de Pâques, quand Jésus leur était apparu pour la première fois. Mais ce don, qui leur avait donné la paix et rendu l'espérance, était demeuré confidentiel. Dans les Actes des Apôtres, qui sont la suite de l'évangile de Luc, ce don de l'Esprit est marqué par un bruit, un coup de vent, des langues de feu, et a aussitôt un retentissement public. Les Juifs, venus de partout pour célébrer leur Pentecôte, se rassemblent en foule et découvrent que ceux qui sortent de la maison située à l'épicentre de ce tumulte parlent des langues variées que chacun peut comprendre comme si c'était son propre dialecte. De la curiosité, ils passent à l'admiration. Puis, quand Pierre, avec ses onze compagnons, leur eut expliqué de quoi il s'agissait, trois mille personnes environ se joignirent au petit groupe : l'Église universelle entamait son développement irrésistible. Cet événement fondateur est commémoré aujourd'hui par la liturgie (*première lecture du jour*).

Comment interpréter ces événements hors normes, la résurrection du Christ d'entre les morts, qui a pour conséquence le don de son Esprit à ses disciples, puis, à partir d'eux, à la multitude ? Un passage de la lettre aux Romains (8,22-23), lu la veille au soir, est éclairant : « La création tout entière gémit, elle passe par les douleurs d'un enfantement qui dure encore. Et elle n'est pas seule. Nous aussi, en nous-mêmes, nous gémissons ; nous avons commencé à recevoir l'Esprit Saint, mais nous attendons notre adoption et la rédemption de notre corps. »

Pour décrire ce processus, Paul prend donc l'analogie de l'enfantement : à l'issue d'un long accouchement, qui fait mal, apparaît un être animé d'un souffle vivant ; c'est l'aurore d'une vie nouvelle. Nous qui connaissons la théorie scientifique de l'évolution, nous pourrions interpréter ce processus comme le développement des diverses phases de cette évolution : le règne minéral, le règne végétal, le règne animal, le règne humain, ce dernier appartenant encore à l'ordre biologique, qui a la mort pour terme. Mais ensuite vient le règne de Dieu. Nous pouvons comparer ces événements, aussi nouveaux que sont la résurrection du Christ et le don de son Esprit, à une mutation radicalement nouvelle de l'humanité, qui franchit un seuil et débouche dans une phase où les limitations biologiques sont dépassées. C'est ce que l'Écriture appelle la vie nouvelle, animée par le Saint-Esprit, et constituant le règne de Dieu. Ceux qui en font partie ne sont pas encore dans la plénitude de cette vie nouvelle : l'enfantement dure encore, avec ses souffrances. Mais déjà les personnes passées par cette nouvelle naissance produisent les fruits de l'Esprit (Galates), qui témoignent de la réalité de cette mutation « sur-naturelle ».

CHANTER

- Pour la procession d'ouverture, ***Viens, Esprit Saint qui remplis tout l'univers*** **K 47-55 CNA 508,** ***Esprit de Pentecôte*** **K 138,** ***Envoie ton Esprit Saint*** **K 47-40 CNA 502,** ***Esprit de Dieu, viens nous donner la vie*** **IEV 10-12,** ***Viens embraser nos cœurs*** **K 35-29.**
- Après la deuxième lecture, on chante la Séquence, ***Veni Sancte Spiritus Taizé*** **KY 169 CNA 689,** ***Viens, Esprit Saint, viens en nos cœurs*** **IEV 957 ou KY 500,** ***Séquence du jour de la Pentecôte*** **KL 29-79.**
- Après la Parole, ***Tui amoris ignem Taizé, Ouvrez vos cœurs*** **KP 79-1 CNA 812,** ***Viens, Esprit de Dieu*** **KX 55-62-1.**
- Pour la procession de communion, ***Esprit d'amour, Esprit d'unité*** **D 47-42,** ***Nous formons un même corps*** **D 105 CNA 570.**
- Pour l'action de grâce, ***Dans la puissance de l'Esprit*** **K 26-29 CNA 488,** ***Jubilez, criez de joie*** **U 52-42,** ***Église de ce temps*** **K 35-64 CNA 661.**
- Pour l'envoi, ***Allez par toute la terre*** **TL 20-76 CNA 533,** ***Exultez de joie, peuple de la terre*** **I 508.**

Messe de la veille au soir

Sous la forme habituelle

Les oraisons des messes de la Pentecôte sont présentées dans la nouvelle traduction.

Prière d'ouverture

• Dieu éternel et tout-puissant, tu as voulu que le mystère de Pâques soit célébré durant cinquante jours ; accorde aux nations dispersées dans le monde et que divisent les langues, d'être rassemblées par le don de l'Esprit Saint dans l'unique confession de ton nom. Par Jésus Christ, ton Fils, notre Seigneur, qui vit et règne avec toi dans l'unité du Saint-Esprit, Dieu, pour les siècles des siècles.

• Nous t'en prions, Dieu tout-puissant : + que brille sur nous la splendeur de ta gloire ; * que le Christ, lumière de ta lumière, affermisse le cœur de ceux que tu as fait renaître par ta grâce / en leur donnant à profusion la lumière du Saint-Esprit. Par Jésus Christ, ton Fils, notre Seigneur, + qui vit et règne avec toi dans l'unité du Saint-Esprit, / Dieu, pour les siècles des siècles.

Lectures

Une des quatre premières lectures au choix (voir plus loin), puis la lettre aux Romains (8, 22-27) et l'évangile de Jean (7, 37-39).

Prière sur les offrandes

Sur les offrandes que voici, nous t'en prions, Seigneur, répands la bénédiction de ton Esprit : que l'Église en reçoive cette charité qui fera resplendir, pour le monde entier, la vérité du mystère du salut. Par le Christ, notre Seigneur.

Préface de la Pentecôte, p. 435.

Prière après la communion

Que les dons reçus dans cette communion, Seigneur, nous soient profitables et nous remplissent toujours de la ferveur de l'Esprit que tu as répandu de manière ineffable sur tes Apôtres. Par le Christ, notre Seigneur.

Sous la forme développée comme une vigile

Si la messe commence de la manière habituelle, après le Kyrie, le prêtre dit l'oraison suivante.

Prière d'ouverture

Nous t'en prions, Dieu tout-puissant : que brille sur nous la splendeur de ta gloire ; que le Christ, lumière de ta lumière, affermisse le cœur de ceux que tu as fait renaître par ta grâce en leur donnant à profusion la lumière du Saint-Esprit. Par Jésus Christ, ton Fils, notre Seigneur, qui vit et règne avec toi dans l'unité du Saint-Esprit, Dieu, pour les siècles des siècles.

Puis il adresse au peuple une monition, en ces termes ou en d'autres semblables :

Frères et sœurs bien-aimés, nous voici entrés dans la Vigile de la Pentecôte : comme les Apôtres et les disciples qui, avec Marie, la Mère de Jésus, assidus à la prière, attendaient l'Esprit Saint promis par le Seigneur, écoutons maintenant d'un cœur paisible la parole de Dieu. Méditons tout ce que Dieu a fait pour son peuple et demandons que l'Esprit Saint, envoyé par le Père comme premier don fait aux croyants, poursuive son œuvre dans le monde.

On fait alors les lectures, proposées au choix. Quatre textes au choix : Genèse, Exode, Ézékiel, Joël.

• 1re Lecture (1)

L'unité perdue à Babel

→ Lecture du livre de la Genèse

Gn 11, 1-9

Toute la terre avait alors la même langue et les mêmes mots. Au cours de leurs déplacements du côté de l'orient, les hommes découvrirent une plaine en Mésopotamie, et s'y établirent. Ils se dirent l'un à l'autre : « Allons ! fabriquons des briques et mettons-les à cuire ! » Les briques leur servaient de pierres, et le bitume, de mortier. Ils dirent : « Allons ! bâtissons-nous une ville, avec une tour dont le sommet soit dans les cieux. Faisons-nous un nom, pour ne pas être disséminés sur toute la surface de la terre. »

Le Seigneur descendit pour voir la ville et la tour que les hommes avaient bâties. Et le Seigneur dit : « Ils sont un seul peuple, ils ont tous la même langue : s'ils commencent ainsi, rien ne les empêchera désormais de faire tout ce qu'ils décideront. Allons ! descendons, et là, embrouillons leur langue : qu'ils ne se comprennent plus les uns les autres. » De là, le Seigneur les dispersa sur toute la surface de la terre. Ils cessèrent donc de bâtir la ville. C'est pourquoi on l'appela Babel, car c'est là que le Seigneur embrouilla la langue des habitants de toute la terre ; et c'est de là qu'il les dispersa sur toute la surface de la terre.

Psaume 32, 10-11, 12-13, 14-15

R/ **Heureux le peuple
que le Seigneur s'est choisi pour domaine.**

cf. 32, 12

Prière

Nous t'en prions, Dieu tout-puissant : accorde à ton Église d'être toujours ce peuple saint qui tient son unité de celle du Père, du Fils et du Saint-Esprit ; qu'elle soit pour le monde le sacrement de ta sainteté et de ton unité, et qu'elle le conduise à la plénitude de ta charité. Par le Christ, notre Seigneur.

• 1re Lecture (2)

La Loi transmise au Sinaï

→ Lecture du livre de l'Exode Ex 19, 3-8a.16-20b

En ces jours-là Moïse monta vers Dieu. Le Seigneur l'appela du haut de la montagne : « Tu diras à la maison de Jacob, et tu annonceras aux fils d'Israël : Vous avez vu ce que j'ai fait à l'Égypte, comment je vous ai portés comme sur les ailes d'un aigle et vous ai amenés jusqu'à moi. Maintenant donc, si vous écoutez ma voix et gardez mon alliance, vous serez mon domaine particulier parmi tous les peuples car toute la terre m'appartient ; mais vous, vous serez pour moi un royaume de prêtres, une nation sainte. Voilà ce que tu diras aux fils d'Israël. »

Moïse revint et convoqua les anciens du peuple, il leur exposa tout ce que le Seigneur avait ordonné. Le peuple tout entier répondit, unanime : « Tout ce que le Seigneur a dit, nous le mettrons en pratique. »

Le troisième jour, dès le matin, il y eut des coups de tonnerre, des éclairs, une lourde nuée sur la montagne, et une puissante sonnerie de cor ; dans le camp, tout le peuple trembla. Moïse fit sortir le peuple hors du camp, à la rencontre de Dieu, et ils restèrent debout au pied de la montagne. La montagne du Sinaï était toute fumante, car le Seigneur y était descendu dans le feu ; la fumée montait, comme la fumée d'une fournaise, et toute la montagne tremblait violemment. La sonnerie du cor était de plus en plus puissante. Moïse parlait, et la voix de Dieu lui répondait. Le Seigneur descendit sur le sommet du Sinaï, il appela Moïse sur le sommet de la montagne.

Cantique de Daniel 3, 52, 53, 54, 55, 56

R/ À toi, louange et gloire éternellement ! cf. 3, 52b

ou bien

Psaume 18 (19), 8, 9, 10, 11 (p. 339)

R/ Seigneur, tu as les paroles de la vie éternelle. Jn 6, 68c

Prière

Seigneur Dieu, dans les éclairs et le feu, sur la montagne du Sinaï, tu as donné à Moïse l'ancienne loi, et dans le feu de l'Esprit, au jour de la Pentecôte, tu as révélé l'Alliance nouvelle ; accorde-nous de toujours brûler de cet Esprit dont tu as comblé tes Apôtres, et donne à l'Israël nouveau, rassemblé de toutes les nations, d'accueillir avec joie l'éternel commandement de ton amour. Par le Christ, notre Seigneur.

• 1re Lecture (3)

L'Esprit rend la vie aux morts

→ Lecture du livre d'Ézékiel Ez 37, 1-14

En ces jours-là, la main du Seigneur se posa sur moi, par son esprit il m'emporta et me déposa au milieu d'une vallée ; elle était pleine d'ossements. Il me fit circuler parmi eux ; le sol de la vallée en était couvert, et ils étaient tout à fait desséchés.

Je prophétisai, comme j'en avais reçu l'ordre. Pendant que je prophétisais, il y eut un bruit, puis une violente secousse, et les ossements se rapprochèrent les uns des autres. Je vis qu'ils se couvraient de nerfs, la chair repoussait, la peau les recouvrait, mais il n'y avait pas d'esprit en eux.

Le Seigneur me dit alors : « Adresse une prophétie à l'esprit, prophétise, fils d'homme. Dis à l'esprit : Ainsi parle le Seigneur Dieu : Viens des quatre vents, esprit ! Souffle sur ces morts, et qu'ils vivent ! » Je prophétisai, comme il m'en avait donné l'ordre, et l'esprit entra en eux ; ils revinrent à la vie, et ils se dressèrent sur leurs pieds : c'était une armée immense !

Puis le Seigneur me dit : « Fils d'homme, ces ossements, c'est toute la maison d'Israël. Car ils disent : “Nos ossements sont desséchés, notre espérance est détruite, nous sommes perdus !" C'est pourquoi, prophétise. Tu leur diras : Ainsi parle le Seigneur Dieu : Je vais ouvrir vos tombeaux et je vous en ferai remonter, ô mon peuple, et je vous ramènerai sur la terre d'Israël. Vous saurez que Je suis le Seigneur, quand j'ouvrirai vos tombeaux et vous en ferai remonter, ô mon peuple ! Je mettrai en vous mon esprit, et vous vivrez ; je vous donnerai le repos sur votre terre. Alors vous saurez que Je suis le Seigneur : j'ai parlé et je le ferai – oracle du Seigneur. »

Psaume 106 (107), 2-3, 4-5, 8-9

R/ **Rendez grâce au Seigneur ! Éternel et son amour !**
ou : **Alléluia !**

Prière

Seigneur, Dieu puissant et fort, tu relèves ce qui est tombé, tu protèges ce que tu as relevé ; fais grandir le peuple de ceux que tu renouvelles en leur donnant de sanctifier ton nom : que ton Esprit dirige toujours ceux que purifie le sacrement du baptême. Par le Christ, notre Seigneur.

ou bien

Seigneur Dieu, tu nous as régénérés par la parole de vie ; répands sur nous ton Esprit Saint, afin qu'en avançant dans l'unité de la foi nous méritions de parvenir à la vie incorruptible lorsque notre chair ressuscitera dans la gloire. Par le Christ, notre Seigneur.

ou bien

Que ton peuple exulte toujours, Seigneur Dieu, car ton Esprit Saint renouvelle la jeunesse de son âme ; joyeux d'avoir retrouvé la gloire de l'adoption filiale, qu'il attende désormais le jour de la résurrection, dans la ferme espérance du bonheur que tu donnes. Par le Christ, notre Seigneur.

• 1re Lecture (4) *L'Esprit répandu sur tout être de chair*

→ Lecture du livre de Joël Jl 3, 1-5a

Ainsi parle le Seigneur : Je répandrai mon esprit sur tout être de chair, vos fils et vos filles prophétiseront, vos anciens seront instruits par des songes, et vos jeunes gens par des visions. Même sur les serviteurs et sur les servantes je répandrai mon esprit en ces jours-là. Je ferai des prodiges au ciel et sur la terre : du sang, du feu, des nuages de fumée. Le soleil sera changé en ténèbres, et la lune sera changée en sang, avant que vienne le jour du Seigneur, jour grand et redoutable. Alors, quiconque invoquera le nom du Seigneur sera sauvé.

Psaume 103

R/ Ô Seigneur, envoie ton Esprit
qui renouvelle la face de la terre !
ou : **Alléluia.**

Bénis le Seigneur, ô mon âme ;
Seigneur mon Dieu, tu es si grand !
Revêtu de magnificence,
tu as pour manteau la lumière !

Quelle profusion dans tes œuvres, Seigneur !
Tout cela, ta sagesse l'a fait ;
la terre s'emplit de tes biens.
Bénis le Seigneur, ô mon âme !

Tous, ils comptent sur toi
pour recevoir leur nourriture au temps voulu.
Tu donnes : eux, ils ramassent ;
tu ouvres la main : ils sont comblés.

Tu reprends leur souffle, ils expirent
et retournent à leur poussière.
Tu envoies ton souffle : ils sont créés ;
tu renouvelles la face de la terre.

Prière

Dans ta bonté, Seigneur, accomplis ta promesse : que vienne sur nous l'Esprit Saint et qu'il nous rende, à la face du monde, témoins de l'Évangile de notre Seigneur Jésus, le Christ. Lui qui vit et règne avec toi pour les siècles des siècles.

Le prêtre entonne alors l'hymne *Gloire à Dieu.*

Après le *Gloria,* le prêtre dit l'oraison, comme on le fait habituellement :

Dieu éternel et tout-puissant, tu as voulu que le mystère de Pâques soit célébré durant cinquante jours ; accorde aux nations dispersées dans le monde et marquées par la diversité des langues, d'être rassemblées par le don de l'Esprit Saint dans l'unique confession de ton nom. Par Jésus Christ, ton Fils, notre Seigneur, qui vit et règne avec toi dans l'unité du Saint-Esprit, Dieu, pour les siècles des siècles.

Un lecteur lit alors la lettre de saint Paul aux Romains (8, 22-27), et la messe se poursuit comme d'habitude.

2e Lecture

« L'Esprit lui-même intercède pour nous »

→ Lecture de la lettre de saint Paul Apôtre aux Romains Rm 8, 22-27

Frères, nous le savons bien, la création tout entière gémit, elle passe par les douleurs d'un enfantement qui dure encore. Et elle n'est pas seule. Nous aussi, en nous-mêmes, nous gémissons ; nous avons commencé à recevoir l'Esprit Saint, mais nous attendons notre adoption et la rédemption de notre corps.

Car nous avons été sauvés, mais c'est en espérance ; voir ce qu'on espère, ce n'est plus espérer : ce que l'on voit, comment peut-on l'espérer encore ? Mais nous, qui espérons ce que nous ne voyons pas, nous l'attendons avec persévérance. Bien plus, l'Esprit Saint vient au secours de notre faiblesse, car nous ne savons pas prier comme il faut. L'Esprit lui-même intercède pour nous par des gémissements inexprimables. Et Dieu, qui scrute les cœurs, connaît les intentions de l'Esprit puisque c'est selon Dieu que l'Esprit intercède pour les fidèles.

Alléluia. Alléluia. Viens, Esprit Saint ! Emplis le cœur de tes fidèles ! Allume en eux le feu de ton amour ! **Alléluia.**

Évangile

La promesse du don de l'Esprit

→ **Évangile de Jésus Christ selon saint Jean** Jn 7, 37-39

Au jour solennel où se terminait la fête des Tentes, Jésus, debout, s'écria : « Si quelqu'un a soif, qu'il vienne à moi, et qu'il boive, celui qui croit en moi ! Comme dit l'Écriture : *De son cœur couleront des fleuves d'eau vive.* »

En disant cela, il parlait de l'Esprit Saint qu'allaient recevoir ceux qui croiraient en lui. En effet, il ne pouvait y avoir l'Esprit puisque Jésus n'avait pas encore été glorifié.

Prière sur les offrandes

Voir plus haut, p. 422.

Préface de la Pentecôte, p. 435.

Dans les prières eucharistiques, il y a des textes propres à la fête de la Pentecôte.

Prière après la communion

Voir plus haut, p. 423.

Messe du jour

Prière d'ouverture

Seigneur Dieu, dans le mystère de la fête que nous célébrons aujourd'hui, tu sanctifies ton Église entière chez tous les peuples et dans toutes les nations ; répands les dons de l'Esprit Saint sur l'immensité du monde, et continue dans le cœur des croyants l'œuvre divine entreprise au début de la prédication évangélique. Par Jésus Christ, ton Fils, notre Seigneur, qui vit et règne avec toi dans l'unité du Saint-Esprit, Dieu, pour les siècles des siècles.

1re Lecture

Remplis de l'Esprit Saint

→ **Lecture du livre des Actes des Apôtres** Ac 2, 1-11

Quand arriva le jour de la Pentecôte, au terme des cinquante jours après Pâques, ils se trouvaient réunis tous ensemble. Soudain un bruit survint du ciel comme un violent coup de vent : la maison où ils étaient assis en fut remplie tout entière. Alors leur apparurent des langues qu'on aurait dites de feu, qui se partageaient, et il s'en posa une sur chacun d'eux. Tous furent remplis d'Esprit Saint : ils se mirent à parler en d'autres langues, et chacun s'exprimait selon le don de l'Esprit.

Or, il y avait, résidant à Jérusalem, des Juifs religieux, venant de toutes les nations sous le ciel. Lorsque ceux-ci entendirent la voix qui retentissait, ils se rassemblèrent en foule. Ils étaient en pleine confusion parce que chacun d'eux entendait dans son propre dialecte ceux qui parlaient. Dans la stupéfaction et l'émerveillement, ils disaient : « Ces gens qui parlent ne sont-ils pas tous Galiléens ? Comment se fait-il que chacun de nous les entende dans son propre dialecte, sa langue maternelle ? Parthes, Mèdes et Élamites, habitants de la Mésopotamie, de la Judée et de la Cappadoce, de la province du Pont et de celle d'Asie, de la Phrygie et de la Pamphylie, de l'Égypte et des contrées de Libye proches de Cyrène, Romains de passage, Juifs de naissance et convertis, Crétois et Arabes, tous nous les entendons parler dans nos langues des merveilles de Dieu. »

Psaume 103

R/ Ô Seigneur, envoie ton Esprit
qui renouvelle la face de la terre !
ou : **Alléluia.**

Bénis le Seigneur, ô mon âme ;
Seigneur mon Dieu, tu es si grand !
Quelle profusion dans tes œuvres, Seigneur !
la terre s'emplit de tes biens.

Tu reprends leur souffle, ils expirent
et retournent à leur poussière.
Tu envoies ton souffle : ils sont créés ;
tu renouvelles la face de la terre.

Gloire au Seigneur à tout jamais !
Que Dieu se réjouisse en ses œuvres !
Que mon poème lui soit agréable ;
moi, je me réjouis dans le Seigneur.

2e Lecture

« Marchons sous la conduite de l'Esprit »

→ **Lecture de la lettre de saint Paul apôtre aux Galates** Ga 5, 16-25

Frères, je vous le dis : marchez sous la conduite de l'Esprit Saint, et vous ne risquerez pas de satisfaire les convoitises de la chair. Car les tendances de la chair s'opposent à l'Esprit, et les tendances de l'Esprit s'opposent à la chair. En effet, il y a là un affrontement qui vous empêche de faire tout ce que vous voudriez. Mais si vous vous laissez conduire par l'Esprit, vous n'êtes pas soumis à la Loi. On sait bien à quelles actions mène la chair : inconduite, impureté, débauche, idolâtrie, sorcellerie, haines, rivalité, jalousie, emportements, intrigues, divisions, sectarisme, envie, beuveries, orgies et autres choses du même genre. Je vous préviens, comme je l'ai déjà fait : ceux qui commettent de telles actions ne recevront pas en héritage le royaume de Dieu.

Mais voici le fruit de l'Esprit : amour, joie, paix, patience, bonté, bienveillance, fidélité, douceur et maîtrise de soi. En ces domaines, la Loi n'intervient pas. Ceux qui sont au Christ Jésus ont crucifié en eux la chair, avec ses passions et ses convoitises. Puisque l'Esprit nous fait vivre, marchons sous la conduite de l'Esprit.

Séquence

Viens, Esprit Saint, en nos cœurs
et envoie du haut du ciel
un rayon de ta lumière.

Viens en nous, père des pauvres,
viens, dispensateur des dons,
viens, lumière de nos cœurs.

Consolateur souverain,
hôte très doux de nos âmes,
adoucissante fraîcheur.

Dans le labeur, le repos ;
dans la fièvre, la fraîcheur ;
dans les pleurs, le réconfort.

Ô lumière bienheureuse,
viens remplir jusqu'à l'intime
le cœur de tous tes fidèles.

Sans ta puissance divine,
il n'est rien en aucun homme,
rien qui ne soit perverti.

Lave ce qui est souillé,
baigne ce qui est aride,
guéris ce qui est blessé.

Assouplis ce qui est raide,
réchauffe ce qui est froid,
rends droit ce qui est faussé.

À tous ceux qui ont la foi
et qui en toi se confient
donne tes sept dons sacrés.

Donne mérite et vertu,
donne le salut final,
donne la joie éternelle. Amen

Alléluia. Alléluia. Viens, Esprit Saint ! Emplis le cœur de tes fidèles ! Allume en eux le feu de ton amour ! **Alléluia.**

Évangile

L'Esprit de vérité envoyé par Jésus

→ Évangile de Jésus Christ selon saint Jean

Jn 15, 26-27 ; 16, 12-15

En ce temps-là, Jésus disait à ses disciples : « Quand viendra le Défenseur, que je vous enverrai d'auprès du Père, lui, l'Esprit de vérité qui procède du Père, il rendra témoignage en ma faveur. Et vous aussi, vous allez rendre témoignage, car vous êtes avec moi depuis le commencement.

J'ai encore beaucoup de choses à vous dire, mais pour l'instant vous ne pouvez pas les porter. Quand il viendra, lui, l'Esprit de vérité, il vous conduira dans la vérité tout entière. En effet, ce qu'il dira ne viendra pas de lui-même : mais ce qu'il aura entendu, il le dira ; et ce qui va venir, il vous le fera connaître. Lui me glorifiera, car il recevra ce qui vient de moi pour vous le faire connaître. Tout ce que possède le Père est à moi ; voilà pourquoi je vous ai dit : L'Esprit reçoit ce qui vient de moi pour vous le faire connaître. »

POUR LA PRIÈRE UNIVERSELLE

– Prions pour l'Église universelle, afin que, pour mieux annoncer l'Évangile, elle développe dans les diverses cultures le processus d'inculturation commencé à la Pentecôte.

– Prions pour tous ceux qui exercent une autorité dans l'Église, afin que, dans le combat entre les tendances de la chair et celles de l'Esprit, ils manifestent toujours par leur fidélité, leur douceur et leur maîtrise de soi les fruits de l'Esprit qu'ils ont reçus.

– Pour les hommes de science, en particulier des sciences de la vie, afin que l'Esprit saint les conduisent dans une vérité plus grande au service du vrai bien de l'homme.

Prière sur les offrandes

Nous t'en prions, Seigneur : selon la promesse de ton Fils, que l'Esprit Saint nous fasse entrer plus avant dans l'intelligence du sacrifice que nous célébrons et nous ouvre à la vérité tout entière. Par le Christ, notre Seigneur.

Préface

Vraiment, il est juste et bon, pour ta gloire et notre salut, de t'offrir notre action de grâce, toujours et en tout lieu, Seigneur, Père très saint, Dieu éternel et tout-puissant. Pour accomplir jusqu'au bout le mystère de Pâques, tu as répandu largement aujourd'hui l'Esprit Saint sur ceux dont tu as fait tes enfants d'adoption en les unissant à ton Fils unique. C'est ton Esprit qui, au commencement de l'Église, a donné à tous les peuples la connaissance du vrai Dieu, et a rassemblé les diverses langues dans la confession d'une seule foi. C'est pourquoi la joie pascale rayonne par tout l'univers, la terre entière exulte, les puissances d'en haut et les anges dans le ciel chantent sans fin l'hymne de ta gloire : **Saint !...**

Dans les prières eucharistiques, il y a des textes propres à la fête de Pentecôte.

Prière après la communion

Seigneur Dieu, tu accordes largement les dons du ciel à ton Église, protège la grâce que tu lui as donnée : que l'effusion de l'Esprit Saint agisse avec toujours plus de force, et que cette nourriture spirituelle multiplie les effets de la rédemption éternelle. Par le Christ, notre Seigneur.

Bénédiction solennelle

Traduction en usage

Aujourd'hui, Dieu le Père de toute lumière a envoyé l'Esprit Saint au cœur des disciples du Christ, il les a illuminés. Que ce

même Esprit vous pénètre et sanctifie en vous ses dons. **Amen.**
Que le feu d'en haut venu sur les disciples consume tout mal au fond de vos cœurs et vous fasse porter au monde sa lumière. **Amen.**
C'est l'Esprit qui a rassemblé des hommes de toutes langues dans la profession de la même foi : qu'il vous garde fidèles à cette foi, et dans l'espérance du jour de Dieu. **Amen.**
Et que Dieu tout-puissant vous bénisse...

Renvoi

Allez, dans la paix du Christ, alléluia, alléluia !
Nous rendons grâce à Dieu, alléluia, alléluia !

Saint Philippe Néri (26 mai) On le dit parfois patron des humoristes. Celui que l'on appelle aussi « le plus italien de tous les saints » était Florentin de naissance mais Romain d'adoption (1515-1595). Devenu prêtre, il rayonnait la joie et l'amour de Dieu et des pauvres. Doué d'une grande imagination créatrice, il inventa des formes originales de piété et d'action pastorale, que les jeunes et les moins jeunes adoptèrent avec enthousiasme. L'une d'elles était l'Oratoire, sorte de communauté nouvelle où l'on pratiquait la prière, la vie fraternelle, la détente, et la musique. Cet Oratoire devait donner son nom à une forme musicale et à une congrégation de prêtres témoignant la même ardeur apostolique.

CALENDRIER LITURGIQUE

Di 23	**Dimanche de la Pentecôte.** *Liturgie des Heures : Psautier semaine IV.*
Lu 24	La Vierge Marie, mère de l'Église. 8e semaine du Temps ordinaire. Ben Sira 17, 24-29 (Vg 20-28) ; Ps 31 ; Marc 10, 17-27 : « Va, vends ce que tu as. Puis viens, suis-moi »
Ma 25	*S. Bède le Vénérable, prêtre, bénédictin, docteur de l'Église, † 735 à Jarrow (Angleterre).* *S. Grégoire VII, pape, † 1085 à Salerne (Italie).* *Ste Marie-Madeleine de Pazzi, vierge, carmélite, † 1607 à Florence.* Ben Sira 35, 1-15 ; Ps 49 ; Marc 10, 28-31 : « Vous recevrez, en ce temps déjà, le centuple, avec des persécutions, et, dans le monde à venir, la vie éternelle »
Me 26	S. Philippe Neri, prêtre, fondateur de l'Oratoire, † 1595 à Rome. Ben Sira 36, 1-2.5-6.13.16-22 (Vg 1a.2a.5-6.13-19) ; Ps 78 ; Marc 10, 32-45 : « Voici que nous montons à Jérusalem. Le Fils de l'homme sera livré »
Je 27	*S. Augustin, évêque de Cantorbéry, † 604 ou 605.* Ben Sira 42, 15-25 (Vg 15-26) ; Ps 32 ; Marc 10, 46-52 : « Rabbouni, fais que je retrouve la vue ! »
Ve 28	Ben Sira 44, 1.9-13 ; Ps 149 ; Marc 11, 11-25 : « Ma maison sera appelée maison de prière pour toutes les nations. Ayez foi en Dieu »
Sa 29	Ben Sira 51, 12c-20 ; Ps 18 B ; Marc 11, 27-33 : « Par quelle autorité fais-tu cela ? »

Bonne fête ! 23 : Didier. 24 : Donatien, Rogatien. 25 : Bède, Sophie. 26 : Béranger, Bérangère. 27 : Augustin. 28 : Germain. 29 : Aymar, Maximin.

La Sainte Trinité

30 MAI 2021

Mystère de communion

La fête de la Sainte Trinité ramène chaque année le chrétien au cœur de la foi. Croire au Dieu que révèle le Christ, c'est entrer dans le mystère d'un Dieu Père, Fils et Esprit et confesser ce Dieu-là. Les lectures de cette fête nous révèlent à quel point nous sommes associés à ce mystère. Dès les débuts, Dieu nous constitue partenaires de son Alliance. Il nous appelle à vivre sous son regard, à garder ses commandements. Il est le Dieu qui parle à son peuple dont nous sommes (*première lecture*).

Il est le Père qui, accomplissant les promesses qu'il a faites dans l'Ancien Testament, s'est manifesté en son Fils Jésus, comme le Dieu qui ne nous abandonne jamais et nous introduit, par le baptême, dans l'incessant échange d'amour de la vie divine (*évangile*).

Il est le Père qui, mettant en nous son Esprit, a fait de nous ses enfants et nous donne, en Jésus son Fils unique, et comme Lui, de pouvoir l'appeler « Père » (*deuxième lecture*).

Connaissons-nous vraiment notre bonheur, dont parle le psaume 32, d'être introduits ainsi dans l'intimité de Dieu ? La liturgie de l'eucharistie nous le permet par le signe de Croix, le « Gloire à Dieu », la conclusion des oraisons, la profession de foi, la prière eucharistique dont la doxologie nous ouvre à l'action de grâce au Père, par le Fils et dans l'Esprit pour les merveilles de ce Dieu trinité. La communion au corps du Christ nous greffe à la vie trinitaire. Quant à l'envoi, il nous exhorte à vivre sous le signe trinitaire de la croix. Nous sommes ainsi sans cesse introduits dans le mystère d'un Dieu communion d'amour qui nous invite à la partager.

Que cette eucharistie nous donne « de professer la vraie foi en reconnaissant la gloire de l'éternelle Trinité, en adorant son Unité toute-puissante » (*prière d'ouverture*).

CHANTER

- Pour la procession d'ouverture : ***Chantons à Dieu* MP 30-79 CNA 538, *Hymne à la Trinité sainte* MY 230, *Chantons avec toute l'Église* M 26-03, *Nous chanterons pour toi, Seigneur* K 38 CNA 569** (strophes 1, 6, 14, 16).
- Après la Parole : ***Nul n'a jamais vu Dieu* MP 27-18-3, *Très haut Seigneur, Trinité bienheureuse* SYL Z 700.**
- Pour la procession des dons : ***Dieu notre Père, voici le pain* B 57-30.**
- Pour la procession de communion : ***Voici le corps et le sang du Seigneur* D 44-80, *En marchant vers toi, Seigneur* D 380 CNA 326.**
- Pour l'action de grâce : ***Père adorable* MP 28-50 CNA 516, *Jubilez, criez de joie* U 52-42, *Par la musique et par nos voix* Y 43-38 CNA 572.**
- Ce dimanche est le dernier du mois de mai. On peut terminer la célébration par un chant à la Vierge Marie.

CÉLÉBRER

- Pour souligner la dimension baptismale de la Trinité, on peut faire l'aspersion en partant du baptistère.
- On peut aussi reprendre la profession de foi de la Vigile Pascale.

Prière d'ouverture

Dieu notre Père, tu as envoyé dans le monde ta Parole de vérité et ton Esprit de sainteté pour révéler aux hommes ton admirable mystère ; donne-nous de professer la vraie foi en reconnaissant la gloire de l'éternelle Trinité, en adorant son Unité toute-puissante. Par Jésus Christ.

1re Lecture

Un Dieu soucieux du bonheur de son peuple

→ **Lecture du livre du Deutéronome** Dt 4, 32-34.39-40

Moïse disait au peuple : « Interroge donc les temps anciens qui t'ont précédé, depuis le jour où Dieu créa l'homme sur la terre : d'un bout du monde à l'autre, est-il arrivé quelque chose d'aussi grand, a-t-on jamais connu rien de pareil ? Est-il un peuple qui ait entendu comme toi la voix de Dieu parlant du milieu du feu, et qui soit resté en vie ? Est-il un dieu qui ait entrepris de se choisir une nation, de venir la prendre au milieu d'une autre, à travers des épreuves, des signes, des prodiges et des combats, à main forte et à bras étendu, et par des exploits terrifiants – comme tu as vu le Seigneur ton Dieu le faire pour toi en Égypte ? Sache donc aujourd'hui, et médite cela en ton cœur : c'est le Seigneur qui est Dieu, là-haut dans le ciel comme ici-bas sur la terre ; il n'y en a pas d'autre. Tu garderas les décrets et les commandements du Seigneur que je te donne aujourd'hui, afin d'avoir, toi et tes fils, bonheur et longue vie sur la terre que te donne le Seigneur ton Dieu, tous les jours. »

Psaume 32

R/ Heureux le peuple
dont le Seigneur est le Dieu.

Oui, elle est droite, la parole du Seigneur ;
il est fidèle en tout ce qu'il fait.
Il aime le bon droit et la justice ;
la terre est remplie de son amour.

Le Seigneur a fait les cieux par sa parole,
l'univers, par le souffle de sa bouche.
Il parla, et ce qu'il dit exista ;
il commanda, et ce qu'il dit survint.

Dieu veille sur ceux qui le craignent,
qui mettent leur espoir en son amour.
pour les délivrer de la mort,
les garder en vie aux jours de famine.

Nous attendons notre vie du Seigneur :
il est pour nous un appui, un bouclier.
Que ton amour, Seigneur, soit sur nous,
comme notre espoir est en toi !

2e Lecture

L'Esprit Saint fait de nous des fils de Dieu

→ **Lecture de la lettre de saint Paul apôtre aux Romains** Rm 8, 14-17

Frères, tous ceux qui se laissent conduire par l'Esprit de Dieu, ceux-là sont fils de Dieu. Vous n'avez pas reçu un esprit qui fait de vous des esclaves et vous ramène à la peur ; mais vous avez reçu un Esprit qui fait de vous des fils ; et c'est en lui que nous crions « Abba ! », c'est-à-dire : Père ! C'est donc l'Esprit Saint lui-même qui atteste à notre esprit que nous sommes enfants de Dieu. Puisque nous sommes ses enfants, nous sommes aussi ses héritiers : héritiers de Dieu, héritiers avec le Christ, si du moins nous souffrons avec lui pour être avec lui dans la gloire.

Alléluia. Alléluia. Gloire au Père, et au Fils, et au Saint-Esprit : au Dieu qui est, qui était et qui vient ! **Alléluia.**

Évangile

« Baptisez-les au nom du Père, et du Fils, et du Saint-Esprit »

→ **Évangile de Jésus Christ selon saint Matthieu** Mt 28, 16-20

En ce temps-là, les onze disciples s'en allèrent en Galilée, à la montagne où Jésus leur avait ordonné de se rendre. Quand ils le virent, ils se prosternèrent, mais certains eurent des doutes. Jésus s'approcha d'eux et leur adressa ces paroles : « Tout pouvoir m'a été donné au ciel et sur la terre. Allez ! De toutes les nations faites des disciples : baptisez-les au nom du Père, et du Fils, et du Saint-Esprit, apprenez-leur à observer tout ce que je vous ai commandé. Et moi, je suis avec vous tous les jours jusqu'à la fin du monde. »

POUR LA PRIÈRE UNIVERSELLE

– Pour les baptisés de toutes les Églises qui confessent le même Dieu, Père, Fils et Esprit, nous te prions Seigneur.

– Pour tous les hommes de foi qui confessent un Dieu unique, nous te prions, Seigneur.

– Pour les hommes et les femmes qui cherchent Dieu avec droiture, nous te prions, Seigneur.

– Pour notre communauté appelée à vivre au quotidien du mystère de communion de la Sainte Trinité, nous te prions, Seigneur.

Prière sur les offrandes

Sanctifie, Seigneur notre Dieu, le sacrifice sur lequel nous invoquons ton nom très saint ; et, par cette eucharistie, fais de nous-mêmes une éternelle offrande à ta gloire. Par Jésus.

Préface

Vraiment, il est juste et bon de te rendre gloire, de t'offrir notre action de grâce, toujours et en tout lieu, à toi, Père très saint, Dieu éternel et tout-puissant.

Avec ton Fils unique et le Saint-Esprit, tu es un seul Dieu, tu es un seul Seigneur, dans la trinité des personnes et l'unité de leur nature.

Ce que nous croyons de ta gloire, parce que tu l'as révélé, nous le croyons pareillement, et de ton Fils et du Saint-Esprit ; et quand nous proclamons notre foi au Dieu éternel et véritable, nous adorons en même temps chacune des personnes, leur unique nature, leur égale majesté.

C'est ainsi que les anges et les archanges, et les plus hautes puissances des cieux, ne cessent de chanter d'une même voix :

Saint !...

Prière après la communion

Puissions-nous trouver, Seigneur, le salut de l'âme et du corps dans le sacrement que nous avons reçu, tandis que nous affirmons notre foi en la Trinité, éternelle et sainte, comme en son indivisible Unité. Par Jésus.

« Par Lui, avec Lui et en Lui... »

« La dernière invocation "Par Lui, avec Lui, en Lui" veut d'abord dire que notre seul chemin vers le Père est le *médiateur* entre Dieu et les hommes, Jésus. La vie chrétienne est tout entière bâtie sur l'axe Père-Fils et tout entière accomplie en communion filiale et fraternelle par la communication de l'Esprit. Tout ce qui est créé, toute l'histoire personnelle et collective, toute la diversité des projets humains, tout cela est assumé et purifié par l'Humanité du Christ pour en faire son corps, comme une immense Moisson qui lève à partir du grain jeté en terre, et pour que les hommes puissent dire : Père ! L'homme est vraiment vivant, quand il existe et vit pour la gloire de Dieu, et Dieu manifeste sa gloire en rendant l'homme vivant : "La gloire de Dieu, c'est l'homme vivant" (Saint Irénée). »

H. Denis, « Par lui, avec lui, et en lui... »,
dans *« Pour célébrer l'eucharistie »*, Éd. de l'Atelier, p. 57.

CALENDRIER LITURGIQUE

Di 30	**LA SAINTE TRINITÉ B.** [En France, Ste Jeanne d'Arc, vierge, patronne secondaire de la France, † 1431 à Rouen.]
Lu 31	VISITATION DE LA VIERGE MARIE. Lectures propres : Sophonie 3, 14-18 ou Romains 12, 9-16b ; Cant. Isaïe 12 ; Luc 1, 39-56 : « D'où m'est-il donné que la mère de mon Seigneur vienne jusqu'à moi ? »
Ma 1er	9e semaine du Temps ordinaire. *Liturgie des Heures : Psautier semaine I.* S. Justin, philosophe, martyr, † vers 165 à Rome. Tobie 2, 9-14 ; Ps 111 ; Marc 12, 13-17 : « Ce qui est à César, rendez-le à César, et à Dieu ce qui est à Dieu »
Me 2	*S. Marcellin et S. Pierre, martyrs, † 304 à Rome.* En France, *S. Pothin, évêque de Lyon, Ste Blandine, vierge, et leurs compagnons, martyrs, † 177.* Tobie 3, 1-11.16-17a ; Ps 24 ; Marc 12, 18-17 : « Il n'est pas le Dieu des morts, mais des vivants »
Je 3	S. Charles Lwanga et ses compagnons, martyrs en Ouganda, † 1886. Tobie 6, 10-11 ; 7, 1.9-17 ; 8, 4-9 ; Ps 127 ; Marc 12, 28b-34 : « Il n'y a pas de commandement plus grand que ceux-là »
Ve 4	*En France, Ste Clotilde, reine des Francs, † 545 à Tours.* Tobie 11, 5-17 ; Ps 145 ; Marc 12, 35-37
Sa 5	S. Boniface, évêque de Mayence, martyr, † 754. Tobie 12, 1.5-15.20 ; Cant. Tobie ; Marc 12, 38-44 : « Cette pauvre veuve a mis dans le Trésor plus que tous les autres » En France et dans la plupart des pays francophones, le Saint-Sacrement est fêté le 2e dimanche après la Pentecôte (Cf. *Normes universelles*, no 7).

Bonne fête ! 30 : Ferdinand, Lorraine. 31 : Pétronille, Perrette, Perrine. 1er : Justin, Roman. 2 : Marcellin, Blandine, Vital. 3 : Kévin. 4 : Clotilde. 5 : Boniface, Igor.

Pour mémoire : aujourd'hui, dernier dimanche de mai, en France : fête des mères.

Le Corps et le Sang du Christ

6 JUIN 2021

Le sang de l'Alliance nouvelle et éternelle

Au temps de l'Exode, Dieu fait alliance avec son peuple. Toute alliance réclame un signe. Ce sera du sang, répandu sur l'autel et sur le peuple. Ainsi est signifié le lien nouveau, la communion de vie inaugurée entre le Seigneur et le peuple qu'il avait fait sortir d'Égypte (*première lecture*).

S'inscrivant dans la longue tradition de son peuple, Jésus, pendant le repas de la Pâque, déclare en faisant passer la coupe : « Ceci est mon sang, le sang de l'Alliance, versé pour la multitude » (*évangile*). Désormais, l'Alliance est scellée par le propre sang du Christ, sang de Dieu et sang de l'homme puisque le Christ assume sa double nature. Il révèle ainsi symboliquement le sens de sa vie donnée et de sa mort librement acceptée. Toutes les alliances passées trouvent alors leur accomplissement dans cette Alliance nouvelle au bénéfice, non plus d'un seul peuple, mais du plus grand nombre. Dès lors Jésus est bien, comme l'écrit l'auteur de la lettre aux Hébreux, « le médiateur d'une alliance nouvelle » par son sang librement versé (*deuxième lecture*).

On voit ainsi toute la riche signification du vin consacré à l'autel. Signe réel du sang du Christ, il fait des chrétiens un peuple de prêtres, une nation sainte. Il les purifie de tout ce qui conduit à la mort, et les accompagne tout au long de leur vie vers le Royaume de Dieu.

Chaque dimanche, nous nous rassemblons pour le repas du Seigneur, nous communions à son mystère pascal de mort et de résurrection, nous devenons son Corps, engagés à sa suite sur le chemin du don de soi et du service fraternel.

Puissent résonner en nous les mots de la préface du Jeudi saint : « Quand nous buvons le sang qu'il a versé pour nous, nous sommes purifiés. » Et pour ce sang versé, nous rendons grâce.

CHANTER

- Pour la procession d'ouverture : ***Nous formons un même corps*** **D 105 CNA 570,** ***Dieu nous accueille*** **A 174 CNA 545,** ***Béni sois-tu, Seigneur Jésus*** **KA 520.**
- Pour le rite pénitentiel et le Gloire à Dieu : ***Messe du partage*** **AL 23-08** et **AL 23-09 CNA 171** et **CNA 197.**
- Pour la séquence : ***Lauda Sion*** **DEV 188.** Cette séquence est facultative.
- Pour la procession des offrandes : ***Dieu notre Père, voici le pain*** **B 57-30,** ***Préparons la table*** **B 21-85 CNA 232.**
- Pour la procession de communion : ***La Sagesse a dressé une table*** **SYL F 502 CNA 332,** ***Qui mange ma chair*** **D 290 CNA 343,** ***Voici le corps et le sang du Seigneur*** **D 44-80,** ***Pain véritable*** **D 103 CNA 340.**
- Pour l'action de grâce : ***Celui qui a mangé de ce pain*** **D 140-2 CNA 321,** ***Tenons en éveil*** **Y 243-1 CNA 591,** ***Devenons ce que nous recevons*** **D 54-19,** ***En accueillant l'amour*** **DP 126 CNA 325.**

Prière d'ouverture

Seigneur Jésus Christ, dans cet admirable sacrement, tu nous as laissé le mémorial de ta passion ; donne-nous de vénérer d'un si grand amour le mystère de ton corps et de ton sang, que nous puissions recueillir sans cesse le fruit de ta rédemption. Toi qui règnes.

1re Lecture

Le sang de l'Alliance

→ **Lecture du livre de l'Exode** Ex 24, 3-8

En ces jours-là, Moïse vint rapporter au peuple toutes les paroles du Seigneur et toutes ses ordonnances. Tout le peuple répondit d'une seule voix : « Toutes ces paroles que le Seigneur a dites, nous les mettrons en pratique. »

Moïse écrivit toutes les paroles du Seigneur. Il se leva de bon matin et il bâtit un autel au pied de la montagne, et il dressa douze pierres pour les douze tribus d'Israël. Puis il chargea quelques jeunes garçons parmi les fils d'Israël d'offrir des holocaustes, et d'immoler au Seigneur des taureaux en sacrifice de paix.

Moïse prit la moitié du sang et le mit dans des coupes ; puis il aspergea l'autel avec le reste du sang. Il prit le livre de l'Alliance et en fit la lecture au peuple. Celui-ci répondit : « Tout ce que le Seigneur a dit, nous le mettrons en pratique, nous y obéirons. » Moïse prit le sang, en aspergea le peuple, et dit : « Voici le sang de l'Alliance que, sur la base de toutes ces paroles, le Seigneur a conclue avec vous. »

Psaume 115

R/ **J'élèverai la coupe du salut,**
j'invoquerai le nom du Seigneur.
ou : **Alléluia.**

Comment rendrai-je au Seigneur
tout le bien qu'il m'a fait ?
J'élèverai la coupe du salut,
j'invoquerai le nom du Seigneur.

Il en coûte au Seigneur
de voir mourir les siens !
Ne suis-je pas, Seigneur, ton serviteur,
moi, dont tu brisas les chaînes ?

Je t'offrirai le sacrifice d'action de grâce,
j'invoquerai le nom du Seigneur.
Je tiendrai mes promesses au Seigneur,
oui, devant tout son peuple.

2e Lecture

Le sang de la purification

→ **Lecture de la lettre aux Hébreux** He 9, 11-15

Frères, le Christ est venu, grand prêtre des biens à venir. Par la tente plus grande et plus parfaite, celle qui n'est pas œuvre de mains humaines et n'appartient pas à cette création, il est entré une fois pour toutes dans le sanctuaire, en répandant, non pas le sang de boucs et de jeunes taureaux, mais son propre sang. De cette manière, il a obtenu une libération définitive. S'il est vrai qu'une simple aspersion avec le sang de boucs et de taureaux, et de la cendre de génisse, sanctifie ceux qui sont souillés, leur rendant la pureté de la chair, le sang du Christ fait bien davantage, car le Christ, poussé par l'Esprit éternel, s'est offert lui-même à Dieu comme une victime sans défaut ; son sang purifiera donc notre conscience des actes qui mènent à la mort, pour que nous puissions rendre un culte au Dieu vivant.

Voilà pourquoi il est le médiateur d'une alliance nouvelle, d'un testament nouveau : puisque sa mort a permis le rachat des transgressions commises sous le premier Testament, ceux qui sont appelés peuvent recevoir l'héritage éternel jadis promis.

Séquence

Cette séquence (ad libitum) peut être dite intégralement ou sous une forme abrégée à partir de : « Le voici, le pain des anges ».

Sion, célèbre ton Sauveur,
chante ton chef et ton pasteur
par des hymnes et des chants.

Tant que tu peux, tu dois oser,
car il dépasse tes louanges,
tu ne peux trop le louer.

Le Pain vivant, le Pain de vie,
il est aujourd'hui proposé
comme objet de tes louanges.

Au repas sacré de la Cène,
il est bien vrai qu'il fut donné
au groupe des douze frères.

Louons-le à voix pleine et forte,
que soit joyeuse et rayonnante
l'allégresse de nos cœurs !

C'est en effet la journée solennelle
où nous fêtons de ce banquet divin
la première institution.

À ce banquet du nouveau Roi,
la Pâque de la Loi nouvelle
met fin à la Pâque ancienne.

L'ordre ancien le cède au nouveau,
la réalité chasse l'ombre,
et la lumière, la nuit.

Ce que fit le Christ à la Cène,
il ordonna qu'en sa mémoire
nous le fassions après lui.

Instruits par son précepte saint,
nous consacrons le pain, le vin,
en victime de salut.

C'est un dogme pour les chrétiens
que le pain se change en son corps,
que le vin devient son sang.

Ce qu'on ne peut comprendre et voir,
notre foi ose l'affirmer,
hors des lois de la nature.

L'une et l'autre de ces espèces,
qui ne sont que de purs signes,
voilent un réel divin.

Sa chair nourrit, son sang abreuve,
mais le Christ tout entier demeure
sous chacune des espèces.

On le reçoit sans le briser,
le rompre ni le diviser ;
il est reçu tout entier.

Qu'un seul ou mille communient,
il se donne à l'un comme aux autres,
il nourrit sans disparaître.

Bons et mauvais le consomment,
mais pour un sort bien différent,
pour la vie ou pour la mort.

Mort des pécheurs, vie pour les justes ;
vois : ils prennent pareillement ;
quel résultat différent !

Si l'on divise les espèces,
n'hésite pas, mais souviens-toi
qu'il est présent dans un fragment
aussi bien que dans le tout.

Le signe seul est partagé,
le Christ n'est en rien divisé,
ni sa taille ni son état
n'ont en rien diminué.

* Le voici, le pain des anges,
il est le pain de l'homme en route,
le vrai pain des enfants de Dieu,
qu'on ne peut jeter aux chiens.

D'avance il fut annoncé
par Isaac en sacrifice,
par l'agneau pascal immolé,
par la manne de nos pères.

Ô bon Pasteur, notre vrai pain,
ô Jésus, aie pitié de nous,
nourris-nous et protège-nous,
fais-nous voir les biens éternels
dans la terre des vivants.

Toi qui sais tout et qui peux tout,
toi qui sur terre nous nourris,
conduis-nous au banquet du ciel
et donne-nous ton héritage,
en compagnie de tes saints.
Amen.

Alléluia. Alléluia. Moi, je suis le pain vivant qui est descendu du ciel, dit le Seigneur ; si quelqu'un mange de ce pain, il vivra éternellement. **Alléluia**.

Évangile

Le sang de la Pâque

→ Évangile de Jésus Christ selon saint Marc

Mc 14, 12-16.22-26

Le premier jour de la fête des pains sans levain, où l'on immolait l'agneau pascal, les disciples de Jésus lui disent : « Où veux-tu que nous allions faire les préparatifs pour que tu manges la Pâque ? » Il envoie deux de ses disciples en leur disant : « Allez à la ville ; un homme portant une cruche d'eau viendra à votre rencontre. Suivez-le, et là où il entrera, dites au propriétaire : "Le Maître te fait dire : Où est la salle où je pourrai manger la Pâque avec mes disciples ?" Il vous indiquera, à l'étage, une grande pièce aménagée et prête pour un repas. Faites-y pour nous les préparatifs. » Les disciples partirent, allèrent à la ville ; ils trouvèrent tout comme Jésus leur avait dit, et ils préparèrent la Pâque.

Pendant le repas, Jésus, ayant pris du pain et prononcé la bénédiction, le rompit, le leur donna, et dit : « Prenez, ceci est mon corps. » Puis, ayant pris une coupe et ayant rendu grâce, il la leur donna, et ils en burent tous. Et il leur dit : « Ceci est mon sang, le sang de l'Alliance, versé pour la multitude. Amen, je vous le dis : je ne boirai plus du fruit de la vigne, jusqu'au jour où je le boirai, nouveau, dans le royaume de Dieu. »

Après avoir chanté les psaumes, ils partirent pour le mont des Oliviers.

POUR LA PRIÈRE UNIVERSELLE

– Pour les chrétiens qui se rassemblent chaque dimanche afin de célébrer l'eucharistie, nous te prions, Seigneur.

– Pour les prêtres, ministres de l'eucharistie qui nourrissent leurs communautés du pain de la vie, nous te prions, Seigneur.

– Pour les communautés chrétiennes privées de la célébration de l'eucharistie, nous te prions, Seigneur.

– Pour tous ceux qui, à travers le monde, versent leur sang par amour pour leurs frères, nous te prions, Seigneur.
– Pour notre communauté qui cherche à vivre chaque jour de l'eucharistie, nous te prions, Seigneur.

Prière sur les offrandes

Accorde, Seigneur, à ton Église les biens de l'unité et de la paix, dont nos offrandes sont le signe dans le mystère eucharistique. Par Jésus.

Préface

Vraiment, il est juste et bon de te rendre gloire, de t'offrir notre action de grâce, toujours et en tout lieu, à toi, Père très saint, Dieu éternel et tout-puissant, par le Christ, notre Seigneur.
Dans le dernier repas qu'il prit avec ses Apôtres, afin que toutes les générations fassent mémoire du salut par la croix, il s'est offert à toi, comme l'Agneau sans péché, et tu as accueilli son sacrifice de louange.
Quand tes fidèles communient à ce sacrement, tu les sanctifies pour que tous les hommes, habitant le même univers, soient éclairés par la même foi et réunis par la même charité. Nous venons à la table d'un si grand mystère nous imprégner de ta grâce et connaître déjà la vie du Royaume.
Voilà pourquoi le ciel et la terre t'adorent ; ils chantent le cantique de l'Alliance nouvelle, et nous-mêmes, unissant notre voix à celle des anges, nous t'acclamons : **Saint !...**

On peut prendre la préface du Jeudi saint, p. 305.

Prière après la communion

Fais que nous possédions, Seigneur Jésus, la jouissance éternelle de ta divinité, car nous en avons ici-bas l'avant-goût lorsque nous recevons ton corps et ton sang. Toi qui règnes.

Ceci est mon sang, le sang de l'Alliance

« Le soir du Jeudi saint en célébrant la nouvelle alliance, Jésus a certes fait mieux et davantage que Moïse, mais toujours dans le même esprit. C'est l'assemblée du peuple nouveau que le Christ a constituée, son corps mystique qui est l'Église. Le pain brisé et le vin versé sont devenus signes poignants d'une vie consacrée au service, jusqu'au don total de soi.

Prenez et mangez, prenez et buvez... Non pas invitation au culte d'une présence, ni à une adoration passive, mais bien proposition de communion pour que chacun, donnant réponse d'amour à l'amour offert, s'engage "à mettre en pratique toutes ces paroles que le Seigneur a dites".

Et voilà pourquoi nous avons tant besoin de "faire l'assemblée" et tant besoin aussi de renouveler, chaque dimanche, l'alliance, pacte d'amour. Une condition de vie et de fidélité. »

Fabien Deleclos ofm, « Ceci est mon sang, le sang de l'Alliance », dans *« Prends et mange la Parole »*, Centurion /Duculot, p. 130-131.

CALENDRIER LITURGIQUE

Di 6	**Le Saint-Sacrement B.** [S. Norbert, évêque de Magdebourg, fondateur des Prémontrés, † 1134.]
Lu 7	10e semaine du Temps ordinaire Liturgie des Heures : Psautier semaine II. 2 Corinthiens 1, 1-7 ; Ps 33 ; Mt 5, 1-12 : « Heureux les pauvres de cœur »
Ma 8	2 Corinthiens 1, 18-22 ; Ps 118 ; Matthieu 5, 13-16 : « Vous êtes le sel de la terre »
Me 9	S. Éphrem, diacre, docteur de l'Église, † 373 à Édesse (Urfa, Turquie). 2 Corinthiens 3, 4-11 ; Ps 98 ; Mt 5, 17-19 : « Je ne suis pas venu abolir, mais accomplir »
Je 10	2 Corinthiens 3, 15–4, 1.3-6 ; Ps 84 ; Mt 5, 20-26 : « Tout homme qui se met en colère contre son frère devra passer en jugement »
Ve 11	LE SACRÉ-CŒUR DE JÉSUS, p. 454. [S. Barnabé, Apôtre.]
Sa 12	Le Cœur immaculé de Marie. 2 Corinthiens 5, 14-21 ; Ps 102 ; Mt 5, 33-37 : « Moi, je vous dis de ne pas jurer du tout »

Bonne fête ! 6 : Norbert, Claude. 7 : Gilbert, Maïté. 8 : Médard, Armand. 9 : Éphrem, Diane, Anne-Marie, Félicien. 10 : Landry. 11 : Barnabé, Yolande. 12 : Guy.

Saint Barnabé (21 juin) tient une place importante dans les Actes des Apôtres. Envoyé à Antioche, il demande à Paul de l'accompagner. Au bout d'une année, ils s'embarquent pour Chypre, puis parcourent l'Asie Mineure. Après un séjour à Jérusalem, ils repartent à Antioche où leurs routes se séparent. Barnabé retourne à Chypre avec Marc et fonde l'Église Chypriote. C'est là qu'il est martyrisé vers l'an 61.

Le Sacré-Cœur de Jésus

11 JUIN 2021

« **Parmi les expressions de la piété ecclésiale**, la dévotion au Cœur du Sauveur a été et demeure l'une des plus répandues et des plus estimées.

L'expression « Cœur de Jésus », entendue au sens de la divine Écriture, désigne le mystère même du Christ, c'est-à-dire la totalité de son être, ou le centre intime et essentiel de sa personne : Fils de Dieu, sagesse incréée ; Amour infini, principe du salut et de sanctification pour toute l'humanité. Le « cœur du Christ » s'identifie au Christ lui-même, Verbe incarné et Rédempteur ; dans l'Esprit Saint, le cœur de Jésus est orienté, par nature, avec un amour infini à la fois divin et humain, vers le Père et vers les hommes, ses frères ».

(*Directoire sur la piété populaire et la liturgie* n° 166).

CHANTER

Litanies du **Sacré-Cœur Y 22-83 CNA 787**, ***J'ai vu l'eau vive*** **I 132-1 CNA 191**, ***J'ai vu des fleuves d'eau vive*** **I 44-62**.

Prière d'ouverture

Seigneur notre Père, en vénérant le Cœur de ton Fils bien-aimé, nous disons les merveilles de ton amour pour nous ; fais que nous recevions de cette source divine une grâce plus abondante. Par Jésus Christ.

1re lecture : Osée 1, 1.3-4.8c-9 L'amour du Seigneur pour son peuple
Cantique : Isaïe 12 : p. 344 (Veillée pascale)

R/ Exultant de joie, vous puiserez les eaux aux sources du salut !

2e Lecture

« Enracinés dans l'amour »

→ Lecture de la lettre de saint Paul apôtre aux Éphésiens

Ep 3, 8-12.14-19

Frères, à moi qui suis vraiment le plus petit de tous les fidèles, la grâce a été donnée d'annoncer aux nations l'insondable richesse du Christ, et de mettre en lumière pour tous le contenu du mystère qui était caché depuis toujours en Dieu, le créateur de toutes choses ; ainsi, désormais, les Puissances célestes elles-mêmes connaissent, grâce à l'Église, les multiples aspects de la Sagesse de Dieu. C'est le projet éternel que Dieu a réalisé dans le Christ Jésus notre Seigneur. Et notre foi au Christ nous donne l'assurance nécessaire pour accéder auprès de Dieu en toute confiance. C'est pourquoi je tombe à genoux devant le Père, de qui toute paternité au ciel et sur la terre tient son nom. Lui qui est si riche en gloire, qu'il vous donne la puissance de son Esprit, pour que se fortifie en vous l'homme intérieur.

Que le Christ habite en vos cœurs par la foi ; restez enracinés dans l'amour, établis dans l'amour. Ainsi vous serez capables de comprendre avec tous les fidèles quelle est la largeur, la longueur, la hauteur, la profondeur… Vous connaîtrez ce qui surpasse toute connaissance : l'amour du Christ. Alors vous serez comblés jusqu'à entrer dans toute la plénitude de Dieu.

Alléluia. Alléluia. Prenez sur vous mon joug, devenez mes disciples, dit le Seigneur, car je suis doux et humble de cœur. **Alléluia.**

ou :

Alléluia. Alléluia. Dieu nous a aimés, il a envoyé son Fils pour le pardon de nos péchés. **Alléluia.**

Évangile

Le cœur ouvert de Jésus

→ Évangile de Jésus Christ selon saint Jean

Jn 19, 31-37

Jésus venait de mourir. Comme c'était le jour de la Préparation (c'est-à-dire le vendredi), il ne fallait pas laisser les corps en croix durant le sabbat, d'autant plus que ce sabbat était le grand jour de la Pâque. Aussi les Juifs demandèrent à Pilate qu'on enlève les corps après leur avoir brisé les jambes. Les soldats allèrent donc briser les jambes du premier, puis de l'autre homme crucifié avec Jésus. Quand ils arrivèrent à Jésus, voyant qu'il était déjà mort, ils ne lui brisèrent pas les jambes, mais un des soldats avec sa lance lui perça le côté ; et aussitôt, il en sortit du sang et de l'eau.

Celui qui a vu rend témoignage, et son témoignage est véridique ; et celui-là sait qu'il dit vrai afin que vous aussi, vous croyiez. Cela, en effet, arriva pour que s'accomplisse l'Écriture : *Aucun de ses os ne sera brisé.* Un autre passage de l'Écriture dit encore : *Ils lèveront les yeux vers celui qu'ils ont transpercé.*

Préface

Vraiment, il est juste et bon de te rendre gloire, de t'offrir notre action de grâce, toujours et en tout lieu, à toi, Père très saint, Dieu éternel et tout-puissant, par le Christ, notre Seigneur.

Dans son immense amour, quand il fut élevé sur la croix, il s'est offert lui-même pour nous ; et de son côté transpercé, laissant jaillir le sang et l'eau, il fit naître les sacrements de l'Église, pour que tous les hommes, attirés vers son cœur, viennent puiser la joie aux sources vives du salut.

C'est pourquoi, avec les anges et tous les saints, nous chantons l'hymne de ta gloire et sans fin nous proclamons : Saint !...

11e dimanche

13 JUIN 2021

Grandir dans la foi.

Nous avons souvent bien du mal à discerner l'action de Dieu et sa présence dans nos vies et dans le monde. Pourtant la semence cachée poursuit sa croissance. Déjà Ézékiel annonçait, malgré le « petit reste », que l'arbre planté par Dieu ne pouvait que poursuivre sa croissance pour devenir un cèdre magnifique *(première lecture)*. Dieu intervient dans toute fécondité, c'est-à-dire dans l'histoire ; il prend le temps, et son action se déroule sans précipitation.

L'exemple de la nature est significatif et Jésus le reprendra pour expliquer la croissance du Royaume qui, à la manière de l'arbre offrant un abri aux oiseaux, accueille, par l'Église, tous les hommes. Quant à la semence, elle grandit on ne sait trop comment dans un dynamisme vivant qui échappe au calcul et à l'observation. Le Seigneur sème sans cesse et la grâce travaille, même à notre insu. Il nous demande simplement la foi, une confiance totale qui verra un jour se lever la moisson *(évangile)*.

Cette loi de croissance est aussi celle de chacun des croyants ; la vie du chrétien consiste à cheminer dans la foi. C'est une marche où nous ne voyons pas toujours où nous allons. Peu importe : notre seule « ambition est de plaire au Seigneur » *(deuxième lecture)*. Le Royaume des cieux n'est donc pas à conquérir, ni à faire advenir au prix de gros efforts. Il a en lui-même sa propre force. Il nous est simplement demandé d'accueillir la parole-semence que le Christ jette dans les cœurs, de la laisser grandir avec confiance et de la transmettre pour que le champ ensemencé devienne le Royaume.

Que le Seigneur dépose en nous la semence de sa Parole et de son Pain. Que celle-ci nous fasse grandir dans la foi et nous rende capables d'accueillir les femmes et les hommes qui viendront à nous.

CHANTER

- Nous retrouvons la lecture de l'Évangile de Marc. Des cohérences existent entre certains dimanches. Un répertoire commun permettra de les unifier.
- Ainsi pour les 11e, 12e et 13e dimanches, nous proposons les chants suivants.
- Pour la procession d'ouverture : ***Peuple de Dieu, marche joyeux*** **K 180 CNA 574** (couplets 1, 2, 11, 13 et 15). ***Pour avancer ensemble*** **DK 20-38 CNA 524,** ***Sur les chemins de Palestine*** **X 973,** ***Chantons avec toute l'Église*** **M 26-03.**
- Un ordinaire de la messe que l'on reprendra pendant trois dimanches ; par exemple : **Messe de Saint Jean Baptiste AL 539**, ***Messe du partage*** **AL 23-08, AL 23-09**, etc. **CNA 171, 197**... ou tout autre ordinaire connu.
- Pour la procession de communion : ***En marchant vers toi, Seigneur*** **D 380 CNA 326,** ***Venez, approchons-nous*** **IEV 19-19,** ***Voici le pain que donne Dieu*** **D 50-07-3,** ***Les pauvres mangeront*** **YD 92 CNA 333.**
- Pour l'action de grâce : ***Prenons la main que Dieu nous tend*** **GR 42-2 CNA 580,** ***Par la musique et par nos voix*** **Y 43-38 CNA 572,** ***Je veux chanter ton amour, Seigneur*** **C 19-42.**
- Pour l'envoi : ***Tenons en éveil*** **Y 243-1 CNA 591,** ***Chantons sans fin le nom du Seigneur*** **EDIT 15-95,** ***Appelés pour bâtir le Royaume*** **TK 51-32.**
- Si l'on souhaite caractériser chaque dimanche, on peut retenir :

– Pour le 11e dimanche : ***Le semeur est sorti pour semer*** **X 55-09.**
– Pour le 12e dimanche : ***Il est venu marcher*** **F 157-4 CNA 557.**
– Pour le 13e dimanche : ***Vous tous qui peinez*** **U 13-21 CNA 700.**

Prière d'ouverture

Dieu tout-puissant, force de ceux qui espèrent en toi, sois favorable à nos appels : puisque l'homme est fragile et que sans toi il ne peut rien, donne-nous toujours le secours de ta grâce ; ainsi nous pourrons, en observant tes commandements, vouloir et agir de manière à répondre à ton amour. Par Jésus Christ.

Nouvelle traduction

Seigneur Dieu, force de ceux qui espèrent en toi, + sois favorable à nos appels : * puisque, mortels et fragiles, nous ne pouvons rien sans toi, donne-nous toujours le secours de ta grâce ; / ainsi pourrons-nous, en observant tes commandements, vouloir et agir de manière à te plaire. Par Jésus Christ, ton Fils, notre Seigneur, + qui vit et règne avec toi dans l'unité du Saint-Esprit, / Dieu, pour les siècles des siècles.

1re Lecture

Dieu relève l'arbre renversé

→ Lecture du livre du prophète Ézékiel Ez 17, 22-24

Ainsi parle le Seigneur Dieu : « À la cime du grand cèdre, je prendrai une tige ; au sommet de sa ramure, j'en cueillerai une toute jeune, et je la planterai moi-même sur une montagne très élevée. Sur la haute montagne d'Israël je la planterai. Elle portera des rameaux, et produira du fruit, elle deviendra un cèdre magnifique. En dessous d'elle habiteront tous les passereaux et toutes sortes d'oiseaux, à l'ombre de ses branches ils habiteront. Alors tous les arbres des champs sauront que Je suis le Seigneur : je renverse l'arbre élevé et relève l'arbre renversé, je fais sécher l'arbre vert et reverdir l'arbre sec. Je suis le Seigneur, j'ai parlé, et je le ferai. »

Psaume 91

R/ Il est bon, Seigneur, de te rendre grâce.

Qu'il est bon de rendre grâce au Seigneur,
de chanter pour ton nom, Dieu Très-Haut,
d'annoncer dès le matin ton amour,
ta fidélité, au long des nuits,

Le juste grandira comme un palmier,
il poussera comme un cèdre du Liban ;
planté dans les parvis du Seigneur,
il grandira dans la maison de notre Dieu.

Vieillissant, il fructifie encore,
il garde sa sève et sa verdeur
pour annoncer : « Le Seigneur est droit !
Pas de ruse en Dieu, mon rocher ! »

2e Lecture

« Notre ambition, c'est de plaire au Seigneur »

→ **Lecture de la deuxième lettre de saint Paul apôtre aux Corinthiens** 2 Co 5, 6-10

Frères, nous gardons toujours confiance, tout en sachant que nous demeurons loin du Seigneur, tant que nous demeurons dans ce corps ; en effet, nous cheminons dans la foi, non dans la claire vision. Oui, nous avons confiance, et nous voudrions plutôt quitter la demeure de ce corps pour demeurer près du Seigneur. Mais de toute manière, que nous demeurions dans ce corps ou en dehors, notre ambition, c'est de plaire au Seigneur. Car il nous faudra tous apparaître à découvert devant le tribunal du Christ, pour que chacun soit rétribué selon ce qu'il a fait, soit en bien soit en mal, pendant qu'il était dans son corps.

Alléluia. Alléluia. La semence est la parole de Dieu ; le semeur est le Christ ; celui qui le trouve demeure pour toujours. **Alléluia.**

Évangile

Semer et dormir

→ **Évangile de Jésus Christ selon saint Marc** Mc 4, 26-34

En ce temps-là, parlant à la foule, Jésus disait : « Il en est du règne de Dieu comme d'un homme qui jette en terre la semence : nuit et jour, qu'il dorme ou qu'il se lève, la semence germe et grandit, il ne sait comment. D'elle-même, la terre produit d'abord l'herbe, puis l'épi, enfin du blé plein l'épi. Et dès que le blé est mûr, il y met la faucille, puisque le temps de la moisson est arrivé. »

Il disait encore : « À quoi allons-nous comparer le règne de Dieu ? Par quelle parabole pouvons-nous le représenter ? Il est comme une graine de moutarde : quand on la sème en terre, elle est la plus petite de toutes les semences. Mais quand on l'a semée, elle grandit et dépasse toutes les plantes potagères ; et elle étend de longues branches, si bien que les oiseaux du ciel peuvent faire leur nid à son ombre. »

Par de nombreuses paraboles semblables, Jésus leur annonçait la Parole, dans la mesure où ils étaient capables de l'entendre. Il ne leur disait rien sans parabole, mais il expliquait tout à ses disciples en particulier.

POUR LA PRIÈRE UNIVERSELLE

– Pour celles et ceux qui sèment la parole de Dieu, particulièrement les catéchistes, prions le Seigneur.
– Pour l'Église chargée d'accueillir les hommes et les femmes qui viennent frapper à sa porte, prions le Seigneur.
– Pour celles et ceux qui travaillent la terre, pour les semeurs d'espérance et de paix, prions le Seigneur.
– Pour notre communauté : qu'elle ne perde jamais confiance en Dieu et témoigne de ce qu'elle a reçu, prions le Seigneur.

Prière sur les offrandes

Tu as voulu que nous trouvions, Seigneur, dans les biens que nous te présentons les nourritures de cette vie et le sacrement d'une vie nouvelle ; fais que nos corps et nos âmes puissent toujours en bénéficier. Par Jésus.

Prière après la communion

Cette communion à tes mystères, Seigneur, préfigure l'union des fidèles en toi ; fais qu'elle serve à l'unité dans ton Église. Par Jésus.

Le Royaume comparable à une graine de moutarde

« Puissions-nous seulement semer dans notre cœur cette graine de moutarde, de sorte qu'elle devienne le grand arbre de la connaissance, s'élevant de toute sa hauteur pour élever notre pensée jusqu'au ciel, et déployant toutes les branches de la science. Son fruit brûlant réchaufferait notre bouche de son goût vivifiant, son grain allumerait en nous un feu qui enflammerait notre coeur et, en savourant le fruit de cet arbre, nous cesserions de dédaigner ce qui nous était inconnu. »

S. Pierre Chrysologue (+ 451), *Sermon 98*,
dans *Les Pères de l'Église commentent l'Évangile*,
Brepols, 1991, p. 255.

CALENDRIER LITURGIQUE

Di 13	**11e dimanche B.** *Liturgie des Heures : Psautier semaine III.* [S. Antoine de Padoue, prêtre, franciscain portugais, docteur de l'Église, † 1231 à Padoue.]
Lu 14	2 Corinthiens 6, 1-10 ; Ps 97 ; Mt 5, 38-42 : « Moi, je vous dis de ne pas riposter au méchant »
Ma 15	2 Corinthiens 8, 1-9 ; Ps 145 ; Mt 5, 43-48 : « Aimez vos ennemis »
Me 16	2 Corinthiens 9, 6-11 ; Ps 111 ; Mt 6, 1-6.16-18 : « Ton Père qui voit dans le secret te le rendra »
Je 17	2 Corinthiens 11, 1-11 ; Ps 110 ; Mt 6, 7-15 « Vous donc, priez ainsi »
Ve 18	2 Corinthiens 11, 18.21b-30 ; Ps 33 ; Mt 6, 19-23 : « Là où est ton trésor, là aussi sera ton cœur »
Sa 19	*S. Romuald, abbé, fondateur des Camaldules, † 1027 à Camaldoli (Italie).* 2 Corinthiens 12, 1-10 ; Ps 33 ; Mt 6, 24-34 : « Ne vous faites pas de souci pour demain »

Bonne fête ! 13 : Antoine, Rambert. 14 : Élisée, Valère, Rufin. 15 : Germaine. 16 : Jean-François, Régis, Aurélien, Ferréol. 17 : Hervé, Rainier. 18 : Léonce. 19 : Romuald, Gervais.

Saint Hervé (17 juin) est né à l'aube du VIe siècle. Aveugle, il apprit de sa mère le chant des psaumes et des hymnes. Jeune homme, il se consacre à Dieu sous la houlette d'un moine. Un jour, un loup tua l'âne avec lequel le moine labourait. Sur l'injonction d'Hervé, le loup prit la place de l'âne et acheva le travail. Par la suite, Hervé fonde un monastère dans le Finistère. Il mourut probablement vers 568.

12e dimanche

20 JUIN 2021

Croire malgré tout

Le bateau, pris dans la tempête, risque de sombrer. Et Jésus dort. Les disciples ne comprennent pas. Pourquoi Jésus leur a-t-il demandé de monter dans la barque pour passer sur l'autre rive si c'est pour les laisser périr corps et biens ? Les voilà livrés à l'épreuve de la foi (*évangile*). Car la foi est une expérience de Dieu ; elle réclame un abandon de nous-mêmes puisqu'il s'agit toujours de passer sur l'autre rive, c'est-à-dire de faire l'expérience du mystère pascal. La foi est alors la certitude d'atteindre cette autre rive même si nous faisons, comme Jésus sur la croix, l'expérience du silence de Dieu. Rude expérience où la barque du monde, celle de l'Église, celle de nos vies se fait balloter par les éléments déchaînés.

Il s'agit de faire confiance à Dieu, de croire en lui. C'est une grâce, même si rien ne le justifie. Comme pour les disciples de l'Évangile, il n'est pas facile de parvenir à une foi totale. C'est un cheminement vers la reconnaissance de la véritable identité de Jésus. Même quand il a l'air de dormir, nous devons apprendre à nous laisser saisir par lui. Tout devient alors différent et « si donc quelqu'un est dans le Christ, il est une créature nouvelle » (*deuxième lecture*). C'est vers un monde nouveau que nous naviguons. Mais le péché existe et notre navigation est semée d'embûches. Seul Dieu peut contenir le danger (*première lecture*) et lorsque Jésus commande à la mer, il s'attribue et exerce en fait une puissance divine. Sa parole réalise ce qu'elle commande. Dès lors comment ne pas croire malgré tous les aléas de nos vies ?

Avec le psaume, nous pouvons « rendre grâce au Seigneur de son amour » car il nous a « tirés de la détresse ». Nous sommes assurés qu'il ne nous abandonnera jamais mais qu'il nous conduira au port que notre foi désire.

Des chants sont proposés pour les 11e, 12e et 13e dimanches, p. 458.

Prière d'ouverture

Fais-nous vivre à tout moment, Seigneur, dans l'amour et le respect de ton saint nom, toi qui ne cesses jamais de guider ceux que tu enracines solidement dans ton amour. Par Jésus Christ.

Nouvelle traduction

Fais-nous vivre à tout moment, Seigneur, dans l'amour et le respect de ton saint nom, * toi qui ne cesses jamais de guider / ceux que tu enracines solidement dans ta charité. Par Jésus Christ, ton Fils, notre Seigneur, + qui vit et règne avec toi dans l'unité du Saint-Esprit, / Dieu, pour les siècles des siècles.

1re Lecture

Le Créateur est maître des flots

→ **Lecture du livre de Job** 38, 1.8-11

Le Seigneur s'adressa à Job du milieu de la tempête et dit : « Qui donc a retenu la mer avec des portes, quand elle jaillit du sein primordial ; quand je lui mis pour vêtement la nuée, en guise de langes le nuage sombre ; quand je lui imposai ma limite, et que je disposai verrou et portes ? Et je dis : "Tu viendras jusqu'ici ! tu n'iras pas plus loin, ici s'arrêtera l'orgueil de tes flots !" »

Psaume 106

R/ **Rendez grâce au Seigneur : Il est bon !**
Éternel est son amour !
ou : **Alléluia.**

Qu'ils rendent grâce au Seigneur de son amour,
qu'ils offrent des sacrifices de louange,
ceux qui ont vu les œuvres du Seigneur
et ses merveilles parmi les océans.

Il parle, et provoque la tempête,
un vent qui soulève les vagues :
portés jusqu'au ciel, retombant aux abîmes,
leur sagesse était engloutie.

Dans leur angoisse, ils ont crié vers le Seigneur,
et lui les a tirés de la détresse,
réduisant la tempête au silence,
faisant taire les vagues.

Ils se réjouissent de les voir s'apaiser,
d'être conduits au port qu'ils désiraient.
Qu'ils rendent grâce au Seigneur de son amour,
de ses merveilles pour les hommes.

2e Lecture

Un monde nouveau est déjà né

→ Lecture de la deuxième lettre de saint Paul apôtre aux Corinthiens 2 Co 5, 14-17

Frères, l'amour du Christ nous saisit quand nous pensons qu'un seul est mort pour tous, et qu'ainsi tous ont passé par la mort. Car le Christ est mort pour tous, afin que les vivants n'aient plus leur vie centrée sur eux-mêmes, mais sur lui, qui est mort et ressuscité pour eux.

Désormais nous ne regardons plus personne d'une manière simplement humaine : si nous avons connu le Christ de cette manière, maintenant nous ne le connaissons plus ainsi. Si donc quelqu'un est dans le Christ, il est une créature nouvelle. Le monde ancien s'en est allé, un monde nouveau est déjà né.

Alléluia. Alléluia. Un grand prophète s'est levé parmi nous, et Dieu a visité son peuple. **Alléluia.**

Évangile

Le Christ est maître de la tempête

→ **Évangile de Jésus Christ selon saint Marc** 4, 35-41

Toute la journée, Jésus avait parlé à la foule. Le soir venu, Jésus dit à ses disciples : « Passons sur l'autre rive. » Quittant la foule, ils emmenèrent Jésus, comme il était, dans la barque, et d'autres barques l'accompagnaient. Survient une violente tempête. Les vagues se jetaient sur la barque, si bien que déjà elle se remplissait.

Lui dormait sur le coussin à l'arrière. Les disciples le réveillent et lui disent : « Maître, nous sommes perdus ; cela ne te fait rien ? »

Réveillé, il menaça le vent et dit à la mer : « Silence, tais-toi ! » Le vent tomba, Jésus leur dit : « Pourquoi êtes-vous si craintifs ? N'avez-vous pas encore la foi ? » Saisis d'une grande crainte, ils se disaient entre eux : « Qui est-il donc, celui-ci, pour que même le vent et la mer lui obéissent ? »

POUR LA PRIÈRE UNIVERSELLE

– Pour l'Église : que sa foi reste ferme au milieu des tempêtes, Seigneur, nous te prions.
– Pour notre monde désemparé par les violences, les cataclysmes de toute sorte, Seigneur, nous te prions.
– Pour les marins qui naviguent pour leur travail, pour les plaisanciers qui naviguent pour leur loisir, Seigneur, nous te prions.
– Pour notre communauté : qu'elle conserve une foi vive et sache en témoigner, Seigneur, nous te prions.

Prière sur les offrandes

Accepte, Seigneur, le sacrifice de louange et de pardon, afin que nos cœurs, purifiés par sa puissance, t'offrent un amour qui réponde à ton amour. Par Jésus.

Prière après la communion

Renouvelés par le corps et le sang de ton Fils, nous implorons ta bonté, Seigneur : fais qu'à jamais rachetés nous possédions dans ton Royaume ce que nous célébrons en chaque eucharistie. Par Jésus.

Purifier notre foi

« La vraie lecture des évangiles nous conduit à cette invitation de Jésus à "purifier notre foi". C'est en passant par le "sommeil de la mort" que le Christ nous a délivrés des puissances infernales et mortelles. Ce n'est pas n'importe quelle foi qui apaise nos tempêtes, c'est la foi en "Jésus Christ mort et ressuscité". Le salut auquel nous croyons ne nous fait pas échapper, par miracle, de façon privilégiée, aux souffrances inhérentes à notre nature humaine. La certitude de sa puissance n'a pas empêché le Christ de passer par le "sommeil du tombeau". C'est en passant nous-mêmes par l'épreuve que nous passerons "sur l'autre rive". Mais Jésus est là, avec nous dans nos épreuves. Quelle page symbolique admirable ! »

Noël Quesson, *Parole de Dieu pour chaque dimanche*, Droguet & Ardant, p. 184-185.

CALENDRIER LITURGIQUE

Di 20	**12e dimanche B.** *Liturgie des Heures : Psautier semaine IV.*
Lu 21	S. Louis de Gonzague, étudiant jésuite, † 1591 à Rome. Genèse 12, 1-9 : Ps 32 ; Matthieu 7, 1-5 : Enlève d'abord la poutre de ton œil »
Ma 22	S. Paulin (Bordelais), évêque de Nole (Italie), † 431. S. Jean Fisher, évêque de Rochester, et S. Thomas More, chancelier d'Angleterre, martyrs à Londres, † 1535. Genèse 13, 2.5-18 ; Ps 14 ; Mt 7, 6.12-14 : « Tout ce que vous voudriez que les autres fassent pour vous, faites-le pour eux »
Me 23	Genèse 15, 1-12.17-18a ; Ps 104 ; Mt 7, 15-20 : « C'est à leurs fruits que vous les reconnaîtrez »
Je 24	**NATIVITÉ DE S. JEAN BAPTISTE**. Lectures propres : Isaïe 49,1-6 ; Ps 138 ; Actes 13,22-26 ; Luc 1,57-66.80 : « Jean est son nom ».
Ve 25	Genèse 17, 1.9-10.15-22 ; Ps 127 ; Matthieu 8, 1-4 : « Si tu le veux, tu peux me purifier »
Sa 26	Genèse 18, 1-15 ; Magnificat Lc 1 ; Matthieu 8, 5-17 : « Beaucoup viendront de l'orient et de l'occident et prendront place avec Abraham, Isaac et Jacob »

Bonne fête ! 20 : Silvère. 21 : Gonzague, Rodolphe, Rudy, Loïs. 22 : Paulin, Alban. 23 : Audrey. 24 : Jean-Baptiste, Johnny, Yann, Yannick. 25 : Léonore, Prosper, Nora, Salomon. 26 : Anthelme.

Saint Paulin (22 juin), né vers 353 à Bordeaux, est un aristocrate aquitain. Consul romain, il se convertit au christianisme en 389. À la mort de son fils unique, il approfondit sa foi, devient prêtre et vend ses biens au profit des pauvres. Il se retire à Nole, dans le sud de l'Italie. Il y fonde une communauté monastique et devient évêque de Nole en 410. Il meurt en 431, laissant des poèmes et une riche correspondance.

13e dimanche

27 JUIN 2021

La foi au Christ, source de vie

La mort est un phénomène naturel ; tout être vivant y est un jour confronté. Elle est inéluctable mais, pour autant, elle ne règne pas sur la terre car « Dieu a créé l'homme pour l'incorruptibilité, il a fait de lui une image de sa propre identité » (*première lecture*). La vie des justes ne s'arrête pas avec la mort physique ; elle se prolonge auprès de Dieu, car Dieu aime la vie. C'était déjà la foi exprimée par l'auteur du livre de la Sagesse, une foi qui donne accès à la vie véritable.

Cependant, la mort frappe. Comme son Père, Jésus ne peut rester indifférent aux souffrances des autres et sa Parole est toujours une parole de vie pour qui lui fait confiance. Celui qui croit est guéri, comme l'hémorroïsse, et la foi peut même obtenir la résurrection (*évangile*). Ainsi, grâce au récit de deux miracles, Marc nous entraîne sur un chemin de foi. Il nous fait passer d'une foi primitive, forme d'instinct de survie, à une foi marquée par une relation personnelle à Jésus, qui ressuscite les morts et qui, depuis le matin de Pâques, a vaincu définitivement la mort et le péché.

Quant à Paul, il désire faire comprendre aux chrétiens de Corinthe que le partage fraternel et la solidarité avec les frères et les sœurs les plus pauvres manifestent la puissance de résurrection du Seigneur Jésus dans la vie des baptisés (*deuxième lecture*). Aujourd'hui encore, la foi au Christ, source de vie, amène de nombreux chrétiens à s'engager dans des actions en faveur de la vie. Car la foi se mesure aussi à la volonté de repousser les frontières de la mort.

Chaque dimanche nous accueillons une Parole où le Christ « fait resplendir la vie » *(verset de l'Alléluia) ;* dans l'eucharistie, nous recevons, Jésus source « de la vie nouvelle des ressuscités » (*prière d'ouverture*).

Des chants sont proposés pour les 11e, 12e et 13e dimanches, p. 458.

Prière d'ouverture

Tu as voulu, Seigneur, qu'en recevant ta grâce nous devenions des fils de lumière ; ne permets pas que l'erreur nous plonge dans la nuit, mais accorde-nous d'être toujours rayonnants de ta vérité. Par Jésus Christ.

Nouvelle traduction

Tu as voulu, Seigneur Dieu, que par la grâce de l'adoption filiale, nous devenions des enfants de lumière ; * ne permets pas que nous soyons enveloppés des ténèbres de l'erreur, / mais accorde-nous d'être toujours rayonnants dans la splendeur de ta vérité. Par Jésus Christ, ton Fils, notre Seigneur, + qui vit et règne avec toi dans l'unité du Saint-Esprit, / Dieu, pour les siècles des siècles.

1re Lecture

Dieu est le Dieu de la vie

→ **Lecture du livre de la Sagesse** Sg 1, 13-15 ; 2, 23-24

Dieu n'a pas fait la mort, il ne se réjouit pas de voir mourir les êtres vivants. Il les a tous créés pour qu'ils subsistent ; ce qui naît dans le monde est porteur de vie : on n'y trouve pas de poison qui fasse mourir. La puissance de la Mort ne règne pas sur la terre, car la justice est immortelle.

Dieu a créé l'homme pour l'incorruptibilité, il a fait de lui une image de sa propre identité. C'est par la jalousie du diable que la mort est entrée dans le monde ; ils en font l'expérience, ceux qui prennent parti pour lui.

Psaume 29

**R/ Je t'exalte, Seigneur :
tu m'as relevé.**

Je t'exalte, Seigneur : tu m'as relevé,
tu m'épargnes les rires de l'ennemi.
Seigneur, tu m'as fait remonter de l'abîme
et revivre quand je descendais à la fosse.

Fêtez le Seigneur, vous, ses fidèles,
rendez grâce en rappelant son nom très saint.
Sa colère ne dure qu'un instant,
sa bonté, toute la vie.

Avec le soir, viennent les larmes,
mais au matin, les cris de joie !
Tu as changé mon deuil en une danse,
mes habits funèbres en parure de joie !

Que mon cœur ne se taise pas,
qu'il soit en fête pour toi ;
et que sans fin, Seigneur, mon Dieu,
je te rende grâce !

2e Lecture

Lui qui est riche, il s'est fait pauvre

→ **Lecture de la deuxième lettre de saint Paul apôtre aux Corinthiens** 2 Co 8, 7.9.13-15

Frères, puisque vous avez tout en abondance, la foi, la Parole, la connaissance de Dieu, toute sorte d'empressement et l'amour qui vous vient de nous, qu'il y ait aussi abondance dans votre don généreux ! Vous connaissez en effet le don généreux de notre Seigneur Jésus Christ : lui qui est riche, il s'est fait pauvre à cause de vous, pour que vous deveniez riches par sa pauvreté. Il ne s'agit pas de vous mettre dans la gêne en soulageant les autres, il s'agit d'égalité. Dans la circonstance présente, ce que vous avez en abondance comblera leurs besoins, afin que, réciproquement, ce qu'ils ont en abondance puisse combler vos besoins, et cela fera l'égalité, comme dit l'Écriture à propos de la manne : *Celui qui en avait ramassé beaucoup n'eut rien de trop, celui qui en avait ramassé peu ne manqua de rien.*

Alléluia. Alléluia. Notre Sauveur, le Christ Jésus, a détruit la mort ; il a fait resplendir la vie par l'Évangile. **Alléluia.**

Évangile

Le Christ fait resplendir la vie

→ **Évangile de Jésus Christ selon saint Marc**

Mc 5, 21-43
(lecture brève : 5, 21-24.35b-43)

En ce temps-là, Jésus regagna en barque l'autre rive, et une grande foule s'assembla autour de lui. Il était au bord de la mer. Arrive un des chefs de synagogue, nommé Jaïre. Voyant Jésus, il tombe à ses pieds et le supplie instamment : « Ma fille, encore si jeune, est à la dernière extrémité. Viens lui imposer les mains pour qu'elle soit sauvée et qu'elle vive. » Jésus partit avec lui, et la foule qui le suivait était si nombreuse qu'elle l'écrasait.

Arrêt de la lecture brève

Or, une femme, qui avait des pertes de sang depuis douze ans... – elle avait beaucoup souffert du traitement de nombreux médecins, et elle avait dépensé tous ses biens sans avoir la moindre amélioration ; au contraire, son état avait plutôt empiré – ... cette femme donc, ayant appris ce qu'on disait de Jésus, vint par derrière dans la foule et toucha son vêtement. Elle se disait en effet : « Si je parviens à toucher seulement son vêtement, je serai sauvée. » À l'instant, l'hémorragie s'arrêta, et elle ressentit dans son corps qu'elle était guérie de son mal. Aussitôt Jésus se rendit compte qu'une force était sortie de lui. Il se retourna dans la foule, et il demandait : « Qui a touché mes vêtements ? » Ses disciples lui répondirent : « Tu vois bien la foule qui t'écrase, et tu demandes : "Qui m'a touché ?" » Mais lui regardait tout autour pour voir celle qui avait fait cela. Alors la femme, saisie de crainte et toute tremblante, sachant ce qui lui était arrivé, vint se jeter à ses pieds et lui dit toute la vérité. Jésus lui dit alors : « Ma fille, ta foi t'a sauvée. Va en paix et sois guérie de ton mal. »

Reprise de la lecture brève

Comme il parlait encore, des gens arrivent de la maison de Jaïre, le chef de synagogue, pour dire à celui-ci : « Ta fille vient de mourir. À quoi bon déranger encore le Maître ? » Jésus, surprenant ces mots, dit au chef de synagogue : « Ne crains pas, crois seulement. » Il ne laissa personne l'accompagner, sauf Pierre, Jacques, et Jean, le frère de Jacques. Ils arrivent à la maison du chef de synagogue. Jésus voit l'agitation, et des gens qui pleurent et poussent de grands cris. Il entre et leur dit : « Pourquoi cette agitation et ces pleurs ? L'enfant n'est pas morte : elle dort. » Mais on se moquait de lui.

Alors il met tout le monde dehors, prend avec lui le père et la mère de l'enfant, et ceux qui étaient avec lui ; puis il pénètre là où reposait l'enfant. Il saisit la main de l'enfant, et lui dit : « *Talitha koum* », ce qui signifie : « Jeune fille, je te le dis, lève-toi ! » Aussitôt la jeune fille se leva et se mit à marcher – elle avait en effet douze ans. Ils furent frappés d'une grande stupeur. Et Jésus leur ordonna fermement de ne le faire savoir à personne ; puis il leur dit de la faire manger.

POUR LA PRIÈRE UNIVERSELLE

– Pour tes disciples que tu envoies à l'écoute de la souffrance des hommes, nous te prions, Seigneur.

– Pour les malades et ceux qui les soignent, nous te prions, Seigneur.

– Pour celles et ceux qui rencontrent le Christ dans leur vie et commencent à croire en lui, nous te prions, Seigneur.
– Pour notre communauté qui vient d'affirmer sa foi dans le Christ, nous te prions, Seigneur.

Prière sur les offrandes

Dieu qui agis avec puissance dans tes sacrements, fais que le peuple assemblé pour te servir soit accordé à la sainteté de tes propres dons. Par Jésus.

Prière après la communion

Que le corps et le sang de Jésus Christ, offert en sacrifice et reçu en communion, nous donnent la vie, Seigneur : reliés à toi par une charité qui ne passera jamais, nous porterons des fruits qui demeurent. Par Jésus.

La foi, une relation personnelle

« Au milieu de cette foule, se détache la malade souffrant d'hémorragies. À la différence de la foule, celle-ci a une motivation tout à fait particulière pour s'approcher de Jésus, et toucher son vêtement. Mais sa foi reste encore très imparfaite, et c'est Jésus lui-même qui la fait évoluer. Elle se serait contentée d'un contact anonyme et purement matériel. Mais Jésus la provoque à une relation personnelle. Il veut que la femme dépasse sa croyance teintée de magie un peu superstitieuse : "Si je Le touche, je serai sauvée" ! À partir de sa foi commençante, Jésus la conduit à une foi plus vraie, plus éclairée. Ainsi, nous-mêmes, nous avons à progresser dans la foi, et à aider les autres à grandir dans une rencontre plus personnelle de Jésus. »

N. Quesson, « Les niveaux de la foi »,
dans *Les entretiens du dimanche*, Année B,
Droguet et Ardant, p. 145-146.

CALENDRIER LITURGIQUE

Di 27	**13e dimanche B.** *Liturgie des Heures : Psautier semaine I.* *[S. Cyrille, évêque d'Alexandrie, docteur de l'Église, † 444.]*
Lu 28	S. Irénée, évêque de Lyon et martyr, † vers 202. Genèse 18, 16-33 ; Ps 102 ; Mt 8, 18-22 : « Suis-moi »
Ma 29	**S. PIERRE et S. PAUL**, Apôtres. Lectures propres : Actes 12, 1-11 ; Ps 33 ; 2 Timothée 4, 6-8.17-18 ; Mt 16, 13-19 : « Tu es Pierre, et je te donnerai les clés du royaume des Cieux »
Me 30	Les premiers martyrs de l'Église de Rome, † 64. Genèse 21, 5.8-20 ; Ps 33 ; Matthieu 8, 28-34 : « Es-tu venu pour nous tourmenter avant le moment fixé ? »
Je 1er	Genèse 22, 1-19 ; Ps 114 ; Mt 9, 1-8 : « Les foules rendirent gloire à Dieu qui a donné un tel pouvoir aux hommes »
Ve 2	Genèse 23, 1-4.19 ; 24, 1-8.62-67 ; Ps 105 ; Mt 9, 9-13 : « Ce ne sont pas les gens bien portants qui ont besoin du médecin. Je veux la miséricorde, non le sacrifice »
Sa 3	S. THOMAS, Apôtre. Lectures propres : Éphésiens 2, 19-22 ; Ps 116 ; Jean 20, 24-49 : « Mon Seigneur et mon Dieu ! »

Bonne fête ! 27 : Cyrille, Fernand. 28 : Irénée. 29 : Pierre, Paul, Pablo, Peter. 30 : Martial. 1er : Thierry, Dietrich, Servan, Esther. 2 : Martinien. 3 : Thomas.

Saint Cyrille d'Alexandrie (27 juin), né vers 376, est l'un des théologiens dominants du ve siècle. Il combat la doctrine nestorienne qui compromettait l'unité de la personne du Christ. Au Concile d'Éphèse, il triomphe de Nestorius, entraînant une scission dans l'Église orthodoxe. Dans ses textes, Cyrille insiste beaucoup sur la présence de Dieu en chaque être humain. Il meurt en 444 et, en 1888, est proclamé docteur de l'Église.

14e dimanche

4 JUILLET 2021

Incompris et persécuté

Quand un prophète se lève au milieu d'un peuple révolté contre Dieu ou qu'il se dresse devant ses compatriotes vivant paisiblement la religion de leurs ancêtres, il est rarement bien accueilli. Le prophète Ézékiel en fait la rude expérience quand le Seigneur l'appelle et l'envoie s'adresser à ses frères en son nom. Le peuple est rebelle ; il a le « visage dur et le cœur obstiné ». Personne n'a voulu reconnaître le prophète. L'envoyé de Dieu ne peut qu'en souffrir (*première lecture*).

À Nazareth, Jésus se trouve dans une situation similaire. Ses auditeurs, qui le connaissent comme l'un des leurs, refusent de voir en lui un envoyé de Dieu, malgré la sagesse étonnante de ses propos et les guérisons qu'il accomplit. Ils refusent de croire que le charpentier puisse parler et agir au nom de Dieu. Comme Ézékiel, Jésus est confronté à l'incrédulité et au mépris : difficile d'être prophète parmi les siens (*évangile*) !

Paul, de son côté, exprime, en d'autres circonstances, la conscience qu'il a de sa fragilité ; en même temps il affirme sa certitude de recevoir sa force de Celui qui lui a donné mission d'annoncer l'Évangile (*deuxième lecture*).

Aujourd'hui encore, notre foi est confrontée à la même question qui sous-tend les trois textes : croyons-nous que Dieu peut nous rejoindre par des hommes, des femmes, porteurs d'une parole prophétique de la part de Dieu ? Comme autrefois, cette parole dérange ; le prophète est tourné en dérision, méprisé, parfois mis à mort, comme si cela nous gênait que Dieu habite notre humanité et nous parle par sa bouche. Nous le préférerions hors de chez nous et, à travers les prophètes qui nous interpellent, nous n'hésitons pas à le crucifier à nouveau.

Dans cette eucharistie, rendons grâce au Seigneur pour les prophètes qu'il envoie aujourd'hui et demandons-lui de savoir les accueillir.

CHANTER

- Le répertoire proposé ici vaudra pour les 14e, 15e et 16e dimanches.
- On retiendra un ordinaire simple, et bien connu, puisque nous sommes en été et que nos assemblées accueillent des fidèles de passage.
- Pour la procession d'ouverture : ***Au cœur de ce monde* EA 238-1, *Peuple de Dieu, marche joyeux* K 180 CNA 574** (couplets 2, 3, 6, 8 et 13), ***Dieu nous éveille à la foi* A 20-70-1 CNA 546, *Ouvriers de la paix* XW 13-92-1 CNA 522.**
- Pour la procession de communion : ***Tu fais ta demeure en nous* D 56-49, *Corps livré, sang versé* D 54-18, *Recevez le corps du Christ* D 585, *En mémoire du Seigneur* D 304-1 CNA 327.**
- Pour l'action de grâce : ***Vienne ton règne* DEV 349, *En accueillant l'amour* DP 126 CNA 325, *Tenons en éveil* Y 243-1 CNA 591, *Appelés pour bâtir le Royaume* TK 51-32.**
- Pour l'envoi : ***Allez dire à tous les hommes* T 132-1 CNA 532, *Que vienne ton règne* EDIT 16-03.**
- Pour caractériser chaque dimanche, on pourra retenir :

– Pour le 14e dimanche : ***Le Seigneur passe* DLH 110** ou ***Écoute la voix du Seigneur* X 548 CNA 761.**
– Pour le 15e dimanche : ***Je vous ai choisis* DEV 44-63.**
– Pour le 16e dimanche : ***Il est l'Agneau et le pasteur* ZL 22-2 CNA 556.**

Prière d'ouverture

Dieu qui as relevé le monde par les abaissements de ton Fils, donne à tes fidèles une joie sainte : tu les as tirés de l'esclavage du péché ; fais-leur connaître le bonheur impérissable. Par Jésus Christ.

Nouvelle traduction

Seigneur Dieu, par l'abaissement de ton Fils, tu as relevé le monde déchu ; + donne à tes fidèles une joie sainte : * tu les as tirés de l'esclavage du péché ; / fais-leur connaître le bonheur éternel. Par Jésus Christ, ton Fils, notre Seigneur, + qui vit et règne avec toi dans l'unité du Saint-Esprit, / Dieu, pour les siècles des siècles.

1re Lecture

Difficile mission d'Ézékiel

→ Lecture du livre du prophète Ézékiel Ez 2, 2-5

En ces jours-là, l'esprit vint en moi et me fit tenir debout. J'écoutai celui qui me parlait. Il me dit : « Fils d'homme, je t'envoie vers les fils d'Israël, vers une nation rebelle qui s'est révoltée contre moi. Jusqu'à ce jour, eux et leurs pères se sont soulevés contre moi. Les fils ont le visage dur, et le cœur obstiné ; c'est à eux que je t'envoie. Tu leur diras : "Ainsi parle le Seigneur Dieu..." Alors, qu'ils écoutent ou qu'ils n'écoutent pas – c'est une engeance de rebelles ! – ils sauront qu'il y a un prophète au milieu d'eux. »

Psaume 122

**R/ Nos yeux, levés vers le Seigneur,
attendent sa pitié.**

Vers toi j'ai les yeux levés,
vers toi qui es au ciel,
comme les yeux de l'esclave
vers la main de son maître.

Comme les yeux de la servante
vers la main de sa maîtresse,
nos yeux, levés vers le Seigneur notre Dieu,
attendent sa pitié.

Pitié pour nous, Seigneur, pitié pour nous :
notre âme est rassasiée de mépris.
C'en est trop, nous sommes rassasiés
du rire des satisfaits,
du mépris des orgueilleux !

2e Lecture

Faiblesse et force de l'Apôtre

→ Lecture de la deuxième lettre de saint Paul apôtre aux Corinthiens 2 Co 12, 7-10

Frères, les révélations que j'ai reçues sont tellement extraordinaires que, pour m'empêcher de me surestimer, j'ai reçu dans ma chair une écharde, un envoyé de Satan qui est là pour me gifler, pour empêcher que je me surestime. Par trois fois, j'ai prié le Seigneur de l'écarter de moi. Mais il m'a déclaré : « Ma grâce te suffit, car ma puissance donne toute sa mesure dans la faiblesse. » C'est donc très volontiers que je mettrai plutôt ma fierté dans mes faiblesses, afin que la puissance du Christ fasse en moi sa demeure. C'est pourquoi j'accepte de grand cœur pour le Christ les faiblesses, les insultes, les contraintes, les persécutions et les situations angoissantes. Car, lorsque je suis faible, c'est alors que je suis fort.

Alléluia. Alléluia. L'Esprit du Seigneur est sur moi : il m'a envoyé porter la Bonne Nouvelle aux pauvres. **Alléluia.**

Évangile

Le prophète méprisé dans son pays

→ Évangile de Jésus Christ selon saint Marc Mc 6, 1-6

En ce temps-là, Jésus se rendit dans son lieu d'origine, et ses disciples le suivirent. Le jour du sabbat, il se mit à enseigner dans la synagogue. De nombreux auditeurs, frappés d'étonnement, disaient : « D'où cela lui vient-il ? Quelle est cette sagesse qui lui a été donnée, et ces grands miracles qui se réalisent par ses mains ? N'est-il pas le charpentier, le fils de Marie, et le frère de Jacques, de José, de Jude et de Simon ? Ses sœurs ne sont-elles pas ici chez nous ? » Et ils étaient profondément choqués à son sujet.

Jésus leur disait : « Un prophète n'est méprisé que dans son pays, sa parenté et sa maison. » Et là il ne pouvait accomplir aucun miracle ; il guérit seulement quelques malades en leur imposant les mains. Et il s'étonna de leur manque de foi. Alors, Jésus parcourait les villages d'alentour en enseignant.

POUR LA PRIÈRE UNIVERSELLE

– Pour l'Église : qu'elle ose annoncer la Parole et suscite des prophètes et des apôtres pour notre temps, nous te prions Seigneur.
– Pour les chrétiens découragés : qu'ils mettent leur confiance dans ta force, nous te prions, Seigneur.
– Pour ceux que frappent les épreuves de la vie : qu'ils trouvent le réconfort dans la sollicitude de leurs frères, nous te prions, Seigneur.
– Pour les membres de notre communauté : qu'ils aient l'audace de témoigner de l'Évangile, nous te prions, Seigneur.

Prière sur les offrandes

Puissions-nous être purifiés, Seigneur, par l'offrande qui t'est consacrée : qu'elle nous conduise, jour après jour, au Royaume où nous vivrons avec toi. Par Jésus.

Prière après la communion

Comblés d'un si grand bien, nous te supplions, Seigneur : fais que nous en retirions des fruits pour notre salut, et que jamais nous ne cessions de chanter ta louange. Par Jésus.

Prophètes d'aujourd'hui

« Ceux et celles qui aujourd'hui sont prophètes parmi nous font toujours écho aux avertissements du Christ. Ils rappellent à temps et à contretemps les droits de Dieu et les droits des hommes, ceux des pauvres par priorité. Comme Jésus, c'est la conversion qu'ils réclament. Mais ces prophètes sont toujours des gêneurs s'adressant à un peuple de rebelles, des faibles se heurtant à des puissants ; des hommes et des femmes libres et détachés, freinés par des installés, prisonniers de leurs préjugés et de leurs habitudes.

Ouverts à l'Esprit, ils accueillent et annoncent les renouvellements successifs qu'exige la véritable vie et nous apprennent à marcher patiemment et avec confiance à la conquête d'une vérité que nul ici-bas ne peut posséder.

Fabien Deleclos ofm, « La force et la faiblesse », dans « *Prends et mange la Parole* », Centurion/Duculot, p. 151-152.

CALENDRIER LITURGIQUE

Di 4	**14e dimanche B.** *Liturgie des Heures : Psautier semaine II.* [*Ste Élisabeth, reine du Portugal, † 1336.*]
Lu 5	*S. Antoine-Marie Zaccaria, fondateur des Barnabites, † 1539 à Crémone (Italie).* Genèse 28, 10-22a ; Ps 90 ; Mt 9, 18-26 : « Ma fille est morte à l'instant ; mais viens, et elle vivra »
Ma 6	*Ste Maria Goretti, vierge et martyre, † 1902 à Nettuno (Italie).* Genèse 32, 23-32 ; Ps 16 ; Mt 9, 32-38 : « La moisson est abondante, mais les ouvriers sont peu nombreux »
Me 7	Genèse 41, 55-57 ; 42, 5-7a.17-24a ; Ps 32 ; Mt 10, 1-7 : « Allez plutôt vers les brebis perdues de la maison d'Israël »
Je 8	Genèse 44, 18-21.23b-29 ; 45, 1-5 ; Ps 104 ; Matthieu 10, 7-15 : « Vous avez reçu gratuitement : donnez gratuitement »
Ve 9	*S. Augustin Zhao Rong, prêtre † 1815, et ses compagnons, martyrs en Chine † 1648-1930.* Genèse 46, 1-7.28-30 ; Ps 36 ; Mt 10, 16-23 : « Ce n'est pas vous qui parlerez, c'est l'Esprit de votre Père »
Sa 10	*En Afrique du Nord, Ste Marcienne, vierge et martyre, à Cherchel † vers 303.* Genèse 49, 29-33 ; 50, 15-26a ; Ps 104 ; Mt 10, 24-33 : « Ne craignez pas ceux qui tuent le corps »

Bonne fête ! 4 : Florian, Berthe, Élian, Éliane, Élisabeth. 5 : Antoine-Marie. 6 : Mariette. 7 : Ralf, Raoul. 8 : Thibault, Edgar. 9 : Amandine, Irma, Marianne, Hermine. 10 : Ulrich.

Saint Antoine-Marie Zaccaria (**5 juillet**) Né à Crémone en 1502, il est ordonné prêtre en 1528, après des études de médecine. Il fonde les clercs réguliers de S. Paul, voués à la prédication et au soin des malades. Approuvé en 1533 par le pape, l'ordre se verra confier l'église Saint-Barnabé de Milan, d'où l'appellation de son ordre : les Barnabites. Il meurt à Crémone en 1539 et est canonisé en 1897.

15e dimanche

11 JUILLET 2021

Appelés pour la mission

Sa voix dérange et Amos se heurte à l'opposition du clergé officiel. Pour autant, il reste totalement fidèle à la mission à laquelle Dieu l'a appelé : quitter le pays de Juda pour prophétiser dans le nord du pays. Sa mission, Amos ne la tient pas de lui-même mais de Dieu qui l'a arraché à son métier de bouvier pour faire de lui son prophète. Il ne se taira pas, n'en déplaise au pouvoir royal et au clergé. Car on n'arrête pas la parole de Dieu (*première lecture*).

Dans un autre contexte, Jésus appelle les Apôtres pour les envoyer en mission à sa place et en son nom. Ils exerceront les mêmes pouvoirs que Jésus et inviteront à la conversion. Leur seul bagage est la Bonne Nouvelle dont ils sont porteurs (*évangile*). Il ne s'agit pas pour Jésus de leur imposer une quelconque ascèse, mais de leur apprendre à partir pour la mission dans la confiance totale à celui qui les envoie.

Paul, saisi par le Christ sur le chemin de Damas, est, lui aussi, appelé par le Christ ressuscité, et envoyé annoncer aux païens la Bonne Nouvelle du salut offert à tous les hommes. Et il rend grâce pour le dessein de Dieu (*deuxième lecture*).

Dieu ne cesse d'appeler, et il ne sollicite pas seulement quelques privilégiés à qui la mission serait réservée. Il choisit un bouvier comme prophète, des gens ordinaires et simples comme apôtres, et un juif persécuteur. L'évangélisation est confiée à tous : nous sommes tous disciples et tous évangélisateurs. Et comme nos prédécesseurs, nous sommes démunis, à la merci de ceux que nous visitons, qui ont ainsi toute la liberté d'accueillir ou non la parole de Dieu : « Si tu veux ». Dieu ne force jamais personne ; il propose.

Rendons grâce à Dieu, car chaque dimanche, nous entendons proclamer ses appels. Que son Esprit nous donne le courage de marcher sur les chemins du monde en témoins de l'Évangile.

Des chants sont proposés pour les 14e, 15e et 16e dimanches, p. 478.

Prière d'ouverture

Dieu qui montres aux égarés la lumière de ta vérité pour qu'ils puissent reprendre le bon chemin, donne à tous ceux qui se déclarent chrétiens de rejeter ce qui est indigne de ce nom, et de rechercher ce qui lui fait honneur. Par Jésus Christ.

Nouvelle traduction

Seigneur Dieu, + tu montres aux égarés la lumière de ta vérité pour qu'ils puissent reprendre le bon chemin ; * donne à tous ceux qui se déclarent chrétiens de rejeter ce qui est contraire à ce nom / et de recherche ce qui lui fait honneur. Par Jésus Christ, ton Fils, notre Seigneur, + qui vit et règne avec toi dans l'unité du Saint-Esprit, / Dieu, pour les siècles des siècles.

1re Lecture

« Tu seras prophète pour mon peuple »

→ Lecture du livre du prophète Amos Am 7, 12-15

En ces jours-là, Amazias, prêtre de Béthel, dit au prophète Amos : « Toi, le voyant, va-t'en d'ici, fuis au pays de Juda ; c'est là-bas que tu pourras gagner ta vie en faisant ton métier de prophète. Mais ici, à Béthel, arrête de prophétiser ; car c'est un sanctuaire royal, un temple du royaume. » Amos répondit à Amazias : « Je n'étais pas prophète ni fils de prophète ; j'étais bouvier, et je soignais les sycomores. Mais le Seigneur m'a saisi quand j'étais derrière le troupeau, et c'est lui qui m'a dit : "Va, tu seras prophète pour mon peuple Israël." »

Psaume 84

R/ Fais-nous voir, Seigneur, ton amour,
et donne-nous ton salut.

J'écoute : que dira le Seigneur Dieu ?
Ce qu'il dit, c'est la paix pour son peuple et ses fidèles.
Son salut est proche de ceux qui le craignent,
et la gloire habitera notre terre.

Amour et vérité se rencontrent,
justice et paix s'embrassent ;
la vérité germera de la terre
et du ciel se penchera la justice.

Le Seigneur donnera ses bienfaits,
et notre terre donnera son fruit.
La justice marchera devant lui,
et ses pas traceront le chemin.

2e Lecture

« Il nous a choisis dans le Christ »

→ Lecture de la lettre de saint Paul apôtre aux Éphésiens

Ep 1, 3-14 (lecture brève : 1, 3-10)

Béni soit Dieu, le Père de notre Seigneur Jésus Christ ! Il nous a bénis et comblés des bénédictions de l'Esprit, au ciel, dans le Christ. Il nous a choisis, dans le Christ, avant la fondation du monde, pour que nous soyons saints, immaculés devant lui, dans l'amour. Il nous a prédestinés à être, pour lui, des fils adoptifs par Jésus, le Christ. Ainsi l'a voulu sa bonté, à la louange de gloire de sa grâce, la grâce qu'il nous donne dans le Fils bien-aimé. En lui, par son sang, nous avons la rédemption, le pardon de nos fautes. C'est la richesse de la grâce que Dieu a fait déborder jusqu'à nous en toute sagesse et intelligence. Il nous dévoile ainsi le mystère de sa volonté, selon que sa bonté l'avait prévu dans le Christ : pour mener les temps à leur plénitude, récapituler toutes choses dans le Christ, celles du ciel et celles de la terre.

Fin de la lecture brève

En lui, nous sommes devenus le domaine particulier de Dieu, nous y avons été prédestinés selon le projet de celui qui réalise tout ce qu'il a décidé : il a voulu que nous vivions à la louange de sa gloire, nous qui avons d'avance espéré dans le Christ. En lui, vous aussi, après avoir écouté la parole de vérité, l'Évangile de votre salut, et après y avoir cru, vous avez reçu la marque de l'Esprit Saint. Et l'Esprit promis par Dieu est une première avance sur notre héritage, en vue de la rédemption que nous obtiendrons, à la louange de sa gloire.

Alléluia. Alléluia. Que le Père de notre Seigneur Jésus Christ ouvre à sa lumière les yeux de notre cœur, pour que nous percevions l'espérance que donne son appel. **Alléluia.**

Évangile

Jésus envoie les Douze en mission

→ Évangile de Jésus Christ selon saint Marc Mc 6, 7-13

En ce temps-là, Jésus appela les Douze ; alors il commença à les envoyer en mission deux par deux. Il leur donnait autorité sur les esprits impurs, et il leur prescrivit de ne rien prendre pour la route, mais seulement un bâton ; pas de pain, pas de sac, pas de pièces de monnaie dans leur ceinture. « Mettez des sandales, ne prenez pas de tunique de rechange. » Il leur disait encore : « Quand vous avez trouvé l'hospitalité dans une maison, restez-y jusqu'à votre départ. Si, dans une localité, on refuse de vous accueillir et de vous écouter, partez et secouez la poussière de vos pieds : ce sera pour eux un témoignage. » Ils partirent, et proclamèrent qu'il fallait se convertir. Ils expulsaient beaucoup de démons, faisaient des onctions d'huile à de nombreux malades, et les guérissaient.

POUR LA PRIÈRE UNIVERSELLE

– Pour l'Église et tous les baptisés envoyés comme prophètes de la Bonne Nouvelle, prions le Seigneur.
– Pour que le Christ relève l'espérance des messagers découragés par le peu d'accueil de l'Évangile, prions le Seigneur.
– Pour ceux que le Christ appelle à tout quitter pour le service de sa Parole, prions le Seigneur.
– Pour notre communauté envoyée pour témoigner dans le monde, prions le Seigneur.

Prière sur les offrandes

Regarde, Seigneur, les dons de ton Église en prière : accorde à tes fidèles qui vont les recevoir la grâce d'une sainteté plus grande. Par Jésus.

Prière après la communion

Nourris de ton eucharistie, nous te supplions, Seigneur : chaque fois que nous célébrons ce mystère, fais grandir en nous ton œuvre de salut. Par Jésus.

Des témoins pauvres

« Le dépouillement permet à la source profonde de l'être de jaillir et de féconder. Il permet même de le vider de ses "bonnes intentions", les plus louables et les plus généreuses, afin qu'il rencontre les autres en vérité et en toute liberté, sa propre liberté entraînant celle de son interlocuteur. Il doit en être ainsi de tous ceux qui veulent témoigner d'un Dieu gratuit, d'un Dieu qui s'offre, et non d'un Dieu qui s'impose, se possède ou même se mérite.

Hyacinthe Vulliez, « Le dépouillement qui convient aux témoins d'un Dieu qui s'offre », dans *« Dieu si proche. Année B »*, Desclée de Brouwer, p. 122-123.

CALENDRIER LITURGIQUE

Di 11	**15e dimanche B.** *Liturgie des Heures : Psautier semaine III.* [S. BENOÎT, abbé, patron de l'Europe, † 547 au Mont-Cassin (Italie).]
Lu 12	Exode 1, 8-14.22 ; Ps 123 ; Mt 10, 34–11, 1 : « Je ne suis pas venu apporter la paix, mais le glaive »
Ma 13	*S. Henri, empereur d'Allemagne, † 1024 à Bamberg.* Au Luxembourg, S. Henri et Ste Cunégonde, son épouse, † 1033 ou 1039. Exode 2, 1-15a ; Ps 68 ; Mt 11, 20-24 : « Au jour du Jugement, Tyr et Sidon et le pays de Sodome seront traités moins sévèrement que vous »
Me 14	*S. Camille de Lellis, prêtre, fondateur des Camilliens, qui sont des religieux hospitaliers, † 1614 à Rome.* Exode 3, 1-6.9-12 ; Ps 102 ; Mt 11, 25-27 : « Ce que tu as caché aux sages et aux savants, tu l'as révélé aux tout-petits »
Je 15	S. Bonaventure, évêque d'Albano et cardinal, franciscain, docteur de l'Église, † 1274 à Lyon pendant le concile. Exode 3, 13-20 ; Ps 104 ; Mt 11, 28-30 : « Je suis doux et humble de cœur »
Ve 16	*Notre-Dame du Mont Carmel.* Exode 11, 10–12, 14 ; Ps 115 ; Mt 12, 1-8 : « Le Fils de l'homme est maître du sabbat »
Sa 17	Exode 12, 37-42 ; Ps 135 ; Mt 12, 14-21 : « Il leur défendit vivement de parler de lui. Ainsi devait s'accomplir la parole d'Isaïe »

Bonne fête ! 11 : Benoît, Olga. 12 : Olivier. 13 : Henri, Harry, Joël, Eugène. 14 : Camille. 15 : Bonaventure, Donald, Vladimir. 16 : Carmen, Elvire. 17 : Charlotte, Carole.

Saint Olivier (**12 juillet**) Né en 1625 en Irlande, ordonné prêtre à Rome en 1654, il est nommé représentant des évêques d'Irlande auprès du Pape et professeur de théologie. Archevêque d'Armagh en 1669, il reconstruit et réforme l'Église d'Irlande dans un temps de persécutions des autorités anglaises. Accusé de complot contre l'Angleterre, il est pendu à Londres en 1681 et canonisé en 1975.

16e dimanche

18 JUILLET 2021

Saisi de pitié

À quel saint se vouer ? La question, récurrente dans un monde en quête de sens, n'est pas nouvelle. Déjà, à l'époque de Jérémie, des gouvernants, mauvais bergers, ont conduit le pays à la ruine. Mais, affirme le prophète, Dieu ne peut oublier son alliance ni abandonner son peuple. Il sera lui-même le roi-berger de ce peuple dont il a pitié et qu'il ne peut laisser aux mains de mauvais pasteurs qui le maltraitent et le dispersent. Et Dieu annonce même la venue d'un vrai roi qui régnera et « agira avec intelligence » pour le bien de tous (*première lecture*).

En Jésus, la promesse de Dieu prend corps. Comme son Père devant la détresse de son peuple, Jésus est saisi de pitié devant la grande foule qui l'a précédé dans l'endroit désert où il comptait se reposer. Il se rend compte que les hommes et les femmes de cette foule cherchent un sens à leur vie. Lui, il détient ce qui pourrait les faire vivre. Dès lors, comment pourrait-il les abandonner comme le feraient de mauvais bergers ? Si la foule n'a pas pitié de sa fatigue, le Christ a pitié d'elle. Il comprend son désir de se raccrocher à quelque chose, à quelqu'un, et il lui donnera une nourriture qu'elle n'espérait pas et un repos qu'elle n'imaginait pas (*évangile*).

Cette pitié du Christ pour les foules sans berger le conduira à donner sa vie, pour tous les hommes. Il fait ainsi tomber le mur d'incompréhension et de haine qui séparait juifs et païens, et empêchait qu'ils ne forment qu'un seul troupeau sous la houlette d'un seul pasteur. Jésus accomplit le dessein de Dieu : la réconciliation des hommes avec Dieu et des hommes entre eux (*deuxième lecture*).

Que la liturgie de ce dimanche nous donne de communier à la compassion de Jésus, le bon berger, de porter sur le monde et sur nos frères le regard du Bon Pasteur afin qu'il les offre avec Lui.

Des chants sont proposés pour les 14e, 15e et 16e dimanches, p. 478.

Prière d'ouverture

Sois favorable à tes fidèles, Seigneur, et multiplie les dons de ta grâce : entretiens en eux la foi, l'espérance et la charité, pour qu'ils soient attentifs à garder tes commandements. Par Jésus Christ.

Nouvelle traduction

Sois favorable à tes fidèles, Seigneur, + et, dans ta bonté, multiplie pour eux les dons de ta grâce, * afin que, brûlant de charité, de foi et d'espérance, / ils soient toujours vigilants pour garder tes commandements. Par Jésus Christ, ton Fils, notre Seigneur, + qui vit et règne avec toi dans l'unité du Saint-Esprit, / Dieu, pour les siècles des siècles.

1re Lecture

Dieu prend soin de son peuple

→ **Lecture du livre du prophète Jérémie** Jr 23, 1-6

Quel malheur pour vous, pasteurs ! Vous laissez périr et vous dispersez les brebis de mon pâturage – oracle du Seigneur ! C'est pourquoi, ainsi parle le Seigneur, le Dieu d'Israël, contre les pasteurs qui conduisent mon peuple : Vous avez dispersé mes brebis, vous les avez chassées, et vous ne vous êtes pas occupés d'elles. Eh bien ! Je vais m'occuper de vous, à cause de la malice de vos actes – oracle du Seigneur. Puis, je rassemblerai moi-même le reste de mes brebis de tous les pays où je les ai chassées. Je les ramènerai dans leur enclos, elles seront fécondes et se multiplieront. Je susciterai pour elles des pasteurs qui les conduiront ; elles ne seront plus apeurées ni effrayées, et aucune ne sera perdue – oracle du Seigneur.

Voici venir des jours – oracle du Seigneur, où je susciterai pour David un Germe juste : il régnera en vrai roi, il agira avec intelligence, il exercera dans le pays le droit et la justice. En ces jours-là, Juda sera sauvé, et Israël habitera en sécurité. Voici le nom qu'on lui donnera : « Le-Seigneur-est-notre-justice. »

Psaume 22

**R/ Le Seigneur est mon berger :
rien ne saurait me manquer.**

Le Seigneur est mon berger :
je ne manque de rien.
Sur des prés d'herbe fraîche,
il me fait reposer.

Il me mène vers les eaux tranquilles
et me fait revivre ;
il me conduit par le juste chemin
pour l'honneur de son nom.

Si je traverse les ravins de la mort,
je ne crains aucun mal,
car tu es avec moi :
ton bâton me guide et me rassure.

Tu prépares la table pour moi
devant mes ennemis ;
tu répands le parfum sur ma tête,
ma coupe est débordante.

Grâce et bonheur m'accompagnent
tous les jours de ma vie ;
j'habiterai la maison du Seigneur
pour la durée de mes jours.

2e Lecture

Le Christ nous rassemble dans la paix

→ **Lecture de la lettre de saint Paul apôtre aux Éphésiens** Ep 2, 13-18

Frères, maintenant, dans le Christ Jésus, vous qui autrefois étiez loin, vous êtes devenus proches par le sang du Christ. C'est lui, le Christ, qui est notre paix : des deux, le Juif et le païen, il a fait une seule réalité ; par sa chair crucifiée, il a détruit ce qui les séparait, le mur de la haine ; il a supprimé les prescriptions juridiques de la loi de Moïse. Ainsi, à partir des deux, le Juif et le païen, il a voulu créer en lui un seul Homme nouveau en faisant la paix, et réconcilier avec Dieu les uns et les autres en un seul corps par le moyen de la croix ; en sa personne, il a tué la haine. Il est venu annoncer *la bonne nouvelle de la paix, la paix pour vous qui étiez loin, la paix pour ceux qui étaient proches.* Par lui, en effet, les uns et les autres, nous avons, dans un seul Esprit, accès auprès du Père.

Alléluia. Alléluia. Mes brebis écoutent ma voix, dit le Seigneur ; moi, je les connais, et elles me suivent. **Alléluia.**

Évangile

Jésus, le Bon Pasteur

→ **Évangile de Jésus Christ selon saint Marc** Mc 6, 30-34

En ce temps-là, après leur première mission, les Apôtres se réunirent auprès de Jésus, et lui annoncèrent tout ce qu'ils avaient fait et enseigné. Il leur dit : « Venez à l'écart dans un endroit désert, et reposez-vous un peu. » De fait, ceux qui arrivaient et ceux qui partaient étaient nombreux, et l'on n'avait même pas le temps de manger.

Alors, ils partirent en barque pour un endroit désert, à l'écart. Les gens les virent s'éloigner, et beaucoup comprirent leur intention. Alors, à pied, de toutes les villes, ils coururent là-bas et arrivèrent avant eux. En débarquant, Jésus vit une grande foule. Il fut saisi de compassion envers eux, parce qu'ils étaient comme des brebis sans berger. Alors, il se mit à les enseigner longuement.

POUR LA PRIÈRE UNIVERSELLE

– Pour les évêques et les prêtres que tu nous donnes : qu'ils remplissent leur mission avec le souci du Christ Bon Pasteur, nous te prions, Seigneur.
– Pour les religieuses et religieux qui prennent soin des autres et travaillent auprès des plus pauvres, nous te prions, Seigneur.
– Pour les communautés chrétiennes qui attendent les pasteurs dont elles ont besoin, nous te prions, Seigneur.
– Pour celles et ceux qui errent comme des brebis sans berger, en cherchant un sens à leur vie, nous te prions, Seigneur.
– Pour tous les artisans de paix et de réconciliation entre les hommes, et entre les peuples, nous te prions, Seigneur.

Prière sur les offrandes

Dans l'unique et parfait sacrifice de la croix, tu as porté à leur achèvement, Seigneur, les sacrifices de l'ancienne loi ; reçois cette offrande des mains de tes fidèles et daigne la sanctifier comme tu as béni les présents d'Abel : que les dons offerts par chacun pour te glorifier servent au salut de tous. Par Jésus.

Prière après la communion

Dieu très bon, reste auprès de ton peuple, car sans toi notre vie tombe en ruine ; fais passer à une vie nouvelle ceux que tu as initiés aux sacrements de ton Royaume. Par Jésus.

Nouvelle traduction

Dans ta bienveillance, reste auprès de ton peuple, nous t'en prions, Seigneur ; * puisque tu l'as initié aux sacrements du ciel, / fais-le passer de ce qui est ancien à la vie nouvelle. Par le Christ, notre Seigneur.

Jésus, le Bon Pasteur

« Par sa manière de se comporter avec les foules désorientées qu'il voit se presser autour de lui, et venir à sa recherche quand il s'éloigne, Jésus se révèle comme ce Bon Pasteur annoncé. Il ne se lasse pas de les nourrir du pain de la Parole, et entraîne ses Apôtres à renoncer au repos qu'il leur a lui-même proposé quelques instants auparavant. Il les forme ainsi à l'exercice de leur prochain ministère pastoral. Le missionnaire de l'Évangile a certes le droit, qui peut devenir un devoir, de se retirer dans la solitude. Mais avant tout pour apprendre auprès de Dieu ce que signifie et requiert être "saisi de pitié" pour les foules. Les Apôtres ont vu Jésus aller, "bien avant l'aube", dans un lieu désert où il priait, puis, aussitôt après, venir les chercher et les entraîner ailleurs pour y proclamer la Bonne Nouvelle (Mc 1, 35-39 : 5e dimanche). »

« Jésus se révèle comme le Bon Pasteur annoncé »,
dans *Missel de l'assemblée dominicale*, Brepols, 1997, p. 946.

CALENDRIER LITURGIQUE

Di 18	**16e dimanche B.** *Liturgie des Heures : Psautier semaine IV.*
Lu 19	Exode 14, 5-18 ; Cant. Ex 15 ; Matthieu 12, 38-42 : « Lors du Jugement, la reine de Saba se dressera en même temps que cette génération »
Ma 20	*S. Apollinaire, évêque de Ravenne et martyr, † 2e siècle.* Exode 14, 21–15, 1a ; Cant. Ex 15 ; Matthieu 12, 46-50 : « Étendant la main vers ses disciples, il dit : "Voici ma mère et mes frères" »
Me 21	*S. Laurent de Brindisi, prêtre, capucin, docteur de l'Église, † 1619 à Lisbonne.* Exode 16, 1-5.9-15 ; Ps 77 ; Mt 13, 1-9 : « Ils ont donné du fruit à raison de cent pour un »
Je 22	Ste MARIE-MADELEINE, disciple du Seigneur. Lectures propres : Cantique des Cantiques 3,1-4a ou 2 Corinthiens 5,14-17 ; Ps 62 ; Jean 20,1.11-18 : « Femme, pourquoi pleures-tu ? »
Ve 23	Ste BRIGITTE DE SUÈDE, patronne de l'Europe, mère de famille, puis religieuse, † 1373 à Rome. En Europe, lectures propres : Tobie 8, 4b-7 (Vg 5-10) ou Galates 2, 19-20 ; Ps 33 ; Jean 15, 1-8 : « Celui qui demeure en moi et en qui je demeure, celui-là porte beaucoup de fruit » ou bien Marc 3, 31-35 : « Celui qui fait la volonté de Dieu, celui-là est pour moi un frère, une sœur, une mère »
Sa 24	*S. Charbel Makhlouf, prêtre, moine au Liban, † 24 décembre 1898.* Exode 24, 3-8 ; Ps 49 ; Mt 13, 24-30 : « Laissez-les pousser ensemble jusqu'à la moisson »

Bonne fête ! 18 : Arnould, Frédéric, Frida. 19 : Arsène. 20 : Apollinaire, Élie, Marina, Marguerite, Maggy. 21 : Victor. 22 : Marie-Madeleine, Marlène, Maddy. 23 : Brigitte. 24 : Christine, Ségolène.

Sainte Marguerite (20 juillet) serait née à Antioche vers la fin du IIIe siècle. Refusant la demande en mariage d'un gouverneur romain, elle révèle sa foi chrétienne. Torturée, elle survit par de miraculeuses interventions. Elle meurt finalement décapitée, vers 304, à Antioche. Son culte s'est très largement répandu dans l'Europe médiévale. Elle reste une sainte très populaire.

17e dimanche

25 JUILLET 2021

Le pain des temps nouveaux

La famine sévissait dans le pays. Dieu ne pouvait rester indifférent aux souffrances de son peuple. Il prend toujours soin de ceux qui lui font confiance même si le défi paraît insurmontable. Étonnamment, c'est un païen qui vient porter à Élisée quelques pains et du grain. Contre toute attente, chacun pourra manger à sa faim *(première lecture)*.

Cette nourriture miraculeuse en préfigure une autre : la multiplication des pains que Jésus réalise au bord du lac de Tibériade et le geste de Jésus dépasse ce qui n'était que la préfiguration des temps à venir. Nombre de détails (la montagne ; avant la Pâque ; où acheter du pain ?) renvoient à l'Exode et à Moïse nourrissant le peuple. Autant d'allusions qui font du pain multiplié une manne nouvelle destinée à nourrir un peuple nouveau conduit par un nouveau Moïse : Jésus (*évangile*). Tout souligne la générosité surabondante de Dieu à laquelle Paul nous invite à répondre par notre vie, nous qui avons reçu, par le baptême, les dons de la grâce (*deuxième lecture*).

À travers la faim de pain, c'est la faim de Dieu qui s'exprime. Si la foule suit Jésus, ce n'est pas parce qu'elle attend de Lui du pain. Elle désire une parole de vie, un geste d'amour de Dieu qui culminera sur la croix pour que la vie jaillisse au matin de Pâques, toutes faims assouvies à jamais.

Enfin, on ne peut que remarquer la fécondité de la dépossession. Ce que l'on accepte de donner se multiplie ; tout geste d'amour et de service de l'autre est fécond. Nous qui recevons, à chaque eucharistie, le don de la Parole et le don du pain de vie, nous sommes invités à entrer dans cette logique du don. Nous serons alors, à la suite du Christ, porteurs du pain de vie des temps nouveaux, pain de l'amour des autres, de la solidarité et du partage.

CHANTER

- Le répertoire proposé ici conviendra du 17e au 21e dimanche.
- On retiendra un ordinaire bien connu puisque nous sommes toujours en été, période où nos assemblées sont très diverses : par exemple, la **Missa pro Europa**.
- Pour la procession d'ouverture : ***Jour du Seigneur*** **AP 10-00-1,** ***Dieu nous accueille*** **A 174 CNA 545,** ***Nous formons un même corps*** **C 105 CNA 570,** ***Dieu nous a tous appelés*** **KD 14-56-1 CNA 571,** ***Chantons avec toute l'Église*** **M 26-03,** ***Peuple de Dieu, marche joyeux*** **K 180 CNA 574,** ***Dieu nous a faits*** **XA 50-87.**
- Pour la procession de communion : ***Voici le corps et le sang du Seigneur*** **D 44-80,** ***La Sagesse a dressé une table*** **D 580 CNA 332,** ***Tu fais ta demeure en nous*** **D 56-49,** ***Qui mange ma chair*** **D 290 CNA 343,** ***En marchant vers toi, Seigneur*** **D 380 CNA 326,** ***Devenez ce que vous recevez.***
- Pour l'action de grâce : ***Celui qui a mangé de ce pain*** **D 140-2 CNA 321,** ***Par la musique et par nos voix*** **Y 43-38 CNA 572,** ***Jubilez, criez de joie*** **U 52-42 ou EDC 204,** ***Tenons en éveil*** **Y 243-1 CNA 591.**
- Si l'on souhaite caractériser davantage chaque dimanche, on pourra retenir :

– Pour le 17e dimanche : ***Seigneur, que ta Parole*** **A 51 CNA 212.**
– Pour le 18e dimanche : ***Je suis votre pain*** **D 159-3.**
– Pour le 19e dimanche : ***Venez manger la Pâque*** **I 119-2 CNA 347.**
– Pour le 21e dimanche : ***Écoute la voix du Seigneur*** **X 548 CNA 761.**

Prière d'ouverture

Tu protèges, Seigneur, ceux qui comptent sur toi ; sans toi rien n'est fort et rien n'est saint ; multiplie pour nous tes gestes de miséricorde afin que, sous ta conduite, en faisant un bon usage des biens qui passent, nous puissions déjà nous attacher à ceux qui demeurent. Par Jésus Christ.

Nouvelle traduction

Tu protèges, Seigneur Dieu, ceux qui espèrent en toi ; + sans toi, rien n'est fort et rien n'est saint : * multiplie pour nous les signes de ta miséricorde, afin que, sous ta conduite et sous ta direction, en faisant un bon usage des biens qui passent, /

nous puissions déjà nous attacher à ceux qui demeurent. Par Jésus Christ, ton Fils, notre Seigneur, + qui vit et règne avec toi dans l'unité du Saint-Esprit, / Dieu, pour les siècles des siècles.

1re Lecture

« On mangera, et il en restera »

→ Lecture du deuxième livre des Rois 2 R 4, 42-44

En **ces jours-là**, un homme vint de Baal-Shalisha et, prenant sur la récolte nouvelle, il apporta à Élisée, l'homme de Dieu, vingt pains d'orge et du grain frais dans un sac. Élisée dit alors : « Donne-le à tous ces gens pour qu'ils mangent. » Son serviteur répondit : « Comment donner cela à cent personnes ? » Élisée reprit : « Donne-le à tous ces gens pour qu'ils mangent, car ainsi parle le Seigneur : "On mangera, et il en restera". » Alors, il le leur donna, ils mangèrent, et il en resta, selon la parole du Seigneur.

Psaume 144

R/ Tu ouvres la main, Seigneur :
nous voici rassasiés.

Que tes œuvres, Seigneur, te rendent grâce
et que tes fidèles te bénissent !
Ils diront la gloire de ton règne,
ils parleront de tes exploits.

Les yeux sur toi, tous, ils espèrent :
tu leur donnes la nourriture au temps voulu ;
tu ouvres ta main :
tu rassasies avec bonté tout ce qui vit.

Le Seigneur est juste en toutes ses voies,
fidèle en tout ce qu'il fait.
Il est proche de tous ceux qui l'invoquent,
de tous ceux qui l'invoquent en vérité.

2e Lecture

L'unité de l'Église, don de Dieu

→ Lecture de la lettre de saint Paul apôtre aux Éphésiens Ep 4, 1-6

Frères, moi qui suis en prison à cause du Seigneur, je vous exhorte à vous conduire d'une manière digne de votre vocation : ayez beaucoup d'humilité, de douceur et de patience, supportez-vous les uns les autres avec amour ; ayez soin de garder l'unité dans l'Esprit par le lien de la paix. Comme votre vocation vous a tous appelés à une seule espérance, de même il y a un seul Corps et un seul Esprit. Il y a un seul Seigneur, une seule foi, un seul baptême, un seul Dieu et Père de tous, au-dessus de tous, par tous, et en tous.

Alléluia. Alléluia. Un grand prophète s'est levé parmi nous : et Dieu a visité son peuple. **Alléluia.**

Évangile

La multiplication des pains

→ Évangile de Jésus Christ selon saint Jean Jn 6, 1-15

En ce temps-là, Jésus passa de l'autre côté de la mer de Galilée, le lac de Tibériade. Une grande foule le suivait, parce qu'elle avait vu les signes qu'il accomplissait sur les malades. Jésus gravit la montagne, et là, il était assis avec ses disciples. Or, la Pâque, la fête des Juifs, était proche. Jésus leva les yeux et vit qu'une foule nombreuse venait à lui. Il dit à Philippe : « Où pourrions-nous acheter du pain pour qu'ils aient à manger ? » Il disait cela pour le mettre à l'épreuve, car il savait bien, lui, ce qu'il allait faire.

Philippe lui répondit : « Le salaire de deux cents journées ne suffirait pas pour que chacun reçoive un peu de pain. » Un de ses disciples, André, le frère de Simon-Pierre, lui dit : « Il y a là un jeune garçon qui a cinq pains d'orge et deux poissons, mais qu'est-ce que cela pour tant de monde ! » Jésus dit : « Faites asseoir les gens. » Il y avait beaucoup d'herbe à cet endroit. Ils s'assirent donc, au nombre d'environ cinq mille hommes.

Alors Jésus prit les pains et, après avoir rendu grâce, il les distribua aux convives ; il leur donna aussi du poisson, autant qu'ils en voulaient. Quand ils eurent mangé à leur faim, il dit à ses disciples : « Rassemblez les morceaux en surplus, pour que rien ne se perde. » Ils les rassemblèrent, et ils remplirent douze paniers avec les morceaux des cinq pains d'orge, restés en surplus pour ceux qui prenaient cette nourriture.

À la vue du signe que Jésus avait accompli, les gens disaient : « C'est vraiment lui le Prophète annoncé, celui qui vient dans le monde. » Mais Jésus savait qu'ils allaient l'enlever pour faire de lui leur roi ; alors de nouveau il se retira dans la montagne, lui seul.

POUR LA PRIÈRE UNIVERSELLE

– Pour les prêtres, qui ont charge de donner, à leurs frères et sœurs, la Parole et le pain de l'eucharistie, Dieu notre Père, nous te prions.

– Pour tous les artisans de partage et de solidarité, Dieu notre Père, nous te prions.

– Pour tous ceux qui ont faim de pain, de liberté, de dignité, de travail, d'amitié, Dieu notre Père, nous te prions.

– Pour tous ceux qui cherchent à donner un sens à leur vie, Dieu notre Père, nous te prions.

Prière sur les offrandes

Accepte, Seigneur, ces offrandes prélevées pour toi sur tes propres largesses ; que ces mystères très saints, où ta grâce opère avec puissance, sanctifient notre vie de tous les jours et nous conduisent aux joies éternelles. Par Jésus.

Prière après la communion

Nous avons communié, Seigneur, à ce sacrement, mémorial de la passion de ton Fils ; fais servir à notre salut le don que lui-même nous a légué dans son immense amour. Lui qui règne.

Dieu a besoin des hommes

« Alors que la manne tombait du ciel, ici, le pain et les poissons sont multipliés à partir de cinq pains et des deux poissons que détenait le jeune homme repéré par André. Jésus se sert d'un bien détenu par les hommes, il se sert de la générosité du jeune homme pour dilater ces denrées et ce don aux dimensions des besoins d'une foule. Disons que les cinq pains et les deux poissons sont d'une grande importance dans le geste de Jésus. En l'occurrence Dieu veut avoir besoin des hommes.

Alors que personne ne devait faire de provisions avec la manne qui tombait dans le désert, ici au contraire, Jésus recommande : *Ramassez les morceaux qui restent afin que rien ne soit perdu.* Nous ne sommes plus au temps du désert où l'initiative des hommes, les ressources du peuple, ses capacités, étaient pratiquement nulles. Nous ne sommes plus au temps où Dieu s'occupait du peuple comme une maman s'occupe de son bébé. Nous sommes au temps où l'homme a grandi. Il est devenu capable de subvenir, par son travail, à ses besoins. C'est bien en homme que Jésus opère le miracle avec la collaboration du jeune homme qui lui fournit, en quelque sorte, la matière première de la multiplication. »

Louis Sintas sj, *Parole de Dieu pour la méditation et l'homélie Année B*, Médiaspaul, p. 102-103.

CALENDRIER LITURGIQUE

Di 25	**17e dimanche B.** *Liturgie des Heures : Psautier semaine I.* [S. JACQUES, Apôtre.]
Lu 26	S. Joachim et Ste Anne, parents de la Vierge Marie. (Au Canada, fête). Exode 32, 15-24.30-34 ; Ps 105 ; Matthieu 13, 31-35 : « La graine de moutarde devient un arbre, si bien que les oiseaux du ciel font leurs nids dans ses branches »
Ma 27	Exode 33, 7-11 ; 34, 5b-9.28 ; Ps 102 ; Matthieu 13, 36-43 : « De même que l'on enlève l'ivraie pour la jeter au feu, ainsi en sera-t-il à la fin du monde »
Me 28	Exode 34, 29-35 ; Ps 98 ; Matthieu 13, 44-46 : « Il va vendre tout ce qu'il possède, et il achète ce champ »
Je 29	Ste Marthe, disciple du Seigneur. Férie : Exode 40, 16-21.34-38 ; Ps 83. Évangile propre : Jean 11,19-27 : « Je crois que tu es le Christ, le Fils de Dieu » ou bien Luc 10,38-42 : « Marthe, Marthe, tu te donnes du souci et tu t'agites pour bien des choses ».
Ve 30	*S. Pierre Chrysologue, évêque de Ravenne, docteur de l'Église, † vers 451.* Lévitique 23, 1.4-11.15-16.27.34b-37 ; Ps 80 ; Matthieu 13, 54-58 : « N'est-il pas le fils du charpentier ? Alors, d'où lui vient tout cela ? »
Sa 31	S. Ignace de Loyola, prêtre, fondateur des Jésuites, † 1556 à Rome. Lévitique 25, 1.8-17 ; Ps 66 ; Matthieu 14, 1-12 : « Hérode envoya décapiter Jean dans la prison. Les disciples de Jean allèrent l'annoncer à Jésus »

Bonne fête ! 25 : Jacques, Valentine. 26 : Anne, Annick, Annie, Anaïs, Nancy, Joachim. 27 : Nathalie. 28 : Samson. 29 : Marthe, Lazare, Loup. 30 : Juliette. 31 : Ignace, Germain.

Sainte Marthe (29 juillet), sœur de Marie et Lazare, est née au Ier siècle à Béthanie. Dans l'Évangile de Luc, Marthe prépare le repas pendant que sa sœur Marie écoute Jésus. À la mort de Lazare, elle recherche Jésus et lui reproche son absence au moment de la mort de Lazare. Après la mention d'un dernier repas avec Jésus, plus rien n'est dit de Marthe dans les Évangiles.

18e dimanche

1er AOÛT 2021

Croire en Jésus qui se donne pour notre vie

Les foules qui ont vu Jésus multiplier les pains et les poissons et qui s'en sont rassasiées espèrent trouver le pain qui « donne la vie au monde ». Elles sont à la recherche de quelque chose de matériel qui puisse assouvir toutes faims (*évangile*). Cette chose désirable qui garantirait la vie serait comme un trésor à conserver dans un grenier, quelque chose qu'on détiendrait pour les mauvais jours.

À cela Jésus oppose la relation de foi à laquelle tout disciple doit consentir. « Les signes » dont il parle correspondent au miracle qu'il a accompli. Il ne faut pas tant regarder la nourriture mise à disposition des foules que l'action réalisée par Jésus : elle révèle la prévenance de Dieu pour les hommes.

C'est ainsi que Dieu au désert s'était déjà manifesté quand le peuple hébreu a connu la faim (*première lecture*). Les cailles et la manne étaient prodiguées quotidiennement pour que le peuple fasse chaque jour l'expérience de sa foi en Dieu : le pain quotidien serait-il au rendez-vous ? Être chrétien, c'est bien faire profession de foi que Dieu est la source de la vie, que « tel un berger, il conduit son peuple » (*psaume*). La foi se vérifie dans les épreuves, quand justement le pain vient à manquer ou qu'il faut affronter toutes sortes de difficultés. À ce moment, il ne s'agit pas de s'accrocher à un quelconque objet mais il faut puiser ses forces dans sa relation filiale avec le Seigneur. Il en est ainsi de la grâce donnée dans les sacrements ; elle n'est pas une chose invisible que nous recevrions de Dieu mais elle est de l'ordre d'une relation renouvelée avec le Seigneur : le baptême nous fait entrer dans une relation filiale avec le Seigneur et l'eucharistie nous donne d'être affermis dans une communion intime avec lui.

Saint Paul parle ainsi de la condition des baptisés qui sont des hommes nouveaux : « Laissez-vous renouveler par la transformation spirituelle de votre pensée » (*deuxième lecture*).

Le discours de Jésus après la multiplication des pains est bien un enseignement sur l'eucharistie. Pour y reconnaître le don du Christ, il nous faut faire l'acte de foi qui consiste à fonder notre vie non pas sur nous-mêmes mais sur lui, afin de vivre en hommes nouveaux.

Des chants sont proposés pour les 17e au 21e dimanches, p. 497.

Prière d'ouverture

Assiste tes enfants, Seigneur, et montre à ceux qui t'implorent ton inépuisable bonté ; c'est leur fierté de t'avoir pour Créateur et Providence : restaure pour eux ta création, et l'ayant renouvelée, protège-la. Par Jésus Christ.

Nouvelle traduction

Sois proche, Seigneur, de ceux qui te servent + et montre à ceux qui t'implorent ton éternelle bonté ; * c'est leur fierté d'avoir en toi leur Créateur et leur Guide : restaure pour eux ta création, / et l'ayant renouvelée, protège-la. Par Jésus Christ, ton Fils, notre Seigneur, + qui vit et règne avec toi dans l'unité du Saint-Esprit, / Dieu, pour les siècles des siècles.

1re Lecture *« Du ciel, je vais faire pleuvoir du pain pour vous »*

→ Lecture du livre de l'Exode Ex 16, 2-4.12-15

En ces jours-là, dans le désert, toute la communauté des fils d'Israël récriminait contre Moïse et son frère Aaron. Les fils d'Israël leur dirent : « Ah ! Il aurait mieux valu mourir de la main du Seigneur, au pays d'Égypte, quand nous étions assis près des marmites de viande, quand nous mangions du pain à satiété ! Vous nous avez fait sortir dans ce désert pour faire mourir de faim tout ce peuple assemblé ! »

Le Seigneur dit à Moïse : « Voici que, du ciel, je vais faire pleuvoir du pain pour vous. Le peuple sortira pour recueillir chaque jour sa ration quotidienne, et ainsi je vais le mettre à l'épreuve : je verrai s'il marchera, ou non, selon ma loi. J'ai entendu les récriminations des fils d'Israël. Tu leur diras : "Au coucher du soleil, vous mangerez de la viande et, le lendemain matin, vous aurez du pain à satiété. Alors vous saurez que moi, le Seigneur, je suis votre Dieu." »

Le soir même, surgit un vol de cailles qui recouvrirent le camp ; et, le lendemain matin, il y avait une couche de rosée autour du camp. Lorsque la couche de rosée s'évapora, il y avait, à la surface du désert, une fine croûte, quelque chose de fin comme du givre, sur le sol. Quand ils virent cela, les fils d'Israël se dirent l'un à l'autre : « Mann hou ? » (ce qui veut dire : Qu'est-ce que c'est ?), car ils ne savaient pas ce que c'était. Moïse leur dit : « C'est le pain que le Seigneur vous donne à manger. »

Psaume 77

R/ Donne-nous, Seigneur,
le pain du ciel !

Nous avons entendu et nous savons
ce que nos pères nous ont raconté :
et nous le redirons à l'âge qui vient,
les titres de gloire du Seigneur.

Il commande aux nuées là-haut,
il ouvre les écluses du ciel :
pour les nourrir il fait pleuvoir la manne,
il leur donne le froment du ciel.

Chacun se nourrit du pain des Forts,
il les pourvoit de vivres à satiété.
Tel un berger, il conduit son peuple.
Il le fait entrer dans son domaine sacré.

2e Lecture *« Revêtez-vous de l'homme nouveau, créé selon Dieu »*

→ Lecture de la lettre de saint Paul apôtre aux Éphésiens Ep 4, 17.20-24

Frères, je vous le dis, j'en témoigne dans le Seigneur : vous ne devez plus vous conduire comme les païens qui se laissent guider par le néant de leur pensée. Mais vous, ce n'est pas ainsi que l'on vous a appris à connaître le Christ, si du moins l'annonce et l'enseignement que vous avez reçus à son sujet s'accordent à la vérité qui est en Jésus. Il s'agit de vous défaire de votre conduite d'autrefois, c'est-à-dire de l'homme ancien corrompu par les convoitises qui l'entraînent dans l'erreur. Laissez-vous renouveler par la transformation spirituelle de votre pensée. Revêtez-vous de l'homme nouveau, créé, selon Dieu, dans la justice et la sainteté conformes à la vérité.

Alléluia. Alléluia. L'homme ne vit pas seulement de pain, mais de toute parole qui sort de la bouche de Dieu. **Alléluia.**

Évangile *« Celui qui vient à moi n'aura jamais faim, celui qui croit en moi n'aura jamais soif »*

→ Évangile de Jésus Christ selon saint Jean Jn 6, 24-35

En ce temps-là, quand la foule vit que Jésus n'était pas là, ni ses disciples, les gens montèrent dans les barques et se dirigèrent vers Capharnaüm à la recherche de Jésus. L'ayant trouvé sur l'autre rive, ils lui dirent : « Rabbi, quand es-tu arrivé ici ? »

Jésus leur répondit : « Amen, amen, je vous le dis : vous me cherchez, non parce que vous avez vu des signes, mais parce que vous avez mangé de ces pains et que vous avez été rassasiés. Travaillez non pas pour la nourriture qui se perd, mais pour la nourriture qui demeure jusque dans la vie éternelle, celle que vous donnera le Fils de l'homme, lui que Dieu, le Père, a marqué de son sceau. »

Ils lui dirent alors : « Que devons-nous faire pour travailler aux œuvres de Dieu ? » Jésus leur répondit : « L'œuvre de Dieu, c'est que vous croyiez en celui qu'il a envoyé. »

Ils lui dirent alors : « Quel signe vas-tu accomplir pour que nous puissions le voir, et te croire ? Quelle œuvre vas-tu faire ? Au désert, nos pères ont mangé la manne ; comme dit l'Écriture : *Il leur a donné à manger le pain venu du ciel.* » Jésus leur répondit : « Amen, amen, je vous le dis : ce n'est pas Moïse qui vous a donné le pain venu du ciel ; c'est mon Père qui vous donne le vrai pain venu du ciel. Car le pain de Dieu, c'est celui qui descend du ciel et qui donne la vie au monde. »

Ils lui dirent alors : « Seigneur, donne-nous toujours de ce pain-là. » Jésus leur répondit : « Moi, je suis le pain de la vie. Celui qui vient à moi n'aura jamais faim ; celui qui croit en moi n'aura jamais soif. »

POUR LA PRIÈRE UNIVERSELLE

– Prions pour les serviteurs de l'eucharistie, les évêques, les prêtres et les diacres : que leur vie soit une offrande à Dieu et à leurs frères pour le salut du monde.

– Prions pour les affamés de pain, de justice et de paix : que les responsables politiques agissent avec discernement afin de mettre l'Homme au centre de leurs décisions.

– Prions pour les personnes qui portent la communion aux malades et aux personnes âgées : qu'elles soient fidèles dans leur service et témoins de la présence de Dieu.

– Prions pour les parents, les catéchistes et les accompagnateurs du catéchuménat qui présentent l'eucharistie aux enfants et aux catéchumènes : qu'eux-mêmes soient les témoins de la foi dans ce mystère donné aux hommes.

Prière sur les offrandes

Dans ta bonté, Seigneur, sanctifie ces dons ; accepte le sacrifice spirituel de cette eucharistie, et fais de nous-mêmes une éternelle offrande à ta gloire. Par Jésus.

Prière après la communion

Seigneur, entoure d'une constante protection ceux que tu as renouvelés par le pain du ciel ; puisque tu ne cesses de les réconforter, rends-les dignes de l'éternel salut. Par Jésus.

Le Christ, premier sacrement de Dieu.

« Le Christ est sacrement en tant qu'il est à la fois Dieu et homme, Parole et Verbe de Dieu incarné, selon la formule de saint Jean : "Le Verbe s'est fait chair et il a habité parmi nous" (Jn 1,14). Avant lui la réalité sacramentelle n'est encore que figure et anticipation. Le Christ est le premier à vérifier dans l'histoire "la parfaite réalité du sacrement". En effet, dans les sacrements une action divine s'effectue sous des signes visibles, à l'image du Christ qui était Dieu dans une enveloppe humaine et visible. S'il y a nécessité que dans tout sacrement une parole soit jointe à une chose sensible, c'est parce que dans l'Incarnation, la Parole de Dieu a été unie à une chair sensible. Dans les deux cas, "chose" et "chair" sont sanctifiées et reçoivent le pouvoir de sanctifier, grâce au Verbe où à la parole qui leur sont unis. Sans doute le don de la grâce aurait-il pu être obtenu d'une autre manière, mais le sacrement, signe sensible et efficace, est dans la logique de l'Incarnation qui a fait du Christ un signe sensible et humain. L'Église enseigne que le sacrement est à la fois signe et cause de la grâce. Le Christ est en effet à la fois le *signe* et la *cause* de notre salut. Par le fait de l'union de l'humanité à la personne même du Verbe, le Christ est le signe de la volonté salvifique du Père, manifestée par "l'apparition de l'humanité et de la bonté de notre Sauveur" (Tt 3,4). Il en est aussi la cause par sa structure personnelle qui fait de lui à la fois un homme et un Dieu. »

Bernard Sesboüé, *Invitation à croire, Des sacrements crédibles et désirables*, Cerf, 2009, p. 31-32.

CALENDRIER LITURGIQUE

Di 1er	**18e dimanche B.** *Liturgie des Heures : Psautier semaine II.* [S. Alphonse Marie de Liguori, évêque, fondateur des Rédemptoristes, docteur de l'Église, † 1787 à Nocera dei Pagani (Italie).]
Lu 2	*S. Eusèbe, évêque de Verceil (Italie) † 371.* *S. Pierre-Julien Eymard, prêtre, fondateur des Prêtres du Saint-Sacrement et d'une congrégation de religieuses, † 1868 à La Mure (Isère).* Nombres 11, 4b-15 ; Ps 80 ; Mt 14, 13-21 : « Levant les yeux au ciel, il prononça la bénédiction ; il rompit les pains, il les donna aux disciples, et les disciples les donnèrent à la foule »
Ma 3	Nombres 12, 1-13 ; Ps 50 ; Matthieu 14, 22-36 : « Seigneur, ordonne-moi de venir vers toi sur les eaux »
Me 4	S. Jean-Marie Vianney, prêtre, curé d'Ars (Ain), † 1859. Nombres 13, 1-2a.25–14, 1.26-29.34-35 ; Ps 105 ; Mt 15, 21-28 : « Femme, grande est ta foi ! »
Je 5	*Dédicace de la basilique Sainte-Marie Majeure, à Rome vers 435.* Nombres 20, 1-13 ; Ps 94 ; Matthieu 16, 13-23 : « Tu es Pierre, et je te donnerai les clés du royaume des Cieux »
Ve 6	TRANSFIGURATION DU SEIGNEUR. Lectures propres : Daniel 7,9-10.13-14 ou bien 2 Pierre 1,16-19 ; Ps 96 ; année B : Mc 9,2-10 : « Celui-ci est mon Fils bien-aimé »
Sa 7	*S. Sixte II, pape, et ses compagnons, martyrs à Rome, † 258.* *S. Gaétan, prêtre, fondateur des Théatins, † 1547 à Naples.* *En Belgique, Ste Julienne du Mont Cornillon, vierge, † 1258.* Deutéronome 6, 4-13 ; Ps 17 ; Matthieu 17, 14-20 : « Si vous avez la foi, rien ne vous sera impossible »

Bonne fête ! 1er : Alphonse, Éléazar. 2 : Eusèbe, Julien, Eymard. 3 : Lydie. 4 : Jean-Marie, Vianney. 5 : Abel, Oswald. 6 : Octavien. 7 : Gaétan, Julienne.

19e dimanche

8 AOÛT 2021

Dieu plus grand que notre cœur

Les dons du Seigneur dépassent ce que nous pourrions lui demander. C'est l'enseignement que nous pouvons tirer des textes de ce jour. Le prophète Élie, harassé dans le désert par la faim, la soif et la fatigue, est prêt à remettre sa vie à Dieu puisqu'à ses yeux, il n'y a plus d'autre issue (*première lecture*). Mais Dieu donne à ses serviteurs les moyens d'assumer leur mission. Il procure au prophète les vivres dont il aura besoin pour arriver jusqu'au bout du chemin. De même, les auditeurs de Jésus ont des attentes qui restent à échelle humaine : l'ayant suivi parce qu'ils ont été rassasiés des pains venant du miracle opéré par le Christ, ils ne reconnaissent en lui que « le fils de Joseph » (*évangile*). Jésus veut leur révéler davantage sa nature divine, et leur apporter la vie éternelle, celle qui vient de Dieu. Pour cela il faut le reconnaître, lui, comme le don de Dieu, le pain venu du ciel qui donne sa chair en nourriture. Autrement dit, il faut désirer une communion profonde avec le Christ, le Fils de Dieu, et admettre qu'il donnera sa vie en sacrifice pour le salut du monde, afin de recevoir de lui la vie éternelle. Ce que le Christ veut nous offrir dépasse largement ce que nous pourrions lui demander. Peut-être devons-nous revoir nos prières de demandes, parfois terre à terre, et implorer Dieu de réaliser en nous son œuvre de salut. C'est ce que nous demandons dans le *Notre Père :* « que ta volonté soit faite ».

Saint Paul évoque le salut de Dieu comme « le jour de votre délivrance » pour lequel le Saint-Esprit est à l'œuvre (*deuxième lecture*). Le comportement des chrétiens consiste à imiter Dieu, en pratiquant l'amour fraternel, afin de ne pas nuire à l'action du Saint-Esprit. Le Christ réclame notre foi, comme il le dit à ses interlocuteurs : « Il a la vie éternelle, celui qui croit ». Croire en lui, c'est reconnaître Jésus Fils de Dieu et Sauveur et c'est aussi croire que son dessein dépasse nos visions parfois trop humaines. Croire en lui, c'est déjà vivre selon l'esprit du royaume en imitant Dieu par la pratique de la charité fraternelle. Alors nous pourrons chanter : « Goûtez et voyez : le Seigneur est bon ! Heureux qui trouve en lui son refuge ! » (*psaume*).

Des chants sont proposés pour les 17e au 21e dimanches, p. 497.

Prière d'ouverture

Dieu éternel et tout-puissant, toi que nous pouvons déjà appeler notre Père, fais grandir en nos cœurs l'esprit filial, afin que nous soyons capables d'entrer un jour dans l'héritage qui nous est promis. Par Jésus Christ.

Nouvelle traduction

Dieu éternel et tout-puissant, + comme l'enseigne l'Esprit Saint, nous pouvons déjà t'appeler du nom de Père ; * fais grandir en nos cœurs l'esprit d'adoption filiale, / afin que nous soyons capables d'entrer un jour dans l'héritage qui nous est promis. Par Jésus Christ, ton Fils, notre Seigneur, + qui vit et règne avec toi dans l'unité du Saint-Esprit, / Dieu, pour les siècles des siècles.

1re Lecture

« Fortifié par cette nourriture, il marcha jusqu'à la montagne de Dieu »

→ Lecture du premier livre des Rois 1 R 19, 4-8

En ces jours-là, le prophète Élie, fuyant l'hostilité de la reine Jézabel, marcha toute une journée dans le désert. Il vint s'asseoir à l'ombre d'un buisson, et demanda la mort en disant : « Maintenant, Seigneur, c'en est trop ! Reprends ma vie : je ne vaux pas mieux que mes pères. » Puis il s'étendit sous le buisson, et s'endormit.

Mais voici qu'un ange le toucha et lui dit : « Lève-toi, et mange ! » Il regarda, et il y avait près de sa tête une galette cuite sur des pierres brûlantes et une cruche d'eau. Il mangea, il but, et se rendormit. Une seconde fois, l'ange du Seigneur le toucha et lui dit : « Lève-toi, et mange, car il est long, le chemin qui te reste. » Élie se leva, mangea et but.

Puis, fortifié par cette nourriture, il marcha quarante jours et quarante nuits jusqu'à l'Horeb, la montagne de Dieu.

Psaume 33

R/ Goûtez et voyez comme est bon le Seigneur !

Je bénirai le Seigneur en tout temps,
sa louange sans cesse à mes lèvres.
Je me glorifierai dans le Seigneur :
que les pauvres m'entendent et soient en fête !

Magnifiez avec moi le Seigneur,
exaltons tous ensemble son nom.
Je cherche le Seigneur, il me répond :
de toutes mes frayeurs, il me délivre.

Qui regarde vers lui resplendira,
sans ombre ni trouble au visage.
Un pauvre crie ; le Seigneur entend :
il le sauve de toutes ses angoisses.

L'ange du Seigneur campe alentour
pour libérer ceux qui le craignent.
Goûtez et voyez : le Seigneur est bon !
Heureux qui trouve en lui son refuge !

2e Lecture

« Vivez dans l'amour, comme le Christ »

→ Lecture de la lettre de saint Paul apôtre aux Éphésiens Ep 4, 30–5, 2

Frères, n'attristez pas le Saint-Esprit de Dieu, qui vous a marqués de son sceau en vue du jour de votre délivrance. Amertume, irritation, colère, éclats de voix ou insultes, tout cela doit être éliminé de votre vie, ainsi que toute espèce de méchanceté. Soyez entre vous pleins de générosité et de tendresse. Pardonnez-vous les uns aux autres, comme Dieu vous a pardonné dans le Christ. Oui, cherchez à imiter Dieu, puisque vous êtes ses enfants bien-aimés. Vivez dans l'amour, comme le Christ nous a aimés et s'est livré lui-même pour nous, s'offrant en sacrifice à Dieu, comme un parfum d'agréable odeur.

Alléluia. Alléluia. Moi, je suis le pain vivant, qui est descendu du ciel, dit le Seigneur ; si quelqu'un mange de ce pain, il vivra éternellement. **Alléluia.**

Évangile *« Moi, je suis le pain vivant, qui est descendu du ciel »*

→ Évangile de Jésus Christ selon saint Jean Jn 6, 41-51

En ce temps-là, les Juifs récriminaient contre Jésus parce qu'il avait déclaré : « Moi, je suis le pain qui est descendu du ciel. » Ils disaient : « Celui-là n'est-il pas Jésus, fils de Joseph ? Nous connaissons bien son père et sa mère. Alors comment peut-il dire maintenant : "Je suis descendu du ciel" ? »

Jésus reprit la parole : « Ne récriminez pas entre vous. Personne ne peut venir à moi, si le Père qui m'a envoyé ne l'attire, et moi, je le ressusciterai au dernier jour. Il est écrit dans les prophètes : Ils seront *tous instruits par Dieu lui-même.* Quiconque a entendu le Père et reçu son enseignement vient à moi. Certes, personne n'a jamais vu le Père, sinon celui qui vient de Dieu : celui-là seul a vu le Père. Amen, amen, je vous le dis : il a la vie éternelle, celui qui croit. Moi, je suis le pain de la vie. Au désert, vos pères ont mangé la manne, et ils sont morts ; mais le pain qui descend du ciel est tel que celui qui en mange ne mourra pas. Moi, je suis le pain vivant, qui est descendu du ciel : si quelqu'un mange de ce pain, il vivra éternellement. Le pain que je donnerai, c'est ma chair, donnée pour la vie du monde. »

POUR LA PRIÈRE UNIVERSELLE

Adressons notre prière à Dieu qui accueille les justes demandes :

– Prions pour celles et ceux qui, dans l'Église, ont la mission d'enseigner que Jésus est le Christ, descendu du ciel, selon l'évangile de ce jour : qu'ils soient inventifs dans leur pédagogie et fidèles à l'Évangile.

– Prions pour ceux qui sont découragés par les épreuves de la vie : qu'à l'exemple du prophète Élie, ils découvrent les bienfaits du Seigneur qui les aideront à continuer leur chemin.

– Prions pour ceux et celles qui agissent généreusement à l'image de Dieu, pleins de générosité et de tendresse : que la force de l'Esprit Saint les soutienne dans leur quotidien.

– Prions pour notre communauté qui se renouvelle en ce temps de vacances : que personne n'attriste le Saint-Esprit mais, au contraire, que chacun vive en enfant de Dieu.

Prière sur les offrandes

Seigneur, tu as donné ces présents à ton Église pour qu'elle puisse te les offrir ; daigne les accueillir favorablement : qu'ils deviennent, par ta puissance, le sacrement de notre salut. Par Jésus.

Prière après la communion

Que cette communion à ton sacrement, Seigneur, soit notre délivrance et nous enracine dans ta vérité. Par Jésus.

Écouter le Christ, pain venu du ciel.

« Le sens de la parabole de la manne sera pleinement révélé et accompli par Jésus, qui en renouvellera le miracle en rassasiant de pain la foule qui le suit au désert. Une fois encore, le pain se multiplie comme la parole. C'est le propre de l'évangile de Jean d'aller jusqu'au bout de cette révélation. Le vrai pain, celui qui est descendu du ciel, ce n'est pas la manne de Moïse qui a laissé finalement mourir les pères au désert, c'est Jésus lui-même : "C'est moi qui suis le pain de vie ; celui qui vient à moi n'aura pas faim ; celui qui croit en moi jamais n'aura soif". Manger de ce pain, c'est d'abord écouter sa parole : "Je suis le pain qui descend du ciel ... quiconque a entendu ce qui vient du Père et reçoit son enseignement vient à moi" ; c'est ensuite avoir foi en lui ; c'est enfin accepter de se nourrir de sa chair donnée pour la vie du monde. Comme leurs pères jadis, les Juifs qui écoutent Jésus murmurent et considèrent que ces paroles sont intolérables. Jésus répète pourtant avec force : "Celui qui mange ma chair et boit mon sang a la vie éternelle et je le ressusciterai au dernier jour. Car ma chair est vraie nourriture et mon sang vraie boisson. Celui qui mange ma chair et boit mon sang demeure en moi et moi en lui". Ainsi tout le mystère eucharistique se trouve-t-il symbolisé dans le récit de la manne. Le banquet eschatologique est déjà présent et donné. À ce festin, Dieu n'est pas seulement le maître de maison qui invite et qui sert ; il n'est pas seulement celui qui donne à manger ; il est celui qui se donne lui-même à manger, afin de réaliser avec ses enfants une immanence mutuelle : il veut demeurer en nous, afin que nous demeurions en lui. Il veut ne faire qu'une seule chair avec nous, dans une union au caractère nuptial. Il veut devenir notre propre vie : c'est cela la vie éternelle. »

Bernard Sesboüé, *Jésus Christ, l'unique médiateur*, t. 2 : *Les récits de salut*, coll. « Jésus et Jésus Christ », DDB, 1991.

Sainte Claire d'Assise (11 août) est née douze ans après saint François. Issue de la noblesse, elle le rejoint à 18 ans, malgré l'opposition de sa famille, pour se donner au Christ dans la pauvreté. Sa mère et deux de ses sœurs entreront dans le monastère de « Clarisses » qu'elle a fondé non loin de la communauté de François.

CALENDRIER LITURGIQUE

Di 8	**19e dimanche B.** *Liturgie des Heures : Psautier semaine III.* [S. Dominique, prêtre, fondateur des Frères Prêcheurs, † 1221 à Bologne.]
Lu 9	Ste THÉRÈSE-BÉNÉDICTE DE LA CROIX (Édith Stein), carmélite, martyre, patronne de l'Europe, † 1942 à Auschwitz. En Europe, fête. Lectures propres : Osée 2, 16b.17b.21-22 ; Ps 44 ; Matthieu 25, 1-13 : « Voici l'époux ! Sortez à sa rencontre »
Ma 10	S. LAURENT, diacre, martyr à Rome, † 258. Lectures propres : 2 Corinthiens 9, 6-10 ; Ps 111 ; Jean 12, 24-26 : « Si quelqu'un me sert, mon Père l'honorera »
Me 11	Ste Claire, vierge, fondatrice des Pauvres Dames ou Clarisses, † 1253 à Assise. *Au Luxembourg, Bx Schecelin, ermite, † 1138 ou 1139.* Deutéronome 34, 1-12 ; Ps 65 ; Mt 18, 15-20 : « S'il t'écoute, tu as gagné ton frère »
Je 12	*Ste Jeanne-Françoise de Chantal, mère de famille puis religieuse, fondatrice de la Visitation à Annecy, † 1641 à Moulins.* Josué 3, 7-10a.11.13-17 ; Ps 113 A ; Matthieu 18, 21–19, 1 : « Je ne te dis pas de pardonner jusqu'à sept fois, mais jusqu'à 70 fois sept fois »
Ve 13	*S. Pontien, pape, et S. Hippolyte, prêtre romain, martyrs en Sardaigne, † v. 235.* Josué 24, 1-13 ; Ps 135 ; Matthieu 19, 3-12 : « C'est en raison de la dureté de votre cœur que Moïse vous a permis de renvoyer vos femmes. Mais au commencement, il n'en était pas ainsi »
Sa 14	S. Maximilien Kolbe, prêtre, frère mineur conventuel, martyr, † 1941 à Auschwitz. Josué 24, 14-29 ; Ps 15 ; Mt 19, 13-15 : « N'empêchez pas les enfants de venir à moi, car le royaume des Cieux est à ceux qui leur ressemblent »

Bonne fête ! 8 : Dominique, Cyriaque. 9 : Amour. 10 : Laurent, Laure, Laurence, Dieudonné. 11 : Claire, Géry, Gilberte, Suzanne. 12 : Jeanne, Chantal, Clarisse. 13 : Hippolyte. 14 : Maximilien, Arnold.

Assomption de la Vierge Marie

15 AOÛT 2021

Marie, notre chemin vers le Christ ressuscité

L'Assomption de la Vierge Marie est plus un chemin qu'un événement. Première femme à bénéficier de l'accomplissement du salut, elle nous indique quelle est notre destinée : être auprès du Seigneur. Son itinéraire est bien incarné dans notre monde terrestre. Même si c'est dans une expression déroutante, le livre de l'Apocalypse nous parle d'une naissance (*première lecture du jour*) et le contexte de l'*évangile* est marqué par deux enfants à naître : Jean Baptiste et Jésus. Ces enfantements sont la preuve de leur nature humaine. Mais nos vies d'hommes et de femmes sont transformées par la rencontre du Seigneur qui veut, pour chacun de nous, la vie éternelle. C'est la raison pour laquelle la *deuxième lecture de la veille et du jour* nous rapporte la foi proclamée par saint Paul : nous sommes promis à l'immortalité. En effet, la victoire du Christ sur la mort s'est déjà appliquée à la Vierge Marie dans la totalité de son existence, épargnant même à son corps la dégradation inhérente à la mort. En fêtant l'assomption de la Vierge Marie, nous célébrons les fruits de la résurrection du Christ dans la personne de sa mère mais, à travers elle, c'est toute l'Église qui est concernée. Marie est l'image de l'Église Corps du Christ qui reçoit de lui la vie. Marie, la première, a reçu de son fils dans son corps l'immortalité. Telle est notre espérance !

Au cœur de ce mystère de l'amour de Dieu pour les hommes, figure sa Parole. Marie a accueilli parfaitement la volonté du Seigneur exprimée par l'ange Gabriel. Elle « a cru en l'accomplissement des paroles qui lui furent dites » (*évangile du jour*) et elle s'est montrée disponible à l'action du Saint-Esprit en elle. L'arche d'alliance qui renfermait les commandements du Seigneur, présente au milieu du peuple, était la figure de la présence de Dieu pour les hommes et de sa parole (*première lecture de la veille*). Le message de l'ange à Nazareth en fut la réalité pour que le Verbe de Dieu prît chair de notre condition humaine. Recevons aujourd'hui cette parole du Seigneur pour qu'elle porte son fruit de vie éternelle. Accueillons avec la foi de Marie le message de l'Évangile qui nous invite à mettre nos pas dans ceux de la première qui a cru en cette Parole. Alors, par son cantique, nous exulterons avec elle et avec toute l'Église qui se réjouit de voir sa mère partager la gloire de son fils mort et ressuscité : « Mon âme exalte le Seigneur, exulte mon esprit en Dieu, mon Sauveur ! ».

CHANTER

- Pour la procession d'ouverture, une forme liturgique peut-être intéressante : ***Litanies de la Sainte Mère de Dieu* VY 298.** On peut préférer un chant plus classique, ***La première en chemin* V 565, *Béni sois-tu, Seigneur* V 51-34, *Vierge Sainte, Dieu t'a choisie* V 35 CNA 632.**
- On peut aussi choisir un chant à l'Église, ***Église du Seigneur* K 128 CNA 662.**
- Après la Parole, ***Toi qui ravis le cœur de Dieu* VP 136-2 CNA 372, *Comme une aurore qui surgit* V 289-1 CNA 619.**
- Pour la procession de communion, ***Approchons-nous de la table* D 19-90, *Le Verbe s'est fait chair* D 31-15.**
- Pour l'action de grâce, ***Mon âme chante le Seigneur* V 193 CNA 626, *Jubilez, criez de joie* U 52-42** ou **Y 68-11**, ou le ***Magnificat*.**
- À la fin de la célébration : ***Couronnée d'étoiles* V 44-58, *Je vous salue Marie* V 15 CNA 621, V 22-67-122**, ou **DEV 440.**

Messe de la veille au soir

Prière d'ouverture

Seigneur, tu t'es penché sur ton humble servante, la bienheureuse Vierge Marie : tu lui as donné la grâce et l'honneur de devenir la mère de ton Fils unique et tu l'as couronnée, en ce jour, d'une gloire sans pareille ; à sa prière, accorde-nous, puisque nous sommes rachetés et sauvés, d'être élevés avec elle dans ta gloire. Par Jésus Christ.

Nouvelle traduction

Seigneur Dieu, + tu t'es penché sur ton humble servante, la bienheureuse Vierge Marie ; tu lui as fait la grâce incomparable de devenir, selon la chair, la mère de ton Fils unique, et tu l'as couronnée aujourd'hui d'une gloire sans pareille ; * puisque nous sommes sauvés par le mystère de la rédemption, / accorde-nous, à sa prière, d'être élevés dans ta gloire. Par Jésus Christ, ton Fils, notre Seigneur, + qui vit et règne avec toi dans l'unité du Saint-Esprit, / Dieu, pour les siècles des siècles.

1re Lecture

« Ils amenèrent l'arche de Dieu »

→ Lecture du premier livre des Chroniques 1 Ch 15, 3-4.15-16 ; 16, 1-2

En ces jours-là, David rassembla tout Israël à Jérusalem pour faire monter l'arche du Seigneur jusqu'à l'emplacement préparé pour elle. Il réunit les fils d'Aaron et les Lévites. Les Lévites transportèrent l'arche de Dieu, au moyen de barres placées sur leurs épaules, comme l'avait ordonné Moïse, selon la parole du Seigneur. David dit aux chefs des Lévites de mettre en place leurs frères, les chantres, avec leurs instruments, harpes, cithares, cymbales, pour les faire retentir avec force en signe de joie. Ils amenèrent donc l'arche de Dieu et l'installèrent au milieu de la tente que David avait dressée pour elle. Puis on présenta devant Dieu des holocaustes et des sacrifices de paix. Quand David eut achevé d'offrir les holocaustes et les sacrifices de paix, il bénit le peuple au nom du Seigneur.

Psaume 131

**R/ Monte, Seigneur, vers le lieu de ton repos,
toi, et l'arche de ta force !**

Entrons dans la demeure de Dieu,
prosternons-nous aux pieds de son trône.
Monte, Seigneur, vers le lieu de ton repos,
toi, et l'arche de ta force !

Que tes prêtres soient vêtus de justice,
que tes fidèles crient de joie !
Pour l'amour de David, ton serviteur,
ne repousse pas la face de ton messie.

Car le Seigneur a fait choix de Sion ;
elle est le séjour qu'il désire :
« Voilà mon repos à tout jamais,
c'est le séjour que j'avais désiré. »

2e Lecture

*« Dieu nous donne la victoire
par notre Seigneur Jésus Christ »*

→ **Lecture de la première lettre de saint Paul apôtre aux Corinthiens** 1 Co 15, 54b-57

Frères, quand cet être mortel aura revêtu l'immortalité, alors se réalisera la parole de l'Écriture : *La mort a été engloutie dans la victoire. Ô Mort, où est ta victoire ? Ô Mort, où est-il, ton aiguillon ?* L'aiguillon de la mort, c'est le péché ; ce qui donne force au péché, c'est la Loi. Rendons grâce à Dieu qui nous donne la victoire par notre Seigneur Jésus Christ.

Alléluia. Alléluia. Heureux ceux qui écoutent la parole de Dieu, et qui la gardent ! **Alléluia.**

Évangile

« Heureuse la mère qui t'a porté en elle ! »

→ **Évangile de Jésus Christ selon saint Luc** Lc 11, 27-28

En ce temps-là, comme Jésus était en train de parler, une femme éleva la voix au milieu de la foule pour lui dire : « Heureuse la mère qui t'a porté en elle, et dont les seins t'ont nourri ! » Alors Jésus lui déclara : « Heureux plutôt ceux qui écoutent la parole de Dieu, et qui la gardent ! »

Prière sur les offrandes

Nous t'en prions, Seigneur, reçois le sacrifice de louange et de paix que nous t'offrons aujourd'hui pour fêter l'Assomption de la sainte Mère de Dieu ; qu'il nous obtienne ton pardon et nous garde toujours dans l'action de grâce. Par Jésus.

Préface, p. 526.

Prière après la communion

Après avoir participé à la table du ciel, nous implorons ta bonté, Seigneur : puisque nous célébrons l'Assomption de la Mère de Dieu, délivre-nous de toute menace du mal. Par Jésus.

Messe du jour

Prière d'ouverture

Dieu éternel et tout-puissant, toi qui as fait monter jusqu'à la gloire du ciel, avec son âme et son corps, Marie, la Vierge immaculée, mère de ton Fils : fais que nous demeurions attentifs aux choses d'en haut pour obtenir de partager sa gloire. Par Jésus Christ.

Nouvelle traduction

Dieu éternel et tout-puissant, + tu as élevé jusqu'à la gloire du ciel, dans son âme et son corps, Marie, la Vierge immaculée, la mère de ton Fils ; * fais que, toujours tendus vers les réalités d'en haut, / nous obtenions de partager sa gloire. Par Jésus Christ, ton Fils, notre Seigneur, + qui vit et règne avec toi dans l'unité du Saint-Esprit, / Dieu, pour les siècles des siècles.

1re Lecture

Le signe de la Femme dans le ciel

→ Lecture de l'Apocalypse de saint Jean

Ap 11, 19a ; 12, 1-6a.10ab

Le sanctuaire de Dieu, qui est dans le ciel, s'ouvrit, et l'arche de son Alliance apparut dans le Sanctuaire. Un grand signe apparut dans le ciel : une Femme, ayant le soleil pour manteau, la lune sous les pieds, et sur la tête une couronne de douze étoiles. Elle est enceinte, elle crie, dans les douleurs et la torture d'un enfantement.

Un autre signe apparut dans le ciel : un grand dragon, rouge feu, avec sept têtes et dix cornes, et, sur chacune des sept têtes, un diadème. Sa queue, entraînant le tiers des étoiles du ciel, les précipita sur la terre. Le Dragon vint se poster devant la femme qui allait enfanter, afin de dévorer l'enfant dès sa naissance. Or, elle mit au monde un fils, un enfant mâle, celui qui sera le berger de toutes les nations, les conduisant avec un sceptre de fer. L'enfant fut enlevé jusqu'auprès de Dieu et de son Trône, et la Femme s'enfuit au désert, où Dieu lui a préparé une place. Alors j'entendis dans le ciel une voix forte, qui proclamait : « Maintenant voici le salut, la puissance et le règne de notre Dieu, voici le pouvoir de son Christ ! »

Psaume 44

R/ Debout, à la droite du Seigneur,
se tient la reine, toute parée d'or.

Écoute, ma fille, regarde et tends l'oreille ;
oublie ton peuple et la maison de ton père :
le roi sera séduit par ta beauté.

Il est ton Seigneur : prosterne-toi devant lui.
Alors, les plus riches du peuple,
chargés de présents, quêteront ton sourire.

Fille de roi, elle est là, dans sa gloire,
vêtue d'étoffes d'or ;
on la conduit, toute parée, vers le roi.

Des jeunes filles, ses compagnes, lui font cortège ;
on les conduit parmi les chants de fête :
elles entrent au palais du roi.

2e Lecture

Le Christ, premier-né d'entre les morts

→ Lecture de la première lettre de saint Paul apôtre aux Corinthiens 1 Co 15, 20-27a

Frères, le Christ est ressuscité d'entre les morts, lui, premier ressuscité parmi ceux qui se sont endormis. Car, la mort étant venue par un homme, c'est par un homme aussi que vient la résurrection des morts. En effet, de même que tous les hommes meurent en Adam, de même c'est dans le Christ que tous recevront la vie, mais chacun à son rang : en premier, le Christ, et ensuite, lors du retour du Christ, ceux qui lui appartiennent. Alors, tout sera achevé, quand le Christ remettra le pouvoir royal à Dieu son Père, après avoir anéanti, parmi les êtres célestes, toute Principauté, toute Souveraineté et Puissance. Car c'est lui qui doit régner jusqu'au jour où Dieu *aura mis sous ses pieds tous ses ennemis.* Et le dernier ennemi qui sera anéanti, c'est la mort, car *il a tout mis sous ses pieds.*

Alléluia. Alléluia. Aujourd'hui s'est ouverte la porte du paradis : Marie est entrée dans la gloire de Dieu ; exultez dans le ciel, tous les anges ! **Alléluia.**

Évangile

« Le Puissant fit pour moi des merveilles : il élève les humbles »

→ Évangile de Jésus Christ selon saint Luc Lc 1, 39-56

En ces jours-là, Marie se mit en route et se rendit avec empressement vers la région montagneuse, dans une ville de Judée. Elle entra dans la maison de Zacharie et salua Élisabeth. Or, quand Élisabeth entendit la salutation de Marie, l'enfant tressaillit en elle. Alors, Élisabeth fut remplie d'Esprit Saint, et s'écria d'une voix forte : « Tu es bénie entre toutes les femmes, et le fruit de tes entrailles est béni. D'où m'est-il donné que la mère de mon Seigneur vienne jusqu'à moi ? Car, lorsque tes paroles de salutation sont parvenues à mes oreilles, l'enfant a tressailli d'allégresse en moi. Heureuse celle qui a cru à l'accomplissement des paroles qui lui furent dites de la part du Seigneur. »

Marie dit alors : « Mon âme exalte le Seigneur, exulte mon esprit en Dieu, mon Sauveur ! Il s'est penché sur son humble servante ; désormais tous les âges me diront bienheureuse. Le Puissant fit pour moi des merveilles ; Saint est son nom ! Sa miséricorde s'étend d'âge en âge sur ceux qui le craignent. Déployant la force de son bras, il disperse les superbes. Il renverse les puissants de leurs trônes, il élève les humbles. Il comble de biens les affamés, renvoie les riches les mains vides. Il relève Israël son serviteur, il se souvient de son amour, de la promesse faite à nos pères, en faveur d'Abraham et sa descendance à jamais. » Marie resta avec Élisabeth environ trois mois, puis elle s'en retourna chez elle.

POUR LA PRIÈRE UNIVERSELLE

– La Vierge Marie est un modèle de disponibilité aux appels du Seigneur. Prions pour tous ceux qui exercent une mission dans l'Église : qu'ils se laissent guider par l'Esprit Saint pour répondre pleinement à leur vocation.

– La Vierge Marie a communié à la joie de Dieu pour accomplir son dessein. Prions pour tous ceux qui sont attristés ou qui manquent de foi dans la parole de Dieu : qu'ils se laissent gagner par l'allégresse de la présence de Dieu parmi les hommes.

– En ce jour où nous fêtons l'entrée au ciel de la Mère du Sauveur, prions pour toutes les mères de familles : que, par l'intercession de Marie et à son image, elles accomplissent leur vocation d'éducation et de témoin de l'amour de Dieu.

– Le 15 août est l'occasion de nombreux pèlerinages, fêtes paroissiales, communales ou familiales. En communion avec les pèlerins de Lourdes, prions pour celles et ceux qui participeront à ces rassemblements : que ces moments de joie fortifient les communautés humaines et religieuses.

Prière sur les offrandes

Que s'élève jusqu'à toi, Seigneur, notre fervent sacrifice, et tandis qu'intercède pour nous la très sainte Vierge Marie, emportée au ciel, que nos cœurs, brûlants de charité, aspirent toujours à monter vers toi. Par Jésus.

Préface

Vraiment, il est juste et bon de te rendre gloire, de t'offrir notre action de grâce, toujours et en tout lieu, à toi, Père très saint, Dieu éternel et tout-puissant, par le Christ, notre Seigneur.
Aujourd'hui la Vierge Marie, la Mère de Dieu, est élevée dans la gloire du ciel : parfaite image de l'Église à venir, aurore de l'Église triomphante, elle guide et soutient l'espérance de ton peuple encore en chemin. Tu as préservé de la dégradation du tombeau le corps qui avait porté ton propre Fils et mis au monde l'auteur de la vie.
C'est pourquoi, avec tous les anges du ciel, pleins de joie, nous chantons (disons) : **Saint !...**

Dans les prières eucharistiques, il y a des textes propres à la fête de l'Assomption.

Prière après la communion

Après nous avoir donné, Seigneur, le sacrement qui nous sauve, accorde-nous, par l'intercession de Marie, la Vierge bienheureuse élevée au ciel, de parvenir à la gloire de la résurrection. Par Jésus.

Marie, figure de l'Église

« Le seul, Christ, unique et total, c'est la Tête et le Corps. Et ce Corps unique est le fils d'un seul Dieu dans le ciel et d'une seule mère sur la terre. Il y a beaucoup de fils, et il n'y a qu'un seul Fils. Comme la Tête et le Corps sont un seul Fils, et plusieurs fils, de même Marie et l'Église sont une seule Mère et plusieurs mères... L'Une et l'autre, Marie et l'Église, est Mère ; l'une et l'autre est Vierge. L'une et l'autre a conçu de l'Esprit Saint, sans attrait charnel. L'une et l'autre a donné une progéniture à Dieu le Père, sans péché. L'une a engendré, sans aucun péché, une Tête pour le Corps ; l'autre a fait naître, par la rémission des péchés, un Corps pour la Tête. L'une et l'autre est Mère du Christ, mais aucune des deux ne l'enfante tout entier sans l'autre. »

Isaac de l'Étoile, *Sermons*, Sermon 51, Cerf, 1987, coll. « Sources chrétiennes ».

CALENDRIER LITURGIQUE

Di 15	**ASSOMPTION DE LA VIERGE MARIE**, patronne principale de la France. *Liturgie des Heures : Psautier semaine IV.*
Lu 16	*S. Étienne, roi de Hongrie, † 1038.* Juges 2, 11-19 ; Ps 105 ; Matthieu 19, 16-22 : « Si tu veux être parfait, va, vends ce que tu possèdes, donne-le aux pauvres, et tu auras un trésor dans les cieux »
Ma 17	Juges 6, 11-24a ; Ps 84 ; Matthieu 19, 23-30 : « Il est plus facile à un chameau de passer par un trou d'aiguille qu'à un riche d'entrer dans le royaume des Cieux »
Me 18	Juges 9, 6-15 ; Ps 20 ; Mt 20, 1-16 : « Ton regard est-il mauvais parce que moi, je suis bon ? »
Je 19	*S. Jean Eudes, prêtre, fondateur des Eudistes, † 1680 à Caen.* Juges 11, 29-39a ; Ps 39 ; Mt 22, 1-14 : « Tous ceux que vous trouverez, invitez-les à la noce »
Ve 20	S. Bernard, abbé de Clairvaux, cistercien, docteur de l'Église, † 1153. Ruth 1, 1.3-6.14b-16.22 ; Ps 145 ; Matthieu 22, 34-40 : « Tu aimeras le Seigneur ton Dieu de tout ton cœur, et ton prochain comme toi-même »
Sa 21	S. Pie X, pape, † 1914 à Rome. Ruth 2, 1-3.8-11 ; 4, 13-17 ; Ps 84 ; Matthieu 23, 1-12 : « Ils disent et ne font pas »

Bonne fête ! 15 : Marie, Maria, Marlène, Maryse, Muriel, Mireille, Myriam, Assomption. 16 : Alfred, Roch, Armel. 17 : Hyacinthe. 18 : Hélène, Mylène, Laetitia, Nelly. 19 : Eudes, Guerric. 20 : Bernard, Philibert, Samuel, Samy. 21 : Grâce, Graziella, Privat.

Saint Jean Eudes (19 août) Contemporain de saint Vincent-de-Paul, il est né près de Caen en 1601. On retient de ses œuvres la fondation d'une société de prêtres (Eudistes) pour la bonne formation du clergé dans les séminaires et pour les missions rurales et la fondation d'une Congrégation de religieuses pour la réhabilitation des femmes prostituées. Sa spiritualité est centrée sur la miséricorde du cœur de Jésus et la compassion du cœur de Marie.

21e dimanche

22 AOÛT 2021

Se donner tout entier au Seigneur

Choisir de suivre, ou non, le Seigneur est la question centrale de notre vie chrétienne parce que cela suppose de s'engager totalement et pour toute notre existence. C'est la question posée par Jésus à ses disciples quand, à la fin de son enseignement sur le pain de vie, beaucoup commencent à déserter (*évangile*). Être avec le Christ, l'accompagner, c'est choisir de recevoir sa vie de ses propres paroles, c'est-à-dire de son être. Déjà Josué présentait ce choix au peuple d'Israël : qui voulait-il servir ? Le peuple perçoit l'enjeu vital de la décision puisqu'il répond qu'il vaut mieux mourir que d'abandonner ce Dieu qui lui a apporté tant de bienfaits (*première lecture*). Il n'est pas anodin que ce choix se pose aux disciples après le discours sur le Pain de vie. Dans cet enseignement, Jésus s'est présenté comme le Fils de Dieu qui vient du ciel pour se donner aux hommes. Loin des figures d'un Dieu qu'on ne peut approcher, Jésus demande à ses disciples d'être si proches de lui qu'ils doivent manger sa chair et boire son sang, afin qu'ils reçoivent la vie éternelle. Le Christ révèle par là le coeur très aimant de Dieu pour les hommes à qui il donne son propre Fils. Aussi, suivre le Christ, c'est répondre à cet amour qui se manifeste dans le don que Jésus nous fait de son corps et de son sang. Jésus veut que nous comprenions ce qu'il fait et les conséquences qui en découleront pour la vie de ses disciples ; c'est pourquoi il a donné cet enseignement et que ses paroles sont reçues par Pierre comme des paroles de vie éternelle. Le Christ veut ainsi réaliser le projet de Dieu : créer une communion pleine et éternelle entre Dieu et les hommes.

Saint Paul présente cette relation sous la figure de l'amour conjugal (*deuxième lecture*). S'appuyant sur la culture de son époque, bien différente de la nôtre, où l'épouse devait être soumise à son mari, il exhorte les Éphésiens à ce que leur Église soit soumise au Christ et que les maris aiment leur femme à la manière du Christ. C'est donc dans le rapport de l'Église au Christ que se trouve la référence de l'amour conjugal et, par extension, de tout amour fraternel. Aujourd'hui, choisissons de suivre le Seigneur et de le servir dans nos frères. Alors nous pourrons chanter : « Je bénirai le Seigneur en tout temps, sa louange sans cesse à mes lèvres » (*psaume*) et rendre grâce à Dieu dans cette eucharistie.

Des chants sont proposés pour les 17e au 21e dimanches, p. 497.

Prière d'ouverture

Dieu qui peux mettre au cœur de tes fidèles un unique désir, donne à ton peuple d'aimer ce que tu commandes et d'attendre ce que tu promets ; pour qu'au milieu des changements de ce monde, nos cœurs s'établissent fermement là où se trouvent les vraies joies. Par Jésus Christ.

Nouvelle traduction

Seigneur Dieu, toi qui unis les cœurs des fidèles dans une seule volonté : + donne à ton peuple d'aimer ce que tu commandes et de désirer ce que tu promets, * pour qu'au milieu des changements de ce monde, / nos cœurs s'établissent fermement là où se trouvent les vraies joies. Par Jésus Christ, ton Fils, notre Seigneur, + qui vit et règne avec toi dans l'unité du Saint-Esprit, / Dieu, pour les siècles des siècles.

1re Lecture

« C'est lui notre Dieu »

→ Lecture du livre de Josué — Jos 24, 1-2a.15-17.18b

En ces jours-là, Josué réunit toutes les tribus d'Israël à Sichem ; puis il appela les anciens d'Israël, avec les chefs, les juges et les scribes ; ils se présentèrent devant Dieu. Josué dit alors à tout le peuple : « S'il ne vous plaît pas de servir le

Seigneur, choisissez aujourd'hui qui vous voulez servir : les dieux que vos pères servaient au-delà de l'Euphrate, ou les dieux des Amorites dont vous habitez le pays. Moi et les miens, nous voulons servir le Seigneur. »

Le peuple répondit : « Plutôt mourir que d'abandonner le Seigneur pour servir d'autres dieux ! C'est le Seigneur notre Dieu qui nous a fait monter, nous et nos pères, du pays d'Égypte, cette maison d'esclavage ; c'est lui qui, sous nos yeux, a accompli tous ces signes et nous a protégés tout le long du chemin que nous avons parcouru, chez tous les peuples au milieu desquels nous sommes passés. Nous aussi, nous voulons servir le Seigneur, car c'est lui notre Dieu. »

Psaume 33

R/ Goûtez et voyez comme est bon le Seigneur !

Je bénirai le Seigneur en tout temps,
sa louange sans cesse à mes lèvres.
Je me glorifierai dans le Seigneur :
que les pauvres m'entendent et soient en fête !

Le Seigneur regarde les justes,
il écoute, attentif à leurs cris.
Le Seigneur affronte les méchants
pour effacer de la terre leur mémoire.

Malheur sur malheur pour le juste,
mais le Seigneur chaque fois le délivre.
Il veille sur chacun de ses os :
pas un ne sera brisé.

Le mal tuera les méchants ;
ils seront châtiés d'avoir haï le juste.
Le Seigneur rachètera ses serviteurs :
pas de châtiment pour qui trouve en lui son refuge.

2e Lecture

Une relation d'amour

→ **Lecture de la lettre de saint Paul apôtre aux Éphésiens** Ep 5, 21-32

Frères, par respect pour le Christ, soyez soumis les uns aux autres ; les femmes, à leur mari, comme au Seigneur Jésus ; car, pour la femme, le mari est la tête, tout comme, pour l'Église, le Christ est la tête, lui qui est le Sauveur de son corps. Eh bien ! puisque l'Église se soumet au Christ, qu'il en soit toujours de même pour les femmes à l'égard de leur mari.

Vous, les hommes, aimez votre femme à l'exemple du Christ : il a aimé l'Église, il s'est livré lui-même pour elle, afin de la rendre sainte en la purifiant par le bain de l'eau baptismale, accompagné d'une parole ; il voulait se la présenter à lui-même, cette Église, resplendissante, sans tache, ni ride, ni rien de tel ; il la voulait sainte et immaculée. C'est de la même façon que les maris doivent aimer leur femme : comme leur propre corps. Celui qui aime sa femme s'aime soi-même. Jamais personne n'a méprisé son propre corps : au contraire, on le nourrit, on en prend soin.

C'est ce que fait le Christ pour l'Église, parce que nous sommes les membres de son corps. Comme dit l'Écriture : *À cause de cela, l'homme quittera son père et sa mère, il s'attachera à sa femme, et tous deux ne feront plus qu'un.* Ce mystère est grand : je le dis en référence au Christ et à l'Église.

Alléluia. Alléluia. Tes paroles, Seigneur, sont esprit et elles sont vie ; tu as les paroles de la vie éternelle. **Alléluia.**

Évangile

Jésus, parole de vie

→ **Évangile de Jésus Christ selon saint Jean** Jn 6, 60-69

En ce temps-là, Jésus avait donné un enseignement dans la synagogue de Capharnaüm. Beaucoup de ses disciples, qui avaient entendu, déclarèrent : « Cette parole est rude ! Qui peut l'entendre ? »

Jésus savait en lui-même que ses disciples récriminaient à son sujet. Il leur dit : « Cela vous scandalise ? Et quand vous verrez le Fils de l'homme monter là où il était auparavant !... C'est l'esprit qui fait vivre, la chair n'est capable de rien. Les paroles que je vous ai dites sont esprit et elles sont vie. Mais il y en a parmi vous qui ne croient pas. »

Jésus savait en effet depuis le commencement quels étaient ceux qui ne croyaient pas, et qui était celui qui le livrerait. Il ajouta : « Voilà pourquoi je vous ai dit que personne ne peut venir à moi si cela ne lui est pas donné par le Père. » À partir de ce moment, beaucoup de ses disciples s'en retournèrent et cessèrent de l'accompagner.

Alors Jésus dit aux Douze : « Voulez-vous partir, vous aussi ? » Simon-Pierre lui répondit : « Seigneur, à qui irions-nous ? Tu as les paroles de la vie éternelle. Quant à nous, nous croyons, et nous savons que tu es le Saint de Dieu. »

POUR LA PRIÈRE UNIVERSELLE

– Le peuple hébreu a reconnu les bienfaits de Dieu. Pour celles et ceux qui dans l'Église adressent à Dieu l'action de grâce de tous les hommes, implorons le Seigneur afin qu'ils demeurent fidèles à leur vocation.
– Saint Paul exhorte les maris à aimer leur femme comme le Christ aime l'Église. Pour les hommes qui ont été appelés à se marier, demandons au Seigneur qu'il nourrisse leur cœur de tendresse et de patience.
– Les Apôtres choisissent de suivre le Christ malgré ses paroles déconcertantes. Pour les jeunes qui hésitent à être disciples du Seigneur, invoquons l'Esprit Saint afin que s'éclaire leur chemin et qu'ils ouvrent leur cœur à la parole de Dieu.
– Nous sommes tous invités à manger le pain de la vie éternelle. Demandons au Seigneur que ses paroles soient pour chacun des paroles d'esprit et de vie.

Prière sur les offrandes

Par l'unique sacrifice de la Croix, tu t'es donné, Père très bon, un peuple de fils ; accorde-nous, dans ton Église, la grâce de l'unité et de la paix. Par Jésus.

Prière après la communion

Que ta miséricorde, Seigneur, agisse en nous, et nous guérisse entièrement ; transforme-nous, par ta grâce, et rends-nous si généreux que nous puissions te plaire en toute chose. Par Jésus.

Le Christ nous appelle

« Tout le long de notre vie le Christ nous appelle. Il nous appela d'abord dans le baptême, mais plus tard aussi ; que nous obéissions ou non à sa voix, il nous appelle encore miséricordieusement. Si nous manquons aux promesses de notre baptême, il nous appelle au repentir ; si nous faisons effort pour accomplir notre vocation, il nous appelle toujours plus avant de grâce en grâce, et de sainteté en sainteté, tant que la vie nous est laissée. Abraham fut appelé à quitter sa maison, Pierre ses filets, Matthieu son emploi, Élisée sa ferme, Nathanaël sa retraite ; tous, nous sommes appelés sans cesse, d'une chose à l'autre, toujours plus loin, n'ayant point de lieu de repos, mais montant vers notre repos éternel, et n'obéissant à un ordre que pour être prêts à en entendre un autre. Il nous appelle sans cesse, afin de nous justifier sans cesse ; et sans cesse, et de plus en plus, nous sanctifier et nous glorifier. Il nous serait bon de comprendre ceci ; mais nous sommes lents à comprendre cette grande vérité, que le Christ est en quelque sorte marchant parmi nous et, par sa main, ses yeux, sa voix, nous ordonne de le suivre. »

Saint John Henry Newman, *Parochial and Plain Sermons*, t. VIII, cité dans *Parole de Dieu, langage des hommes*, t. 2, Éditions de l'Atelier, 1996, p. 292.

CALENDRIER LITURGIQUE

Di 22	**21e dimanche B.** *Liturgie des Heures : Psautier semaine I.* [La Vierge Marie, Reine.]
Lu 23	*Ste Rose de Lima, vierge, tertiaire dominicaine, † 1617, à Lima.* 1 Thessaloniciens 1, 1-5.8b-10 ; Ps 149 ; Matthieu 23, 13-22 : « Malheureux êtes-vous, guides aveugles »
Ma 24	S. BARTHÉLEMY, Apôtre. Lectures propres : Apocalypse 21, 9b-14 ; Ps 144 ; Jean 1, 45-51 : « Voici vraiment un Israélite : il n'y a pas de ruse en lui. »
Me 25	*S. Louis, roi de France, † 1270 à Tunis.* *S. Joseph de Calasanz (Espagne), prêtre, fondateur d'ordre, † 1648 à Rome.* 1 Thessaloniciens 2, 9-13 ; Ps 138 ; Matthieu 23, 27-32 : « Vous êtes bien les fils de ceux qui ont assassiné les prophètes »
Je 26	*En France, S. Césaire, évêque d'Arles, † 542.* 1 Thessaloniciens 3, 7-13 ; Ps 89 ; Matthieu 24, 42-51 : « Tenez-vous donc prêts »
Ve 27	Ste Monique, mère de S. Augustin, † vers 387 à Ostie (près de Rome). En Afrique du Nord, fête. 1 Thessaloniciens 4, 1-8 ; Ps 96 ; Matthieu 25, 1-13 : « Voici l'époux ! Sortez à sa rencontre »
Sa 28	S. Augustin, évêque d'Hippone (Algérie), docteur de l'Église, † 430. En Afrique du Nord, solennité. 1 Thessaloniciens 4, 9-11 ; Ps 97 ; Mt 25, 14-30 : « Tu as été fidèle pour peu de choses, entre dans la joie de ton seigneur »

Bonne fête ! 22 : Fabrice, Siegfried, Symphorien, Reine. 23 : Rose, Rosita. 24 : Barthélemy, Nathanaël. 25 : Louis, Clovis, Ludwig. 26 : Césaire, César, Natacha, Tasha. 27 : Monique. 28 : Augustin, Auguste, Hermès, Linda.

Sainte Rose de Lima (23 août), première sainte du Nouveau Monde, était une mystique du Tiers-Ordre dominicain, décédée en 1617. Elle choisit de vivre dans la prière et une grande austérité, dans un minuscule ermitage au fond du jardin de ses parents.

22e dimanche

29 AOÛT 2021

Agir selon la parole de Dieu

Parmi les commandements religieux, quels sont ceux qui viennent de Dieu et quels sont ceux qui ont pour origine une volonté humaine ? Telle paraît être la question de ce dimanche. Chacun de nous a sûrement été exposé un jour à cette question de l'interprétation des observances religieuses : comment savoir si elles expriment la volonté de Dieu ou la volonté des hommes ? Moïse se fait le porte-parole de Dieu et ses propos seront validés par la réalisation de la promesse d'entrer en Terre promise : « Israël, écoute les décrets et les ordonnances que je vous enseigne pour que vous les mettiez en pratique. » Cette obéissance donnera au peuple la réputation d'être sage et intelligent (*première lecture*).

À l'inverse, Jésus défend ses disciples critiqués par des scribes et des Pharisiens parce qu'ils ne respectent pas les décrets sur les ablutions à faire avant les repas. Toutefois, il qualifie ces pratiques de « traditions des hommes » (*évangile*). Le Christ oppose l'apparence extérieure (« les lèvres ») au sentiment intérieur (« le cœur ») et le commandement de Dieu à la tradition des hommes. Il se réfère à un unique commandement. Quel est-il donc cet unique commandement divin ? Sans doute faut-il le chercher dans le premier impératif qui précède le Décalogue : « Écoute le Seigneur ton Dieu » (Dt 6,4). Écouter selon la Bible, c'est accueillir les paroles du Seigneur qui expriment sa volonté et obéir à Dieu qui guide la vie des hommes. Il s'agit donc pour tout disciple de chercher à connaître la volonté de Dieu, d'écouter sa parole et de la mettre en pratique en dépassant une attitude de soumission servile à des préceptes religieux. L'Église a la mission d'éclairer les hommes sur la volonté de Dieu en traduisant par son enseignement la parole de Dieu. À chacun d'agir dans sa situation personnelle avec une conscience éclairée en écoutant le Seigneur ! Saint Jacques, quant à lui, parle de la douceur de la Parole semée en nous, elle qui nous a engendrés et qui peut sauver nos âmes (*deuxième lecture*). Selon lui, il ne suffit pas d'écouter la Parole mais il faut la mettre en pratique dans les œuvres de charité et la rectitude de vie : ainsi nous recevrons les dons parfaits qui viennent d'en-haut.

CHANTER

- Le répertoire proposé ici conviendra aussi pour les 23e et 24e dimanches.
- Pour la procession d'ouverture : ***Écoute la voix du Seigneur*** **X 548 CNA 761,** ***Pour avancer ensemble*** **KD 20-38 CNA 524,** ***Il est venu marcher sur nos routes*** **M 157-4 CNA 557,** ***Jour du Seigneur*** **AP 10-00-1 CNA 562,** ***Jubilez, criez de joie*** **U 52-42 ou Y 68-11.**
- Pour la procession des dons : ***Tout vient de Dieu, tout est pour Dieu*** **B 50-05-2,** ***Voici rassemblée dans ce pain, dans ce vin*** **B 52-91-2 ou B 52-91-3.**
- Pour la procession de communion : ***Tu fais ta demeure en nous*** **D 56-49,** ***Corps livré, sang versé*** **D 54-18,** ***T'approcher, Seigneur*** **D 104 ou G 22-68-6 CNA 590,** ***De la table du Seigneur*** **D 80 CNA 324,** ***Pain de Dieu, pain rompu*** **D 284 CNA 338.**
- Pour l'action de grâce : ***Tenons en éveil*** **Y 243-1 CNA 591,** ***Il est l'Agneau et le Pasteur*** **ZL 22-2 CNA 556,** ***En accueillant l'amour*** **DP 126 CNA 325,** ***Celui qui a mangé de ce pain*** **D 140 CNA 321,** ***Pas de plus grand amour*** **Edit 10-64,** ***N'oublions pas les merveilles de Dieu*** **ZL 33-34.**
- Si l'on souhaite caractériser davantage chaque dimanche, on pourra retenir :

– Pour le 22e dimanche : ***Seigneur, que ta Parole*** **U 641 CNA 212.**
– Pour le 23e dimanche : ***Ouvre mes yeux, Seigneur*** **GP 79-3 CNA 699.**
– Pour le 24e dimanche : ***Les mots que tu nous dis*** **EP 164.**

Prière d'ouverture

Dieu puissant, de qui vient tout don parfait, enracine en nos cœurs l'amour de ton nom ; resserre nos liens avec toi, pour développer ce qui est bon en nous ; veille sur nous avec sollicitude, pour protéger ce que tu as fait grandir. Par Jésus Christ.

Nouvelle traduction

Dieu de l'univers, de qui vient tout don parfait, + enracine en nos cœurs l'amour de ton nom ; * augmente notre foi, pour développer ce qui est bon en nous ; / veille sur nous avec sollicitude, pour protéger ce que tu as fait grandir. Par Jésus Christ, ton Fils, notre Seigneur, + qui vit et règne avec toi dans l'unité du Saint-Esprit, / Dieu, pour les siècles des siècles.

1re Lecture

La parole de Dieu, chemin de vie

→ Lecture du livre du Deutéronome Dt 4, 1-2.6-8

Moïse disait au peuple : « Maintenant, Israël, écoute les décrets et les ordonnances que je vous enseigne pour que vous les mettiez en pratique. Ainsi vous vivrez, vous entrerez, pour en prendre possession, dans le pays que vous donne le Seigneur, le Dieu de vos pères. Vous n'ajouterez rien à ce que je vous ordonne, et vous n'y enlèverez rien, mais vous garderez les commandements du Seigneur votre Dieu tels que je vous les prescris. Vous les garderez, vous les mettrez en pratique ; ils seront votre sagesse et votre intelligence aux yeux de tous les peuples. Quand ceux-ci entendront parler de tous ces décrets, ils s'écrieront : "Il n'y a pas un peuple sage et intelligent comme cette grande nation !" Quelle est en effet la grande nation dont les dieux soient aussi proches que le Seigneur notre Dieu est proche de nous chaque fois que nous l'invoquons ? Et quelle est la grande nation dont les décrets et les ordonnances soient aussi justes que toute cette Loi que je vous donne aujourd'hui ? »

Psaume 14

R/ Seigneur, qui séjournera sous ta tente ?

Celui qui se conduit parfaitement,
qui agit avec justice
et dit la vérité selon son cœur.
Il met un frein à sa langue.

Il ne fait pas de tort à son frère
et n'outrage pas son prochain.
À ses yeux, le réprouvé est méprisable
mais il honore les fidèles du Seigneur.

Il ne reprend pas sa parole.
Il prête son argent sans intérêt,
n'accepte rien qui nuise à l'innocent.
Qui fait ainsi demeure inébranlable.

2e Lecture

Une parole à mettre en pratique

→ Lecture de la lettre de saint Jacques Jc 1, 17-18.21b-22.27

M**es frères bien-aimés**, les présents les meilleurs, les dons parfaits, proviennent tous d'en haut, ils descendent d'auprès du Père des lumières, lui qui n'est pas, comme les astres, sujet au mouvement périodique ni aux éclipses. Il a voulu nous engendrer par sa parole de vérité, pour faire de nous comme les prémices de toutes ses créatures. Accueillez dans la douceur la Parole semée en vous ; c'est elle qui peut sauver vos âmes. Mettez la Parole en pratique, ne vous contentez pas de l'écouter : ce serait vous faire illusion. Devant Dieu notre Père, un comportement religieux pur et sans souillure, c'est de visiter les orphelins et les veuves dans leur détresse, et de se garder sans tache au milieu du monde.

Alléluia. Alléluia. Le Père a voulu nous engendrer par sa parole de vérité, pour faire de nous comme les prémices de toutes ses créatures. **Alléluia.**

Évangile

La parole de Dieu, vérité pour le cœur

→ Évangile de Jésus Christ selon saint Marc

Mc 7, 1-8.14-15.21-23

En ce temps-là, les pharisiens et quelques scribes, venus de Jérusalem, se réunissent auprès de Jésus, et voient quelques-uns de ses disciples prendre leur repas avec des mains impures, c'est-à-dire non lavées. – Les pharisiens en effet, comme tous les Juifs, se lavent toujours soigneusement les mains avant de manger, par attachement à la tradition des anciens ; et au retour du marché, ils ne mangent pas avant de s'être aspergés d'eau, et ils sont attachés encore par tradition à beaucoup d'autres pratiques : lavage de coupes, de carafes et de plats. Alors les pharisiens et les scribes demandèrent à Jésus : « Pourquoi tes disciples ne suivent-ils pas la tradition des anciens ? Ils prennent leurs repas avec des mains impures. »

Jésus leur répondit : « Isaïe a bien prophétisé à votre sujet, hypocrites, ainsi qu'il est écrit : *Ce peuple m'honore des lèvres, mais son cœur est loin de moi. C'est en vain qu'ils me rendent un culte ; les doctrines qu'ils enseignent ne sont que des préceptes humains.* Vous aussi, vous laissez de côté le commandement de Dieu, pour vous attacher à la tradition des hommes. » Appelant de nouveau la foule, il lui disait : « Écoutez-moi tous, et comprenez bien. Rien de ce qui est extérieur à l'homme et qui entre en lui ne peut le rendre impur. Mais ce qui sort de l'homme, voilà ce qui rend l'homme impur. »

Il disait encore à ses disciples, à l'écart de la foule : « C'est du dedans, du cœur de l'homme, que sortent les pensées perverses : inconduites, vols, meurtres, adultères, cupidités, méchancetés, fraude, débauche, envie, diffamation, orgueil et démesure. Tout ce mal vient du dedans, et rend l'homme impur. »

POUR LA PRIÈRE UNIVERSELLE

– Présentons au Seigneur l'Église qui a la mission d'annoncer la Parole et de la mettre en pratique : que ses ministres vivent de l'Évangile et qu'ils y soient fidèles dans toute leur vie.

– Prions le Seigneur, à quelques jours de la journée mondiale pour la Création : que les responsables politiques et sociaux agissent pour que toutes les créatures soient respectés dans leur dignité.

– Confions au Seigneur les personnes qui se sentent incapables de vivre selon les commandements de Dieu et celles qui sont marquées par l'échec ou le découragement : que l'Esprit Saint les éclaire et les soutienne de sa force.

– Prions le Seigneur pour celles et ceux qui reprendront leur travail ou leurs études cette semaine : qu'ils voient dans leurs activités des occasions de vivre selon la parole de Dieu.

Prière sur les offrandes

Que l'offrande eucharistique, Seigneur, nous apporte toujours la grâce du salut ; que ta puissance accomplisse elle-même ce que nous célébrons dans cette liturgie. Par Jésus.

Prière après la communion

Rassasiés par le pain de la vie, nous te prions, Seigneur : que cette nourriture fortifie l'amour en nos cœurs, et nous incite à te servir dans nos frères. Par Jésus.

Le nom de Dieu

« Le nom de Dieu est plein de mystère. Il rayonne l'infini, la plénitude d'être et de puissance de Celui qui est. Dans ce mot vit aussi le plus profond de notre être. Le plus intime de notre âme tressaille à l'entendre et y répond. Créée par Dieu et pour Dieu, elle n'a de repos qu'elle ne lui soit unie, et notre moi n'a pas d'autre sens pour s'unir à lui dans l'amour. Notre principe et notre fin, notre noblesse, l'âme de notre âme, tout tient dans ces mots : Dieu, mon Dieu ; et de même, adoration, désirs, repentir, tout ... Le mot Dieu dit tout, est tout. Prions le

Seigneur de nous apprendre à ne pas l'employer en vain, mais à le sanctifier, à l'honorer. Qu'il ne devienne jamais la pièce qui passe de main en main ! Il doit nous être infiniment précieux, trois fois saint. Le nom de Dieu, honorons-le comme Dieu lui-même... En lui, honorons aussi le sanctuaire de notre âme... »

Romano Guardini, *Les signes sacrés*, Spes, 1953, p. 98-99.

CALENDRIER LITURGIQUE

Di 29	**22e dimanche B.** *Liturgie des Heures : Psautier semaine II.* [Martyre de S. Jean Baptiste. *Au Luxembourg*, dédicace de la cathédrale.]
Lu 30	1 Thessaloniciens 4, 13-18 ; Ps 95 ; Luc 4, 16-30 : « Il m'a envoyé porter la Bonne Nouvelle aux pauvres. Aucun prophète ne trouve un accueil favorable dans son pays »
Ma 31	*En Belgique, la Vierge Marie Médiatrice.* 1 Thessaloniciens 5, 1-6.9-11 ; Ps 26 ; Luc 4, 31-37 : « Je sais qui tu es : tu es le Saint de Dieu »
Me 1er	Colossiens 1, 1-8 ; Ps 51 ; Luc 4, 38-44 : « Aux autres villes aussi, il faut que j'annonce la Bonne Nouvelle, car c'est pour cela que j'ai été envoyé »
Je 2	Colossiens 1, 9-14 ; Ps 97 ; Luc 5, 1-11 : « Laissant tout, ils le suivirent »
Ve 3	S. Grégoire le Grand, pape, docteur de l'Église, † 604 (12 mars) à Rome. Colossiens 1, 15-20 ; Ps 99 ; Luc 5, 33-39 : « Des jours viendront où l'Époux leur sera enlevé ; alors, ils jeûneront »
Sa 4	Colossiens 1, 21-23 ; Ps 53 ; Luc 6, 1-5 : « Pourquoi faites-vous ce qui n'est pas permis le jour du sabbat ? »

Bonne fête ! 29 : Sabine, Sabrina. 30 : Fiacre, Sacha. 31 : Aristide. 1er : Gilles, Josué. 2 : Ingrid. 3 : Grégoire, Grégory, Graziella. 4 : Rosalie, Irma, Marien, Moïse.

Pour mémoire : le 1er septembre, journée mondiale de prière pour la sauvegarde de la Création, instituée par le pape François le 6 août 2015, comme le fait aussi l'Église orthodoxe.

Sainte Ingrid (**2 septembre**) était une princesse suédoise. Devenue veuve, elle fit un pèlerinage dans les lieux saints avant de fonder en Suède un couvent de contemplatives, tertiaires dominicaines. Elle est décédée en 1282.

23e dimanche

5 SEPTEMBRE 2021

Le Christ Sauveur est plus qu'un guérisseur

Jésus est-il bien le Messie ? L'enjeu est de taille puisque, s'il agit au nom de Dieu, c'est toute la vie des hommes qui sera transformée. Au temps de Jésus, le peuple d'Israël attendait la réalisation des annonces prophétiques de l'Ancien Testament. Isaïe avait encouragé continuellement ses contemporains en butte aux malheurs en annonçant la manifestation prochaine de Dieu qui viendrait lui-même guérir les infirmités des sourds, des aveugles, des boiteux, des muets et même redonner l'eau au pays de la soif (*première lecture*).

Or, quand Jésus a pratiqué des guérisons, il a accompli des signes qui correspondaient à ce qu'on attendait du Messie (*évangile*). À la différence d'autres guérisseurs de son époque, le Christ n'a pas eu alors pour seule perspective de rendre la santé aux malades mais il s'est présenté comme celui qui vient accomplir le dessein salvifique du Seigneur. Aussi, les miracles de Jésus s'accompagnent-ils d'enseignements qui situent ces actes de salut dans une question essentielle pour les hommes : vont-ils accueillir Jésus comme Dieu qui vient changer la vie de tous les hommes ? Le Christ ne vient pas seulement pour rétablir la santé des mal portants ou nourrir les foules affamées qui le suivent. Si son action s'arrêtait là, il accepterait de devenir le héros qu'on veut faire de lui. Jésus veut que tous ceux qu'il rencontre s'ouvrent à la parole du Seigneur, c'est-à-dire au dessein du Père. L'ordre qu'il intime au sourd, « Ouvre-toi », s'adresse à tout ce qu'est cet homme et pas seulement à ses oreilles qui sont restées fermées. Le sourd guéri par Jésus est le symbole du peuple qui n'entend pas la loi de Dieu, « le commandement de Dieu » dont il était question dimanche dernier. Ce commandement de Dieu n'est autre que de vivre la miséricorde que Dieu apporte à tous les hommes par son Fils.

L'apôtre Jacques nous adresse en ce sens une exhortation à n'avoir aucune partialité au sein de nos communautés (*deuxième lecture*) et donc à vivre comme le Christ qui ne fait pas de différence entre les hommes. Comme on le constate après plusieurs miracles du Christ, certains se contentent des bienfaits qu'il a prodigués, sans découvrir que le vrai don de Dieu, c'est Jésus, le Fils de Dieu. À l'inverse, la reconnaissance de la divinité du Christ nous ouvre un avenir infini de grâce et de conversion.

Accueillons la parole de Jésus dite à chaque baptême « *Effata*, Ouvre-toi ! », pour que le Christ puisse établir en nous sa demeure, et rendons grâce au Père dans cette eucharistie.

CHANTER

En plus des chants proposés pour le 22e dimanche, p. 536, on pourra aussi chanter en ouverture : **Ouvre mes yeux, Seigneur GP 79-3 CNA 699.**

Prière d'ouverture

Dieu qui as envoyé ton Fils pour nous sauver et pour faire de nous tes enfants d'adoption, regarde avec bonté ceux que tu aimes comme un père ; puisque nous croyons au Christ, accorde-nous la vraie liberté et la vie éternelle. Par Jésus Christ.

Nouvelle traduction

Seigneur Dieu, par toi nous vient la rédemption, par toi nous est donnée l'adoption filiale ; + dans ta bonté, regarde avec amour tes enfants ; * à ceux qui croient au Christ, accorde la vraie liberté / et la vie éternelle en héritage. Par Jésus Christ, ton Fils, notre Seigneur, + qui vit et règne avec toi dans l'unité du Saint-Esprit, / Dieu, pour les siècles des siècles.

1re Lecture

Annonce prophétique du salut de Dieu

→ **Lecture du livre du prophète Isaïe** Is 35, 4-7a

Dites aux gens qui s'affolent : « Soyez forts, ne craignez pas. Voici votre Dieu : c'est la vengeance qui vient, la revanche de Dieu. Il vient lui-même et va vous sauver. » Alors se dessilleront les yeux des aveugles, et s'ouvriront les oreilles des sourds. Alors le boiteux bondira comme un cerf, et la bouche du muet criera de joie ; car l'eau jaillira dans le désert, des torrents dans le pays aride. La terre brûlante se changera en lac, la région de la soif, en eaux jaillissantes.

Psaume 145

R/ Je veux louer le Seigneur,
tant que je vis.
***ou* : Alléluia.**

Le Seigneur garde à jamais sa fidélité,
il fait justice aux opprimés ;
aux affamés, il donne le pain ;
le Seigneur délie les enchaînés.

Le Seigneur ouvre les yeux des aveugles,
le Seigneur redresse les accablés,
le Seigneur aime les justes,
le Seigneur protège l'étranger.

Il soutient la veuve et l'orphelin,
il égare les pas du méchant.
D'âge en âge, le Seigneur régnera :
ton Dieu, ô Sion, pour toujours !

2e Lecture

Le pauvre est l'héritier du Royaume

→ Lecture de la lettre de saint Jacques Jc 2, 1-5

M**es frères**, dans votre foi en Jésus Christ, notre Seigneur de gloire, n'ayez aucune partialité envers les personnes. Imaginons que, dans votre assemblée, arrivent en même temps un homme au vêtement rutilant, portant une bague en or, et un pauvre au vêtement sale. Vous tournez vos regards vers celui qui porte le vêtement rutilant et vous lui dites : « Assieds-toi ici, en bonne place » ; et vous dites au pauvre : « Toi, reste là debout », ou bien : « Assieds-toi au bas de mon marchepied. »

Cela, n'est-ce pas faire des différences entre vous, et juger selon de faux critères ? Écoutez donc, mes frères bien-aimés ! Dieu, lui, n'a-t-il pas choisi ceux qui sont pauvres aux yeux du monde pour en faire des riches dans la foi, et des héritiers du Royaume promis par lui à ceux qui l'auront aimé ?

Alléluia. Alléluia. Jésus proclamait l'Évangile du Royaume et guérissait toute maladie dans le peuple. **Alléluia.**

Évangile

Jésus réalise les promesses de Dieu

→ Évangile de Jésus Christ selon saint Marc Mc 7, 31-37

E**n ce temps-là**, Jésus quitta le territoire de Tyr ; passant par Sidon, il prit la direction de la mer de Galilée et alla en plein territoire de la Décapole. Des gens lui amènent un sourd qui avait aussi de la difficulté à parler, et supplient Jésus de poser la main sur lui. Jésus l'emmena à l'écart, loin de la foule, lui mit les doigts dans les oreilles, et, avec sa salive, lui toucha la langue. Puis, les yeux levés au ciel, il soupira et lui dit : « *Effata !* », c'est-à-dire : « Ouvre-toi ! » Ses oreilles s'ouvrirent ; sa langue se délia, et il parlait correctement.

Alors Jésus leur ordonna de n'en rien dire à personne ; mais plus il leur donnait cet ordre, plus ceux-ci le proclamaient. Extrêmement frappés, ils disaient : « Il a bien fait toutes choses : il fait entendre les sourds et parler les muets. »

POUR LA PRIÈRE UNIVERSELLE

– Nous te prions, Seigneur, pour les personnes qui ont reçu la mission de faire entendre ta parole et particulièrement, en cette rentrée scolaire, pour les catéchistes et responsables de la pastorale des jeunes : que ton Esprit de sagesse et de force les guide et les encourage.
– Nous te prions, Seigneur, pour ceux qui s'engagent dans la vie de la Cité : qu'ils agissent sans partialité et fassent droit à tous ceux qui leur sont confiés.
– Nous te prions, Seigneur, pour ceux qui vivent dans la crainte et la précarité : qu'ils entendent des prophètes qui les soutiennent et leur redonnent espoir.
– Nous te prions, Seigneur, pour notre communauté qui se rassemble après le temps de l'été : que chacun cherche à être riche dans la foi en vue du Royaume.

Prière sur les offrandes

Dieu qui donnes la grâce de te servir avec droiture et de chercher la paix, fais que cette offrande puisse te glorifier, et que notre participation à l'eucharistie renforce les liens de notre unité. Par Jésus.

Prière après la communion

Par ta parole et ton pain, Seigneur, tu nourris et fortifies tes fidèles : accorde-nous de si bien profiter de ces dons que nous soyons associés pour toujours à la vie de ton Fils. Lui qui règne.

Une surdité spirituelle

« *"Effeta ! Ouvre-toi"*. L'Évangile raconte la guérison d'un sourd-muet par Jésus. Il est clair qu'il ne s'agit pas pour lui seulement d'un défaut corporel, mais d'un symbole du peuple Israël (qui lui-même représente toute l'humanité) : Israël est, comme l'ont souvent dit les prophètes, sourd à la Parole de Dieu, donc aussi incapable d'une réponse valable. Jésus n'accomplit pas de miracles spectaculaires, aussi emmène-t-il le malade à l'écart, il cherche le milieu délicat entre la discrétion (face à la propagande du monde) et l'aide à apporter au peuple. Les deux touchers corporels (les oreilles et la langue) forment le prélude à son regard levé vers le Père – tout miracle qu'il accomplit est un acte du Père par lui – et à son soupir, qui indique bien qu'il est rempli du Saint-Esprit ; cette plénitude Trinitaire montre suffisamment que dans l'ordre "Ouvre-toi !" résonne une parole non pas simplement de guérison corporelle mais d'un effet de grâce pour Israël et l'humanité. »

Hans Urs von Balthasar, *Lumière de la Parole, Commentaires des lectures dominicales*, Année B, Culture et vérité, 1990, p. 122.

CALENDRIER LITURGIQUE

Di 5	**23e dimanche B.** *Liturgie des Heures : Psautier semaine III.*
Lu 6	Colossiens 1, 24–2, 3 ; Ps 61 ; Luc 6, 6-11 : « Ils observaient Jésus pour voir s'il ferait une guérison le jour du sabbat »
Ma 7	Colossiens 2, 6-15 ; Ps 144 ; Luc 6, 12-19 : « Il passa toute la nuit à prier Dieu ; il appela ses disciples et en choisit douze auxquels il donna le nom d'Apôtres »
Me 8	NATIVITÉ DE LA VIERGE MARIE. Lectures propres : Michée 5,1-4 ou Romains 8,28-30 ; Ps 12 ; Matthieu 1, 1-16.18-23 : « L'enfant qui est engendré en elle vient de l'Esprit Saint » (lecture brève : 1, 18-23)
Je 9	*S. Pierre Claver, prêtre, jésuite espagnol, apôtre des esclaves noirs, † 1654 à Carthagène en Colombie.* Colossiens 3, 12-17 ; Ps 150 ; Luc 6, 27-38 : « Soyez miséricordieux comme votre Père est miséricordieux »
Ve 10	1 Timothée 1, 1-2.12-14 ; Ps 15 ; Luc 6, 39-42 : « Un aveugle peut-il guider un autre aveugle ? »
Sa 11	1 Timothée 1, 15-17 ; Ps 112 ; Luc 6, 43-49 : « Pourquoi m'appelez-vous en disant "Seigneur ! Seigneur !" et ne faites-vous pas ce que je dis ? »

Bonne fête ! 5 : Raïssa. 6 : Bertrand, Évelyne, Éva. 7 : Régine, Reine, Réjane. 8 : Adrien. 9 : Alain, Omer. 10 : Aubert, Inès. 11 : Adelphe, Jean-Gabriel.

Saint Alain (de la Roche) (9 septembre) était un Dominicain, né vers 1428 dans les Côtes d'Armor. Grand prédicateur il parcourut la France, l'Allemagne et les Pays-Bas, pour développer la dévotion du chapelet et créer des confréries du Rosaire.

24e dimanche

12 SEPTEMBRE 2021

Prendre sa croix avec le Christ

Il ne suffit pas de dire « Seigneur, Seigneur », déclare Jésus dans l'Évangile. De même, il ne suffit pas dire que Jésus est le Christ pour comprendre le plan de Dieu et en accepter les conséquences. En formulant une définition exacte de l'identité de Jésus, saint Pierre a du mal à se défaire de ses a priori sur l'action de Messie qui doit manifester la puissance de Dieu (*évangile*). Il sait que le Messie apportera le salut mais il n'est pas prêt à entrer dans le projet de Dieu quant à la manière dont le Seigneur réalisera son dessein. Les disciples, nourris de la tradition juive, concevaient le Messie comme un vainqueur qui ne pouvait se laisser atteindre par le Mal. À l'inverse, en s'incarnant, Dieu a voulu prendre la totalité de notre condition humaine, y compris sa fragilité et sa vulnérabilité. C'est pourquoi Jésus envisage son combat en se laissant gagner par la souffrance et la mort, à l'image du serviteur souffrant présenté par le prophète Isaïe. Comme lui, il s'appuiera sur la force de Dieu pour le sauver (*première lecture*). Appeler Pierre « Satan », comme le fait Jésus, peut nous choquer mais refuser la réalité de la condition humaine en lutte avec le Mal relève bien de l'œuvre du diable. Jésus prolonge cette question du combat de la foi en s'adressant à la foule : être disciple du Seigneur suppose d'assumer la condition humaine en participant au combat contre le Mal, ce que Jésus a fait de manière ultime sur la Croix. C'est ce que Jésus résume en invitant chacun à prendre sa croix pour le suivre.

Le combat contre le mal ne passe pas nécessairement par des situations héroïques. L'Épitre de saint Jacques indique que la foi n'est une foi réelle et vivante que si elle est mise en pratique dans la solidarité avec nos frères qui n'ont pas de quoi vivre (*deuxième lecture*). Ainsi nous entrerons dans le combat de Dieu contre le Mal et, comme le psalmiste, nous saurons par expérience que « Le Seigneur défend les petits ». Avec lui nous dirons : « J'étais faible, il m'a sauvé » (*psaume*) et nous en rendrons grâce à Dieu.

CHANTER

En plus des chants proposés pour le 23e dimanche, p. 536, on pourra aussi chanter en ouverture : ***Les mots que tu nous dis*** **EP 164.**

Prière d'ouverture

Dieu créateur et maître de toutes choses, regarde-nous, et pour que nous ressentions l'effet de ton amour, accorde-nous de te servir avec un cœur sans partage. Par Jésus Christ.

Nouvelle traduction

Dieu créateur et maître de tout, + pose sur nous ton regard, * et pour que nous ressentions l'effet de ton pardon, / accorde-nous de te servir avec un cœur sans partage. Par Jésus Christ, ton Fils, notre Seigneur, + qui vit et règne avec toi dans l'unité du Saint-Esprit, / Dieu, pour les siècles des siècles.

1re Lecture

Le serviteur de Dieu

→ **Lecture du livre du prophète d'Isaïe** Is 50, 5-9a

Le Seigneur mon Dieu m'a ouvert l'oreille, et moi, je ne me suis pas révolté, je ne me suis pas dérobé. J'ai présenté mon dos à ceux qui me frappaient, et mes joues à ceux qui m'arrachaient la barbe. Je n'ai pas caché ma face devant les outrages et les crachats. Le Seigneur mon Dieu vient à mon secours ; c'est pourquoi je ne suis pas atteint par les outrages, c'est pourquoi j'ai rendu ma face dure comme pierre : je sais que je ne serai pas confondu. Il est proche, Celui qui me justifie. Quelqu'un veut-il plaider contre moi ? Comparaissons ensemble ! Quelqu'un veut-il m'attaquer en justice ? Qu'il s'avance vers moi ! Voilà le Seigneur mon Dieu, il prend ma défense ; qui donc me condamnera ?

Psaume 114

R/ Je marcherai en présence du Seigneur
sur la terre des vivants.
ou : **Alléluia.**

J'aime le Seigneur :
il entend le cri de ma prière ;
il incline vers moi son oreille :
toute ma vie, je l'invoquerai.

J'étais pris dans les filets de la mort,
retenu dans les liens de l'abîme,
j'éprouvais la tristesse et l'angoisse ;
j'ai invoqué le nom du Seigneur :
« Seigneur, je t'en prie, délivre-moi ! »

Le Seigneur est justice et pitié,
notre Dieu est tendresse.
Le Seigneur défend les petits :
j'étais faible, il m'a sauvé.

Il a sauvé mon âme de la mort,
gardé mes yeux des larmes
et mes pieds du faux pas.

Je marcherai en présence du Seigneur
sur la terre des vivants.

2e LECTURE — *Une foi vivante et agissante*

→ Lecture de la lettre de saint Jacques Jc 2, 14-18

Mes frères, si quelqu'un prétend avoir la foi, sans la mettre en œuvre, à quoi cela sert-il ? Sa foi peut-elle le sauver ?

Supposons qu'un frère ou une sœur n'ait pas de quoi s'habiller, ni de quoi manger tous les jours ; si l'un de vous leur dit : « Allez en paix ! Mettez-vous au chaud, et mangez à votre faim ! » sans leur donner le nécessaire pour vivre, à quoi cela sert-il ?

Ainsi donc, la foi, si elle n'est pas mise en œuvre, est bel et bien morte. En revanche, on va dire : « Toi, tu as la foi ; moi, j'ai les œuvres. Montre-moi donc ta foi sans les œuvres ; moi, c'est par mes œuvres que je te montrerai la foi. »

Alléluia. Alléluia. Que la croix du Seigneur soit ma seule fierté ! Par elle, le monde est crucifié pour moi, et moi pour le monde. **Alléluia.**

Évangile

« Pour vous, qui suis-je ? »

→ Évangile de Jésus Christ selon saint Marc Mc 8, 27-35

E**n ce temps-là**, Jésus s'en alla, ainsi que ses disciples, vers les villages situés aux environs de Césarée-de-Philippe. Chemin faisant, il interrogeait ses disciples : « Au dire des gens, qui suis-je ? » Ils lui répondirent : « Jean le Baptiste ; pour d'autres, Élie ; pour d'autres, un des prophètes. » Et lui les interrogeait : « Et vous, que dites-vous ? Pour vous, qui suis-je ? »

Pierre, prenant la parole, lui dit : « Tu es le Christ. » Alors, il leur défendit vivement de parler de lui à personne. Il commença à leur enseigner qu'il fallait que le Fils de l'homme souffre beaucoup, qu'il soit rejeté par les anciens, les grands prêtres et les scribes, qu'il soit tué, et que, trois jours après, il ressuscite. Jésus disait cette parole ouvertement.

Pierre, le prenant à part, se mit à lui faire de vifs reproches. Mais Jésus se retourna et, voyant ses disciples, il interpella vivement Pierre : « Passe derrière moi, Satan ! Tes pensées ne sont pas celles de Dieu, mais celles des hommes. »

Appelant la foule avec ses disciples, il leur dit : « Si quelqu'un veut marcher à ma suite, qu'il renonce à lui-même, qu'il prenne sa croix et qu'il me suive. Car celui qui veut sauver sa vie la perdra ; mais celui qui perdra sa vie à cause de moi et de l'Évangile la sauvera. »

POUR LA PRIÈRE UNIVERSELLE

– L'apôtre Pierre a reconnu en Jésus le Christ. Sur les personnes qui ont reçu le ministère d'enseignement et de catéchèse, implorons l'Esprit Saint qui dispense le don de science.
– Beaucoup de personnes et de peuples souffrent de violence. Sur les responsables politiques qui ont mission de faire régner la justice, implorons l'Esprit Saint qui prodigue le don de conseil.
– La foi vivante se manifeste par les œuvres, selon saint Jacques. Sur les personnes qui manifestent leur solidarité avec les plus démunis, implorons l'Esprit Saint qui répand le don de force.
– Jésus dialogue avec ses disciples en chemin. Sur notre communauté dont le témoignage est porté par l'amour fraternel, implorons l'Esprit Saint qui diffuse le don de sagesse.

Prière sur les offrandes

Sois favorable à nos prières, Seigneur, et reçois avec bonté nos offrandes : que les dons apportés par chacun à la gloire de ton nom servent au salut de tous. Par Jésus.

Prière après la communion

Que la grâce de cette communion, Seigneur, saisisse nos esprits et nos corps, afin que son influence, et non pas notre sentiment, domine toujours en nous. Par Jésus.

Le mystère du Christ

« Jésus se savait le Christ ; il se savait redevable de le révéler à qui s'approcherait de lui avec un cœur pur, capable de se laisser enseigner. Mais il a refusé de répondre par "oui" ou par "non" dès lors que la question déniait d'emblée la possibilité d'un cheminement à l'intérieur du sens que la réponse pouvait ouvrir. Car tout le mystère de Jésus Christ est un mystère dans lequel on ne pénètre qu'au fil d'un long cheminement. Et l'on n'y demeure qu'à la condition d'y cheminer toujours. Le Messie ? Il l'était, mais d'une manière tellement unique que l'esprit des disciples a dû constamment corriger, dépasser toutes les compréhensions qu'ils croyaient d'abord en avoir. »

Albert-Marie Besnard, *Trésors de la prière des moines*, Bayard, 2006, p. 360.

Saint Robert Bellarmin (17 septembre), né en 1542, appartenait à une grande famille toscane : il était le neveu du pape Marcel II. À 18 ans, il entra dans la Compagnie de Jésus où il fit des études brillantes. Il consacra sa vie à l'enseignement de la théologie et comme cardinal il dut interdire à Galilée tout enseignement, sans pour autant le condamner.

CALENDRIER LITURGIQUE

Di 12	**24e dimanche B.** *Liturgie des Heures : Psautier semaine IV.* [*Le Saint Nom de Marie.*]
Lu 13	S. Jean Chrysostome, évêque de Constantinople, docteur de l'Église, † 407. 1 Timothée 2, 1-8 ; Ps 27 ; Luc 7, 1-10 : « Même en Israël, je n'ai pas trouvé une telle foi ! »
Ma 14	LA CROIX GLORIEUSE. Lectures propres : Nombres 21,4-9 ou Philippiens 2,6-11 ; Ps 77 ; Jean 3,13-17 : « Il faut que le Fils de l'homme soit élevé »
Me 15	Notre-Dame des Douleurs. Férie : 1 Timothée 4, 12-16 ; Ps 110 ; Évangile propre : Jn 19,25-27 ou Lc 2,33-35.
Je 16	S. Corneille, pape, martyr, † 253 à Civitavecchia, et S. Cyprien, évêque de Carthage, martyr, † 258. En Afrique du Nord, S. CYPRIEN, patron principal d'Afrique du Nord, solennité. 1 Timothée 4, 12-16 ; Ps 110 ; Luc 7, 36-50 : « Ses péchés, ses nombreux péchés, sont pardonnés, puisqu'elle a montré beaucoup d'amour »
Ve 17	*S. Robert Bellarmin, évêque et cardinal, jésuite, docteur de l'Église, † 1621 à Rome.* *En Belgique, S. Lambert, évêque de Maastricht, martyr à Liège, † 705.* 1 Timothée 6, 2c-12 ; Ps 48 ; Luc 8, 1-3 : « Des femmes les accompagnaient et les servaient en prenant sur leurs ressources »
Sa 18	*Au Luxembourg, S. Lambert (voir au 17 septembre).* 1 Timothée 6, 13-16 ; Ps 99 ; Luc 8, 4-15 : « Ce qui tombe dans la bonne terre, ce sont les gens qui retiennent la Parole et portent du fruit par leur persévérance »

Bonne fête ! 12 : Guy. 13 : Aimé, Amé. 14 : Materne. 15 : Dolorès, Roland, Lola, Lolita. 16 : Corneille, Cyprien, Édith, Ludmilla. 17 : Lambert, Robert, Renaud, Romuald, Réginald. 18 : Nadège, Sonia, Océan.

25e dimanche

19 SEPTEMBRE 2021

Mettre sa foi en Dieu à la suite du Christ

Il n'est pas facile de rester sourds aux sirènes du monde qui nous incitent à utiliser des moyens humains pour parvenir à nos fins. Participer à la mission du Christ suppose de lui rester fidèle, y compris dans la manière de mettre en œuvre les actions missionnaires. Les Apôtres, après avoir reçu l'enseignement du Christ sur sa passion, sa mort et sa résurrection, demeurent dans l'incompréhension face à la manière dont se déroulera le plan du salut. Toutefois, ils comprennent qu'il faut envisager la suite de la mission de Jésus et commencent à s'organiser : qui est le plus grand parmi eux et donc le plus capable de prendre sa succession ? Pour répondre à cette question et les éclairer, Jésus désigne l'attitude de serviteur comme critère pour être le premier et il les invite à savoir accueillir les plus petits auxquels il s'identifie (*évangile*). Le Christ désigne un enfant comme figure du plus petit. Pour Jésus, c'est l'obéissance et la confiance qui caractérisent l'attitude du petit enfant. Ainsi, Jésus souligne qu'il vit lui-même de sa foi en son Père et que ses disciples doivent l'imiter. L'enseignement de Jésus sur sa Passion avait laissé les Apôtres dans la crainte de l'interroger. La crainte est l'inverse de la foi. Les seules paroles échangées entre les Douze sur le chemin, à distance de Jésus et hors du champ de la foi, étaient leurs échanges afin d'organiser la suite du commandement de leur groupe. En désignant un enfant comme figure de la foi, Jésus achève pour eux (et pour nous !) son enseignement. La foi se vérifie dans l'épreuve. Le juste croit que Dieu lui sera fidèle et qu'il l'arrachera des mains de l'oppresseur (*première lecture*). Jésus en donnera le témoignage dans son affrontement avec ceux qui veulent le faire mourir. Dieu ne l'abandonnera pas mais, pour autant, la souffrance et l'épreuve ne lui seront pas épargnées.

Saint Jacques manifeste aussi sa confiance dans les dons de Dieu et particulièrement dans la sagesse qui vient d'en-haut et qui produit la paix, la miséricorde et la justice (*deuxième lecture*). Nous aussi, soyons de bons serviteurs en mettant notre foi en Dieu qui nous prodigue tout ce qu'il nous faut pour rendre un témoignage fidèle dans le monde.

CHANTER

- Du 25e au 30e dimanche, un répertoire commun peut être retenu, notamment un même ordinaire de la messe.
- Pour accompagner la procession d'ouverture : ***Église de ce temps*** **K 35-64 CNA 661,** ***Acclamez votre Dieu*** **A 67-19,** ***En famille, en peuple en Église*** **A 47-97,** ***Au cœur de ce monde*** **EA 238-1,** ***Jubilez, criez de joie*** **U 52-42** ou **Y 68-11,** ***Dieu nous a tous appelés*** **KD 14-56-1 CNA 571,** ***Dieu nous éveille à la foi*** **IA 20-70-3 CNA 546,** ***Peuple choisi*** **K 64-4 CNA 543.**
- Pour la procession de communion : ***Venez, approchons-nous*** **D 19-30,** ***En mémoire du Seigneur*** **D 304-1 CNA 327,** ***La Sagesse a dressé une table*** **SYL F 502 CNA 332,** ***Voici le corps et le sang du Seigneur*** **D 44-80,** ***Tu es le Dieu fidèle*** **D 163 CNA 346,** ***En accueillant l'amour*** **DLH 126 CNA 325,** ***Corps livré, sang versé*** **D 54-18,** ***Où sont amour et charité*** **D 29-78.**
- Pour l'action de grâce : ***Pas de plus grand amour*** **Édit 10-64,** ***Que ma bouche chante ta louange*** **Édit 18-38,** ***Celui qui a mangé de ce pain*** **D 140-2 CNA 321,** ***Ouvriers de la paix*** **XW 13-92-1 CNA 522,** ***Tenons en éveil*** **Y 243-1 CNA 591,** ***Rendons gloire à notre Dieu*** **Y 35-33.**
- Pour l'envoi : ***Allez par toute la terre*** **T 20-76 CNA 533,** ***Jubilez, criez de joie*** **U 52-42 ou Y 68-11,** ***Allez dire à tous les hommes*** **T 132-1 CNA 532.**
- Le mois d'octobre est le mois du Rosaire. On pourra terminer la célébration par un chant à la Vierge Marie.
- Si l'on souhaite caractériser chaque dimanche, on pourra retenir :

– Pour le 25e dimanche : ***Nul n'est disciple*** **VP 214.**
– Pour le 26e dimanche : ***L'Esprit de Dieu*** **KX 35 CNA 565.**
– Pour le 27e dimanche : ***Aimer c'est tout donner*** **X 59-79.**
– Pour le 28e dimanche : ***Heureux, bienheureux*** **X 589**.
– Pour le 29e dimanche : ***A l'amour que vous aurez*** **X 14-40**
– Pour le 30e dimanche : ***Lumière pour l'homme*** **EP 61-3 CNA 568.**

Prière d'ouverture

Seigneur, tu as voulu que toute la loi consiste à t'aimer et à aimer son prochain : donne-nous de garder tes commandements, et de parvenir ainsi à la vie éternelle. Par Jésus Christ.

Nouvelle traduction

Seigneur Dieu, + tu as voulu que toute la loi de sainteté consiste à t'aimer et à aimer son prochain : * donne-nous de garder tes commandements, / et de parvenir ainsi à la vie éternelle. Par Jésus Christ, ton Fils, notre Seigneur, + qui vit et règne avec toi dans l'unité du Saint-Esprit, / Dieu, pour les siècles des siècles.

1re Lecture *Impuissance du juste et cynisme des méchants*

→ **Lecture du livre de la Sagesse** Sg 2, 12.17-20

Ceux qui méditent le mal se disent en eux-mêmes : « Attirons le juste dans un piège, car il nous contrarie, il s'oppose à nos entreprises, il nous reproche de désobéir à la loi de Dieu, et nous accuse d'infidélités à notre éducation. Voyons si ses paroles sont vraies, regardons comment il en sortira. Si le juste est fils de Dieu, Dieu l'assistera, et l'arrachera aux mains de ses adversaires. Soumettons-le à des outrages et à des tourments ; nous saurons ce que vaut sa douceur, nous éprouverons sa patience. Condamnons-le à une mort infâme, puisque, dit-il, quelqu'un interviendra pour lui. »

Psaume 53

R/ **Le Seigneur est mon appui entre tous.**

Par ton nom, Dieu, sauve-moi,
par ta puissance rends-moi justice ;
Dieu, entends ma prière,
écoute les paroles de ma bouche.

Des étrangers se sont levés contre moi,
des puissants cherchent ma perte :
ils n'ont pas souci de Dieu.

Mais voici que Dieu vient à mon aide,
le Seigneur est mon appui entre tous.
De grand cœur, je t'offrirai le sacrifice,
je rendrai grâce à ton nom, car il est bon !

2e Lecture *Renoncer à la violence, construire la paix dans la justice*

→ Lecture de la lettre de saint Jacques Jc 3, 16–4, 3

Bien-aimés, la jalousie et les rivalités mènent au désordre et à toutes sortes d'actions malfaisantes. Au contraire, la sagesse qui vient d'en haut est d'abord pure, puis pacifique, bienveillante, conciliante, pleine de miséricorde et féconde en bons fruits, sans parti pris, sans hypocrisie. C'est dans la paix qu'est semée la justice, qui donne son fruit aux artisans de la paix.

D'où viennent les guerres, d'où viennent les conflits entre vous ? N'est-ce pas justement de tous ces désirs qui mènent leur combat en vous-mêmes ? Vous êtes pleins de convoitises et vous n'obtenez rien, alors vous tuez ; vous êtes jaloux et vous n'arrivez pas à vos fins, alors vous entrez en conflit et vous faites la guerre. Vous n'obtenez rien parce que vous ne demandez pas ; vous demandez, mais vous ne recevez rien ; en effet, vos demandes sont mauvaises, puisque c'est pour tout dépenser en plaisirs.

Alléluia. Alléluia. Par l'annonce de l'Évangile, Dieu nous appelle à partager la gloire de notre Seigneur Jésus Christ. **Alléluia.**

Évangile

Accueillir les petits avec le cœur de Dieu, accueillir Dieu avec un cœur d'enfant

→ Évangile de Jésus Christ selon saint Marc

Mc 9, 30-37

En ce temps-là, Jésus traversait la Galilée avec ses disciples, et il ne voulait pas qu'on le sache, car il enseignait ses disciples en leur disant : « Le Fils de l'homme est livré aux mains des hommes ; ils le tueront et, trois jours après sa mort, il ressuscitera. » Mais les disciples ne comprenaient pas ces paroles et ils avaient peur de l'interroger.

Ils arrivèrent à Capharnaüm, et, une fois à la maison, Jésus leur demanda : « De quoi discutiez-vous en chemin ? » Ils se taisaient, car, en chemin, ils avaient discuté entre eux pour savoir qui était le plus grand. S'étant assis, Jésus appela les Douze et leur dit : « Si quelqu'un veut être le premier, qu'il soit le dernier de tous et le serviteur de tous. » Prenant alors un enfant, il le plaça au milieu d'eux, l'embrassa, et leur dit : « Quiconque accueille en mon nom un enfant comme celui-ci, c'est moi qu'il accueille. Et celui qui m'accueille, ce n'est pas moi qu'il accueille, mais Celui qui m'a envoyé. »

POUR LA PRIÈRE UNIVERSELLE

– Prions pour ceux qui exercent dans l'Église un ministère à la suite du Christ : qu'ils agissent avec un esprit de serviteurs afin d'être les plus grands selon l'Évangile.
– Prions pour les responsables politiques : qu'ils rejettent toute forme de jalousie et de rivalité et qu'ils accueillent la sagesse de Dieu qui procure bienveillance et justice.
– Prions pour ceux qui sont attirés dans des pièges d'injustice, de violence et de tourments : qu'ils mettent leur confiance dans le Seigneur qui assiste ses fidèles.
– Prions pour les chrétiens qui vivent humblement dans la confiance en Dieu : que leur témoignage parvienne dans le cœur de leur entourage.

Prière sur les offrandes

Reçois favorablement, Seigneur, les offrandes de ton peuple, pour qu'il obtienne dans le mystère eucharistique les biens auxquels il croit de tout son cœur. Par Jésus.

Prière après la communion

Seigneur, que ton aide accompagne toujours ceux que tu as nourris de tes sacrements, afin qu'ils puissent, dans ces mystères et par toute leur vie, recueillir les fruits de la rédemption. Par Jésus.

Comment marcher à la suite du Christ

« Quand le Seigneur nous dit dans l'évangile : "Si quelqu'un veut marcher derrière moi, qu'il renonce à lui-même" (Mc 8,34), nous trouvons qu'il nous commande une chose difficile et nous considérons qu'il nous impose un lourd fardeau. Mais si celui qui commande nous aide à accomplir ce qu'il commande, cela n'est pas difficile. Où devons-nous suivre le Christ, sinon là où il est allé ? Or, nous savons qu'il est ressuscité et monté aux cieux : c'est là que nous avons à le suivre. Il ne faut certainement pas nous laisser envahir par le désespoir, car, si nous ne pouvons rien par nous-mêmes, nous avons la promesse du Christ. Le ciel était loin de nous avant que notre Tête y soit montée. Désormais, si nous sommes les membres de cette Tête, pourquoi désespérer de parvenir au ciel ? Pour quel motif ? S'il est vrai que sur cette terre tant d'inquiétudes et de souffrances nous accablent, suivons le Christ en qui se trouve le bonheur parfait, la paix suprême et l'éternelle tranquillité. Mais l'homme désireux de suivre le Christ écoutera cette parole de l'Apôtre : "Celui qui déclare demeurer dans le Christ doit marcher lui-même dans la voix où lui, Jésus, a marché" (1 Jn 2,6). Tu veux suivre le Christ ? Sois humble, comme il l'a été. Tu veux le rejoindre dans les hauteurs ? Ne méprise pas son abaissement. »

Homélie de saint Césaire d'Arles, dans *Les Pères de l'Église commentent l'Évangile*, Brepols, 1991, p. 288-289.

CALENDRIER LITURGIQUE

Di 19	**25e dimanche B.** *Liturgie des Heures : Psautier semaine I.* [*S. Janvier, évêque de Bénévent (Italie), martyr, † 304.*]
Lu 20	S. André Kim Tae-gon, prêtre, S. Paul Chong Ha-sang, et leurs compagnons, martyrs en Corée, de 1839 à 1864. Esdras 1, 1-6 ; Ps 125 ; Luc 8, 16-18 : « On met la lampe sur le lampadaire pour que ceux qui entrent voient la lumière »
Ma 21	S. MATTHIEU, Apôtre et évangéliste. Lectures propres : Éphésiens 4,1-7.11-13 ; Ps 18 A ; Mt 9,9-13 : « Suis-moi. L'homme se leva et le suivit »
Me 22	En Suisse, S. Maurice et ses compagnons, martyrs, † vers 303-305 à Agaune (Saint-Maurice-en-Valais). Esdras 9, 5-9 ; Cant. Tobie 13 ; Luc 9, 1-6 : « Il les envoya proclamer le règne de Dieu et guérir les malades »
Je 23	S. Pio de Pietrelcina (Padre Pio), prêtre, capucin, † 1968 à San Giovanni Rotondo (Italie). Aggée 1, 1-8 ; Ps 149 ; Luc 9, 7-9 : « Jean, je l'ai fait décapiter. Mais qui est cet homme dont j'entends dire de telles choses ? »
Ve 24	Aggée 1, 15b–2, 9 ; Ps 42 ; Luc 9, 18-22 : « Tu es le Christ, le Messie de Dieu. – Il faut que le Fils de l'homme souffre beaucoup »
Sa 25	En Suisse, S. NICOLAS DE FLÜE, ermite, patron principal de la Confédération helvétique, † 1487 au Ranft (Sachseln, Suisse), solennité. Zacharie 2, 5-9.14-15a ; Cant. Jérémie 31 ; Luc 9, 43b-45 : « Le Fils de l'homme va être livré aux mains des hommes. Les disciples avaient peur de l'interroger sur cette parole »

Bonne fête ! 19 : Janvier, Émilie, Amélie. 20 : Davy. 21 : Matthieu, Déborah. 22 : Maurice, Morvan. 23 : Constant. 24 : Thècle. 25 : Herman, Firmin. 26 : Côme, Damien.

Saint Maurice (**22 septembre**) est une grande figure du catholicisme suisse puisque cet officier de l'armée romaine est un des premiers martyrs de ce pays. En 287, lui et les 6 000 légionnaires venus d'Égypte sous l'ordre de l'empereur pour exterminer les chrétiens du Valais refusèrent d'exécuter l'ordre impérial et le payèrent de leur vie.

26e dimanche

26 SEPTEMBRE 2021

Les vrais disciples du Seigneur

Quels sont les véritables témoins du Seigneur ? Dans la diversité des conceptions de la vie chrétienne et du témoignage à apporter au monde actuel, cette question ne peut être éludée. Les textes de ce jour nous apportent un bon éclairage sur cette question. Le livre des Nombres nous apprend que les formes instituées pour désigner les ministres de Dieu ne constituent pas un critère suffisant (*première lecture*). Deux anciens, Eldad et Médad, étaient absents de la Tente de la rencontre pour recevoir une part de l'esprit de Moïse. Mais, puisqu'ils avaient été choisis par Dieu, ils ont pu prophétiser.

De même, dans l'*évangile*, des Apôtres ont tenté d'empêcher un disciple inconnu d'eux de faire un exorcisme réalisé au nom de Jésus. Pour le Christ, cela ne pose pas de problème ; et il ajoute son critère de discernement : « Ne pas mal parler de lui ». La fidélité au Christ se vérifie dans la reconnaissance de son identité. Jésus développe le lien du disciple à son Seigneur, lien intime qui est la source pour agir en son nom et pour bien parler de lui. Si le disciple reçoit sa vie du Seigneur, alors sa conduite sera intègre et il ne sera pas cause de scandale. En conséquence, il faut combattre en soi tout ce qui s'oppose à l'esprit du règne de Dieu où est donnée la vie éternelle, afin de porter un témoignage véridique. Ainsi Jésus présente-t-il le témoignage de ses disciples comme un ensemble d'actes de salut à réaliser en son nom, de paroles justes sur sa personne accompagnée d'une conduite intègre. Ainsi seront-ils les témoins du Sauveur qui anime la vie de ses disciples.

Dans une approche très concrète de la vie des communautés chrétiennes, saint Jacques souligne l'importance de la solidarité matérielle envers les plus démunis et de la justice sociale vis-à-vis de ceux à qui on procure du travail (*deuxième lecture*). L'urgence de la venue du Seigneur justifie qu'on se détache des richesses pour s'attacher aux biens qui demeurent, ceux du Royaume à venir. Cette attitude relève aussi du témoignage de notre fidélité à la mission salvifique du Seigneur.

CHANTER

- Des chants sont proposés pour les 25e au 30e dimanches, p. 558.
- Si l'on souhaite caractériser chaque dimanche, on pourra retenir : ***Nul n'est disciple*** **VP 214**.

Prière d'ouverture

Dieu qui donnes la preuve suprême de ta puissance, lorsque tu patientes et prends pitié, sans te lasser, accorde-nous ta grâce : en nous hâtant vers les biens que tu promets, nous parviendrons au bonheur du ciel. Par Jésus Christ.

Nouvelle traduction

Seigneur Dieu, + quand tu pardonnes et prends pitié, tu manifestes au plus haut point ta toute-puissance ; * multiplie pour nous les dons de ta grâce : alors, en nous hâtant vers les biens que tu promets, / nous aurons part au bonheur du ciel. Par Jésus Christ, ton Fils, notre Seigneur, + qui vit et règne avec toi dans l'unité du Saint-Esprit, / Dieu, pour les siècles des siècles.

1re Lecture

L'Esprit souffle où il veut

→ Lecture du livre des Nombres Nb 11, 25-29

En ces jours-là, le Seigneur descendit dans la nuée pour parler avec Moïse. Il prit une part de l'esprit qui reposait sur celui-ci, et le mit sur les soixante-dix anciens. Dès que l'esprit reposa sur eux, ils se mirent à prophétiser, mais cela ne dura pas. Or, deux hommes étaient restés dans le camp ; l'un s'appelait Eldad, et l'autre Médad. L'esprit reposa sur eux ; eux aussi avaient été choisis, mais ils ne s'étaient pas rendus à la Tente, et c'est dans le camp qu'ils se mirent à prophétiser.

Un jeune homme courut annoncer à Moïse : « Eldad et Médad prophétisent dans le camp ! » Josué, fils de Noun, auxiliaire de Moïse depuis sa jeunesse, prit la parole : « Moïse, mon maître, arrête-les ! » Mais Moïse lui dit : « Serais-tu jaloux pour moi ? Ah ! Si le Seigneur pouvait faire de tout son peuple un peuple de prophètes ! Si le Seigneur pouvait mettre son esprit sur eux ! »

Psaume 18 B

R/ Les préceptes du Seigneur sont droits,
ils réjouissent le cœur.

La loi du Seigneur est parfaite,
qui redonne vie ;
la charte du Seigneur est sûre,
qui rend sages les simples.

La crainte qu'il inspire est pure,
elle est là pour toujours ;
les décisions du Seigneur sont justes
et vraiment équitables.

Aussi ton serviteur en est illuminé ;
à les garder, il trouve son profit.
Qui peut discerner ses erreurs ?
Purifie-moi de celles qui m'échappent.

Préserve aussi ton serviteur de l'orgueil :
qu'il n'ait sur moi aucune emprise.
Alors je serai sans reproche,
pur d'un grand péché.

2e Lecture

Malheureux, vous les riches !

→ Lecture de la lettre de saint Jacques

Jc 5, 1-6

Vous autres, maintenant, les riches ! Pleurez, lamentez-vous sur les malheurs qui vous attendent. Vos richesses sont pourries, vos vêtements sont mangés des mites, votre or et votre argent sont rouillés. Cette rouille sera un témoignage contre vous, elle dévorera votre chair comme un feu. Vous avez amassé des richesses, alors que nous sommes dans les derniers jours ! Le salaire dont vous avez frustré les ouvriers qui ont moissonné vos champs, le voici qui crie, et les clameurs des moissonneurs sont parvenues aux oreilles du Seigneur de l'univers. Vous avez mené sur terre une vie de luxe et de délices, et vous vous êtes rassasiés au jour du massacre. Vous avez condamné le juste et vous l'avez tué, sans qu'il vous oppose de résistance.

Alléluia. Alléluia. Ta parole, Seigneur, est vérité ; dans cette vérité, sanctifie-nous. **Alléluia.**

Évangile

Une communauté ouverte à l'Esprit

→ Évangile de Jésus Christ selon saint Marc

Mc 9, 38-43.45.47-48

En ce temps-là, Jean, l'un des Douze, disait à Jésus : « Maître, nous avons vu quelqu'un expulser les démons en ton nom ; nous l'en avons empêché, car il n'est pas de ceux qui nous suivent. »

Jésus répondit : « Ne l'en empêchez pas, car celui qui fait un miracle en mon nom ne peut pas, aussitôt après, mal parler de moi ; celui qui n'est pas contre nous est pour nous. Et celui qui vous donnera un verre d'eau au nom de votre appartenance au Christ, amen, je vous le dis, il ne restera pas sans récompense.

Celui qui est un scandale, une occasion de chute, pour un seul de ces petits qui croient en moi, mieux vaudrait pour lui qu'on lui attache au cou une de ces meules que tournent les ânes, et qu'on le jette à la mer. Et si ta main est pour toi une occasion de chute, coupe-la. Mieux vaut pour toi entrer manchot dans la vie éternelle que de t'en aller dans la géhenne avec tes deux mains, là où le feu ne s'éteint pas. Si ton pied est pour toi une occasion de chute, coupe-le. Mieux vaut pour toi entrer estropié dans la vie éternelle que de t'en aller dans la géhenne avec tes deux pieds. Si ton œil est pour toi une occasion de chute, arrache-le. Mieux vaut pour toi entrer borgne dans le royaume de Dieu que de t'en aller dans la géhenne avec tes deux yeux, là où le ver ne meurt pas et où le feu ne s'éteint pas. »

POUR LA PRIÈRE UNIVERSELLE

– Pour les chrétiens qui, chaque jour, veulent donner un témoignage fidèle de leur foi, prions le Seigneur.
– Pour les responsables de la vie politique qui doivent instaurer des règles de justice, prions le Seigneur.
– Pour celles et ceux qui favorisent le travail de discernement dans les retraites spirituelles et qui accompagnent leurs frères et sœurs dans leur recherche de la volonté de Dieu, prions le Seigneur.
– Pour celles et ceux qui, près de nous, seront accueillis comme les témoins de l'Évangile, prions le Seigneur.

Prière sur les offrandes

Dieu de miséricorde, accepte notre offrande : qu'elle ouvre largement pour nous la source de toute bénédiction. Par Jésus.

Prière après la communion

Que cette eucharistie, Seigneur, renouvelle nos esprits et nos corps, et nous donne part à l'héritage glorieux de celui qui nous unit à son sacrifice lorsque nous proclamons sa mort. Lui qui règne.

Offrir la miséricorde de Dieu

« L'Église "en sortie" est la communauté des disciples missionnaires qui prennent l'initiative, qui s'impliquent, qui accompagnent, qui fructifient et qui fêtent. "*Primerear* – prendre l'initiative" : veuillez m'excuser pour ce néologisme. La communauté évangélisatrice expérimente que le Seigneur a pris l'initiative, il l'a précédée dans l'amour (cf. 1 Jn 4, 10), et en raison de cela, elle sait aller de l'avant, elle sait prendre l'initiative sans crainte, aller à la rencontre, chercher ceux qui sont loin et arriver aux croisées des chemins pour inviter les exclus. Pour avoir expérimenté la miséricorde du Père et sa force de diffusion, elle vit un désir inépuisable d'offrir la miséricorde. Osons un peu plus prendre l'initiative ! En conséquence, l'Église sait "s'impliquer". Jésus a lavé les pieds de ses disciples. Le Seigneur s'implique et implique les siens, en se mettant à genoux devant les autres pour les laver. Mais tout de suite après il dit à ses disciples : "Heureux êtes-vous, si vous le faites" (Jn 13, 17). La communauté évangélisatrice, par ses œuvres et ses gestes, se met dans la vie quotidienne des autres, elle raccourcit les distances, elle s'abaisse jusqu'à l'humiliation si c'est nécessaire, et assume la vie humaine, touchant la chair souffrante du Christ dans le peuple. Les évangélisateurs ont ainsi "l'odeur des brebis" et celles-ci écoutent leur voix. Ensuite, la communauté évangélisatrice se dispose à "accompagner". Elle accompagne l'humanité en tous ses processus, aussi durs et prolongés qu'ils puissent être. Elle connaît les longues attentes et la patience apostolique. L'évangélisation a beaucoup de patience, et elle évite de ne pas tenir compte des limites. Fidèle au don du Seigneur, elle sait aussi "fructifier". La communauté évangélisatrice est toujours attentive aux fruits, parce que le Seigneur la veut féconde. »

Pape François, *La joie de l'Évangile*, Salvator, 2013, p. 23-24.

Saint Jérôme (30 septembre) Converti à 19 ans alors qu'il était un brillant étudiant à Rome, il choisit de se consacrer totalement à Dieu. C'est ainsi qu'il fit de nombreux voyages pour trouver un lieu approprié à une vie érémitique : Syrie, Antioche, Constantinople, Rome où il se mit à l'écoute de grands théologiens. Il finit par se fixer à Bethléem où il fonda un petit monastère pour les femmes qui l'avaient suivi.

CALENDRIER LITURGIQUE

Di 26	**26e dimanche B.** *Liturgie des Heures : Psautier semaine II.* *[S. Côme et S. Damien, martyrs, 3e ou 4e siècle.* *Au Canada,* S. Jean de Brébeuf, S. Isaac Jogues, prêtres, et leurs compagnons jésuites, martyrs, † de 1642 à 1649, patrons secondaires du Canada : fête]
Lu 27	S. Vincent de Paul, prêtre, fondateur des Prêtres de la Mission (Lazaristes), † 1660 à Paris. Zacharie 8, 1-8 ; Ps 101 ; Luc 9, 46-50 : « Le plus petit d'entre vous tous, c'est celui-là qui est grand »
Ma 28	*S. Venceslas, duc de Bohême, martyr, † 929 ou 935.* *S. Laurent Ruiz et ses compagnons, martyrs à Nagasaki (Japon) de 1633 à 1637.* Zacharie 8, 20-23 ; Ps 86 ; Luc 9, 51-56 : « Jésus, le visage déterminé, prit la route de Jérusalem »
Me 29	SAINTS MICHEL, GABRIEL ET RAPHAËL, archanges. Lectures propres : Daniel 7, 9-10.13-14 ou Apocalypse 12, 7-12a ; Ps 137 ; Jean 1,47-51 : « Vous verrez les anges de Dieu monter et descendre au-dessus du Fils de l'homme »
Je 30	S. Jérôme, prêtre, docteur de l'Église, † 420 à Bethléem. Néhémie 8, 1-4a.5-6.7b-12 ; Ps 18 B ; Luc 10, 1-12 : « Votre paix ira reposer sur lui »
Ve 1er	Ste Thérèse de l'Enfant Jésus et de la Sainte Face, vierge, carmélite, docteur de l'Église, patronne des missions, patronne secondaire de la France, † 1897 à Lisieux. Baruc 1, 15-22 ; Ps 78 ; Luc 10, 13-16 : « Celui qui me rejette rejette celui qui m'a envoyé »
Sa 2	Saints Anges gardiens. Férie : Baruc 4, 5-12.27-29 ; Ps 68. Évangile propre : Matthieu 18, 1-5.10 : « Leurs anges dans les cieux voient sans cesse la face de mon Père qui est aux cieux »

Bonne fête ! 27 : Vincent. 28 : Venceslas. 29 : Michel, Michaël, Gabriel, Gaby, Raphaël. 30 : Jérôme, Geronimo. 1er : Thérèse, Arielle. 2 : Léger.

27e dimanche

3 OCTOBRE 2021

Origine et lien

Ce dimanche, tout est question d'origine et de lien. Origine de l'homme, de la femme mais aussi du monde animal (*première lecture*). Pour les hommes, fils et frères, le Christ est « à l'origine de leur salut » (*deuxième lecture*). Pour le couple, son origine vient du fait que : « au commencement de la création, *Dieu les fit homme et femme* » (*évangile*). La question de l'origine donne le sens de la création, de la filiation divine, du rapport de l'homme et de la femme. Nous le savons par expérience, remonter aux origines, analyser les évènements premiers de l'histoire, voire déterminer l'origine de traumatismes souvent liés à l'enfance permet une relecture de la vie et favorise des raisons de croire et d'espérer. Contemplant les commencements, nous pouvons accéder à un but. C'est le deuxième point de ce dimanche : le lien. Lien de l'homme à la création, lien des hommes à Jésus, lien de l'homme et de la femme. Nous pourrions regarder tout cela d'un point de vue seulement pratique mais la Révélation chrétienne nous dit que tout ce qui existe est appelé à entrer dans l'Alliance. Nos liens, nos unions, mieux nos communions ensemble et avec Dieu lui donnent corps. Il ne s'agit pas de convenances, fussent-elles religieuses, mais du mystère d'un Dieu qui dès l'origine nous aime et fait alliance avec nous. Le respect de la création, le souci du frère, le mariage chrétien… sont des épiphanies de l'Alliance première et originelle. Mais tout lien ne se fait pas sans un certain arrachement, sans quitter une réalité – symboliquement ici le « père » et la « mère » –, pour connaître la joie de l'union. C'est un mouvement pascal, passant d'une mort à la vie comme l'a vécu Jésus lui-même : « Si donc il a fait l'expérience de la mort, c'est, par grâce de Dieu, au profit de tous » (He 2,9).

Des chants sont proposés pour les 25e au 30e dimanches, p. 558.

Prière d'ouverture

Dans ton amour inépuisable, Dieu éternel et tout-puissant, tu combles ceux qui t'implorent, bien au-delà de leurs mérites et de leurs désirs ; répands sur nous ta miséricorde en délivrant notre conscience de ce qui l'inquiète et en donnant plus que nous n'osons demander. Par Jésus Christ.

Nouvelle traduction

Dieu éternel et tout-puissant, + dans ta tendresse inépuisable, tu combles ceux qui t'implorent, bien au-delà de leurs mérites et de leurs désirs ; * répands sur nous ta miséricorde / en délivrant notre conscience de ce qui l'inquiète et en donnant plus que nous n'osons demander. Par Jésus Christ, ton Fils, notre Seigneur, + qui vit et règne avec toi dans l'unité du Saint-Esprit, / Dieu, pour les siècles des siècles.

1re Lecture

« Tous deux ne feront plus qu'un »

→ Lecture du livre de la Genèse

Gn 2, 18-24

Le Seigneur Dieu dit : « Il n'est pas bon que l'homme soit seul. Je vais lui faire une aide qui lui correspondra. » Avec de la terre, le Seigneur Dieu modela toutes les bêtes des champs et tous les oiseaux du ciel, et il les amena vers l'homme pour voir quels noms il leur donnerait. C'étaient des êtres vivants, et l'homme donna un nom à chacun. L'homme donna donc leurs noms à tous les animaux, aux oiseaux du ciel et à toutes les bêtes des champs. Mais il ne trouva aucune aide qui lui corresponde.

Alors le Seigneur Dieu fit tomber sur lui un sommeil mystérieux, et l'homme s'endormit. Le Seigneur Dieu prit une de ses côtes, puis il referma la chair à sa place. Avec la côte qu'il avait prise à l'homme, il façonna une femme et il l'amena vers l'homme. L'homme dit alors : « Cette fois-ci, voilà l'os de mes os et la chair de ma chair ! On l'appellera femme – Ishsha –, elle qui fut tirée de l'homme – Ish. » À cause de cela, l'homme quittera son père et sa mère, il s'attachera à sa femme, et tous deux ne feront plus qu'un.

Psaume 127

**R/ Que le Seigneur nous bénisse
tous les jours de notre vie !**

Heureux qui craint le Seigneur
et marche selon ses voies !
Tu te nourriras du travail de tes mains :
Heureux es-tu ! À toi, le bonheur !

Ta femme sera dans ta maison
comme une vigne généreuse,
et tes fils, autour de la table,
comme des plants d'olivier.

Voilà comment sera béni
l'homme qui craint le Seigneur.
De Sion, que le Seigneur te bénisse !
Tu verras le bonheur de Jérusalem tous les jours de ta vie,
et tu verras les fils de tes fils. Paix sur Israël.

2e Lecture

Tous frères en Jésus Christ

→ Lecture de la lettre aux Hébreux He 2, 9-11

Frères, Jésus, qui a été abaissé un peu au-dessous des anges, nous le voyons couronné de gloire et d'honneur à cause de sa Passion et de sa mort. Si donc il a fait l'expérience de la mort, c'est, par grâce de Dieu, au profit de tous. Celui pour qui et par qui tout existe voulait conduire une multitude de fils jusqu'à la gloire ; c'est pourquoi il convenait qu'il mène à sa perfection, par des souffrances, celui qui est à l'origine de leur salut. Car celui qui sanctifie et ceux qui sont sanctifiés doivent tous avoir même origine ; pour cette raison, Jésus n'a pas honte de les appeler ses frères.

Alléluia. Alléluia. Si nous nous aimons les uns les autres, Dieu demeure en nous ; en nous, son amour atteint la perfection. **Alléluia.**

Évangile

« Ce que Dieu a uni, que l'homme ne le sépare pas »

→ Évangile de Jésus Christ selon saint Marc

Mc 10, 2-16
(lecture brève : 10, 2-12)

En ce temps-là, des pharisiens abordèrent Jésus et, pour le mettre à l'épreuve, ils lui demandaient : « Est-il permis à un mari de renvoyer sa femme ? » Jésus leur répondit : « Que vous a prescrit Moïse ? » Ils lui dirent : « Moïse a permis de renvoyer sa femme à condition d'établir un acte de répudiation. »

Jésus répliqua : « C'est en raison de la dureté de vos cœurs qu'il a formulé pour vous cette règle. Mais, au commencement de la création, *Dieu les fit homme et femme. À cause de cela, l'homme quittera son père et sa mère, il s'attachera à sa femme, et tous deux deviendront une seule chair.* Ainsi, ils ne sont plus deux, mais une seule chair. Donc, ce que Dieu a uni, que l'homme ne le sépare pas ! »

De retour à la maison, les disciples l'interrogeaient de nouveau sur cette question. Il leur déclara : « Celui qui renvoie sa femme et en épouse une autre devient adultère envers elle. Si une femme qui a renvoyé son mari en épouse un autre, elle devient adultère. »

Fin de la lecture brève

Des gens présentaient à Jésus des enfants pour qu'il pose la main sur eux ; mais les disciples les écartèrent vivement. Voyant cela, Jésus se fâcha et leur dit : « Laissez les enfants venir à moi, ne les empêchez pas, car le royaume de Dieu est à ceux qui leur ressemblent. Amen, je vous le dis : celui qui n'accueille pas le royaume de Dieu à la manière d'un enfant n'y entrera pas. » Il les embrassait et les bénissait en leur imposant les mains.

POUR LA PRIÈRE UNIVERSELLE

– Prions pour l'Église : que le Seigneur lui donne d'être visage d'épouse et de mère en accueillant en son sein l'humanité en quête de Dieu.

– Prions pour les responsables des nations : que Dieu leur donne la sagesse de servir avec désintéressement chaque citoyen, quelle que soit sa condition.

– Prions pour les familles : que le Seigneur les aide à donner un témoignage chaleureux de l'accueil de toute vie.

– Prions pour tous ceux qui se préparent au mariage chrétien : que Dieu les accompagne dans la grâce du sacrement.

– Prions pour tous les pauvres affectivement et familialement : que notre communauté sache se rendre proche d'eux.

Prière sur les offrandes

Accepte, Seigneur, le sacrifice que tu nous as donné : dans les mystères que nous célébrons pour te rendre grâce, sanctifie les hommes que tu as sauvés par ton Fils. Lui qui règne.

Prière après la communion

Accorde-nous, Seigneur notre Dieu, de trouver dans cette communion notre force et notre joie ; afin que nous puissions devenir ce que nous avons reçu : le corps du Christ. Lui qui règne.

La Pâque de l'amour

« Même les épreuves de l'amour, même les échecs de l'amour, peuvent, par la puissance de la grâce – très précisément de la grâce sacramentelle du mariage – devenir sources d'un plus grand amour. Le mystère de la croix est au centre de la foi chrétienne et la croix débouche sur la résurrection. Par amour, le cœur du Christ, rejeté et méprisé par les hommes qu'Il aimait, a été brisé sur la croix. Mais son amour est si grand qu'il n'a pas cédé devant la mort, il a été vainqueur de la mort. Notre foi en la résurrection est la certitude que l'Amour est plus fort que la mort… Rien n'est donc jamais définitivement perdu. Même des époux qui se sont trompés peuvent non seulement se résigner au pardon, à un amour plus ou moins recousu ou retapé, mais découvrir un amour plus grand qu'avant l'épreuve. C'est déjà, au plan simplement humain, la grandeur de Shakespeare d'en avoir eu l'intuition dans *Antoine et Cléopâtre* (où les amants, après s'être trahis, meurent d'amour l'un pour l'autre). À combien plus forte raison cela doit-il être vrai de chrétiens qui, par la foi, ont la certitude que de la Croix surgit, par la Résurrection, une vie plus belle et plus vraie que celle qui précédait la mort. »

Jean-Philippe Revel, *Traité des sacrements*, VII. *Le mariage*, Cerf, Paris, 2012, p. 602.

CALENDRIER LITURGIQUE

Di 3	**27e dimanche B.** *Liturgie des Heures : Psautier semaine III.*
Lu 4	S. François, fondateur des Frères mineurs, † 1226 à Assise. Jonas 1, 1–2, 1.11 ; Cant. Jonas 2 ; Luc 10, 25-37 ; « Qui est mon prochain ? »
Ma 5	Jonas 3, 1-10 ; Ps 129 ; Luc 10, 38-42 : « Une femme nommée Marthe le reçut. Marie a choisi la meilleure part » *Sainte Faustine Kowalska, religieuse polonaise, apôtre de la miséricorde divine, + 1938 à Cracovie.*
Me 6	S. Bruno, prêtre, fondateur de la Grande Chartreuse, † 1101 en Calabre. Jonas 4, 1-11 ; Ps 85 ; Luc 11, 1-4 : « Seigneur, apprends-nous à prier »
Je 7	Notre-Dame du Rosaire. Malachie 3, 13-20a ; Ps 1 ; Luc 11, 5-13 : « Demandez, on vous donnera »
Ve 8	Joël 1, 13-15 ; 2, 1-2 ; Ps 9 A ; Luc 11, 15-26 : « Si c'est par le doigt de Dieu que j'expulse les démons, c'est donc que le règne de Dieu est venu jusqu'à vous »
Sa 9	*S. Denis, évêque de Paris, et ses compagnons, martyrs, 3e siècle.* *S. Jean Leonardi, prêtre, fondateur des Clercs de la Mère de Dieu, † 1609 à Rome.* Joël 4, 12-21 ; Ps 96 ; Luc 11, 27-28 : « Heureuse la mère qui t'a porté en elle ! – Heureux plutôt ceux qui écoutent la parole de Dieu ! »

Bonne fête ! 3 : Blanche, Candide. 4 : François, Francis, Frank, Aure, Orianne. 5 : Fleur, Flore, Capucine, Hortense, Violaine, Placide. 6 : Bruno, Foy. 7 : Rosario, Gustave, Serge. 8 : Pélagie. 9 : Denis, Sara, Sybille.

Saint Jean Leonardi (9 octobre). Originaire de Lucques il est patron des pharmaciens, car pharmacien lui-même, et fondateur des Clercs de la Mère de Dieu. Missionnaire dans l'âme, il fonde en 1603 le séminaire pour la Propagation de la foi. Il meurt de la peste alors qu'il soigne les malades. L'église Santa Maria in Campitelli, à l'architecture très intéressante et lieu de fondation des Clercs, témoigne de la vie exemplaire de ce saint.

28e dimanche

10 OCTOBRE 2021

Dépouillement

Les deux premières lectures sont brèves mais denses. Les lire, les relire à l'aune de l'évangile du jour sera certainement source de sagesse et de discernement. La sagesse, en somme, la vraie richesse (*première lecture*) ! La Parole, le vrai trésor de Dieu (*deuxième lecture*) ! Il est étonnant que même les disciples se demandent : « Mais alors, qui peut être sauvé ? » (*évangile*). Avaient-ils tant de richesses ? Ou pensaient-ils ne pas arriver à franchir le pas du dépouillement. Jésus ne nous demande jamais ce que lui-même n'aurait pas fait. Or, lui, riche de sa condition divine, s'est fait pauvre pour nous. Lui, le Verbe fait chair, s'est tu sur la croix. Lui, la Sagesse du Père, a confondu la sagesse du monde par sa passion.

Certes, nous ne pouvons pas vivre sans quelques biens, mais quel est notre vrai trésor ? Il est évident qu'il nous faut faire face au quotidien et aux questions matérielles, mais quelle est la finalité de ce que nous croyons posséder ? L'homme de foi pourrait chaque jour, au regard de ce qu'est sa vie, prier pour avoir la sagesse, la préférer à tout. Pour quelle raison ? Parce qu'elle seule comble vraiment l'homme de bien. Le croyant pourrait, au quotidien, se rappeler que tout est nu devant la parole de Dieu. Pour quelle raison ? Parce qu'elle est la présence du Christ qui façonne notre cœur.

Nous retrouvons, en ce dimanche, l'invitation à une pâque : « Nul n'aura quitté… une maison, des frères… ». Quitter, s'arracher, se dépouiller, se désencombrer, laisser, se purifier, s'abandonner, se contenter de, mourir à, etc., autant d'occasions au quotidien de vivre l'appel de l'Évangile à cause de Jésus. Par amour, et certainement sans s'en rendre compte, recevoir alors la vie éternelle. Ce style de vie est une sorte d'écologie de la vie chrétienne à la mesure de la vie divine.

Des chants sont proposés pour les 25e au 30e dimanches, p. 558.

Prière d'ouverture

Nous t'en prions, Seigneur, que ta grâce nous devance et qu'elle nous accompagne toujours, pour nous rendre attentifs à faire le bien sans relâche. Par Jésus Christ.

Nouvelle traduction (identique sauf la conclusion)

Nous t'en prions, Seigneur : * que ta grâce nous devance et qu'elle nous accompagne toujours, / pour nous rendre attentifs à faire le bien sans relâche. Par Jésus Christ, ton Fils, notre Seigneur, + qui vit et règne avec toi dans l'unité du Saint-Esprit, / Dieu, pour les siècles des siècles.

1re Lecture

« À côté de la sagesse, j'ai tenu pour rien la richesse »

→ **Lecture du livre de la Sagesse** Sg 7, 7-11

J'**ai prié**, et le discernement m'a été donné. J'ai supplié, et l'esprit de la Sagesse est venu en moi. Je l'ai préférée aux trônes et aux sceptres ; à côté d'elle, j'ai tenu pour rien la richesse ; je ne l'ai pas comparée à la pierre la plus précieuse ; tout l'or du monde auprès d'elle n'est qu'un peu de sable, et, en face d'elle, l'argent sera regardé comme de la boue. Plus que la santé et la beauté, je l'ai aimée ; je l'ai choisie de préférence à la lumière, parce que sa clarté ne s'éteint pas. Tous les biens me sont venus avec elle et, par ses mains, une richesse incalculable.

Psaume 89

R/ Rassasie-nous de ton amour,
Seigneur : nous serons dans la joie.

Apprends-nous la vraie mesure de nos jours :
que nos cœurs pénètrent la sagesse.
Reviens, Seigneur, pourquoi tarder ?
Ravise-toi par égard pour tes serviteurs.

Rassasie-nous de ton amour au matin,
que nous passions nos jours dans la joie et les chants.
Rends-nous en joies tes jours de châtiment
et les années où nous connaissions le malheur.

Fais connaître ton œuvre à tes serviteurs
et ta splendeur à leurs fils.
Que vienne sur nous la douceur du Seigneur notre Dieu !
Consolide pour nous l'ouvrage de nos mains ;
oui, consolide l'ouvrage de nos mains.

2e Lecture

« La parole de Dieu juge des intentions et des pensées du cœur »

→ **Lecture de la lettre aux Hébreux** He 4, 12-13

Frères, elle est vivante, la parole de Dieu, énergique et plus coupante qu'une épée à deux tranchants ; elle va jusqu'au point de partage de l'âme et de l'esprit, des jointures et des moelles ; elle juge des intentions et des pensées du cœur. Pas une créature n'échappe à ses yeux, tout est nu devant elle, soumis à son regard ; nous aurons à lui rendre des comptes.

Alléluia. Alléluia. Heureux les pauvres de cœur, car le royaume des Cieux est à eux ! **Alléluia.**

Évangile

« Vends ce que tu as et suis-moi »

➜ Évangile de Jésus Christ selon saint Marc

Mc 10, 17-30
(lecture brève : 10, 17-27)

En **ce temps-là**, Jésus se mettait en route quand un homme accourut et, tombant à ses genoux, lui demanda : « Bon Maître, que dois-je faire pour avoir la vie éternelle en héritage ? »

Jésus lui dit : « Pourquoi dire que je suis bon ? Personne n'est bon, sinon Dieu seul. Tu connais les commandements :

Ne commets pas de meurtre,
ne commets pas d'adultère,
ne commets pas de vol,
ne porte pas de faux témoignage,
ne fais de tort à personne,
honore ton père et ta mère. »

L'homme répondit : « Maître, tout cela, je l'ai observé depuis ma jeunesse. »

Jésus posa son regard sur lui, et il l'aima. Il lui dit : « Une seule chose te manque : va, vends ce que tu as et donne-le aux pauvres ; alors tu auras un trésor au ciel. Puis viens, suis-moi. » Mais lui, à ces mots, devint sombre et s'en alla tout triste, car il avait de grands biens.

Alors Jésus regarda autour de lui et dit à ses disciples : « Comme il sera difficile à ceux qui possèdent des richesses d'entrer dans le royaume de Dieu ! » Les disciples étaient stupéfaits de ces paroles. Jésus reprenant la parole leur dit : « Mes enfants, comme il est difficile d'entrer dans le royaume de Dieu ! Il est plus facile à un chameau de passer par le trou d'une aiguille qu'à un riche d'entrer dans le royaume de Dieu. » De plus en plus déconcertés, les disciples se demandaient entre eux : « Mais alors, qui peut être sauvé ? » Jésus les regarde et dit : « Pour les hommes, c'est impossible, mais pas pour Dieu ; car tout est possible à Dieu. »

Fin de la lecture brève

Pierre se mit à dire à Jésus : « Voici que nous avons tout quitté pour te suivre. » Jésus déclara : « Amen, je vous le dis : nul n'aura quitté, à cause de moi et de l'Évangile, une maison, des frères, des sœurs, une mère, un père, des enfants ou une terre sans qu'il reçoive, en ce temps déjà, le centuple : maisons, frères, sœurs, mères, enfants et terres, avec des persécutions, et, dans le monde à venir, la vie éternelle. »

POUR LA PRIÈRE UNIVERSELLE

– Par la Sagesse de Dieu, que l'Église nourrisse du pain de la Parole et de la terre tout homme qui est dans le besoin.
– Par la force de la parole de Dieu, que toute institution humaine recherche dans ses actions le sens et la vérité de la dignité humaine.
– Par la Sagesse du Seigneur, que les jeunes entendent l'appel à être disciple du Christ et lui répondent avec enthousiasme.
– Par la Parole du Seigneur, que notre communauté se laisse façonner pour mieux vivre l'amour du prochain.

Prière sur les offrandes

Avec ces offrandes, Seigneur, reçois les prières de tes fidèles ; que cette liturgie célébrée avec amour nous fasse passer à la gloire du ciel. Par Jésus.

Prière après la communion

Dieu souverain, nous te le demandons humblement : rends-nous participants de la nature divine, puisque tu nous as fait communier au corps et au sang du Christ. Lui qui règne.

Désir et grandeur

« La multitude des biens qui s'offrent à l'homme dans la création est à son service. Par la cupidité, le rapport s'inverse et c'est l'homme qui se met au service de ces biens pour finalement en devenir esclave... De ce point de vue, le test le plus adéquat pour vérifier si l'on est vraiment esclave d'un bien est de voir si l'on est capable de s'en priver... En s'assimilant aux éléments inférieurs qu'il désire, l'homme méconnaît sa nature profonde et vit une sorte d'exil loin de lui-même. La cupidité est donc... un mépris de la grandeur de l'homme, un obstacle à sa croissance, un écran qui lui voile sa propre noblesse et la grandeur de sa destinée. La méconnaissance de Dieu est une conséquence directe de l'ignorance de soi. Par la cupidité, l'homme, enfermé dans les désirs terrestres, ne peut plus s'élever à lui-même et encore moins à Dieu. »

Hubert Debbasch, *L'homme de désir, icône de Dieu*, Le point théologique 60, Beauchesne, Paris, 2001, p. 43-45.

Saint Calliste Ier (14 octobre) Esclave, condamné aux mines de Sardaigne, puis revenant à Rome, féru d'Écriture sainte, puis affranchi, devenant archidiacre du pape Zéphirin, Calliste ou Calixte fonde le cimetière des catacombes qui porte son nom. Son pontificat est d'une étonnante modernité car marqué par l'autorisation des mariages entre esclaves et citoyens, par le déploiement de la miséricorde à l'encontre des pécheurs quels qu'ils soient, par une plus grande souplesse dans la discipline catéchuménale. Il meurt dans une émeute dans le quartier alors malfamé du Transtevere.

CALENDRIER LITURGIQUE

Di 10	**28e dimanche B.** *Liturgie des Heures : Psautier semaine IV.*
Lu 11	*S. Jean XXIII, pape, † 1963 à Rome.* Romains 1, 1-7 ; Ps 97 ; Luc 11, 29-32 : « À cette génération, il ne sera donné que le signe de Jonas »
Ma 12	Romains 1, 16-25 ; Ps 18 A ; Luc 11, 37-41 : « Donnez plutôt en aumône ce que vous avez, et alors tout sera pur pour vous »
Me 13	Romains 2, 1-11 ; Ps 61 ; Luc 11, 42-46 : « Quel malheur pour vous, pharisiens, pharisiens ! Vous aussi, les docteurs de la Loi, malheureux êtes-vous ! »
Je 14	*S. Calliste Ier, pape, martyr, † 222 à Rome.* Romains 3, 21-30 ; Ps 129 ; Luc 11, 47-54 : « Cette génération devra rendre compte du sang de tous les prophètes depuis le sang d'Abel jusqu'au sang de Zacharie »
Ve 15	Ste Thérèse d'Avila, vierge, réformatrice du Carmel, docteur de l'Église, † 1582. Romains 4, 1-8 ; Ps 31 ; Luc 12, 1-7 : « Les cheveux de votre tête sont tous comptés »
Sa 16	*Ste Edwige, mère de famille puis religieuse, † 1243 en Silésie.* *Ste Marguerite-Marie Alacoque, vierge, visitandine, † 1690 à Paray-le-Monial.* Au Canada, Ste Marie-Marguerite d'Youville, mère de famille puis religieuse, † 1771 à Montréal Romains 4, 13.16-18 ; Ps 104 ; Luc 12, 8-12 : « L'Esprit Saint vous enseignera à cette heure-là ce qu'il faudra dire »

Bonne fête ! 10 : Ghislain, Ghislaine, Virgile. 11 : Firmin, Soledad. 12 : Séraphin. 13 : Gérard. 14 : Calliste, Gwendoline. 15 : Thérèse, Térésa, Aurèle, Aurélie. 16 : Edwige, Marguerite-Marie, Bertrand.

29e dimanche

17 OCTOBRE 2021

Nous attendons notre vie du Seigneur

La vie de Jésus apparaît sous un jour tragique : il est le serviteur broyé par la souffrance (*première lecture*) ; il est le grand prêtre éprouvé en toutes choses (*deuxième lecture*) ; il est le Fils de l'homme qui donne sa vie en rançon pour la multitude (*évangile*). Il est dur d'être placé en face de la souffrance et de la mort. Mais c'est bien à ce moment-là que l'homme s'interroge le plus profondément. Nous le savons, le problème de la souffrance, du mal, de la mort laisse sans voix, sans réponse. Dieu lui-même bute sur la limite de la mort et il n'ouvre une porte sur ce mystère que par sa propre souffrance et son propre silence sur la croix. Mais les lectures du jour débouchent sur un paradoxe. Pour le serviteur, la remise de sa vie en sacrifice de réparation lui donne une descendance. Le grand prêtre qui a compati à nos faiblesses voit s'avancer avec assurance dans la foi les croyants.

En définitive, les épreuves de la vie et les tenailles du mal nous enferment et nous isolent. Le malade le sait bien lorsqu'il se retrouve parfois sans personne, et la souffrance est alors double : celle du mal et celle de la solitude. Nous buvons nous aussi la coupe et sommes plongés dans le Baptême du Christ. Mais ce que nous savons, c'est que nous sommes avec Jésus comme lui est avec nous, jusqu'au bout, compatissant à nos faiblesses. Mystérieuse fécondité ! Jacques et Jean voulaient siéger auprès de Jésus dans sa gloire et Jésus les invite, nous invite, à avancer vers le trône de sa grâce. Toutes ces lectures ouvrent une espérance, le psaume la chante : « Dieu veille sur ceux qui le craignent, qui mettent leur espoir en son amour, pour les délivrer de la mort. » Verrons-nous alors en quoi la souffrance et l'épreuve qui auront été vécues, la mort même ont paradoxalement une fécondité ? En quoi l'esclave de tous a secrètement la première place ! Cela ne peut se comprendre que dans le lien profond à Jésus et à tous les autres car « Nous attendons notre vie du Seigneur ».

Des chants sont proposés pour les 25e au 30e dimanches, p. 558.

Prière d'ouverture

• Dieu éternel et tout-puissant, fais-nous toujours vouloir ce que tu veux et servir ta gloire d'un cœur sans partage. Par Jésus Christ.

Nouvelle traduction

Dieu éternel et tout-puissant, + fais-nous toujours agir pour toi d'une volonté ardente, / et servir ta gloire d'un cœur sans partage. Par Jésus Christ, ton Fils, notre Seigneur, + qui vit et règne avec toi dans l'unité du Saint-Esprit, / Dieu, pour les siècles des siècles.

Ou bien pour la mission :

• Dieu qui veux te faire connaître de tous les hommes et les recueillir dans ton Royaume, regarde l'étendue des champs à moissonner ; envoie des ouvriers en grand nombre qui annonceront l'Évangile à toute créature, afin que de tous les peuples de la terre naisse et grandisse un peuple nouveau que ta Parole assemble et que tes sacrements soutiennent. Par Jésus Christ.

1re Lecture

Le juste qui justifiera les multitudes

→ Lecture du livre du prophète Isaïe Is 53, 10-11

Broyé par la souffrance, le Serviteur a plu au Seigneur. S'il remet sa vie en sacrifice de réparation, il verra une descendance, il prolongera ses jours : par lui, ce qui plaît au Seigneur réussira. Par suite de ses tourments, il verra la lumière, la connaissance le comblera. Le juste, mon serviteur, justifiera les multitudes, il se chargera de leurs fautes.

Psaume 32

**R/ Que ton amour, Seigneur,
soit sur nous comme notre espoir est en toi !**

Oui, elle est droite, la parole du Seigneur ;
il est fidèle en tout ce qu'il fait.
Il aime le bon droit et la justice ;
la terre est remplie de son amour.

Dieu veille sur ceux qui le craignent,
qui mettent leur espoir en son amour,
pour les délivrer de la mort,
les garder en vie aux jours de famine.

Nous attendons notre vie du Seigneur :
il est pour nous un appui, un bouclier.
Que ton amour, Seigneur, soit sur nous
comme notre espoir est en toi !

2e Lecture

Le grand prêtre qui compatit à nos faiblesses

→ Lecture de la lettre aux Hébreux He 4, 14-16

Frères, en Jésus, le Fils de Dieu, nous avons le grand prêtre par excellence, celui qui a traversé les cieux ; tenons donc ferme l'affirmation de notre foi. En effet, nous n'avons pas un grand prêtre incapable de compatir à nos faiblesses, mais un grand prêtre éprouvé en toutes choses, à notre ressemblance, excepté le péché. Avançons-nous donc avec assurance vers le Trône de la grâce, pour obtenir miséricorde et recevoir, en temps voulu, la grâce de son secours.

Alléluia. Alléluia. Le Fils de l'homme est venu pour servir, et donner sa vie en rançon pour la multitude. **Alléluia.**

Évangile

« Le Fils de l'homme est venu donner sa vie en rançon pour la multitude »

→ Évangile de Jésus Christ selon saint Marc

Mc 10, 35-45
(lecture brève : 10,42-45)

En ce temps-là, Jacques et Jean, les fils de Zébédée, s'approchent de Jésus et lui disent : « Maître, ce que nous allons te demander, nous voudrions que tu le fasses pour nous. » Il leur dit : « Que voulez-vous que je fasse pour vous ? » Ils lui répondirent : « Donne-nous de siéger, l'un à ta droite et l'autre à ta gauche, dans ta gloire. » Jésus leur dit : « Vous ne savez pas ce que vous demandez. Pouvez-vous boire la coupe que je vais boire, être baptisés du baptême dans lequel je vais être plongé ? » Ils lui dirent : « Nous le pouvons. » Jésus leur dit : « La coupe que je vais boire, vous la boirez ; et vous serez baptisés du baptême dans lequel je vais être plongé. Quant à siéger à ma droite ou à ma gauche, ce n'est pas à moi de l'accorder ; il y a ceux pour qui cela est préparé. »

Les dix autres, qui avaient entendu, se mirent à s'indigner contre Jacques et Jean. Jésus les appela et leur dit : « Vous le savez : ceux que l'on regarde comme chefs des nations les commandent en maîtres ; les grands leur font sentir leur pouvoir. Parmi vous, il ne doit pas en être ainsi. Celui qui veut devenir grand parmi vous sera votre serviteur. Celui qui veut être parmi vous le premier sera l'esclave de tous : car le Fils de l'homme n'est pas venu pour être servi, mais pour servir, et donner sa vie en rançon pour la multitude. »

Début de la lecture brève

[En ce temps-là, Jésus disait à ses disciples :]
« Vous le savez : ceux que l'on regarde comme chefs des nations les commandent en maîtres ; les grands leur

font sentir leur pouvoir. Parmi vous, il ne doit pas en être ainsi. Celui qui veut devenir grand parmi vous sera votre serviteur. Celui qui veut être parmi vous le premier sera l'esclave de tous : car le Fils de l'homme n'est pas venu pour être servi, mais pour servir, et donner sa vie en rançon pour la multitude. »

POUR LA PRIÈRE UNIVERSELLE

– « Par suite de ses tourments, le juste verra la lumière, la connaissance le comblera. »
Nous te prions, Seigneur, pour tous ceux qui sont tourmentés.
– « Nous n'avons pas un grand prêtre incapable de compatir à nos faiblesses. »
Nous te prions, Seigneur, pour tous ceux qui sont faibles et fragiles.
– « Vous le savez : ceux que l'on regarde comme chefs des nations les commandent en maîtres. »
Nous te prions, Seigneur, pour ceux qui gouvernent et sont tentés de faire sentir leur pouvoir.
– « Le Fils de l'homme n'est pas venu pour être servi, mais pour servir. »
Nous te prions, Seigneur, pour les chrétiens appelés à servir leurs frères.

Prière sur les offrandes

Accorde-nous, Seigneur, de te servir à cet autel en toute liberté d'esprit ; ainsi ta grâce pourra nous purifier dans le mystère que nous célébrons. Par Jésus.

Prière après la communion

Seigneur, fais-nous trouver des forces neuves dans cette communion aux réalités du ciel : assure-nous tes bienfaits ici-bas et instruis-nous des richesses de ton Royaume. Par Jésus.

L'amour est le dernier mot

« Seigneur de la vie et de l'espérance... en toi, chaque limite humaine est rachetée et délivrée. Grâce à toi, le handicap n'est pas le dernier mot de l'existence. C'est l'amour qui est le dernier mot, c'est ton amour qui donne un sens à la vie. Aide-nous à orienter notre cœur vers toi ; aide-nous à reconnaître ton visage qui resplendit en chaque créature humaine lorsqu'elle est éprouvée par les épreuves, par les difficultés et par la souffrance. Fais-nous comprendre que *la gloire de Dieu est l'homme vivant* (Irénée de Lyon), et fais qu'un jour nous puissions goûter, dans la vision divine, avec Marie Mère de l'humanité, la plénitude de la vie que tu as rachetée. Amen ! »

Les prières de Jean-Paul II, Bayard, 2003, p. 216.

Saint Jean de Capistran (23 octobre) Devenu veuf, se repentant publiquement de ses péchés, il entre dans l'ordre des Frères mineurs dont il rédigera les constitutions pour la branche observante. Son ouvrage *Le miroir des clercs* aura un grand succès. Remarqué pour sa diplomatie, les papes le chargent de certaines missions. Il se fait le héros de la croisade contre les turcs qui menacent l'Europe après avoir fait tomber l'empire chrétien d'Orient.

CALENDRIER LITURGIQUE

Di 17	**29e dimanche B.** *Liturgie des Heures : Psautier semaine I.* [S. Ignace, évêque d'Antioche, martyr, † vers 107 à Rome.]
Lu 18	S. LUC, ÉVANGÉLISTE. Lectures propres : 2 Timothée 4,9-17b ; Ps 144 ; Luc 10,1-9 : « La moisson est abondante, mais les ouvriers sont peu nombreux »
Ma 19	*S. Jean de Brébeuf, S. Isaac Jogues, prêtres, et leurs compagnons jésuites, martyrs † entre 1642 à 1649 au Canada et aux États-Unis (Au Canada, 26 septembre).* *S. Paul de la Croix, prêtre, fondateur des Passionistes, † 1775 à Rome.* Romains 5, 12.15b.17-19.20b-21 ; Ps 39 ; Luc 12, 35-38 : « Heureux les serviteurs que le maître, à son arrivée, trouvera en train de veiller »
Me 20	Romains 6, 12-18 ; Ps 123 ; Luc 12, 39-48 : « À qui l'on a beaucoup donné, on demandera beaucoup »
Je 21	Romains 6, 19-23 ; Ps 1 ; Luc 12, 49-53 : « Pensez-vous que je sois venu mettre la paix sur la terre ? Non, je vous le dis, mais bien plutôt la division »
Ve 22	*S. Jean-Paul II, pape, † 2005 à Rome.* Romains 7, 18-25a ; Ps 118 ; Luc 12, 54-59 : « Vous savez interpréter l'aspect de la terre et du ciel ; mais ce moment-ci, pourquoi ne savez-vous pas l'interpréter ? »
Sa 23	*S. Jean de Capistran, prêtre, franciscain, † 1456 à Vilock (Croatie).* Romains 8, 1-11 ; Ps 23 ; Luc 13, 1-9 : « Si vous ne vous convertissez pas, vous périrez tous de même »

Bonne fête ! 17 : Ignace, Baudouin. 18 : Luc, Aimable, Guénolé (3 mars), Gwenn (Guewen). 19 : René. 20 : Line, Adeline, Aline. 21 : Ursule, Céline. 22 : Élodie, Salomé. 23 : Séverin.

30e dimanche

24 OCTOBRE 2021

Dans la joie

« **Il s'en va**, il s'en va en pleurant,
il jette la semence ;
il s'en vient, il s'en vient dans la joie,
il rapporte les gerbes. » (*psaume*)

Ce verset du psaume responsorial éclaire les lectures de ce jour, particulièrement la *première lecture* à laquelle le psaume répond et il nous dit ce mouvement de joie et d'allégresse, d'une assemblée qui revient après les affres de l'exil. Itinéraire de Jésus qui pour devenir grand prêtre rempli de la gloire est passé par l'obéissance filiale (*deuxième lecture*). Chemin de Bartimée qui revient de sa nuit d'aveugle pour suivre, illuminé, son Sauveur (*évangile*).

C'est l'expérience du chrétien, la racine de sa vie en Dieu, vie baptismale et, par nature, vie pascale. Les disciples d'Emmaüs en sont l'archétype, eux qui, partis de Jérusalem en grande tristesse, y reviendront dans l'ardeur d'un cœur brûlant de joie. L'ultime but de cette voie est la gloire de Dieu, la grâce de son salut. Lorsqu'il connaît la joie du retour vers Dieu, l'homme découvre qu'il est fait pour la louange ; il sait le prix du sacrifice mais aussi la profondeur de la paix en Dieu. Bien sûr, il nous faut encore crier : « Fils de David, Jésus, prends pitié de moi ! » tant que nous sommes en "exil" sur cette terre. Mais déjà, comme Bartimée marchant vers Jésus malgré sa cécité, nous prenons le chemin dans la confiance – celle de la foi – ; malgré notre pauvreté de mendiant assis au bord de la route, nous nous levons – mouvement de résurrection – ; malgré notre cri de supplication, nous entendons son appel – vraie vocation – à avancer avec courage au son de sa voix, à la force de sa Parole.

Tout cela est également le mystère de notre Église, dont l'origine signifie appelée pour être rassemblée. Notre Église est encore actuellement, au jour où nous prions pour la mission universelle, celle qui rassemble toute l'humanité. Elle se réjouit de voir l'aveugle, le boiteux, la femme enceinte et la jeune accouchée… tous ensemble réconciliés avec Dieu notre Père.

Des chants sont proposés pour les 25e au 30e dimanches, p. 558.

Prière d'ouverture

Dieu éternel et tout-puissant, augmente en nous la foi, l'espérance et la charité ; et pour que nous puissions obtenir ce que tu promets, fais-nous aimer ce que tu commandes. Par Jésus Christ.

Nouvelle traduction (identique sauf la conclusion)

Dieu éternel et tout-puissant, + augmente en nous la foi, l'espérance et la charité ; * et pour que nous puissions obtenir ce que tu promets, / fais-nous aimer ce que tu commandes. Par Jésus Christ, ton Fils, notre Seigneur, + qui vit et règne avec toi dans l'unité du Saint-Esprit, / Dieu, pour les siècles des siècles.

1re Lecture *« L'aveugle et le boiteux, je les fais revenir »*

→ Lecture du livre du prophète Jérémie Jr 31, 7-9

Ainsi parle le Seigneur : Poussez des cris de joie pour Jacob, acclamez la première des nations ! Faites résonner vos louanges et criez tous : « Seigneur, sauve ton peuple, le reste d'Israël ! » Voici que je les fais revenir du pays du nord, que je les rassemble des confins de la terre ; parmi eux, tous ensemble, l'aveugle et le boiteux, la femme enceinte et la jeune accouchée : c'est une grande assemblée qui revient. Ils avancent dans les pleurs et les supplications, je les mène, je les conduis vers les cours d'eau par un droit chemin où ils ne trébucheront pas. Car je suis un père pour Israël, Éphraïm est mon fils aîné.

Psaume 125

**R/ Quelles merveilles le Seigneur fit pour nous :
nous étions en grande fête !**

Quand le Seigneur ramena les captifs à Sion,
nous étions comme en rêve !
Alors notre bouche était pleine de rires,
nous poussions des cris de joie.

Alors on disait parmi les nations :
« Quelles merveilles fait pour eux le Seigneur ! »
Quelles merveilles le Seigneur fit pour nous :
nous étions en grande fête !

Ramène, Seigneur, nos captifs,
comme les torrents au désert.
Qui sème dans les larmes
moissonne dans la joie.

Il s'en va, il s'en va en pleurant,
il jette la semence ;
il s'en vient, il s'en vient dans la joie,
il rapporte les gerbes.

2e Lecture *« Tu es prêtre de l'ordre de Melkisédek pour l'éternité »*

→ **Lecture de la lettre aux Hébreux** He 5, 1-6

Tout grand prêtre est pris parmi les hommes ; il est établi pour intervenir en faveur des hommes dans leurs relations avec Dieu ; il doit offrir des dons et des sacrifices pour les péchés. Il est capable de compréhension envers ceux qui commettent des fautes par ignorance ou par égarement, car il est, lui aussi, rempli de faiblesse ; et, à cause de cette faiblesse, il doit offrir des sacrifices pour ses propres péchés comme pour ceux du peuple. On ne s'attribue pas cet honneur à soi-même, on est appelé par Dieu, comme Aaron.

Il en est bien ainsi pour le Christ : il ne s'est pas donné à lui-même la gloire de devenir grand prêtre ; il l'a reçue de

Dieu, qui lui a dit : *Tu es mon Fils, moi, aujourd'hui, je t'ai engendré*, car il lui dit aussi dans un autre psaume : *Tu es prêtre de l'ordre de Melkisédek pour l'éternité.*

Alléluia. Alléluia. Notre Sauveur, le Christ Jésus, a détruit la mort, il a fait resplendir la vie par l'Évangile. **Alléluia.**

Évangile

« Rabbouni, que je retrouve la vue »

→ **Évangile de Jésus Christ selon saint Marc** Mc 10, 46b-52

En ce temps-là, tandis que Jésus sortait de Jéricho avec ses disciples et une foule nombreuse, le fils de Timée, Bartimée, un aveugle qui mendiait, était assis au bord du chemin. Quand il entendit que c'était Jésus de Nazareth, il se mit à crier : « Fils de David, Jésus, prends pitié de moi ! » Beaucoup de gens le rabrouaient pour le faire taire, mais il criait de plus belle : « Fils de David, prends pitié de moi ! »

Jésus s'arrête et dit : « Appelez-le. » On appelle donc l'aveugle, et on lui dit : « Confiance, lève-toi ; il t'appelle. » L'aveugle jeta son manteau, bondit et courut vers Jésus. Prenant la parole, Jésus lui dit : « Que veux-tu que je fasse pour toi ? » L'aveugle lui dit : « *Rabbouni*, que je retrouve la vue ! » Et Jésus lui dit : « Va, ta foi t'a sauvé. » Aussitôt l'homme retrouva la vue, et il suivait Jésus sur le chemin.

POUR LA PRIÈRE UNIVERSELLE

– Prions pour que le souffle de l'Esprit Saint suscite un nouveau printemps missionnaire dans l'Église.
– Prions pour nos gouvernants : qu'ils soient éclairés par l'Esprit Saint dans les décisions qu'ils prennent et qui engagent l'avenir.
– Prions pour nos frères qui sont angoissés et qui désespèrent : qu'ils découvrent combien Dieu entend leur appel et ne les abandonne pas.
– Prions pour que notre communauté, par l'unité et la charité, donne un témoignage missionnaire dans tout ce qu'elle vit.

Prière sur les offrandes

Regarde les présents déposés devant toi, Seigneur notre Dieu : permets que notre célébration contribue d'abord à ta gloire. Par Jésus.

Prière après la communion

Que tes sacrements, Seigneur, achèvent de produire en nous ce qu'ils signifient, afin que nous entrions un jour en pleine possession du mystère que nous célébrons dans ces rites. Par Jésus.

L'homme qui a besoin de la lumière de Dieu

« Le miracle de la guérison de l'aveugle Bartimée a une position remarquable dans la structure de l'Évangile de Marc. En effet, il est placé à la fin de la section qui est appelée "voyage à Jérusalem", c'est-à-dire le dernier pèlerinage de Jésus à la Ville sainte, pour la Pâque au cours de laquelle il sait que l'attendent la passion, la mort et la résurrection... Tout l'Évangile de Marc est un itinéraire de foi, qui se développe graduellement à l'école de Jésus. Les disciples sont les premiers acteurs de ce parcours de découverte, mais il y a aussi d'autres personnages qui occupent un rôle important, et Bartimée est l'un d'eux. Sa guérison est la dernière guérison miraculeuse que Jésus accomplit avant sa passion, et ce n'est pas par hasard que c'est celle d'un aveugle, c'est-à-dire d'une personne dont les yeux ont perdu la lumière. Nous savons aussi par d'autres textes que la condition de cécité a une signification chargée de sens dans les Évangiles. Elle représente l'homme qui a besoin de la lumière de Dieu, la lumière de la foi, pour connaître vraiment la réalité et marcher sur le chemin de la vie. Il est essentiel de se reconnaître aveugles, de reconnaître qu'on a besoin de cette lumière, sans quoi on reste aveugle pour toujours. À ce point stratégique du récit de Marc, Bartimée est donc présenté comme un modèle...Dans la rencontre avec le Christ, vécue avec foi, Bartimée retrouve la lumière qu'il avait perdue et avec elle la plénitude de sa dignité : il se remet debout et reprend sa marche, qui à partir de ce moment a un guide, Jésus, et une route, la même que Jésus parcourt. L'évangéliste ne nous dira plus rien de Bartimée, mais en lui il nous présente qui est le disciple : celui qui, avec la lumière de la foi, suit Jésus "sur la route". »

Benoît XVI, *Homélie pour la messe de conclusion du synode des évêques*, 28 octobre 2012.

Saint Antoine-Marie Claret (24 octobre) Retiré au monastère de Fontfroide où il meurt, ce catalan fondateur des Fils de Marie Immaculée, évêque de Santiago de Cuba, confesseur de la reine Isabelle d'Espagne, père du Concile Vatican I, est un passionné de la communication. Cet ancien typographe se fera le chantre du message évangélique par la presse et diverses publications.

CALENDRIER LITURGIQUE

Di 24	30e dimanche B. *Liturgie des Heures : Psautier semaine II.* [*S. Antoine-Marie Claret, évêque de Santiago de Cuba, fondateur des Fils du Cœur Immaculé de Marie, † 1870 à Fontfroide (Aude).*]
Lu 25	ou dernier dimanche d'octobre (Belgique et France ainsi que Canada), **DÉDICACE DES ÉGLISES** dont on ignore la date de consécration. Solennité. Textes dans le *Missel des dimanches 2020*, p. 595-560. En France : 1 Rois 8, 22-23.27-30 ; Ps 83 ; 1 Pierre 2, 4-9 ; Matthieu 16, 13-19. En Belgique : Apocalypse : 21, 1-5° ; Ps 83 ; Hébreux : 12, 18-19.22-24 Férie : Romains 8,12-17 ; Ps 67 ; Luc 13, 10-17 : « Cette fille d'Abraham, ne fallait-il pas la délivrer de ce lien le jour du sabbat ? »
Ma 26	Romains 8, 18-25 ; Ps 125 ; Luc 13, 18-21 : « La graine a poussé, elle est devenue un arbre »
Me 27	Romains 8, 26-30 ; Ps 12 ; Luc 13, 22-30 : « On viendra de l'orient et de l'occident, prendre place au festin dans le royaume de Dieu »
Je 28	S. SIMON et S. JUDE, apôtres. Lectures propres : Éphésiens 2, 19-22 ; Ps 18 A ; Luc 6, 12-19 : « Il en choisit douze auxquels il donna le nom d'Apôtres »
Ve 29	Romains 9, 1-5 ; Ps 147 ; Luc 14, 1-6 : « Si l'un de vous a un fils ou un boeuf qui tombe dans un puits, ne va-t-il pas aussitôt l'en retirer, même le jour du sabbat ? »
Sa 30	Romains 11, 1-2°.11-12.25-29 ; Ps 93 ; Luc 14, 1.7-11 : « Quiconque s'élève sera abaissé ; et qui s'abaisse sera élevé »

Bonne fête ! 24 : Florentin, Magloire. 25 : Enguerran ou Enguerrand, Doria. 26 : Dimitri. 27 : Émeline. 28 : Thaddée, Teddy, Simon, Simone. 29 : Narcisse. 30 : Bienvenu.

Pour mémoire : Aujourd'hui, avant-dernier dimanche d'octobre, journée de la mission universelle.

Le weekend prochain, passage à l'heure d'hiver.

31e dimanche

31 OCTOBRE 2021

Sacrement de l'Amour

Jésus lie le premier commandement : aimer Dieu (*première lecture*), à un second : aimer son prochain comme soi-même (*évangile*). Désormais, les Écritures affirmeront ce lien inséparable : « Si quelqu'un dit : "J'aime Dieu", alors qu'il a de la haine contre son frère, c'est un menteur. En effet, celui qui n'aime pas son frère, qu'il voit, est incapable d'aimer Dieu, qu'il ne voit pas. Et voici le commandement que nous tenons de lui : celui qui aime Dieu, qu'il aime aussi son frère » (1 Jean 4, 20-21). Il ne s'agit pas seulement d'un précepte moral mais bien d'un apprentissage, certes long et douloureux, de la vie baptismale. Le baptême ne me donne pas seulement d'être fils car il fait de moi dans le même temps un frère. Il s'agit bien d'une réalité de vie sacramentelle telle que le Concile l'a envisagée lorsque, élargissant la définition du sacrement à l'Église, les pères conciliaires affirment que celle-ci est à la fois « le signe et le moyen de l'union intime avec Dieu et de l'unité de tout le genre humain » (*Lumen Gentium 1*). Être uni à Dieu dessine l'aspiration verticale de notre vocation ; être uni à tout le genre humain élargit notre existence chrétienne à l'horizon de tous les hommes. Ces deux unions tracent le mystère pascal de la croix où le Fils de Dieu, le grand prêtre qu'il nous fallait, intercède en notre faveur car il est désormais plus haut que les cieux (*deuxième lecture*).

Écouter pour recevoir le bonheur telle est la recommandation de Moïse faite au peuple de la part de Dieu. Écouter Dieu, c'est le prier, c'est entrer dans la musique divine des Écritures, c'est s'ouvrir à l'universalité du Salut. Cela ne vient pas de nous, et pour combattre nos résistances, car nous sommes souvent nos propres ennemis, nous pouvons avec confiance reprendre les mots du psalmiste « Je t'aime, Seigneur, ma force ». Nous pouvons demander à Dieu : « accorde-nous de progresser sans que rien nous arrête » (*prière d'ouverture*). Alors pourrons-nous aussi entendre Jésus nous dire : « Tu n'es pas loin du royaume de Dieu. »

CHANTER

- Le répertoire proposé en ce dimanche pourra être repris pour les 32e et 33e dimanches.
- Pour la procession d'ouverture : ***Veillons jusqu'au jour*** **X 516**, ***Pour avancer ensemble*** **KD 20-38 CNA 524**, ***Fais paraître ton jour*** **HY 53 CNA 552**, ***Peuple où s'avance le Seigneur*** **K 82 CNA 578** (couplets 1, 2 et 4), ***À ce monde que tu fais*** **RT 146-1 CNA 526**.
- Pour l'acclamation à l'Évangile : ***Alléluia*** **CNA 215-12**.
- Pour la procession de communion : ***Pain donné pour notre vie*** **Edit 10-47 CNA 339**, ***Recevons le corps sacré*** **D 37-36**, ***La sagesse a dressé une table*** **D 580 CNA 332**, ***Devenez ce que vous recevez*** **D 68-39**, ***En mémoire du Seigneur*** **D 304 CNA 327**, ***Les pauvres mangeront*** **YD 92 CNA 333**.
- Pour l'action de grâce : ***Celui qui aime est né de Dieu*** **D 18-13 CNA 537**, ***Que ton règne vienne*** **BP 109**, ***Chantons à Dieu*** **L 30-79 CNA 538**, ***N'oublions pas les merveilles de Dieu*** **ZL 33-34**.
- Pour l'envoi : ***Allez dire à tous les hommes*** **T 132-1 CNA 532**, ***Vivez l'espérance*** **T 52-46**.
- Si l'on souhaite caractériser davantage chaque dimanche, on pourra retenir :

– Pour le 31e dimanche : ***À l'image de ton amour*** **X 971 CNA 529**.
– Pour le 32e dimanche : ***Bienheureux le pauvre*** **WP 22-98 CNA 536**.
– Pour le 33e dimanche : ***Dieu est à l'œuvre en cet âge*** **EP 50 CNA 541**.

Prière d'ouverture

Dieu de puissance et de miséricorde, c'est ta grâce qui donne à tes fidèles de pouvoir dignement te servir ; accorde-nous de progresser sans que rien nous arrête vers les biens que tu promets. Par Jésus Christ.

Nouvelle traduction

Dieu de puissance et de miséricorde, + c'est ta grâce qui donne à tes fidèles de pouvoir dignement te servir ; * nous t'en prions : accorde-nous de courir sans que rien nous arrête / vers les biens que tu promets. Par Jésus Christ, ton Fils, notre Seigneur, + qui vit et règne avec toi dans l'unité du Saint-Esprit, / Dieu, pour les siècles des siècles.

1re Lecture

« Tu aimeras le Seigneur de tout ton cœur »

→ Lecture du livre du Deutéronome Dt 6, 2-6

Moïse disait au peuple : « Tu craindras le Seigneur ton Dieu. Tous les jours de ta vie, toi, ainsi que ton fils et le fils de ton fils, tu observeras tous ses décrets et ses commandements, que je te prescris aujourd'hui, et tu auras longue vie. Israël, tu écouteras, tu veilleras à mettre en pratique ce qui t'apportera bonheur et fécondité, dans un pays ruisselant de lait et de miel, comme te l'a dit le Seigneur, le Dieu de tes pères. Écoute, Israël : le Seigneur notre Dieu est l'Unique. Tu aimeras le Seigneur ton Dieu de tout ton cœur, de toute ton âme et de toute ta force. Ces paroles que je te donne aujourd'hui resteront dans ton cœur. »

Psaume 17

R/ **Je t'aime, Seigneur, ma force.**

Je t'aime, Seigneur, ma force :
Seigneur, mon roc, ma forteresse,
Dieu mon libérateur, le rocher qui m'abrite,
mon bouclier, mon fort, mon arme de victoire !

Louange à Dieu !
Quand je fais appel au Seigneur,
je suis sauvé de tous mes ennemis.

Vive le Seigneur ! Béni soit mon Rocher !
Qu'il triomphe, le Dieu de ma victoire,
Il donne à son roi de grandes victoires,
il se montre fidèle à son messie.

2e LECTURE

Le sacerdoce qui ne passe pas

→ **Lecture de la lettre aux Hébreux** He 7, 23-28

Frères, dans l'ancienne Alliance, un grand nombre de prêtres se sont succédé parce que la mort les empêchait de rester en fonction. Jésus, lui, parce qu'il demeure *pour l'éternité*, possède un sacerdoce qui ne passe pas. C'est pourquoi il est capable de sauver d'une manière définitive ceux qui par lui s'avancent vers Dieu, car il est toujours vivant pour intercéder en leur faveur.

C'est bien le grand prêtre qu'il nous fallait : saint, innocent, immaculé ; séparé maintenant des pécheurs, il est désormais plus haut que les cieux. Il n'a pas besoin, comme les autres grands prêtres, d'offrir chaque jour des sacrifices, d'abord pour ses péchés personnels, puis pour ceux du peuple ; cela, il l'a fait une fois pour toutes en s'offrant lui-même. La loi de Moïse établit comme grands prêtres des hommes remplis de faiblesse ; mais la parole du serment divin, qui vient après la Loi, établit comme grand prêtre le Fils, conduit *pour l'éternité* à sa perfection.

Alléluia. Alléluia. Si quelqu'un m'aime, il gardera ma parole, dit le Seigneur ; mon Père l'aimera, et nous viendrons vers lui. **Alléluia.**

Évangile

« Tu aimeras »

→ **Évangile de Jésus Christ selon saint Marc** Mc 12, 28b-34

En ce temps-là, un scribe s'avança vers Jésus pour lui demander : « Quel est le premier de tous les commandements ? » Jésus lui fit cette réponse : « Voici le premier : *Écoute, Israël : le Seigneur notre Dieu est l'unique Seigneur. Tu aimeras le Seigneur ton Dieu de tout ton cœur, de toute ton âme*, de tout ton esprit *et de toute ta force.* Et voici le second *: Tu aimeras ton* *prochain comme toi-même.* Il n'y a pas de commandement plus grand que ceux-là. »

Le scribe reprit : « Fort bien, Maître, tu as dit vrai : Dieu est l'Unique et il n'y en a pas d'autre que lui. L'aimer de tout son cœur, de toute son intelligence, de toute sa force, et aimer son prochain comme soi-même, vaut mieux que toute offrande d'holocaustes et de sacrifices. » Jésus, voyant qu'il avait fait une remarque judicieuse, lui dit : « Tu n'es pas loin du royaume de Dieu. » Et personne n'osait plus l'interroger.

POUR LA PRIÈRE UNIVERSELLE

– Père très saint, source de tout amour, que ton Église soit un signe de charité levé pour toutes les nations.
– Que les chefs des nations soient remplis d'un Esprit de sagesse et d'intelligence pour le bien commun de la planète.
– Que les pauvres ne soient pas sans secours et sans témoignage d'un amour désintéressé.
– Que nos frères chrétiens qui fêtent le dimanche de la Réformation soient remplis de ta grâce et de ton amour.
– Que notre communauté reflète un visage de compassion et d'accueil à l'égard de tous.

Prière sur les offrandes

Seigneur, que cette eucharistie soit pour toi une offrande pure, et pour nous, le don généreux de ta miséricorde. Par Jésus.

Prière après la communion

De plus en plus, Seigneur, exerce en nous ta puissance : afin que, fortifiés par tes sacrements, nous devenions capables, avec ta grâce, d'entrer en possession des biens qu'ils promettent. Par Jésus.

Ce n'est pas pour rire que Dieu vous aime

« La rencontre du plus pauvre n'est pas, pour nous, moyen d'annexer, de conquérir, d'"avoir" l'autre, mais occasion de mettre en présence ces deux êtres qui se cherchent à tâtons sans pouvoir toujours se joindre : l'homme à sauver et le Dieu Sauveur. Nous voici devenus comme les sacrements vivants du cœur du Christ, de la rencontre entre Dieu et l'homme. Corrigeant nos rêveries les plus illusoires, nous ne devrions pas avoir d'autre ambition en ce domaine que celle-ci : puissent les hommes, les plus perdus d'entre les hommes surtout, en percevant combien nous les aimons d'un amour réel et personnel, percevoir par là même combien ils sont aimés par Dieu. Puisse toute notre vie leur affirmer : "Ce n'est pas pour rire que Dieu vous aime, puisque ce n'est pas pour rire que je vous aime". »

Jean-Gabriel Ranquet, *Conseils évangéliques et maturité humaine*,
Desclée de Brouwer, 1968, p. 74-75.

CALENDRIER LITURGIQUE

Di 31	31e dimanche B. *Liturgie des Heures : Psautier semaine III.*
Lu 1er	**TOUS LES SAINTS**, p. 606.
Ma 2	COMMÉMORATION DE TOUS LES FIDÈLES DÉFUNTS, p. 612.
Me 3	*S. Martin de Porrès, frère dominicain, 1639 à Lima.* *En Belgique et au Luxembourg, S. Hubert, évêque de Tongres-Maastricht, puis de Liège, † 30 mai 727.* Romains 13, 8-10 ; Ps 111 ; Luc 14, 25-33 : « Celui d'entre vous qui ne renonce pas à tout ce qui lui appartient ne peut pas être mon disciple »
Je 4	S. Charles Borromée, évêque de Milan et cardinal, † 1584. Romains 14, 7-12 ; Ps 26 ; Luc 15, 1-10 : « Il y aura de la joie dans le ciel pour un seul pécheur qui se convertit »
Ve 5	Romains 15, 14-21 ; Ps 97 ; Luc 16, 1-8 : « Les fils de ce monde sont plus habiles entre eux que les fils de la lumière »
Sa 6	Romains 16, 3-9.16.22-27 ; Ps 144 ; Luc 16, 9-15 : « Si vous n'avez pas été dignes de confiance pour l'argent malhonnête, qui vous confiera le bien véritable ? »

Bonne fête ! 31 : Quentin, Wolfgang. 1er : Mathurin. 2 : Tobie. 3 : Hubert, Gwenaël. 4 : Amance, Émeric, Charles, Carl, Charlie, Jessé, Jessy. 5 : Sylvie, Zacharie. 6 : Bertille, Léonard, Winnoc.

Pour mémoire : Dernier dimanche d'octobre, dimanche de la Réformation pour les communautés protestantes.

Saint Martin de Porrès (3 novembre). Souvent appelé Martin de la Charité, Martin est le fils d'une esclave noire du Pérou. Son père, noble castillan, ne le reconnaît pas. Toute sa vie, il souffre de nombreuses humiliations mais, sans cesse, il s'occupe de plus pauvre que lui. Accepté comme tertiaire laïc dominicain, il ira jusqu'à proposer d'être vendu comme esclave pour éponger les dettes du couvent. Il exerce avec amour sa charge d'infirmier. Sa bonté est aussi à l'égard des chiens, des chats, des dindons..., ce qui le rend très populaire au Pérou.

Tous les saints

1er NOVEMBRE 2021

Le dialogue des bienheureux

« Nous fêtons aujourd'hui la cité du ciel, notre mère la Jérusalem d'en haut », dit la préface de ce jour. Nous fêtons tous les saints, connus ou non, et aussi la sainteté de l'Église et donc chacun d'entre nous. Aussi, pouvons-nous entendre ces Béatitudes (*évangile*) non d'abord comme une charte, encore moins un programme, un projet ou un plan sur le Paradis, mais comme une parole prophétique sur notre monde et nos vies. Jésus ne parle pas de choses à faire, il révèle le cœur des personnes, Il parle de gens qu'il a rencontrés, de visages de femmes et d'hommes qu'il a croisés sur les chemins de l'existence, qu'ils soient pauvres de cœur, doux, assoiffés... Il ne nous dit pas aujourd'hui, pas plus qu'hier, ce qu'il y aurait à faire pour être heureux ! (en résumé, pour être saints). Non, il s'adresse à chacun d'entre nous en déterminant où se trouve la vraie joie et le vrai sens de la vie. Si nous acceptons d'entendre la Parole du Christ nous dire que nous sommes bienheureux dans et malgré tout ce que nous vivons, – que ce soit dans des choses heureuses comme le désir de la paix et de la justice, que ce soit dans des choses parfois plus difficiles qui nous font verser des larmes –, alors la sainteté prend une autre dimension. Nous sommes bienheureux parce que le chrétien accepte de saisir sa vie telle qu'elle est ici et maintenant. Bienheureux, et donc différent, parce que le chrétien a rencontré Jésus, parce que le pas de Dieu a épousé le pas des hommes. Dans notre réalité existentielle, la foi n'est pas une idée ou une pensée, elle est recherche de la face du Seigneur (*psaume*). Le bienheureux baptisé porte alors le sceau qui imprime la marque du Dieu vivant (*première lecture*), faisant de lui un enfant de Dieu (*deuxième lecture*) capable de manifester au monde l'appel de tous à la sainteté. Les béatitudes sont bien un dialogue de vie où le désir humain, barré par le mal, aspire à l'allégresse de la communion.

CHANTER

◗ Pour la procession d'ouverture : ***Aujourd'hui est jour de fête* W 47-38-1 CNA 644, *Dieu nous te louons* W1 CNA 646, *Heureux ceux qui ont tout donné* W 32-34, *Bienheureux le peuple des élus* WX 13-22.** On peut aussi chanter la ***litanie des Saints* W 12 bis CNA 478.**

◗ Après la Parole : ***Puissance et gloire de l'Esprit* WP 14 CNA 651, *Heureux, bienheureux* X 589.**

◗ Pour la procession de communion : ***Nous formons un même corps* C 105 CNA 570, *Tu fais ta demeure en nous* D 56-49.**

◗ Pour l'action de grâce : ***Bienheureux le pauvre* WP 22-98 CNA 536, *Autour du trône de l'Agneau* WP 587 CNA 645, *Il vient en chantant* W 40-89, *Les Béatitudes* Y 15.**

Prière d'ouverture

Dieu éternel et tout-puissant, tu nous donnes de célébrer dans une même fête la sainteté de tous les élus ; puisqu'une telle multitude intercède pour nous, réponds à nos désirs, accorde-nous largement tes grâces. Par Jésus Christ.

Nouvelle traduction

Dieu éternel et tout-puissant, + tu nous donnes de célébrer dans une même fête la gloire de tous les saints ; * puisqu'une telle multitude intercède pour nous, accorde-nous ce que nous désirons, / l'abondance de ta miséricorde. Par Jésus Christ, ton Fils, notre Seigneur, + qui vit et règne avec toi dans l'unité du Saint-Esprit, / Dieu, pour les siècles des siècles.

1re Lecture

La foule immense des rachetés

→ Lecture de l'Apocalypse de saint Jean Ap 7, 2-4.9-14

M**oi**, Jean, j'ai vu un ange qui montait du côté où le soleil se lève, avec le sceau qui imprime la marque du Dieu vivant ; d'une voix forte, il cria aux quatre anges qui avaient reçu le pouvoir de faire du mal à la terre et à la mer : « Ne faites pas de mal à la terre, ni à la mer, ni aux arbres, avant que nous ayons marqué du sceau le front des serviteurs de notre Dieu. »

Et j'entendis le nombre de ceux qui étaient marqués du sceau : ils étaient cent quarante-quatre mille, de toutes les tribus des fils d'Israël.

Après cela, j'ai vu : et voici une foule immense, que nul ne pouvait dénombrer, une foule de toutes nations, tribus, peuples et langues. Ils se tenaient debout devant le Trône et devant l'Agneau, vêtus de robes blanches, avec des palmes à la main. Et ils s'écriaient d'une voix forte : « Le salut appartient à notre Dieu qui siège sur le Trône et à l'Agneau ! » Tous les anges se tenaient debout autour du Trône, autour des Anciens et des quatre Vivants ; se jetant devant le Trône, face contre terre, ils se prosternèrent devant Dieu. Et ils disaient : « Amen ! Louange, gloire, sagesse et action de grâce, honneur, puissance et force à notre Dieu, pour les siècles des siècles ! Amen ! » L'un des Anciens prit alors la parole et me dit : « Ces gens vêtus de robes blanches, qui sont-ils, et d'où viennent-ils ? » Je lui répondis : « Mon seigneur, toi, tu le sais. » Il me dit : « Ceux-là viennent de la grande épreuve ; ils ont lavé leurs robes, ils les ont blanchies par le sang de l'Agneau. »

Psaume 23

R/ Voici le peuple de ceux qui cherchent ta face, Seigneur.

Au Seigneur, le monde et sa richesse,
la terre et tous ses habitants !
C'est lui qui l'a fondée sur les mers
et la garde inébranlable sur les flots.

Qui peut gravir la montagne du Seigneur
et se tenir dans le lieu saint ?
L'homme au cœur pur, aux mains innocentes,
qui ne livre pas son âme aux idoles.

Il obtient, du Seigneur, la bénédiction,
et de Dieu son Sauveur, la justice.
Voici le peuple de ceux qui le cherchent !
Voici Jacob qui recherche ta face !

2e LECTURE *Nous sommes enfants de Dieu*

→ Lecture de la première lettre de saint Jean 1 Jn 3, 1-3

Bien-aimés, voyez quel grand amour nous a donné le Père pour que nous soyons appelés enfants de Dieu – et nous le sommes. Voici pourquoi le monde ne nous connaît pas : c'est qu'il n'a pas connu Dieu. Bien-aimés, dès maintenant, nous sommes enfants de Dieu, mais ce que nous serons n'a pas encore été manifesté. Nous le savons : quand cela sera manifesté, nous lui serons semblables car nous le verrons tel qu'il est. Et quiconque met en lui une telle espérance se rend pur comme lui-même est pur.

Alléluia. Alléluia. Venez à moi, vous tous qui peinez sous le poids du fardeau, dit le Seigneur, et moi, je vous procurerai le repos. **Alléluia.**

Évangile *Les Béatitudes*

→ Évangile de Jésus Christ selon saint Matthieu Mt 5, 1-12a

En ce temps-là, voyant les foules, Jésus gravit la montagne. Il s'assit, et ses disciples s'approchèrent de lui. Alors, ouvrant la bouche, il les enseignait. Il disait :

« Heureux les pauvres de cœur,
car le royaume des Cieux est à eux.
Heureux ceux qui pleurent, car ils seront consolés.
Heureux les doux, car ils recevront la terre en héritage.
Heureux ceux qui ont faim et soif de la justice,
car ils seront rassasiés.
Heureux les miséricordieux, car ils obtiendront miséricorde.
Heureux les cœurs purs, car ils verront Dieu.
Heureux les artisans de paix, car ils seront appelés fils de Dieu.
Heureux ceux qui sont persécutés pour la justice, car le royaume des Cieux est à eux.

Heureux êtes-vous si l'on vous insulte, si l'on vous persécute et si l'on dit faussement toute sorte de mal contre vous, à cause de moi. Réjouissez-vous, soyez dans l'allégresse, car votre récompense est grande dans les cieux ! »

POUR LA PRIÈRE UNIVERSELLE

– Pour l'appel à la sainteté de tous les hommes, donne, Seigneur, à ton Église la force de vivre sa mission d'annonce.
– Pour la communion entre tous les hommes, révèle à tous ceux qui ont le pouvoir de le mettre au service de la paix et de l'unité.
– Pour le vivre ensemble des communautés, enseigne à chacun le chemin de vie et de sainteté.
– Pour le bien de notre communauté, convertis nos cœurs au désir d'être saint.

Prière sur les offrandes

Daigne accepter, Seigneur, l'offrande que nous te présentons en l'honneur de tous les saints ; nous croyons qu'ils vivent désormais près de toi : accorde-nous de sentir aussi qu'ils interviennent pour notre salut. Par Jésus.

Préface

Vraiment, il est juste et bon de te rendre gloire, de t'offrir notre action de grâce, toujours et en tout lieu, à toi, Père très saint, Dieu éternel et tout-puissant.
Car nous fêtons aujourd'hui la cité du ciel, notre mère la Jérusalem d'en haut ; c'est là que nos frères les saints, déjà rassemblés, chantent sans fin ta louange. Et nous qui marchons vers elle par le chemin de la foi, nous hâtons le pas, joyeux de savoir dans la lumière ces enfants de notre Église que tu nous donnes en exemple.
C'est pourquoi, avec cette foule immense que nul ne peut dénombrer, avec tous les anges du ciel, nous voulons te bénir en chantant (disant) : **Saint !...**

Dans les prières eucharistiques, il y a des textes propres à la fête de Toussaint.

Prière après la communion

Dieu qui seul es saint, toi que nous admirons et adorons en célébrant la fête de tous les saints, nous implorons ta grâce : quand tu nous auras sanctifiés dans la plénitude de ton amour, fais-nous passer de cette table, où tu nous as reçus en pèlerins, au banquet préparé dans ta maison. Par Jésus.

Être pauvre de cœur

« Au fond, être pur de cœur est la même chose qu'être pauvre de cœur. Le pauvre ne possède rien, il ne peut compter que sur Dieu pour Tout. Il accepte sa pauvreté comme une donnée, un fait dont il fait l'expérience tous les jours. Nous sommes essentiellement pauvres : nos corps ont besoin de s'alimenter chaque jour ou presque ; notre existence corporelle est liée à un ensemble de conditions d'environnement tel que l'absence de l'une d'entre elles suffirait à causer la mort. Nous recevons notre vie corporelle comme une grâce merveilleuse à chaque moment. Le fait que nous existions est une invraisemblable gageure. Cela est en quelque sorte l'image de notre indigence spirituelle. De nous-mêmes, nous ne pouvons rien devant Dieu. Nous ne pouvons jamais rien donner à Dieu que nous n'ayons d'abord reçu de ses mains. »

Un chartreux, *Le chemin du vrai bonheur*, Presses de la Renaissance, Paris, 2002, p. 104.

Commémoration de tous les fidèles défunts

2 NOVEMBRE 2021

Le festin sur la montagne

Les lectures de ce jour sont à choisir dans le *Lectionnaire des funérailles*. Parmi elles, il en est une qui donne un sens particulier à notre rassemblement. Le prophète Isaïe proclame : « En ce jour-là, le Seigneur de l'univers préparera pour tous les peuples un festin sur sa montagne... il fera disparaître le voile de deuil... ». La messe des défunts est déjà ce festin. Paradoxe d'une célébration qui, si elle n'efface pas la douleur du deuil, ne veut pas taire pour autant l'allégresse de l'éternité manifestée par un repas. Il est donc bienvenu qu'au moins une fois par an, le 2 novembre, nous fassions mémoire des fidèles défunts. Il ne s'agit pas de refaire des funérailles, ce n'est ni le lieu ni le propos. Il s'agit de porter dans la messe le cri de notre appel douloureux en même temps que notre espérance (psaume 129). Il s'agit d'amener à l'autel le pain de nos larmes pour revenir avec la moisson de la joie. Il s'agit de prier pour et avec nos chers défunts et sentir en nous une communion qui se crée et que l'eucharistie donne à vivre. En fait, la mémoire des fidèles défunts se vit à chaque fois que nous célébrons l'eucharistie. Dans toutes les prières eucharistiques, il y a ce mémento des défunts, comme il y a un mémento pour les vivants. Prier pour les morts à la messe n'est pas un repli sur soi, sur son regret et sa tristesse. Au-delà du voile de deuil, la prière pour les défunts nous ouvre à ce que Dieu lui-même promet : la vie éternelle, un banquet de noce. Les prières de la messe de ce jour pourront alors nous aider à vivre cette eucharistie dans cette dimension. Elles suscitent en nous comme un chant d'espérance en demandant que le Seigneur fasse grandir en nous la foi en la résurrection (*prière d'ouverture*) ; en implorant Dieu qui nous unit les uns aux autres par le mystère de son amour (*prière sur les offrandes*) ; car c'est pour les défunts que nous avons célébré le sacrement de la Pâque (*prière après la communion*) et participé au repas de noce de l'Agneau.

CHANTER

- Pour l'ouverture de la célébration : ***Depuis l'aube*** **I 29 CNA 489,** ***Celui qui aime a déjà franchi la mort*** **S 89 CNA 733,** ***Donne-leur le repos*** **CNA 734,** ***Souviens-toi de Jésus Christ*** **IX 45 CNA 588.**
- Après la Parole : ***Jésus qui es aux cieux*** **J 10 CNA 737,** ***Le Seigneur est ma lumière*** **ZL 14-74 CNA 738,** ***La mort ne peut me garder*** **S 21 CNA 742.**
- Pour la communion : ***Pain véritable*** **D 103 CNA 340.**
- Après la communion : ***En toi, Seigneur, mon espérance*** **G 7 CNA 417** ou **418,** ***Tu es la vraie lumière*** **D 86 CNA 595,** ***Tu as triomphé de la mort*** **IP 165 CNA 594.**

Prière d'ouverture

Écoute nos prières avec bonté, Seigneur, nous t'en prions : tandis que grandit notre foi en ton Fils ressuscité d'entre les morts, affermis aussi notre espérance, puisque nous attendons la résurrection de ceux qui t'ont servi. Par Jésus Christ.

ou bien

Seigneur Dieu, tu es la gloire de tes fidèles, tu es la vie des justes, et ton propre Fils nous a rachetés par sa mort et sa résurrection ; regarde avec bienveillance tes serviteurs défunts : puisqu'ils ont reconnu la vérité du mystère de notre résurrection, accorde-leur de goûter les joies de la béatitude éternelle. Par Jésus Christ.

ou bien

Seigneur Dieu, ton Fils unique a triomphé de la mort, et tu l'as fait passer dans le royaume des Cieux ; accorde à tes serviteurs défunts de partager sa victoire sur la mort pour te contempler éternellement, toi, leur créateur et rédempteur. Par Jésus Christ.

Lectures

Les lectures peuvent être choisies librement dans le tome III du Lectionnaire de la messe, le Lectionnaire des saints, messes rituelles, etc., et défunts. Parmi les nombreuses lectures possibles, on trouvera dans ce missel les textes suivants :

Première lecture

Dn 12,1-3	La résurrection des morts, p. 623.

Psaume

Ps 22	Le Seigneur est mon berger, p. 491.
Ps 102	Le Seigneur est tendresse et pitié, p. 415.
Ps 129	Je mets mon espoir dans le Seigneur, ci-après.

Deuxième lecture

Ac 10,34...43	Les Apôtres, témoins de la résurrection, p. 362.
Rm 6,3-11	Plongés par le baptême dans la mort et la résurrection du Christ, p. 349.
Rm 8,14-17	L'esprit des fils, p. 441.
Rm 8,31-34	« Qui sera contre nous ? », p. 247.
1 Co 15,20-27	Dans le Christ, tous revivront, p. 523.
1 Jn 3,1-2	Enfants de Dieu, semblables au Christ, p. 388.
1 Jn 4,7-10	Dieu est amour, p. 401.

Évangile

Mt 5,1-12a	Les béatitudes, p. 609.
Lc 24,13-35	Le chemin d'Emmaüs, p. 366.
Jn 3,14-21	Le Fils envoyé pour sauver, p. 262.
Jn 10,11-18	Le bon pasteur donne sa vie, p. 389.

Psaume 129

**R/ Je mets mon espoir dans le Seigneur,
je suis sûr de sa parole !**

Des profondeurs je crie vers toi, Seigneur,
Seigneur, écoute mon appel !
Que ton oreille se fasse attentive
au cri de ma prière !

Si tu retiens les fautes, Seigneur,
Seigneur, qui subsistera ?
Mais près de toi se trouve le pardon
pour que l'homme te craigne.

J'espère le Seigneur de toute mon âme ;
je l'espère, et j'attends sa parole.
Mon âme attend le Seigneur
plus qu'un veilleur ne guette l'aurore.

Oui, près du Seigneur, est l'amour ;
près de lui, abonde le rachat.
C'est lui qui rachètera Israël
de toutes ses fautes.

La communion des saints

« Le défunt abandonne l'ordre de la temporalité pour basculer dans le Royaume éternel de Dieu, c'est-à-dire dans celui de la résurrection. De ce point de vue tout lui est devenu présent : il vit déjà la fin générale des temps au moment de sa mort et il participe déjà à la résurrection... Tant qu'il y aura des hommes sur cette terre qui ne sont pas ressuscités, toute résurrection reste inachevée. Ceci nous affecte à l'évidence, nous qui faisons l'expérience de la mort et de la séparation d'avec nos défunts. Mais ceci affecte aussi le monde de la résurrection qui garde avec nous une vraie solidarité, en raison de la "communion des saints". »

Bernard Sesboüé, *Croire*, Droguet et Ardant, 1999, p. 533-534.

32e dimanche

7 NOVEMBRE 2021

En mémoire de la veuve

Il y a dans le récit de la veuve de Sarepta (*première lecture*) comme une préfiguration du don de la vie, celui que le Seigneur fera dans le Mystère pascal. Sarepta est une ville où est honorée la déesse de la fécondité. Jésus sera celui qui, en laissant couler l'eau et le sang de son côté transpercé, donnera la seule vraie fécondité à l'humanité. Le prophète s'arrête à l'entrée de la ville comme Jésus sera crucifié, tel un étranger, à l'extérieur de Jérusalem. Le prophète Élie demande à boire ; or Jésus criera sa soif sur la croix. La veuve ramasse deux morceaux de bois pour cuire et manger ce qui lui reste ; le Christ s'étendra sur deux bouts de bois pour nourrir les multitudes. Cette mère a un fils et pense qu'ils vont ensuite mourir. Jésus, avant de rendre l'esprit, donne à Marie sa mère le soin de Jean, figure des enfants de Dieu. La farine et l'huile ne seront pas épuisées, comme le pain du sacrifice de la croix sera à jamais nourriture des pauvres de Dieu. Entré dans le Sanctuaire non fait de main d'homme (*deuxième lecture*), le Christ est désormais celui qui comble toute faim. Comme le dit la 5e préface de Pâques, « quand il s'offre pour notre salut, il est à lui seul l'autel, le prêtre et la victime ». Il est la farine et l'huile, il est sur l'autel des croix humaines, il est celui qui faire cuire au feu de son amour le pain de la vie. Il est celui qui prend, de son indigence, tout ce qu'il possédait, tout ce qu'il avait pour vivre (*évangile*), pour donner à chacun la vraie nourriture. Aujourd'hui encore, Jésus s'assoit dans le Temple, c'est-à-dire l'Église. Aujourd'hui encore, il voit le pauvre qui s'avance. Aujourd'hui encore, il comble les affamés (*psaume*). Jésus voit dans l'acte de la pauvre veuve qui donne tout ce qu'elle avait pour vivre ce que lui-même fera en donnant sa vie. « Ceci est mon corps livré pour vous. Ceci est la coupe de mon sang… versé pour vous et pour la multitude ». Jésus appela ses disciples et, comme au sujet de cette pauvre veuve, leur déclara : « Vous ferez cela en mémoire de moi. »

Des chants sont proposés pour les 31e au 33e dimanches, p. 600.

Prière d'ouverture

Dieu qui es bon et tout-puissant, éloigne de nous tout ce qui nous arrête, afin que sans aucune entrave, ni d'esprit ni de corps, nous soyons libres pour accomplir ta volonté. Par Jésus Christ.

Nouvelle traduction

Dieu de puissance et de miséricorde, + éloigne de nous, dans ta bonté, tout ce qui nous arrête, * afin que sans aucune entrave, ni d'esprit ni de corps, / nous accomplissions d'un cœur libre ce qui vient de toi. Par Jésus Christ, ton Fils, notre Seigneur, + qui vit et règne avec toi dans l'unité du Saint-Esprit, / Dieu, pour les siècles des siècles.

1re Lecture

La veuve qui donne ce qui lui reste

→ Lecture du premier livre des Rois 1 R 17, 10-16

En ces jours-là, le prophète Élie partit pour Sarepta, et il parvint à l'entrée de la ville. Une veuve ramassait du bois ; il l'appela et lui dit : « Veux-tu me puiser, avec ta cruche, un peu d'eau pour que je boive ? » Elle alla en puiser. Il lui dit encore : « Apporte-moi aussi un morceau de pain. » Elle répondit : « Je le jure par la vie du Seigneur ton Dieu : je n'ai pas de pain. J'ai seulement, dans une jarre, une poignée de farine, et un peu d'huile dans un vase. Je ramasse deux morceaux de bois, je rentre préparer pour moi et pour mon fils ce qui nous reste. Nous le mangerons, et puis nous mourrons. » Élie lui dit alors : « N'aie pas peur, va, fais ce que tu as dit. Mais d'abord cuis-moi une petite galette et apporte-la moi ; ensuite tu en feras pour toi et ton fils. Car ainsi parle le Seigneur, Dieu d'Israël : Jarre de farine point ne s'épuisera, vase d'huile point ne se videra, jusqu'au jour où le Seigneur donnera la pluie pour arroser la terre. »

La femme alla faire ce qu'Élie lui avait demandé, et pendant longtemps, le prophète, elle-même et son fils eurent à manger. Et la jarre de farine ne s'épuisa pas, et le vase d'huile ne se vida pas, ainsi que le Seigneur l'avait annoncé par l'intermédiaire d'Élie.

Psaume 145

R/ Chante, ô mon âme, la louange du Seigneur !

Le Seigneur garde à jamais sa fidélité,
il fait justice aux opprimés ;
aux affamés, il donne le pain ;
le Seigneur délie les enchaînés.

Le Seigneur ouvre les yeux des aveugles,
le Seigneur redresse les accablés,
le Seigneur aime les justes,
le Seigneur protège l'étranger.

Il soutient la veuve et l'orphelin,
il égare les pas du méchant.
D'âge en âge, le Seigneur régnera :
ton Dieu, ô Sion, pour toujours !

2e Lecture

Le Christ s'est offert une fois pour toutes

→ **Lecture de la lettre aux Hébreux** He 9, 24-28

Le Christ n'est pas entré dans un sanctuaire fait de main d'homme, figure du sanctuaire véritable ; il est entré dans le ciel même, afin de se tenir maintenant pour nous devant la face de Dieu. Il n'a pas à s'offrir lui-même plusieurs fois, comme le grand prêtre qui, tous les ans, entrait dans le sanctuaire en offrant un sang qui n'était pas le sien ; car alors, le Christ aurait dû plusieurs fois souffrir la Passion depuis la fondation du monde. Mais en fait, c'est une fois pour toutes, à la fin des temps, qu'il s'est manifesté pour détruire le péché par son sacrifice. Et, comme le sort des hommes est de mourir une seule fois et puis d'être jugés, ainsi le Christ s'est-il offert une seule fois pour enlever les péchés de la multitude ; il apparaîtra une seconde fois, non plus à cause du péché, mais pour le salut de ceux qui l'attendent.

Alléluia. Alléluia. Heureux les pauvres de cœur, car le royaume des Cieux est à eux ! **Alléluia.**

Évangile

La veuve qui donne ce qu'elle avait pour vivre

→ **Évangile de Jésus Christ selon saint Marc**

Mc 12, 38-44
(lecture brève : 12,41-44)

La lecture du texte entre crochets est facultative.

En ce temps-là, [dans son enseignement, Jésus disait aux foules : « Méfiez-vous des scribes, qui tiennent à se promener en vêtements d'apparat et qui aiment les salutations sur les places publiques, les sièges d'honneur dans les synagogues, et les places d'honneur dans les dîners. Ils dévorent les biens des veuves et, pour l'apparence, ils font de longues prières : ils seront d'autant plus sévèrement jugés. »]

Jésus s'était assis dans le Temple en face de la salle du trésor, et regardait comment la foule y mettait de l'argent. Beaucoup de riches y mettaient de grosses sommes. Une pauvre veuve s'avança et mit deux petites pièces de monnaie. Jésus appela ses disciples et leur déclara : « Amen, je vous le dis : cette pauvre veuve a mis dans le Trésor plus que tous les autres. Car tous, ils ont pris sur leur superflu, mais elle, elle a pris sur son indigence : elle a mis tout ce qu'elle possédait, tout ce qu'elle avait pour vivre. »

POUR LA PRIÈRE UNIVERSELLE

– Pour l'Église : que le Seigneur l'aide à vivre totalement le don inscrit en elle.
– Pour notre pays : que le gouvernement prenne vraiment soin de tous ceux qui sont exclus.

– Pour les hommes et les femmes de toute condition marqués par une blessure matérielle ou affective : qu'ils retrouvent la santé de l'âme et du corps.
– Pour notre communauté : qu'elle ne se replie pas sur elle-même mais soit attentive à toute détresse.

Prière sur les offrandes

Sur les offrandes que nous présentons, Seigneur, jette un regard de pardon et de paix : qu'en célébrant la passion de ton Fils, nous entrions de tout cœur dans son mystère. Lui qui règne.

Prière après la communion

Fortifiés par cette nourriture sainte, nous t'adressons, Seigneur, nos actions de grâce et nous implorons ta miséricorde : que l'Esprit Saint fasse persévérer dans la droiture ceux qui ont reçu la force d'en haut. Par Jésus.

Donner librement son Corps

« L'eucharistie est la répétition du sommet dans le drame de notre libération. Le Christ nous donne librement son corps, mais les disciples le rejettent, le renient, s'enfuient loin de lui, prétendant qu'ils ne le connaissent pas. Ici, dans la musique de nos relations avec Dieu, nous trouvons les plus profondes dysharmonies. Mais dans l'eucharistie, elles sont ramassées, embrassées et transfigurées en beauté, dans un geste d'amour et de don. Dans cette musique de l'eucharistie, nous sommes unifiés et nous trouvons l'harmonie. C'est une résolution harmonique qui n'efface pas nos refus de l'amour et de la liberté ou voudrait faire croire qu'ils n'ont jamais existé, mais les transforme en étapes sur un itinéraire. Dans nos célébrations, nous osons faire mémoire de la faiblesse des apôtres. »

Timothy Radcliffe, *Que votre joie soit parfaite*,
Paris, Cerf, 2002, p. 153-154.

CALENDRIER LITURGIQUE

Di 7	**32e dimanche B.** *Liturgie des Heures : Psautier semaine IV.* [Au Luxembourg, S. Willibrord, évêque d'Utrecht, fondateur de l'abbaye d'Echternach, patron secondaire du Luxembourg, † 739.]
Lu 8	Sagesse 1, 1-7 ; Ps 138 ; Luc 17, 1-6 : « Si sept fois par jour ton frère revient à toi en disant : "Je me repens", tu lui pardonneras »
Ma 9	DÉDICACE DE LA BASILIQUE DU LATRAN, cathédrale de Rome. Lectures propres : Ézékiel 47,1-2.8-9.12 ; ou bien 1 Corinthiens 3, 9c-11.16-17 ; Ps 45 ; Jean 2,13-22 : « Il parlait du sanctuaire de son corps »
Me 10	S. Léon le Grand, pape, docteur de l'Église, † 461, à Rome. Sagesse 6, 1-11 ; Ps 81 ; Luc 17, 11-19 : « Il ne s'est trouvé parmi eux que cet étranger pour revenir sur ses pas et rendre gloire à Dieu ! »
Je 11	S. Martin, évêque de Tours, † 397. Sagesse 7, 22–8, 1 ; Ps 118 ; Luc 17, 20-25 : « Le règne de Dieu est au milieu de vous »
Ve 12	S. Josaphat, évêque de Polock (Lituanie), martyr, † 1623 à Vitebsk (Biélorussie). Sagesse 13, 1-9 ; Ps 18 A ; Luc 17, 26-37 : « Le jour où le Fils de l'homme se révélera »
Sa 13	Sagesse 18, 14-16 ; 19, 6-9 ; Ps 104 ; Luc 18, 1-8 : « Dieu ne ferait pas justice à ses élus, qui crient vers lui jour et nuit ? »

Bonne fête ! 7 : Carine, Ernest, Willibrord. 8 : Godefroy. 9 : Théodore, Théodora, Dora, Dorine. 10 : Léon, Lionel, Noé. 11 : Martin, Véran. 12 : Christian, Émilien. 13 : Brice, Diégo.

Pour mémoire : jeudi 11 novembre, anniversaire de l'armistice de 1918, et journée de prière pour les morts des guerres.

33e dimanche

14 NOVEMBRE 2021

Le Fils de l'homme est à votre porte

La saveur d'un des derniers dimanches ordinaires est une saveur d'Avent, un goût d'épiphanie où le Christ qui s'est assis pour toujours à la droite de Dieu (*deuxième lecture*) ouvre à jamais le temps où il nous parle de sa venue (*évangile*). Oui, mais quand ? « En ce temps-là ». Comment savoir ? Lorsque les branches du figuier deviennent tendres. Ce temps-là, ce printemps de la venue de Dieu, est une révélation : « Sachez que le Fils de l'homme est proche, à votre porte ». Le temps de la Parousie (avènement) du Seigneur est un temps qui établit une proximité entre lui et nous, comme le promet l'Écriture : « Voici que je me tiens à la porte, et je frappe. Si quelqu'un entend ma voix et ouvre la porte, j'entrerai chez lui ; je prendrai mon repas avec lui, et lui avec moi » (Ap 3, 20). Bien sûr, la détresse, la peur, la glorieuse puissance de sa venue dans les nuées peuvent faire craindre aux hommes le pire. Pourtant, n'est-il pas déjà là, n'est-il pas sans cesse en train de venir ? Nous le savons, ce temps, cette venue n'est pas à craindre si au quotidien nous vivons chaque moment comme s'il était le dernier instant de ce monde. Alors, nous ne serons pas surpris car Jésus est toujours proche de nous. Aucun temps n'est lointain et angoissant car il est à notre porte. Il suffit de vivre toujours dans le désir, l'attente et l'espérance qu'aujourd'hui encore il vient, dans toutes les réalités de l'univers, à l'heure même où je me crois en détresse. Il suffit d'avoir le cœur éveillé et attentif ; il nous faut nous tenir, comme les Apôtres à Pentecôte, dans la chambre haute pour que le feu de l'Esprit nous saisisse ; il nous faut vivre la prière qui écoute et perçoit sa venue : « C'est la voix de mon bien-aimé ! Il frappe ! (LUI) – Ouvre-moi, ma sœur, mon amie, ma colombe, ma toute pure » (Ct 5, 2). En somme, il est déjà là ; notre délivrance se trouve déjà inscrite dans le Livre (*première lecture*), celui de son Évangile.

Des chants sont proposés pour les 31e au 33e dimanches, p. 600.

Prière d'ouverture

Accorde-nous, Seigneur, de trouver notre joie dans notre fidélité : car c'est un bonheur durable et profond de servir constamment le créateur de tout bien. Par Jésus Christ.

Nouvelle traduction

Seigneur notre Dieu, nous t'en prions : * accorde-nous la joie de t'appartenir sans réserve, / car c'est un bonheur durable et profond de servir constamment le créateur de tout bien. Par Jésus Christ, ton Fils, notre Seigneur, + qui vit et règne avec toi dans l'unité du Saint-Esprit, / Dieu, pour les siècles des siècles.

1re Lecture

« En ce temps-ci, ton peuple sera délivré »

→ Lecture du livre du prophète Daniel Dn 12, 1-3

En ce temps-là se lèvera Michel, le chef des anges, celui qui se tient auprès des fils de ton peuple. Car ce sera un temps de détresse comme il n'y en a jamais eu depuis que les nations existent, jusqu'à ce temps-ci. Mais en ce temps-ci, ton peuple sera délivré, tous ceux qui se trouveront inscrits dans le Livre. Beaucoup de gens qui dormaient dans la poussière de la terre s'éveilleront, les uns pour la vie éternelle, les autres pour la honte et la déchéance éternelles. Ceux qui ont l'intelligence resplendiront comme la splendeur du firmament, et ceux qui sont des maîtres de justice pour la multitude brilleront comme les étoiles pour toujours et à jamais.

Psaume 15

R/ Garde-moi, mon Dieu, j'ai fait de toi mon refuge.

Seigneur, mon partage et ma coupe :
de toi dépend mon sort.
Je garde le Seigneur devant moi sans relâche ;
il est à ma droite : je suis inébranlable.

Mon cœur exulte, mon âme est en fête,
ma chair elle-même repose en confiance :
tu ne peux m'abandonner à la mort
ni laisser ton ami voir la corruption.

Tu m'apprends le chemin de la vie :
devant ta face, débordement de joie !
À ta droite, éternité de délices !

2e Lecture

L'unique sacrifice pour les péchés

→ **Lecture de la lettre aux Hébreux** He 10, 11-14.18

Dans **l'ancienne Alliance**, tout prêtre, chaque jour, se tenait debout dans le Lieu saint pour le service liturgique, et il offrait à maintes reprises les mêmes sacrifices, qui ne peuvent jamais enlever les péchés.

Jésus Christ, au contraire, après avoir offert pour les péchés un unique sacrifice, s'est assis pour toujours à la droite de Dieu. Il attend désormais *que ses ennemis soient mis sous ses pieds.* Par son unique offrande, il a mené pour toujours à leur perfection ceux qu'il sanctifie. Or, quand le pardon est accordé, on n'offre plus le sacrifice pour le péché.

Alléluia. Alléluia. Restez éveillés et priez en tout temps : ainsi vous serez jugés dignes de vous tenir debout devant le Fils de l'homme. **Alléluia.**

Évangile

« Il rassemblera les élus des quatre coins du monde »

→ **Évangile de Jésus Christ selon saint Marc** Mc 13, 24-32

En ce temps-là, Jésus parlait à ses disciples de sa venue : « En ces jours-là, après une grande détresse, *le soleil s'obscurcira et la lune ne donnera plus sa clarté* ; *les étoiles tomberont* du ciel, *et les puissances célestes* seront ébranlées. Alors on verra le Fils de l'homme venir dans les nuées avec grande puissance et avec gloire. Il enverra les anges pour rassembler les élus des quatre coins du monde, depuis l'extrémité de la terre jusqu'à l'extrémité du ciel.

Laissez-vous instruire par la comparaison du figuier : dès que ses branches deviennent tendres et que sortent les feuilles, vous savez que l'été est proche. De même, vous aussi, lorsque vous verrez arriver cela, sachez que le Fils de l'homme est proche, à votre porte. Amen, je vous le dis : cette génération ne passera pas avant que tout cela n'arrive. Le ciel et la terre passeront, mes paroles ne passeront pas. Quant à ce jour et à cette heure-là, nul ne les connaît, pas même les anges dans le ciel, pas même le Fils, mais seulement le Père. »

POUR LA PRIÈRE UNIVERSELLE

– Frappe à la porte de ton Église, Seigneur : qu'elle se fasse accueillante à tous ceux qui sont éloignés de toi.
– Ouvre les portes de la solidarité de nos institutions, pour qu'elles soient porteuses d'un message d'espérance.
– Fais tomber les barrières de l'égoïsme et de l'orgueil : que tous ressentent l'urgence de sauver la planète.
– Soutiens l'élan de notre communauté dans son désir d'annoncer, de célébrer et de servir chacun.

Prière sur les offrandes

Permets, Seigneur notre Dieu, que l'offrande placée sous ton regard, nous obtienne la grâce de vivre pour toi, et nous donne l'éternité bienheureuse. Par Jésus.

Prière après la communion

Nous venons de communier, Seigneur, au don sacré du corps et du sang de ton Fils, et nous te prions humblement : que cette eucharistie offerte en mémoire de lui, comme il nous a dit de le faire, augmente en nous la charité. Par Jésus.

La rencontre du Christ que nous avons espérée

« Quand nous proclamons "nous attendons ta venue dans la gloire", nous voulons exprimer ce qui sera notre béatitude, cette rencontre du Christ que nous avons espérée. Ce Christ que nous avons cherché dans les Évangiles, à qui nous avons donné notre foi, peut-être tardivement et difficilement ou joyeusement et généreusement, nous le verrons enfin comme les disciples l'ont découvert, vivant et présent, au soir de Pâques. Il percera les murs de notre peu de foi et nous comblera de sa paix. Dans le rayonnement de sa présence, nous pourrons goûter la tendresse du Père et nous livrer sans entraves à la ferveur de l'Esprit. En eux nous retrouverons aussi tous les liens qui ont tissé notre vie... Le bonheur peut-il avoir un visage plus beau que cette espérance ? »

Michel Rondet, *Appelés à la résurrection*,
Paris, Bayard, 2009, p. 117-118.

CALENDRIER LITURGIQUE

Di 14	**33e dimanche B.** *Liturgie des Heures : Psautier semaine I.*
Lu 15	*S. Albert le Grand, évêque de Ratisbonne, dominicain, docteur de l'Église, † 1280 à Cologne.* 1 Martyrs d'Israël 1, 10-15.41-43.54-57.62-64 ; Ps 118 ; Luc 18, 35-43 : « Que veux-tu que je fasse pour toi ? – Seigneur, que je retrouve la vue »
Ma 16	*Ste Marguerite, reine d'Écosse, † 1093 à Édimbourg.* *Ste Gertrude, vierge, moniale, † v. 1302 à Helfta (Allemagne).* 2 Martyrs d'Israël 6, 18-31 ; Ps 3 ; Luc 19, 1-10 : « Le Fils de l'homme est venu chercher et sauver ce qui était perdu »
Me 17	Ste Élisabeth de Hongrie, duchesse de Thuringe, † 1231 à Marburg (Allemagne). 2 Martyrs d'Israël 7, 1.20-31 ; Ps 16 ; Luc 19, 11-28 : « Pourquoi n'as-tu pas mis mon argent à la banque ? »
Je 18	*Dédicace des basiliques romaines de S. Pierre et S. Paul, Apôtres (1626 et 1854).* 1 Martyrs d'Israël 2, 15-29 ; Ps 49 ; Luc 19, 41-44« Ah ! si toi aussi, tu avais reconnu en ce jour ce qui donne la paix ! »
Ve 19	1 Martyrs d'Israël 4, 36-37.52-59 ; Cant. 1 Chroniques 29 ; Luc 19, 45-48 : « De la maison de Dieu, vous avez fait une caverne de bandits »
Sa 20	1 Martyrs d'Israël 6, 1-13 ; Ps 9 A ; Luc 20, 27-40 : « Il n'est pas le Dieu des morts, mais des vivants »

Bonne fête ! 14 : Sidoine, Sidonie. 15 : Albert, Albéric, Léopold, Malo, Victoire. 16 : Gertrude, Marguerite, Daisy. 17 : Élisabeth, Élise, Bettina, Babette, Hilda. 18 : Aude. 19 : Mechtilde, Tanguy. 20 : Edmond, Edma, Octave.

Sainte Marguerite d'Écosse (16 novembre). « La main des pauvres est l'assurance des trésors royaux. Ce coffre-fort, les cambrioleurs les plus retors ne sauraient le forcer. » Ces propos de Marguerite disent tout de celle qui, fille de roi d'Angleterre, épouse de roi d'Écosse, fut un exemple en tant que reine, épouse et mère. Elle alla jusqu'à introduire la liturgie romaine dans l'Église écossaise.

Le Christ Roi de l'univers

21 NOVEMBRE 2021

Une royauté paradoxale

Dieu est fréquemment présenté comme un roi dans l'Écriture. Affrontés à des nations gouvernées par des rois très puissants, les Juifs se sont donné un roi et ils ont foi en une Puissance encore plus haute, un Roi au-dessus de tous les rois. C'est lui que voit le prophète Daniel et qu'il présente dans son style apocalyptique (*première lecture*). Dans l'Évangile, le thème rebondit avec de multiples mentions du Royaume, ou du Règne, de Dieu, ou des Cieux. Jésus est présenté comme le Christ, l'oint, celui qui a reçu l'onction royale, le « fils de David », dont certains attendent qu'il restaure la royauté d'Israël. Son pouvoir s'exerce sur tout et sur tous, il est l'alpha et l'oméga, il est aussi le symbole et l'agent de l'unité du peuple. C'est ainsi qu'on le représente en majesté dans les absides des églises antiques et romanes.

Mais il ne faut pas s'y tromper. Si le Christ est roi au-dessus de tous les « rois », sa royauté n'est pas de même nature que les autres. Comme il le dit clairement à Pilate, son Royaume n'est pas de ce monde : « En fait, ma royauté n'est pas d'ici » (*évangile*). Tout dans la vie et la prédication de Jésus atteste que la puissance de Dieu s'exerce non par la puissance mais par la faiblesse. Dès le départ, Jésus fait subir à la Royauté attribuée au « Fils de Dieu » un retournement total : être Maître et Seigneur consiste à se faire serviteur. Comment pouvons-nous conserver l'image d'un Dieu qui télécommande tout ce qui se passe dans notre monde, qui fait la pluie et le beau temps ? Il nous faut dépasser cette image qui nous vient du fond des âges. Jésus, le maître et Seigneur, meurt de la mort des esclaves pour enlever le péché du monde, notre péché, celui de notre prétention et de nos volontés de domination. La Royauté du Christ ne ressemble pas aux pouvoirs de ce monde ; la paix qu'il donne n'est pas celle que le monde peut donner.

Jésus ne s'impose pas par la force (les gardes du corps sont absents et les légions d'anges n'interviennent pas), sa puissance est attraction de la vérité : sa seule force est la faiblesse de l'Amour désarmé.

C'est par elle que nous pouvons nous saluer en ce dernier dimanche de l'année liturgique : « À vous la grâce et la paix de la part de Jésus Christ, le témoin fidèle, le premier-né des morts, le prince des rois de la terre » (*deuxième lecture*).

Prière d'ouverture

Dieu éternel, tu as voulu fonder toutes choses en ton Fils bien-aimé, le Roi de l'univers ; fais que toute la création, libérée de la servitude, reconnaisse ta puissance et te glorifie sans fin. Par Jésus Christ.

Nouvelle traduction

Dieu éternel et tout-puissant, + tu as voulu récapituler toutes choses en ton Fils bien-aimé, le Roi de l'univers ; * dans ta bonté, fais que, libérée de la servitude, / toute la création serve ta gloire et chante sans fin ta louange. Par Jésus Christ, ton Fils, notre Seigneur, + qui vit et règne avec toi dans l'unité du Saint-Esprit, / Dieu, pour les siècles des siècles.

1re Lecture

« Une royauté qui ne sera pas détruite »

→ Lecture du livre du prophète Daniel Dn 7, 13-14

M**oi**, Daniel, je regardais, au cours des visions de la nuit, et je voyais venir, avec les nuées du ciel, comme un Fils d'homme ; il parvint jusqu'au Vieillard, et on le fit avancer devant lui. Et il lui fut donné domination, gloire et royauté ; tous les peuples, toutes les nations et les gens de toutes langues le servirent. Sa domination est une domination éternelle, qui ne passera pas, et sa royauté, une royauté qui ne sera pas détruite.

Psaume 92

R/ Le Seigneur est roi ;
il s'est vêtu de magnificence.

Le Seigneur est roi ;
il s'est vêtu de magnificence,
le Seigneur a revêtu sa force.

– Soutiens l'élan de notre communauté dans son désir d'annoncer, de célébrer et de servir chacun.
Et la terre tient bon, inébranlable ;
dès l'origine ton trône tient bon,
depuis toujours, tu es.

Tes volontés sont vraiment immuables :
la sainteté emplit ta maison,
Seigneur, pour la suite des temps.

2e Lecture

« Le prince des rois de la terre a fait de nous un royaume »

→ **Lecture de l'Apocalypse de saint Jean** Ap 1, 5-8

À **vous**, la grâce et la paix, de la part de Jésus Christ, le témoin fidèle, le premier-né des morts, le prince des rois de la terre. À lui qui nous aime, qui nous a délivrés de nos péchés par son sang, qui a fait de nous un royaume et des prêtres pour son Dieu et Père, à lui, la gloire et la souveraineté pour les siècles des siècles. Amen. *Voici qu'il vient avec les nuées*, tout œil le verra, ils le verront, ceux qui l'ont *transpercé* ; *et sur lui se lamenteront toutes les tribus de la terre.*

Oui ! Amen ! Moi, je suis l'Alpha et l'Oméga, dit le Seigneur Dieu, Celui qui est, qui était et qui vient, le Souverain de l'univers.

Alléluia. Alléluia. Béni soit celui qui vient au nom du Seigneur ! Béni soit le Règne qui vient, celui de David, notre père. **Alléluia.**

Évangile

« Ma royauté n'est pas d'ici »

→ Évangile de Jésus Christ selon saint Jean

Jn 18, 33b-37

En ce temps-là, Pilate appela Jésus et lui dit : « Es-tu le roi des Juifs ? »

Jésus lui demanda : « Dis-tu cela de toi-même, ou bien d'autres te l'ont dit à mon sujet ? »

Pilate répondit : « Est-ce que je suis juif, moi ? Ta nation et les grands prêtres t'ont livré à moi : qu'as-tu donc fait ? »

Jésus déclara : « Ma royauté n'est pas de ce monde ; si ma royauté était de ce monde, j'aurais des gardes qui se seraient battus pour que je ne sois pas livré aux Juifs. En fait, ma royauté n'est pas d'ici. »

Pilate lui dit : « Alors, tu es roi ? »

Jésus répondit : « C'est toi-même qui dis que je suis roi. Moi, je suis né, je suis venu dans le monde pour ceci : rendre témoignage à la vérité. Quiconque appartient à la vérité écoute ma voix. »

POUR LA PRIÈRE UNIVERSELLE

◗ Nous te prions, Dieu notre Père,
– pour les chefs d'État et de gouvernement, afin qu'ils n'imposent rien qui ne soit juste aux populations sur qui ils ont autorité.
R/ Ô Seigneur, écoute et prends pitié !
– pour les personnes victimes d'un pouvoir injuste et oppressif, afin que ton Esprit les aide à trouver en eux la force de résister. R/
– pour les hommes, les femmes et les enfants qui vivent dans la guerre ou la terreur, afin qu'ils ne se découragent pas à construire sans cesse la paix. R/
– pour l'Église et ses gouvernants, afin qu'il se souviennent toujours de quel Roi ils sont les serviteurs. R/

Prière sur les offrandes

En offrant le sacrifice qui te réconcilie les hommes, Seigneur, nous te prions : que ton Fils lui-même accorde à tous les peuples les biens de l'unité et de la paix. Lui qui règne.

Préface

Vraiment, il est juste et bon de te rendre gloire, de t'offrir notre action de grâce, toujours et en tout lieu, à toi, Père très saint, Dieu éternel et tout-puissant.
Tu as consacré Prêtre éternel et Roi de l'univers ton Fils unique, Jésus Christ, notre Seigneur, afin qu'il s'offre lui-même sur l'autel de la Croix en victime pure et pacifique, pour accomplir les mystères de notre rédemption, et qu'après avoir soumis à son pouvoir toutes les créatures, il remette aux mains de ta souveraine puissance un règne sans limite et sans fin : règne de vie et de vérité, règne de grâce et de sainteté, règne de justice, d'amour et de paix.
C'est pourquoi, avec les anges et tous les saints, nous proclamons ta gloire, en chantant (disant) d'une seule voix : **Saint !...**

Prière après la communion

Après avoir partagé le pain de l'immortalité, nous te supplions, Seigneur : nous mettons notre gloire à obéir au Christ Roi de l'univers, fais que nous puissions vivre avec lui, éternellement, dans la demeure du ciel. Lui qui règne.

Le Christ, avenir de l'Homme

« Ton Christ a signé son passage
dans tous les temps comme aujourd'hui ;
il a l'oreille du ciel et de la terre
qui ne s'entendent pas sans lui ;
il est la bouche de leur alliance
et le cœur qui fait tout accord ;
Il est l'Homme que nous ne sommes pas encore
nous qui sommes déjà de lui.
Et les arbres, le ciel et les pierres elles-mêmes
entrent dans le concert où nous le disons Dieu
et où nous appelons son Règne. »

Patrice de La Tour du Pin,
« Concert eucharistique des vergers ».

CALENDRIER LITURGIQUE

Di 21	**LE CHRIST, ROI DE L'UNIVERS B.** *Liturgie des Heures : Psautier semaine II.* [Présentation de la Vierge Marie]
Lu 22	34e semaine Ste Cécile, vierge martyre à Rome (premiers siècles). Daniel 1, 1-6.8-20 ; Cant. Daniel 3 ; Luc 21, 1-4 : « Jésus vit une veuve misérable mettre deux petites pièces de monnaie »
Ma 23	*S. Clément Ier, pape et martyr, † vers 97 à Rome.* *S. Colomban, abbé de Luxeuil (Haute Saône), † 615 à Bobbio (Italie).* Daniel 2, 31-45 ; Cant. Daniel 3 ; Luc 21, 5-11 : « Il n'en restera pas pierre sur pierre »
Me 24	S. André Dung-Lac, prêtre, et ses compagnons, martyrs au Vietnam, † 1845 à 1862. Daniel 5, 1-6.13-14.16-17.23-28 ; Cant. Daniel 3 ; Luc 21, 12-19 : « Vous serez détestés de tous, à cause de mon nom. Mais pas un cheveu de votre tête ne sera perdu »
Je 25	*Ste Catherine d'Alexandrie, vierge et martyre.* Daniel 6, 12-28 ; Cant. Daniel 3 ; Luc 21, 20-28 : « Jérusalem sera foulée aux pieds par des païens, jusqu'à ce que leur temps soit accompli »
Ve 26	*En Belgique, S. Jean Berchmans, jésuite, † 13 août 1621 à Rome.* Daniel 7, 2-14 ; Cant. Daniel 3 ; Luc 21, 29-33 : « Lorsque vous verrez arriver cela, sachez que le royaume de Dieu est proche »
Sa 27	Daniel 7, 15-27 ; Cant. Daniel 3 ; Luc 21, 34-36 : « Restez éveillés et priez en tout temps : ainsi vous aurez la force d'échapper à tout ce qui doit arriver »

Bonne fête ! 21 : Maur. 22 : Cécile, Sheila, Célia. 23 : Clément, Rachilde, Clémentine, Colomban. 24 : Flora. 25 : Catherine, Katia, Ketty, Katel. 26 : Delphine, Conrad, Kurt. 27 : Astrid, Séverin, Séverine.

Pour mémoire : aujourd'hui, troisième dimanche de novembre, journée du Secours Catholique.

Prières usuelles

Signe de la croix

Au nom du Père,
et du Fils,
et du Saint-Esprit.
Amen.

Prière du Seigneur

Notre Père qui es aux cieux,
que ton nom soit sanctifié,
que ton règne vienne,
que ta volonté soit faite
sur la terre comme au ciel.
Donne-nous aujourd'hui
notre pain de ce jour.
Pardonne-nous nos offenses,
comme nous pardonnons aussi
à ceux qui nous ont offensés.
Et ne nous laisse pas entrer en tentation,
mais délivre-nous du Mal.

Car c'est à toi qu'appartiennent le règne,
la puissance et la gloire pour les siècles des siècles !

Ave Maria

Je vous salue, Marie, pleine de grâce,
le Seigneur est avec vous ;
vous êtes bénie entre toutes les femmes,
et Jésus, le fruit de vos entrailles, est béni.
Sainte Marie, Mère de Dieu,
priez pour nous, pauvres pécheurs,
maintenant et à l'heure de notre mort. Amen.

Gloire au Père

Gloire au Père, et au Fils, et au Saint-Esprit,
au Dieu qui est, qui était, et qui vient,
pour les siècles des siècles. Amen.

Ou

Rendons gloire au Père tout-puissant,
à son Fils Jésus Christ, le Seigneur,
à l'Esprit qui habite en nos cœurs,
pour les siècles des siècles. Amen.

Credo

Je crois en Dieu, le Père tout-puissant, créateur du ciel et de la terre. Et en Jésus Christ, son Fils unique, notre Seigneur, qui a été conçu du Saint-Esprit, est né de la Vierge Marie, a souffert sous Ponce Pilate, a été crucifié, est mort et a été enseveli, est descendu aux enfers, le troisième jour est ressuscité des morts, est monté aux cieux, est assis à la droite de Dieu le Père tout-puissant, d'où il viendra juger les vivants et les morts. Je crois en l'Esprit Saint, à la sainte Église catholique, à la communion des saints, à la rémission des péchés, à la résurrection de la chair, à la vie éternelle. Amen.

Ou

Je crois en un seul Dieu, le Père tout-puissant (Symbole de Nicée-Constantinople), p. 21.

Acte de foi

Je crois en toi, Seigneur.
Tu es un seul Dieu,
mais tu t'es révélé Père, Fils et Saint-Esprit.
Par le baptême,
tu m'as fait participer à ta vie.
Fortifie ma foi
et donne-moi d'agir en toutes choses
comme ton Fils Jésus Christ.

Ou

Mon Dieu, je crois fermement
toutes les vérités que vous avez révélées
et que vous nous enseignez par votre Église,
parce que vous ne pouvez ni vous tromper,
ni nous tromper.

Acte d'espérance

J'espère en toi, Seigneur.
À ceux qui t'aiment tu as promis la vraie vie.
Dans les difficultés de l'existence
et à l'heure de la mort,
affermis ma confiance
en celui qui nous donne une vie nouvelle
par sa victoire sur la mort,
ton Fils Jésus Christ.

Ou

Mon Dieu, j'espère avec une ferme confiance
que vous me donnerez, par les mérites de Jésus Christ,
votre grâce en ce monde
et le bonheur éternel dans l'autre,
parce que vous l'avez promis
et que vous tenez toujours vos promesses.

Acte de charité

Je t'aime, Seigneur,
parce que tu m'as aimé le premier.
Que ton Esprit augmente en moi la charité
et me fasse aimer tous les hommes
comme celui qui les aima jusqu'au bout,
ton Fils Jésus Christ.
ton Fils Jésus Christ.

Ou

Mon Dieu, je vous aime
de tout mon cœur et par-dessus toutes choses,
parce que vous êtes infiniment bon,
et j'aime mon prochain comme moi-même
pour l'amour de vous.

Acte de contrition

Mon Dieu, j'ai péché
contre toi et mes frères,
mais près de toi se trouve le pardon.
Accueille mon repentir
et donne-moi la force de vivre selon ton amour.
ton Fils Jésus Christ.

Ou

Mon Dieu, j'ai un très grand regret
de vous avoir offensé,
parce que vous êtes infiniment bon
et que le péché vous déplaît.
Je prends la ferme résolution,
avec le secours de votre sainte grâce,
de ne plus vous offenser et de faire pénitence.

Angélus

L'ange du Seigneur annonça à Marie qu'elle serait mère du Sauveur.

– Et elle conçut du Saint-Esprit.

Je vous salue, Marie,...

« Voici la servante du Seigneur.

– Que tout m'advienne selon ta parole. »

Je vous salue, Marie,...

Et le Verbe s'est fait chair.

– Et il a habité parmi nous.

Je vous salue, Marie,...

Prie(z) pour nous, sainte Mère de Dieu.

– Afin que nous devenions dignes des promesses du Christ.

Prions le Seigneur.

Nous t'en prions, Seigneur : que ta grâce se répande en nos cœurs ; par le message de l'ange, tu nous as fait connaître l'incarnation de ton Fils bien-aimé ; conduis-nous par sa passion et par sa croix jusqu'à la gloire de la résurrection. Par le Christ, notre Seigneur. Amen.

Regina caeli *(Au Temps pascal)*

Reine du ciel, réjouis-toi, alléluia.

– Car le Seigneur que tu as mérité de porter, alléluia,

Est ressuscité comme il l'a dit, alléluia.

– Prie Dieu pour nous, alléluia.

Réjouis-toi, Vierge Marie, alléluia.

– Car le Seigneur est vraiment ressuscité, alléluia.

Prions le Seigneur.

Seigneur Dieu, par la résurrection de ton Fils, notre Seigneur Jésus Christ, tu as fait briller la joie dans le monde ; accorde-nous, par l'intercession de la Vierge Marie, sa mère, de goûter la joie de la vie éternelle. Par le Christ, notre Seigneur. Amen.

Prières du matin et du soir

Cantique évangélique de Zacharie

Béni soit le Seigneur, le Dieu d'Israël,
qui visite et rachète son peuple.

Il a fait surgir la force qui nous sauve
dans la maison de David, son serviteur,

comme il l'avait dit par la bouche des saints,
par ses prophètes, depuis les temps anciens :

salut qui nous arrache à l'ennemi,
à la main de tous nos oppresseurs,

amour qu'il montre envers nos pères,
mémoire de son alliance sainte,

serment juré à notre père Abraham
de nous rendre sans crainte,

afin que, délivrés de la main des ennemis,
nous le servions dans la justice et la sainteté,
en sa présence, tout au long de nos jours.

Toi aussi, petit enfant, tu seras appelé
prophète du Très-Haut ;
tu marcheras devant, à la face du Seigneur,
et tu prépareras ses chemins

pour donner à son peuple de connaître le salut
par la rémission de ses péchés,

grâce à la tendresse, à l'amour de notre Dieu,
quand nous visite l'astre d'en haut,

pour illuminer ceux qui habitent les ténèbres
et l'ombre de la mort,
pour conduire nos pas
au chemin de la paix.

Cantique évangélique de Marie

Mon âme exalte le Seigneur,
exulte mon esprit en Dieu, mon Sauveur !

Il s'est penché sur son humble servante ;
désormais tous les âges me diront bienheureuse.
Le Puissant fit pour moi des merveilles ;
Saint est son nom !

Sa miséricorde s'étend d'âge en âge
sur ceux qui le craignent.
Déployant la force de son bras,
il disperse les superbes.

Il renverse les puissants de leurs trônes,
il élève les humbles.
Il comble de biens les affamés,
renvoie les riches les mains vides.

Il relève Israël son serviteur,
il se souvient de son amour,
de la promesse faite à nos pères,
en faveur d'Abraham et sa descendance à jamais.

Gloire au Père.

PRIÈRE DU MATIN POUR LE TEMPS DE L'AVENT

Signe de croix.

Seigneur, ouvre mes lèvres,
et ma bouche publiera ta louange.

Hymne

Lumière pour l'homme aujourd'hui
Qui viens depuis que sur la terre
Il est un pauvre qui t'espère,
Atteins jusqu'à l'aveugle en moi :
Touche mes yeux afin qu'ils voient

De quel amour tu me poursuis.
Comment savoir d'où vient le jour
Si je ne reconnais ma nuit ?

Parole de Dieu dans ma chair
Qui dis le monde et son histoire
Afin que l'homme puisse croire,
Suscite une réponse en moi :
Ouvre ma bouche à cette voix
Qui retentit dans le désert.
Comment savoir quel mot tu dis
Si je ne tiens mon cœur ouvert ?

Psaume 23

Au Seigneur, le monde et sa richesse,
la terre et tous ses habitants !
C'est lui qui l'a fondée sur les mers
et la garde inébranlable sur les flots.

Qui peut gravir la montagne du Seigneur
et se tenir dans le lieu saint ?
L'homme au cœur pur, aux mains innocentes,
qui ne livre pas son âme aux idoles
(et ne dit pas de faux serments).

Il obtient, du Seigneur, la bénédiction,
et de Dieu son Sauveur, la justice.
Voici le peuple de ceux qui le cherchent !
Voici Jacob qui recherche ta face !

La parole de Dieu — Is 7, 14b-15

Voici que la vierge est enceinte, elle enfantera un fils, qu'elle appellera Emmanuel (c'est-à-dire : Dieu-avec-nous). De crème et de miel il se nourrira, jusqu'à ce qu'il sache rejeter le mal et choisir le bien.

Cantique de Zacharie, p. 639.
Notre Père

Prière de conclusion

Accorde-moi, Père de miséricorde, d'attendre sans faiblir la venue de ton Fils, pour qu'au jour où il viendra frapper à ma porte, il me trouve vigilant dans la prière, heureux de chanter sa louange.

Signe de croix.

PRIÈRE DU SOIR POUR LE TEMPS DE L'AVENT

Signe de croix.

Dieu, viens à mon aide,
Seigneur, à notre secours.

Hymne

Si le jour baisse à nos paupières,
Que nulle nuit ne désespère :
Un astre luit
À l'Orient de ceux qui errent.
Vienne le temps
De la présence
Aux pèlerins qui d'âge en âge
Cherchent l'Enfant comme un secret.

Si l'homme a froid, s'il crie misère,
Que nul hiver ne désespère :
Il est un Feu
Que Dieu allume sur la terre.
Vienne le temps
Sans repentance
Et la saison de rendre grâce.
Demain déjà soit sans regret.

Psaume 121

Quelle joie quand on m'a dit :
« Nous irons à la maison du Seigneur ! »

Maintenant notre marche prend fin
devant tes portes, Jérusalem !
Jérusalem, te voici dans tes murs :
ville où tout ensemble ne fait qu'un !

À cause de mes frères et de mes proches,
je dirai : « Paix sur toi ! »
À cause de la maison du Seigneur notre Dieu,
je désire ton bien.

La parole de Dieu — 1 Th 5, 23-24

Que le Dieu de la paix lui-même vous sanctifie tout entiers ; que votre esprit, votre âme et votre corps, soient tout entiers gardés sans reproche pour la venue de notre Seigneur Jésus Christ. Il est fidèle, Celui qui vous appelle : tout cela, il le fera.

Cantique de Marie, p. 640.
Notre Père

Prière de conclusion

Accorde-moi, Dieu tout-puissant, d'aller avec courage sur les chemins de la justice, à la rencontre du Seigneur.

Signe de croix.

PRIÈRE DU MATIN POUR LE TEMPS DE NOËL

Signe de croix.

Seigneur, ouvre mes lèvres,
et ma bouche publiera ta louange.

Hymne

Splendeur jaillie du sein de Dieu,
Lumière née de la lumière,
Avant que naisse l'univers
Tu resplendis dans les ténèbres.

Nous t'adorons, Fils bien-aimé,
Objet de toute complaisance ;
Le Père qui t'a envoyé
Sur toi fait reposer sa grâce.

Tu viens au fond de notre nuit
Pour tous les hommes de ce monde ;
Tu es la source de la vie
Et la lumière véritable.

À toi, la gloire, ô Père saint,
À toi, la gloire, ô Fils unique,
Avec l'Esprit consolateur,
Dès maintenant et pour les siècles.

Psaume 44

D'heureuses paroles jaillissent de mon cœur
quand je dis mes poèmes pour le roi
d'une langue aussi vive que la plume du scribe !

Tu es beau, comme aucun des enfants de l'homme,
la grâce est répandue sur tes lèvres :
oui, Dieu te bénit pour toujours.

Guerrier valeureux, porte l'épée de noblesse et d'honneur !
Ton honneur, c'est de courir au combat
pour la justice, la clémence et la vérité.

La parole de Dieu — Is 9, 5

Oui, un enfant nous est né, un fils nous a été donné ! Sur son épaule est le signe du pouvoir ; son nom est proclamé : « Conseiller-merveilleux, Dieu-Fort, Père-à-jamais, Prince-de-la-Paix. »

Cantique de Zacharie, p. 639.
Notre Père

Prière de conclusion

Ô Christ, né du Père avant tous les siècles, venu dans le monde à la plénitude des temps, accorde-moi, durant ce jour, de rayonner de ta lumière.

Signe de croix.

PRIÈRE DU SOIR POUR LE TEMPS DE NOËL

Signe de croix.

Dieu, viens à mon aide,
Seigneur, à notre secours.

Hymne

Voici, la Vierge a enfanté
Et les oracles s'accomplissent.
Ton amour et ta vérité
Resplendissent.
Sous le voile de la chair
Ta lumière inaccessible
Envahit notre hiver.

Tous n'ont pas vu ! Nous qui croyons,
Illuminés par ton mystère,
En ton Verbe, nous te nommons
Notre Père.
Aujourd'hui, finis les pleurs !
Ta semence incorruptible
A germé dans nos cœurs.

Cantique

(Ph 2)

Le Christ Jésus,
ayant la condition de Dieu,
ne retint pas jalousement
le rang qui l'égalait à Dieu.

Mais il s'est anéanti,
prenant la condition de serviteur,
devenant semblable aux hommes.

Reconnu homme à son aspect,
Il s'est abaissé,
Devenant obéissant jusqu'à la mort,
Et la mort de la croix.

C'est pourquoi Dieu l'a exalté :
il l'a doté du Nom
qui est au-dessus de tout nom,

afin qu'au nom de jésus
tout genou fléchisse
au ciel, sur terre et aux enfers,

et que toute langue proclame :
« Jésus-Christ est Seigneur »
à la gloire de Dieu le Père.

La parole de Dieu

1 Jn 1, 5b-7

Dieu est lumière ; en lui, il n'y a pas de ténèbres. Si nous disons que nous sommes en communion avec lui, alors que nous marchons dans les ténèbres, nous sommes des menteurs, nous ne faisons pas la vérité. Mais si nous marchons dans la lumière, comme il est lui-même dans la lumière, nous sommes en communion les uns avec les autres, et le sang de Jésus, son Fils, nous purifie de tout péché.

Cantique de Marie, p. 640.
Notre Père

Prière de conclusion

Père, toi qui veux le salut de tous les hommes, tu as envoyé ton Fils pour porter la Bonne Nouvelle aux pauvres et libérer les captifs : que le monde accueille enfin ta paix.

Signe de croix.

PRIÈRE DU MATIN POUR LE TEMPS DE CARÊME

Signe de croix.

Seigneur, ouvre mes lèvres,
et ma bouche publiera ta louange.

Hymne

Dieu au-delà de tout créé,
Nous ne pouvions que t'appeler
L'Inconnaissable !
Béni sois-tu pour l'autre voix
Qui sait ton Nom, qui vient de toi
Et donne à notre humanité
De rendre Grâce !

Toi que nul homme n'a pu voir,
Nous te voyons prendre ta part
De nos souffrances.
Bénis sois-tu d'avoir montré
Sur le Visage bien aimé
Du Christ offert à nos regards
Ta gloire immense !

Psaume 41

Comme un cerf altéré cherche l'eau vive,
ainsi mon âme te cherche, toi, mon Dieu.

Mon âme a soif de Dieu, le Dieu vivant ;
quand pourrai-je m'avancer, paraître face à Dieu ?

Je n'ai d'autre pain que mes larmes, le jour, la nuit,
moi qui chaque jour entends dire : « Où est-il ton Dieu ? »

Pourquoi te désoler, ô mon âme, et gémir sur moi ?
Espère en Dieu ! De nouveau je rendrai grâce : il est mon sauveur et mon Dieu !

La parole de Dieu 1 R 8, 51-52

Parce qu'ils sont ton peuple et ton héritage, eux que tu as fait sortir d'Égypte, de cette fournaise à fondre le fer, tes yeux sont ouverts à la supplication de ton serviteur et à la supplication de ton peuple Israël, et tu les écoutes toutes les fois qu'ils crient vers toi.

Cantique de Zacharie, p. 639.
Notre Père

Prière de conclusion

Inspire-moi, Seigneur, de toujours concevoir ce qui est juste et de l'accomplir avec empressement ; sans toi, je ne peux exister, fais-moi vivre en accord avec toi.

Signe de croix.

PRIÈRE DU SOIR POUR LE TEMPS DE CARÊME

Signe de croix.

Dieu, viens à mon aide,
Seigneur, à notre secours.

Hymne

Point de prodigue sans pardon qui le cherche,
Nul n'est trop loin pour Dieu ;
Viennent les larmes où le fils renaît,
Joie du retour au Père.

Point de blessure que sa main ne guérisse,
Rien n'est perdu pour Dieu ;
Vienne la grâce où la vie reprend,
Flamme jaillie des cendres.

Point de ténèbres sans espoir de lumière,
Rien n'est fini pour Dieu ;
Vienne l'aurore où l'amour surgit,
Chant d'un matin de Pâques.

Psaume 90

Quand je me tiens sous l'abri du Très-Haut
et repose à l'ombre du Puissant,
je dis au Seigneur : « Mon refuge,
mon rempart, mon Dieu, dont je suis sûr ! »

C'est lui qui te sauve des filets du chasseur
   et de la peste maléfique ;
il te couvre et te protège.
Tu trouves sous son aile un refuge :
sa fidélité est une armure, un bouclier.

Tu ne craindras ni les terreurs de la nuit,
ni la flèche qui vole au grand jour,
ni la peste qui rôde dans le noir,
ni le fléau qui frappe à midi.

La parole de Dieu — Rm 12, 1-2

Je vous exhorte donc, frères, par la tendresse de Dieu, à lui présenter votre corps – votre personne tout entière –, en sacrifice vivant, saint, capable de plaire à Dieu : c'est là, pour vous, la juste manière de lui rendre un culte. Ne prenez pas pour modèle le monde présent, mais transformez-vous en renouvelant votre façon de penser pour discerner quelle est la volonté de Dieu : ce qui est bon, ce qui est capable de lui plaire, ce qui est parfait.

Cantique de Marie, p. 640.
Notre Père

Prière de conclusion

Fais-moi revenir à toi, Dieu notre Sauveur, et pour que ce Carême me soit profitable, ouvre mon esprit à l'intelligence de ta loi.

Signe de croix.

PRIÈRE DU MATIN POUR LE TEMPS DE PÂQUES

Signe de croix.

Seigneur, ouvre mes lèvres,
et ma bouche publiera ta louange.

Hymne

Il s'est levé d'entre les morts,
Le Fils de Dieu, notre frère,
Il s'est levé, libre et vainqueur,
Il a saisi notre destin
Au cœur du sien,
Pour le remplir de sa lumière.

L'histoire unique est achevée :
Premier enfant du Royaume,
Christ est vivant auprès de Dieu ;
Mais son exode humble et caché,
Le Fils aîné
Le recommence pour chaque homme.

Psaume 117

Rendez grâce au Seigneur : Il est bon !
Éternel est son amour !
Oui, que le dise Israël :
Éternel est son amour !

Ma force et mon chant, c'est le Seigneur ;
il est pour moi le salut.
Non, je ne mourrai pas, je vivrai
pour annoncer les actions du Seigneur.
Je te rends grâce car tu m'as exaucé :
tu es pour moi le salut.

La pierre qu'ont rejetée les bâtisseurs
est devenue la pierre d'angle :

c'est là l'œuvre du Seigneur,
la merveille devant nos yeux.
Voici le jour que fit le Seigneur,
qu'il soit pour nous jour de fête et de joie !

Rendez grâce au Seigneur : Il est bon !
Éternel est son amour !

La parole de Dieu — 1 P 2, 4-5

Approchez-vous de lui : il est la pierre vivante rejetée par les hommes, mais choisie et précieuse devant Dieu. Vous aussi, comme pierres vivantes, entrez dans la construction de la demeure spirituelle, pour devenir le sacerdoce saint et présenter des sacrifices spirituels, agréables à Dieu, par Jésus Christ.

Cantique de Zacharie, p. 639.
Notre Père

Prière de conclusion

Alléluia ! Christ vainqueur, montre-moi la douceur de ton amour.

Signe de croix.

PRIÈRE DU SOIR POUR LE TEMPS DE PÂQUES

Signe de croix.

Dieu, viens à mon aide,
Seigneur, à notre secours.

Hymne

Jésus qui m'a brûlé le cœur
Au carrefour des Écritures,
Ne permets pas que leurs blessures
En moi se ferment.

Fais que je sorte dans le soir,
Où trop des miens sont sans nouvelle,
Et par ton Nom dans mon regard
Fais-toi connaître !

Leurs yeux ne t'ont jamais trouvé,
Tu n'entres plus dans leur auberge,
Et chacun dit : « Où donc irai-je,
Si Dieu me manque ? »

Mais ton printemps s'est réveillé
Dans mes sarments à bout de sève,
Pour que je sois cet étranger
Brûlant de Pâques !

Psaume 135

Rendez grâce au Seigneur : il est bon,
éternel est son amour !
Rendez grâce au Dieu des dieux,
éternel est son amour !
Rendez grâce au Seigneur des seigneurs,
éternel est son amour !

Lui seul a fait de grandes merveilles,
éternel est son amour !
lui qui fit les cieux avec sagesse,
éternel est son amour !
qui affermit la terre sur les eaux,
éternel est son amour !

Lui qui fendit la mer Rouge en deux parts,
éternel est son amour !
et fit passer Israël en son milieu,
éternel est son amour !
y rejetant Pharaon et ses armées,
éternel est son amour !

À toute chair, il donne le pain,
éternel est son amour !
Rendez grâce au Dieu du ciel,
éternel est son amour !

La parole de Dieu He 10, 12-14

Jésus Christ, après avoir offert pour les péchés un unique sacrifice, s'est assis pour toujours à la droite de Dieu. Il attend désormais que ses ennemis soient mis sous ses pieds. Par son unique offrande, il a mené pour toujours à leur perfection ceux qu'il sanctifie.

Cantique de Marie, p. 640.
Notre Père

Prière de conclusion

Dieu tout-puissant, accorde-moi, en ces jours de fête, de célébrer avec ferveur le Christ ressuscité : que le mystère de Pâques reste présent dans ma vie et la transforme.

Signe de croix.

PRIÈRE DU MATIN POUR LE TEMPS ORDINAIRE (LA JOIE)

Signe de croix.
Seigneur, ouvre mes lèvres,
et ma bouche publiera ta louange.

Hymne

Béni de Dieu,
en qui le Père se complaît,
Tu es venu baptiser l'homme dans ta mort,
Et le Jourdain baigna ton corps.
Ô viens, Seigneur Jésus !
Justice du royaume

Que nous chantions pour ton retour :
Béni soit au nom du Seigneur
Celui qui vient sauver son peuple !

Rocher nouveau,
d'où sort le fleuve de la vie,
Tu es venu abreuver ceux qui croient en toi,
Et tu laissas s'ouvrir ton cœur.
Ô viens, Seigneur Jésus !
Fontaine intarissable
Que nous chantions pour ton retour :
Béni soit au nom du Seigneur
Celui qui vient sauver son peuple !

Psaume 84

Tu as aimé, Seigneur, cette terre,
tu as fait revenir les déportés de Jacob ;
tu as ôté le péché de ton peuple,
tu as couvert toute sa faute.

J'écoute : que dira le Seigneur Dieu ?
Ce qu'il dit, c'est la paix pour son peuple et ses fidèles ;
qu'ils ne reviennent jamais à leur folie !
Son salut est proche de ceux qui le craignent,
et la gloire habitera notre terre.

Amour et vérité se rencontrent,
justice et paix s'embrassent ;
la vérité germera de la terre
et du ciel se penchera la justice.

Le Seigneur donnera ses bienfaits,
et notre terre donnera son fruit.
La justice marchera devant lui,
et ses pas traceront le chemin.

La parole de Dieu — Rm 12, 9-13

Que votre amour soit sans hypocrisie. Fuyez le mal avec horreur, attachez-vous au bien. Soyez unis les uns aux autres par l'affection fraternelle, rivalisez de respect les uns pour les autres. Ne ralentissez pas votre élan, restez dans la ferveur de l'Esprit, servez le Seigneur, ayez la joie de l'espérance, tenez bon dans l'épreuve, soyez assidus à la prière. Partagez avec les fidèles qui sont dans le besoin, pratiquez l'hospitalité avec empressement.

Cantique de Zacharie, p. 639.
Notre Père

Prière de conclusion

Béni sois-tu, Seigneur Jésus, pour ce jour nouveau. Fais-moi la grâce de suivre tes commandements, pour y trouver le vrai bonheur.

Signe de croix.

PRIÈRE DU SOIR POUR LE TEMPS ORDINAIRE (LA JOIE)

Signe de croix.

Dieu, viens à mon aide,
Seigneur, à notre secours.

Poème : Ma joie — *Sainte Thérèse de Lisieux (1873-1897)*

Il est des âmes sur la terre
Qui cherchent en vain le bonheur
Mais pour moi, c'est tout le contraire :
La joie se trouve dans mon cœur.
Cette joie n'est pas éphémère,
Je la possède sans retour :
Comme une rose printanière,
Elle me sourit chaque jour.

Lorsque le Ciel bleu devient sombre
Et qu'il semble me délaisser,
Ma joie, c'est de rester dans l'ombre
De me cacher, de m'abaisser.
Ma joie, c'est la Volonté Sainte
De Jésus mon unique amour.
Ainsi je vis sans nulle crainte,
J'aime autant la nuit que le jour.

Longtemps encor je veux bien vivre,
Seigneur, si c'est là ton désir.
Dans le Ciel je voudrais te suivre
Si cela te faisait plaisir.
L'amour, ce feu de la Patrie,
Ne cesse de me consumer.
Que me font la mort ou la vie ?
Jésus, ma joie, c'est de t'aimer !

Cantique de l'Apocalypse 19,1-2.6-7

Alléluia !
Le salut, la gloire,
la puissance à notre Dieu. Alléluia !
Ils sont vrais, ils sont justes, ses jugements. Alléluia !

Il règne, le Seigneur notre Dieu,
le Souverain de l'univers. Alléluia !
Soyons dans la joie, exultons,
et rendons gloire à Dieu ! Alléluia !

La parole de Dieu Rm 15, 5.13

Que le Dieu de la persévérance et du réconfort vous donne d'être d'accord les uns avec les autres selon le Christ Jésus.

Que le Dieu de l'espérance vous remplisse de toute joie et de paix dans la foi, afin que vous débordiez d'espérance par la puissance de l'Esprit Saint.

Cantique de Marie, p. 640.
Notre Père

Prière de conclusion

Christ, ami des hommes, accorde la paix à notre monde ; fais de moi un artisan de ta justice.

Signe de croix.

PRIÈRE DU MATIN POUR LE TEMPS ORDINAIRE (LA PEINE)

Signe de croix.

Seigneur, ouvre mes lèvres,
et ma bouche publiera ta louange.

Prière

Texte retrouvé sur sœur Odette Prévost, petite sœur de Charles de Foucauld, assassinée en Algérie le 10 novembre 1995

Vis le jour d'aujourd'hui Dieu te le donne,
il est à toi,
Vis-le en Lui.

Le jour de demain est à Dieu,
il ne t'appartient pas.
Ne porte pas sur demain le souci d'aujourd'hui.
Demain est à Dieu : remets-le Lui.

Le moment présent est une frêle passerelle :
si tu le charges de regrets d'hier,
de l'inquiétude de demain,
la passerelle cède et tu perds pied.

Le passé, Dieu le pardonne.
L'avenir, Dieu le donne.

Vis le jour d'aujourd'hui
en communion avec Lui,
et s'il y a lieu de t'inquiéter
pour un être bien-aimé
regarde dans la lumière du Christ Ressuscité.

Psaume 21

Mon Dieu, mon Dieu, pourquoi m'as-tu abandonné ?
Le salut est loin de moi, loin des mots que je rugis.
Mon Dieu, j'appelle tout le jour, et tu ne réponds pas ;
même la nuit, je n'ai pas de repos.

Ne sois pas loin : l'angoisse est proche,
je n'ai personne pour m'aider.
Je suis comme l'eau qui se répand,
tous mes membres se disloquent.
Mon cœur est comme la cire,
il fond au milieu de mes entrailles.

Mais toi, Seigneur, ne sois pas loin :
ô ma force, viens vite à mon aide !
Tu m'as répondu !
Et je proclame ton nom devant mes frères,
je te loue en pleine assemblée.

La parole de Dieu — 1 P 2, 21-24

C'est pour vous que le Christ, lui aussi, a souffert ; il vous a laissé un modèle afin que vous suiviez ses traces. Lui n'a pas commis de péché ; dans sa bouche, on n'a pas trouvé de mensonge. Insulté, il ne rendait pas l'insulte, dans la souffrance, il ne menaçait pas, mais il s'abandonnait à Celui qui juge avec justice. Lui-même a porté nos péchés, dans son corps, sur le bois, afin que, morts à nos péchés, nous vivions pour la justice. Par ses blessures, nous sommes guéris.

Cantique de Zacharie, p. 639.
Notre Père

Prière de conclusion

Jésus Sauveur, tu as accepté d'aimer par-dessus tout : multiplie en moi les dons de ta grâce.

Signe de croix.

PRIÈRE DU SOIR POUR LE TEMPS ORDINAIRE (LA PEINE)

Signe de croix.

Dieu, viens à mon aide,
Seigneur, à notre secours.

Hymne

Seigneur, au seuil de cette nuit,
Nous venons te rendre l'esprit
Et la confiance.
Bientôt nous ne pourrons plus rien ;
Nous les mettons entre tes mains
Afin qu'en toi nos vies demain
Prennent naissance.

Ce jour en train de décliner,
Tu nous donnes de le tourner
Vers le mystère
Qui [sic] fit le premier soir avant
La première aube sur les temps,
Et chaque soir au soir suivant
Dit ta lumière.

Psaume 76

Vers Dieu, je crie mon appel !
Je crie vers Dieu : qu'il m'entende !
Au jour de la détresse, je cherche le Seigneur ;
la nuit, je tends les mains sans relâche,
mon âme refuse le réconfort.

Je pense aux jours d'autrefois, aux années de jadis ;
la nuit, je me souviens de mon chant,
je médite en mon cœur, et mon esprit s'interroge.
Le Seigneur ne fera-t-il que rejeter,
ne sera-t-il jamais plus favorable ?
Son amour a-t-il donc disparu ?
S'est-elle éteinte, d'âge en âge, la parole ?

J'ai dit : « Une chose me fait mal,
la droite du Très-Haut a changé. »
Je me souviens des exploits du Seigneur,
je rappelle ta merveille de jadis ;
je me redis tous tes hauts faits,
sur tes exploits je médite.

Dieu, la sainteté est ton chemin !
Quel Dieu est grand comme Dieu ?
Tu es le Dieu qui accomplis la merveille,
qui fais connaître chez les peuples ta force.

La parole de Dieu — Is 53, 4-5

C'étaient nos souffrances qu'il portait, nos douleurs dont il était chargé. Et nous, nous pensions qu'il était frappé, meurtri par Dieu, humilié. Or, c'est à cause de nos révoltes qu'il a été transpercé, à cause de nos fautes qu'il a été broyé. Le châtiment qui nous donne la paix a pesé sur lui : par ses blessures, nous sommes guéris.

Cantique de Marie, p. 640.
Notre Père

Prière de conclusion

Ô Christ, ta Mère n'a cessé de veiller dans la foi : donne-moi de participer à son espérance.

Signe de croix.

PRIÈRE DU MATIN POUR LE TEMPS ORDINAIRE (LA LOUANGE)

Signe de croix.

Seigneur, ouvre mes lèvres,
et ma bouche publiera ta louange.

Cantique de frère soleil *S. François d'Assise (1182-1226)*

Très haut, tout-puissant, bon Seigneur, à toi sont les louanges, la gloire, l'honneur, et toute bénédiction. À toi seul, Très-Haut, ils conviennent, et nul homme n'est digne de te nommer.

Loué sois-tu, mon Seigneur, avec toutes tes créatures, spécialement messire frère soleil qui est le jour, et par lui tu nous illumines. Et il est beau et rayonnant avec grande splendeur, de toi, Très-Haut, il porte le signe.

Loué sois-tu, mon Seigneur, pour sœur lune et les étoiles, dans le ciel tu les as formées claires, précieuses et belles.

Loué sois-tu, mon Seigneur, pour sœur eau, qui est très utile et humble, et précieuse et chaste.

Loué sois-tu, mon Seigneur, pour frère feu, par lequel tu illumines la nuit, et il est beau et joyeux, et robuste et fort.

Loué sois-tu, mon Seigneur, pour sœur notre mère la terre, qui nous soutient et nous gouverne, et produit divers fruits avec les fleurs colorées et l'herbe.

Loué sois-tu, mon Seigneur, pour ceux qui pardonnent par amour pour toi et supportent maladies et tribulations. Heureux ceux qui les supporteront en paix, car par toi, Très-Haut, ils seront couronnés.

Loué sois-tu, mon Seigneur, pour sœur notre mort corporelle, à qui nul homme vivant ne peut échapper. Malheur à ceux qui mourront dans les péchés mortels, heureux ceux qu'elle trouvera dans tes très saintes volontés, car la seconde mort ne leur fera pas mal.

Louez et bénissez mon Seigneur, et rendez-lui grâce et servez-le avec grande humilité.

Psaume 8

Ô Seigneur, notre Dieu,
qu'il est grand ton nom
par toute la terre !

Jusqu'aux cieux, ta splendeur est chantée
par la bouche des enfants, des tout-petits :
rempart que tu opposes à l'adversaire,
où l'ennemi se brise en sa révolte.

À voir ton ciel, ouvrage de tes doigts,
la lune et les étoiles que tu fixas,
qu'est-ce que l'homme pour que tu penses à lui,
le fils d'un homme, que tu en prennes souci ?

Tu l'as voulu un peu moindre qu'un dieu,
le couronnant de gloire et d'honneur ;
tu l'établis sur les œuvres de tes mains,
tu mets toute chose à ses pieds.

La parole de Dieu

2 Tm 2, 8-9.11.13a

Souviens-toi de Jésus Christ, ressuscité d'entre les morts, le descendant de David : voilà mon évangile. C'est pour lui que j'endure la souffrance, jusqu'à être enchaîné comme un malfaiteur. Mais on n'enchaîne pas la parole de Dieu ! Voici une parole digne de foi : Si nous sommes morts avec lui, avec lui nous vivrons. Si nous manquons de foi, lui reste fidèle à sa parole.

Cantique de Zacharie, p. 639.

Notre Père

Prière de conclusion

Jésus Christ, tendresse du Père, ta présence est source de vie : qu'elle fertilise mes actions de ce jour.

Signe de croix.

PRIÈRE DU SOIR POUR LE TEMPS ORDINAIRE (LA LOUANGE)

Signe de croix.

Dieu, viens à mon aide,
Seigneur, à notre secours.

Hymne

Lumière du monde, ô Jésus,
Bien que nous n'ayons jamais vu
Ta tombe ouverte,
D'où vient en nous cette clarté,
Ce jour de fête entre les fêtes,
Sinon de toi, ressuscité ?

Nous avons le cœur tout brûlant
Lorsque son amour y descend
Et nous murmure :
L'amour venu, le jour viendra
Au cœur de toute créature,
Et le Seigneur apparaîtra.

Psaume 112

Alléluia ! Louez, serviteurs du Seigneur,
louez le nom du Seigneur !
Béni soit le nom du Seigneur,
maintenant et pour les siècles des siècles !
Du levant au couchant du soleil,
loué soit le nom du Seigneur !

De la poussière il relève le faible,
il retire le pauvre de la cendre
pour qu'il siège parmi les princes,
parmi les princes de son peuple.

La parole de Dieu

1 Jn 3, 1a.2

Voyez quel grand amour nous a donné le Père pour que nous soyons appelés enfants de Dieu – et nous le sommes. Bien-aimés, dès maintenant, nous sommes enfants de Dieu, mais ce que nous serons n'a pas encore été manifesté. Nous le savons : quand cela sera manifesté, nous lui serons semblables car nous le verrons tel qu'il est.

Cantique de Marie, p. 640.
Notre Père

Prière de conclusion

Père très bon, en ton Fils bien-aimé, nous sommes frères : accorde-nous de vivre ensemble et d'être unis.

Signe de croix.

Prières des repas

Avant le repas de midi

Tous ont les yeux sur toi, Seigneur, ils espèrent,
Et tu leur donnes *la nourriture en son temps ;*
Toi, tu ouvres la main :
Tu rassasies tout *vivant à plaisir.* (Ps 144)

Prions le Père, qui toujours prend soin de ses enfants :
Notre Père qui es aux cieux... Car c'est à toi...
Fais descendre ta bénédiction sur nous, Seigneur,
et sur cette nourriture que ta bonté nous donne.
Par le Christ, notre Seigneur. *Amen.*

Avant le repas du soir

Les pauvres mangeront, leur faim sera comblée ;
Ils loueront le Seigneur, ceux qui le cherchent :
que vivent leur cœur à jamais ! (Ps 21)

Prions le Père qui nous donne le pain chaque jour :
Notre Père qui es aux cieux... Car c'est à toi...
Protège-nous, Seigneur notre Dieu,
viens au secours de notre faiblesse
et accorde-nous ce qu'il faut pour vivre.
Par le Christ, notre Seigneur. *Amen.* (*Livre des bénédictions*)

Le Rosaire et le Chapelet

Mystères joyeux

→ 1. L'annonce à Marie.

« Que tout m'advienne selon ta parole. » (Lc 1, 38)

→ 2. La visite de Marie à Élisabeth.

« Heureuse celle qui a cru. » (Lc 1, 45)

→ 3. La naissance de Jésus.

« Voici le signe qui vous est donné : un nouveau-né couché dans une mangeoire. » (Lc 2, 12)

→ 4. Jésus est présenté au Temple.

« Lumière qui se révèle aux nations et donne gloire à ton peuple Israël. » (Lc 2, 32)

→ 5. Jésus est retrouvé au Temple.

« C'est chez mon Père que je dois être. » (Lc 2, 50)

Mystères lumineux

→ 1. Le baptême de Jésus

« Alors Jean rendit ce témoignage : "J'ai vu l'Esprit descendre du ciel comme une colombe et il demeura sur lui. Celui-là baptise dans l'Esprit Saint." » (Jn 1,32.33)

→ 2. Les noces de Cana

« Sa mère dit à ceux qui servaient : "Tout ce qu'il vous dira, faites-le." » (Jn 2,5)

→ 3. L'annonce du Royaume

« Je suis venu apporter un feu sur la terre, et comme je voudrais qu'il soit déjà allumé ! » (Lc 12,49)

→ 4. La transfiguration de Jésus

« Il fut transfiguré devant eux ; son visage devint brillant comme le soleil, et ses vêtements, blancs comme la lumière. » (Mt 17,2)

→ 5. L'institution de l'Eucharistie

« Prenez, mangez : ceci est mon corps. » (Mt 26,26)

Mystères douloureux

→ 1. L'agonie au Jardin des Oliviers.

« Veillez et priez pour ne pas entrer en tentation. » (Mc 14, 38)

→ 2. La flagellation.

« Pilate leur relâcha Barabbas ; quant à Jésus, il le fit flageller. » (Mt 27, 26)

→ 3. Le couronnement d'épines.

« Ma royauté ne vient pas de ce monde. » (Jn 18, 36)

→ 4. Le portement de croix.

« Jésus, portant lui-même sa croix, sorti en direction du lieu dit en hébreu : Golgotha » (Jn 19, 17)

→ 5. La mort du Christ.

« Quand il eut pris le vinaigre, Jésus dit : "Tout est accompli." Puis, inclinant la tête, il remit l'esprit. » (Jn 19, 30)

Mystères glorieux

→ 1. La résurrection.

« Pourquoi cherchez-vous le Vivant parmi les morts ? » (Lc 24, 5)

→ 2. L'Ascension.

« Dieu l'a exalté : il l'a doté du Nom qui est au-dessus de tout nom. » (Ph 2, 9)

→ 3. La Pentecôte.

« Vous allez recevoir une force, celle du Saint-Esprit qui viendra sur vous. Alors vous serez mes témoins. » (Ac 1, 8)

→ 4. L'assomption de la Vierge Marie.

« Le Puissant fit pour moi des merveilles. » (Lc 1, 49)

→ 5. Le couronnement de la Vierge Marie.

« Une Femme, ayant sur la tête une couronne de douze étoiles. » (Ap 12, 1)

Sacrement de la réconciliation

EXAMEN DE CONSCIENCE SELON LES BÉATITUDES

La meilleure façon de prendre au sérieux les Béatitudes de l'Évangile est de s'en servir comme d'un miroir pour un examen de conscience vraiment « évangélique ».

« Heureux les pauvres de cœur, car le royaume des Cieux est à eux ! »

Suis-je pauvre d'esprit, pauvre intérieurement, abandonné en tout à Dieu ?

Suis-je libre et détaché des biens terrestres ?

Que représente l'argent pour moi ?

Est-ce que je cherche à avoir un style de vie sobre et simple, comme il convient à ceux qui veulent témoigner de l'Évangile ?

Est-ce que je prends à cœur le problème de la pauvreté effroyable, non choisie, mais imposée à des millions de mes frères ?

« Heureux les doux, car ils recevront la terre en héritage ! »

Suis-je doux ? Il existe une violence en actes, mais également une violence en paroles et en pensée.

Est-ce que je domine la colère en moi et en dehors de moi ?

Suis-je gentil et aimable avec ceux qui me sont proches ?

« Heureux ceux qui pleurent, car ils seront consolés ! »

Est-ce que je considère l'épreuve comme une disgrâce et un châtiment, à la manière des gens du monde, ou une opportunité pour ressembler au Christ ?

Quelles sont les raisons de ma tristesse : celles même de Dieu ou celles du monde ?

Est-ce que j'essaie de consoler les autres ou seulement de trouver la consolation pour moi ?

Est-ce que je sais garder, comme un secret entre Dieu et moi, mes contrariétés, sans en parler à droite et à gauche ?

« Heureux ceux qui ont faim et soif de la justice, car ils seront rassasiés ! »

Ai-je faim et soif de la sainteté ?

Est-ce que j'aspire à la sainteté ou me suis-je depuis longtemps résigné à la médiocrité et à la tiédeur ?

La faim matérielle de millions de personnes met-elle en question ma recherche de confort, mon style de vie ?

« Heureux les miséricordieux, car ils obtiendront miséricorde ! »

Suis-je miséricordieux ?

Devant l'erreur d'un frère, d'un proche, est-ce que je réagis par le jugement ou par la miséricorde ?

Jésus ressentait de la compassion pour les foules, et moi ?

N'ai-je pas été parfois le serviteur pardonné qui ne sait pas pardonner lui-même ? rendre compte du prix que Jésus a payé pour que j'en bénéficie ?

« Heureux les cœurs purs, car ils verront Dieu ! »

Suis-je pur de cœur ?

Pur dans mes intentions ?

Dis-je : oui, oui ; non, non, comme Jésus ?

Il y a une pureté du cœur, une pureté des lèvres, une pureté des yeux, une pureté du corps..

Est-ce que je veille à cultiver toutes ces puretés qui sont si nécessaires, particulièrement aux âmes consacrées ?

L'opposé le plus direct à la pureté du cœur est l'hypocrisie. Et moi, dans mes actions, à qui est-ce que je m'efforce de plaire : à Dieu ou aux hommes ?

« Heureux les artisans de paix, car ils seront appelés fils de Dieu ! »

Suis-je moi-même artisan de Paix ?

Est-ce que je fais la paix entre tous ?

Comment est-ce que je me comporte dans les conflits d'opinion, d'intérêt ?

Est-ce que je m'efforce de rapporter toujours et seulement le bien, les paroles positives en laissant tomber dans le vide le mal, les potins, tout ce qui peut semer la discorde ?

La paix de Dieu est-elle en mon cœur et sinon, pourquoi ?

« Heureux les persécutés pour la justice, car le royaume des Cieux est à eux ! »

Suis-je prêt à souffrir un peu en silence pour l'Évangile ?

Comment est-ce que je réagis face aux choses fausses ou aux insultes que je reçois ?

Est-ce que je participe intimement aux souffrances de tant de frères qui souffrent vraiment pour leur foi, ou pour la justice sociale et la liberté ?

D'après le Père Raniero Cantalamessa
Méditations sur les Béatitudes évangéliques

RÉCONCILIATION D'UN PÉNITENT[1]

Accueil mutuel

Le prêtre accueille avec simplicité et respect la personne qui vient le trouver.
Le pénitent peut se présenter en quelques mots.
Prêtre et pénitent font ensemble le signe de croix.
Le pénitent peut dire :

Bénissez-moi, mon Père, parce que j'ai péché.

Le prêtre peut répondre en disant :

Que Dieu vous donne sa lumière pour confesser vos péchés en même temps que son amour pour vous.

Ou

Que Dieu vous bénisse et que son Esprit nous éclaire l'un et l'autre pour célébrer le sacrement du pardon.

1. Pour la célébration dans une assemblée, voir les indications donnée pour la Célébration pénitentielle en Carême, p. 000.

Lecture

Il est bon que le prêtre ou le fidèle lise un bref passage de l'Écriture ou que le prêtre proclame de mémoire une parole du Seigneur, par exemple

Jésus a dit : « Je ne suis pas venu appeler des justes, mais des pécheurs. » (Mt 9, 13)

« Il y a de la joie devant les anges de Dieu pour un seul pécheur qui se convertit. » (Lc 15, 10)

« Dans le Christ, Dieu a réconcilié le monde avec lui : il a déposé en nous la parole de réconciliation. Au nom du Christ, laissez-vous réconcilier avec Dieu. » (2 Co 5, 19-20)

Confession de l'amour de Dieu et de notre péché

Le pénitent peut commencer par une confession globale de son état de pécheur en disant :

Je confesse à Dieu tout-puissant, je reconnais devant vous, mon père, que j'ai péché, en pensée, en parole, par action et par omission ; oui, j'ai vraiment péché (il se frappe la poitrine). C'est pourquoi je supplie la Vierge Marie, les anges et tous les saints, et vous aussi, mon père, de prier pour moi le Seigneur notre Dieu.

Le pénitent fait ensuite l'aveu de ses fautes particulières. Le prêtre peut engager le dialogue pour aider le pénitent à voir plus clair en lui-même et à discerner les moyens de progresser.

Le prêtre propose ensuite au pénitent un signe de conversion et de pénitence : prière, partage, effort pour sortir de soi-même, de ses habitudes mauvaises, et surtout, service du prochain.

Accueillir le pardon de Dieu

Si le prêtre et le pénitent sont assis, ils se lèvent et, dans la mesure du possible, le fidèle se met à genoux ou, du moins, il s'incline profondément.

Chaque fois que c'est possible, le prêtre et le pénitent prient ensemble. Ils disent par exemple le Notre Père, ou quelques versets de psaumes.

Ou bien le pénitent s'exprime seul, et dit par exemple :

Jésus, Fils de Dieu Sauveur, prends pitié de moi, pécheur.

Ou

Mon Dieu, j'ai péché contre toi et mes frères, mais près de toi se trouve le pardon. Accueille mon repentir et donne-moi la force de vivre selon ton amour.

Ou bien l'acte de contrition *(p. 637)**. Le pénitent peut aussi faire une prière spontanée.*
Le prêtre étend les mains sur la tête du pénitent (ou du moins étend la main droite) et dit la prière d'absolution :

Que Dieu notre Père vous montre sa miséricorde ; par la mort et la résurrection de son Fils, il a réconcilié le monde avec lui et il a envoyé l'Esprit Saint pour la rémission des péchés : par le ministère de l'Église, qu'il vous donne le pardon et la paix.

Et moi, au nom du Père, + et du Fils, et du Saint-Esprit,
je vous pardonne tous vos péchés.

Le fidèle pardonné répond :

Amen.

Louange de Dieu et envoi

Le prêtre invite à l'action de grâce par une formule spontanée ou en disant par exemple :

Allez dans la paix et la joie du Christ.

Ou

Rendez grâce au Seigneur, car il est bon.
R/ Éternel est son amour.

Ou

Le Seigneur vous a pardonné. Allez en paix.

Table des lectures bibliques

ACTES DES APÔTRES

LETTRE AUX ROMAINS

1 CORINTHIENS

2 CORINTHIENS

GALATES

ÉPHÉSIENS

PHILIPPIENS

COLOSSIENS

1 THESSALONICIENS

TITE

HÉBREUX

JACQUES

1 PIERRE

2 PIERRE

1 JEAN

APOCALYPSE

Table des psaumes

(Dans la liturgie, la numérotation des psaumes est celle de la Bible grecque et de la Bible latine.)

Table des matières

Le dimanche 29 novembre 2021
est le premier dimanche de l'Avent (année C).
C'est le début d'une nouvelle année liturgique.

Voir le Missel des dimanches 2022.

Maquette : Bleu T

Mise en page : Le vent se lève...

Imprimé en Allemagne par Druckerei C.H. Beck
Achevé d'imprimer : juillet 2020
Dépôt légal : août 2020